Willy Birkenmaier / Irene Mohl

Bibliographie zur russischen Fachsprache

gnv Gunter Narr Verlag Tübingen

CIP-Titelaufnahme der Deutschen Bibliothek

Birkenmaier, Willy:
Bibliographie zur russischen Fachsprache / Willy Birkenmaier ; Irene Mohl. –
Tübingen : Narr, 1990
(Forum für Fachsprachen-Forschung ; Bd. 12)
ISBN 3–8233–4130–8

NE: Mohl, Irene:; HST; GT

Printed in Germany

ISBN 3–8233–4130–8

VORWORT

Fachsprachenforschung ist innerhalb der Fremdsprachenphilologien eine junge Einzeldisziplin. Der Bedarf an gut ausgebildeten Fachsprachenspezialisten ist jedoch sehr groß. Das Berufsbild des Fachübersetzers ist dabei für die Sprachwissenschaften eine Ausbildungsalternative zum Lehrerberuf geworden, die besonders von den akademischen Dolmetscherinstituten gepflegt wird. Für Russisch ist die Fachsprachenproblematik deswegen besonders wichtig, weil Russisch als Gebrauchssprache in der Bundesrepublik Deutschland und in der westlichen Welt überhaupt nur als Informationsmedium für Industrie und Technik existiert. Einem solchen täglichen Gebrauch von Russisch als Fachsprache steht ein völliger Mangel an bibliographischen Hilfsmitteln gegenüber. Bei der jeder Übersetzung vorangehenden Recherchierarbeit ist der Fachübersetzer bisher ganz auf sich allein gestellt. Vorliegende Bibliographie soll diese Informationslücke schließen.

Die Ordnung des Materials stellt eine Kombination aus den Gliederungen dar, wie sie sich in der "International Bibliography of Standardized Vocabularies - Infoterm Series 2" (ed. Felber, H., Krommer-Benz, M., Manu, A.), München/New York/London/Paris 1979[2] (Universaldezimalklassifikation), und "International Bibliography of Specialized Dictionaries" (ed. Lengenfelder, H., v. Hoof, H.), München 1979[6], finden. Die umfangreichen terminologischen Listen bei einzelnen Sachgebieten stammen aus der Infoterm-Veröffentlichung, wobei die Abfolge dieser Listen auf den UDC-Code zurückgeht, der mehrfache Zuordnungen erlaubt. Fehlende sprachliche Charakterisierung bedeutet hier (wie auch bei den Wörterbüchern), daß nur russische Termini vorliegen.

Vorarbeiten zu der Bibliographie "Russisch als Fachsprache" sind zuerst in den von W. Birkenmaier, I. Mohl und A. Riedel herausgegebenen Heften No. 12-16 (1987-1989) der Zeitschrift "Russica Palatina" erschienen; dabei war den Fachwörterbüchern Heft Nr.14 gewidmet. Diese Sonderstellung der Wörterbücher haben wir in der endgültigen Form der Bibliographie beibehalten, da die einzelnen Einträge bei den Sachgebieten sonst zu umfangreich geworden wären. Der Leser wird also einen doppelten Durchgang durch die Sachgebiete finden, der - unter der gleichen Leitziffer - bei den Wörterbüchern auch detaillierter sein kann. So kommen bei Geographie (2.5.8./3.5.8.) in der Sektion 3 mehr Unterteilungen vor als in der Sektion 2. Dies ist durch die speziellere lexikographische Erfassung des betreffenden Gebietes bedingt. Auch das Stichwort "Sprachwissenschaft" (2.8.5./3.8.5.) ist bei den Wörterbüchern umfassender dokumentiert, da wir hier im Bereich der "wiederholten Rede" von dem streng fachsprachlichen Gesichtspunkt abgewichen sind. Phraseologie, Sprichwörter und Aphoristik scheinen uns ein so grundsätzliches Problem der Übersetzungspraxis zu sein, daß wir sie aus einer auch für Übersetzer bestimmten Bibliographie nicht ausschließen wollten. Der Aspekt des Übersetzens ist noch dadurch berücksichtigt, daß im ersten, linguistisch ausgerichteten Durchgang die Einträge in einen einsprachigen (d.h. nur russischen) und in einen mehrsprachigen Teil aufgegliedert sind. Die linguistische Orientierung hat auch zur Folge, daß einige Einträge mehrfach vorkommen: unter einem linguistischen Gesichtspunkt und unter dem betreffenden Sachgebiet.

Erfaßt wurden die bibliographischen Angaben der Zeitschrift "Special Language" seit ihrem Erscheinen im Jahre 1979 und der oben genannten Bibliographien zu den Fachwörterbüchern. Eine wertvolle Informationsquelle waren die "Inhaltsverzeichnisse Slavistischer Zeitschriften" (New Contents Slavistics) der Bayerischen Staatsbibliothek, die uns seit 1982 zugänglich waren. Zusätzlich wurden zahlreiche Sammelbände zu speziellen Problemen der russischen Fachsprachen ausgewertet.
Aus den Erscheinungsorten bei den Literaturangaben lassen sich auch die Zentren der Fachsprachenforschung erschließen. In der Sowjetunion sind dies neben Moskau und Leningrad z.B. Gor'kij, Kalinin, Perm' und Voronež.
Titel, die keinen Hinweis auf fachsprachliche Thematik enthalten, sind als einschlägig zu betrachten, da wir uns in solchen Fällen durch Einsichtnahme von ihrer Relevanz überzeugt haben.
Über das Fachsprachliche hinaus lassen sich aus der vorliegenden Bibliographie noch andere Informationen gewinnen, da der Grad der Ausarbeitung einzelner Fachsprachen Auskunft über das Erkenntnisinteresse einer Gesellschaft geben kann. So schreibt die bekannte Soziologin T.I. Zaslavskaja am 14.4.1989 in der Pravda: "Heutzutage ist die Soziologie zur führenden Gesellschaftswissenschaft geworden. Dies ist verständlich, weil die Wissenschaft von der Gesellschaft, den sozialen Beziehungen und Gruppen, vom Bewußtsein des Menschen und seinem sozialen Umfeld in der heutigen Situation des Umbruchs unserer Gesellschaft besonders wichtig ist. Der Zustand dieser Wissenschaft läßt jedoch aus den bekannten Gründen vieles zu wünschen übrig." Ein direkter Reflex dieses Defizites an soziologischer Forschung in der Sowjetunion ist das Fehlen eines Wörterbuches zur Soziologie. Das erste sowjetische Nachschlagewerk dieser Art erschien im Jahre 1988. Unter 3.5.3. ist es mit der Rezension von T.I. Zaslavskaja genannt.

Bei der Vorbereitung und Eingabe des Materials haben uns in den letzten zwei Jahren sehr viele Studenten der Russischen Abteilung des Institutes für Übersetzen und Dolmetschen der Universität Heidelberg geholfen. Bei der Erstellung der Endfassung haben außerordentlich wertvolle Arbeit geleistet: Anja van Felten, Brigitte Gabler, Heike Hermanns, Antje Horn, Simona Marktanner, Veronika Quabeck, Bärbel Renner, Birgit Sayed, Daniela Schüle und Nicola Walther.
Allen diesen studentischen Mitarbeitern gilt unser Dank.

Die Überprüfung der bulgarischen, serbokroatischen und ungarischen Textstellen hat dankenswerterweise Herr Dr. Anton Hönig übernommen.

Heidelberg, Juni 1989

Willy Birkenmaier - Irene Mohl

INHALT

1. FACHSPRACHE (linguistische Orientierung)

1.0. ALLGEMEIN

RUSSISCH

AZIMOV, P.A., DEŠERIEV, JU.D., et al. Sovremennoe obščestvennoe razvitie, naučno-techničeskaja revoljucija i jazyk, in: VJa, 2/1975, 3-11; und in: Naučno-techničeskaja revoljucija i funkcionirovanie jazykov mira, Moskva 1977

BELODED, I.K. Naučno-techničeskij progress i jazyk chudožestvennoj literatury, Kiev 1978

BONDALETOV, V.D. Naučno-techničeskaja revoljucija i jazyk, in: RR, 3/1978, 58-62

BRJANIK, N.V. Jazyk nauki kak sistema, in: Semiotičeskie aspekty naučnogo poznanija, Sverdlovsk 1981

BUDAGOV, R.A. Jazyk v ėpochu naučno-techničeskoj revoljucii, in: NDVŠ FN, 2/1975

BUDAGOV, R.A. Die Sprache im Zeitalter der wissenschaftlich-technischen Revolution, in: BRPh, 2/1977

CELIŠČEV, V.V., KARPOVIČ, V.N., POLJAKOV, I.V. Logika i jazyk naučnoj teorii, Novosibirsk 1982

ČEREMISINA, M.I., ZORIN, Z.M. O specifike jazyka slov i jazyka simvolov v naučnom opisanii, in: Issledovanija po russkoj terminologii, Moskva 1971, 68-77

ČERNYJ, A.I., GILJAREVSKIJ, R.S., MICHAJLOV, A.I. Naučnye kommunikacii i informatika, Moskva 1976

CHALEEVA, I.I. Čelovek odaren slovom, in: RP, 16/1988, 40-55

CHANAL, N., STARČUK, O. Essentials of Scientific Russian, Massachusetts 1963

ČINYBAEVA, A.D. Jazyk nauki i razvitie točnogo znanija, Frunze 1984

DANILENKO, V.P. O jazyke naučnoj prozy, in: RR, 5/1978, 46-50

DENISOV, P.N. O nekotorych obščich aspektach izučenija jazykov nauki, in: Sovremennye problemy terminologii v nauke i technike, Moskva 1969, 62-90

DENISOV, P.N. Ešče o nekotorych aspektach izučenija jazykov nauki, in: Problemy jazyka nauki i techniki, Moskva 1970, 52-90

EGOROV, V.L. O lingvističeskom statuse professional'nych jazykov v jazykovoj sisteme, in: SNT MPIIJa, CXXXIX, 1979

GERD, A.S. Jazyk nauki i techniki kak ob"ekt lingvističeskogo izučenija, in: NDVŠ FN, 2/1986

GVIŠIANI, N.B. Jazyk naučnogo obščenija (voprosy metodologii), Moskva 1986
Rez.: NDVŠ FN, 3/1987, 89-91

HOFFMANN, L. Linguo-statistische Untersuchungen zur wissenschaftlichen Prosa, in: LAB, 1/1970, 69-73

HOFFMANN, L. Pod"jazyki nauki i techniki, perspektivy ich issledovanija i prepodovanija, in: Doklady i soobščenija delegacii GDR. IV Meždunarodnyj Kongress Prepodavatelej russkogo jazyka i literatury, Berlin 1979, 435-438

IVANOV, V.V. Znakovye sistemy naučnogo povedenija, in: NTI, ser.2, 9/1975

JOLON, P.F. Izmenenie charaktera ob"ektov sovremennoj nauki i obogaščenie ee ponjatijnogo sostava, in: Logiko-filosofskij analiz ponjatijnogo apparata nauki, Kiev 1977

KATKOV, S.I. Delovaja pis'mennost' i literaturnyj jazyk, in: RR, 5/1980, 105-112

KIREEV, D.I. Metodologija jazyka nauki i nekotorye aspekty teorii suždenija Gegelja. in: VMU Filosofija, 2/1980

KOTOV, R.G. Sovremennaja naučno-techničeskaja revoljucija i ee vlijanie na razvitie jazyka, in: Ontologija jazyka kak obščestvennogo javlenija, Moskva 1983

KOŽEVNIKOV, JU.I. Ob issledovanii jazyka nauki s pozicii marksistskoj aksiologii, in: Metodologičeskie problemy nauki i kul'tury, III, Kujbyšev 1978

KOŽINA, M.N. O problematike izučenija naučnoj reči v period naučno-techničeskogo progressa, in: Jazyk naučnoj literatury (Lingvističeskie problemy i metodika prepodavanija), Tezisy dokladov i soobščenij XX naučno-metodičeskoj konferencii, 30 ijunja-2 ijulja 1975 g., Moskva 1975, 2-5

KUTINA, A.L. Formirovanie jazyka russkoj nauki, Moskva-Leningrad 1964

LEONT'EV, A.A. Obščestvennye funkcii jazyka i ego funkcional'nye ėlementy, in: Jazyk i obščestvo, Moskva 1968

LEVICKIJ, JU.A. Jazyk nauki v aspekte sootnošenija jazyka i reči, in: Teorija jazykovoj kommunikacii i perevoda naučnoj i techničeskoj literatury, Tezisy dokladov i soobščenij naučno-praktičeskoj konferencii, 29-31 oktjabrja 1974 g., Čeljabinsk 1974, I, 30-32

LINGUISTISCHE und übersetzungswissenschaftliche Probleme russischer Fachsprachen (ed. Birkenmaier, W.), (= RP 16), Heidelberg 1988, 127 p.

MATTUSCH, H.-J. Zur gesellschaftlichen Bedeutung der Fachsprachen, in: FS, 2/1977, 95-100

MEL'NIKOV, G.P. Jazyk, lingvistika i naučno-techničeskaja revoljucija, in: Naučno-techničeskaja revoljucija i funkcionirovanie jazykov mira, Moska 1977

MITROCHINA, V.I., MOTOVILOVA, O.G. Russkij jazyk dlja specialistov. Obščenaučnaja tematika, Moskva 1980[2] (1977) Rez.: Săpostavitelno ezikoznanie, 1/1984, 107-111 (Dončeva-Mareva, L.)

MITROFANOVA, O.D. Russkij jazyk i special'nost', in: RJaZR, 2/1970, 62-64

MITROFANOVA, O.D. Jazyk naučno-techničeskoj literatury, Moskva 1973

MUL'ČENKO, Z.M., NALIMOV, V.V. K voprosu o logiko-lingvističeskom analize jazyka nauki, in: Problemy strukturnoj lingvistiki 1971, Moskva 1972, 534-554

NAUČNO-techničeskaja revoljucija i funkcionirovanie jazykov mira, (ed. Beloded, I.K.), Moskva 1977

OGURCOV, A.P. Disciplinarnoe znanie i naučnye kommunikacii, in: Sistemnye issledovanija, Moskva 1979

OSOBENNOSTI jazyka naučnoj literatury (ed. Jarceva, V.N.), Moskva 1965

PROBLEMY avtomatizirovannoj obrabotki naučno-techničeskoj informacii (Materialy mežotraslevych naučno-techničeskich konferencij, soveščanij, seminarov i vystavok), Moskva 1980

PROBLEMY avtomatizirovannoj obrabotki naučno-techničeskoj informacii (Materialy mežotraslevych naučno-techničeskich konferencij, soveščanij i vystuplenij), Moskva 1982

PROBLEMY avtomatizirovannoj obrabotki naučno-techničeskoj informacii. Tezisy dokladov. IV Vsesojuznaja naučno-techničeskaja konferencija, Moskva 1983

RAUŠENBACH, V.Ė. V interesach budu ščej special'nosti - opyt, poiski, in: VVŠ, 2/1975

RUBRIKATOR gosudarstvennoj avtomatizirovannoj sistemy naučno-techničeskoj informacii, I-II, Moskva 1984

RUBRIKATOR meždunarodnoj sistemy naučnoj i techničeskoj informacii, I-II, Moskva 1984

SMIRNOVA, L.N. Struktura i soderžanie osnovnych edinic naučnoj reči, in: Čtenie. Perevod. Ustnaja reč'. Metodika i lingvistika, Leningrad 1977, 320-328

SOROKIN, JU.Š. Jazyk nauki i literaturnyj jazyk, in: Chudožestvennoe i naučnoe tvorčestvo, Leningrad 1972

ŠPANOVA, Ė.M. Lingvističeskie osobennosti oficial'no-delovoj reči, in: RJaZR, 5/1983, 36-41

STEL'NIKOVIČ, O.I. O sposobe funkcionirovanija estestvenno-naučnogo i filosofskogo jazyka v kul'ture. Filosofsko-semantičeskij aspekt, in: Vzaimosvjaz' filosofskogo i naučno-techničeskogo znanija v kontekste sovremennoj kul'tury, L'vov 1984

STEPANOV, A.V. K teorii sovremennoj naučnoj reči, in: Jazyk i reč'. Tezisy dokladov meżvuzovskoj konferencii, Moskva 1962

ŠVEJCER, A.D. Naučno-techničeskaja literatura i problema specializacii jazyka nauki, in: Pervaja vsesojuznaja konferencija po teorii i praktike perevoda (funkcional'nyj stil' naučnoj i techničeskoj literatury), 19-20 ijunja 1975 g., Tezisy dokladov, Kaunas 1975, 251-253

TROEBES, O. Das maschinenlesbare Datenmassiv russischer Fachsprachen an der Martin-Luther-Universität Halle/Wittenberg, in: BSF, I, 1978

TRUBINA, E.G. Gnoseologičeskij analiz jazyka nauki, Sverdlovsk 1982, akd

TRUBINA, E.G. Dialektika čuvstvennogo i racional'nogo v jazyke nauki, in: Logika, poznanie, otraženie, Sverdlovsk 1984

VESELOV, P.V. Genezis avtorstva v naučnoj literature i technologičeskoj dokumentacii, in: Pervaja vsesojuznaja konferencija po teorii i praktike perevoda (Funkcional'nyj stil' naučnoj i techničeskoj literatury), 19-20 ijunja 1975 g., Tezisy dokladov, Kaunas 1975, 37-41

VOROB'EVA, M.B. Vlijanie sovremennoj integracii nauki na naučnyj jazyk i naučnuju literaturu, in: Stil' naučnoj reči, Moskva 1978, 23-36

WÜSTENECK, H. Wissenschaftssprachen in linguistischer Forschung und Fremdsprachenprogrammen, in: Spezialprobleme der wissenschaftlichen und technischen Übersetzung, Halle 1972

MEHRSPRACHIG

AGA-ZADE, N.G. Tipologija jazyka i perevod, in: Bilingvističeskie issledovanija funkcional'nogo stilja naučnoj i techničeskoj literatury, Tezisy dokladov naučno-metodičeskoj konferencii, 25-27 sentjabrja 1974 g., Baku 1974, 109-111

AGRANAT, V.F., SMIRNOV, I.P. Mesto perevoda naučnoj i techničeskoj literatury v integral'noj informacionnoj sisteme, in: Šestoj vsesojuznyj seminar po voprosam teorii i praktiki perevoda naučnoj i techničeskoj literatury, 7-9 ijunja 1972 g., Tezisy dokladov, Moskva/Baku 1972, 67-70

ANTONOVA, M.K., GARIFULIN, L.B. Tipologija, grammatika i perevod naučno-techničeskoj literatury i dokumentacii, in: Pervaja vsesojuznaja konferencija po teorii i praktike perevoda. Funkcional'nyj stil' naučnoj i techničeskoj literatury, 19-20 ijunja 1975 g., Tezisy dokladov, Kaunas 1975, 41-46

BOGDANOV, V.V. Značenie naučno-techničeskogo perevoda dlja teoretičeskoj i prikladnoj lingvistiki, in: Tezisy dokladov naučno-techničeskoj konferencii po uzlovym problemam radiotechniki i ėlektrosvjazi, Posvjaščaetsja Dnju radio i Dnju svjazista, Leningrad 1972, 237

BOKAREV, E.A. O meždunarodnom jazyke nauki, in: Problemy interlingvistiki, Moskva 1976

BORISOVA, L.I. Obščenaučnoe slovo kak ob"ekt lingvoperevodčeskogo issledovanija, in: Tekst kak ob"ekt lingvističeskogo analiza i perevoda, Moskva 1984

ČERNAVINA, L.I. O nekotorych osobennostjach perevoda russkich naučno-techničeskich tekstov na anglijskij jazyk, in: Tekst kak ob"ekt lingvističeskogo analiza i perevoda, Moskva 1984

CHUNKO KORTES, T. O nekotorych trudnostjach perevoda russkich naučno-techničeskich tekstov na ispanskij jazyk, in: RJaZR, 1/1988, 90-93

ČTENIE. Perevod. Ustnaja reč'. Metodika i lingvistika, Leningrad 1977, 331 p.

DÁNIEL, A. Müfordítás, szakfordítás vagy szakszerü fordítás? (Übersetzung der schöngeistigen Literatur, Fachübersetzung oder fachgemäße Übersetzung?), in: Szaknyelvkutatás - szaknyelvoktatás, Budapest 1980

DEŠERIEV, JU.D. Teoretičeskie problemy razvitija sovremennych jazykov i naučno-techničeskaja literatura, in: Pervyj seminar po voprosam teorii i praktiki perevoda naučnoj i techničeskoj literatury. Tezisy dokladov i soobščenij, Moskva 1968

DEŠERIEV, JU.D. Mirovoj lingvističeskij process i problema jazyka nauki i techniki, in: Pervaja vsesojuznaja konferencija po teorii i praktike perevoda (Funkcional'nyj stil' naučnoj i techničeskoj literatury), 10-20 ijunja 1975 g., Tezisy dokladov, Kaunas 1975, 80-81

FACHSPRACHEN und Sprachstatistik (ed. Hoffmann, L.), Berlin 1975

FEDOROV, A.V. Teorija i praktika perevoda nemeckoj naučnoj i techničeskoj literatury na russkij jazyk, I-XII, Moskva 1933-1936

FEDOROV, A.V. Teorija i praktika perevoda nemeckoj naučnoj i techničeskoj literatury na russkij jazyk, Moskva 1937-1941

FRANK, A. Perevody russkoj naučnoj i techničeskoj literatury v zapadnych stranach, in: NTI, ser.1, 2/1964, 23

FROLOVA, O.P. Voprosy naučno-techničeskogo perevoda s japonskogo jazyka na russkij, Novosibirsk 1984

GERD, A.S. Struktura teksta, naučnyj perevod i informacionnye jazyki, in: Bilingvističeskie issledovanija funkcional'nogo stilja naučnoj i techničeskoj literatury, Tezisy dokladov naučno-metodičeskoj konferencii, 25-27 sentjabrja 1974 g., Baku 1974, 10-12

GLIER, E. Perevod - peredača smysla - referat. Popytka razgraničenija, in: Studia Rossica Posnaniensia, XIV, Poznań 1980

GORDIN, G.JA. Rol' lingvostruktur pri perevode naučno-techničeskich tekstov (na materiale nemeckoj ėlektrotechničeskoj literatury), in: Pervyj seminar po voprosam teorii i praktiki perevoda naučnoj i techničeskoj literatury, Tezisy dokladov i soobščenij, Moskva 1968, 7

GURSKI, K. Nekotorye voprosy perevoda techničeskoj literatury s russkogo jazyka na pol'skij, in: Przegl Rus, (V), Numer specjalny, póswięcony międzynarodowemu kongresowi rusycystycznemu (MAPRIAL), Praga 16-21 VIII 1982, 1-4(17-20)/ 1983, 302-309

HOFFMANN, L. Kommunikationsmittel Fachsprache. Eine Einführung, Tübingen 1985[3], 307 p. (Berlin 1984[2], 307 p.; 1976)
Rez.: FS, 2/1977, 145-147 (Mattusch, H.-J.)
FS, 3/1985, 192-193 (Gerbert, M.)

HORNUNG, W., KRETSCHMAR, E., ORTMANN, H., WÜSTENECK, H. Die Übersetzung wissenschaftlicher Literatur aus dem Russischen ins Deutsche, Leipzig 1974, 220 p.
Rez.: FS, 2/1977, 147-148 (Lobig, P.)

IGNATOVA, T.F., ZYCAR', JU.V. O techničeskom perevode kak ob"ekte naučnogo izučenija, in: Strukturno-semantičeskie issledovanija na materiale zapadnych jazykov, Kujbyšev 1974, 348-359

JARCEVA, V.N. Meždunarodnaja rol' jazyka nauki, in: Meždunarodnyj sociologičeskij kongress, Varna 1970, Doklady sovetskoj delegacii, Moskva 1970

JARCEVA, V.N. Naučno-techničeskaja revoljucija i razvitie jazyka, in: Naučno-techničeskaja revoljucija i funkcionirovanie jazykov mira, Moskva 1977

JUMPELT, R.W. Die Übersetzung naturwissenschaftlicher und technischer Literatur. Sprachliche Maßstäbe und Methoden zur Bestimmung ihrer Wesenszüge und Probleme, Berlin 1961

KARAEV, I.S. Ob opyte perevoda naučno-techničeskich tekstov s japonskogo jazyka na russkij, in: Šestoj vsesojuznyj seminar po voprosam teorii i praktiki perevoda naučnoj i techničeskoj literatury, 7-9 ijunja 1972 g., Tezisy dokladov, Moskva/Baku 1972, 33-34

KLIMZO, B.N. O sistemnom podchode k naučno-techničeskomu perevodu, in: Problemy kačestva perevoda naučno-techničeskoj literatury, Tezisy dokladov i soobščenij oblastnoj naučno-techničeskoj konferencii, Orel 1978, 38-40

KRAVEC, A.G. Puti preodolenija jazykovych bar'erov v sfere naučno-techničeskoj informacii, in: Povyšenie kačestva perevoda naučno-techničeskoj literatury i dokumentacii, Tezisy dokladov konferencii, posvjaščennoj problemam naučno-techničeskogo perevoda, 24-26 ijunja 1970 g., Perm' 1970, 12-15

KUZ'MIN, JU.G. Naučno-techničeskij perevod i obščaja teorija perevoda, in: Problemy kačestva naučno-techničeskoj literatury, Tezisy dokladov i soobščenij oblastnoj naučno-techničeskoj konferencii, Orel 1978, 3-6

LATYŠEV, L.K., STRELKOVSKIJ, G.M. Naučno-techničeskij perevod, Moskva 1980, 175 p.
D-R

LEJČIK, V.M., SMIRNOV, I.P. Oblasti peresečenija terminovedenija i perevoda naučnoj i techničeskoj literatury, in: NTI, ser. 1, 12/1973 (=Lindemann, H.)

LEVICKIJ, JU.A. Jazyk nauki v aspekte sootnošenija jazyka i reči, in: Teorija jazykovoj kommunikacii i perevoda naučnoj i techničeskoj literatury, Tezisy dokladov i soobščenij naučno-praktičeskoj konferencii, 29-31 oktjabrja 1974 g., Celjabinsk 1974, I, 30-32

LINDEMANN, H. Oblasti peresečenija terminovedenija i perevoda naučnoj i techničeskoj literatury, in: FS, 4/1975, 284-291

MAILLOT, J. La traduction scientifique et technique, Paris 1969
NL-E-F-D-R-S

MAMEDOVA, B.CH. K voprosu o lingvističeskom aspekte perevoda, in: Bilingvističeskie issledovanija funkcional'nogo stilja naučnoj i techničeskoj literatury, Tezisy dokladov naučno-metodičeskoj konferencii, 25-27 sentjabrja 1974 g., Baku 1974, 111-112

MEL'NIKOV, G.P. Specifika jazykovoj sistemy i problemy perevoda naučnoj i techničeskoj literatury, in: Vtoroj seminar po voprosam teorii i praktiki perevoda naučnoj i techničeskoj literatury, Tezisy dokladov, Moskva 1969, 14-16

PANFILOV, V.Z. Perevod naučnoj i techničeskoj literatury i logiko-grammatičeskij uroven' jazyka, in: Četvertyj seminar po voprosam teorii i praktiki perevoda naučnoj i techničeskoj literatury, 2-4 nojabrja 1970 g., Tezisy dokladov, Moskva/ Tbilisi 1970, 26-29

PEPELJAEV, A.K. Logiko-informacionnyj podchod k tipologii naučno-techničeskogo perevoda, in: Teorija jazykovoj kommunikacii i perevoda naučnoj i techničeskoj literatury, Tezisy dokladov i soobščenij naučno-techničeskoj konferencii, 29-31 oktjabrja 1974 g., Čeljabinsk 1974, I, 78-80

PERTZOFF, V.A. Translation of Scientific Russian, New York 1964, 147 p.

PREKLAD odborného textu, Bratislava 1977

PRUDNIKOV, L.N. Iz opyta postroenija teorii i praktiki perevoda naučnoj i techničeskoj literatury, in: Teorija jazykovoj kommunikacii i perevoda naučnoj i techničeskoj literatury, Tezisy dokladov i soobščenij naučno-praktičeskoj konferencii, 29-31 oktjabrja 1974 g., Čeljabinsk 1974, I, 75-76

PUMPJANSKIJ, A.L. Čtenie i perevod anglijskoj naučnoj i techničeskoj literatury. Leksika, Grammatika, Fonetika, Moskva 1962

PUMPJANSKIJ, A.L. Naučno-techničeskaja informacija i perevod naučnoj i techničeskoj literatury, in: Radiotechnika, 7/1969, 3

PUMPJANSKIJ, A.L. Vvedenie v praktiku perevoda naučnoj i techničeskoj literatury na anglijskij jazyk, Moskva 1981[2]
Rez.: VJa, 3/1984, 134-138 (Fedorov, A.V.)

SAMSONOV, V.F. Logiko-semiotičeskie osobennosti special'nych jazykov nauki (v svjazi s problemoj neopredelennosti perevoda), in: Pervaja vsesojuznaja konferencija po teorii i praktike perevoda. Funkcional'nyj stil' naučnoj i techničeskoj literatury, 19-20 ijunja 1975 g., Tezisy dokladov, Kaunas 1975, 188-189

ŠEVJAKOVA, V.E. Učet logičeskich kategorij pri perevode s anglijskogo jazyka na russkij (na materiale naučnoj prozy), in: Osobennosti jazyka naučnoj literatury (romano-germanskaja filologija), Moskva 1965, 65-95

SMIRNOV, I.P. Osobennosti vypolnenija naučno-techničeskich perevodov, in: Perevod naučno-techničeskoj literatury, Materialy seminarov VCP, Moskva 1976, 18-40

SMIRNOV, I.P. Perevod naučnoj i techničeskoj literatury - nekotorye teoretičeskie problemy, in: FS, 4/1983, 226-233

SMIRNOV, I.P. Možet li perevod byt' lučše originala?, in: FS, 2/1987, 86-90

SOLOV'EVA, I.M. K probleme adekvatnosti naučno-techničeskogo perevoda, in: Stilistiko-grammatičeskie čerty jazyka naučnoj literatury, Moskva 1970, 195-210

SPEZIALPROBLEME der wissenschaftlichen und technischen Übersetzung (ed. Spitzbardt, H.), Halle 1972

SPRACHE in Wissenschaft und Technik (ed. Hoffmann, L.), Leipzig 1978

SUŠKOV, JU.A. Osobennosti perevoda naučnogo i naučno-techničeskogo teksta i osnovnye ego otličija ot chudožestvennoj prozy, in: Vtoroj respublikanskij seminar po voprosam teorii i praktiki perevoda naučnoj i techničeskoj literatury, Tezisy dokladov, Alma-Ata 1972, 8-15

ŠVEJCER, A.D. Perevod i lingvistika. O gazetno-informacionnom i voenno-publicističeskom perevode, Moskva 1973, 280 p.

ŠVEJCER, A.D. Übersetzung und Linguistik, Berlin 1987, 231 p. Rez.: FS, 3/1988, 213-215 (Martin, C.)

TEORIJA i praktika perevoda naučno-techničeskich tekstov s inostrannych jazykov na russkij, Tezisy dokladov V naučno-techničeskogo seminara, Odessa 1974

TEORIJA i praktika perevoda naučno-techničeskoj literatury, Tezisy dokladov na naučno-praktičeskoj konferencii, 22-23 sentjabrja 1983 g., Novosibirsk 1983

TEPER, N.M. Ob učete leksiko-stilističeskich nedostatkov podlinnika pri perevode naučnoj literatury, in: Konferencija po voprosam teorii i metodiki prepodavanija perevoda, Moskva 1964, 47-49

TEPER, N.M. O kul'ture naučno-techničeskogo perevoda, in: NTI, ser.1, 12/1969, 46-49

TOLMAČEV, V.A. Perevod naučnoj i techničeskoj literatury - sintez raboty perevodčika-lingvista i specialista nauki i techniki, in: Tretij seminar po voprosam teorii i praktiki perevoda naučnoj i techničeskoj literatury, Tezisy dokladov, Moskva 1970, 24-25

VANNIKOV, JU.V. K obosnovaniju obščej teorii perevoda i teorii perevoda naučnoj i techničeskoj literatury, in: Teorija perevoda i sopostavitel'nyj analiz jazykov, Moskva 1985, 131-141

VASINA, S.V. O nekotorych voprosach, svjazannych s perevodom inostrannych tekstov, in: Povyšenie kačestva perevoda naučno-techničeskoj literatury i dokumentacii. Osobennosti perevoda patentnolicenzionnoj dokumentacii, Tezisy simpoziuma, 23-25 ijunja 1970 g., Celjabinsk 1970, 4-7

VEREŠČINSKIJ, S.K. K nekotorym voprosam perevoda special'nych tekstov, in: Wissenschaftliche Schriftenreihe der TH Karl-Marx-Stadt, Karl-Marx-Stadt 1978

VOPROSY teorii i praktiki naučno-techničeskogo perevoda. Sbornik materialov kratkosročnogo seminara "Problemy kačestva perevoda i povyšenija kvalifikacii perevodčikov naučno-techničeskoj literatury", Leningrad 1966, 91 p.

VOPROSY teorii i praktiki naučno-techničeskogo perevoda. Materialy k kratkosročnomu seminaru, 28-30 maja 1968 g., Leningrad 1968, 138 p.

VOPROSY teorii i techniki perevoda (ed. Nazarjan, A.G.), Moskva 1970, 89 p.

ŽABINA, N.P. Rol' perevoda v processe jazykovoj kommunikacii v sfere nauki i techniki, in: Teorija jazykovoj kommunikacii perevoda naučnoj i techničeskoj literatury, Tezisy dokladov i soobščenij naučno-praktičeskoj konferencii, 29-31 oktjabrja 1974 g., Čeljabinsk 1974, I, 98-99

ZAPOROŽČENKO, N.E. Perevod naučnoj inostrannoj literatury po special'nosti, in: Naučno-metodičeskaja konferencija po voprosam metodiki prepodavanija inostrannych jazykov v vuzach i školach, Tezisy dokladov i soobščenij, Bel'cy 1965, 57-58

ZAVARIN, A.A. Model' čitajuščego kak osnova dejatel'nosti perevodčika naučno-techničeskoj literatury i rol' ékstra-lingvističeskich faktorov v étoj modeli, in: Teorija jazykovoj kommunikacii i perevoda naučnoj i techničeskoj literatury, Tezisy dokladov i soobščenij naučno-praktičeskoj konferencii, 29-31 oktjabrja 1974 g., Čeljabinsk 1974, I, 35-39

1.0.1. KONGRESSE, INTERNATIONALE KOOPERATION

ČETVERTYJ seminar po voprosam teorii i praktiki perevoda naučnoj i techničeskoj literatury, 2-4 nojabrja 1970 g., Tezisy dokladov, Moskva/Tbilisi 1970

GERASIMOV, V.N. O zadačach Vsesojuznogo centra perevodov naučno-techničeskoj literatury i dokumentacii, in: Pervaja vsesojuznaja konferencija po teorii i praktike perevoda. Funkcional'nyj stil' naučnoj i techničeskoj literatury, 19-20 ijunja 1975 g., Tezisy dokladov, Kaunas 1975, 46-50

GERASIMOV, V.N. Perevodčeskaja dejatel'nost' i perspektivy razvitija VCP, in: Perevodčeskaja dejatel'nost' v SSSR, Tezisy dokladov na seminare po probleme "Naučno-techničeskaja informacija i propaganda", 14 nojabrja 1975 g., Moskva 1975, 3-8

GERASIMOV, V.N. Osnovnye napravlenija dejatel'nosti Vsesojuznogo centra perevodov, in: Perevod naučno-techničeskoj literatury, Materialy seminarov VCP, Moskva 1976, 4-13

GERASIMOV, V.N., LEUŠINA, S.A. Sotrudničestvo meždu SSSR i GDR v oblasti naučno-techničeskogo perevoda, in: FS, 1/1980, 43-50

GLIĖR, Ė. Naučno-techničeskoe sotrudničestvo kak sistema kommunikativnych situacij, in: RJaZR, 5/1984, 85-89

IVŠIN, V.D. Konferencija "Soveršenstvovanie perevoda naučno-techničeskoj literatury i dokumentov", in: NDVŠ FN, 4/1983, 94-94

KOLESOVA, R.V. Koordinacija perevodčeskoj dejatel'nosti v SSSR, in: Perevodčeskaja dejatel'nost' v SSSR, Tezisy dokladov na seminare po probleme "Naučno-techničeskaja informacija i propaganda", 14 nojabrja 1975 g., Moskva 1975, 9-10

KOZIN, JU.M. Nekotorye praktičeskie aspekty naučno-techničeskogo perevoda za rubežom, in: Problemy povyšenija kačestva perevoda naučnoj i techničeskoj literatury, Tezisy dokladov naučno-techničeskoj konferencii, 13-14 nojabrja 1972 g., Jaroslavl' 1972, 17-19

KRAJZER, M.M. Ispol'zovanie techničeskich sredstv magnitofonov i diktofonov pri perevode naučno-techničeskoj literatury i dokumentacii, in: Perevod naučno-techničeskoj literatury, Materialy seminarov VCP, Moskva 1976, 61-66

KUBLICKIJ V.E. O koordinacii rabot po perevodu naučno-techničeskoj literatury i dokumentacii, in: NTI, ser. 1, 2/1964, 23

KULLIK, H. Die Stellung des Übersetzens in der Sprachausbildung für Nichtphilologen, in: WZ HS Verkehrswesen, 24/1985, 11-27

KUZ'MIN, JU.G. O problemach i perspektivach naučno-techničeskogo perevoda, in: NTI, ser. 1, 5/1967, 20-21

KUZNECOVA, Ė.K. Ob organizacii perevoda sovetskoj naučnoj i techničeskoj literatury v SŠA, in: NTI, ser. 1, 11/1963, 44-48

MARCHUK, Y.N. (= MARČUK, JU.N.) Scientific and Technical Translation and the All-Union Translation Centre, in: Babel, 2/1984, 93-98

MARUSENKO, M.A., ROMENSKAJA, V.F. O simpoziume po naučno-techničeskoj leksikografii, in: VLU, ser. istorija, jazyk, literatura, 4/1981, 122

MATERIALY seminara po teorii i praktike naučno-techničeskogo perevoda, Iževsk 1970

MATERIALY III respublikanskogo seminara po voprosam teorii i praktiki perevoda naučnoj i techničeskoj literatury, Alma-Ata 1974

MICHNEVIČ, K.P. Evropejskij centr perevodov, in: NTI, ser. 1, 7/1963, 37-38

MIN'KOVA, R.A. Sistema obespečenija informaciej služb sistem upravlenija PTNII, in: Šestoj vsesojuznyj seminar po voprosam teorii i praktiki perevoda naučnoj i techničeskoj literatury, 7-9 ijunja 1972 g., Tezisy dokladov, Moskva/Baku 1972, 54-58

PERVAJA naučno-metodičeskaja konferencija po perevodu naučnoj i techničeskoj literatury, Tezisy dokladov i soobščenij, Sverdlovsk 1969

PERVAJA vsesojuznaja konferencija po teorii i praktike perevoda. Funkcional'nyj stil' naučnoj i techničeskoj literatury, 19-20 ijunja 1975 g., Tezisy dokladov, Kaunas 1975

PERVYJ seminar po voprosam teorii i praktiki perevoda naučnoj i techničeskoj literatury, Tezisy dokladov i soobščenij, Moskva 1968

PIPKO, M.I Organizacija i formy raboty bjuro perevodov v naučno-issledovatel'skich učreždenijach, in: Vtoroj seminar po voprosam teorii i praktiki perevoda naučnoj i techničeskoj literatury, Tezisy dokladov, Moskva 1969, 19-20

PJATYJ seminar po voprosam teorii i praktiki perevoda naučnoj i techničeskoj literatury, 26-29 maja 1971 g., Tezisy dokladov, Moskva/ Jaroslavl' 1971

POPOVA, T.A. Ob ispol'zovanii slovarej v processe perevoda naučno-techničeskoj literatury, in: Problemy kačestva perevoda naučno-techničeskoj literatury, Tezisy dokladov i soobščenij oblastnoj naučno-techničeskoj konferencii, Orel 1978, 42-43

ŠESTOJ vsesojuznyj seminar po voprosam teorii i praktiki perevoda naučnoj i techničeskoj literatury, 7-9 ijunja 1972 g., Tezisy dokladov, Moskva/Baku 1972

SLAVIN, A.L. Sistema koordinacii perevodov v SSSR, in: Voprosy teorii i praktiki naučno-techničeskogo perevoda, Leningrad 1966, 3-17

SMIRNOV, I.P. Scientific and Technical Translations in Soviet Industry, in: VINITI, Moskva 1973, 55 p.

SMIRNOV, I.P. Perevodčeskaja dejatel'nost' na sovremennom ėtape, in: Materialy tret'ego respublikanskogo seminara po voprosam teorii i praktiki perevoda naučnoj i techničeskoj literatury, Alma-Ata 1974, 47-91

SMIRNOV, I.P. Organizacija perevodčeskoj dejatel'nosti v strane, in: Perevodčeskaja dejatel'nost' v SSSR, Tezisy dokladov i soobščenij na seminare po problemam "Naučno-techničeskaja informacija i propaganda", 14 nojabrja 1975 g., Moskva 1975, 17-20

SOLOVEJČIK, F.S. Rol' perevoda v informacionnom obespečenii naučno-techničeskich i opytno-konstruktorskich rabot, in: Četvertyi seminar po voprosam teorii i praktiki perevoda naučnoj i techničeskoj literatury, 2-4 nojabrja 1970 g., Tezisy dokladov, Moskva/Tbilisi 1970, 43-44

TEZISY dokladov XIX naučno-metodičeskoj konferencii, posvjaščennoj voprosam teorii perevoda i metodiki prepodavanija inostrannych jazykov v sisteme AN SSSR, Moskva/Dušanbe 1973

TEZISY dokladov naučno-techničeskogo seminara povyšenija kvalifikacii perevodčikov naučno-techničeskoj literatury, Dnepropetrovsk 1967

TEZISY dokladov naučno-techničeskoj konferencii po povyšeniju kačestva techničeskich perevodov, Leningrad 1960

TRETIJ respublikanskij seminar po voprosam teorii i praktiki perevoda naučnoj i techničeskoj literatury, Tezisy dokladov, Alma-Ata 1974

TRETIJ seminar po voprosam teorii i praktiki perevoda naučnoj i techničeskoj literatury, Tezisy dokladov, Moskva 1970

VSESOJUZNAJA konferencija "Soveršenstvovanie perevoda zarubežnoj naučno-techničeskoj literatury", Tezisy dokladov i soobščenij, 27-29 sentjabrja 1978 g., Moskva 1978

VTOROJ respublikanskij seminar po voprosam teorii i praktiki perevoda naučnoj i techničeskoj literatury, Tezisy dokladov, Alma-Ata 1972

ZONAL'NAJA konferencija "Naučno-techničeskaja terminologija: standartizacija, perevod i redaktirovanie", 1-3 fevralja 1984 g., Tezisy dokladov i soobščenij, Čeljabinsk 1984

ZONAL'NAJA konferencija "Voprosy kačestva naučno-techničeskogo perevoda", 11-13 dekabrja 1978 g., Tezisy dokladov i soobščenij, Čeljabinsk 1978

ZONAL'NYJ seminar "Naučno-techničeskij progress i problemy perevoda naučno-techničeskoj literatury i dokumentacii", 30 nojabrja - 2 dekabrja 1977 g., Tezisy i doklady, Čeljabinsk 1977

1.1. LEXIKOGRAPHIE

AKTUAL'NYE problemy učebnoj leksikografii, Moskva 1977, 320 p.

ALEKSEEV, P.M. O semantičeskich častotnych slovarjach. Častotnyj anglo-russkij fizičeskij slovar'-minimum (ed. Alekseev, P.M., Kaširina, M.E., Tarasova, E.M.), Moskva 1980

AL-KASIMI, A.M. Linguistics and bilingual dictionaries, Leiden 1977, IX, 131 p.

AMBRECHT, H.-J. Können wir mit unseren russisch-deutschen Wörterbüchern zufrieden sein?, in: FS, 3/1970, 174 ff

ANDRIANOV, S.N. Nekotorye voprosy postroenija slovarej special'noj terminologii, in: TP, 2/1964, 78-91

APRESJAN, J., MEL'ČUK, I.A., ŽOLKOVSKIJ, A.K. Semantics and lexicography: towards a new type of unilingual dictionary, in: Studies in Syntax and Semantics, Dordrecht 1969, 1-33

ARTEMOV, R.N. Pod"jazykovaja sistemnost' v leksike i ee otraženie v raspredelitel'nom slovare, Leningrad 1973, akd

ARZUMANJAN, Ė.R. Voprosy množestvennosti terminologičeskogo rjada pri sozdanii special'nych slovarej, in: Russkij jazyk. Voprosy teorii i metodiki, Erevan 1983

ARZUMANJAN, Ė.R. Problemy semantičeskoj i slovoobrazovatel'noj ėkvivalentnosti naučno-techničeskich terminov (na materiale russko-armjanskich terminologičeskich slovarej), Erevan 1985, akd

BAGRATIONI, T. Knigi-slovari, Tbilisi 1979, 195 p.

BAKAYA, R.M. An Experiment in Compiling a Minimal Vocabulary for Reading Scientific-Technical Literature in Russian, in: Babel, 3/1967, 163

BARCHUDAROV, S.G. Aktual'nye zadači leksikografii v oblasti terminov, in: Problematika opredelenij terminov v slovarjach raznych tipov, Leningrad 1976

BAUMANN, E., MEYER, E., et al. Das elektronische Wörterbuch der Fachsprachen. Russisch-Englisch-Deutsch, in: WZ TU Dresden, 6/1975(24), 1234-1249

BAUMANN, E., NEUBERT, G. Das elektronische Wörterbuch der Fachsprachen - Aufgaben und lexikographische Struktur, in: WZ TU Dresden, 3-4/1974(23), 627-633

BONDARENKO, T.F. Principy sostavlenija terminologičeskogo mašinnogo slovarja na primere slovarja po radio-ėlektrotechnike, in: Naučnyj simpozium. Mesto terminologii v sisteme sovremennych nauk, Moskva 1970, 76-78

BORISOVA, L.T. Analiz značenija termina na baze opredelenija ego v slovare (na materiale tekstov po rasprostraneniju radiovoln v ionosfere), in: TS, 1978(1)

BURCEVA, V.V. Professionalizmy v slovarjach, in: RR, 3/1975, 96-100

BURCEVA, V.V. Professional'naja leksika v tolkovych slovarjach, in: RR, 3/1978, 69-74

BURT, Ė.M. Naučnye ponjatija kak sistemy i ich opisanie v tolkovych terminologičeskich slovarjach, in: VJa, 1/1984, 36-43

BYSTROVA, E.A., ŠANSKIJ, N.M. Teoretičeskie osnovy razrabotki slovarej učebnogo tipa, Moskva 1981, 114 p.

ČANTUSIŠVILI, D.S. Ob odnom tipe obučajuščego paradigmatičeskogo slovarja russkogo jazyka dlja nerusskich, in: VJa, 5/1987, 74-86

CHARITONOVA, N.N., KARPOVIČ, A.E. et al. O naučno-techničeskoj terminologii v sopostavitel'noj dvujazyčnoj leksikografii, in: Sopostavitel'naja lingvistika i obučenie inostrannym jazykam v uslovijach dvujazyčija, III, Čeboksary 1978

CHITROVA, V.I., D'JAKOVA, V.I. Principy postroenija "Slovarja geografičeskoj leksiki Voronežskogo kraja", in: Materialy po russko-slavjanskomu jazykoznaniju, Voronež 1982, 43-48

CHOCHLAČEVA, V.N. Opyt raboty nad kartotekoj "Slovarja jazyka V.I. Lenina", in: Issledovanija po jazyku i stilju proizvedenij V.I. Lenina, Moskva 1981

CHOCHLAČEVA, V.N., DANILENKO, V.P. Slovar' jazyka V.I. Lenina, in: RR, 2/1975, 3-10

CHOFFMANN, L. (=HOFFMANN, L.) Častotnye slovari pod"jazykov nauki i techniki-ključ k ponimaniju special'nych tekstov, in: UZ Tart GU, DIL, 1980

CHRISTMANN, K. Material zu einem deutsch-russischen Satzlexikon der Landwirtschaft, in: Arbeitsmaterial Dölau, XXXIX, (1-3), 1976-77

CVILLING, M.JA. O nekotorych principach sostavlenija perevodnych slovarej, in: TP, 20/1983, 85-90

DANILENKO, V.P. Po stranicam slovarja "Naučno-techničeskij progress", in: RR, 2/1989, 84-88

DENISOV, P.N. O podchodach k tolkovaniju slov v "Slovare jazyka V.I. Lenina", in: Issledovanija po jazyku i stilju proizvedenij V.I. Lenina, Moskva 1981

DENISOV, P.N. O slovnike "Slovarja jazyka V.I. Lenina", in: Issledovanija po jazyku i stilju proizvedenij V.I. Lenina, Moskva 1981

DENISOV, P.N. Slovar' jazyka V.I. Lenina kak novyj tip slovarja, in: VJa, 1/1985, 3-12

DIN-VORNORM 2333. Fachwörterbücher - Stufen der Ausarbeitung, Berlin 1974

DOBRUŠKINA, Ė.M. Vydelenie terminologičeskich slovosočetanij i postroenie avtomatičeskogo slovarja oborotov, in: Naučnaja konferencija professorsko-prepodavatel'skogo sostava i aspirantov ėkonomičeskogo fakul'teta kišinevskogo sel'skochozjajstvennogo instituta. Materialy, Kišinev 1970

DUBROVINA, L.V. Anglo-russkij medicinskij terminologičeskij ključ: Metodika sostavlenija terminologičeskogo slovarja, Moskva 1982, 160 p.

EISELT, E. Lexikographische Probleme bei der Darstellung russischer Fügungen aus der Fachsprache Medizin/Russisch, in: Sprachkundigenausbildung Russisch. Ausgewählte Referate des IV. Internationalen Wissenschaftlichen Kolloquiums "Linguistische Probleme der Sprachkundigenausbildung in Russisch Stufe IIa" des Zentrums für Sprachintensivausbildung in Russisch in Halle-Dölau am 7./8.12.1977, Halle 1978

FILIN, F.P. O slovare jazyka V.I. Lenina, in: Slovo v jazyke proizvedenij V.I. Lenina, Moskva 1979

FOJRICH, R. (= Feurich,R.) Rol' i mesto terminoėlementov v leksikografii, in: RJaZR, 2/1973, 42-43

GAK, V.G. Lingvističeskie slovari i ėkstralingvističeskaja informacija (v svjazi s vychodom v svet vtorogo izdanija slovarja 'Bol'šoj Rober'), in: VJa, 2/1987, 3-16

GAVINSKIJ, A.N. Teoretičeskie osnovy vybora optimal'noj struktury dvujazyčnych slovarej kak odnogo iz sredstv uporjadočenija naučno-techničeskoj terminologii (na materiale anglorusskoj, russko-anglijskoj i anglojazyčnoj terminologii slovarej), Kiev 1978, akd

GERASIMOV, V.I. Učebnye terminologičeskie slovari i ich značenie dlja celenapravlennogo obučenija inostrannym jazykam, in: Terminologija i leksikografija, Moskva 1982

GERD, A.S. Special'nye slovari i ich istočniki, in: Sovremennaja russkaja leksikografija, Leningrad 1983, 136-143

GERD, A.S. Osnovy naučno-techničeskoj leksikografii, Leningrad 1986, 72 p.

GOLOVAŠČUK, S.I. Perevodnye slovari i principy ich sostavlenija: na leksičeskom materiale russkogo i ukrainskogo jazyka, Kiev 1976, 247 p.

GREČKO, V.A. Terminologičeskaja leksika v akademičeskich slovarjach, in: Sovremennaja russkaja leksikografija, Leningrad 1977, 91-100

GRJAZNOVA, O.V. Slovarnaja stat'ja terminologičeskogo slovarja kak vid naučnogo teksta (na materiale slovarja anglijskogo jazyka), Moskva 1985, akd

HOFFMANN, L. Častotnye slovari pod"jazykov nauki i techniki - ključ k ponimaniju special'nych tektstov, in: UZ Tart GU, 1980(549), 145-152

IGNAT'EV, B.I. Principy postroenija otraslevogo dvujazyčnogo slovarja, in: NTI, Ser. 1, 5/1974, 24-30

IL'INA, S.V. Vozmožnosti ispol'zovanija faktografičeskoj informacionno-poiskovoj sistemy v kačestve instrumenta leksikografičeskoj obrabotki naučno-techničeskich terminov, in: TS, 1981(4), 75-82

IVANOV, S.Z. Opyt izdanija otraslevych dvujazyčnych terminologičeskich slovarej, in: Problemy kačestva perevoda naučno-techničeskoj literatury, Tezisy dokladov i soobščenij oblastnoj naučno-techničeskoj konferencii, Orel 1978, 30-31

JAKIMOVIČ, JU.K. Teoretičeskie osnovy redaktirovanija perevodnych special'nych slovarej, Moskva 1972

KANDELAKI, T.L. Rol' terminologičeskich slovarej sistematičeskogo tipa v processe izučenija osnov nauk studentami-inostrancami, in: Problemy učebnoj leksikografii, Moskva 1977, 150-157

KANDELAKI, T.L. Opyt razrabotki principov uporjadočenija terminologij, in: Sovremennye problemy russkoj terminologii, Moskva 1986, 124-140

KARPOVIČ, A.E. O leksikografičeskoj terminologii, in: Sovremennaja russkaja leksikografija, Leningrad 1977, 205-210

KARPOVIČ, A.E. O russkoj leksikografičeskoj terminologii, in: Russian Language Journal, 128/1983, 3-9

KLIMZO, B.N. O russko-anglijskom slovare obščeupotrebitel'nych slov i frazeologičeskich edinic naučno-techničeskoj literatury, in: TP, 17/1980, 107-120

KOBRIN, R.JU., PEKARSKAJA, L.A. Lingvostilističeskij analiz upotreblenija terminov normativnych slovarej i GOSTov v real'nych naučno-techničeskich tekstach, in: Jazykovaja norma i statistika, Moskva 1977, 265-279

KOMAROVA, L.N. O terminologičeskoj leksike v "slovare inostrannych slov", in: Problematika opredelenij terminov v slovarjach raznych tipov, Leningrad 1976

KOMAROVA, Z. Semantika termina i problema ego opredelenija v slovarjach, in: Prace naukowe uniwersytetu śląskiego w Katowicach, Nr.726, 17-26

KOMAROVA, Z.I. Problema tolkovanija special'nych slov y slovarjach russkogo jazyka sovetskogo perioda, Sverdlovsk 1979, 91 p.

KOTELOVA, N.Z. Semantičeskaja charakteristika terminov v slovarjach, in: Problematika opredelenij terminov v slovarjach raznych tipov, Leningrad 1976

KOZLOV, JU.V. Voprosy kompressii terminologičeskich slovnikov, in: Strukturnaja i prikladnaja lingvistika, 1987(3), 187

KUČERA, A. Synonymreihen in einem Übersetzungs-Fachwörterbuch, in: Babel, 1969, 223-226

LEJČIK, V.M. Leksikografičeskaja terminologičeskaja dejatel'nost'. Klassifikacija i metodika sozdanija terminologičeskich slovarej, in: Terminologija bibliotečnogo dela, Moskva 1975, 6-15

LEJČIK, V.M., SLJUSAREVA, N.A. O terminologii i leksikografii, in: Terminologija i leksikografija, Moskva 1982

LILEEVA, Ė.L. Kartoteka slovarja V.I. Lenina, in: Voprosy leksičeskoj leksikografii, Leningrad 1979

LOGINOVA, K.A. Leksika oficial'no-delovogo stilja v tolkovych slovarjach sovremennogo russkogo literaturnogo jazyka, in: Lingvističeskie issledovanija 1979. Voprosy mežurovnevogo analiza jazykov različnych tipov, Moskva 1979

MAL'KOVSKIJ, G. Praktika podači kvantitativnych variantov v anglo-russkich terminologičeskich slovarjach, in: TP, 5/1968, 112-116

MARČUK, JU.N. Vyčislitel'naja leksikografija, Moskva 1976

MARUSENKO, M.A. O formirovanii slovnika slovarja statističeski ustojčivych naučno-techničeskich terminov, in: Strukturnaja i prikladnaja lingvistika, II, Leningrad 1983, 82-89

MEŠKO, Š. Razrabotka metodov sostavlenija slovarej-minimumov po special'nosti na osnove častotnych slovarej, in: Bolg Rus, 6/1983, 56

MILOVIDOVA, L.I. Nekotorye principy sostavlenija anglo-russkogo terminologičeskogo slovarja, in: UZ Čern GU, 9/1961

MOISEEV, A.I. K opredeleniju terminov v slovarjach, in: Problematika opredelenij terminov v slovarjach raznych tipov, Leningrad 1976

MOLODEC, V.N. Osobennosti russko-nemeckogo slovarja fonetičeskich terminov, in: TS, 1980(3), 48-65

MORKOVKIN, V.V. Ob ob''eme i soderžanii ponjatija "teoretičeskaja leksikografija", in: VJa, 6/1987, 33-42

NALEPIN, V.I. Termin i terminosistema kak predmet leksikologii, Moskva 1976, akd

NEKRASOVA, K.F. Metodika raboty po sostavleniju terminologičeskogo slovarja, in: UZ Kišinev GU, XXXXVI, 1961

NIKITINA, S.E. Informacionnyj tezaurus kak sredstvo sistematizacii terminologii, in: Problematika opredelenij terminov v slovarjach raznych tipov, Leningrad 1976, 158-167

ONUFRIENKO, G.S. Kvantitativnoe issledovanie gibridnych terminov techničeskogo slovarja, in: RJa, 1983(7), 79-87

OTRASLEVAJA terminologija i leksikografija, Voronež 1984

PANIN, Ė.N. Specifika termina i pokaz slovosočetanij v special'nom dvujazyčnom slovare, in: Voprosy semantiki i metodiki prepodavanija inostrannych jazykov, Minsk 1982

PERERVA, V.M. O principach i problemach otbora terminov i sostavlenija slovnika terminologičeskich slovarej, in: Problematika opredelenij terminov v slovarjach raznych tipov, Leningrad 1976

PERERVA, V.M. Otbor terminologičeskoj leksiki dlja obščich slovarej jazyka, in: Sovremennaja russkaja leksikografija 1977, Leningrad 1979, 107-120

PROBLEMATIKA opredelenija terminov v slovarjach raznych tipov, Leningrad 1976

PROBLEMY obščej i terminologičeskoj leksikografii, Tezisy naučno-metodičeskoj konferencii 8-9 ijunja 1978 g., Baku 1978

PROBLEMY učebnoj leksikografii (ed. Denisov, P.N., Morkovkin, V.V.), Moskva 1977, 170 p.

PROBLEMY učebnoj leksikografii i obučenija leksike (ed. Denisov, P.N., Morkovkin, V.V.), Moskva 1978, 192 p.

ŠAJKEVIČ, A.JA. Problemy terminologičeskoj leksikografii, Moskva 1983

SCHÖN, H. Der russische Wortschatz der Kernenergetik unter

besonderer Berücksichtigung der Synonymie und die Gestaltung eines terminologisch orientierten Lehrwörterbuches, Berlin 1978, Diss

SERGEEV, V.N. Terminy kak ob"ekt leksikografii, in: Sovremennye problemy terminologii v nauke i technike, Moskva 1969, 122-148

SERGEEV, V.N. O tipach sovremennych terminologičeskich slovarej, in: Voprosy razrabotki naučno-techničeskoj terminologii, Riga 1973

SERGEEV, V.N. Neologija i terminologičeskie pristatejnye slovari, in: Novye slova i slovari novych slov, Leningrad 1983, 140-146

SKLJAREVSKAJA, G.N. Ešče raz o problemach leksikografičeskoj stilistiki, in: VJa, 3/1988, 84-97

SOROKOLETOV, F.P. Terminologija i leksikografičeskaja stilistika, in: Voprosy semantiki, Kaliningrad 1984

SPUTIN, L.P. Neobchodimy dvjujazyčnye slovari imen sobstvennych, in: TP, 4/1967, 55-62

STANEVIČ, V.A. Charakter i tipy opredelenij leksiki oficial'no-delovogo stilja v "Slovare sovremennogo russkogo literaturnogo jazyka". in: NT Kujb PI, CCX, 1977

STEPANOVA, M.B. Special'naja leksika i ee otraženie v učebnych slovarjach aktivnogo tipa, Moskva 1981, akd

SUPERANSKAJA, A.V. Terminologija i nomenklatura, in: Problematika opredelenij terminov v slovarjach raznych tipov, Leningrad 1976

SUSLOVA, I.M., ULANOVA, L.N. Opyt sostavlenija terminologičeskogo slovarja po bibliotečnomu delu, in: Sov Bibliotekovedenie, 4/1974

TABANAKOVA, V.D. Semantizacija termina v odnojazyčnych terminologičeskich slovarjach (na materiale geologičeskich slovarej), Leningrad 1981, akd

TERMINOLOGIJA i leksikografija, Moskva 1982

TOLIKINA, E.N. Termin v tolkovom slovare. K probleme opredelenija, in: Problematika opredelenij terminov v slovarjach raznych tipov, Leningrad 1976

USAČEVA, V.V. Materialy dlja slovarja slavjanskich nazvanij ryb VII (semejstvo lososevye), in: Slavjanskoe i balkanskoe jazykoznanie. Jazyk v ėtnokul'turnom aspekte, IX, 1984, 200 ff

VAVREČKA, M. Ruská slovesná terminologie v technických překladových slovnících, in: Sborník prací Pedagogické fakulty v Ostravě, Řada D: Jazyk, literatura, umění, Ostrava 1981, 95-103

VAZEM, N. O "lišnej" leksike v otraslevych naučno-techničeskich slovarjach, in: TP, 8/1971, 88-92

VOLKOVA, I.N. Standartizacija terminologii kak odno iz napravlenij leksikografii, in: Vsesojuznaja konferencija "Podgotovka i izpol'zovanie naučno-techničeskich slovarej v sisteme informacionnogo obespečenija", Tezisy dokladov, Moskva 1986

VOLKOVA, N.I. Strukturno-semantičeskaja charakteristika organizacionno-proizvodstvennoj terminologii v sovremennom russkom jazyke (na materiale tolkovych slovarej), in: Problemy razvitija i sovremennogo sostojanija russkogo jazyka, Moskva 1979

VOPROSY UČEBNOJ LEKSIKOGRAFII (ed. Denisov, P.N., Novikov, L.A.), Moskva 1969, 188 p.

WEINRICH, U. "(Soviet) Lexicology", in: Current Trends in Linguistics, I, (ed. Seboek, Th.A.), The Hague 1963, 60-93

WITKOWSKI, R. Niektóre tendencje rozwoju leksykografii specjalistycznej, in: Przegl Rus, 1987(37), 117-129

ZAGIDULLINA, R.Z. Leksikografičeskaja prezentacija nekotorych tipov terminologičeskich sinonimov, in: Funkcional'nye stili i prepodavanie inostrannych jazykov, Moskva 1982

ZAMKOVA, V.V. Special'naja leksika v istoričeskom slovare (K voprosu ob otbore slov), in: Problemy istoričeskoj leksikografii, Leningrad 1977

ZAMKOVA, V.V. Special'naja leksika v slovare Akademii Rossijskoj: Leksika remesel, in: Slovari i slovarnoe delo v Rossii XVIII v., Leningrad 1980, 90-101

ŽIGAČEVA, Ė.G. Sootnošenie obščej i special'noj leksiki v raspredelitel'nom slovare, in: Strukturno-verojatnostnyj analiz jazyka po dannym reči, Char'kov 1979

1.2. TERMINOLOGIE

1.2.0. ALLGEMEIN

RUSSISCH

ABBAKUMOVA, G.A. Nekotoryye osobennosti semantiki i struktury terminirovannych nominacij (na materiale obščestvenno-političeskoj terminologii), in: RJa, 1982(5), 22-26

AGAJAN, Ė.V. Terminovedenie, Erevan 1978

AKULENKO, V.V. Naučno-techničeskaja revoljucija i problema internacional'noj terminologii, in: Naučno-techničeskaja revoljucija i funkcionirovanie jazykov mira, Moskva 1977

AKULENKO, V.V. Naučno-techničeskaja revoljucija i zadači internacionalizacii naučno-techničeskoj terminologii, in: Internacional'nye ėlementy v leksike i terminologii, Char'kov 1980, 129-146

ALIEV, S. Ovladenie terminologičeskoj sistemoj pod"jazyka special'nosti na prodvinutom ėtape, in: Tezisy dokladov i soobščenij (4.MAPRJAL-Kongreß), Berlin 1979, 667-668

ALTAJSKAJA, V.F. Rasširenie sfery terminologičeskoj leksiki v pervoe desjatiletie posle Oktjabr'skoj revoljucii, in: Dopovidi ta Povidomlennja, Serija filologična, 4/1959

ARDOVSKAJA, P.V. Strukturno-semantičeskie osobennosti prostych i složnych terminologičeskich edinic (na materiale terminologii v oblasti pod"emno-transportnogo oborudovanija), Moskva 1979, akd

AVERBUCH, K.JA. O standartizacii terminov, in: NTI, ser.1, 10/1977

AVERBUCH, K.JA. Terminologičeskaja variantnost': teoretičeskij i prikladnoj aspekty, in: VJa, 6/1986, 38-49

AVTOMATIZIROVANNAJA sistema informacionno-terminologičeskogo obsluživanija, Moskva 1974

AZAROVA, I.V., BUTOROV, V.D. Ispol'zovanie terminologičeskoj seti dlja analiza zaprosov na ograničennom estestvennom jazyke, in: Strukturnaja i prikladnaja lingvistika, II, Leningrad 1983, 154-162

BARCHUDAROV, S.G. O značenii i zadačach naučnych issledovanij v oblasti terminologii, in: Lingvističeskie problemy naučno-techničeskoj terminologii, Moskva 1970, 7-10

BEL'ČIKOV, JU.A. Internacional'naja terminologija v russkom jazyke, Moskva 1959

BEL'ČIKOV, JU.A. Terminologičeskaja i proizvodstvenno-professional'naja leksika v gazete, in: Očerki po stilistike russkogo jazyka i literaturnomu redaktirovaniju, Moskva 1961

BELODED, I.K., LAGUTINA, A.V. Naučnaja terminologija ėpochi NTR - organičeskaja sostavnaja čast' sovremennogo literaturnogo jazyka, in: Kul'tura slova, Kiev, 1982(22), 3-8

BELOVA, M.Ė. Javlenija vtoričnoj nominacii kak rezul'tat leksiko-semantičeskogo obrazovanija terminov, in: VLU, ser.2, istorija, jazykoznanie, literaturovedenie, 3/1986, 107-108

BERTEL'S, A.E. O značenii termina i tropy v tekste, definicii i kommentarii, in: Lingvistika i metodika v vysšej škole, VIII, Moskva 1978

BEYER, E. Zu Ergebnissen der Sowjetwissenschaft bei der Entwicklung der Terminologie, in: LAB, 46, 1984, 20-25

BLAGOEVA, N.G. K voprosu o semantičeskich izmenenijach terminologičeskoj leksiki, in: Voprosy Semantiki, II, Leningrad 1976

BOČEGOVA, N.N. Stilističeskaja funkcija terminov v kontekste chudožestvennogo proizvedenija, Leningrad 1978, akd

BOLOTOV, V.I. Značenie slova, termina i énciklopedičeskoe značenie imeni sobstvennogo, in: Voprosy razrabotki naučno-techničeskoj terminologii, Riga 1973

BORISOVA, E.N. O formirovanii terminologičeskich sistem v russkom jazyke vtoroj poloviny XVIII veka, in: Istorija strukturnych ėlementov v russkom jazyke, Moskva 1982

BORUCHOV, Ė.A., GOR'KOVA, V.I. Logičeskie otnošenija meždu terminami, opredeljaemye ključevymi slovami, in: NTI, ser.2, 6/1983

BOŽNO, L.I. O lingvističeskom podchode k uporjadočeniju naučno-techničeskoj terminologii, in: Problemy dejatel'nosti učenogo i naučnych kollektivov, Leningrad 1973

BRAGINA, A.A. Sinonimy i terminy (o vozmožnoj polifunkcional'nosti terminov), in: RJaŠ, 6/1976, 87-93

BUKČINA, B.Z. Ob orfografii v terminologii, in: Kul'tura reči v techničeskoj dokumentacii (na materiale GOSTov i special'noj literatury), Moskva 1982

BULYČEVA, S.F. Lingvometodičeskie problemy termina, in: Lingvometodičeskie osnovy prepodavanija inostrannych jazykov, Moskva 1979

BUTRIM, V.E. Osobennosti semantiki i obrazovanija terminov kategorii svojstv, Moskva 1984, akd

BUTRIM, V.E. Osobennosti semantiki terminov kategorii svojstv, in: Sovremennye problemy russkoj terminologii, Moskva 1986, 24-36

ČEBOTNIKOVA, T.A. Mnogoznačnost' termina i kontekst, in: TS, 1982(5), 35-40

ČEREMISINA, N.V. Terminologičeskaja leksika v sovetskoj naučno-chudožestvennoj proze, in: NZ Char'k PI, Serija lingvistiki, XXVIII, 1957

ČERNEC, A.G., TEPER, N.M. Naučnaja terminologija. Metodičeskij ukazatel' dlja studentov-zaočnikov, Char'kov 1963

ČERNJAEVA, V.M. Publicističeskij termin v reči M. Gor'kogo, in: TS, 1982(5), 71-79

CHAJUTIN, A.D. Termin, terminologija, nomenklatura, Samarkand 1972

CHARITONČIK, Z.A., VINOKUROVA, V.N. O korreljacii slovoobrazovatel'nych sistem v terminologii, in: Voprosy naučno-techničeskoj terminologii i metodiki prepodavanija inostrannych jazykov, Minsk 1980, 6-12

CHORNUNG, V. (=HORNUNG,W.) Nekotorye voprosy sostavlenija terminologičeskich učebnych slovarej, in: Doklady i soobščenija delegacii Germanskoj Demokratičeskoj Respubliki (4.MAPRJAL-Kongreß), Berlin 1979, 433-435

COJ, T.V. K voprosu strukturno-semantičeskogo analiza terminov naučno-techničeskoj literatury v russkom jazyke, in: Issledovanija po literaturovedeniju i jazykoznaniju, Taškent 1977

ČUPILINA, E.I., IZERGINA,I.A. O jazykovom statuse terminologičeskich sinonimov, in: Sintagmatičeskaja obuslovlennost' leksičeskoj semantiki, Riga 1980

DANILENKO, V.P. Lingvističeskoe izučenie terminologii i kul'tury reči (K postanovke voprosa), in: Aktual'nye problemy kul'tury reči, Moskva 1970, 305-325

DANILENKO, V.P. O meste terminologii v sisteme obščeliteraturnogo jazyka, (Vstuplenie), in: Lingvističeskie problemy naučno-techničeskoj terminologii. Materialy soveščanija (30 maja-2 ijunja 1967g., Leningrad), Moskva 1970

DANILENKO, V.P. O nekotorych grammatičeskich osobennostjach terminov-suščestvitel'nych, in: RR, 6/1970, 63-66

DANILENKO, V.P. Terminologizacija raznych častej reči (terminy-glagoly), in: Problemy jazyka nauki i techniki. Logičeskie, lingvističeskie, istoriko-naučnye aspekty terminologii, Moskva 1970, 40-51

DANILENKO, V.P. Leksiko-semantičeskie i grammatičeskie osobennosti slov-terminov, in: Issledovanija po russkoj terminologii, Moskva 1971, 7-67

DANILENKO, V.P. Lingvističeskie trebovanija k standartizuemoj terminologii, in: Terminologija i norma. O jazyke terminologičeskich standartov, Moskva 1972

DANILENKO, V.P. Nekotorye voprosy lingvističeskoj standartizacii naučno-techničeskoj terminologii (o kratkoj forme termina), in: NTT, ser.9, 10/1972

DANILENKO, V.P. O kratkom variante termina (k voprosu o sinonimii v terminologii), in: RR, 5/1972, 75-81

DANILENKO, V.P. "Famil'nye" slova i terminy, in: RR, 2/1974, 147-150

DANILENKO, V.P. O terminologičeskom slovoobrazovanii, in: VJa, 4/1974, 76-85

DANILENKO, V.P. O meste naučnoj terminologii v leksičeskoj sisteme jazyka, in: VJa, 4/1976, 64-71

DANILENKO, V.P. Leksika jazyka nauki. Terminologija, Moskva 1977, akd

DANILENKO, V.P. Russkaja terminologija. Opyt lingvističeskogo opisanija, Moskva 1977

DANILENKO, V.P. Terminy v sovremennom russkom jazyke, in: RR, 3/1979, 90-95

DANILENKO, V.P. Terminologija sovremennogo jazyka nauki, in: Meždunarodnaja konferencija "Teorija i praktika naučno-techničeskogo perevoda", Tezisy dokladov, Moskva 1985

DANILENKO, V.P. Aktual'nye napravlenija lingvističeskogo issledovanija russkoj terminologii, in: Sovremennye problemy russkoj terminologii, Moskva 1986, 5-23

DANILENKO, V.P. Standartizovannye terminy, lingvističeskaja pravil'nost', in: RR, 5/1986, 61-67

DANILENKO, V.P., SKVORCOV, L.I. Lingvističeskie problemy uporjadočenija naučno-techničeskoj terminologii, in: VJa, 1/1981, 7-16

DANILENKO, V.P., SKVORCOV, L.I. Lingvističeskie problemy standartizacii terminologii, in: Infoterm, Ser.6, München 1981

DANILENKO, V.P., SKVORCOV, L.I. Terminologija i norma, in: RR, 1/1981, 77-82

DANILENKO, V.P., SKVORCOV, L.I. Normativnye osnovy unifikacii terminologii, in: Kul'tura reči v techničeskoj dokumentacii, Moskva 1982

DENISOV, P.N. Nekotorye lingvističeskie aspekty terminologii, in: RJaŠ, 6/1965

DENISOV, P.N. Sovremennye problemy terminologii v nauke i technike (o nekotorych obščich aspektach izučenija jazykov nauki), Moskva 1969

DENISOV, P.N. Problemy jazyka nauki i techniki. Logičeskie, lingvističeskie i istoriko-naučnye aspekty terminologii, Moskva 1970

DENISOV, P.N. Terminologija i različnye aspekty jazyka nauki, in: Problemy razrabotki i uporjadočenija terminologii v akademijach nauk sojuznych respublik, Moskva 1983

DEŠERIEV, JU.D. Naučno-techničeskaja revoljucija i problemy terminologii, in: Sociolingvističeskie problemy funkcional'nogo stilja naučnoj i techničeskoj literatury, Baku 1974

DOLGOVA, I.A. Analiz semantičeskich otnošenij meždu terminami-antonimami, in: Opisanie russkogo jazyka v aspekte ego prepodavanija kak inostrannogo, Leningrad 1984

DOMOGACKICH, V.M. Normativna li normativnaja terminologija?, in: Nekotorye voprosy analiza teksta i terminosistem, Moskva 1980

DOROŽKINA, T.N. Termin v chudožestvennom tekste, in: RR, 1/1988, 38-42

DREZEN, E.K. Naučno-techničeskie terminy, ich oboznačenija i standartizacija, Moskva 1936

DROZD, L. Terminologische und nichtterminologische Einheiten, in: Angewandte Sprachwissenschaft und fachsprachliche Ausbildung. Wissenschaftliche Schriftenreihe der TH Karl-Marx-Stadt 1974, 32-42

DROZD, L. K probleme lingvističeskoj teorii terminologii, in: Infoterm, Ser.6, München 1981

DUBONOS, O.I. Termin sredi obyknovennych slov, in: Kul'tura slova, Kiev 1982(22), 18-21

EGERT, W., HORNUNG, W., KRETSCHMAR, E. Zur Darstellung des linguistischen Inventars terminologischer Benennungssysteme, in: WZ TU Dresden, 5/1971(20), 1226-1232

ĖRMATOV, O. Principy terminotvorčestva Karla Marksa, in: Inostrannye jazyki v pedagogičeskich vuzach Uzbekistana, Taškent 1981

FARSOBIN, V.V. Istočnikovedenie i ego metod. Opyt analiza ponjatij i terminologii, Moskva 1983

FELBER, H. Standardisation of Terminology in USSR, in: Babel 1970, 197-203

FLORENSKIJ, P.A. Termin, in: VJa, 1/1989, 121-133

GAK, V.G. Asimmetrija lingvističeskogo znaka i nekotorye obščie problemy terminologii, in: Semiotičeskie problemy jazykov nauki, terminologii i informatiki, I, Moskva 1971

GAMALEJA, N. Zur Frage der Deckungsverhältnisse bei der technischen Terminologie, in: Mitteilungsblatt zur "Konferenz zur Übersetzungswissenschaft", Leipzig 1965

GLADKICH, JU. G. Singuljarnye terminy, suščestvovanie i istinnost', Moskva 1977, akd

GLUCHOV, B.A. Opredelenie naučnogo termina i mesto terminologičeskoj leksiki v obučenii, in: Jazyk i special'nost': Obučenie russkomu jazyku studentov-nefilologov, Baku 1977, 164-165

GOLOVIN, B.N. O nekotorych zadačach i tematike issledovanija naučnoj i naučno-techničeskoj terminologii, in: UZ Gor GU, Serija lingvističeskaja, CXIV, 1970

GOLOVIN, B.N. Termin i slovo, in: TS, 1980(3), 3-13

GOLOVIN, B.N. Tipy terminosistem i osnovanija ich različenija, in: TS, 1981(4), 3-11

GOR'KOVA, V.I. Ispol'zovanie metodov informatiki pri razrabotke terminologii = Terminology Development: The Application of Methods Used in Informatics, in: Theoretical and Methodological Problems of Terminology. International Symposium, Proceedings, Moscow 1979, Nov. 27-30, Convened by Gosstandart München 1981

GORODECKIJ, B.JU. Terminy s točki zrenija lingvističeskoj semantiki, in: Terminologija i leksikografija, Moskva 1982

GORODECKIJ, B.JU. Termin i ego lingvističeskie svojstva, in: Strukturnaja i prikladnaja lingvistika, 1987(3), 54-63

GOST 16447 Terminy i opredelenija osnovnych vidov, Moskva 1978

GRAUDINA, L.K. Put' termina v literaturnyj jazyk, in: RR, 5/1987, 65-72

GREČKO, V.A. Sinonimija terminov, in: Aktual'nye problemy leksikologii i slovoobrazovanija, Novosibirsk 1974

GREČKO, V.A. Kakim dolžen byt' termin, in: Aktual'nye problemy leksikologii i slovoobrazovanija, V, Novosibirsk 1976

GREČKO, V.A. Iz istorii terminov, in: TS, 1981(4), 11-22

GREČKO, V.A. Iz istorii terminologičeskich derivatov, in: TS, 1982(5), 79-86

GRINEV, S.V. Učet osobennostej razvitija terminologii v obrazovanii i zaimstvovanii novych terminov, in: Problemy razrabotki i uporjadočenija terminologii v akademijach nauk sojuznych respublik, Moskva 1983

GULJAKOVA, I.G., LEJBEROVA, N.M. K probleme funkcionirovanija termina v tekste, in: VLU, ser.2, istorija, jazykoznanie, literaturovedenie, 2/1986, 113-115

HABURČAK, T. Kompozitá v ruskej odbornej terminologii, in: Ruštinár, 5/1967

HÖPPNER, W. Terminologiearbeit in der Sprachmittlung der Deutschen Demokratischen Republik, in: Babel, 4/1984, 240

HORNUNG, W. Die Leistungen der sowjetischen Linguistik im Bereich der Terminologien, in: FS, 4/1968, 287 ff.

HORNUNG, W. Kriterien zur Erforschung russischer Terminologien, Berlin 1981, Diss.B

HUMS, L. Terminologie und Phraseologie - ihr Verhältnis zueinander auf dem Hintergrund der russischen Terminologie des Eisenbahnbaus, in: WZ TU Dresden, 5/1971

HUMS, L. Phraseologie und Terminologie in ihren Wechselbeziehungen, in: Sprache in Wissenschaft und Technik, Leipzig 1978, 104-116

ICKOVIČ, V.A. O nulevom značenii klassificirujuščego priznaka v terminologii, in: Problemy strukturnoj lingvistiki 1976, Moskva 1978, 186-194

ILJUCHINA, N.N. Naučnaja terminologija v proizvedenijach N.P. Ogareva, in: Voprosy jazykoznanija, III, Saransk 1977

INTERNACIONAL'NYE ėlementy v leksike i terminologii (ed. Akulenko, V.V.), Char'kov 1980, 208 p.
Rez.: VJa, 1/1984, 135-137 (Danilenko, V.P., Pan'ko,T.I.)

ISSLEDOVANIJA po russkoj terminologii (ed. Danilenko, V.P.), Moskva 1971, 231 p.

IVANOVA, A.E. Vozmožnosti associativnogo ėksperimenta dlja analiza terminologičeskoj leksiki. Problemy psicholingvistiki, Moskva 1975

KABANEC, G.G., KVITKO, I.S., LEIČIK, V.M. Terminovedčeskie problemy redaktirovanija, L'vov 1986

KABANEC, P.D., OMEL'ČUK, O.S. Nekotorye tipy upražnenij dlja raboty nad terminologičeskoj leksikoj, in: Inostrannyj jazyk dlja naučnych rabotnikov. Teorija i praktika prepodavanija, Moskva 1978

KAK rabotat' nad terminologiej: Osnovy i metody, Moskva 1968

KANDELAKI, T.L. Sistemy naučnych ponjatij i sistemy terminov, in: Voprosy razrabotki mechanizirovannoj informacionno-poiskovoj sistemy dlja central'nogo spravočno-informacionnogo fonda po chimii i chimičeskoj promyšlennosti, (NIITĖCHIM, vyp. 3), Moskva 1965

KANDELAKI, T.L. Rabota po uporjadočeniju terminologii i nekotorye lingvističeskie problemy, voznikajuščie pri ėtom, in: Lingvističeskie problemy naučno-techničeskoj terminologii, Moskva 1970, 40-52

KANDELAKI, T.L. Značenija terminov i sistemy značenij naučno-techničeskoj terminologii, in: Problemy jazyka nauki i techniki. Logičeskie, lingvističeskie i istoriko-naučnye aspekty terminologii, Moskva 1970, 3-40

KANDELAKI, T.L. Rodo-vidovoj metod analiza semantiki terminov i granicy ego primenenija, in: Semiotičeskie problemy jazykov nauki, terminologii i informatiki, II, Moskva 1971

KANDELAKI, T.L. K voprosu o nomenklaturnych naimenovanijach, in: Voprosy razrabotki naučno-techničeskoj terminologii, Riga 1973

KANDELAKI, T.L. Semantika i motivirovannost' terminov, Moskva 1977, 176 p.

KANDELAKI, T.L. Terminologičeskaja rabota v sisteme naučnych učreždenij AN SSSR, in: VJa, 5/1979, 123-132

KANDELAKI, T.L., SAMBUROVA, G.G. Voprosy modelirovanija sistem značenij uporjadočennych terminologij, in: Sovremennye problemy terminologii v nauke i technike, Moskva 1969, 3-31

KANDELAKI, T.L., SIFOROV, V.I. Metodologičeskie aspekty terminologičeskoj raboty (iz opyta raboty Komiteta naučno-techničeskoj terminologii), in: Theoretical and Methodological Problems of Terminology. International Symposium, Proceedings, Moscow, 1979 Nov. 27-30, München 1981

KANDELAKI, T.L., SIFOROV, V.I. Metodologičeskie aspekty terminologičeskoj raboty (iz opyta Komiteta naučno-techničeskoj terminologii), in: Problemy razrabotki i uporjadočenija terminologii v akademijach nauk sojuznych respublik, Moskva 1983

KANDELAKI, T.L., SIFOROV, V.I. Metodologičeskie aspekty terminologičeskoj raboty Komiteta naučno-techničeskoj terminologii AN SSSR, in: VJa, 2/1983, 3-8

KAPANADZE, L.A. O ponjatijach *termin* i *terminologija* na primere naučno-techničeskoj terminologii, in: Razvitie leksiki sovremennogo russkogo jazyka, Moskva 1965, 75-85

KAPANADZE, L.A. Vzaimodejstvie terminologičeskoj i obščeupotrebitel'noj leksiki, in: Razvitie leksiki sovremennogo russkogo jazyka, Moskva 1965, 86-103

KAPANADZE, L.A. Vzaimodejstvie terminologičeskoj leksiki s obščeliteraturnoj, Moskva 1966, akd

KAPRALOVA, S.G. O processach terminologizacii v jazyke proizvedenij V.G. Belinskogo, in: UZ MPI, CCLXXXXII, 1968

KARPOVIČ, V.N. Terminy v strukture teorij, Novosibirsk 1978

KATLINSKAJA, L.P. Nekotorye nabljudenija nad slovoobrazovaniem v sovremennoj russkoj terminologii, in: Izv AN SSSR SLJa, 6/1983, 540-549

KIJAK, T.R. Motivirovannost' kak ob"ektivnyj kriterij unifikacii terminologii, in: Strukturnaja i prikladnaja lingvistika, 1987(3), 144-149

KISELEV, A.B., KRUGLOV, E.A., SMIRNOVA, JA.V. O edinstve techničeskoj i lingvističeskoj storon v naučno-techničeskoj terminologii, in: Problemy gosudarstvennoj standartizacii terminologii v SSSR, Moskva 1968

KLIMOVICKIJ, JA.A. Nekotorye voprosy razvitija i metodologii terminologičeskoj raboty v SSSR, Moskva-Leningrad 1967

KLIMOVICKIJ, JA.A. Nekotorye metodologičeskie voprosy raboty nad terminologiej nauki i techniki, in: Sovremennye problemy terminologii v nauke i technike, Moskva 1969, 32-61

KLIMOVICKIJ, JA.A. Termin i obuslovlennost' opredelenija ponjatija v sisteme, in: Problematika opredelenij terminov v slovarjach raznych tipov, Leningrad 1976, 107-114

KLIMOVICKIJ, JA.A., KULEBAKIN, V.S. Raboty po postroeniju naučno-techničeskoj terminologii v SSSR i sovetskaja terminologičeskaja škola, in: Lingvističeskie problemy naučno-techničeskoj terminologii. Materialy soveščanija (30 maja-2 ijunja 1967g., Leningrad), Moskva 1970, 11-39

KOBRIN, R.JU. Opyt lingvističeskogo analiza terminologii, Gor'kij 1969, akd

KOBRIN, R.JU. K voprosu o termine, in: Prikladnaja matematika i kibernetika, Moskva 1973

KOBRIN, R.JU. Terminosistemy kak informacionnye jazyki, in: Leksika. Terminologija. Stili, Gor'kij 1973(1)

KOBRIN, R.JU. Lingvo-statističeskij analiz terminologičeskich sistem, in: Vyčislitel'naja lingvistika, Moskva 1976

KOBRIN, R.JU. O formal'nych kriterijach terminologičnosti i metodologičeskom obosnovanii rabot po unifikacii i standartizacii terminologii, in: Problematika opredelenij terminov v slovarjach raznych tipov, Leningrad 1976

KOBRIN, R.JU. O metodologičeskom obosnovanii terminologičeskoj raboty, in: Leksika. Terminologija. Stili, Gor'kij 1976(5)

KOBRIN, R.JU. O ponjatijach *terminologija* i *terminologičeskaja sistema*, in: NTI, ser.2, 8/1981

KOBRIN, R.JU., PEKARSKAJA, L.A. Standartizacija terminov: *nadežda i dejstvitel'nost'*, in: NTI, serija 1, Organizacija i metodika informacionnoj raboty, 9/1976, 8-12

KOGOTKOVA, T.S. Slovo v terminologičeskom i neterminologičeskom primenenii, in: RR, 1/1975, 62-66

KOGOTKOVA, T.S. Terminologija i mežfunkcional'no-stilevaja "omonimija", in: Problematika opredelenij terminov v slovarjach raznych tipov, Leningrad 1976

KOGOTKOVA, T.S. O svoejazyčnych terminach, in: RR, 3/1982, 66-69

KOLJADENKO, G.S. Stilistika naučnoj reči i osnovy naučno-techničeskoj terminologii. Metodičeskoe posobie po specializacii "Redaktirovanie naučnoj i naučno-techničeskoj literatury", Moskva 1978

KOLOTOVA, A.S., KUZ'MIČEVA, G.V. Nekotorye osobennosti funkcionirovanija terminov v zavisimosti ot logiko-grammatičeskoj struktury teksta, in: Leksika. Terminologija. Stili, Gor'kij 1975(4)

KOMLEV, N.G. Estestvennye granicy točnosti naučnogo termina, in: Mesto terminologii v sisteme sovremennych nauk, Moskva 1970

KOSOV, A.V. Nekotorye različija sistemnoj organizacii terminologii po sravneniju s organizaciej obščej leksiki, in: TS, 1980(3), 13-23

KOSTJUK, N.A. Konkretizacija i obobščenie pri terminologizacii slova, in: VLU, ser.2, istorija, jazykoznanie, literaturovedenie, 2/1987, 58-62

KOSTOMAROV, V.G., VEREŠČAGIN, E.M. Nacional'no-kul'turnyj komponent semantiki terminologičeskoj leksiki i lingvostranovedenie, in: RJaZR, 6/1977, 63-69

KOSTOMAROV, V.G., VEREŠČAGIN, E.M. Nacional'no-kul'turnyj komponent semantiki internacional'noj terminologii, in: Internacional'nye ėlementy v leksike i terminologii, Char'kov 1980, 68-77

KOSTROV, V.N. Jazykovedy dolžny izmenit' svoe otnošenie k terminologičeskoj rabote, in: VJa, 2/1956

KOTELOVA, N.Z. K voprosu o specifike termina, in: Lingvističeskie problemy naučno-techničeskoj terminologii, Moskva 1970, 122-126

KOTOV, R.G. Razvitie terminologii i informacionnye potrebnosti sovremennogo obščestva, in: Problemy razrabotki i uporjadočenija terminologii v akademijach nauk sojuznych respublik, Moskva 1983

KRASNEJ, V.P. O specifike i analize termina, in: Metody izučenija leksiki, Minsk 1975, 186-200

KRATKOE metodičeskoe posobie po razrabotke i uporjadočeniju naučno-techničeskoj terminologii, Moskva 1979

KRETSCHMAR, E. Asyndetische Bildungen in der terminologischen Lexik der russischen Gegenwartssprache, in: Sprache in Wissenschaft und Technik, Leipzig 1978

KRYLOV, A.I. Termin i kontekst, in: Jazykovye edinicy i kontekst, Leningrad 1973, 89-96

KURTYŠKO, G.F. Strukturno-verojatnostnyj analiz polnoj i častičnoj terminologičeskoj sinonimii, Minsk 1975, akd

KUŠNERUK, S.P. K voprosu ob opredelenii i vydelenii termina, in: NT Tjumen' GU, XXXII, 1977

KUŠNERUK, S.P. Terminologičeskie sistemy i sistemnost' termina, in: Informacija i jazykovoj znak, Tjumen' 1979

KUTAREVA, L. Iz nabljudenij nad techničeskimi terminami, obrazovannymi putem pereosmyslenija obščenarodnych slov, in: RJa, 1980(1), 106-110

KUTINA, L.L. Jazykovye processy, voznikajuščie pri stanovlenii naučnych terminologičeskich sistem, in: Lingvističeskie problemy naučno-techničeskoj terminologii, Moskva 1970, 82-94

KVITKO, I.S. Grammatičeskie osobennosti terminov v rabote redaktora, in: Knižkova informacijna sprava, Kiev 1976

KVITKO, I.S. Termin v naučnom dokumente. Rabota redaktora nad terminom, Moskva 1979, akd

LEJČIK, V.M. Terminy-sinonimy, dublety, ėkvivalenty, varianty, in: Aktual'nye problemy leksikologii i slovoobrazovanija, Novosibirsk 1973, 103-107

LEJČIK, V.M. Nomenklatura - promežutočnoe zveno meždu terminami i sobstvennymi imenami, in: Voprosy terminologii i lingvističeskoj statistiki, Voronež 1974, 13-24

LEJČIK, V.M. Lingvističeskie metody analiza formirovanija, stroenija i funkcionirovanija terminov i terminosistem, in: Terminologija bibliotečnogo dela, II, Moskva 1976

LEJČIK, V.M. Terminy i terminosistemy - pograničnaja oblast' meždu estestvennym i iskusstvennym v jazyke, in: Voprosy terminologii i lingvističeskoj statistiki, Voronež 1976

LEJČIK, V.M. Differenciacija terminov-sinonimov, variantov i ékvivalentov kak sposob razgraničenija naučnych i techničeskich ponjatij, in: Psicholingvističeskie problemy grammatiki, Moskva 1979

LEJČIK, V.M. Nekotorye voprosy uporjadočenija, standartizacii i ispol'zovanija naučno-techničeskoj terminologii, in: TS, 1981(4), 121-129

LEJČIK, V.M. Optimal'naja dlina i optimal'naja struktura termina, in: VJa, 2/1981, 63-73

LEJČIK, V.M. Osobennosti sozdanija i funkcionirovanija količestvennych termino-élementov raznych tipov, in: Strukturno-semantičeskie osobennosti otraslevoj terminologii, Voronež 1982

LEJČIK, V.M. Novoe v sovetskoj nauke o terminach (Obzor tematičeskich sbornikov IRJa AN SSSR), in: VJa, 5/1983, 118-127

LEJČIK, V.M. O jazykovom substrate termina, in: VJa,5/1986, 87 ff

LEJČIK, V.M., SLJUSAREVA, N.A. O terminologii i leksikografii, in: Terminologija i leksikografija, Moskva 1982

LEJČIK, V.M., SMIRNOV, I.P. Soviet Centres of Scientific and Technical Terminology, in: Babel, 1/1979

LEITSCHIK, V.M. (=LEJČIK, V.M.), SMIRNOV, I.P. Napravlenija terminologičeskoj raboty v SSSR, in: FS, 4/1980, 277-284

LEKSIKA. Terminologija. Stili, I-VI, Gor'kij 1973-1977

LEVINŠTEJN, I.I. Bezdumnye terminy i ložnye vzgljady, in: Apt Delo, 4/1963

LINGVISTIČESKIE aspekty terminologii, Voronež 1980

LINGVISTIČESKIE problemy naučno-techničeskoj terminologii, Moskva 1970

LINGVISTIČESKIE problemy naučno-techničeskoj terminologii. Materialy soveščanija (30 maja-2 ijunja 1967 g., Leningrad), Moskva 1970

LISYCINA, T.A. Nekotorye lingvističeskie problemy izučenija termina, in: Issledovanija po semantike. Obščie voprosy semantiki, IX, Ufa 1983, 128-136

LISYCINA, T.A. Stanovlenie jazyka russkoj nauki. Vzaimodejstvie terminologičeskich i obichodnych značenij slov, in: Funkcional'nye i social'nye raznovidnosti russkogo literaturnogo jazyka XVIII veka, Leningrad 1984

LITVINENKO, A.S. Termin i metafora, in: UZ MPIIJa, VIII, 1954, 253-277

LOTTE, D.S. Osnovy postroenija naučno-techničeskoj terminologii, Moskva 1961

LOTTE, D.S. Kratkie formy naučno-techničeskich terminov, Moskva 1971

LOTTE, D.S. Voprosy zaimstvovanija i uporjadočenija inojazyčnych terminov i terminoėlementov, Moskva 1982
Rez.: ČSR, 2/1984, 88-89 (Martonová, M.)

MAKARICHINA, O.A. K voprosu ob izučenii terminoobrazovatel'nych otnošenij, in: TS, 1981(4), 29-39

MAMEDOVA, M.G., SKOROCHOD'KO, Ė.F. Avtomatizirovannaja sistema analiza terminologii, in: Strukturnaja i matematičeskaja lingvistika, IX, Kiev 1981, 54-59

MANASJAN, N.S. Statističeskie modeli upotreblenija terminov v special'nom naučno-techničeskom tekste, Leningrad 1982, akd

MANASJAN, N.S. Semantičeskie osobennosti terminologičeskich edinic v svete charaktera ich raspredelenija, in: Inostrannye jazyki. Zarubežnaja literatura, III, Erevan 1984

MATERIALY k soveščaniju po lingvističeskim problemam naučno-techničeskoj terminologii, Moskva-Leningrad 1967

MATERIALY Pervogo Zasedanija Rabočej Gruppy 1, "Principy terminologii" 150/TK 37, "Terminologija. Principy i koordinacija", 27-30 sentjabrja 1976 g., Moskva 1977

MATERIALY zasedanija Komiteta Meždunarodnoj Federacii po dokumentacii. "Terminologija informacii i dokumentacii", Moskva, 22-24 maja 1975 g., Moskva 1976

MATTUSCH, H.-J. Zu einigen Problemen des Verhältnisses von Terminologie und Phraseologie im Russischen, in: ZPSK, 3/1977

MAUER, L.V. Ėlementarnaja kombinatorika v formirovanii leksičeskoj terminosistemy, in: Morfemika i affiksal'naja kombinatorika jazyka, Kalinin 1982

MEČKOVSKAJA, N.B. Principy istoričeskogo izučenija terminologii, in: Metody izučenija leksiki, Minsk 1975, 200-214

MEDINCEV, V.A. Semantika termina i voprosy meždunarodnoj standartizacii terminologii, in: Issledovanija po russkomu jazyku i jazykoznaniju, Moskva 1974, 329-356

MEDNIKOVA, Ė.M. Kak issledovat' naučnuju terminologiju, in: VMU, ser.9, filologija, 5/1986, 80 ff.

MEGERDIČEV, G.A. K voprosu ob uporjadočenii terminologii v metodike obučenija nerodnomu jazyku, in: RJaIS, 1977(17) 236-245

MESROBJAN, P. M. Vlijanie naučnoj terminologii na obščeliteraturnyj slovar', in: Jazyk naučnoj literatury (lingvističeskie problemy i metodika prepodavanija). Tezisy dokladov i soobščenij XX naučno-metodičeskoj konferencii 30 ijunja-2 ijulja 1975 g., Moskva 1975

MESTO terminologii v sisteme sovremennych nauk, Moskva 1970

METODIKA standartizacii naučno-techničeskoj terminologii, Moskva 1975

MICHAJLOV, M.A. "Vosproizvodimost'" i "proizvodimost'" edinic (K istorii terminov), in: TS, 1982(5), 86-93

MIS'KEVIČ, G.I. Nekotorye nabljudenija nad novymi terminami, in: Issledovanija po russkoj terminologii, Moskva 1971, 166-182

MIS'KEVIČ, G.I. K voprosu vybora termina, (KAROTAŽ), in: Kul'tura reči v techničeskoj dokumentacii (na materiale GOSTov i special'noj literatury), Moskva 1982

MJAGKOVA, E.V. K voprosu o sinonimii v terminologičeskich podsistemach, in: Issledovanija po leksikologii i frazeologii, Moskva 1976

MOISEEV, A.I. O jazykovoj prirode termina, in: Lingvističeskie problemy naučno-techničeskoj terminologii, Moskva 1970, 127-138

MOISEEV, A.I. K opredeleniju termina, in: Semiotičeskie problemy jazykov nauki, terminologii i informatiki, II, Moskva 1971, 336-338

MOISEEV, A.I. Sistema prezentacii terminologičeskoj leksiki, in: Tezisy dokladov i soobščenij (4. MAPRJAL-Kongreß), Berlin 1979, 758/759

MOLODEC, V.N. Nekotorye problemy terminologičeskoj sinonimii, in: Termin i slovo. Predmetnaja otnesennost' i funkcionirovanie terminov, Gor'kij 1983

MOROZOVA, L.V. Differencial'nye priznaki termina, in: UZ Kalin PI, 2/1969

MOROZOVA, L.V. Potencii naučnogo termina v aspekte ego migracionnych charakteristik, in: Puti povyšenija éffektivnosti prepodavanija inostrannych jazykov na nejazykovych fakul'tetach, Moskva 1981

MOTINA, E.I. Naučnaja terminologija v proizvedenijach N.A. Dobroljubova, Moskva 1954, akd

MUŠTENKO, G.A. Termin i oboznačaemoe im ponjatie, in: Lingvističeskie aspekty terminologii, Voronež 1980

NAUČNO-techničeskaja revoljucija i problemy kul'tury jazyka nauki i terminologii, Vil'njus 1983

NEDOBITY, W. Terminologieforschung bei Infoterm, in: RP, 16/1988, 75-82

NEGOMEDZJANOV, V.M. Strukturno-semantičeskaja i stilističeskaja charakteristika terminov v russkoj razgovornoj reči, Kiev 1983, akd

NEKOTORYE voprosy analiza teksta i terminosistem, Moskva 1980

NEPIJVODA, N.F. Determinologizacija kak rezul'tat vzaimodejstvija obščeliteraturnoj i terminologičeskoj leksiki, Kiev 1983, akd

NIKITČENKO, N.S. Semantičeskaja produktivnost' terminov, in: Novye slova i slovari novych slov, Leningrad 1983, 111-117

NIKOFOROV, V.K. O sistemnosti termina, in: Voprosy jazykoznanija, Moskva 1966

NOVIKOV, N.V. Termin v naučnoj fantastike, in: RR, 3/1981, 55-58

NOVINSKAJA, N.V. Termin i naučnoe otkrytie, in: RR, 2/1989, 104-106

ONUFRIENKO, G.S. Kvantitativnoe issledovanie gibridnych terminov techničeskogo slovarja, in: RJa, 1983(7), 79-87

OSIPENKO, Z.M. Znakomye slova v neobyčnom okruženii. Prevraščenie obščeupotrebitel'noj leksiki v terminy (*kožuch, bašmak),* in: RR, 6/1974, 64-67

OTRASLEVAJA terminologija i leksikografija, Voronež 1984

OVČARENKO, V.M. Struktura i semantika naučno-techničeskogo termina, Char'kov 1968

OVČARENKO, V.M. Konceptual'naja, semantičeskaja i semiotičeskaja celostnost' termina, in: Lingvističeskie problemy naučno-techničeskoj terminologii, Moskva 1970, 139-152

PEKARSKAJA, L.A. Realizacija trebovanij k "ideal'nomu" terminu v processe rečevogo funkcionirovanija terminologii, in: TS, 1981(4), 22-29

PERŠIKOV, V.F., STANISLAVSKAJA, Ė.V. Ispol'zovanie definicij pri ustanovlenii paradigmatičeskich otnošenij v deskriptornych IPJA, in: Problematika opredelenij terminov v slovarjach raznych tipov, Leningrad 1976, 167-173

PERSTNEV, I.P., SAKOV, A.A. Problemy avtomatizacii v terminologii i sozdanie bankov terminov = Automated Banks of Standardized Terms in the USSR, in: Theoretical and Methodological Problems of Terminology. International Symposium, Proceedings, Moscow, 1979 Nov. 27-30, Convened by Gosstandart, München u.a. 1981

PETROV, V.V. Semantika naučnych terminov, Novosibirsk 1982

PETRUŠKOV, V.P. Termin i jazyk, in: Semiotičeskie problemy jazykov nauki, terminologii i informatiki, II, Moskva 1971

PETRUŠKOV, V.P. Lingvistika i terminovedenie, in: Terminologija i norma. O jazyke terminologičeskich standartov, Moskva 1972, 102-116

POLTORACKIJ, A.I. Ob ispol'zovanii naučnoj terminologii, in: Naučno-techničeskaja revoljucija i funkcionirovanie jazykov mira, Moskva 1977

POPOV, G.I., NOVIČENKO, K.I. O granicach primenenija termina *Obščenie* v sovremennoj nauke, in: Social'no-ėkonomičeskie problemy razvitija nauki, Novosibirsk 1983

POPOV-ČERKASOV, I.N., VOLKOVA, I.N. Naučno-techničeskaja terminologija. Važnyj ob"ekt standartizacii, in: NTT, 10/1975

POPOV-ČERKASOV, I.N., VOLKOVA, I.N. Sostojanie i perspektivy razvitija rabot po standartizacii terminologii i ee rol' v lingvističeskom obespečenii ASU, in: Materialy zasedanija Komiteta Meždunarodnoj Federacii po dokumentacii "Terminologija informacii i dokumentacii", Moskva, 22-24 maja 1975 g., Moskva 1976

POSTROENIE i uporjadočenie otraslevoj naučno-techničeskoj terminologii, Čeljabinsk 1968

PROBLEMY gosudarstvennoj standartizacii terminologii v SSSR, Moskva 1968

PROBLEMY gosudarstvennoj standartizacii terminologii v SSSR, Moskva 1976

PROBLEMY jazyka nauki i techniki. Logičeskie, lingvističeskie, istoriko-naučnye aspekty terminologii, Moskva 1970

PROBLEMY razrabotki i uporjadočenija terminologii v akademijach nauk sojuznych respublik, Moskva 1983

PROBLEMY uporjadočenija terminologii v akademijach nauk sojuznych respublik, Moskva 1983

PROCHOROVA, V.N. O schodstve i različijach terminologičeskoj i žargonnoj leksiki, in: Issledovanija po sovremennomu russkomu jazyku, Moskva 1970, 206-211

PROCHOROVA, V.N. Sinonimija v terminologii, in: Semiotičeskie problemy jazykov nauki, terminologii i informatiki, II, Moskva 1971

PROCHOROVA, V.N. Tematičeskie gruppy leksiki russkogo jazyka i terminoobrazovanie, in: Slavjanskaja filologija, XI, Moskva 1979

RAJCHBAUM, A.G. Neobchodima edinaja naučnaja techničeskaja terminologija, in: Standartizacija, 5/1954

RAPA, V.P. Tendencii gerundial'nogo suščestvitel'nogo k terminologizacii, in: Leksičeskie i grammatičeskie innovacii, Riga 1982

REFORMATSKIJ, A.A. Čto takoe termin i terminologija?, in: Voprosy terminologii, Moskva 1961, 163-198

REFORMATSKIJ, A.A. Ob odnom izdanii Komiteta techničeskoj terminologii AN SSSR, in: VJa, 4/1962

REFORMATSKIJ, A.A. Mysli o terminologii, in: Sovremennye problemy russkoj terminologii, Moskva 1986, 163-198

REJCAK, A. Terminologija i nomenklatura, in: Voprosy razrabotki naučno-techničeskoj terminologii, Riga 1973, 71-91

REVUCKIJ, O.I. O jazykovoj prirode terminov, in: Issledovanija po leksike i grammatike, Minsk 1979

RODOS, V.B. Semantičeskaja teorija ponjatij i terminov, in: Osobennosti sovremennogo naučnogo poznanija, Tomsk 1984

ROMANOVA, N.P. O tipologii terminov, in: Aktual'nye problemy leksikologii, Novosibirsk 1972

RUBCOVA, N.V. Ob odnom opyte terminologičeskogo poiska dokumentov, in: TS, 1982(5), 111-121

RUČINA, L.I. O razgraničenii terminoobrazovanija i terminosloženija, in: TS, 1981(4), 142-146

RUKOVODSTVO po razrabotke i uporjadočeniju naučno-techničeskoj terminologii (ed. Terpigorev, A. M.), Moskva 1952

RUSOVA, N.JU. Otraslevoj termin i funkcii različnych komponentov lingvističeskogo obespečenija informacionno-poiskovych sistem, in: TS, 1982(5), 29-35

RUTTNER, M. Die Terminologie in der Sowjetunion, in: Babel, 4/1971, 16-18

RYBAL'ČENKO, A.P. K probleme perechoda obščeupotrebitel'noj leksiki v special'nuju terminologiju, in: UZ MPIIJa, LXIV, 1971

SACHAROV, L.M. Iz nabljudenij nad terminologičeskoj leksikoj v trudach Lomonosova, in: NT MZPI, 7/1961

ŠACHBADZIN, R.M. O slovach-terminach veščestvennogo značenija, in: Izv AN Arm SSR, serija obščestvennych nauk, 11/1965

SAFIN, R.A. K voprosu o primenenii teorii semantičeskogo polja pri izučenii terminologii nauki, in: NT MPIIJa, LXV, 1972

SAF'JAN, JU.A. Iz nabljudenij nad russkoj terminologiej, Erevan 1966

SAGER, J.C. Criteria for Measuring the Functional Efficacy of Terms, in: Theoretical and Methodological Problems of Terminology. International Symposium, Proceedings, Moscow, 1979 Nov. 27-30, Convened by Gosstandart, München 1981

ŠELOV, S.D. Terminologija, professional'naja leksika i professionalizmy. K probleme klassifikacii special'noj leksiki, in: VJa, 5/1984, 76-87

ŠELOV, S.D. Nomenklatura i terminologija. in: RJa, 1984(8), 24-31

ŠELOV, S.D. Logičeskoe i lingvističeskoe v opredelenii terminov (ob odnom sintaksičeskom pravile opredelenija), in: Izv AN SSSR SLJa, 2/1987, 111-122

SEMIOTIČESKIE problemy jazykov nauki, terminologii i informatiki, I/II, Moskva 1971

ŠEPUREV, L.A. Strukturnaja i semantičeskaja motivirovannost' kačestvennych terminov, Moskva 1978, akd

SEREBRJAKOVA, L.A. Terminy kak konstruktivnye i smyslovye komponenty vyskazyvanija (v sravnenii s neterminami), in: Terminy v jazyke i reči, Gor'kij 1984

SERGEVNINA, V.M. Principy sistemnogo analiza terminov, in: TS, 1978(1)

SERGEVNINA, V.M. O metodike vydelenija terminov, in: TS, 1982(5), 46-54

SIDORENKO, K.P. Frazeologizmy terminologičeskogo proischoždenija, in: RR, 3/1978, 84-88

SIDORENKO, K.P. O nekotorych putjach obrazovanija frazeologizmov terminologičeskogo proischoždenija. in: Sovremennaja russkaja leksikografija 1977, Leningrad 1979, 78-84

SIDORENKO, K.P. Ot termina k frazeologizmu, in: RR, 2/1980, 82 ff

SIDORENKO, K.P. Aktualizacija ischodnogo značenija u frazeologizmov terminologičeskogo proischoždenija, in: Sovremennaja russkaja leksikografia 1981, Leningrad 1983, 99-106

SIDORENKO, R.I. Iz istorii sinonimičeskich terminov, in: NZ Kiiv PI, XXXIII, 1963

SIFOROV, V.I. Problemy naučno-techničeskoj terminologii, in: VAN, 8/1975

SILINA, L.A. Komitet techničeskoj terminologii, in: VJa, 2/1957

ŠKATOVA, L.A. Onomasiologičeskie problemy russkoj terminologii. Učebnoe posobie po speckursu, Čeljabinsk 1982

SKOROCHOD'KO, È.F. Semantičeskie seti i nekotorye količestvennye charakteristiki terminologičeskoj leksiki, in: Lingvističeskie problemy naučno-techničeskoj terminologii, Moskva 1970, 160-170

SKOROCHOD'KO, È.F. "Sistematičnost'" v terminologii, in: Problemy gosudarstvennoj standartizacii terminologii v SSSR, Moskva 1976

SKUINJA, V.P. Nekotorye principy terminologičeskoj raboty v sovremennych uslovijach, in: Terminologija i leksikografija, Moskva 1982

SKVORCOV, L.I. Voprosy terminologii i terminotvorčestva v ėpochu NTR, in: Terminologija i kul'tura reči, Moskva 1981

SNETOVA, G.P. Leksiko-semantičeskij process determinologizacii v sovremennom russkom jazyke, in: Problemy sovremennoj russkoj leksikologii, Kalinin 1983

SOKOLOVA, M.A. Iz prošlogo russkoj terminologii, in: Iz istorii slov i slovarej. Očerki po leksikologii i leksikografii, Moskva 1963

SOLOV'EVA, Z.V. Nekotorye osobennosti ispol'zovanija naučnoj terminologii kak strukturnogo ėlementa metafory, in: Funkcional'nye stili i prepodavanie inostrannych jazykov, Moskva 1982

SOROKOLETOV, F.P. Terminologija i leksikografičeskaja stilistika, in: Voprosy semantiki, Kaliningrad 1984

SOVREMENNYE problemy russkoj terminologii (ed. Danilenko, V.P.), Moskva 1986, 199 p.

SOVREMENNYE problemy terminologii v nauke i technike (ed. Kulebakin,V.S.), Moskva 1969

STANDARTIZACIJA naučno-techničeskoj terminologii, Moskva 1970

STANDARTIZACIJA terminologii v SSSR i meždunarodnych organizacijach, Moskva 1978

STAVRONSKIJ, N.B. Terminoznanie kak razdel jazykoznanija, in: Ref Bull Bolg Nauč Lit, 1/1968

STEFANOVA, L. K probleme termina kak nositelja referencial'noj sootnesennosti i raspredelenija smysla v naučnoj reči, in: Slavica Gandensia, 1986(13), 59-65

STEPANOV, A.D. K voprosu o peresmotre naučno-techničeskoj terminologii, in: EL, 12/1953

STEPANOV, G.V. Sovremennaja naučno-techničeskaja terminologija na jazykach narodov SSSR i za rubežom, in: Problemy razrabotki i uporjadočenija terminologii v akademijach nauk sojuznych respublik, Moskva 1983

ŠTERN, I.B.. O formirovanii tezaurusa na osnove definicionnogo analiza tekstov, in: Strukturnaja i matematičeskaja lingvistika, IX, Kiev 1981, 115 ff

STERNIN, I.A. Special'nye terminy v nespecial'nych tekstach i ich ponimanie čitatelem, in: Leksika i slovoobrazovanie russkogo jazyka, Rjazan' 1982

STRIŽEVSKAJA, O.I. O semantičeskoj strukture terminov, in: NDVŠ FN, 6/1976

STRUKTURNO-SEMANTIČESKIE osobennosti otraslevoj terminologii, Voronež 1982

SUCHOV, N.K. Ob osnovnych napravlenijach sovremennoj terminologičeskoj raboty v technike, in: Voprosy terminologii, Moskva 1961, 71-83

SUCHOV, N.K. Postroenie i uporjadočenie terminologii, in: Postroenie i uporjadočenie otraslevoj naučno-techničeskoj terminologii, Čeljabinsk 1968

SUCHOV, V.I. O rabote Glavnoj terminologičeskoj komissii Gosstandarta SSSR, in: NTT, 10/1976, 1-5

SULTANOV, A.CH., SUPERANSKAJA, A.V. Naučnyj termin i sinonimija, in: Tekst kak ob"ekt lingvističeskogo analiza i perevoda, Moskva 1984

SUPERANSKAJA, A.V. Terminologija i onomastika, in: Voprosy razrabotki naučno-techničeskoj terminologii, Riga 1973

SUPERANSKAJA, A.V. Terminologičeskaja rabota na Zapade, in: Terminologija i leksikografija, Moskva 1982

SUPERANSKAJA, A.V. Literaturnyj jazyk i terminologičeskaja leksika, in: Problemy razrabotki i uporjadočenija terminologii v akademijach nauk sojuznych respublik, Moskva 1983

TABANAKOVA, V.D. Ponjatie naučno-techničeskogo termina i trebovanija k ego opredeleniju, in: TS, 1982(5), 24-29

TERECHOVA, V.S. Upotreblenie slov obščenarodnoj i ustarevšej leksiki v novom terminologičeskom značenii (na materiale leningradskich gazet), in: Probl Žurn, IX, 1977

TERMIN i slovo (=TS), Gor'kij 1978-1982(1-5)

TERMIN i slovo. Predmetnaja otnesennost' i funkcionirovanie terminov, Gor'kij 1983

TERMINOLOGIJA i kul'tura reči, Moskva 1981
Rez.: NDVŠ FN, 3/1984, 90-92 (Tatarinov, V.A.)

TERMINOLOGIJA i leksikografija, Moskva 1982

TERMINOLOGIJA i norma. O jazyke terminologičeskich standartov, Moskva 1972

TERMINOLOGY: Theory and Method (ed. Achmanova, O.S., Agapova, G.), Moskva 1974

TERMINY v jazyke i reči, Gor'kij 1984

TERMINY i opredelenija v rekomendacijach SĖV po standartizacii, I-II, Moskva 1969-70

TEZAURUS naučno-techničeskich terminov, Moskva 1972

THEORETICAL and methodological problems of terminology. International symposium, Proceedings, Moscow 1979, Nov. 27-30, Convened by Gosstandart, München u.a. 1981

TOLIKINA, E.N. Termin v literaturnom jazyke, in: Normy sovremennogo russkogo literaturnogo slovoupotreblenija, Moskva-Leningrad 1966, 43-65

TOLIKINA, E.N. Nekotorye lingvističeskie problemy izučenija termina, in: Lingvističeskie problemy naučno-techničeskoj terminologii, Moskva 1970, 53-67

TOLIKINA, E.N. Sinonimy ili dublety?, in: Issledovanija po russkoj terminologii, Moskva 1971, 78-89

URALOVA, L.A. Formirovanie terminologičeski markirovannogo značenija frazeologičeskich sočetanij, in: SNT MPIIJa, CXCVIII, 1982

VALTAKARI, P. Slovoobrazovatel'naja i leksiko-semantičeskaja specifika russkich otglagol'nych imen suščestvitel'nych na *-lk(a)*, ispol'zuemych v techničeskoj terminologii, in: RJaZR, 6/1987, 84-91

VANŠENKER, A.N. K voprosu o sočetaemosti termina, in: Aktual'nye problemy sintaksisa sovremennogo russkogo jazyka, Alma-Ata 1985

VASIL'EV, N.L. O meste i značenii naučnoj terminologii v sisteme obščeliteraturnych sredstv vyraženija, in: TS, 1982(5), 10-18

VESELOV, P.V. Nomenklaturnoe naimenovanie i naučno-techničeskij termin, in: Standartizacija, 12/1965

VESELOV, P.V. Opravdannyj slučaj sinonimii v terminologii, in: RR, 5/1969, 77-81

VESELOV, P.V. Struktura terminov definitivnogo tipa, Moskva 1971, akd

VETLOV, N.P. Teoretičeskie osnovy terminologičeskogo minimuma po special'nym vidam perevoda, Moskva 1968, akd

VINOGRADOV, S.N. Projavlenie neodnoznačnosti terminov pri postroenii informacionno-poiskovych jazykov, in: TS, 1982(5), 40-46

VINOGRADOV, V.V. Vstupitel'noe slovo, in: Voprosy terminologii, Moskva 1961, 3-10

VINOKUR, G.O. O nekotorych javlenijach slovoobrazovanija v russkoj techničeskoj terminologii, in: Trudy Moskovskogo instituta Istorii, Filosofii i Literatury, V, 1939, 3-54

VNIIKI. Sbornik rekomendacij Meždunarodnoj organizacii po standartizacii (ISO) terminologii, Moskva 1967, 208 p.

VNIIKI. Naučno-techničeskaja terminologija. Perečen' inostrannych standartov. Vypusk 2, Moskva 1970, 171 p.

VNIIKI. Perečen' gosudarstvennych standartov na naučno-techničeskie terminy i oboznačenija veličin, Moskva 1975, 56 p.

VOLKOVA, N.I. Strukturno-semantičeskaja charakteristika organizacionno-proizvodstvennoj terminologii v sovremennom russkom jazyke (na materiale tolkovych slovarej), in: Problemy razvitija i sovremennogo sostojanija russkogo jazyka, Moskva 1979

VOLKOVA, I.N. Osnovnye metodičeskie principy standartizacii terminologii v SSSR, in: Theoretical and Methodological Problems of Terminology. International Symposium, Proceedings, Moscow, 1979 Nov. 27-30, Convened by Gosstandart, München u.a. 1981

VOLKOVA, I.N. Standartizacija naučno-techničeskoj terminologii v SSSR i meždunarodnych organizacijach. Sistemnaja koncepcija standartizacii terminologii, in: Problemy razrabotki i uporjadočenija terminologii v akademijach nauk sojuznych respublik, Moskva 1983

VOLKOVA, I.N. Tipovye struktury opredelenij v standartach na terminy i opredelenija, in: Slovo v grammatike i slovare, Moskva 1984, 169-176

VOLKOVA, I.N. Standartizacija naučno-techničeskoj terminologii, Moskva 1984

VOLKOVA, I.N. Modelirovanie opredelenij v terminologičeskich standartach, in: Sovremennye problemy russkoj terminologii, Moskva 1986, 140-162

VOLODINA, M.N. Specifika terminologičeskoj nominacii, in: VMU, ser.9., filologija, 5/1986, 38-48

VOPROSY naučno-techničeskoj terminologii i metodiki prepodavanija inostrannych jazykov (ed. Luk'janenkov, K.F.), Minsk 1980, 168 p.

VOPROSY razrabotki naučno-techničeskoj terminologii, Riga 1973

VOPROSY terminologii (ed. Dešeriev, Ju.D.), Moskva 1961

VOPROSY terminologii i istorii russkogo jazyka, Gor'kij 1983

VOPROSY terminologii i lingvističeskoj statistiki, Voronež 1976

VOPROSY terminologii i ocenki produkcii, Moskva 1971

VOPROSY terminologii i stileologii russkogo jazyka, Gor'kij 1977

VOPROSY terminovedenija i stileologii, Gor'kij 1983

VORTRÄGE, Ergebnisse und Vorschläge des Seminars über terminologische Diplomarbeiten, abgehalten am 19. September 1979 an der Handels-Hochschule Kopenhagen, Kopenhagen 1979

VSESOJUZNAJA konferencija, "Osnovnye napravlenija razvitija i soveršenstvovanija rabot po standartizacii naučno-techničeskoj terminologii v XI pjatiletke", 29 nojabrja-1 dekabrja 1983 g., Moskva 1983

WIEGAND, I. Untersuchungen zur Rolle der Terminologie bei der Herstellung der Textkohärenz in russischsprachigen wissenschaftlichen Fachtexten der Stomatologie, Leipzig 1985, Diss.

ZAGIDULLIN, R.Z. Sinonimija i giponimija v terminologičeskoj leksike, in: SNT MPIIJa, CLX, Moskva 1980

ZAKATEJ, A.F. Terminologizirovannye prilagatel'nye i ich klassifikacija, in: Naučnaja literatura. Jazyk, stil', žanry, Moskva 1985, 321-329

ZIRKA, V.V. Terminologičeskaja glagol'naja leksika special'nogo upotreblenija, in: RJa, 1985(11), 101-107

ŽURAVLEV, V.F. Filosofsko-logičeskie voprosy uporjadočenija terminologii. Iz opyta raboty Komiteta naučno-techničeskoj terminologii AN SSSR, in: Problemy razrabotki i uporjadočenija terminologii v akademijach nauk sojuznych respublik, Moskva 1983

MEHRSPRACHIG

ALEKSENKO, T.A. Modelirovanie semantičeskoj struktury mnogoznačnogo termina (R-E), in: Inostrannyj jazyk v sfere naučnogo obščenija. Lingvometodičeskie problemy, Moskva 1986, 100-115

AREF'EV, N.V., ZAJAC, O.I. Terminologičeskie značenija obichodnych slov i sposoby ich perevoda na russkij jazyk, in: Bilingvističeskie issledovanija funkcional'nogo stilja naučnoj i techničeskoj literatury, Tezisy dokladov naučno-metodičeskoj konferencii, 25-27 sentjabrja 1974 g., Baku 1974

AVERBUCH, K.A. Voprosy terminologii na regional'noj naučno-techničeskoj konferencii. Mež"jazykovye kommunikativnye svjazi i naučno-techničeskij perevod, in: NTT, 5/1983(16), 8-11

GAEVSKAJA, E.CH. Perevod terminov i terminologičeskich oborotov, in: Voprosy metodiki prepodavanija inostrannych jazykov, Moskva 1958, 68-79

HÜBLER, W. Ordnungs- und Bildungsmodelle russischer und deutscher Termini aus der Terminologie "Datenüberrtragung", Berlin, Diss.A

JURJAVIČJUTE, L.JU. O nekotorych obščeteoretičeskich voprosach socio-lingvističeskogo analiza naučno-techničeskoj terminologii (na materiale litovsko-russkogo dvujazyčija), in: Issledovanija po social'noj lingvistike, Moskva 1980

JURJAVIČJUTE, L.JU. Sociolingvističeskoe opisanie funkcionirovanija terminologii v sisteme jazyka (na materiale litovsko-russkogo dvujazyčija), in: Struktura i funkcionirovanie jazyka, Moskva 1981

JUŠMANOV, N.V. Ėlementy meždunarodnoj terminologii. Slovar'-spravočnik, Moskva 1968

KIJAK, T.R., KOSTAŠ, JU.P., SKOROCHOD'KO, Ė.F. Ocenka stepeni motivirovannosti nemeckoj i russkoj terminologičeskoj i obščeupotrebitel'noj leksiki, in: Strukturnaja i matematičeskaja lingvistika, VIII, Kiev 1980

KREPKICH, N.I. Vlijanie russkogo jazyka na razvitie obščestvenno-političeskoj terminologii demokratičeskoj Germanii, in: IJaŠ, 6/1950

KROMMER-BENZ, M. World Guide to Terminological Activities, München u.a. 1985[2]

KRYŽANOVSKAJA, A.V. Sopostavitel'noe issledovanie terminologii sovremennych russkogo i ukrainskogo jazykov. Problemy unifikacii i integracii, Kiev 1985

LINDEMANN, H. Oblasti peresečenija terminovedenija i perevoda naučnoj i techničeskoj literatury, in: FS, 4/1975, 284-291

NAUČNO-techničeskaja terminologija: Standartizacija, perevod, redaktirovanie, Čeljabinsk 1984

NOEVA, S. K voprosu o morfologičeskoj strukture i ob"eme termina v russkoj i bolgarskoj techničeskoj literature, in: Bolg Rus, 4/1987, 58-64

NOVIČKOVA, L.M. Terminologičeskie osobennosti perevoda naučno-techničeskich tekstov s nemeckogo na russkij. Metodičeskie posobie, Moskva 1985

NOWITSCHKOWA, L. (=NOVIČKOVA, L.M.) Termin - osobaja edinica perevoda naučno-techničeskogo teksta, in: FS, 3/1986, 158-161

OLDŘICH, M. Postavení slovesa v systému terminologie (na materiále ruském i českém), in: Acta Univ Carol, Philologica, 2/1964

OSNOVNYE terminologičeskie aspekty perevodčeskoj dejatel'nosti. Metodičeskoe posobie, Moskva 1984

PFEFFERKORN, E. Sprechen Sie TGL und GOST?, in: FS, 1/1981, 32-37

P'JANKOVA, T.M. Nekotorye sistemnye raschoždenija meždu russkimi i anglijskimi terminami i ich otraženie v perevode, Moskva 1974, akd

P'JANKOVA, T.M. K voprosu o sistemach raschoždenija meždu russkimi i anglijskimi terminami, in: Terminologija i leksikografija, Moskva 1982

RAZVITIE terminologii na jazykach sojuznych respublik SSSR (ed. Musaev, K.M.), Moskva 1987, 244 p.

SAJED Šarif Chussajn Russkoe terminovedenie v svete problem terminologičeskogo zaimstvovanija v razvivajuščichsja stranach, Moskva 1985, akd

SKOROCHOD'KO, Ė.F. Lingvističeskie voprosy perevoda naučnotechničeskich terminov s anglijskogo jazyka na russkij, Moskva 1961

SKOROCHOD'KO, Ė.F. K voprosu perevoda techničeskoj literatury na russkij jazyk. Perevod terminov, Kiev 1963[2]

SMIRNOV, I.P. Terminologija kak ob"ekt perevodčeskoj dejatel'nosti, in: Materialy tret'ego respublikanskogo seminara po voprosam teorii i praktiki perevoda naučnoj i techničeskoj literatury, Alma-Ata 1974, 5-24

SUŠKOV, JU.A. Osobennosti perevoda naučnogo i naučno-techničeskogo teksta i osnovnye ego otličija ot chudožestvennoj prozy, in: Vtoroj respublikanskij seminar po voprosam teorii i praktiki perevoda naučnoj i techničeskoj literatury, Tezisy dokladov, Alma-Ata 1972, 8-15

SUŠKOV, JU.A. O terminologičeskich voprosach perevoda i jazyke tekstovoj informacii naučnoj literatury, in: Tezisy dokladov XIX naučno-metodičeskoj konferencii, posvjaščennoj voprosam teorii perevoda i metodiki prepodavanija inostrannych jazykov v sisteme AN SSSR, Moskva/Dušanbe 1973

SUŠKOV, JU.A. O roli terminov i terminologičeskich sočetanij v processe perevoda, in: Tretij respublikanskij seminar po voprosam teorii i praktike perevoda naučnoj i techničeskoj literatury, Tezisy dokladov, Alma-Ata 1974

SUŠKOV, JU.A. O specifike termina v processe naučno-techničeskogo perevoda, in: Jazyk naučnoj literatury, Moskva 1975, 245-254

TATARINOV, V. Terminologičeskaja variantnost' i problemy perevoda, in: FS, 1/1987, 11-18

TOGUNOV, B.M. Determinologizacija kak odin iz istočnikov obogaščenija leksiki i frazeologii literaturnogo jazyka (na materiale nemeckogo i russkogo jazykov), in: Sravnitel'naja tipologija rodnogo i germanskich jazykov, Kalinin 1982

TOGUNOV, B.M. Sopostavitel'nyj analiz nemeckich i russkich terminov, obrazovannych morfologičeskim sposobom, in: Kontrastivnaja i funkcional'naja grammatika, Kalinin 1986

VNIIKI. Naučno-techničeskaja terminologija. Sbornik standartizovannych i rekomenduemych terminov v 10 tomach. Tom 1: Naučno-techničeskaja terminologija, objazatel'naja i rekomenduemaja k primeneniju, Moskva 1970, 776 p.
D-E-F-R

VNIIKI. Naučno-techničeskaja terminologija. Sbornik standartizovannych i rekomenduemych terminov v 10 tomach. Tom 10: Svodnyj alfavitnyj ukazatel' (D-E-F-R), Moskva 1971, 355 p.

VOPROSY terminologii v sojuznych respublikach, Moskva 1970

ZONAL'NAJA konferencija "Naučno-techničeskaja terminologija. Standartizacija, perevod i redaktirovanie" 1-3 fevralja 1984 g., Tezisy dokladov i soobščenij, Čeljabinsk 1978

1.2.1. MEHRWORTTERMINI

RUSSISCH

DOLGOVA, I.A. Osobennosti funkcionirovanija prilagatel'nych v sostave terminosočetanij, in: Russkij jazyk kak inostrannyj i metodika ego prepodavanija, Leningrad 1983

EGERT, W. Zur Analyse russischer Mehrworttermini vom Typ "Beziehungsadjektiv + Substantiv", in: FU, 11/1968, 490-493

EGERT, W. Die Motivationstypen der russischen Mehrworttermini des Gartenbaus, Berlin 1982, Diss. A.

ĖKKERT, CH. (=ECKERT, H.) Terminologičeskie slovosočetanija v russkoj terminologii nefti i gaza, Leningrad 1979, akd

ĖKKERT, CH. (=ECKERT, H.) Terminologičeskie slovosočetanija po nefti i gazu (strukturno-semantičeskaja charakteristika), in: Arbeitsberichte, LXIV, 1979

ĖKKERT, CH. (=ECKERT, H.) Terminoobrazovatel'naja struktura trechkomponentnych terminov (na materiale russkoj terminologii nefti i gaza), in: Arbeitsberichte, LXXXIV, 1982

FROLKINA, A.V. O nekotorych semantičeskich osobennostjach sostavnych terminov obščestvenno-političeskich nauk, in: VMU, ser. 10: Žurnalistika, 6/1983

GLUCHOV, B.A. O lingvističeskich sposobach opredelenija terminologičnosti atributivnych slovosočetanij, in: RJaZR,4/1978, 59-62

GLUCHOV, B.A. O terminologizacii slovosočetanij s prilagatel'nymi cveta v naučnom stile, in: Prepodavanie russkogo jazyka studentam i specialistam nefilologičeskogo profilja, Moskva 1978, 165-172

HORNUNG, W. Einige Aspekte der Analyse russischer Mehrworttermini, in: FU, 11/1968

KACHADZE, C.D. Semantičeskaja i slovoobrazovatel'naja struktura složnych chimičeskich terminov, Tbilisi 1971, akd

KLJUEVA, G.S. K voprosu o sostavnych naimenovanijach v terminologii dorevoljucionnoj kinematografii, in: Sistemnye otnošenija v leksike i frazeologii (Russkij jazyk), Moskva 1982

KONDRAŠKINA, S.I. O grammatičeskich osobennostjach dvuchkomponentnych sportivnych terminov, in: Grammatičeskaja semantika jazykovych edinic, Vologda 1981

KOSTROMINA, M.V. Sostavnye slova *škola-magazin, matč-turnir*, in: RR, 1/1989, 74-78

KOZARINSKIJ, M.A. Motivacija sostavnych matematičeskich terminov, in: Lingvističeskie problemy funkcional'nogo modelirovanija rečevoj dejatel'nosti, I, Leningrad 1973, 52-58

KOŽIN, A.N. Sostavnye naimenovanija v russkom jazyke (na materiale voenno-delovoj leksiki), in: Mysli o sovremennom russkom jazyke, Moskva 1969, 31-46

KRAUSE, CH. Lexikalisierte Lexemverbindungen mit der Struktur Adjektiv und Substantiv in der russischen Sprache der Gegenwart (am Beispiel von Bezeichnungen für Einrichtungen gesellschaftlicher Organisationen), Leipzig 1981, Diss.A

KRETSCHMAR, E. Zur Analyse russischer Mehrworttermini vom Typ "Substantiv + Substantiv im Genitiv", in: FU, 11/1968, 486-490

MARTONOVA, M. "Sostavnoj termin", in: RR, 6/1972, 69-70

MATTUSCH,H.-J. Ermittlungen zu grammatischen Strukturmodellen von nominalen fachsprachlichen terminologischen Wortverbindungen (Medizin/Russisch), in: WZ Halle-Wittenberg, GSR, 5/1972(21), 45-48

ONIPKO, N.L. Strukturno-semantičeskaja charakteristika russkich terminologičeskich slovosočetanij, in: RJa, 1983(7), 133 ff.

OVČARENKO, V.M. Termin, analitičeskoe naimenovanie i nominativnoe opredelenie, in: Sovremennye problemy terminologii v nauke i technike, Moskva 1969, 91-121

PAVLENKO, T.L. O perenosnom ispol'zovanii sostavnych terminov i nomenklaturnych oboznačenijach, in: Problemy russkoj frazeologii. Semantika frazeologičeskich edinic, Tula 1975

PAVLENKO, T.L. Perenosnoe ispol'zovanie sostavnych terminov i nomenklaturnych oboznačenij pri obrazovanii ėkspressivnoj frazeologii, in: Voprosy leksičeskoj i frazeologičeskoj semantiki, Rostov na Donu 1979, 100-107

PEKARSKAJA, L.A. Rečevoe funkcionirovanie sostavnych terminov, Gor'kij 1979, akd

PETRUNINA, V.M. Sostavnye terminy v leksike russkich tekstil'ščikov, in: Soderžanie i metodika prepodavanija russkogo jazyka v srednej i vysšej škole, Volgograd 1972

RJABCEVA, N.K. Semantiko-sintaksičeskij analiz mnogokomponentnych terminov i vozmožnosti ego algoritmizacii, in: Lingvističeskie voprosy algoritmičeskoj obrabotki soobščenij, Moskva 1983

RUČINA, L.I. Terminosloženie dvuchslovnych i trechslovnych lingvističeskich terminov (predvaritel'noe nabljudenie), in: TS, 1982(5), 66-71

SCHOLZ, F. Substantivgruppen als Mehrworttermini in der russischen Fachsprache der Elektrotechnik, Leipzig 1971, Diss.

SCHOLZ, F. Bildung russischer Mehrworttermini durch Konstituentenerweiterung, in: FS, 2/1978, 108-115

ŠEVČUK, V.N. Ėllipsis kak forma strukturnogo var'irovanija terminologičeskogo slovosočetanija, in: SNT MPIIJa, CCX, 1983

ŠILOVA, E.V. O nekotorych osobennostjach dvusostavnych naimenovanij, oboznačajuščich ponjatija počtovoj svjazi, in: NT Kujb PI, CLXXX, 1976

VEREŠČAKA, M.V. Osnovnye priznaki sostavnych terminov, in: Lingvističeskie issledovanija 1983, Moskva 1983

MEHRSPRACHIG

ALJANSKAJA, Ė.JA. K voprosu o svertkach mnogokomponentnych terminologičeskich sočetanij v anglijskoj naučno-techničeskoj literature i metodike ich opisanija. Lingvističeskie aspekty terminologii, Voronež 1980

BELJAEVA, L.N., JAŠČENKO, T.V., MATORINA, L.V., PIOTROVSKIJ, R.G. Principy mašinnogo perevoda imennych terminologičeskich slovosočetanij, in: Strukturnaja i prikladnaja lingvistika, 3/1987, 149-154

BOBRINEVA, L.I. Aktivnye processy obrazovanija slovosočetanij v sisteme fizičeskoj terminologii russkogo i anglijskogo jazykov, Minsk 1978, akd

BRODSKAJA, M.I. Složnye slova tipa *tooth-cutting* v anglijskoj techničeskoj literature i ich russkie strukturnye sootvetstvija, in: TP, 2/1974, 53-59

BULAT, Z.M. Klassifikacija sinonimov terminov-slovosočetanij i ee značenie dlja perevoda techničeskoj literatury po special'nosti, in: Voprosy teorii i praktiki naučno-techničeskogo perevoda. Materialy po kratkosročnomu seminaru, 28-30 maja 1968 g., Leningrad 1968

ČAVČAVADZE, Z.M. Francuzskie ėkvivalenty russkich složnych slov v naučnoj i techničeskoj literature, in: Pjatyj seminar po voprosam teorii i praktiki perevoda naučnoj i techničeskoj literatury, 26-29 maja 1971 g., Tezisy dokladov, Moskva/Jaroslavl' 1971, 35-37

ČERNOV, M.F. K istorii izučenija sostavnych terminov (po rabotam rusistov i tjurkologov), in: T NII JA Lit Ist Ėk, LXXXVII, 1979

DAUKŠA-KRUPINSKA, M. Izbrannye voprosy perevoda sostavnych naučnych geografičeskich terminov, in: Przgl Rus, 1-2/1986, 164-167

DOBRJAK, V.V. O specifike perevoda terminologičeskich sočetanij v tekstach po ėkonomike, torgovle i finansam, in: Osobennosti stilja naučnogo izloženija, Moskva 1976

GAEVSKAJA, E.CH. Perevod terminov i terminologičeskich oborotov, in: Voprosy metodiki prepodavanija inostrannych jazykov, Moskva 1958, 68-79

GENDLINA, I. O terminologičeskich ustojčivych sočetanijach v jazyke nemeckoj techničeskoj literatury, in: TP, 6/1969, 72-80

GLUMOV, V.I. O nekotorych problemach izučenija sintaksičeskoj struktury nominativnych terminosočetanij russkogo i anglijskogo jazykov, in: TS,1978(1)

GLUMOV, V.I. Strukturno-semantičeskoe izučenie anglo-russkich terminosočetanij, in: TS, 1980(3)

GLUMOV, V.I. Strukturno-semantičeskoe modelirovanie sostavnych terminov russkogo i anglijskogo jazykov, in: Termin i slovo. Predmetnaja otnesennost' i funkcionirovanie terminov, Gor'kij 1983

GUSEVA, G.M. Strukturno-semantičeskie osobennosti francuzskich naučno-techničeskich sostavnych terminov i sposoby ich perevoda na russkij jazyk (na materialach tekstov po radiotechnike), Leningrad 1970, akd

HENGST, K. Konfrontative Analyse der Wortbildungsstruktur zweigliedriger gesellschaftswissenschaftlicher Termini im Russischen und Deutschen, in: WZ PH Zwickau, 16/1980, 1-2

HORNUNG, W. Äquivalenztypen russischer Mehrworttermini und deutscher Komposita in der chemischen Fachsprache, in: Beihefte zur Zeitschrift "Fremdsprachen", V/VI, 1973, 113-117

KAMENEVA, Z.M. Vidy nesootvetstvij meždu imennymi terminologičeskimi sočetanijami v dvujazyčnoj situacii (na materiale anglijskogo i russkogo jazykov), in: Issledovanija po prikladnoj i sistemno-strukturnoj lingvistike, Kišinev 1980

KOMISSAROVA, L.V. Nemeckie sostavnye terminy i ich ėkvivalenty v russkom jazyke. Opyt statističeskogo analiza, in: Problemy sopostavitel'noj tipologii rodnogo (russkogo) i inostrannych jazykov, Leningrad 1981

KRYSTEVA, L. Sistemnye schodstva i raschoždenija russkich dvuchkomponentnych terminologičeskich sočetanij i ich bolgarskich ėkvivalentov pri obučenii studentov-nefilologov, in: Bolg Rus, 5/1983

PANDIT, V. Rendering of Russian Compound Terms into English, in: Babel, 1/1979, 30-33

RUZIEV, N.M. Sposoby peredači na uzbekskij jazyk russkich terminov-slovosočetanij tipa "prilagatel'noe i suščestvitel'noe", Taškent 1979, akd

SEIDOVA, T.A. Semantičeski nepolnye atributivnye substantivnye slovosočetanija v anglijskom jazyke i transformacii pri perevode ich na russkij jazyk, Moskva 1976

SERGEVNINA, V.M. Struktura terminirovannych slovosočetanij v russkom i nemeckom jazykach, in: Voprosy terminologii i stileologii russkogo jazyka, Gor'kij 1977

SKVORCOV, G.P. O perevode s francuzskogo jazyka gruppy terminologičeskich sočetanij i o bukvalizme v perevode (na materiale francuzskoj medicinskoj terminologii), in: Leksiko-grammatičeskie voprosy teorii perevoda v vuze, Leningrad 1984

SLABIGOUDKOVA, Ė. Imennye terminologičeskie slovosočetanija v chimičeskoj literature i rabota s nimi v češskoj auditorii, Prag 1978, Diss.

SUŠKOV, JU.A. O roli terminov i terminologičeskich sočetanij v processe perevoda, in: Tretij respublikanskij seminar po voprosam teorii i praktiki perevoda naučnoj i techničeskoj literatury, Tezisy dokladov, Alma-Ata 1974

TATARINOV, V.A. Semantika i perevod ėlliptičeskich parataktičeskich slovosočetanij, in: FS, 3/1988, 162-168

TOGUNOV, B.M. Strukturno-semantičeskie osobennosti obrazovanija složnych slov-terminov v nemeckom i russkom jazykach (na materiale literatury po cholodil'noj technike), in: Slovoobrazovanie i ego mesto v kurse obučenija inostrannomu jazyku, VII, Vladivostok 1979

TOGUNOV, B.M. Sopostavitel'nyj analiz obrazovanija substantivnych složnych slov-terminov v nemeckom i russkom jazykach, in: Kontrastivnaja i funkcional'naja grammatika, Kalinin 1986

TOGUNOV, V.I. Nemeckie složnye terminy v sopostavlenii s russkimi, in: Sravnitel'naja tipologija rodnogo i germanskogo jazykov, Kalinin 1980

1.3. GRAMMATIK

1.3.0. ALLGEMEIN

RUSSISCH

ALEKSANDROVA, L.N. Leksičeskij sostav i grammatičeskie značenija glagolov v naučnom tekste, in: Ritorika i stil', Moskva 1984

ARKAD'EVA, O.M. Količestvennye charakteristiki slovoform obščenaučnoj leksiki, Moskva 1971

AVLASEVIČ, M.A. Funkcii vstavnych edinic v jazyke raboty V.I. Lenina "Čto delat'?", in: Russkij jazyk, I, Minsk 1981, 62-69

BAJER, A. (=BEYER, A.) Leksičeskie i grammatičeskie osobennosti tekstov naučno-techničeskich referatnych žurnalov na russkom jazyke, in: Doklady i soobščenija delegacii GDR (4. MAPRJAL-Kongreß), Berlin 1979

BEJDER, E.I. Nekotorye faktory, opredeljajuščie grammatičeskie osobennosti funkcional'nogo stilja naučnoj i techničeskoj literatury, in: Pervaja vsesojuznaja konferencija po teorii i praktike perevoda (Funkcional'nyj stil' naučnoj i techničeskoj literatury), 19-20 ijunja 1975 g., Tezisy dokladov, Kaunas 1975, 25-30

BEYER, A. Morphologische und syntaktische Untersuchungen zur russischen Sprache in wissenschaftlich-technischen Referaten, in: WZ Rostock, GSR, 3/1978

DANILENKO, V.P. Leksiko-semantičeskie i grammatičeskie osobennosti slov-terminov, in: Issledovanija po russkoj terminologii, Moskva 1971, 7-67

GEISLER, W. Lexiko-grammatische Analyse sowjetischer Erfindungsbeschreibungen mit dem Ziel einer rationellen Informationsgewinnung, in: WZ TH Ilmenau, 3/1984

GLUŠKO, M.M. Predvaritel'nye statističeskie dannye po organizacii grammatičeskogo materiala v naučnych tekstach, in: Metodičeskie zapiski po voprosam prepodavanija inostrannych jazykov v vuze (Problemnye voprosy obučenija čteniju), Moskva 1970, 176-186

KEJŠA, D.A. Nekotorye leksiko-grammatičeskie orientiry pri obučenii ponimaniju naučno-techničeskogo teksta, in: SNT MPIIJA, CXXX, 1978

KONDRAŠKINA, S.I. O grammatičeskich osobennostjach dvuchkomponentnych sportivnych terminov, in: Grammatičeskaja semantika jazykovych edinic, Vologda 1981

KVITKO, I.S. Grammatičeskie osobennosti terminov v rabote redaktora, in: Knižkova informacijna sprava, Kiev 1976

LAPTEVA, O.A. O vlijanii funkcional'nogo rassloenija literaturnogo jazyka na ego grammatiku, in: Sintaksis i stilistika, Moskva 1976, 5-24

LEKSIKO-grammatičeskie i stilističeskie osobennosti naučnogo teksta, Leningrad 1978

MATTUSCH,H.-J. Ermittlungen zu grammatischen Strukturmodellen von nominalen fachsprachlichen terminologischen Wortverbindungen (Medizin/Russisch), in: WZ Halle-Wittenberg, GSR, 5/1972(21), 45-48

MATTUSCH, H.-J. Konzeption für einen Leitfaden zur funktional-semantischen Beschreibung von russischen Fachsprachen der Natur- und Gesellschaftswissenschaften (Eine funktional-semantische praktische Grammatik für russische Fachsprachen), in: Arbeitsber, CIII, 1984

ROSINA, N.V. Obučenie grammatičeskomu aspektu delovoj reči, in: RJaZR, 4/1978, 62-65

STILISTIKO-grammatičeskie čerty jazyka naučnoj literatury (ed. Jarceva, V.N.), Moskva 1970

VIKTOROV-ORLOV, I.V. O stilističeskich osobennostjach pod"jazyka matematiki na grammatičeskom urovne, in: Osobennosti funkcional'nych stilej naučno-techničeskoj literatury i delovoj dokumentacii, Tezisy dokladov i soobščenij naučno-techničeskogo seminara, 9-11 oktjabrja 1973 g., Čeljabinsk 1973, 112-115

MEHRSPRACHIG

ČERNAJA, A.I., SAVINOVA, E.S., ULICKAJA, G.M. Grammatičeskie trudnosti pri perevode anglijskoj naučnoj literatury, Moskva 1963, 80 p.

EJGER, G.V. Nekotorye problemy peredači grammatičeskich struktur pri perevode (na materiale perevodov s anglijskogo i nemeckogo jazykov na russkij), in: Pervyj seminar po voprosam teorii i praktiki perevoda naučnoj i techničeskoj literatury, Tezisy dokladov i soobščenij, Moskva 1968, 14

GERMAN, B.G., TROJANSKAJA, E.S. Praktičeskaja grammatika nemeckoj naučnoj reči, Moskva 1974

GRAMMATIČESKIE trudnosti pri perevode naučnoj literatury (anglijskij jazyk), Jaroslavl' 1974, 90 p.

KERBST, A. Untersuchungen zum grammatischen Aufbau und zur stilistischen Wertigkeit substantivischer Wortgruppen in Texten verschiedener Funktionalstile der russischen Sprache der Gegenwart im Vergleich mit analogen Wortgruppen der deutschen Gegenwartssprache, Erfurt/Mühlhausen 1974, Diss.

KIR'JAN, M.D. Obučenie grammatičeskomu oformleniju pis'mennych naučno-techničeskich perevodov s russkogo jazyka na francuzskij, Moskva 1984, akd

KOVALEVA, E.I. O prepodavanii grammatiki na načal'nych étapach pri obučenii čteniju i perevodu anglijskoj naučnoj literatury (na primere *ing*-form), in: Teoretičeskie i praktičeskie voprosy prepodavanija inostrannych jazykov, Moskva 1970, 160-174

KRAŠENINNIKOVA, E.A. Grammatičeskaja neoforma v plane adekvatnosti perevoda naučnoj i techničeskoj literatury, in: XXIV Vsesojuznaja naučnaja sessija, posvjaščennaja Dnju radio, Dnju svjazista i 50letiju Nižegorodskoj radiolaboratorii im. V.I. Lenina, Annotacii dokladov, Moskva 1968, 46-48

KRAŠENINNIKOVA, E.A. Značenie teorii mikrogrammatiki dlja perevoda naučnoj i techničeskoj literatury, in: Vtoroj seminar po voprosam teorii i praktiki perevoda naučnoj i techničeskoj literatury, Tezisy dokladov, Moskva 1969, 8-9

MAZARSKAJA, S.E. Leksiko-grammatičeskie osobennosti form prjamogo ob"ekta v russkich i nemeckich chimičeskich tekstach, in: Sopostavitel'no-semantičeskie issledovanija russkogo jazyka, Voronež 1979

METODIČESKOE posobie po grammatike nemeckogo jazyka i technike perevoda, Leningrad 1962, 63 p.

MININA, G.N. Adekvatnaja peredača grammatiki naučno-techničeskogo teksta pri perevode, in: Osobennosti funkcional'nych stilej naučno-techničeskoj literatury i delovoj dokumentacii, Tezisy dokladov i soobščenij naučno-techničeskogo seminara, 9-11 oktjabrja 1973 g., Čeljabinsk 1973, 87-91

PUMPJANSKIJ, A.L. Perevod anglijskoj naučnoj literatury. Grammatika, Moskva 1961, 110 p.

PUMPJANSKIJ, A.L. Grammatičeskie zakonomernosti naučnoj i techničeskoj literatury. Anglo-russkie ėkvivalenty, Kalinin 1982

SAVINOVA, E.S., ULICKAJA, G.M. Grammatičeskie trudnosti pri perevode anglijskoj naučnoj literatury, Moskva 1969², 152 p.

ZENKEVIČ, G.K. Grammatičeskaja informacija i perevod s anglijskogo jazyka, in: Voprosy informatiki i perevoda. XII Oblastnaja naučno-techničeskaja konferencija, posvjaščennaja Dnju radio i Dnju svjazista, Novosibirsk 1969, 67-71

ZNAČENIE i funkcii nekotorych identičnych slov i grammatičeskich konstrukcij. Posobie dlja čtenija i perevoda anglijskoj naučnoj i obščestvenno-političeskoj literatury, Moskva 1969, 213 p.

1.3.1. MORPHOLOGIE

RUSSISCH

BELJAKOVA, L.F. Funkcional'nyj podchod k izučeniju vida v naučnom tekste, in: Jazykovaja sistemnost' pri kommunikativnom obučenii (ed. Formanovskaja, N.I., Lapteva, O.A., Lobanova, N.A.), Moskva 1988, 126-131

BODROVA, A.A. Upotreblenie glagolov s morfemoj *-sja* v naučnoj literature, in: Jazyk naučnoj literatury (Lingvističeskie problemy i metodika prepodavanija), Tezisy dokladov i soobščenij XX Naučno-metodičeskoj konferencii, 30 ijunja - 2 ijulja 1975 g., Moskva 1975, 144-146

BOECK, W., HERMANN, J. Zu besonderen Gebrauchsweisen der Possessivpronomina *svoj* und *ego* im wissenschaftlichen Stil der russischen Gegenwartssprache, in: WZ Halle-Wittenberg, GSR, 5/1972(XXI), 111-112

BOGDANOVA, V.A. O vidach glagol'nogo skazuemogo v chudožestvennom i naučnom stiljach, in: Voprosy stilistiki, Saratov 1962, I, 15-21

CHAUSTOVA, JU.F., MIS'KEVIČ, R.I. Sklonjaetsja li slovo GOST, in: RR, 2/1981, 157-158

DMITRIEVA, L.F., LUK'JANENKO, K.F. Osobennosti glagol'nogo otraženija v special'nych tekstach, in: Voprosy naučno-techničeskoj terminologii i metodiki prepodavanija inostrannych jazykov, Minsk 1980

GINZBURG, M.P. Blok morfologičeskogo analiza v scheme avtomatičeskogo indeksirovanija IPS "Neft'-2", in: Razrabotka i ékspluatacija avtomatizirovannoj sistemy NTI v neftjanoj promyšlennosti, Moskva 1981

GRAUDINA, L.K. *Sto rentgen* ili *sto rentgenov*?, in: RR, 6/1973, 117-118

HOFFMANN, L. Zur maschinellen Analyse der statistischen Struktur wissenschaftlicher Texte (Lexik und Morphologie des Russischen), Leipzig 1966, Habil.

KAPIŠNIKOVA, S.I. Markirovannye členy morfologičeskich oppozicij v stile naučnogo izloženija, Moskva 1982, akd

KEDAJTENE, E.I., ŽURAVLEVA, V.V. Glagol'nyj vid v naučnom stile reči, in: Jazyk naučnoj literatury (Lingvističeskie problemy i metodika prepodavanija), Tezisy dokladov i soobščenij XX naučno-metodičeskoj konferencii, 30 ijunja-2 ijulja 1975 g., Moskva 1975, 143-144

KIRIČENKO, N.V., ZOTOVA, L.O. O vzaimodejstvii vidovych form i sposobov glagol'nogo dejstvija v naučnoj reči, in: Principy funkcionirovanija jazyka v ego rečevych raznovidnostjach, Perm' 1984

KONDRATENKO, I.A. Leksiko-semantičeskie i morfologo - sintaksičeskie svojstva prilagatel'nych v naučnom stile (na materiale medicinskich tekstov), Moskva 1979, akd

LINK, N.A. K voprosu ob osobennostjach funkcionirovanija glagol'nych form v naučno-učebnych tekstach XVII-pervoj poloviny XVIII veka, in: Problemy funkcionirovanija jazyka v ego raznovidnostjach, Perm' 1981

LINK, N.A. Funkcionirovanie nekotorych form glagola i suščestvitel'nogo v naučnych tekstach XVII-pervoj poloviny XVIII vekov (K voprosu o formirovanii specifiki naučnogo stilja), Saratov 1982, akd

MARTYNENKO, N.G. Padežnye formy v naučnoj reči, in: Aktual'nye problemy sovremennoj filologii, II, Saratov 1985

NAJFEL'D, M.N. Otbor glagol'nych form pri intensivnom obučenii čteniju po special'nosti, in: RJaZR, 4/1986, 46-49

PRIPADČEV, A.A. Vyraženie predšestvovanija deepričastijami v delovom jazyke XVII v., in: Materialy po russko-slavjanskomu jazykoznaniju, Voronež 1982, 114-120

RAWALD, J. Der Begriff "Belebtheit" und die Akkusativbildung bei naturwissenschaftlichen Termini, in: ZfSl, 1969(14), 519-528

REJMAN, E.A. Osobennosti upotreblenija ličnych form glagola v naučnom funkcional'nom stile, in: Jazyk naučnoj literatury (Lingvističeskie problemy i metodika prepodavanija), Tezisy dokladov i soobščenij XX naučno-metodičeskoj konferencii, 30 ijunja-2 ijulja 1975 g., Moskva 1975, 56-67

RUST, A. Russischer Wortschatz Gesellschaftswissenschaften. Überblick zur Morphologie, Wortbildung und Semantik, Berlin 1979

SAVICKÝ, N. O nekotorych osobennostjach sootnošenija glagola i imeni v naučnom tekste, in: ČSR, 1/1983, 24-26

SCHNEIDER, R. Fachsprachliche Besonderheiten der Lexik und Morphologie des Russischen in Texten der marxistisch-leninistischen Philosophie, Leipzig 1971, Diss.

SCHUPBACH, R.D. Grammatical Innovations in Technical Russian: Decline of the "Instrumental of Means", in: SEEJ, 4/1986(30), 487-509

SIMONOVA, I.A. Glagoly dviženija v naučnom stile reči, in: RJaSI, 1971(11), 21-38

SOLOV'EVA, E.P. Transformacija pričastij v naučnom stile russkogo jazyka (na materiale trudov I.M. Sečenova i I.P. Pavlova), in: Voprosy teorii russkogo jazyka i ego izučenija, Taškent 1979

STRAKOVÁ, V. K někotorým funkcím adjektiva v odborném textu, in: ČSR, 3/1983, 114-121

ŠUBA, P.P. Proizvodnye predlogi v jazyke V.I. Lenina (na materiale stat'i "Karl Marks"), in: Russkij jazyk, I, Minsk 1981, 56-62

VINOGRADOVA, I.F. Častotnost' slovoform v naučnom stile, in: V pomošč' prepodavateljam russkogo jazyka kak inostrannogo, Moskva 1968, 26-33

MEHRSPRACHIG

BALAŽ, G. Funkcionirovanie stradatel'nych pričastij v naučnom stile russkogo i slovackogo jazykov, in: Recueil linguistique de Bratislava, VIII, 1985, 197-204

BARANJUK, B.P., CARIK, I.M. Invariantnost' predlogov *von, durch, für* v nemeckoj naučnoj literature i sposoby ich perevoda na russkij i moldavskij jazyki, in: Jazyk naučnoj literatury Lingvističeskie problemy i metodika prepodavanija), Tezisy dokladov i soobščenij XX Naučno-metodičeskoj konferencii, 30 ijunja - 2 ijulja 1975 g., Moskva 1975, 106-108

BELJAKOVA, L.F. Funkcionirovanie russkich glagol'nych form prošedšego soveršennogo vida s aorističeskim i perfektnym značenijami v sopostavlenii s ich anglijskimi ėkvivalentami (na materiale naučnogo stilja reči), in: Naučnaja literatura. Jazyk, stil', žanry, Moskva 1985, 193-208

FICH, I.M. Formy i konstrukcii nemeckogo glagola v sub"jazykach nauki i techniki s pozicii russkogo recipienta, Odessa 1981, akd

KUZNECOV, A.M. Kratkie i polnye formy prilagatel'nych v delovych i bytovych pamjatnikach Severo-Zapadnoj Rusi XI-XIV vv., in: VMU, ser.9, Filologija, 4/1983, 46-54

MILJAEVA, R.P. Nekotorye osobennosti perevoda sravnitel'noj stepeni prilagatel'nogo v nemeckom jazyke (na materiale naučnoj prozy), in: Voprosy prepodavanija innostrannych jazykov (nemeckij jazyk), Moskva 1969, 87-94

RADECKER, J. Zur Semantik und Funktion präpositionsloser adnominaler Genitive in Texten der Tagespresse der UdSSR und der DDR, in: LAB, 49/1988, 63-66

SAVINOVA, E.S., ULICKAJA, G.M. Trudnosti perevoda služebnych slov v anglijskoj naučnoj literature, Moskva 1969, 79 p.

ŠEVJAKOVA, V.E. Funkcional'naja napravlennost' passivnoj konstrukcii s predložnym dopolneniem v anglijskom jazyke i ee perevod na russkij jazyk, in: Jazyk naučnoj literatury, Moskva 1975, 229-234

SINEV, R.G. Bezličnyj passiv v nemeckoj naučnoj reči i ego sootvetstvija v russkom jazyke, in: Prepodavanie inostrannych jazykov. Teorija i praktika, Moskva 1971, 39-48

SUKAČ, R.N. Bilingvističeskoe i monolingvističeskoe issledovanie pozicii i roli narečija "thus" v informacionnoj strukture predloženija (na materiale naučnoj i techničeskoj literatury), in: Kontrastivnaja grammatika. Jazyki narodov SSSR - germanskie jazyki, Kalinin 1984

WOŁODŹKO, E. Częstotliwość form komparatywnych i superlatywnych przysłówków w prozie naukowej języka rosyjskiego i polskiego, in: Rocznik naukowo-dydaktyczny, Prace Rusycystyczne, VI, 74, Kraków 1982, 181-195

1.3.2. SYNTAX

RUSSISCH

ATABEKOVA, N.A. O charaktere slovosočetanij, vyražajuščich sub"ektnuju gruppu v naučnom jazyke, in: NT Tašk GU, DCXXIX, 1979

ATABEKOVA, N.A. Sub"ekt dejstvija i sintaksičeskaja struktura predloženija v naučnoj reči, Moskva 1984, akd

BABINOVA, N.V., VLASOV, M.F. Nekotorye osobennosti grammatičeskoj struktury predikativnych edinic v sostave složnogo predloženija chudožestvennogo stilja (v sopostavlenii s naučnym), in: Principy funkcionirovanija jazyka v ego rečevych raznovidnostjach, Perm' 1984

BAGROVA, A.JA. K voprosu o snjatii sintaksičeskich trudnostej, voznikajuščich pri čtenii tekstov naučno-techničeskogo charaktera, in: NT MPIIJa, CVII, 1976

BARKOW, G., HORNOFF, A. Statistische Untersuchungen zur Häufigkeit der Lexik und zu Länge, Bestand und Gliederung der Sätze in russischsprachigen Texten der Sportwissenschaft, Leipzig 1979, Dipl.

BASILAJA, N.A. Genitivnye sintaksičeskie struktury v naučnom stile reči, in: T Tbil GU, 7/1983

BLOCH, M.Ja. Nekotorye osobennosti sintaksičeskogo stroja naučno-techničeskogo teksta, in: MZ VPIJa, II, 1966

BOCK, D. Zum Gebrauch unpersönlicher Infinitivkonstruktionen in russischen Fachsprachen, in: Sprache in Wissenschaft und Technik, Leipzig 1978

BOECK, W. Zur Bedeutung des Satzkomplexes (složnoe sintaksičeskoe celoe) für die kontrastive Untersuchung von allgemein- und fachsprachlichen Texten in der russischen Gegenwartssprache, in: WZ Halle-Wittenberg, GSR, 5/1972(21)

BOECK, W., HERMANN, J. Zu besonderen Gebrauchsweisen der Possessivpronomina *svoj* und *ego* im wissenschaftlichen Stil der russischen Gegenwartssprache, in: WZ Halle-Wittenberg, 5/1972(21), 111-112

BURCEVA, E.A., GALECKAJA, C.JA. K voprosu ob otnositel'noj častote sintaksičeskich struktur v obščestvenno-političeskom stile reči, in: NDVŠ FN, 3/1972

ČESAL, B. K voprosu o častotnosti strukturnych tipov predloženij v russkich techničeskich tekstach, in: Wissenschaftliche Schriftenreihe der TH Karl-Marx-Stadt, Karl-Marx-Stadt 1978

CHARČENKO, N.P., GLUŠKOVA, K.A. Funkcii i sintaksičeskaja struktura zaglavij naučno-populjarnych tekstov v anglijskom i russkom jazykach, in: Stroenie i funkcionirovanie sintaksičeskich edinic, Irkutsk 1983

DERGAČEVA, G.I., STEMKOVSKAJA, E.P. O lingvističeskom analize, opisanii i metodičeskoj organizacii materiala po sintaksisu naučnoj reči, in: Voprosy teorii i praktiki prepodavanija russkogo jazyka kak inostrannogo, Moskva 1979

DEVJATAJKINA, V.S., LARIOCHINA, N.M. Sbornik upražnenij po sintaksisu naučnoj reči dlja fizikov, Moskva 1974

DIETZE, J. Die Frequenz von Kasus und Präpositionen in der russischen Fachsprache, in: Studien zur allgemeinen und vergleichenden Sprachwissenschaft, Jena 1976

ECKERT, H. Ausdruck attributivischer Beziehungen der russischen Fachsprache, in: Kommunikativ-funktionale Sprachbetrachtung, I, Halle, 1981

ENGELKE, H., KOKOSCHKO, K. Stark frequentierte Prädikate im russischsprachigen gesellschaftswissenschaftlichen Fachtext, in: FS, 4/1979, 284-292

FADEEVA, N.P., IVŠIC, V.D. Sposoby predikativnogo vydelenija skazuemogo v naučno-techničeskom tekste, in: Osobennosti funkcional'nych stilej naučno-techničeskoj literatury i delovoj dokumentacii, Tezisy dokladov i soobščenij naučno-techničeskogo seminara, 9-11 oktjabrja 1973 g., Čeljabinsk 1973, 60-63

FEDOSJUK, M.JU. O kriterijach razgraničenija atributivnych konstrukcij v russkom jazyke (na materiale tekstov naučno-techničeskich referatov), in: Stil' naučnoj reči, Moskva 1978, 232-248

FEDOSJUK, M.JU. Schodstva i različija meždu složnosočinennymi predloženijami i sojuznymi sočetanijami samostojatel'nych predloženij v naučnoj reči, in: Funkcional'nye stili. Lingvometodičeskie aspekty, Moskva 1985

FOMINYCH, B.I. Sintaksičeskaja struktura zaglavij, in: Russkij jazyk. Stat'i i issledovanija, Moskva 1960

FRISCH, P. Upotreblenie predloženij toždestva v gazetnych zagolovkach, in: FS, 2/1983, 90-91

FUGOL', G.S. Semantičeskie i sintaksičeskie osobennosti teksta opisanij izobretenij, in: Semantika jazykovych edinic i teksta, Moskva 1979

GLUŠKO, M.M. Funkcional'naja pragmatika, semantika i sintaktika tekstov naučnoj i techničeskoj literatury, in: Pervaja vsesojuznaja konferencija po teorii i praktike perevoda (Funkcional'nyj stil' naučnoj i techničeskoj literatury), 19-20 ijunja 1975 g., Tezisy dokladov, Kaunas 1975, 56-63

GLUŠKO, M.M. Sintaktika, semantika i pragmatika naučnogo teksta, Moskva 1977

GLUŠKO, M.M. Organizacija naučnogo teksta v svete sistemnosti ego pragmatičeskich, semantičeskich i sintaksičeskich charakteristik, in: Lingvostilističeskie issledovanija naučnoj reči, Moskva 1979

GOJDINA, V.V. Časticy *ešče, uže, tol'ko (i tol'ko)* v sostave obstojatel'stva vremeni (na materiale chudožestvennoj i naučnoj literatury), in: Lingvostilističeskie issledovanija naučnoj reči, Moskva 1979, 110–123

GONČARENKO, V.V., KOTEL'NIKOVA, N.M. Snjatie sintaksičeskoj, grammatičeskoj i konversionnoj omonimii pri avtomatičeskoj pererabotke naučno-techničeskogo teksta, in: Issledovanija po prikladnoj i sistemnostrukturnoj lingvistike, Kišinev 1980

GREČKO, V.K. Modeli predloženija v funkcional'nom stile naučnoj i techničeskoj literatury, in: Pervaja vsesojuznaja konferencija po teorii i praktike perevoda (Funkcional'nyj stil' naučnoj i techničeskoj literatury), 19–20 ijunja 1975 g., Tezisy dokladov, Kaunas 1975, 63–68

GREČKO, V.K. Funkcional'nyj stil' i sintaksičeskaja semantika, in: Problemy sintaksičeskoj semantiki (materialy naučnoj konferencii), Moskva 1976

IVAKINA, N.N. Sovmeščenie ėlementov naučnoj i oficial'no-delovoj reči v sintaksise juridičeskogo dokumenta, in: Jazyk i stil' naučnogo izloženija. Lingvometodičeskie issledovanija, Moskva 1983

IVANOVA, L.P. Differenciacija funkcional'nych stilej na baze odnosostavnych predloženij, in: Voprosy stilistiki, V, Saratov 1972

IVANOVSKAJA, L.P. Neopredelenno-ličnye predloženija v naučnom stile reči, in: Russkij jazyk. Osobennosti stilja naučnoj reči, Leningrad 1971

JANOVA, N.N. Funkcional'no-semantičeskaja charakteristika otnositel'no-rasprostranitel'nych predloženij v naučnom tekste, in: Jazykovaja sistemnost' pri kommunikativnom obučenii (ed. Formanovskaja, N.I., Lapteva, O.A., Lobanova, N.A.), Moskva 1988, 147–156

JASNICKAJA, I.A. Sub"ektnye i ob"ektnye značenija priimennogo roditel'nogo v naučnom tekste (na materiale russkogo jazyka), in: Jazyk i stil' naučnogo izloženija. Lingvometodičeskie issledovanija, Moskva 1983

JASNICKAJA, I.A. Opredelitel'nye značenija priimennogo roditel'nogo v russkoj pis'mennoj naučnoj reci, in: Naučnaja literatura. Jazyk, stil', žanry, Moskva 1985, 231–244

KARPOVA, T.D. Leksiko-sintaksičeskie sredstva ėmocional'no-ėkspressivnogo vozdejstvija v ustnoj naučnoj reči monologičeskogo charaktera, Moskva 1979, akd

KIRIČENKO, N.V. O funkcionirovanii kratkich stradatel'nych pričastij v naučnom stile (sopostavitel'no s chudožestvennym), in: Funkcional'nye stili reči v sinchronnom i diachroničeskom aspektach, Perm' 1978

KIRIČENKO, N.V. O nekotorych osobennostjach funkcionirovanija vozvratnych glagolov stradatel'nogo zaloga v naučnom stile, in: Specifika i ėvoljucija funkcional'nych stilej, Perm' 1979

KIRIČENKO, N.V. Osobennosti funkcionirovanija form stradatel'nogo zaloga v russkoj naučnoj reči (Kratkie stradatel'nye pričastija), in: Lingvostilističeskie issledovanija naučnoj reči, Moskva 1979, 97-110

KLENINA, A.W. Ob obučenii sintaksisu naučnogo teksta, in: Russkij jazyk, Moskva 1977

KONDRATENKO, I.A. Leksiko-semantičeskie i morfologo-sintaksičeskie svojstva prilagatel'nych v naučnom stile (na materiale medicinskich tekstov), Moskva 1979, akd

KONOVALOVA, T.I. K voprosu o funkcionirovanii složnosočinennych predloženij v naučnoj reči i v jazyke chudožestvennoj literatury, in: RJaZR, 5/1981, 70-72

KONOVALOVA, T.I. Tipologičeskie priznaki složnosočinennych predloženij v chudožestvennom stile reči (v sopostavlenii s naučnym), in: RJa, 1982(5), 105-111

KONSTANTINOVA, A.JU. Predstavlennost' strukturno-semantičeskich tipov prostogo predloženija v ustnoj naučnoj reči, Moskva 1982, akd

KONSTANTINOVA, A.JU. Predstavlennost' i funkcionirovanie v ustnoj naučnoj reči strukturno-semantičeskich tipov prostogo predloženija so značeniem dinamiki, in: Russkij jazyk v nefilologičeskom vuze. Sintaksičeskaja osnova obučenija jazyku special'nosti, Moskva 1985

KOTJUROVA, M.P., KOŽINA, M.N. O nekotorych tendencijach funkcionirovanija edinic sintaksisa v russkoj reči (K voprosu ob ėvoljucii naučnogo stilja), in: Stil' naučnoj reči (ed. Trojanskaja, E.S.), Moskva 1978, 3-23

KRÄMER, M. Zu einigen Aspekten des Prädikats in russischen Texten der Zahnmedizin, in: WZ Leipzig, GSR, 1/1982(31), 35

KRAUSE, M. Analyse der Erkennungsleistungen bei Passivkonstruktionen auf *-sja* im fachsprachlichen Fremdsprachenunterricht. Eine experimentelle Untersuchung syntaktischer und semantischer Komponenten, I-III, Berlin 1982, Diss.

KUL'GAV, M.P. Osnovnye stilevye čerty i sintaksičeskie sredstva ich realizacii v sovremennoj naučno-techničeskoj reči, Moskva 1964, akd

KULIKOVSKAJA, T.V. Frazovyj glagol passivnogo značenija, in: Jazyk naučnoj literatury (Lingvističeskie problemy i metodika prepodavanija), Tezisy dokladov XX naučno-metodičeskoj konferencii, 30/VI-2/VII 1975 g., Moskva 1975, 72-74

KURGANOVA, S.P. K voprosu o vzaimosvjazi komponentov predloženija v naučnom stile reči, in: Voprosy teorii i praktiki prepodavanija russkogo jazyka kak inostrannogo, Moskva 1979

KUZ'MINA, E.S. Predikativnyj charakter jazyka nauki, Moskva 1971, akd; und in: Russkij jazyk i metodika ego prepodavanija nerusskim, Moskva 1973

LAPTEVA, O.A. O nekotorych sintaksičeskich tendencijach v stile sovremennoj naučnoj prozy, in: Razvitie sintaksisa sovremennogo russkogo jazyka, Moskva 1966

LAPTEVA, O.A. Sintaksičeskaja diskretnost' monologičeskogo vyskazyvanija v ustnoj naučnoj reči, in: Funcional'nye stili. Lingvometodičeskie aspekty, Moskva 1985

LARIOCHINA, N.M. Osobennosti izučenija sintaksisa naučnogo stilja reči, in: V pomošč' prepodavateljam russkogo jazyka inostrancam, Moskva 1964

LARIOCHINA, N.M. Sbornik upražnenij po sintaksisu naučnoj reči, Moskva 1965

LARIOCHINA, N.M. O faktorach, ograničivajuščich vzaimozameščenie predložno-padežnoj konstrukcii "*pri* + predložnyj padež" i pridatočnoj časti uslovnogo predloženija (na materiale naučnogo stilja), in: RJaSI, 1974(14), 75-87

LARIOCHINA, N.M. Voprosy sintaksisa naučnogo stilja reči (Analiz nekotorych struktur prostogo predloženija),Moskva 1979,240p. Rez.: ČSR, 2/1982, 91-92 (Bendová, H.)

LESSKIS, G.A. O nekotorych različijach prostogo predloženija v naučnoj i chudožestvennoj proze, in: RJaNŠ, 6/1963, 7-15

LESSKIS, G.A. O zavisimosti meždu razmerom predloženija i ego strukturoj v raznych vidach teksta, in: VJa, 3/1964

LINK, N.A. Funkcionirovanie nekotorych form glagola i suščestvitel'nogo v naučnych tekstach XVII-pervoj poloviny XVIII veka (K voprosu o formirovanii specifiki naučnogo stilja), Saratov 1982, akd

LJAPIDEVSKAJA, N.S. Funkcionirovanie složnopodčinennych predloženij so značeniem celi dejstvija v publicističeskom i naučnom stiljach, in: Jazyk i special'nost': obučenie russkomu jazyku studentov-nefilologov, Meždunarodnyj simpozium, Baku 1977; und in: RJaZR, 4/1979, 77-80

LJAŠČENKO, V.I. Sintaksičeskie osobennosti tekstov sovetskich diplomatičeskich dokumentov, in: RJaZR, 5/1988, 57-61

LOKŠINA, I.A. Statal'nyj passiv v naučnom stile, in: Voprosy teorii i praktiki prepodavanija russkogo jazyka kak inostrannogo, Moskva 1979

MALENKOV, A.A. K voprosu o pozicionnych variantach ob"ektnych sintaksem v predloženijach naučno-techničeskich tekstov, in: Lingvističeskie issledovanija: Struktura i značenie predloženija, Moskva 1982

MATVEEVA, E.G., PANOVA, N.S., et al. Statističeskoe issledovanie sintaksičeskoj struktury naučno-techničeskich tekstov, in: Voprosy informacionnoj teorii i praktiki, LI, Moskva 1984

MAZARSKAJA, S.E. Osobennosti upotreblenija predložno-padežnych form v chimičeskoj literature, in: Voprosy teorii i praktiki prepodavanija inostrannych jazykov na nejazykovych fakul'tetach universitetov, II, Perm' 1978

METS, N.A. Osobennosti sintaksisa naučnogo stilja reči i problemy obučenija inostrannych učaščichsja, Moskva 1979

MILEJKOVSKAJA, G.M. Sintaksičeskoe stroenie naučnogo stilja v russkom jazyke serediny XVIII veka (na materiale analiza "Rossijskoj grammatiki" M.V. Lomonosova), in: BPTJ, XXIII, 1965

NAGAJCEVA, N.I. Osobennosti oficial'no-delovogo i naučnogo stilej s kommunikativno-sintaksičeskoj točki zrenija (na materiale dvusostavnogo predloženija), in: Aktual'nye problemy filologii, II, Moskva 1983

NAGORR, I. Funktionalistische und linguistische Besonderheiten beim Übergang vom Satzschluß zum Satzanfang in russischen Texten der sozialistischen Arbeitswissenschaften, Halle 1973, Diss.

NAMAKŠTANSKAJA, I.E. Sintaksičeskie otnošenija leksiki, formirujuščie ustupitel'nuju semantiku v predloženijach s deepričastnym oborotom (na materiale naučnoj reči), in: RJaZR, 3/1981, 73-77

NIKOLAEV, V.P., POPOVA, L.A. Priimennoe upotreblenie padežnych form v naučnom stile reči, in: RJaZR, I, 2/1969, 63-65; II, 3/1969, 54-59

NISTRATOVA, S.L. Sintaksičeskie sredstva vyraženija adresovannosti v naučno-populjarnych tekstach, in: Sistemnyj analiz značimych edinic russkogo jazyka. Sintaksičeskie struktury, Krasnojarsk 1984

NISTRATOVA, S.L. Kommunikativnaja napravlennost' i stilističeskaja differenciacija sintaksičeskich sredstv vyraženija adresovannosti reči v pis'mennoj i ustnoj sferach kommunikacii na naučnye temy, Moskva 1985, akd

NISTRATOVA, S.L. Sintaksičeskie sredstva vyraženija adresovannosti v ustnoj naučnoj reči, in: Naučnaja literatura. Jazyk, stil', žanry, Moskva 1985, 81-100

ORLOVA, L.V. Sintaksičeskaja i leksičeskaja struktura sverchfrazovogo edinstva v naučnoj proze: Kustovye ierarchičeskie struktury, Leningrad 1983, akd

ORTMANN, H., WÜSTENECK, H. Zum Verhältnis von Verb und Adverbialbestimmung in der fachgebundenen Kommunikation, in: Sprache in Wissenschaft und Technik (ed. Hoffmann, L.), Leipzig 1978

OTRADINSKAJA, L.B. O nekotorych semantiko-sintaksičeskichosobennostjach organizacii teksta naučnoj prozy, in: NT Tašk GU, DLXXXVII, 1979

PADUČEVA, E.V. Obnaruženie sfery dejstvija kvantorov v predloženijach matematičeskogo teksta, in: Sintaksičeskij i semantičeskij komponent lingvističeskogo obespečenija, Novosibirsk 1979

PAL'TA, I.R. Vyraženie opredelitel'nych otnošenij v naučnom stile reči, in: V pomošč' prepodavateljam russkogo jazyka kak inostrannogo, Moskva 1967

PAL'TA, I.R. O nekotorych osobennostjach upotreblenija suščestvitel'nych v naučnom stile reči, in: V pomošč' prepodavateljam russkogo jazyka kak inostrannogo, Moskva 1968

PANOVA, I.I. Kommunikativno-sintaksičeskij aspekt issledovanija referatov po obščestvennym naukam, in: Referirovanie v obščestvennych naukach, Moskva 1982

PJATECKAJA, S.L. Nekotorye problemy izučenija sintaksičeskich konstrukcij, charakternych dlja gazetnoj reči, in: RJaSI, 1976(16), 106-116

POLJAKOVA, N.F. Stilističeskoe ispol'zovanie pobuditel'nych predloženij v naučnoj i chudožestvennoj proze, Voronež 1985, akd

POPOV, A.S. Sintaksičeskaja struktura sovremennych gazetnych zaglavij i ee razvitie, in: Razvitie sintaksisa sovremennogo russkogo jazyka, Moskva 1966

REJMAN, E.A. Paradigmatičeskie značenija predlogov kak vid obščego značenija (na materiale tekstov različnoj funkcional'noj napravlennosti), in: Naučnaja literatura. Jazyk, stil', žanry, Moskva 1985, 155-167

REPIN, B.I. Stilistiko-sintaksičeskie osobennosti jazyka naučnoj prozy, in: Jazyk naučnoj literatury (Lingvističeskie problemy i metodika prepodavanija), Tezisy dokladov i soobščenij XX naučno-metodičeskoj konferencii, 30 ijunja-2 ijula 1975 g., Moskva 1975, 86-88

RIEDEL, G. Syntaktische Besonderheiten der sprachlichen Darstellung von sportlichen Bewegungsabläufen im Russischen, Leipzig 1975, Diss.

RJABCEVA, N.K. Semantiko-sintaksičeskij analiz mnogokomponentnych terminov i vozmožnosti ego al'goritmizacii, in: Lingvističeskie voprosy al'goritmičeskoj obrabotki soobščenij, Moskva 1983

RJABUCHINA, T.I. Trudnosti različenija omoform podležaščego i vtorostepennych členov predloženija pri čtenii tekstov po special'nosti, in: Obučenie ustnoj reči i čteniju na inostrannych jazykach v škole i vuze, Minsk 1982

ROBASCHIK, S. Charakter und Bestand des Satzes russischsprachiger Fachtexte der Medizin (im Vergleich zu Texten der schöngeistigen Literatur), Leipzig 1977, Diss.A

ROBASCHIK, S. Die Subjektphrase in russischsprachigen Fachtexten der Medizin, in: BSF, I, 1978

ROGOVA, K.A. Sintaksičeskie osobennosti publicističeskoj reči, Leningrad 1975

ROZENTAL', D.Ė. Nabljudenija nad sintaksisom jazyka gazety, in: Jazyk i stil' sredstv massovoj informacii i propagandy, Moskva 1980, 51-65

RUSSKIJ jazyk v nefilologičeskom vuze (Sintaksičeskaja osnova obučenija jazyku special'nosti), (ed. Lapteva, O.A.), Moskva 1985

RUST, A. Untersuchungen zum Prädikat im gesellschaftswissenschaftlichen Fachtext (Orientierungsstudie unter textlinguistischem Aspekt, dargestellt an russischen Fachtexten der Pädagogik), in: WZ PH Zwickau, 1/1983

RYLOV, S.A. Srednjaja dlina prostogo vyskazyvanija v istorii russkogo jazyka (na materiale chudožestvenno-povestvovatel'nych i delovych tekstov XII-XX vv.), in: Ėvoljucija i predystorija russkogo jazykovogo stroja. Vzaimodejstvie leksiki i grammatiki, Gor'kij 1984

ŠALIMOVA, G.S. Prisoedinitel'nye konstrukcii v jazyke (K voprosu o sintaksičeskom stroje sovremennoj gazetnoj reči), in: VMU, ser. žurnalistiki, 2/1972

SAMKOVA, V.M. Bezličnye predloženija v naučnoj i razgovornoj reči i ich izučenie na osnovnych fakul'tetach, in: RJaSI, 1976(16), 70-78

SATZGER, A. Das Attribut als Sonderfall von Kookkurrenz in russischen Texten der Chemie, Halle 1977, Diss.; und in: Arbeitsberichte, LXV, 1979

ŠAVLJAK, L.V. Sredstva vyraženija semantičeskich komponentov glagol'nych odnosostavnych predloženij (na materiale naučno-techničeskich tekstov), in: RJaZR, 1/1987, 57-62

SCHÄFER, R. Zur Rolle des Verbs bei der Aussagebildung in der fachgebundenen Kommunikation der Pflanzenproduktion im Russischen, I-II, Berlin 1982, Diss.A

SCHÄFLER, H. Die Rezeption syntaktischer Grundstrukturen der russischen Sprache und ihre Bedeutung für die fachbezogene Lektüre in der Fachrichtung "Verfahrenstechnik der chemischen Industrie". Ein Beitrag zur Effektivierung der spezialsprachlichen Ausbildung an einer technischen Hochschule, I-II, Leipzig 1977, Diss.A

SEIFERTH, TH. Zur Rolle der Konjunktion in russischen Texten der sozialistischen Arbeitswissenschaft, Halle 1976, Diss.

ŠENDEROVA, R.L. Vydelenie formal'nych priznakov glavnych členov predloženija kak odin iz putej intensifikacii processa ponimanija naučno-techničeskich tekstov, in: Problemy, puti i sredstva intensifikacii učebnogo processa po inostrannym jazykam v uslovijach nejazykovogo vuza, I, Jaroslavl' 1978

SENJUK, I.S. O produktivnosti obrazovanij "glagol + adverbial'naja častica" i ich nominativnych derivatov v jazyke naučnoj prozy, in: Jazyk i stil' naučnogo izloženija. Lingvometodičeskie issledovanija, Moskva 1983

ŠESTAKOVA, I.G. O sintaksičeskich stilističeskich sredstvach naučno-techničeskogo reklamnogo teksta, in: Soderžatel'nyj analiz osnovnych jazykovych edinic, Barnaul 1981

SKIBO, V.N. Upotreblenie vvodnych predloženij v naučnoj proze, in: UZ MPIIJa, tom 32, 1965, 294-311

SOROKINA, E.N. Osobennosti upotreblenija bezglagol'nych konstrukcij v naučno-gumanitarnom tekste, in: NDVŠ FN, 4/1982, 49-55

SPRAVOČNIK po grammatike russkogo jazyka dlja studentov-inostrancev vuzov estestvenno-techničeskogo profilja: Sintaksis, Moskva 1976

SROVNALOVÁ, N. Nekotorye nabljudenija k upotrebleniju infinitiva v pridatočnych predloženijach celi v special'noj techničeskoj literature, in: Sborník prací Pedagogické fakulty Universitety J.E. Purkyně v Brně, 52, Řada jazyková a literární, Studie rusistické I, 10/1977, 167-173

STARIKOVA, E.N. Ob implicitnoj nominacii v sintaksise naučnoj prozy, in: Jazyk naučnoj literatury (Lingvističeskie problemy i metodika prepodavanija), Tezisy dokladov i soobščenij XX Naučno-metodičeskoj konferencii, 30 ijunja-2 ijulja 1975 g., Moskva 1975, 70-72

SUMKINA, A.I. Zavisimost' sintaksičeskogo stroja nekotorych pamjatnikov delovoj pis'mennosti XVIII v. ot ich soderžanija, in: Istorija russkogo jazyka. Pamjatniki 11-18 vv., Moskva 1982

TIMERMANE, T.JA. Statističeskij analiz oborotov "imenitel'nyj s infinitivom" i "vinitel'nyj s infinitivom" v techničeskoj literature, in: Inostrannye jazyki v vysšej škole, V, Riga 1977

TRILLHASE, G. Strukturelle Beschreibung einiger Syntaxmodelle der russischen Fachsprache, Jena 1966, Diss.

TRILLHASE, G. Strukturelle Beschreibung einiger Syntaxmodelle der russischen wissenschaftlichen Fachsprache - dargestellt an Texten der Physikliteratur, in: WZ Jena, GSR, 5/1967

TRILLHASE, G. Syntaxuntersuchungen unter dem Aspekt der Sprachkundigenausbildung Russisch, in: WZ Jena, GSR, 6/1980

TROEBES, O. Zur Syntax am Anfang spezialsprachlicher russischer Sätze, in: WZ Berlin, 3/1969

TROEBES, O. Satzanfang und Prädizierbarkeit in spezialsprachlichen russischen Texten, Halle 1970, Diss.B

TROEBES, O. Bemerkungen zum Kurzsatz in der fachsprachlichen Literatur des Russischen, in: WZ Halle-Wittenberg, GSR, 5/1972(21), 49-52

VASIL'EV, JU.A. Semantiko-sintaksičeskaja charakteristika rečevogo žanra naučnoj stat'i, Moskva 1979, akd

VAVERKOVA, G. Vvodjaščie konstrukcii s glagol'nym slovom v naučnom stile russkogo literaturnogo jazyka, Voronež 1982, akd

VELIČKO, A.V. Specifika vyraženija iz"jasnitel'nych otnošenij v naučnoj reči, in: RJaZR, 4/1978, 67-70

VINNICKAJA, V.M. Osobennosti funkcionirovanija imennogo skazuemogo v učebno-naučnoj literature techničeskogo profilja, Moskva 1981, akd

VINOGRADOVA, I.F. Konstrukcii s roditel'nym priimennym, vyražajuščie ob"ektnye otnošenija v naučnom stile, in: V pomošč' prepodavateljam russkogo jazyka kak inostrannogo, Moskva 1971

VINOGRADOVA, I.F. Imennye genitivnye konstrukcii v naučnom stile reči i metodika raboty nad nimi, in: RJaSI, 1976(16), 95-105

VLASOVA, N.S. K izučeniju sintaksisa naučnogo stilja reči, in: RJaZR, 1/1973, 90-92

VOROB'EVA, G.F. Vyraženie uslovija v prostom predloženii (naučnyj i razgovornyj stili), in: RJaZR, 1/1971, 45-49

WALTHER, R. Zur Rolle denominaler Präpositionen im fachsprachlichen Bereich der Außenwirtschaft, in: FS, 4/1981, 232-234

WEESE, CH. Zur Gliederung russischsprachiger Sätze in Fachtexten der Verfahrenstechnik, I-II, Leipzig 1984, Diss.A

ZIERATH, B. Zur Rektion der Numeralia *dva, tri, četyre* in der dreigliedrigen Wortverbindung Numerale + Adjektiv + Substantiv in der russischen Sprache der Gegenwart, in: Arbeitsberichte, XXXXI, 1976

ZYRJANOVA, T.A. O semantičeskich raznovidnostjach složnopodčinennych predloženij s vremennymi otnošenijami v naučnom stile russkogo jazyka (sravnitel'no s chudožestvennym), in: Specifika i évoljucija funkcional'nych stilej, Perm' 1979

ZYRJANOVA, T.A. Funkcional'no-semantičeskie osobennosti složnopodčinennych predloženij s pridatočnym pričiny v naučnom stile sovremennogo russkogo jazyka (sravnitel'no s chudožestvennym), in: Problemy funkcionirovanija jazyka v ego raznovidnostjach, Perm' 1981

ZYRJANOVA, T.A. Izmenenija v semantike i funkcionirovanii složnopodčinennych predloženij s pričinno-sledstvennymi otnošenijami (na materiale naučnych tekstov), in: Jazyk i stil' naučnogo izloženija. Lingvometodičeskie issledovanija, Moskva 1983

MEHRSPRACHIG

BELJAEVA, L.N., PERCOVA, G.M., TURYGINA, L.A. K voprosu o semantiko-sintaksičeskoj strukture mnogočislennych kompleksov (na materiale anglijskich, nemeckich i russkich naučno-techničeskich tekstov), in: Problemy sopostavitel'noj tipologii rodnogo (russkogo) i inostrannych jazykov, Leningrad 1981

BLINDUS, E.S. Ėkvivalenty pridatočnych predloženij v anglijskom naučno-techničeskom tekste, in: Voprosy informatiki i perevoda. XII Oblastnaja naučno-techničeskaja konferencija, posvjaščennaja Dnju radio i Dnju svjazista, Novosibirsk 1969, 39-49

BLINDUS, E.S. Ėkvivalenty pridatočnych predloženij v amerikanskom naučno-techničeskom tekste, in: Voprosy informatiki i perevoda. XII Oblastnaja naučno-techničeskaja konferencija, posvjaščennaja Dnju radio i Dnju svjazista, Novosibirsk 1969, 49-59

ČESAL, B. Desubjektivizace sdělení v ruských a českých technických textech, in: Jazykovědné aktuality, 1/1981, 12

CHARČENKO, N.P., GLUŠKOVA, K.A. O nekotorych sintaksičeskich osobennostjach naučno-populjarnogo teksta (na materiale russkogo i anglijskogo jazykov), in: Voprosy stilistiki. Funkcional'nye stili russkogo jazyka i metody ich izučenija, XVIII, Saratov 1982

ČIALAŠVILI, E.Š. Vzaimodejstvie aktual'nogo členenija i sintaksičeskoj struktury, vyskazyvanija v russkom i gruzinskom jazykach (na materiale oficial'no-delovogo stilja), Tbilisi 1984, akd

FITERMAN, A.M., LEVICKAJA, T.R. O perevode opredelenij so sdvinutym grammatičeskim značeniem, in: TP, 4/1967, 34-46

GAVRINA, V.A., KUZNECOVA, G.F., VACHRUŠEVA, T.P. Schema perevoda osnovnych sintaksičeskich konstrukcij nemeckogo predloženija, in: Pervaja naučno-metodičeskaja konferencija po perevodu naučnoj i techničeskoj literatury, Tezisy dokladov i soobščenij, Sverdlovsk 1969, 14-17

GAVRINA, V.A., KUZNECOVA, G.F., VACHRUŠEVA, T.P. Bilingvističeskoe issledovanie perevoda osnovnych sintaksičeskich konstrukcij v nemeckoj naučno-techničeskoj literature na russkij jazyk, in: Tretij seminar po voprosam teorii i praktiki perevoda naučnoj i techničeskoj literatury, Tezisy dokladov, Moskva 1970, 10-12

GLUMOV, V.I. O nekotorych problemach izučenija sintaksičeskoj struktury nominativnych terminosočetanij russkogo i anglijskogo jazykov, in: TS, 1978(1)

GONČARENKO, V.V., ZOREF, M.G. Bilingvističeskoe issledovanie nekotorych sposobov vyraženija otricanija v jazyke naučnoj i techničeskoj literatury, in: Pervyj seminar po voprosam teorii i praktiki perevoda naučnoj i techničeskoj literatury, Tezisy dokladov i soobščenij, Moskva 1968, 6

GREČKO, V.K. Bilingvističeskoe izučenie sintaksičeskich sinonimov v nemeckoj i russkoj naučnoj literature (žanr - monografija), in: Tretij seminar po voprosam teorii i praktiki perevoda naučnoj i techničeskoj literatury, Tezisy dokladov, Moskva 1970, 15-17

GÜNTHER, E. Zu einigen Fragen der Graduierung im Russischen und Deutschen, in: WZ PH Güstrow, 2/1982, 163 ff.

KIR'JAN, M.D. Ustanovlenie sootvetstvij sintaksičeskich struktur russkoj i francuzskoj naučnoj reči kak sredstvo optimizacii obučenija perevodu, in: SNT MPIIJa, CCXXI 1983

KÖHLER, C. Syntaktisch-stilistische Besonderheiten deutscher naturwissenschaftlich-technischer Fachtexte, in: Textgattungen der Technik. Praktische Hinweise für den Übersetzer, Berlin 1980

KOSILOVA, M.F. Putevoditel' po nemeckomu predloženiju. Posobie po perevodu naučnych tekstov po chimii, Moskva 1971, 196 p.

LAU, H.H. Zahlenvergleiche im Deutschen und Russischen, in: FS, 1/1983, 36-44

LJACHNO, V.K. Bilingvističeskoe issledovanie izmenenija sintaksičeskoj struktury nemeckogo predloženija pri perevode na russkij jazyk, in: Šestoj vsesojuznyj seminar po voprosam teorii i praktiki perevoda naučnoj i techničeskoj literatury, 7-9 ijunja 1972 g., Tezisy dokladov, Moskva/Baku 1972, 49-53

REINECKE, W. Objektivierungsprobleme im Beziehungsfeld von Maschinen- und Humanübersetzung - eine Untersuchung zum Komplex äquivalenter syntaktischer Konstruktionen im Bereich russisch- und deutschsprachiger wissenschaftlicher Texte, Leipzig 1968, Diss.

ŠABES, V.JA. Semantičeskij sintaksis i perevod, in: Tezisy dokladov naučno-techničeskoj konferencii po uzlovym problemam radiotechniki i élektrosvjazi. Posvjaščaetsja Dnju radio i Dnju svjazista, Leningrad 1972, 235-236

SAVČENKO, A.I. Anglo-russkie ékvivalenty složnogo predloženija s pridatočnym (appozitivnym), in: Četvertyj seminar po voprosam teorii i praktiki perevoda naučnoj i techničeskoj literatury, 2-4 nojabrja 1970 g., Tezisy dokladov, Moskva-Tbilisi 1970, 38-40

SINEV, R.G. Predloženija s odnorodnymi členami v nemeckoj naučnoj reči i nekotorye trudnosti ich ponimanija i perevoda na russkij jazyk, in: Prepodavanie inostrannych jazykov. Teorija i praktika, Moskva 1971, 113-123

SKIBO, V.N., ZIMNJAJA, I.A. O nekotorych osobennostjach perevoda atributivnych konstrukcij, in: Voprosy teorii i metodiki prepodavanija perevoda, Tezisy dokladov vsesojuznoj konferencii, 12-14 maja 1970 g., Moskva 1970, II, 85-89

TRILLHASE, G. Strukturelle Beschreibung einiger Syntaxmodelle der russischen wissenschaftlichen Fachsprache, in: Spezialprobleme der wissenschaftlichen und technischen Übersetzung (ed. Spitzbardt, H.), Halle 1972

TROEBES, O. Vom Deutschen abweichende Konstruktionen am Anfang spezialsprachlicher russischer Sätze, in: Spezialprobleme der wissenschaftlichen und technischen Übersetzung (ed. Spitzbardt, H.), Halle 1972

1.3.3. KOMBINIERBARKEIT

RUSSISCH

BASS, É.M. Paradigmatičeskie i sintagmatičeskie svjazi kauzal'nych glagolov, in : Stil' naučnoj literatury, Moskva 1978

ČEBOTNIKOVA, T.A. Leksičeskaja i semantičeskaja sočetaemost' terminoélementa "sintagmatičeskij" v sovremennom russkom jazyke, in: TS, 1981(4), 135-142

CHRISTMANN, K. Untersuchungen zum Verb und seiner Umgebung in russischen Texten der chemischen Verfahrenstechnik, Halle 1975, Diss.

CONEVA, A. Modeli sintaksičeskoj sočetaemosti v jazyke turistskoj dokumentacii, in: Bolg Rus, 6/1988, 61-72

GERLACH, M.L. Umgebungsanalyse des Verbs in russischen Texten der Fachsprache der Wirtschaftswissenschaften, Halle 1977, Diss.

JANČIKOVA, N.M. K probleme izučenija nesvobodnych slovosočetanij v naučnoj reči, in: RJaZR, 2/1980, 92-94

JANČIKOVA, N.M. Nekotorye osobennosti sočetaemosti glagolov mechaničeskogo dejstvija s predmetnymi suščestvitel'nymi v jazyke matematiki, in: RJaSI, 1981(20), 62-69

KRÄMER, M. Zu Problemen der grammatischen und lexikalischen Fügbarkeit russischer Substantive und Verben, dargestellt an Texten der medizinischen Fachliteratur, Leipzig 1973, Diss.

KRÄMER, M. Zu Problemen der grammatikalischen und lexikalisch-semantischen Fügbarkeit russischer Substantive in medizinischen Fachtexten, in: Sprache in Wissenschaft und Technik, Leipzig 1978

KUNATH, J. Zur semantischen und syntaktischen Valenz des Verbs in russischsprachigen Texten der Informationsverarbeitung, Leipzig 1984, Diss.

SCHÜTZE, W. Untersuchungen zu Vorkommen, Distribution und Valenz der häufigsten Verben in der russischsprachigen Kommunikation des Militärwesens, Leipzig 1978, Diss.

SPITZNER, F. Häufigkeit und Fügbarkeit lexikalischer Einheiten in der russischen Fachsprache der Kraftfahrzeugtechnik, Leipzig 1980, Diss.

TERECHOVA, L.V. Lingvo-statističeskij metod kak osnova sostavlenija častotnogo spiska slovosočetanij (modeli G + S^1) v naučno-techničeskoj literature, in: Voprosy metodiki i psichologii obučenija inostrannym jazykam, Moskva 1976

TER-MINASOVA, S.G. Sintagmatika funkcional'nych stilej, Moskva 1982, add

VANŠENKER, A.N. K voprosu o sočetaemosti termina, in: Aktual'nye problemy sintaksisa sovremennogo russkogo jazyka, Alma-Ata 1985

ZOTOVA, T.JA. Sočetaemost' russkich glagolov preobrazujuščego fizičeskogo vozdejstvija na ob"ekt (na materiale jazyka naučnoj literatury), Moskva 1979, akd

MEHRSPRACHIG

EINERT, F. Darstellungsformen der Valenz anhand einiger Dissertationen (Russisch, Französisch), in: BSF, Leipzig 1978

FARRA, V. Valenz- und Interferenzerscheinungen zwischen Deutsch und Russisch bei Satzmustern der Fachsprache Schiffahrt, Greifswald 1977, Diss. A

LICHTENBERG, J. Zur Verbindbarkeit russischer synonymer Verben mit der Bedeutung "aushalten" unter Berücksichtigung der Konfrontation mit dem Deutschen, Magdeburg 1982, Diss.A

ŠELJAGOVA, T.G. Sintagmatičeskie charakteristiki glagolov prigotovlenija pišči v anglijskom i russkom jazykach, in: Issledovanija po grammatike, leksikologii, stilistike i fonetike romanskich i germanskich jazykov, Minsk 1982

SEREDNICKA, T. Sočetaemost' kačestvennych prilagatel'nych v russkom i pol'skom jazykach (na materiale tekstov po metallovedeniju), in: Z badań kontrastów językowych, Wrocław 1978

TONKOVA, N.I. Struktury s narušeniem leksičeskoj sočetaemosti v reklamnych tekstach (na materiale anglojazyčnoj kommerčeskoj reklamy), in: Analiz stilej zarubežnoj chudožestvennoj i naučnoj literatury, vypusk 5, Leningrad 1987, 41-45

1.3.4. FÜGUNGEN

1.3.4.0. ALLGEMEIN

RUSSISCH

AD'JAA, O. Rol' imennych (substantivnych) slovosočetanij v strukture obščestvenno-političeskich tekstov, in: RJaZR, 4/1986, 54-57

ATABEKOVA, N.A. O charaktere slovosočetanij, vyražajuščich sub"ektnuju gruppu v naučnom jazyke, in: NT Tašk GU, DCXXIX, 1979

BOGATYREVA, S.T. Rol' složnych ékvivalentov slova v postroenii naučnoj reči, in: Jazyk dlja special'nych celej kak ob"ekt funkcional'noj stilistiki, Syktyvkar 1984

DIETZEL, A. Zur Analyse einiger medizinischer terminologischer Wortverbindungen, in: Spezialprobleme der wissenschaftlichen und technischen Übersetzung (ed. Spitzbardt, H.), Halle 1972, 173-209

GOMBOŠ, Ž. Atributivnye slovosočetanija v jazyke russkoj naučno-techničeskoj literatury (na osnove tekstov stroitel'nogo profilja), Moskva 1982, akd

MICHEEVA, T.A. Psicholingvističeskie funkcii slovosočetanija kak odnogo iz strukturnych élementov pri vosprijatii special'nych tekstov (na materiale russkogo jazyka), Moskva 1983, akd

RACHMANINA, T.V., TER-MINASOVA, S.G. Tipy sintagm v naučnom stile reči, in: Jazyk dlja special'nych celej kak ob"ekt funkcional'noj stilistiki, Syktyvkar 1984

SCHMIDT, H. Untersuchungen zu den häufigsten lexikalischen Einheiten und Wortverbindungen des Russischen in der Fachsprache der Automatisierungs- und Elektroenergieanlagen (Forschungsbericht), in: WB TH Leipzig, XVII, 1977

ŠIŠENKOV, P.L. Substantivnye slovosočetanija s neskol'kimi prepozitivnymi soglasovannymi opredelenijami v dinamičeskom aspekte (na materiale slovosočetanij, funkcionirujuščich v naučnoj i chudožestvennoj reči), Saratov 1981, akd

ŠIŠKINA, I.P. Slovosočetanie i struktura naučnogo teksta, in: Leksiko-grammatičeskie i stilističeskie osobennosti naučnogo teksta, Moskva 1978

TROEBES, O. Gliederungs- und Ordnungsprobleme bei Fügungen aus russischen Fachsprachen, in: WZ Berlin, GSR, 4/1978(27), 505-508

TROEBES, O. Zum Problem der Fügungen in Fachsprachen des Russischen, in: Sprache in Wissenschaft und Technik, Leipzig 1978

TROPINA, N.I. Nekotorye glagol'nye slovosočetanija obščestvenno-političeskogo charaktera (na materiale kursa "Istorija KPSS"), Moskva 1980

TULINA, T.A. Funkcional'naja tipologija slovosočetanij, Kiev-Odessa 1976

MEHRSPRACHIG

HEYL, S. Zur Wiedergabe russischer analytischer Prozeßbezeichnungen vom Typ "idet remont" im Deutschen, in: FS, 3/1984, 156-159

TROEBES, O. Fügungen deutsch-russisch. Eine Sammlung häufig gebrauchter Wendungen für Wissenschaftler, in: Arbeitsberichte, LXI, 1978

1.3.4.1. FUNKTIONSVERBGEFÜGE

RUSSISCH

ČAL'JAN, L.N., POCHMEL'NIK, V.V. Analiz glagol'no-imennych perifrastičeskich oborotov s učetom referirovanija naučnych tekstov (pod"jazyk geologii), in: Voprosy sistemno-tipologičeskogo issledovanija jazykov, Moskva 1980

JANČIKOVA, N.M. Nesvobodnye glagol'no-imennye ob"ektivnye slovosočetanija v naučnoj reči (na materiale matematičeskich tekstov), Moskva 1980, akd

JÜRGEN, A. Zur formalen Struktur und zur Semantik von Funktionsverbgefügen in gesellschaftswissenschaftlichen Fachsprachen des Russischen, I-II, Erfurt-Mühlhausen 1983, Diss.A

KON'KOVA, L.A. Ustojčivye glagol'no-imennye sočetanija v roli skazuemogo (po materialam delovoj pis'mennosti 2-j poloviny XVIII v.), in: Voprosy istorii i dialektologii russkogo jazyka, IX, Čeljabinsk 1979

KRÄMER, M. Zu Problemen der grammatischen und lexikalisch-semantischen Fügbarkeit russischer Substantive und Verben, dargestellt an Texten der medizinischen Fachliteratur, Leipzig 1973, Diss.

LAPŠINA, E.G. O nekotorych glagol'nych sočetanijach v jazyke naučnoj prozy, in: Stilistiko-grammatičeskie čerty jazyka naučnoj literatury, Moskva 1970, 99-115

LARIOCHINA, N.M. Upotreblenie ustojčivych glagol'no-imennych slovosočetanij s glagolami *delat', soveršat', proizvodit'*, in: RJaZR, 2/1967, 35-38

PAVLOVA, N.P. Upotreblenie desemantizirovannych glagolov v naučnom stile, in: Prepodavanie naučnogo stilja reči na podgotovitel'nom fakul'tete, Moskva 1983

TUCHEL, H. Zu Fragen der verbal-nominalen Wortverbindung des Typs "Funktionalverb + Verbalsustantiv" im Stil der fachgebundenen Kommunikation der russischen Gegenwartsprache, in: Forschungskollektiv Fachsprache und Sprachunterricht, Arbeitsmaterial Nr.37, Halle 1975, 21-49

TUCHEL, H. Verbal-nominale Wortverbindungen und einige ihrer qualitativen und quantitativen Charakteristika in naturwissenschaftlichen Fachtexten der russischen Sprache der Gegenwart, dargestellt an Texten chemischer, biologischer und medizinischer Fachliteratur, Halle 1978, Diss.

TUCHEL, H. Verbal-nominale Wortverbindungen und einige ihrer qualitativen und quantitativen Charakteristika in naturwissenschaftlichen Fachtexten der russischen Sprache der Gegenwart, in: Arbeitsberichte, LXIII, 1979

ZINOV'EVA, G.N. Rabota nad glagol'no-imennymi slovosočetanijami pri obučenii obščestvenno-političeskoj leksike inostrancev, in: RJaSI, 1981(20), 162-169

MEHRSPRACHIG

BARVÍKOVÁ, V. Nominálné slovesné vazby charakterizuící v anglickém odborném textě ve srovnání s ruštinou, in: Sborník VUT v Brně, 1967, 3-4

1.3.4.2. PHRASEOLOGISCHE FÜGUNGEN

RUSSISCH

BAREJKITE, Z. Ustojčivost' slovosočetanij v naučnoj reči (K voprosu ob optimizacii naučnogo teksta), Moskva 1982, akd

BONEV, M. O nekotorych frazeologičeskich sočetanijach v ėkonomičeskoj literature, in: RJaZR, 4/1968, 84-86

BRUDNYJ, A.O. O nekotorych osobennostjach frazeologizmov, imejuščich terminologičeskoe značenie, in: Voprosy frazeologii, Taškent 1965

CHARLICKIJ, M.S. O nekotorych izmenenijach semantiki frazeologizmov v jazyke sovremennoj gazety, in: RJaZR, 6/1988, 36-38

CVILLING, M.JA. Leksiko-frazeologičeskie osobennosti obščestvenno-političeskogo teksta, in: Funkcional'nye stili i prepodavanie inostrannych jazykov, Moskva 1982

ESBULATOVA, R.M. Voenno-terminologičeskaja leksika i frazeologija v publicistike A.N. Tolstogo perioda Velikoj otečestvennoj vojny, in: Lingvostilističeskij analiz teksta, Alma-Ata 1982

ĖTKIN, M.U. Funkcional'no-stilističeski okrašennaja leksika i frazeologija jazyka statej i vystuplenij po voprosam meždunarodnoj žizni (40-60-e gody), Saratov 1968, akd

GLUŠAK, T.S., MARTYNJUK, V.V. Semantičeskoe vključenie uzual'nych slovosočetanij v soderžatel'nyj plan tekstov, in: Jazyk i stil' naučnogo izloženija. Lingvometodičeskie issledovanija, Moskva 1983

GOLOVANEVSKIJ, A.L. Obščestvenno-političeskaja leksika i frazeologija bol'ševistsko-proletarskoj literatury 1900-1917 gg. Problemy i zadači issledovanija, in: Lingvističeskij sbornik, IV, Moskva 1975

HUMS, L. Terminologie und Phraseologie - ihr Verhältnis zueinander auf dem Hintergrund der russischen Terminologie des Eisenbahnbaus, in: WZ TU Dresden, 5/1971

HUMS, L. Phraseologie und Terminologie in ihren Wechselbeziehungen, in: Sprache in Wissenschaft und Technik, Leipzig 1978, 104-116

ISSERLIN, E.M. Leksika i frazeologija diplomatičeskich dokumentov, Moskva 1966

KARAULOVA, T.K. Aktualizacija ustojčivych slovesnych kompleksov nefrazeologičeskogo charaktera v naučnom tekste, in: SNT MPIIJa, CXCVII, 1982

KARAULOVA, T.K. Nekotorye aspekty struktury, semantiki i funkcionirovanija ustojčivych slovesnych kompleksov v naučnom tekste, in: Jazyk i stil' naučnogo izloženija. Lingvometodičeskie issledovanija, Moskva 1983

KLIMZO, B.N. O russko-anglijskom slovare obščeupotrebitel'nych slov i frazeologičeskich edinic naučno-techničeskoj literatury, in: TP, 17/1980, 107-120

KOCHTEV, N.N. Stilističeskoe ispol'zovanie frazeologičeskich sredstv v jazyke gazety, in: Jazyk i stil' sredstv massovoj informacii i propagandy. Pečat', radio, televidenie, dokumental'noe kino (ed. Rozental', D.Ė.), Moskva 1980, 35-51

KOSTJUČUK, L.JA. Ustojčivye slovosočetanija v drevnerusskom delovom jazyke . Po gramotam XI-XIV vv. (strukturno-grammatičeskaja charakteristika), Leningrad 1964, akd

KOŽIN, A.N. O charaktere otnošenij v terminirovannych ustojčivych vyraženijach, in: UZ MOPI, 11/1966

LARIOCHINA, N.M. Glagol'no-imennye frazeologičeskie slovosočetanija, upotrebljajuščiesja v naučnoj reči, in: Iz opyta prepodavanija russkogo jazyka inostrancam, Moskva 1964

MALINSKI, T. Zu einigen Fragen des Erlernens russischer phraseologischer Wendungen durch Ökonomiestudenten, in: Forschungsinformationen des Instituts Fremdsprachen. Hochschule für Ökonomie "Bruno Leuschner" Berlin, VI, Berlin 1984

MANUJLOVA, N.A. Stilističeskie funkcii frazeologičeskich edinic v gazetnych tekstach političeskoj napravlennosti, in: VLU, ser.2, istorija, jazykoznanie, literaturovedenie, 3/1986, 110-112

MARSAKOVA, T.T. Frazeologičeskie i sootnositel'nye s nimi naimenovanija rastenij v russkom jazyke, in: RJaŠ, 6/1973, 97-99

MATTUSCH, H.-J. Zu einigen Problemen des Verhältnisses von Terminologie und Phraseologie im Russischen, in: ZPSK, 3/1977

MICHAJLOVSKAJA, N.G. Zagolovok - frazeologizm, in: RR, 2/1970, 55-59

PAVLENKO, T.L. Perenosnoe ispol'zovanie sostavnych terminov i nomenklaturnych oboznačenij pri obrazovanii ėkspressivnoj frazeologii, in: Voprosy leksičeskoj i frazeologičeskoj semantiki, Rostov na Donu 1979, 100-107

PETROV, N.G. Nekotorye voprosy terminologičeskoj frazeologii (na materiale medicinskoj terminologii), in: Respublikanskaja konferencija po voprosam jazykoznanija, Alma-Ata 1964

SIDORENKO, K.P. Frazeologizmy terminologičeskogo proischoždenija, in: RR, 3/1978, 84-88

SIDORENKO, K.P. Frazeologičeskie edinicy terminologičeskogo proischoždenija, Leningrad 1979, akd

SIDORENKO, K.P. Ot termina - k frazeologizmu, in: RR, 2/1980, 82-84

SIDORENKO, K.P. Aktualizacija ischodnogo značenija u frazeologizmov terminologičeskogo proischoždenija, in: Sovremennaja russkaja leksikografija 1981, Leningrad 1983, 99-106

SLOVO i frazeologizm v slovare, Kiev 1980, 248 p.

SMIRNOV, V.L. Nekotorye nabljudenija nad oficial'no-delovoj frazeologiej (na materiale jazyka XVII veka), in: Voprosy formirovanija leksiko-grammatičeskogo stroja russkogo jazyka, Kazan' 1981

ŠTEFAN, V. Ingerentnaja i adgerentnaja ėkspressivno-ocenočnaja političeskaja leksika i frazeologija sovremennogo russkogo jazyka, Rostov-na-Donu 1984, akd

STEPHAN, W. Ėkspressivno-ocenočnaja političeskaja leksika i frazeologija sovremennogo russkogo jazyka, in: Arbeitsberichte, CXI, 1985

ŠUMILOV, N.F. Frazeologizmy na gazetnoj polose, in: RR, 6/1973, 76-80

TROFIMOVIČ, T.G. K izučeniju leksiko-frazeologičeskogo sostava Uloženija 1649 v., in: Russkij jazyk, I, Minsk 1981, 116-122

TUZOVA, M.F. Obrazovanie novych slov na baze ustojčivych slovosočetanij terminologičeskogo charaktera, in: UZ MOPI, CLXXXXVII, 13/1967

URALOVA, L.A. Formirovanie terminologičeski markirovannogo značenija frazeologičeskich sočetanij, in: SNT MPIIJa, CXCVIII, 1982

VOROB'EVA, M.B. K voprosu ob ustojčivych sočetanijach v jazyke naučnoj prozy, in: Prepodavanie inostrannych jazykov. Teorija i praktika, Moskva 1971, 68-75

ŽITENEVA, L.I. Frazeologizmy - sredstvo gazetnoj vyrazitel'nosti, in: RR, 5/1984, 69-73

MEHRSPRACHIG

BELOZEROVA, F.M. K voprosu o gruppe frazeologičeskich edinic s komponentom-naimenovaniem lica po social'no-professional'nomu priznaku (V sopostavlenii anglijskogo jazyka s russkim), in: Issledovanija po leksičeskoj sočetaemosti, Moskva 1980

ČERNAVINA, L.I. Perevod ustojčivych slovosočetanij i frazeologičeskich edinic s anglijskogo jazyka na russkij v naučno-techničeskoj literature, Moskva 1979

ČERNAVINA, L.I. Perevod ustojčivych slovosočetanij s anglijskogo jazyka na russkij v naučno-techničeskoj literature po mašinostroeniju, Moskva 1982

KLIMZO, B.N. O russko-anglijskom slovare obščeupotrebitel'nych slov i frazeologičeskich edinic naučno-techničeskoj literatury, in: TP, 17/1980, 107-120

MALKINA, E.B. Puti perevoda frazeologičeskich edinic "glagol + suščestvitel'noe" v nemeckoj chimičeskoj literature, in: Tezisy dokladov naučno-techničeskogo seminara povyšenija kvalifikacii perevodčikov naučno-techničeskoj literatury, Dnepropetrovsk 1967, 9-11

MALKINA, E.B. Perevod ustojčivych slovosočetanij i frazeologičeskich edinic s anglijskogo jazyka na russkij v naučno-techničeskoj literature, Moskva 1979

MOKIENKO, V.M. Frazeologija v sovremennoj publicistike (na materiale russkogo i češskogo jazykov), in: Slavjanskaja Filologija, 1986(5), 42-55

NAZARJAN, R.G. Identifikacija i vydelenie frazeologičeskich edinic kak načal'nyj ėtap ich perevoda, in: Pjatyj seminar po voprosam teorii i praktiki perevoda naučnoj i techničeskoj literatury, 26-29 maja 1971 g., Tezisy dokladov, Moskva/Jaroslavl' 1971, 31-34

PEREVOD obščetechničeskich ustojčivych slovosočetanij v tekstach naučno-techničeskich žurnalov s anglijskogo jazyka na russkij, Moskva 1985

PROSVETOVA, L.P. Glagol'no-imennye frazeosočetanija russkich chimičeskich tekstov (V sopostavlenii s nemeckim), Voronež 1978, akd

TOGUNOV, B.M. Determinologizacija kak odin iz istočnikov obogaščenija leksiki i frazeologii literaturnogo jazyka (na materiale nemeckogo i russkogo jazykov), in: Sravnitel'naja tipologija rodnogo i germanskich jazykov, Kalinin 1982

WARNER, A. Internationale Angleichung fachsprachlicher Wendungen der Elektrotechnik (Versuch einer Aufstellung phraseologischer Grundsätze für die Technik), in: Beihefte der ETZ, 4/1966

1.4. LEXIK

1.4.0. ALLGEMEIN

RUSSISCH

ALEKSANDROVA, L.N. Leksičeskij sostav i grammatičeskie značenija glagolov v naučnom tekste, in: Ritorika i stil', Moskva 1984

ALEKSANDROVSKAJA, L.V. Opyt sopostavitel'nogo analiza smyslovoj struktury identičnych leksičeskich edinic, svjazannych s morskoj terminologiej v special'nych i obščich slovarjach, in: UZ MPIIJa, LXIV, 1971

ALEKSEEV, A.A. Iz istorii obščestvenno-političeskoj leksiki russkogo jazyka XVIII veka, Leningrad 1972, akd

ALFAVITNO-ČASTOTNYJ slovnik raboty V.I. Lenina "Dve taktiki socialdemokratov v demokratičeskoj revoljucii", in: Issledovanija po jazyku i stilju proizvedenij V.I. Lenina, Moskva 1981

ANIKINA, E.JA. Analiz leksiki techničeskich tekstov statističeskim metodom, Moskva 1970, akd

ARKAD'EVA, O.M. Količestvennye charakteristiki slovoform obščenaučnoj leksiki, Moskva 1971

BACHILINA, N.B. Opyt istoričeskogo kommentirovanija leksiki V.I. Lenina, in: Issledovanija po jazyku i stilju proizvedenij V.I. Lenina, Moskva 1981

BAJER, A. (=BEYER, A.) Leksičeskie i grammatičeskie osobennosti tekstov naučno-techničeskich referatnych žurnalov na russkom jazyke, in: Doklady i soobščenija delegacii GDR (4. MAPRJAL-Kongreß), Berlin 1979

BANKEVIČ, L.V. O nekotorych psicho-lingvističeskich osobennostjach usvoenija obščenaučnoj leksiki, in: NT MPIIJa, CLIV, 1980

BARKOW, G., HORNOFF, A. Statistische Untersuchungen zur Häufigkeit der Lexik und zu Länge, Bestand und Gliederung der Sätze in russischsprachigen Texten der Sportwissenschaft, Leipzig 1979, Dipl.

BAUER, H.-J. Zum Funktionalstil der Publizistik im Russischen und seinen lexikalischen Besonderheiten, in: WZ PH Magdeburg, 5/1975

BEL'ČIKOV, JU.A. Terminologičeskaja i proizvodstvenno-professional'naja leksika v gazete, in: Očerki po stilistike russkogo jazyka i literaturnomu redaktirovaniju, Moskva 1961

BEYER, A. Lexikalische Untersuchungen zur russischen Sprache in wissenschaftlich-technischen Referaten, in: WZ Rostock, GSR, 6/1977

BIRAGOVA, I.I. Leksiko-semantičeskij analiz zagolovkov naučno-techničeskich dokumentov, in: Voprosy terminovedenija i stilelogii, Gor'kij 1983

BIRAGOVA, I.I. O konstruktivno obuslovlennych značenijach v leksike naučnych zaglavij, in: Termin i slovo. Predmetnaja otnesennost' i funkcionirovanie terminov, Gor'kij 1983

BLAGOEVA, N.G. K voprosu o semantičeskich izmenenijach terminologičeskoj leksiki, in: Voprosy Semantiki, II, Leningrad 1976

BODROV, V.I. *Dialóg* i *meteorólog, bibliógraf* i *telegráf* (Sud'ba udarenija v zaimstvovannych slovach), in: RR, 1/1985, 46-50

BUNOVA, M.A. Lingvostatističeskij metod analiza leksiki klassifikacij izobretenij, in: NTI, ser. 2, 4/1983

BUSAROVA, T.D. Metodika izučenija leksičeskogo značenija slov chudožestvennych i obščestvenno-političeskich tekstov, Moskva 1979, akd

CHAŽINSKAJA, M.S., PIOTROVSKIJ, R.G., RACHUBO, N.P. Sistemnoe issledovanie leksiki naučnogo teksta, Kišinev 1981 Rez.: NDVŠ FN, 4/1983, 94 (Arzikulov, Ch.A.)

CHOCHLAČEVA, V.N., DANILENKO, V.P. O slovach tipa *ėtažnost'*, in: VKR, 7/1966, 69-74

CHUDJAKOV, I.N. Ėmocional'no-ocenočnaja leksika v jazyke proizvedenija V.I. Lenina "Materializm i ėmpiriokriticizm", in: NDVŠ FN, 5/1972

ČUVALOVA, M.S. K metodike otbora naibolee upotrebitel'noj leksiki naučno-techničeskogo pod"jazyka ėkonomiki promyšlennosti, in: NT MPIIJa, CVII, 1976

CVILLING, M.JA. Leksiko-frazeologičeskie osobennosti obščestvenno-političeskogo teksta, in: Funkcional'nye stili i prepodavanie inostrannych jazykov, Moskva 1982

DANILENKO, V.P. O meste naučnoj terminologii v leksičeskoj sisteme jazyka, in: VJa, 4/1976, 64-71

DJAČENKO, I.A., PALAMAR', L.M. Obščeupotrebitel'naja leksika v naučnom stile i ee izučenie v kurse russkogo jazyka dlja inostrancev, in: Sopostavitel'naja lingvistika i metodika obučenija russkomu jazyku inostrannych studentov-filologov, Kiev 1984

DUBJAGO, A.I. Semantičeskie preobrazovanija matematičeskoj leksiki v jazyke N.G. Černyševskogo, in: Issledovanija po istoričeskoj semantike, Kaliningrad 1980

EGOROVA, G.M. Iskonnoe i zaimstvovannoe v voennoj leksike "Vestej-Kurantov", 1600-1650 gg., Leningrad 1984, akd

EISELT, E. Verflechtung von allgemeiner und spezieller Lexik in Fachtexten der Medizin/Russisch, in: WZ Halle-Wittenberg, 6/1979

ERMAKOVA, V.N. K voprosu o sistemnoj organizacii glagola. Na primere odnogo leksiko-semantičeskogo klassa (na materiale glagol'nych edinic pod"jazyka mašinostroenija), in: Lingvističeskie issledovanija 1978. Problemy leksikologii, leksikografii i prikladnoj lingvistiki, Moskva 1978

FADEEVA, G.M. Lingvostilističeskaja charakteristika nekotorych osobennostej leksičeskoj sistemy političeskich rečej (na materiale vystuplenij K. Libknechta), Moskva 1977

FLISCHIKOWSKI, D. Gemeinwortschatz, allgemein-wissenschaftlicher Wortschatz und linguistischer Fachwortschatz in der Ausbildung der Russischlehrer, Potsdam 1981, Diss.A

GEISLER, W. Lexiko-grammatische Analyse sowjetischer Erfindungsbeschreibungen mit dem Ziel einer rationellen Informationsgewinnung, in: WZ TH Ilmenau, 3/1984

GOLOVANEVSKIJ, A.L. Obščestvenno-političeskaja leksika i frazeologija bol'ševistsko-proletarskoj literatury 1900-1917 gg. Problemy i zadači issledovanija, in: Lingvističeskij sbornik, IV, Moskva 1975

GOLOVANEVSKIJ, A.L., KONDRAŠOV, N.A. O principach issledovanija obščestvenno-političeskoj leksiki, in: Problemy leksikologii i slovoobrazovanija russkogo jazyka, Moskva 1982

GULJAKOVA, I.G. Leksiko-semantičeskie sposoby obrazovanija sudostroitel'noj terminologii, in: Opisanie russkogo jazyka v aspekte ego prepodavanija kak inostrannogo, Leningrad 1984

GUZENKO, L.N., KRASAN, T.N., KRYLOVA, S.I. K voprosu o bazovoj leksike techničeskich pod"jazykov, in: RJaZR, 5/1982, 67-72

HECKEL, K. Fragen der Theorie und Praxis statistischer Untersuchungen zur Lexik in der sowjetischen Presse, Leipzig 1971, Diss.

HOFFMANN, L. Zur maschinellen Analyse der statistischen Struktur wissenschaftlicher Texte (Lexik und Morphologie des Russischen), Leipzig 1966, Habil.

HORNUNG, W. Zur Frage der lexikalischen Ebenen im Bereich der wissenschaftlichen Kommunikation, in: Sprache in Wissenschaft und Technik (ed. Hoffman, L.), Leipzig 1978

IL'IČEVA. T.I., KRYLOV, A.I. Vzaimodejstvie obščenarodnoj i techničeskoj leksiki (na materiale proizvodstvenno-techničeskich nazvanij, upotrebljaemych na prjadil'nych fabrikach), in: Voprosy russkogo i slavjanskogo jazykoznanija, Ivanovo 1976

IVANOVA, A.E. Vozmožnosti associativnogo ėksperimenta dlja analiza terminologičeskoj leksiki. Problemy psicholingvistiki, Moskva 1975

KALININA, Ė.A. Issledovanie leksiki pod"jazyka ėlektroniki verojatnostno-statističeskim i strukturno-verojatnostnymi metodami, Gor'kij 1975, akd

KAREL'SKAJA, I.M. Funkcionirovanie leksičeski polnoznačnych, vspomogatel'nych i svjazočnych glagolov v rečevych strukturach raznych stilej, in: Voprosy terminovedenija i stilelogii, Gor'kij 1983

KARPOVA, T.D. Leksiko-sintaksičeskie sredstva ėmocional'no-ėkspressivnogo vozdejstvija v ustnoj naučnoj reči monologičeskogo charaktera, Moskva 1979, akd

KEJŠA, D.A. Nekotorye leksiko-grammatičeskie orientiry pri obučenii ponimaniju naučno-techničeskogo teksta, in: SNT MPIIJA, CXXX, 1978

KIRILLOVA, E.A. Nekotorye aspekty analiza leksičeskogo sostava istoričeskich tekstov, in: Voprosy filologii i metodiki prepodavanija inostrannych jazykov, Moskva 1984

KNJAZ'KOVA, G.P. O leksike leninskogo pamfleta, in: Slovo v jazyke proizvedenij V.I. Lenina, Moskva 1979

KOČETKOVA, T.V. Glagoly govorenija v chudožestvenom i naučnom stiljach (Leksičeskaja predstavlennost'), in: Voprosy stilistiki, XIII, Saratov 1977

KONDRATENKO, I.A. Leksiko-semantičeskie i morfologo-sintaksičeskie svojstva prilagatel'nych v naučnom stile (na materiale medicinskich tekstov), Moskva 1979, akd

KOPOČEVA, V.V. Sootnošenie iskusstvennoj i estestvennoj nominacii (na materiale nazvanij rastenij), Tomsk 1985, akd

KOROL'KOVA, N.A. Sobiratel'nye suščestvitel'nye v russkoj razgovornoj reči i naučnom stile, in: Student i naučno-techničeskij progress. Materialy vsesojuznoj naučnoj studenčeskoj konferencii, aprel' 1977 g., Filologija, Novosibirsk 1977

KOSTENKO, S.M. K voprosu ob osobennostjach funkcionirovanija nekotorych leksičeskich grupp prilagatel'nych v naučnom stile reči, in: Jazyk i stil' naučnogo izloženija. Lingvometodičeskie issledovanija, Moskva 1983

KOVTUN, L.S. Sbliženie razgovorno-obichodnoj reči s naučnoj, in: Aktual'nye problemy leksikologii i leksikografii, Perm' 1972

KUZ'MIN, N.P. Normativnaja i nenormativnaja special'naja leksika, in: Lingvističeskie problemy naučno-techničeskoj terminologii, Moskva 1970, 68-81

LEKSIKA. Terminologija. Stili, I-VI, Gor'kij 1973-1977

LEKSIKO-grammatičeskie i stilističeskie osobennosti naučnogo teksta, Leningrad 1978

LICHAČEV, D.S. Argotičeskie slova professional'noj reči, in: Razvitie grammatiki i leksiki sovremennogo russkogo jazyka, Moskva 1964, 311-359

MAKSIMOVA, M.K. Obščestvenno-političeskaja leksika (po materialam petraševcev), in: UZ LPJ, CXXX, 1957

MARKINA, L.G., NOSOVA, I.M. Posobie po naučno-techničeskoj i obščestvenno-političeskoj leksike, Moskva 1976

MIL'ŠIN, P.K. Obogaščenie obščestvenno-političeskoj leksiki russkogo jazyka v sovetskuju ėpochu (po materialam partdokumentov), in: UZ Pjatigorsk PIIJa XXVIII, 1963

MOISEEV, A.I. Sistema prezentacii terminologičeskoj leksiki, in: Tezisy dokladov i soobščenij (4. MAPRJAL-Kongreß), Berlin 1979, 758/759

MOLČANOVA, L.D. Nazvanija sel'skich žilych i chozjajstvennych stroenij v russkom jazyke XV-XVIII vekov, Moskva 1982, akd

MORGAN, L. Some lexical features of Soviet journalistic writing, in: Melbourne Slavonic Studies, 16/1982, 107-115

MOROZOVA, L.A. Osobennosti funkcionirovanija special'noj leksiki v nespecial'noj literature (na materiale medicinskoj terminologii), in: Sovremennye problemy russkoj terminologii (ed. Danilenko, V.P.), Moskva 1986, 107-123

MOŽAEVA, V.O., STEMKOVSKAJA, E.P., VELIČKO, A.V., et al. Leksika naučnoj reči dlja studentov-inostrancev gumanitarnogo profilja, Moskva 1985

MŽEL'SKAJA, O.S. Leksika pskovskogo rynka načala XVII veka, in: Severno-russkie govory, IV, Leningrad 1984

NAER, N.M. Stilističeskaja orientacija i osnovnye tendencii razvitija leksiki v naučno-techničeskoj literature, in: Problemy kačestva perevoda naučno-techničeskoj literatury, Tezisy dokladov i soobščenij oblastnoj naučno-techničeskoj konferencii, Orel 1978, 47-48

NOSKOVA, Z.A. *Portnoj* i *port*, in: RR, 2/1988, 131-135

ONATZKY-MALIN, M. Le vocabulaire scientifique de la langue russe, in: Slavica Gandensia, 1986(13), 407-415

ORECHOVA, T.P. O variantach slova v sovremennoj naučnoj reči, in: Voprosy russkogo jazykoznanija, Kujbyšev 1978

OSIPENKO, Z.M. Znakomye slova v neobyčnom okruženii. Prevraščenie obščeupotrebitel'noj leksiki v terminy (kožuch, bašmak), in: RR, 6/1974, 64-67

OVDEJ, L.M. Semantičeskaja i strukturnaja charakteristika leksiki russkich narodnych sportivnych igr (na materiale imen suščestvitel'nych), Saratov 1979, akd

PERFILOVA, G.V. Leksičeskoe oformlenie monologičeskogo vyskazyvanija v uslovijach professional'nogo obščenija, in: SNT MPIIJa, CCXXII, 1983

PETROVA, Ė.V. O leksičeskich sposobach vvedenija citaty v naučnyj tekst, in: RJaZR, 5/1985, 34-38

PETRUNIN, V.O. Dinamika slovarnogo sostava v delovom jazyke Petrovskoj ėpochi (Imena na *-nie/-enie, -ost', -stvo* i *-tel'* v juridičeskich kodeksach Drevnej Rusi i Petrovskoj ėpochi), Leningrad 1985, akd

POGORELENKO, G.M. Stilističeski okrašennaja i terminologičeskaja leksika v delovom stile XVIII veka, Voronež 1972, Diss.

PROCHOROVA, V.N. Tematičeskie gruppy leksiki russkogo jazyka i terminoobrazovanie, in: Slavjanskaja filologija, XI, Moskva 1979

PROSJANKINA, A.V. O strukture specializirovannych značenij u slov *svarit'*, *svarka* i t.p., in: Russkoe jazykoznanie, I, Minsk 1981, 93-98

PROTČENKO, I.F. Ob izučenii obščestvenno-političeskoj leksiki russkogo jazyka, in: Wiss Beitr, Halle-Wittenberg, 7/1975(8)

RACHUBO, N.P. Analiz leksiki naučnogo teksta, in: Leksikologičeskie i grammatičeskie issledovanija, Kišinev 1978

REJMAN, E.A. O neterminologičeskoj leksike naučnych tekstov, in: Osobennosti stilja naučnogo izloženija, Moskva 1976, 178-191

REVUCKIJ, O.I. Semantičeskoe obogaščenie imennoj leksiki pod vlijaniem razvitija nauki, techniki i kul'tury. K voprosu o determinologizacii terminov v publicističeskoj reči 70-80 godov XX v., Kiev 1983, akd

RIMMEL'FARB, V.N. Čislovoe i cifrovoe, in: RR, 3/1978, 139-140

RUSSKAJA leksika v literaturno-chudožestvennoj i professional'no-terminologičeskoj sfere, Vladimir 1978

RUST, A. Russischer Wortschatz Gesellschaftswissenschaften. Überblick zur Morphologie, Wortbildung und Semantik, Berlin 1979

RYBAL'ČENKO, A.P. K probleme perechoda obščeupotrebitel'noj leksiki v special'nuju terminologiju, in: UZ MPIIJa, LXIV, 1971

SACHAROV, L.M. Iz nabljudenij nad terminologičeskoj leksikoj v trudach Lomonosova, in: NT MZPI, 7/1961

ŠAVERDOVA, L.N. Opyt psicholingvističeskogo issledovanija informacionnych potrebnostej (na materiale naučnogo leksikona jazyka ėkonomiki), Moskva 1981, akd

SCHILLING, I. Allgemeinwissenschaftlicher Wortschatz des Russischen, Leipzig 1977^2 (1965)

SCHMIDT, H. Untersuchungen zu den häufigsten lexikalischen Einheiten und Wortverbindungen des Russischen in der Fachsprache der Automatisierungs- und Elektroenergieanlagen (Forschungsbericht), in: WB TH Leipzig, XVII, 1977

SCHÖN, H. Der russische Wortschatz der Kernenergetik unter besonderer Berücksichtigung der Synonymie und die Gestaltung eines terminologisch orientierten Lehrwörterbuches, Berlin 1978, Diss.

SCHÜTZE, W. Untersuchungen zu Vorkommen, Distribution und Valenz der häufigsten Verben in der russischsprachigen Kommunikation des Militärwesens, Leipzig 1978, Diss.

ŠELOV, S.D. Terminologija, professional'naja leksika i professionalizmy (K probleme klassifikacii special'noj leksiki), in: VJa, 5/1984, 76-87

SERDOBINCEV, N.JA. Leksika v naučno-populjarnych tekstach pervoj poloviny XVIII veka, in: NT Kujb PI, CCX, 1977

SKITOVA, F.L. Rabota V.I. Lenina "Razvitie kapitalizma v Rossii" kak metodologičeskaja osnova i istočnik razrabotki problemy vzaimodejstvija literaturnogo jazyka i narodnych govorov, in:

Aktual'nye problemy leksikologii i leksikografii. Materialy IX zonal'noj konferencii kafedr russkogo jazyka vuzov Urala, Perm' 1972

SLOVO v jazyke proizvedenij V.I. Lenina, Moskva 1979

SNETOVA, G.P. Leksiko-semantičeskij process determinologizacii v sovremennom russkom jazyke, in: Problemy sovremennoj russkoj leksikologii, Kalinin 1983

SPITZNER, F. Häufigkeit und Fügbarkeit lexikalischer Einheiten in der russischen Fachsprache der Kraftfahrzeugtechnik, Leipzig 1980, Diss.

STEMKOVSKAJA, E.P. Semantičeskaja i slovoobrazovatel'naja struktura russkoj terminologičeskoj leksiki (Terminologija sejsmičeskoj razvedki), Moskva 1971, akd

STERNAGEL, H. Die Wortschatzschichten der russischen Fachsprache der Lebensmitteltechnologie im Hinblick auf die fachbezogene Fremdsprachenausbildung und die Erarbeitung von Thesauren, Berlin 1975, Diss.

SUPERANSKAJA, A.V. Literaturnyj jazyk i terminologičeskaja leksika, in: Problemy razrabotki i uporjadočenija terminologii v akademijach nauk sojuznych respublik, Moskva 1983

TARKO, G.N. Ob ispol'zovanii obščeobichodnych slov v jazyke russkoj botaničeskoj nauki XVIII v., in: UZ Kalin PI, LXVI, 1/1969

TROEBES, O. Zur Lexik am Satzanfang spezialsprachlicher russischer Texte, in: FU, 2/1969, 67-73

TROEBES, O. Zum Informationsgehalt des Verbs in russischen Fachtexten, in: WZ TU Dresden, 20, 5/1971, 1238-1241

VASIL'EVYCH, Ė.I. Proforientirovannyj leksičeskij minimum - osnova otbora dlja obučenija čteniju literatury po special'nosti v techničeskom vuze, Perm' 1982

VESELITSKIJ, V.V. Reči professorov Moskovskogo universiteta vtoroj poloviny XVIII v. kak istočnik po istorii russkoj naučnoj i otvlečennoj leksiki, in: Izv AN SSSR SLJa, 3/1965

VINIČENKO, G.G. Klassifikacija analiza special'noj leksiki podjazyka agronomii, in: Strukturno-verojatnostnyj analiz jazyka po dannym reči, Char'kov 1979

VINIČENKO, G.G. Charakter funkcionirovanija terminologičeskoj leksiki v sisteme pod"jazykov (na materiale leksiki sel'skochozjajstvennogo proizvodstva), Odessa 1981, akd

VOLKOVA, N.N. Kak nazvat' izdelie?, in: RR, 2/1986, 66-70

WACHE, G. Untersuchungen zur Bedeutungsspezialisierung von Wörtern der russischen Allgemeinsprache im Fachwortschatz der Chemie und chemischen Technik, Halle 1970, Diss.

WACHE, G. Untersuchungen zur Bedeutungsspezialisierung von Wörtern der russischen Allgemeinsprache im Fachwortschatz der Chemie und chemischen Technik, in: WZ Halle-Wittenberg, GSR, 5/1972(21), 21-24

ZANOV'EV, V.N. Ob istoričeskich izmenenijach v strukture leksiko-semantičeskoj gruppy "časti tela" v russkom jazyke, in:Ėvoljucija i predystorija russkogo jazykovogo stroja, Gor'kij 1979

ZIL'BERT, B.A. K voprosu o sostave special'noj leksiki fizičeskoj kul'tury i sporta i ee mesto v leskičeskoj sisteme sovremennogo russkogo jazyka, I, in: Jazyk i obščestvo, VI, Saratov 1982

ZIRKA, V.V. Strukturno-semantičeskij analiz special'noj glagol'noj leksiki stroitel'nogo proizvodstva v sovremennom russkom jazyke, Dnepropetrovsk 1984, akd

ZORINA, N.D. O leksičeskich osobennostjach jazyka naučno-techničeskoj prozy, in: ST MOPI, XXIV, 1973

MEHRSPRACHIG

BAUMANN, E. Verfahren und Ergebnisse wissenschaftlicher Arbeiten zur Lexikologie in der Ausbildung von Fachübersetzern, in: RP, 16/1988, 10-22

BORISOVA, L.I. Osobennosti perevoda obščeupotrebitel'noj i obščenaučnoj leksiki s anglijskogo jazyka na russkij, Moskva 1980

BORISOVA, L.I. Leksiko-stilističeskie transformacii v anglo-russkich naučno-techničeskich perevodach, Moskva 1981

BORISOVA, L.I. Obščenaučnoe slovo kak ob"ekt lingvo-perevodčeskogo issledovanija, in: Tekst kak ob"ekt lingvističeskogo analiza i pereoda, Moskva 1984

BORISOVA, L.I. Osobennosti perevoda obščenaučnoj leksiki s russkogo jazyka na anglijskij, Moskva 1984

BORISOVA, L.I. Leksičeskie trudnosti perevoda naučno-techničeskoj literatury s anglijskogo jazyka na russkij, Moskva 1985^2

CVILLING, M. Ispol'zovanie nemeckich otnositel'nych prilagatel'nych pri perevode s russkogo, in: TP, 1/1963, 84-86

HENGST, K. Fachsprachliche Entlehnungen aus dem Russischen in der deutschen Gegenwartssprache, in: Abh Sächs AdW, Phil.-hist. Klasse, 2, 1977

HENGST, K. Beobachtungen zu Entlehnungen aus dem Russischen ins Deutsche im Bereich des Fachwortschatzes, in: ZPSK, 2/1980

IVANOV, S.Z., MUŠTENKO, G.A. O trudnostjach perevoda otraslevoj terminologičeskoj leksiki i putjach ich preodolenija, in:

Problemy kačestva perevoda naučno-techničeskoj literatury, Tezisy dokladov i soobščenij oblastnoj naučno-techničeskoj konferencii, Orel 1978, 28-30

KISKARAEVA, G.U. Ob osvoenii russkoj sceničeskoj leksiki v tjurkskich jazykach, in: Russkoe slovo v jazykovoj žizni Kirgizii, Frunze 1984

KRIVONOSOV, B.A. O trudnostjach, voznikajuščich pri perevode nekotorych abstraktnych slov anglijskogo jazyka, in: Problemy kačestva perevoda naučno-techničeskoj literatury, Tezisy dokladov i soobščenij oblastnoj naučno-techničeskoj literatury, Orel 1978, 52-55

LEHMANN, H. Russisch-deutsche Lehnbeziehungen im Wortschatz offizieller Wirtschaftstexte der DDR (bis 1968), (=Sprache der Gegenwart, Bd. 21), Düsseldorf 1972, 447 p.

MAZARSKAJA, S.E. Leksiko-grammatičeskie osobennosti form prjamogo ob"ekta v russkich i nemeckich chimičeskich tekstach, in: Sopostavitel'no-semantičeskie issledovanija russkogo jazyka, Voronež 1979

PUMPJANSKIJ, A.L. Leksičeskie charakteristiki naučnoj i techničeskoj literatury. Anglo-russkie ėkvivalenty, in: Voprosy metodiki prepodavanija inostrannych jazykov v srednich special'nych učebnych zavedenijach, X, Moskva 1979

PUMPJANSKIJ, A.L. Leksičeskie zakonomernosti naučnoj i techničeskoj literatury. Anglo-russkie ėkvivalenty, Kalinin 1980

STOLBOVAJA, L.V. Distributivno-statističeskij analiz leksičeskoj gruppy suščestvitel'nych, oboznačajuščich geografičeskie ob"ekty (na materiale anglijskogo jazyka v sopostavlenii s russkim), Minsk 1973, akd

STRACKE, S. Der russische und deutsche Fachwortschatz auf dem Gebiet des Pflanzenschutzes in systematischer und alphabetischer Anordnung, Berlin, Humboldt-Universität, Sektion Gartenbau, 1972, Dipl.

TOGUNQV, B.M. Determinologizacija kak odin iz istočnikov obogaščenija leksiki i frazeologii literaturnogo jazyka (na materiale nemeckogo i russkogo jazykov), in: Sravnitel'naja tipologija rodnogo i germanskich jazykov, Kalinin 1982

TOGUNOV, B.M. Stilističeskoe ispol'zovanie terminologičeskoj leksiki v sisteme sovremennogo nemeckogo literaturnogo jazyka v sopostavlenii s russkim (na materiale gazetnoj publicistiki), in: Kontrastivnaja lingvistika (Jazyki narodov SSSR - nemeckij jazyk), Kalinin 1983

1.4.1. ANTONYMIE

RUSSISCH

DOLGOVA, I.A. Analiz semantičeskich otnošenij meždu terminami-antonimami, in: Opisanie russkogo jazyka v aspekte ego prepodavanija kak inostrannogo, Leningrad 1984

DOLGOVA, I.A. Semantičeskaja charakteristika terminologičeskich antonimov (na materiale terminologii chimii), Leningrad 1984, akd

LAVROVA, N.N. Antonimija lingvističeskich terminov, in: TS, 1979(2)

VÁCHA, M. Vztahy antonymie a rozdílu v ruských ekonomických textech, in: CSR, 1/1979, 18-25

1.4.2. HOMONYMIE

RUSSISCH

HORNUNG, W., KRETSCHMAR, E. Polysemie und Homonymie in russischen Fachwortschätzen, in: Berichte. Berliner Beiträge zur Übersetzungswissenschaft, 17/1987(7), 46-55

KOGOTKOVA, T.S. Terminologija i mežfunkcional'no-stilevaja "omonimija", in: Problematika opredelenij terminov v slovarjach raznych tipov, Leningrad 1976

KUZNECOVA, R.M. Ustranenie konversionnoj omonimii "glagol-suščestvitel'noe", in: Inženernaja lingvistika i prepodavanie inostrannych jazykov s pomošč'ju TSO, Leningrad 1981

MEHRSPRACHIG

GARBOVSKIJ, N.K. K voprosu o mež"jazykovych omonimach (na materiale russkoj i francuzskoj voennoj terminologii), in: Voprosy filologii i metodiki prepodavanija inostrannych jazykov, Moskva 1984

GLIER, E. Übersetzungsschwierigkeiten infolge der Polysemie und Homonymie von Wortelementen in Komposita der russischen Terminologie, in: Spezialprobleme der wissenschaftlichen und technischen Übersetzung, Halle 1972, 123-140

SEREBRJAKOVA, I.M. Stilističeskaja obuslovlennost' funkcionirovanija proizvodnych omonimov (na materiale voennych, naučno-techničeskich, publističeskich i chudožestvennych tekstov anglijskogo i russkogo jazykov), Moskva 1986, akd

SITARSKI, A. Zjawisko homonimii w polskiej i rosyjskiej terminologii językoznawczej, in: Studia Rossica Posnaniensia, 1988(20), 197-203

1.4.3. POLYSEMIE

RUSSISCH

ALEKSENKO, T.A. Modelirovanie semantičeskoj struktury mnogoznačnogo termina, in: Inostrannyj jazyk v sfere naučnogo obščenija. Lingvometodičeskoe problemy, Moskva 1986, 100-115 (E-R)

ČEBOTNIKOVA, T.A. Mnogoznačnost' termina i kontekst, in: TS, 1982(5), 35-40

DOBBERITZ, L. Monosemierung polysemer russischer bergbautechnischer Fachausdrücke, Berlin 1970, Diss.

DOBBERITZ, L. Polysemie in russischen Fachtexten der Kohleveredelung, in: WZ Rostock, GSR, 2/1983(32), 37-39

HORNUNG, W., KRETSCHMAR, E. Polysemie und Homonymie in russischen Fachwortschätzen, in: Berichte. Berliner Beiträge zur Übersetzungswissenschaft, 17/1987(7), 46-55

IVANOVA, O.S., VALJAEVA, I.M. Semantičeskie osobennosti funkcionirovanija mnogoznačnych glagolov i ich proizvodnych v special'noj sfere jazyka, in: Funkcional'no-semantičeskie parametry slova i predloženija, Barnaul 1984

LAVROVA, N.N. Zametki o polisemii lingvističeskich terminov, in: TS, 1981(4), 45-53

MUKAŠEV, B.A. Polifunkcional'nye slova v jazyke naučnogo izloženija, in: VMU, ser.9, filologija, 1/1983, 52-58

ORLOV, L.L. O mnogoznačnosti professional'nych slov, in: Problemy stilistiki i leksiki russkogo jazyka, Moskva 1978

SEREDINECKA, T. Rabota nad leksičeskoj polisemiej v techničeskom vuze, in: Przegl Rus, 3-4/1984

SOKOLOVA, A.M. K voprosu o mnogoznačnosti termina (na primere ėkonomičeskogo termina), in: Naučnaja literatura. Jazyk, stil', žanry, Moskva 1985, 301-311

SOLDATOV, V.M. Kontekstnaja aktualizacija značenij polisemantičnych terminov po svarke ĖLEKTRODE i ELEKTROD, in: Problemy grammatiki, fonetiki, leksikologii i stilistiki romanskich i germanskich jazykov, Minsk 1984

VASIL'EV, A.I. K voprosu ob ustranenii dubletnosti i mnogoznačnosti v russkoj techničeskoj terminologii, in: UZ Kirgiz GU, IV, 1959

VINOGRADOV, S.N. Projavlenie neodnoznačnosti terminov pri postroenii informacionno-poiskovych jazykov, in: TS, 1982(5), 40-46

WENZEL, N. Polysemie der Verben in russischen Fachtexten der Chemie, in: FS, 1/1984, 14-19

WENZEL, N. Zum Monosemierungsprozeß in russischen Fachtexten der Chemie, in: SL, 3-4/1984, 136-140

ŽOL', K. K. Problema polisemantizma jazyka v istorii filosofii, in: Logiko-filosofskij analiz ponjatijnogo apparata nauki, Kiev 1977

MEHRSPRACHIG

GLIER, E. Übersetzungsschwierigkeiten infolge der Polysemie und Homonymie von Wortelementen in Komposita der russischen Terminologie, in: Spezialprobleme der wissenschaftlichen und technischen Übersetzung, Halle 1972, 123-140

LAGUNOVA, V.K. Mnogoznačnyj termin kak leksiko-semantičeskaja paradigma (na materiale russkich i anglijskich terminov litejnogo proizvodstva), in: TS, 1981(4), 129-135

SUŠKOV, JU.A. O polisemantičeskom svojstve termina i realizacii ego značenij pri perevode naučnogo teksta, in: Tezisy dokladov XIX naučno-metodičeskoj konferencii, posvjaščennoj voprosam teorii perevoda i metodike prepodavanija inostrannych jazykov v sisteme AN SSSR, Moskva/Dušanbe 1973

1.4.4. HYPONYMIE, SYNONYMIE

RUSSISCH

BOBROVA, T.A. Iz istorii terminologičeskoj sinonimiki, in: RJaŠ, 4/1979, 109

BRAGINA, A.A. Sinonimy i terminy (o vozmožnoj polifunkcional'nosti terminov), in: RJaŠ, 6/1976, 87-93

ČUPILINA, E.I., IZERGINA, I.A. O jazykovom statuse terminologičeskich simonimov, in: Sintagmatičeskaja obuslovlennost' leksičeskoj semantiki, Riga 1980

DANILENKO, V.P. O kratkom variante termina (K voprosu o sinonimii v terminologii), in: RR, 5/1972, 75-81

ELISEEVA, I.JU. Osobennosti sinonimičeskich otnošenij slov, oboznačajuščich literaturnye žanry, v russkom jazyke XVIII veka, in: Lingvističeskie issledovanija 1982. Jazykovye edinicy v sinchronii i diachronii, Moskva 1982

FEDOROVA, M.V. Sinonimija i gradacija v rabote V.I. Lenina "Uspechi i trudnosti Sovetskoj vlasti", in: Materialy po jazyku publicistiki, Voronež 1972

GONČAROVA, N.N. Otbor gruppirovok sinonimičnych strukturno-semantičeskich modelej dlja obučenija inostrannych studentov naučnomu stilju reči, in: Leksičeskaja i sintaksičeskaja sinonimika russkogo jazyka, Kiev 1984

GREČKO, V.A. Sinonimija terminov, in: Aktual'nye problemy leksikologii i slovoobrazovanija, Novosibirsk 1974

KORŠUNOV, S.I. Sinonimy v techničeskoj terminologii, in: Izv AN SSSR, Otdelenie techničeskich nauk, 1952

KURTYŠKO, G.F. Strukturno-verojatnostnyj analiz polnoj i častičnoj terminologičeskoj sinonimii, Minsk 1975, akd

LEJČIK, V.M. Terminy-sinonimy, dublety, ėkvivalenty, varianty, in: Aktual'nye problemy leksikologii i slovoobrazovanija, Novosibirsk 1973, 103-107

LEJČIK, V.M. Differenciacija terminov-sinonimov, variantov i ėkvivalentov kak sposob razgraničenija naučnych i techničeskich ponjatij, in: Psicholingvističeskie problemy grammatiki, Moskva 1979

LEKSIČESKAJA i sintaksičeskaja sinonimika russkogo jazyka, Kiev 1984

MJAGKOVA, E.V. K voprosu o sinonimii v terminologičeskich podsistemach, in: Issledovanija po leksikologii i frazeologii, Moskva 1976

MJAGKOVA, E.V. K voprosu o važnosti razgraničenija sinonimov pri obučenii special'noj leksiki, in: Puti povyšenija ėffektivnosti prepodavanija inostrannych jazykov na nejazykovych fakul'tetach, Moskva 1981

MOLODEC, V.N. Nekotorye problemy terminologičeskoj sinonimii, in: Termin i slovo. Predmetnaja otnesennost' i funkcionirovanie terminov, Gor'kij 1983

NAVOZOVA, L.M. Logiko-gnoseologičeskaja ocenka toždestva i različija v jazyke nauki (K probleme sinonimov), in: Zakonomernosti naučnogo poznanija, Tomsk 1982

PEN'KOVSKAJA, N.P. O slove *kosmonavt* i ego sinonimach, in: Sovremennaja russkaja leksikografija 1977, Leningrad 1979, 151-157

PROCHOROVA, V.N. Sinonimija v terminologii, in: Semiotičeskie problemy jazykov nauki, terminologii i informatiki, II, Moskva 1971

SIDORENKO, R.I. Iz istorii sinonimičeskich terminov, in: NZ Kiiv PI, XXXIII, 1963

ŠILENKO, E.V. Giponimija kak odin iz sposobov sistemnoj organizacii terminologii special'nosti "Technologija osnovnogo organičeskogo i neftechimičeskogo sinteza (TOONS)", in: Opisanie russkogo jazyka v aspekte ego prepodavanija kak inostrannogo, Leningrad 1984

SULTANOV, A.CH., SUPERANSKAJA, A.V. Naučnyj termin i sinonimija, in: Tekst kak ob"ekt lingvističeskogo analiza i perevoda, Moskva 1984

TOLIKINA, E.N. Sinonimy ili dublety?, in: Issledovanija po russkoj terminologii, Moskva 1971, 78-89

VASIL'EV, A.I. K voprosu ob ustranenii dubletnosti i mnogoznačnosti v russkoj techničeskoj terminologii, in: UZ Kirgiz GU, IV, 1959

VESELOV, P.V. Opravdannyj slučaj sinonimii v terminologii, in: RR, 5/1969, 77-81

ZAGIDULLIN, R.Z. Sinonimija i giponimija v terminologičeskoj leksike, in: SNT MPIIJa, CLX, Moskva 1980

MEHRSPRACHIG

BULAT, Z.M. Klassifikacija sinonimov terminov-slovosočetanij i ee značenie dlja perevoda techničeskoj literatury po special'nosti, in: Voprosy teorii i praktiki naučno-techničeskogo perevoda. Materialy po kratkosročnomu seminaru, 28-30 maja 1968 g., Leningrad 1968

KOZLÍK, M. Leksiko-semantičeskie tipy russkich chimičeskich terminov-sinonimov i ich slovackich ėkvivalentov, in: ČSR, 4/1986, 165-169

LICHTENBERG, J. Zur Verbindbarkeit russischer synonymer Verben mit der Bedeutung "aushalten" unter Berücksichtigung der Konfrontation mit dem Deutschen, Magdeburg 1982, Diss.A

SCHÖN, H. Der russische Wortschatz der Kernenergetik unter besonderer Berücksichtigung der Synonymie und die Gestaltung eines terminologisch orientierten Lehrwörterbuches, Berlin 1978, Diss.

SITARSKI, A. O sinonimii w polskiej i rosyjskiej terminologii językoznawczej, in: Przegl Rus, 4/1981, 80-87

1.4.5. PERSONENBEZEICHNUNGEN, EIGENNAMEN

RUSSISCH

ALEKSEENKO, M. Nekotorye osobennosti obrazovanija terminov gruppy "nazvanie lica po priznaku social'no-političeskoj prinadležnosti" v russkom jazyke konca XIX veka-pervoj četverti XX veka, in: LAB, XXI, 1979, 83-95

AVAKOVA, A.S. Suffiksacija v sfere naimenovanij sportsmenov, in: RJaŠ, 1/1971, 93-97

BAUER, H.J. Zur semantischen Analyse und Klassifizierung von

Bezeichnungen für politische Kräfte im Funktionalstil der Publizistik des Russischen, Magdeburg 1978, Diss.A

BELOZEROVA, F.M. K voprosu o gruppe frazeologičeskich edinic s komponentom-naimenovaniem lica po social'no-professional'-nomu priznaku (V sopostavlenii anglijskogo jazyka s russkim), in: Issledovanija po leksičeskoj sočetaemosti, Moskva 1980

BOLOTOV, V.I. Značenie slova, termina i ėnciklopedičeskoe značenie imeni sobstvennogo, in: Voprosy razrabotki naučno-techničeskoj terminologii, Riga 1973

ČAJKINA, JU.I. Nazvanija lic, zanjatych v sel'skom chozjajstve v monastyrskich knigach XVI-XVII vekov, in: Russkaja istoričeskaja leksikologija i leksikografija, III, Leningrad 1983, 26-40

DANILENKO, V.P. O sovremennych tendencijach i sposobach naimenovanija imen lica (professii, členy kollektiva, žiteli), in: RJaŠ, 3/1967

DMITRIEVA, O.L. Razvitie novoj formy upotreblenija v sostave professional'nych naimenovanij ženščin (na materiale statističeskoj vyborki), in: Voprosy sovremennogo sostojanija i istoričeskogo razvitija russkogo jazyka, Moskva 1984

GALENKO, I.G. Naimenovanie lic po lingvističeskoj special'nosti v russkom jazyke, in: RJa, 1981(2), 52-57

GRISENKOVA, T.A. Naimenovanija lic, zanimajuščichsja sel'skim chozjajstvom, v istorii russkogo jazyka, Kiev 1977, akd

IWANOW, W.G. Gebräuchliche russische Berufs- und Dienstleistungsbezeichnungen, in: FU, 7-8/1981, 384-385

KLIMKOVA, L.A. "A tkačicha s povarichoj", in: RR, 2/1972, 76-79

KOGOTKOVA, T.S. *Kormozagotovitel'* ili *kormodobytčik*, in: RR, 6/1982, 53-56

KONRAD, K.-D., SCHMALING, E. Berufe und Dienststellungen in russischer Sprache, in: FU, 12/1980, 623-628

KOZYREV, I.S. O nazvanijach žitelej, in: RR, 5/1974, 81-85

LEDJAEVA, S.D. Naimenovanija lic po vypolnjaemoj funkcii na železnodorožnom transporte, in: Leksika i frazeologija, Kišinev 1973, 3-23

LEJČIK, V.M. Nomenklatura - promežutočnoe zveno meždu terminami i sobstvennymi imenami, in: Voprosy terminologii i lingvističeskoj statistiki, Voronež 1974, 13-24

LILEEVA, Ė.L. Sostavnye naimenovanija lic v jazyke proizvedenij V.I. Lenina, in: Issledovanija po jazyku i stilju proizvedenij V.I. Lenina, Moskva 1981

MOISEEV, A.I. Naimenovanie lic po professii (Strukturnaja klassifikacija), in: VLU, 2/1965

MOISEEV, A.I. Naimenovanie lic po professii (Semantičeskie osnovy naimenovanij), in: VLU, 14/1967

MOISEEV, A.I. Naimenovanija lic po professii v sovremennom russkom jazyke (Strukturno-semantičeskaja charakteristika), Leningrad 1968, add

MOISEEV, A.I. Special'naja terminologija i leksika obščego upotreblenija (na materiale naimenovanij lic po professii), in: Leksika. Terminologija. Stili, II, Gor'kij 1973

MOLČANOVA, S.R. Charakterizujuščie naimenovanija kak sredstvo razoblačenija idejno-političeskich protivnikov v proizvedenii V.I. Lenina "Materializm i ėmpiriokriticizm", in: UZ Jarosl PI, Jaroslavl', 7/1971

PROTČENKO, I.F. Nazvanija lic ženskogo pola v sportivnoj terminologii, in: NDVŠ FN, 2/1961

SEREDINECKI, JA. Nazvanija voennoslužaščich Sovetskoj armii (*boec, voin, soldat*), in: Przegl Rus, 1-2/1984

ŠKATOVA, L.A. Naimenovanie lic po professii v sovremennom russkom jazyke, Moskva 1967, akd

ŠKATOVA, L.A. O nazvanijach professij, in: RR, 2/1978, 89-94

ŠKATOVA, L.A. Različnye stepeni terminologizacii naimenovanij lic, in: Sovremennye problemy russkoj terminologii, Moskva 1986, 37-52

ŽADKO, JU.I. Stanovlenie i razvitie mikrosistemy naimenovanij lic, svjazannych s processom obučenija i vospitanija, v russkom jazyke (Puti, istočniki, semantika i struktura naimenovanij), Dnepropetrovsk 1984, akd

ZAKUPRA, Ž.A. Naimenovanie lic stroitel'nych professij v jazyke russkoj narodnosti XIV-XVI vekov, in: RJa, 1981(2), 26-32

MEHRSPRACHIG

CROME, H.R., MASSMANN, B. Die Übertragung russischer Personennamen ins Englische, in: FS, 2/1967, 104-106

KUTZ, W., ROHWEDDER, E. Zur Wiedergabe russischer Eigennamen bei Übersetzungen aus dem Deutschen ins Spanische und umgekehrt, in: FS, 2/1988, 101-105

PROBST, L. Peredača imen sobstvennych pri perevode tekstov s nemeckogo jazyka na russkij, in: FS, 2/1986, 83-85

RYDVANSKAJA, L.D. Otraženie kategorii vida v professional'nych *nomina agentis*, motivirovannych glagolom, v russkom jazyke v sopostavlenii s ukrainskim, bolgarskim i češskim jazykami, in: RJa, 1986(12), 40-45

SCHÖNFELD, D. Die Eigennamen in der Struktur von englisch-, russisch- und deutschsprachigen Termini der Phytopathologie, in: NI, XXXXVI, 1984

1.4.6. METAPHORIK

RUSSISCH

BIKSON, JA.M. K probleme obraznosti fizičeskoj terminologii, in: Aktual'nye problemy leksikologii, II, Novosibirsk 1969

DANILENKO, V.P., KARPINSKAJA, E.V. Ustajut li metally?, in: RR: 1/1983, 159-160

GORBUNOV, A.R. Obraznye sredstva jazyka gazety, Moskva 1969

GUSEV, S.S. Metafora - sredstvo svjazi različnych komponentov jazyka nauki, in: NDVŠ FN, 2/1978

GUSEV, S.S Nauka i metafora, Moskva 1984

KALMYKOVA, E.I. O dinamike metafory v naučnom stile, in: NDVŠ FN, 2/1974, 83-88

KARAULOVA, T.K. Ispol'zovanie obraznych FE v naučnom tekste, in: SNT MPIIJa, CLXXIV, 1981

KEDAJTENE, E.I., ŽURAVLEVA, V.V. Ispol'zovanie sredstv slovesnoj obraznosti v naučnom stile reči, in: Jazyk naučnoj literatury (Lingvističeskie problemy i metodika prepodavanija), Tezisy dokladov i soobščenij XX naučno-metodičeskoj konferencii, 30 ijunja-2 ijula 1975 g., Moskva 1975, 131-135

KOMPAROVA, Z.I. Semantičeskoe protivodejstvie v umen'šitel'nych obrazovanijach suščestvitel'nych (na materiale sel'sko - chozjajstvennoj leksiki), in: TS, 1981(4), 82-88

KRASNOV, V.G. Obraznost' naučnogo povestvovanija, in: RR, 5/1973, 65-69

LITVINENKO, A.S. Termin i metafora, in: UZ MPIIJa, VIII, 1954, 253-277

LOKŠINA, T.B. Obraznost' v sportivnych tekstach, in: SNT MPIIJa, CLXXXIV, 1981

NESTERENKO, O.L. Nekotorye osobennosti metafory v naučnom stile, in: V pomošč' prepodavateljam inostrannych jazykov, V, Novosibirsk 1974, 74-85

PACHUTKIN, P.I. Metafora v naučnoj reči, in: Vtoroj respublikanskij seminar po voprosam teorii i praktiki perevoda naučnoj i techničeskoj literatury. Tezisy dokladov, Alma-Ata 1972, 4-7

PACHUTKIN, P.I. Rečevaja obraznost' v naučnom izloženii, in: SNT MPIIJa, LXV, 1972, 117-131

PAVLENKO, T.L. O perenosnom ispol'zovanii sostavnych terminov i nomenklaturnych oboznačenijach, in: Problemy russkoj frazeologii. Semantika frazeologičeskich edinic, Tula 1975

PAVLENKO, T.L. Perenosnoe ispol'zovanie sostavnych terminov i nomenklaturnych oboznačenij pri obrazovanii ėkspressivnoj frazeologii, in: Voprosy leksičeskoj i frazeologičeskoj semantiki, Rostov-na-Donu 1979, 100-107

SAPAROV, M.A. Terminy i metafory. Diskussionnye problemy literaturovedčeskoj terminologii, in: Rus Lit, 1/1979, 102-119

SLAVGORODSKAJA, L.V. Ob ispol'zovanii obraznych sredstv v jazyke sovremennoj fiziki, in: Funkcional'nyj stil' naučnoj prozy. Problemy lingvistiki i metodiki prepodavanija, Moskva 1980, 186-197

SOLOV'EVA, Z.V. Nekotorye osobennosti ispol'zovanija naučnoj terminologii kak strukturnogo ėlementa metafory, in: Funkcional'nye stili i prepodavanie inostrannych jazykov, Moskva 1982, 223-238

STEPANOV, A.V. Opyt vydelenija specializirovannych obraznych ėlementov v naučnom stile, in: Problemy lingvističeskoj stilistiki, Tezisy dokladov naučnoj konferencii, Moskva 1969, 144-145

VINOGRADOVA, G. Perenosnye značenija terminologičeskoj leksiki v jazyke gazety, in: Jazyk i special'nost': obučenie russkomu jazyku studentov-nefilologov, Baku 1977, 171-172

VOVČOK, D.P. Tipy i funkcii metaforičeskich ustojčivych slovosočetanij v sovremennoj gazete, Perm' 1973

VOVČOK, D.P. Chudožestvennaja i "gazetnaja" rečevaja obraznost', in: Issledovanija po stilistike, Sverdlovsk 1976

MEHRSPRACHIG

ALLAMBERGENOVA, A.JU. Obraznaja russkaja frazeologija v rabotach V.I. Lenina "Čto delat'?", "Dve taktiki social-demokratii v demokratičeskoj revoljucii" i sposoby ee perevoda na karakalpakskij jazyk, in: RJa, 1982(5), 10-16

BIRKENMAIER, W. Fachsprachliche Metaphern im Russischen und im Deutschen, in: RP, 16/1988, 23-39

BUGULOV, E.N. Metaforičeskie terminoobrazovatel'nye struktury v anglijskoj fiziko-matematičeskoj terminologii, in: Strukturnaja i matematičeskaja lingvistika, Kiev 1980(8)

DUBOVSKIJ, V.E. Ob obraznosti i ee meste v sisteme terminologii dorožnogo mašinostroenija v sovremennom nemeckom i russkom jazykach, in: Romanskoe i germanskoe jazykoznanie, X, Minsk 1980, 89-96

HUMS, L. Zur bildlichen Darstellung in der deutschen und russischen Terminologie des Eisenbahnbaus, in: BSF, I, 1978

KADOMCEVA, O.O. Semantičeskaja struktura metafory v russkich i ukrainskich naučno-filosofskich tekstach, in: RJa, 1988 (16), 75-81

KRAKOVECKAJA, G.A. Metaforizacija kak sredstvo formirovanija medicinskoj terminologii (na materiale drevnegrečeskogo, latinskogo, russkogo i ukrainskogo jazykov), Kiev 1979, akd

TJURINA, L.V. Semantičeskie osnovy metaforičeskoj obraznosti terminov (na materiale francuzskich i russkich terminov morskogo dela), in: NT Kujb PI, CCXXIII, 1978

1.5. WORTBILDUNG

1.5.0. ALLGEMEIN

RUSSISCH

AFFIKSY i kombinirujuščiesja formy v naučnoj terminologii i norme, Vladivostok 1982

AVAKOVA, A.S. Suffiksacija v sfere naimenovanij sportsmenov, in: RJaŠ, 1/1971, 93-97

AZAROVA, O.V., RAD'KOVA, L.I. K analizu prefiksov intensivnosti, formirujuščich specslovnik dvuch pod"jazykov, in: Otbor jazykovogo materiala v učebnych celjach, Gor'kij 1979

BUTRIM, V.E. *Uzkosti, jarkosti, neodnorodnosti*, in: RR, 1/1984, 63-66

CHARITONČIK, Z.A., VINOKUROVA, V.N. O korreljacii slovoobrazovatel'nych sistem v terminologii, in: Voprosy naučno-techničeskoj terminologii i metodiki prepodavanija inostrannych jazykov, Minsk 1980, 6-12

CHOCHLAČEVA, V.N., DANILENKO, V.P. O slovach tipa *ètažnost'* (Sootnošenije obščeliteraturnogo i terminologičeskogo slovoobrazovanija), in: VKR, VII, 1966, 69-74

CHVATOV, S.A. Slovoobrazovatel'naja sistema biologičeskich terminov v sovremennom russkom jazyke, in: Issledovanija po literaturovedeniju i jazykoznaniju, Taškent 1977

CHVATOV, S.A. Terminologičeskoe slovoobrazovanie v prepodavanii russkogo jazyka kak inostrannogo, in: RJaIS, 1983(22), 89-98

DANILENKO, V.P. O sovremennych tendencijach i sposobach naimenovanija imen lica (professii, členy kollektiva, žiteli), in: RJaŠ, 3/1967

DANILENKO, V.P. *Mini-kury*, in: RR, 6/1971, 66-68

DANILENKO, V.P. O terminologičeskom slovoobrazovanii, in: VJa, 4/1973, 76-85

DANILENKO, V.P. Ob osobennostjach morfologičeskogo slovoobrazovanija v jazyke nauki, in: Russkij jazyk, Moskva 1978, 57-63

DERJABINA, A.S., VORONCOVA, V.L. Udarenie v professional'noj reči. Imena prilagatel'nye, in: Sovremennye problemy russkoj terminologii (ed. Danilenko, V.P.), Moskva 1986, 95-107

DIMITROVA, L. O slovoobrazovanii pri obučenii russkomu jazyku studentov medicinskich special'nostej, in: RJaZR, 3/1976, 72-74

DIMITROVA, L. O nekotorych slovoobrazovatel'nych élementach obščeslavjanskogo proischoždenija v sovremennoj russkoj medicinskoj leksike, in: Bolg Rus, 5/1982

DOLGOPOLOVA, I.M. Substantivacija prilagatel'nych v stile naučnogo izloženija, in: Voprosy lingvistiki i metodiki prepodavanija inostrannych jazykov, IV, Moskva 1980

EGERT, W., HORNUNG, W., KRETSCHMAR, E. Die suffixale Derivation als Mittel der Terminusbildung (Chemie/chemische Technik), in: WZ Berlin, GSR, 3/1969(18), 425-431

FEDORCEVA, V.N. O nekotorych tipičnych dlja naučnych tekstov javlenijach slovoobrazovanija, in: Funkcional'no-semantičeskij analiz jazykovych edinic, Kujbyšev 1982

FEURICH, R. Russische Wortelemente in der Biologie, Halle 1971

GAJDAMOVIČ-MAZUREK, A. O nekotorych slovoobrazovatel'nych funkcijach suffiksov v russkoj botaničeskoj nomenklature, in: ZNWSPO, Filologia Rosyiska, XIX, 1981

GAJDAMOVIČ-MAZUREK, A. Substantivirujuščaja funkcija suffiksov v russkoj botaničeskoj nomenklature, in: ZNWSPO, Filologia Rosyjska, XIX, 1981

GREČKO, V.A. Iz istorii terminologičeskich derivatov, in: TS, 1982(5), 79-86

GULJAKOVA, I.G. Leksiko-semantičeskie sposoby obrazovanija sudostroitel'noj terminologii, in: Opisanie russkogo jazyka v aspekte ego prepodavanija kak inostrannogo, Leningrad 1984

IVANOVA, M.A. K voprosu slovoobrazovanija v sel'skochozjajstvennoj terminologii, in: T Gruz Sel'sk I, LXVI, 1965

JURGENSON, L. Techničeskaja terminologija trebuet bol'šej četkosti v slovoobrazovanii, in: Ežeg ORJa, XIII, Tallin 1968

KACHADZE, C.D. Semantičeskaja i slovoobrazovatel'naja struktura složnych chimičeskich terminov, Tbilisi 1971, akd

KANDELAKI, T.L. Vztah obsahu pojmu a morfematickej struktury technických termínův, in: ČSTC, 2/1965

KATLINSKAJA, L.P. Nekotorye nabljudenija nad slovoobrazovaniem v sovremennoj russkoj terminologii, in: Izv AN SSSR SLJa, 6/1983, 540-549

KAŽAN, V.I. Issledovanie semantičeskoj i slovoobrazovatel'noj struktury naimenovanij metalličeskich splavov v sovremennom russkom jazyke, Dnepropetrovsk 1984, akd

KOMAROVA, Z.I. Semantičeskoe protivodejstvie v umen'šitel'nych obrazovanijach suščestvitel'nych (na materiale sel'skochozjajstvennoj leksiki), in: TS, 1981(4), 82-88

KRETSCHMAR, E. Asyndetische Bildungen in der terminologischen Lexik der russischen Gegenwartssprache, in: Sprache in Wissenschaft und Technik, Leipzig 1978

KURDJUMOVA, I.A. Leksiko-semantičeskij sposob obrazovanija gornych terminov, in: Problemy slovoobrazovanija russkogo i ukrainskogo jazykov, Kiev/Doneck 1976

KUZNECOVA, N.I., SERGEVNINA, V.M. K voprosu o sistemnosti upražnenij na slovoobrazovanie matematičeskich terminov, in: Voprosy terminovedenija i stilelogii, Gor'kij 1983

LANGNER, A. Produktive Wortbildungstypen in der russischen Fachsprache der Seewirtschaft, in: WZ Rostock, GSR, 5/1982

LEBEDEV, V.V. Semantičeskie i morfologičeskie osobennosti slovoproizvodstva slovesnych tovarnych znakov, in: Issledovanija po romano-germanskomu jazykoznaniju, IX, Volgograd 1979

LEHNERT, G. Die häufigsten Wortbildungstypen des Russischen im Bereich der Gesellschaftswissenschaften, in: WZ PH Zwickau, 14/1978, 1

LOTTE, D.S. Obrazovanie i pravopisanie trechélementnych naučnotechničeskich terminov, Moskva 1969

MAKARICHINA, O.A. K voprosu ob izučenii terminoobrazovatel'nych otnošenij, in: TS, 1981(4), 29-39

MALEEVA, M.S. Materialy k individual'nomu slovoobrazovaniju v proizvedenijach V.I. Lenina, in: Problemy struktury slova i predloženija, Perm' 1974

MANOCHINA, R.P. Leksiko-semantičeskij i slovoobrazovatel'nyj analiz bibliotečnych terminov, Moskva, 1978, akd

MARKAROVA, K.S. Nekotorye osobennosti suffiksal'nogo obrazovanija v avtoterminologičeskoj leksike russkogo jazyka, in: UZ Azerb GU, Serija jazyka i literatury, 1965

MICHAJLOV, M.A. "Vosproizvodimost'" i "proizvodimost'" edinic (K istorii terminov), in: TS, 1982(5), 86-93

MOTHES, I. Untersuchungen zum russischen Fachwortschatz der Ökonomie unter besonderer Berücksichtigung von Wortbildung und Semantik. Anhang I: Häufigkeitsliste zum Terminologischen Minimum Ökonomie. Anhang II: Alphabetische Liste zum Terminologischen Minimum Ökonomie, Zwickau 1981, Diss.A

MÜLLER-OTT, D. Zur Entstehung technischer Fachausdrücke aus Deminutivbildung, in: WSlJb, 1972(17), 209-214

NESTLER, M. Produktive Wortbildungstypen in der russischsprachigen Terminologie der Geologie, Leipzig 1981, Dipl.

NURŽANOVA, D.K. Sposoby nominacii v sel'skochozjajstvennoj terminologii, Moskva 1981, akd

OSOBENNOSTI slovoobrazovanija v naučnom stile i literaturnoj norme, Vladivostok 1982

OSOBENNOSTI slovoobrazovanija v terminosistemach i literaturnoj norme, Vladivostok 1983

PETROVA, Z.M. Rol' prilagatel'nych na *-arnyj/-jarnyj* v formirovanii special'noj terminologii russkogo jazyka XVIII veka, in: Funkcional'nye i social'nye raznovidnosti russkogo literaturnogo jazyka XVIII veka, Leningrad 1984

POPOVA, E.N. Sootnošenie sloga i morfemy v imenach i glagolach raznoj ritmičeskoj struktury (na materiale naučnogo stilja), in: Principy funkcionirovanija jazyka v ego rečevych raznovidnostjach, Perm' 1984

PRUDNIKOVA, N.S. Ob izučenii nekotorych slovoobrazovatel'nych modelej, charakternych dlja naučnogo stilja reči, in: RJaSI, 1981(20), 98-106

RUČINA, L.I. O razgraničenii terminoobrazovanija i terminosloženija, in: TS, 1981(4), 142-146

RUST, A. Russischer Wortschatz Gesellschaftswissenschaften. Überblick zur Morphologie, Wortbildung und Semantik, Berlin 1979

RUST, A. Wortbildungsreihen, Wortbildungsparadigmen und Wortbildungsnester im Wortschatz der russischen Fachsprache der politischen Ökonomie, in: WZ PH Zwickau, 16/1980, 1-2

SCHÖNEFELD, D. Produktive Wortbildungstypen in der russischsprachigen Terminologie der Medizin, Leipzig 1975, Dipl.

SEMIČEV, V.N. Voprosy terminologičeskogo slovoobrazovanija (na materiale terminologii literaturovedenija), Moskau 1968, akd

STEMKOVSKAJA, E.P. Semantičeskaja i slovoobrazovatel'naja struktura russkoj terminologičeskoj leksiki (Terminologija sejsmičeskoj razvedki), Moskva 1971, akd

TASKAEVA, L.A. Slovoobrazovatel'nye modeli geografičeskoj terminologii v russkich govorach Srednego Urala, in: Voprosy onomastiki, 14/1980, Sverdlovsk, 80–86

VALTAKARI, P. Slovoobrazovatel'naja i leksiko-semantičeskaja specifika russkich otglagol'nych imen suščestvitel'nych na *-tel'*, ispol'zuemych v techničeskoj terminologii, in: Studia Slavica Finlandensia, 1987(4), 195–229

VALTAKARI, P. Slovoobrazovatel'naja i leksiko-semantičeskaja specifika russkich otglagol'nych imen suščestvitel'nych na *-lk(a)*, ispol'zuemych v techničeskoj terminologii, in: RJaZR, 6/1987, 84–91

VINOKUR, G.O. O nekotorych javlenijach slovoobrazovanija v russkoj techničeskoj terminologii, in: Trudy Moskovskogo instituta istorii, filosofii i literatury, tom 5, 1939, 3–54

ZELINSKAJA, N.I. Slovobrazovanie v sportivnoj terminologii (na materiale legkoatletičeskoj), in: Očerki po russkomu jazyku i stilistike, Kišinev 1974, 79–87

MEHRSPRACHIG

ALBER-DE WOLF, R. Term-Formation Processes in English, German, French and Russian and their Importance in Acquiring Reading Skills in Foreign LSP, in: Reading for Professional Purposes. Studies in Native and Foreign Languages. Actes du colloque international sur les LSP, Eindhoven, Pays-Bas, 2, 3 et 4 août 1982, Eindhoven 1983

BARTKOV, B.I. Količestvennaja morfemografija (derivatografija) anglijskogo, nemeckogo, francuzskogo i russkogo jazykov (Naučnyj stil' i literaturnaja norma), in: Osnovosloženie i poluaffiksacija v naučnom stile i literaturnoj norme, Vladivostok 1982

FATTACHOVA, N.N. Slovoobrazovatel'naja charakteristika slovterminov v russkom i tatarskom jazyke (na materiale perevoda proizvedenij V.I. Lenina "Detskaja bolezn' 'levizny' v kommunizme", "Velikij počin", "Zadači sojuzov molodeži", "Tezisy ko II kongressu Kommunističeskogo Internacionala"), in: Voprosy formirovanija leksiko-grammatičeskogo stroja russkogo jazyka, Kazan' 1981

FEURICH, R. Lehnübersetzungen zoologischer Taxa lateinisch-griechischer Herkunft im Russischen und Deutschen, Greifswald 1976, Diss.A

FEURICH, R. Zur konfrontativen Behandlung der Lehnübersetzungen zoologischer Taxa lateinisch-griechischer Herkunft in der fachsprachlichen Russischausbildung, in: WZ Greifswald, GSR, Sonderheft V, 1977

GÜNTHER, E. Ausgewählte Fragen der Übersetzung russischer Adjektivkomposita, in: FS, 2/1988, 83-88

HENGST, K. Konfrontative Analyse der Wortbildungsstruktur zweigliedriger gesellschaftswissenschaftlicher Termini im Russischen und Deutschen, in: WZ PH Zwickau, 16/1980, 1-2

LEHNERT, G. Zur Darstellung von Systembeziehungen in der Wortbildung der russischen Sprache der Gegenwart unter Berücksichtigung des konfrontativen Aspekts, in: WZ PH Zwickau, 16/1980, 1-2

LEHNERT, G. Zum Verhältnis von Wortbildungslehre und Textlinguistik, dargestellt an den Beziehungen der russischen deverbalen Präfixverben und ihrer deutschen Entsprechungen im Text, in: LAB, 49/1985, 75-83

MOS'KINA, E.V. Slova s pristavkoj *archi-* v jazyke proizvedenij V.I. Lenina, in: Issledovanija po jazyku i stilju proizvedenij V.I. Lenina, Moskva 1981

RODZIEVSKAJA, JA.I. Nekotorye osobennosti slovoobrazovanija prilagatel'nych v nemeckoj naučnoj i techničeskoj literature, in: Analiz stilej zarubežnoj chudožestvennoj i naučnoj literatury, III, Leningrad 1982

TOGUNOV, B.M. Strukturno-semantičeskaja charakteristika produktivnych suffiksal'nych obrazovanij naučno-techničeskich terminov v sovremennom nemeckom jazyke v sopostavlenii s russkim, in : Strukturnosemantičeskie osobennosti otraslevoj terminologii, Voronež 1982

TOGUNOV, B.M. Sopostavitel'nyj analiz nemeckich i russkich terminov, obrazovannych morfologičeskim sposobom, in: Kontrastivnaja i funkcional'naja grammatika, Kalinin 1985

TOGUNOV, B.M. Sopostavitel'nyj analiz obrazovanija substantivnych složnych slov-terminov v nemeckom i russkom jazykach, in: Kontrastivnaja i funkcional'naja grammatika, Kalinin 1986

ZEISSIG, G. Vergleichende Darstellung produktiver Tendenzen in der Wortbildung der landwirtschaftlichen Fachterminologie des Russischen, Polnischen und Tschechischen, Leipzig 1968, Diss.

1.5.1. INTERNATIONALISMEN

RUSSISCH

AKULENKO, V.V. Voprosy internacionalizacii slovarnogo sostava jazyka, Char'kov 1972

AKULENKO, V.V. Naučno-techničeskaja revoljucija i problema internacional'noj terminologii, in: Naučno-techničeskaja revoljucija i funkcionirovanie jazykov mira, Moskva 1977

AKULENKO, V.V. Naučno-techničeskaja revoljucija i zadači internacionalizacii naučno-techničeskoj terminologii, in: Internacional'nye ėlementy v leksike i terminologii, Char'kov 1980, 129-146

ALIEV, S.A. Internacional'nye imennye prefiksy v russkich pod"jazykach nauki i techniki, Moskva 1973, akd

BODROV, V.I. *Dialóg* i *meteorólog, bibliógraf* i *telegráf* (Sud'ba udarenija v zaimstvovannych slovach), in: RR, 1/1985, 46-50

HENGST, K. Zur Semantik fachsprachlicher Internationalismen, in: WZ Berlin, GSR, XXVII, 4/1978

HERMS, I. Die wachsende Verwendung internationaler Lexik in den technischen Fachsprachen und ihre Nutzung zur Effektivierung der lexikalischen Arbeit in der fachbezogenen Russischausbildung, in: WZ Berlin, GSR, 4/1978

HERMS, I. Nutzung internationaler Wortbildungselemente in der FSA zur Entwicklung des verstehenden Hörens russischsprachiger Texte, in: BSF, I, 1978

INTERNACIONAL'NYE ėlementy v leksike i terminologii (ed. Akulenko, V.V.), Char'kov 1980, 208 p.

LOTTE, D.S. Voprosy zaimstvovanija i uporjadočenija inojazyčnych terminov i terminoėlementov, Moskva 1982

MAČAY, T. Internacional'nye ėlementy v leksike i terminologii, in: ČSR, 1/1983, 36-37

ONUFRIENKO, G.S., OSIPENKO, Z.M. Organizacija sistemnogo vvoda prostych i složnych terminov s russkimi i internacional'nymi komponentami, in: RJaZR, 2/1985, 73-78

PUŠKIN, A.A., ŠAŠKOV, V.N. Osobennosti ispol'zovanija čislitel'nych ot 4 do 10 v obrazovanii internacional'nych terminov, in: Obučenie professional'noj terminologii na inostrannych jazykach v uslovijach bilingvizma, Čeboksary 1983

ŠAŠKOV, V.N. Internacional'naja terminologija, obrazovannaja s pomošč'ju imen čislitel'nych indoevropejskogo proischoždenija, in: Obučenie professional'noj terminologii na inostrannych jazykach v uslovijach bilingvizma, Čeboksary 1983

WARNER, A. Internationale Angleichung fachsprachlicher Wendungen der Elektrotechnik (Versuch einer Aufstellung phraseologischer Grundsätze für die Technik), in: Beihefte der ETZ, 4/1966

MEHRSPRACHIG

BORISOVA, L.I. O trudnostjach perevoda obščenaučnych internacionalizmov v naučno-techničeskich tekstach, in: FS, 4/1985, 233-237

FRIDMAN, L.A. Spravočnik anglicizmov dlja perevoda literatury po special'nosti (anglijskie zaimstvovanija, vstrečajuščiesja vo francuzskoj biologičeskoj i medicinskoj literature s perevodom na russkij jazyk), Vladimir 1973, 77 p.

HENGST, K. Lehnwort - Internationalismus - Analogonym. Zur Semantik fachsprachlicher interlingualer Analogonyme im Russischen und Deutschen, in: ZFSl, 2/1977, 250-259

HERMS, I. Konfrontierende Untersuchung von Wortbildungselementen der internationalen Lexik in der russischen und deutschen Fachsprache der Elektrotechnik und ihre Bedeutung für die spezialsprachliche Ausbildung, Leipzig 1974, Diss.

HERMS, I. Wortbildungselemente der internationalen Lexik in der russischen und deutschen Fachsprache der Elektrotechnik, in: Sprache in Wissenschaft und Technik (ed. Hoffmann, L.), Leipzig 1978, 65-80

KAMENEVA, L.M. O perevode internacional'noj leksiki, in: Problemy kačestva perevoda naučno-techničeskoj literatury, Tezisy dokladov i soobščenij oblastnoj naučno-techničeskoj konferencii, Orel 1978, 55-58

KELTUJALA, V.V. O perevode internacional'nych slov, in: TP, 4/1967, 47-55

MARTINIWSKY, G. L'évolution sémantique en russe des emprunts au français et au vocabulaire international spécialisé. Recherche de la méthode, in: R ET Sl, 1-2/1978

ONUFRIENKO, G.S. Korreljacionnaja svjaz' meždu russkimi i inojazyčnymi morfemami v sostave naučno-techničeskich terminov. in: RJa, 1984(8), 80-85

SAFAROV, F. Sposoby peredači russko-internacional'nych prefiksal'nych terminov na uzbekskij jazyk, Taškent 1979, akd

1.5.2. NEOLOGISMEN

RUSSISCH

BRAGINA, A.A. Neologizmy i kosmos, in: RJaZR, 1/1971, 69-71

GORELOVA, G.V. Avtorskie novoobrazovanija i ich stilističeskaja rol' v proizvedenijach V.I. Lenina, in: VLU, Istorija, Jazyk, Literatura, 8/1971, II

GRINEV, S.V. Učet osobennostej razvitija terminologii v obrazovanii i zaimstvovanii novych terminov, in: Problemy razrabotki i uporjadočenija terminologii v akademijach nauk sojuznych respublik, Moskva 1983

MIS'KEVIČ, G.I. Nekotorye nabljudenija nad novymi terminami, in: Issledovanija po russkoj terminologii, Moskva 1971, 166-182

MOJSEJUK, V.JU. *SuperEVM*, in: RR, 6/1988, 114-115

NOVYE slova i slovari novych slov (ed. Kotelova, N.Z.), Moskva 1978, 184 p.

NOVYE slova i slovari novych slov (ed. Kotelova, N.Z.), Leningrad 1983, 223 p.
Rez: Slavia, 1984, 402

SERGEEV, V.N. Neologija i terminologičeskie pristatejnye slovari, in: Novye slova i slovari novych slov, Leningrad 1983, 140-146

SMIRNOV, I.P. Osobennosti obrazovanija, vnedrenija i ispol'zovanija novych terminov, in: Terminologija bibliotečnogo dela, Moskva 1975, 97-100

TUZOVA, M.F. Obrazovanie novych slov na baze ustojčivych slovosočetanij terminologičeskogo charaktera, in: UZ MOPI, CLXXXXVII, 13/1967

MEHRSPRACHIG

ALBER-DE WOLF, R. Etude sur la création néonymique. Analyse comparée des procédés morphologiques et morphosyntaxiques de formation des termes du domaine de la spectroscopie en anglais, en allemand, en français et en russe, Québec 1982, Diss.

BULJAŽ, Z., RUDJAKOV, A.N. Neologizmy v sisteme russkoj legkoatletičeskoj terminologii (na primere russkogo i pol'skogo jazykov), In: RJa, 1988(16), 8-14

ČERNAJA, A.I. Neologizmy v anglijskoj naučnoj literature i sposoby ich perevoda, in: Prepodavanie inostrannych jazykov. Teorija i praktika, Moskva 1971, 75-82

MONKOŠA, JA.K. K voprosu o grammatičeskoj assimiljacii inojazyčnych terminov (na materiale vnešnej torgovli russkogo i pol'skogo jazykov), in: Przegl Rus, V, Numer specjalny, poświęcony międzynarodowemu kongresowi rusycystycznemu (MAPRIAŁ), Praga 1982, 1-4(17-20)/1983, 233-242

NOVIČKOVA, L.M., SMIRNOV, I.P. Vypuski "Tetradej novych terminov" v pomošč' perevodčiku, in: Materialy seminarov VCP, Moskva 1976, 49-54

OUBINE, I.I., SMIRNOV, I.P. Novye terminy v naučno-techničeskom perevode i sozdanie avtomatičeskich slovarej, in: INFOTERM.

Theoretical and methodological problems of terminology, München/New York/London/Paris, 1981, (Infoterm Series 6), 480-483

PATRIK, JU. Novye slovoobrazovatel'nye rjady složnych prilagatel'nych v nemeckoj terminologičeskoj leksike, in: FS, 4/1986, 231-236

SMIRNOV, I.P. Novye terminy v naučno-techničeskom perevode (na primere anglijskogo i russkogo jazykov), in: FS, 1/1981, 16-23

1.5.3. VERBALABSTRAKTA

RUSSISCH

HORNUNG, W., KRETSCHMAR, E. Prozeßbezeichnungen in der russischen Fachsprache der Chemie und chemischen Technik, in: Spezialprobleme der wissenschaftlichen und technischen Übersetzung (ed. Spitzbardt, H.), Halle 1972

KANDELAKI, T.L. O terminach tipa "obeskisloraživanie", in: Sovremennye problemy terminologii v nauke i technike, Moskva 1969, 149-159

KANDELAKI, T.L. Semantika i motivirovannost' terminov kategorii processov, Moskva 1970, Diss.

KANDELAKI, T.L. Semantika terminov kategorii processov (terminy-imena dejstvija, vključajuščie imennye osnovy), Moskva 1970, akd

KANDELAKI, T.L. Differencial'nye semantičeskie priznaki terminov processov techniki, in: Issledovanija po russkoj terminologii, Moskva 1971, 90-113

KUZ'MINA, E.S. Rol' glagol'nych suščestvitel'nych v naučnom stile, in: RJaZR, 1/1970, 64-71

MITROFANOVA, O.D. Otglagol'nye imena-suščestvitel'nye v naučnych tekstach (K voprosu o "nominativnom charaktere" naučnogo stilja), in: NDVŠ FN, 5/1973

PETRUNIN, V.O. Iz istorii pis'menno-delovoj reči. Suščestvitel'nye so značeniem otvlečennogo dejstvija na *-nie/-enie* i kačestva na *-ost'/-stvo* v juridičeskich kodeksach drevnej Rusi i Petrovskoj épochi, in: Funkcional'nye i social'nye raznovidnosti russkogo literaturnogo jazyka XVIII veka, Leningrad 1984

ŠPORT'KO, L.G. Slovoobrazovatel'no-semantičeskaja i funkcional'naja charakteristika otglagol'nych suffiksal'nych imen suščestvitel'nych naučno-techničeskogo podstilja sovremennogo russkogo jazyka, Kiev 1985, akd

MEHRSPRACHIG

BIRKENMAIER, W. Russische Verbalsubstantive als Problem der fachsprachlichen Übersetzung, in: Fachsprache, Fremdsprache, Muttersprache, Dresden 1989(13/14)

MIRAM, G.E. Sopostavitel'nyj analiz anglijskich i russkich otglagol'nych suščestvitel'nych i primenenie ego rezul'tatov v dejstvujuščej sisteme mašinnogo perevoda (na materiale pod"jazyka neftechimii), Moskva 1984, akd

PETERS, H. Zum Verbalsubstantiv in der russischen Sprache der Gegenwart unter Beachtung seiner Äquivalenz im Deutschen, in: WZ Greifswald, GSR, Sonderheft V, 1977

VASIL'EVA, N.A. Glagol'nyj ponjatijno-kategorial'nyj potencial *Nomina Actionis* nemeckogo jazyka i ich ėkvivalentov v russkom jazyke (Konfrontativnyj analiz na materiale naučno-techničeskich tekstov), Kalinin 1979, akd

1.5.4. KOMPOSITA

RUSSISCH

DANISENKO, O. Slovoobrazovatel'naja struktura složnych imen prilagatel'nych russkoj anatomičeskoj terminologii, in: Aktual'nye problemy russkogo slovoobrazovanija, Taškent 1975

GENSEL, J., GÜNTHER, E. Zur Bildung, Bedeutung und Übersetzung der russischen Adjektiv-Komposita auf *-vidnyj-/-obraznyj/-podobnyj*, in: FS, 2/1985, 85-89

HABURČAK, T. Kompozitá v ruskej odbornej terminologii, in: Ruštinár, 5/1967

KOČETKOVA, T.I. Ob osnovnych vidach obrazovanija složnosostavnych imen suščestvitel'nych v russkoj terminologii, in: Problemy leksikologii i slovoobrazovanija russkogo jazyka, Moskva 1982

KOSTOMAROV, V.G. *Krupno-, široko-, polno-...masštabnyj*, in: RR, 2/1985, 80-84

OSNOVOSLOŽENIE i poluaffiksacija v naučnom stile i literaturnoj norme, Vladivostok 1982

SAZONOVA, T.A. Funkcional'no-pragmatičeskij aspekt slovosloženija v naučnoj proze, in: Tekst kak ob"ekt lingvističeskogo analiza i perevoda, Moskva 1984

ŽILIN, I.M. Konstrukcii tipa *teplo-* i *ėlektrovozy* v russkom jazyke, in: RJaŠ, 4/1972, 96-100

MEHRSPRACHIG

ĖRMATOV, O. Složnye politiko-ėkonomičeskie terminy v "Kapitale" K. Marksa i ich ėkvivalenty v uzbekskom jazyke, Taškent 1985, akd

GÜNTHER, E. Ausgewählte Fragen der Übersetzung russischer Adjektivkomposita, in: FS, 2/1988, 83-88

HEINZE, B. Die deutschen drei- und viergliedrigen Komposita in der Fachsprache des Gartenbaus im Vergleich zu ihren russischen Äquivalenten, Berlin 1975, Dipl.

KOMISSAROVA, L.V. Nemeckie sostavnye terminy i ich ėkvivalenty v russkom jazyke. Opyt statističeskogo analiza, in: Problemy sopostavitel'noj tipologii rodnogo (russkogo) i inostrannych jazykov, Leningrad 1981

KRETSCHMAR, E. Die Wortkomposition und angrenzende Verfahren der substantivischen Terminusbildung in der russischen Sprache der Gegenwart (unter Berücksichtigung der äquivalenten Bildungsstrukturen im Deutschen), Berlin 1978, Diss.

LANGE, E. Das Adjektivkompositum in der russischen botanischen Terminologie im Vergleich zum Deutschen, Berlin 1972, Diss.

ONUFRIENKO, G.S., OSIPENKO, Z.M. Organizacija sistemnogo vvoda prostych i složnych terminov s russkimi i internacional'nymi komponentami, in: RJaZR, 2/1985, 73-78

PATRIK, JU. Složnye prilagatel'nye s suffiksom *-bar* v nemeckoj techničeskoj literature, in: FS, 1/1988, 19-25

TOGUNOV, B.M. Strukturno-semantičeskie osobennosti obrazovanija složnych slov-terminov v nemeckom i russkom jazykach (na materiale literatury po cholodil'noj technike), in: Slovoobrazovanie i ego mesto v kurse obučenija inostrannomu jazyku, VII, Vladivostok 1979

TOGUNOV, B.M. Nemeckie složnye terminy v sopostavlenii s russkimi, in: Sravnitel'naja tipologija rodnogo i germanskich jazykov, Kalinin 1980

TOGUNOV, B.M. Sopostavitel'nyj analiz obrazovanija substantivnych složnych slov-terminov v nemeckom i russkom jazykach, in: Kontrastivnaja i funkcional'naja grammatika, Kalinin 1986

VOIGT, M. Die zweigliedrigen Komposita im russischen Fachwortschatz des Gartenbaus in Konfrontation mit ihren deutschen Entsprechungen, Berlin 1975, Humboldt-Universität, Sektion Slavistik, Dipl.

1.5.5. ABKÜRZUNGEN, MASSEINHEITEN

RUSSISCH

ALEKSEEV, D.I., BORISOV, V.V. Abbreviacija v uslovijach naučno-techničeskoj revoljucii, in: Naučno-techničeskaja revoljucija i funkcionirovanie jazykov mira, Moskva 1977

BOJKOV, V.I. Ispol'zovanie ponjatija i termina "slovoobrazovatel'naja paradigma" pri opisanii derivacionnych vozmožnostej abbreviatur, in: RJa, 1984(8), 86-91

BRÄUER, A. Inicial'nye abbreviatury v jazyke chimii, in: FS, 1/1983, 11-13

ICKOVIČ, V.A. Novye tendencii v obrazovanii abbreviatur, in: Terminologija i norma, Moskva 1972, 88-101

KLIBANOVA, L.A. Abbreviatury: orfografija i morfologija, in: RJaZR, 5/1987, 32-37

KRETSCHMAR, E. *Kožzamenitel', techuslovija* - eine zunehmend produktive Wortbildungsstruktur, in: FS, 2/1984, 79-84

KRETSCHMAR, E. Onymische Abbreviaturbildungen vom Typ "*Glavazot, Azovstal*", in: FS, 4/1988, 258-261

NIKITIN, P.I. Ukazatel' sokraščennych i polnych nazvanij naučnoj i techničeskoj literatury, Moskva 1957

SPRAVOČNIK mer, Moskva 1956

VNIIKI. Perečen' gosudarstvennych standartov na naučno-techničeskie terminy i oboznačenija veličin, Moskva 1975, 56 p.

VOLKOVA, I.N. Kak obrazovat' kratkuju formu termina. in: RR, 4/1988, 81-83

MEHRSPRACHIG

DUBROVINA, L.V. Sokraščenija v anglijskoj medicinskoj literature i ich ėkvivalenty v russkom jazyke, in: Inostrannyj jazyk v sfere naučnogo obščenija. Lingvometodičeskie problemy, Moskva 1986, 115-127

KANTOR, R.V. O sokraščenijach v sovremennom anglijskom jazyke (na materiale literatury po vyčislitel'noj technike), in: Problemy kačestva perevoda naučno-techničeskoj literatury, Tezisy dokladov i soobščenij oblastnoj naučno-techničeskoj konferencii, Orel 1978, 10

MONKOŠA-BOGDAN, JA. Internacional'nye abbreviatury terminov v russkoj i pol'skoj vnešnetorgovoj terminologii, in: Przegl Rus, 2/1979

PIVOVAROVA, E.N. Osobennosti perevoda akronimov dlja oboznačenija informacionno-upravljajuščich sistem železnych dorog

SŠA i Kanady, in: Pjatyj naučno-techničeskij seminar "Teorija i praktika perevoda naučno-techničeskich tekstov s inostrannogo jazyka na russkij", Tezisy dokladov, Odessa 1974, 27-28

ŠAPOVALOVA, A.P. Perevod neznakomych sokraščenij francuzskoj naučnoj i techničeskoj literatury, in: Pervaja vsesojuznaja konferencija po teorii i praktike perevoda. Funkcional'nyj stil' naučnoj i techničeskoj literatury, 19-20 ijunja 1975 g., Tezisy dokladov, Kaunas 1975, 248-251

ŠEVČUK, V.N. Otnositel'no statusa abbreviatur v anglijskom jazyke i ich perevoda na russkij jazyk (na materiale amerikanskich voennych sokraščenij), in: Sistema jazyka i perevod, Moskva 1983, 120-130

SMIRNOV, I.P. Peredača russkich sokraščenij na anglijskij jazyk, in: NTI, Ser. 1, 12/1971, 19

STOLJAROV, D.E. Anglijskie sokraščenija po neftepromyslovomy delu, Moskva 1979, 112 p.

1.6. SEMANTIK

1.6.O. ALLGEMEIN

RUSSISCH

ABBAKUMOVA, G.A. Nekotorye osobennosti semantiki i struktury terminirovannych nominacij (na materiale obščestvenno-političeskoj terminologii), in: RJa, 1982(5), 22-26

AGAFONOV, V.N. Analiz semantičeskich sredstv dokumental'nych (bibliografičeskich) informacionnych sistem, in: Matematičeskoe obespečenie avtomatizirovannych bibliotečno-informacionnych sistem, Novosibirsk 1984

ARDOVSKAJA, P.V. Strukturno-semantičeskie osobennosti prostych i složnych terminologičeskich edinic (na materiale terminologii v oblasti pod"emno-transportnogo oborudovanija), Moskva 1979, akd

BAUER, H.-J. Onomasiologische Aspekte der Systembeziehungen im politischen Wortschatz des Russischen, in: WZ PH, Magdeburg, 4/1976

BAUER, H.-J. Zur semantischen Analyse und Klassifizierung von Bezeichnungen für politische Kräfte im Funktionalstil des Russischen, Magdeburg 1978, Diss.A

BERTEL'S, A.E. O značenii termina i tropy v tekste, definicii i kommentarii, in: Lingvistika i metodika v vysšej škole, VIII, Moskva 1978

BESSONOVA, E.V. Semantika i struktura russkoj obščegeologičeskoj terminologii, Moskva 1984, akd

BICEVA-GEORGIEVA, R. Nekotorye semantičeskie osobennosti vnešnetorgovoj leksiki v russkom jazyke, in: Bolg Rus, 1/1981

BIRAGOVA, I.I. Leksiko-semantičeskij analiz zagolovkov naučno-techničeskich dokumentov, in: Voprosy terminovedenija i stilelogii, Gor'kij 1983

BLAGOEOVA, N.G. K voprosu o semantičeskich izmenenijach terminologičeskoj leksiki, in: Voprosy semantiki, II, 1976

BOLOTOV, V.I. Značenie slova, termina i ėnciklopedičeskoe značenie imeni sobstvennogo, in: Voprosy razrabotki naučno-techničeskoj terminologii, Riga 1973

BORISOVA, L.I. O kontekstnoj semantike obščenaučnoj leksiki, in: Semantika teksta i problema perevoda, Moskva 1984

BORISOVA, L.T. Analiz značenija termina na baze opredelenija ego v slovare (na materiale tekstov po rasprostraneniju radiovoln v ionosfere), in: TS, 1978(1)

BRITVIN, V.G. Strukturno-semantičeskij analiz tekstov referatov i formirovanie poiskovych obrazov pri avtomatičeskom indeksirovanii v IPS "Neft'-2", in: Razrabotka i ėkspluatacija avtomatizirovannoj sistemy NTI v neftjanoj promyšlennosti, Moskva 1981

BRITVIN, V.G. Prikladnoe modelirovanie sintagmatičeskoj semantiki naučno-techničeskogo teksta (na primere avtomatičeskogo indeksirovanija), Moskva 1983, akd

BUTRIM, V.E. Osobennosti semantiki i obrazovanija terminov kategorii svojstv, Moskva 1984, akd

BUTRIM, V.E. Osobennosti semantiki terminov kategorii svojstv, in: Sovremennye problemy russkoj terminologii, Moskva 1986, 24-36

ČARSKAJA, T.K., MARTYNENKO, G.JA. Statističeskij analiz semantiki dejstvija i sostojanija v patentno-informacionnych potokach, in: UZ Tart GU, DCLVIII, 1983

COJ, T.V. K voprosu strukturno-semantičeskogo analiza terminov naučno-techničeskoj literatury v russkom jazyke, in: Issledovanija po literaturovedeniju i jazykoznaniju, Taškent 1977

CVET, L.JA., LJAŠENKO, O.V. Semantičeskaja stratifikacija voenno-političeskoj leksiki, in: Voprosy lingvističeskoj semantiki, Simferopol' 1980

DANILENKO, V.P. Leksiko-semantičeskie i grammatičeskie osobennosti slov-terminov, in: Issledovanija po russkoj terminologii, Moskva 1971, 7-67

DOLGOVA, I.A. Analiz semantičeskich otnošenij meždu terminami-antonimami, in: Opisanije russkogo jazyka v aspekte ego prepodavanija kak inostrannogo, Leningrad 1984

DOLGOVA, I.A. Semantičeskaja charakteristika terminologičeskich antonimov (na materiale terminologii chimii), Leningrad 1984, akd

DUBJAGO, A.I. Semantičeskie preobrazovanija matematičeskoj leksiki v jazyke N.G. Černyševskogo, in: Issledovanija po istoričeskoj semantike, Kaliningrad 1980

DUBJAGO, A.I. Semantičeskie i émocional'no-ékspressivnye izmenenija leksiki v publicističeskom stile XIX v., in: Materialy po russko-slavjanskomu jazykoznaniju, Voronež 1982, 39-43

ELISEEVA, I.JU. Osobennosti sinonimičeskich otnošenij slov, oboznačajuščich literaturnye žanry, v russkom jazyke XVIII veka, in: Lingvističeskie issledovanija: Jazykovye edinicy v sinchronii i diachronii, Moskva 1982

ERMAKOVA, V.N. K voprosu o sistemnoj organizacii glagola. Na primere odnogo leksiko-semantičeskogo klassa (na materiale glagol'nych edinic pod"jazyka mašinostroenija), in: Lingvističeskie issledovanija 1978. Problemy leksikologii, leksikografii i prikladnoj lingvistiki, Moskva 1978

FIGON, Ė.B., ŠIRIKOVA, T.A. O zavisimosti semantiki leksičeskich edinic ot kommunikativnoj napravlennosti (na materiale estestvennych, techničeskich, obščestvenno-naučnych tekstov i terminologii), in: Strukturno-semantičeskie osobennosti otraslevoj terminologii, Voronež 1982

FOMINA, N.D. Strukturno-semantičeskie osobennosti voenno-obichodnoj leksiki, in: Obščee i russkoe jazykoznanie, Moskva 1978

FROLKINA, A.V. O nekotorych semantičeskich osobennostjach sostavnych terminov obščestvenno-političeskich nauk, in: VMU, ser. 10: Žurnalistika, 6/1983

FUGOL', G.S. Semantičeskie i sintaksičeskie osobennosti teksta opisanij izobretenij, in: Semantika jazykovych edinic i teksta, Moskva 1979

GEISLER, W. Inhaltskomponenten des Anspruchs sowjetischer Erfindungsbeschreibungen, in: WZ TH Ilmenau, 6/1984

GERSTNER, H. Komitativ-determinierende Beziehungen in der russischen Sprache der Gegenwart, in: FS, 4/1984, 232-236

GLOTOVA, I.P. Semantičeskaja kondensacija v naučnom i publicističeskom stiljach posleoktjabr'skogo perioda, in: Voprosy stilistiki, III, Saratov 1969

GLUŠAK, T.S., MARTYNJUK, V.V. Semantičeskoe vključenie uzual'nych slovosočetanij v soderžatel'nyj plan tekstov, in: Jazyk i stil' naučnogo izloženija. Lingvometodičeskie issledovanija, Moskva 1983

GLUŠKO, M.M. Funkcional'naja pragmatika, semantika i sintaktika tekstov naučnoj i techničeskoj literatury, in: Pervaja vsesojuznaja konferencija po teorii i praktike perevoda (Funkcional'nyj stil' naučnoj i techničeskoj literatury), 19-20 ijunja 1975 g., Tezisy dokladov, Kaunas 1975, 56-64

GLUŠKO, M.M. Sintaktika, semantika i pragmatika naučnogo teksta, Moskva 1977

GLUŠKO, M.M. Organizacija naučnogo teksta v svete sistemnosti ego pragmatičeskich, semantičeskich i sintaksičeskich charakteristik, in: Lingvostilističeskie issledovanija naučnoj reči, Moskva 1979, 224-244

GOLJARKINA, E.P., VINOGRADOVA, I.F. Vyraženie obstojatel'stvennych značenij v naučnoj reči, in: V pomošč' prepodavateljam russkogo jazyka kak inostrannogo, Moskva 1968

GORODECKIJ, B.JU. Prikladnoe modelirovanie morfosemantičeskogo urovnja ograničennogo pod"jazyka, in: Osobennosti slovoobrazovanija v terminosistemach i literaturnoj norme, Vladivostok 1983

GORODECKIJ, B.JU., RASKIN, V.V. Metody semantičeskogo issledovanija ograničennogo pod"jazyka, Moskva 1971

GREČKO, V.K. Funkcional'nyj stil' i sintaksičeskaja semantika, in: Problemy sintaksičeskoj semantiki (materialy naučnoj konferencii), Moskva 1976

IVANOV, S.P. O primenenii kombinatornoj metodiki pri opredelenii smyslov terminov, oboznačajuščich peči cvetnoj metallurgii, in: Kombinatornaja metodika T.P. Lomteva i nekotorye voprosy prikladnoj lingvistiki, Dnepropetrovsk 1978

IVANOVA, O.S., VALJAEVA, I.M. Semantičeskie osobennosti funkcionirovanija mnogoznačnych glagolov i ich proizvodnych v special'noj sfere jazyka, in: Funkcional'no-semantičeskie parametry slova i predloženija, Barnaul 1984

JÜRGEN, A. Zur formalen Struktur und zur Semantik von Funktionsverbgefügen in gesellschaftswissenschaftlichen Fachsprachen des Russischen, I-II, Erfurt-Mühlhausen 1983, Diss.A

KACHADZE, C.D. Semantičeskaja i slovoobrazovatel'naja struktura složnych chimičeskich terminov, Tbilisi 1971, akd

KANDELAKI, T.L. Sistemy naučnych ponjatij i sistemy terminov, in: Voprosy razrabotki mechanizirovannoj informacionno-poiskovoj sistemy dlja central'nogo spravočno-informacionnogo fonda po chimii i chimičeskoj promyšlennosti, (NIITÉCHIM, vyp. 3), Moskva 1965

KANDELAKI, T.L. Semantika i motivirovannost' terminov kategorii processov, Moskva 1970, Diss.

KANDELAKI, T.L. Semantika terminov kategorii processov (terminy-imena dejstvija, vključajuščie imennye osnovy), Moskva 1970, akd

KANDELAKI, T.L. Značenija terminov i sistemy značenij naučno-techničeskoj terminologii, in: Problemy jazyka nauki i techniki. Logičeskie, lingvističeskie i istoriko-naučnye aspekty terminologii, Moskva 1970, 3-40

KANDELAKI, T.L. Differencial'nye semantičeskie priznaki terminov processov techniki, in: Issledovanija po russkoj terminologii, Moskva 1971, 90-113

KANDELAKI, T.L. Rodo-vidovoj metod analiza semantiki terminov i granicy ego primenenija, in: Semiotičeskie problemy jazykov nauki, terminologii i informatiki, II, Moskva 1971

KANDELAKI, T.L. Semantika i motivirovannost' terminov, Moskva 1977, 167 p.

KANDELAKI, T.L., SAMBUROVA, G.G. Voprosy modelirovanija sistem značenij uporjadočennych terminologij, in: Sovremennye problemy terminologii v nauke i technike, Moskva 1969, 3-31

KAPUSTINA, N.M., KOŽINA, M.N. Ėvoljucija upotreblenija dvuch semantičeskich grupp glagolov v russkich naučnych tekstach, in: Specifika i ėvoljucija funkcional'nych stilej, Perm' 1979

KARAULOVA, T.K. Nekotorye aspekty struktury, semantiki i funkcionirovanija ustojčivych slovesnych kompleksov v naučnom tekste, in: Jazyk i stil' naučnogo izloženija. Lingvometodičeskie issledovanija, Moskva 1983

KAŽAN, V.I. Issledovanie semantičeskoj i slovoobrazovatel'noj struktury naimenovanij metalličeskich splavov v sovremennom russkom jazyke, Dnepropetrovsk 1984, akd

KOKOJLO, A.V. Strukturno-semantičeskij analiz promyslovoj terminologii. Nominacija ustrojstv dlja žil'ja pčel, in: Issledovanija grammatičeskogo stroja i slovarnogo sostava russkogo jazyka, Kiev 1977

KONDRATENKO, I.A. Leksiko-semantičeskie i morfologo-sintaksičeskie svojstva prilagatel'nych v naučnom stile (na materiale medicinskich tekstov), Moskva 1979, akd

KONSTANTINOVA, A.JU. Predstavlennost' strukturno-semantičeskich tipov prostogo predloženija v ustnoj naučnoj reči, Moskva 1982, akd

KOSTOMAROV, V.G., VEREŠČAGIN, E.M. Nacional'no-kul'turnyj komponent semantiki terminologičeskoj leksiki i lingvostranovedenie, in: RJaZR, 6/1977, 63-69

KOSTOMAROV, V.G., VEREŠČAGIN, E.M. Nacional'no-kul'turnyj komponent semantiki internacional'noj terminologii, in: Internacional'nye élementy v leksike i terminologii, Char'kov 1980, 68-77

KUNATH, J. Zur semantischen und syntaktischen Valenz des Verbs in russischsprachigen Texten der Informationsverarbeitung, Leipzig 1984, Diss.

KUZNECOVA, L.V. O smyslovych edinicach v tekstach po special'nosti, in: Voprosy teorii i praktiki prepodavanija russkogo jazyka kak inostrannogo, Moskva 1979

KUZNECOVA, R.M. Ustranenie konversionnoj omonimii "glagol-suščestvitel'noe", in: Inženernaja lingvistika i prepodavanie inostrannych jazykov s pomošč'ju TSO, Leningrad 1981

LAVRENEVA, O.A. Modelirovanie semantičeskoj struktury tekstov naučno-techničeskogo soderžanija v svjazi s avtomatizaciej informacionnych processov, Moskva 1978, akd

LESNOJ, V.F. O semantičeskoj differenciacii special'noj leksiki sel'skogo chozjajstva, in: Kombinatornaja metodika T.P. Lomteva i nekotorye voprosy prikladnoj lingvistiki, Dnepropetrovsk 1978

LITVINOV, M.I. Semantičeskaja struktura remeslenno-promyslovoj terminologii (po materialam slovarja V.I. Dalja), in: UZ Sujsk PI, II, 1955

LOBKOV, V.A. K voprosu o metode issledovanija semantiki obščestvenno-političeskoj leksiki, in: Kompleksnost' i aspektnost' v prepodavanii russkogo jazyka kak inostrannogo, Moskva 1985

LUŽEVSKIJ, B.M., VEJZE, A. Semantičeskie i logičeskie kategorii, ob"edinjajuščie teksty raznych funkcional'nych stilej, in: Principy funkcionirovanija jazyka v ego rečevych raznovidnostjach, Perm' 1984

MANASJAN, N.S. Semantičeskie osobennosti terminologičeskich edinic v svete charaktera ich raspredelenija, in: Inostrannye jazyki. Zarubežnaja literatura, III, Erevan 1984

MANOCHINA, R.P. Leksiko-semantičeskij i slovoobrazovatel'nyj analiz bibliotečnych terminov, Moskva 1978, akd

MARKARJAN, E.O. O semantičeskich urovnjach jazyka filosofii, in: VON AN Arm SSR, 7/1979

MATTUŠ, CH.-JU. (=MATTUSCH, H.-J.) Semantičeskaja problematika special'nych jazykov, in: Issledovanija po semantike, V, Ufa 1980

MATTUŠ, CH.-JU. (=MATTUSCH, H.-J.) K voprosu o funkcional'no-semantičeskom opisanii jazyka, in: Issledovanija po semantike. Obščie voprosy semantiki, Ufa 1983

MEDINCEV, V.A. Semantika termina i voprosy meždunarodnoj standartizacii terminologii, in: Issledovanija po russkomu jazyku i jazykoznaniju, Moskva 1974, 329-356

MOISEEV, A.I. Naimenovanie lic po professii (Semantičeskie osnovy naimenovanij), in: VLU, 14/1967

MOISEEV, A.I. Naimenovanija lic po professii v sovremennom russkom jazyke (Strukturno-semantičeskaja charakteristika), Leningrad 1968, add

MOTHES, I. Untersuchungen zum russischen Fachwortschatz der Ökonomie unter besonderer Berücksichtigung von Wortbildung und Semantik. Anhang I: Häufigkeitsliste zum Terminologischen Minimum Ökonomie. Anhang II: Alphabetische Liste zum Terminologischen Minimum Ökonomie, Zwickau 1981, Diss.A

NEGOMEDZJANOV, V.M. Strukturno-semantičeskaja i stilističeskaja charakteristika terminov v russkoj razgovornoj reči, Kiev 1983, akd

NIKITČENKO, N.S. Semantičeskoe razvitie sportivnoj leksiki, in: Lingvističeskie issledovanija 1983, Moskva 1983

NIKITČENKO, N.S. Semantičeskaja produktivnost' terminov, in: Novye slova i slovari novych slov, Leningrad 1983, 111-117

NIKITINA, S.E. Semantičeskij analiz jazyka nauki (na materiale lingvistiki), Moskva 1987, 135 p.

NOVIKOV, A.I. O sootnošenii lingvističeskoj i semantičeskoj informacii v tekste (na materiale fragmenta techničeskogo teksta), in: Semantika jazykovych edinic i teksta, Moskva 1979

OTRADINSKAJA, L.B. O nekotorych semantiko-sintaksičeskich osobennostjach organizacii teksta naučnoj prozy, in: NT Tašk GU, DLXXXVII, 1979

OVČARENKO, V.M. Struktura i semantika naučno-techničeskogo termina, Char'kov 1968

OVČARENKO, V.M. Konceptual'naja, semantičeskaja i semiotičeskaja celostnost' termina, in: Lingvističeskie problemy naučno-techničeskoj terminologii, Moskva 1970, 139-152

OVDEJ, L.M. Semantičeskaja i strukturnaja charakteristika leksiki russkich narodnych sportivnych igr (na materiale imen suščestvitel'nych), Saratov 1979, akd

PAVLOVA, N.P. Upotreblenie desemantizirovannych glagolov v naučnom stile, in: Prepodavanie naučnogo stilja reči na podgotovitel'nom fakul'tete, Moskva 1983

PETROV, V.V. Semantika naučnych terminov, Novosibirsk 1982

RED'KIN, S.V. Nekotorye priemy stilistiko-semantičeskich modifikacij slov v stat'e V.I. Lenina "Revoljucionnaja bor'ba i liberal'noe maklerstvo", in: Issledovanija po jazyku i stilju proizvedenij V.I. Lenina, Moskva 1981

REJMAN, E.A. O značenii slov v tekstach raznych funkcional'nych stilej, in: Stil' naučnoj reči, Moskva 1978, 117-128

REVUCKIJ, O.I. Semantičeskoe obogaščenie imennoj leksiki pod vlijaniem razvitija nauki, techniki i kul'tury: K voprosu o determinologizacii terminov v publicističeskoj reči 70-80-ch godov XX v., Kiev 1983, akd

RJABCEVA, N.K. Semantiko-sintaksičeskij analiz mnogokomponentnych terminov i vozmožnosti ego algoritmizacii, in: Lingvističeskie voprosy algoritmičeskoj obrabotki soobščenij, Moskva 1983

RODOS, V.B. Semantičeskaja teorija ponjatij i terminov, in: Osobennosti sovremennogo naučnogo poznanija, Tomsk 1984

RUST, A. Russischer Wortschatz Gesellschaftswissenschaften. Überblick zur Morphologie, Wortbildung und Semantik, Berlin 1979

ŠACHBADZIN, R.M. O slovach-terminach veščestvennogo značenija, in: Izv AN Arm SSR, serija obščestvennych nauk, 11/1965

SAFIN, R.A. K voprosu o primenenii teorii semantičeskogo polja pri izučenii terminologii nauki, in: NT MPIIJa, LXV, 1972

ŠAVLJAK, L.V. Sredstva vyraženija semantičeskich komponentov glagol'nych odnosostavnych predloženij (na materiale naučno-techničeskich tekstov), in: RJaZR, 1/1987, 57-62

ŠELOV, S.D. O semantike termina. Matematičeskij termin v logose i leksike, in: Vopr Inform Teorii Praktiki, XXXXVI, 1981

SEMANTIČESKIJ analiz ponjatij v istoriko-filosofskich issledovanijach, Novosibirsk 1984

SEMIOTIČESKIE problemy jazykov nauki, terminologii i informatiki, I/II, Moskva 1971

ŠEPUREV, L.A. Strukturnaja i semantičeskaja motivirovannost' kačestvennych terminov, Moskva 1978, akd

SIVERGINA, O.V. O distantnom raspoloženii slov v semantičeskom pole, in: Lingvostilističeskie issledovanija naučnoj reči, Moskva 1979, 37-56

ŠKATOVA, L.A. Onomasiologičeskie problemy russkoj terminologii. Učebnoe posobie po speckursu, Čeljabinsk 1982

SKOROCHOD'KO, Ė.F. Semantičeskie seti i nekotorye količestvennye charakteristiki terminologičeskoj leksiki, in: Lingvističeskie problemy naučno-techničeskoj terminologii, Moskva 1970, 160-170

SNETOVA, G.P. Leksiko-semantičeskij process determinologizacii v sovremennom russkom jazyke, in: Problemy sovremennoj russkoj leksikologii, Kalinin 1983

SOLDATOV, V.M. Kontekstnaja aktualizacija značenij polisemantičnych terminov po svarke ĖLEKTRODE i ELEKTROD, in: Problemy grammatiki, fonetiki, leksikologii i stilistiki romanskich i germanskich jazykov, Minsk 1984

SOLOV'EVA, Z.V. Semantika i stilističeskoe ispol'zovanie inojazyčnoj leksiki i terminov v gazetno-žurnal'noj publicistike, in: Voprosy leksičeskoj i grammatičeskoj semantiki, Moskva 1983

STEMKOVSKAJA, E.P. Semantičeskaja i slovoobrazovatel'naja struktura russkoj terminologičeskoj leksiki (Terminologija sejsmičeskoj razvedki), Moskva 1971, akd

STRIŽENKO, A.A. O nekotorych sredstvach leksičeskoj i sintaksičeskoj semantiki političeskogo teksta, in: Tezisy VI vsesojuznogo simpoziuma po psicholingvistike i teorii kommunikacii, Moskva 1978

STRIŽEVSKAJA, O.I. O semantičeskoj strukture terminov, in: NDVŠ FN, 6/1976

STRUKTURNO-SEMANTIČESKIE osobennosti otraslevoj terminologii, Voronež 1982

VASIL'EV, JU.A. Semantiko-sintaksičeskaja charakteristika rečevogo žanra naučnoj stat'i, Moskva 1979, akd

VOLKOVA, N.I. Strukturno-semantičeskaja charakteristika organizacionno-proizvodstvennoj terminologii v sovremennom russkom jazyke (na materiale tolkovych slovarej), in: Problemy razvitija i sovremennogo sostojanija russkogo jazyka, Moskva 1979

ZANOV'EV, V.N. Ob istoričeskich izmenenijach v strukture leksiko-semantičeskoj gruppy "časti tela" v russkom jazyke, in: Ėvoljucija i predystorija russkogo jazykovogo stroja, Gor'kij 1979

ŽOL', K. K. Problema polisemantizma jazyka v istorii filosofii, in: Logiko-filosofskij analiz ponjatijnogo apparata nauki, Kiev 1977

MEHRSPRACHIG

ALEKSENKO, T.A. Modelirovanie semantičeskoj struktury mnogoznačnogo termina, in: Inostrannyj jazyk v sfere naučnogo obščenija. Lingvometodičeskie problemy, Moskva 1986, 100-115 (E-R)

BELJAEVA, L.N., PERCOVA, G.M., TURYGINA, L.A. K voprosu o semantiko-sintaksičeskoj strukture mnogoėlementnych kompleksov (na materiale anglijskich, nemeckich i russkich naučno-techničeskich tekstov), in: Problemy sopostavitel'noj tipologii rodnogo (russkogo) i inostrannych jazykov, Leningrad 1981

BLINDUS, E.S. Semantičeskie otnošenija i ich strukturnoe vyraženie pri perevode s odnogo jazyka na drugoj, in: Četvertyj seminar po voprosam teorii i praktiki perevoda naučnoj i techničeskoj literatury, 2-4 nojabrja 1970 g., Tezisy dokladov, Moskva/Tbilisi 1970, 4-7

CHAJKINA, M.A. Kommunikativnaja organizacija semantičeskich konstrukcij i perevod, in: Problemy kačestva perevoda naučno-techničeskoj literatury, Tezisy dokladov i soobščenij oblastnoj naučno-techničeskoj konferencii, Orel 1978, 26-27

GLUMOV, V.I. Strukturno-semantičeskoe izučenie anglo-russkich terminosočetanij, in: TS, 1980(3), 39-48

GLUMOV, V.I. Strukturno-semantičeskoe modelirovanie sostavnych terminov russkogo i anglijskogo jazykov, in: Termin i slovo. Predmetnaja otnesennost' i funkcionirovanie terminov, 1983

HENGST, K. Lehnwort - Internationalismus - Analogonym. Zur Semantik fachsprachlicher interlingualer Analogonyme im Russischen und Deutschen, in: ZFSl, 2/1977, 250-259

HENGST, K. Zur Semantik fachsprachlicher Internationalismen, in: WZ Berlin, GSR, 4/1978(27)

KIJAK, T.R., KOSTAŠ, JU.P., SKOROCHOD'KO, Ė.F. Ocenka stepeni motivirovannosti nemeckoj i russkoj terminologičeskoj i obščeupotrebitel'noj leksiki, in: Strukturnaja i matematičeskaja lingvistika, VIII, Kiev 1980

KLEMENT, V.I. O roli strukturno-semantičeskogo analiza v obučenii perevodu naučno-techničeskich tekstov, in: Problemy izučenija inostrannych jazykov v zaočnoj i večernej vysšej škole, I, Leningrad 1976

KOTLAR, E.E., PUMPJANSKIJ, A.L. Bilingvističeskij metod issledovanija zakonomernostej semantiki slova v naučnoj i techničeskoj literature, in: Semantika i struktura slova, Kalinin 1984

KUDRJAVCEVA, C.A. Semantičeskie derivaty v russkoj i ukrainskoj obščetechničeskoj terminologii, in: RJa, 1982(5), 78-85

LEJBEROVA, N.M. Sopostavitel'noe i sociologičeskoe opisanie semantiki obščestvenno-političeskich terminov, in: Opisanie russkogo jazyka v aspekte ego prepodavanija kak inostrannogo, Leningrad 1984

LICHAČEVA, I.K. Ob ėkvivalentnosti leksičeskich i sintaksičeskich sredstv peredači značenij točnosti i netočnosti v russkich i anglijskich naučnych tekstach, in: Jazyk i stil' naučnogo izloženija. Lingvometodičeskie issledovanija, Moskva 1983

MARTINIWSKY, G. L'évolution sémantique en russe des emprunts au français et au vocabulaire international spécialisé. Recherche de la méthode, in: R ET Sl, 1-2/1978

PIŠA, I. Semantičeskaja i sintaksičeskaja kondensacija v naučnom stile russkogo i češskogo jazykov, in: RJaSI, 1961

RADECKER, J. Zur Semantik und Funktion präpositionsloser adnominaler Genitive in Texten der Tagespresse der UdSSR und der DDR, in: LAB, 49/1988, 63-66

ŠABES, V.JA. Semantičeskij sintaksis i perevod, in: Tezisy dokladov naučno-techničeskoj konferencii po uzlovym problemam radiotechniki i ėlektrosvjazi. Posvjaščaetsja Dnju radio i Dnju svjazista, Leningrad 1972, 235-236

SEIDOVA, T.A. Semantičeski nepolnye atributivnye substantivnye slovosočetanija v anglijskom jazyke i transformacii pri perevode ich na russkij jazyk, Moskva 1976

SMIRNOV, I.P. K voprosu o semantičeskoj adekvatnosti naučno-techničeskogo perevoda, in: Semantika teksta i problemy perevoda, Moskva 1984

TATARINOV, V.A. Semantika i perevod ėlliptičeskich paratakti-českich slovosočetanij, in: FS, 3/1988, 162-168

TJURINA, L.V. Semantičeskie osnovy metaforičeskoj obraznosti terminov (na materiale francuzskich i russkich terminov morskogo dela), in: NT Kujb PI, CCXXIII, 1978

TOGUNOV, V.M. Strukturno-semantičeskie osobennosti obrazovanija složnych slov-terminov v nemeckom i russkom jazykach (na materiale literatury po cholodil'noj technike), in: Slovoobrazovanie i ego mesto v kurse obučenija inostrannomu jazyku, VII, Vladivostok 1979

1.6.1. DETERMINIERTHEIT, INDETERMINIERTHEIT

MEHRSPRACHIG

KLIMZO, B.N. O neopredelennych konstrukcijach, slovosočetanijach i slovach periodičeskoj naučno-techničeskoj literatury na anglijskom jazyke, in: TP, 15/1978, 100-110

SAMSONOV, V.F. Logiko-semiotičeskie osobennosti special'nych jazykov nauki (v svjazi s problemoj neopredelennosti perevoda), in: Pervaja vsesojuznaja konferencija po teorii i praktike perevoda. Funkcional'nyj stil' naučnoj i techničeskoj literatury, 19-20 ijunja 1975 g., Tezisy dokladov, Kaunas 1975, 188-189

VOLKOV, N.S. Bilingvističeskij analiz informacionnoj roli kategorii opredelennosti i neopredelennosti v nemeckoj i gollandskoj naučnoj i techničeskoj literature, in: Šestoj vsesojuznyj seminar po voprosam teorii i praktiki perevoda naučnoj i techničeskoj literatury, 7-9 ijunja 1972 g., Tezisy dokladov, Moskva/Baku 1972, 12-14

1.6.2. TEMPORALITÄT

RUSSISCH

BOGDANOVA, V.A. O vidach glagol'nogo skazuemogo v chudožestvennom i naučnom stiljach, in: Voprosy stilistiki, I, Saratov 1962, 15–21

GOJDINA, V.V. Bespredložnye i predložnye obstojatel'stva vremeni v jazyke naučnoj prozy, in: Čtenie. Perevod. Ustnaja reč'. Metodika i lingvistika, Leningrad 1977, 21–35

GOJDINA, V.V. Časticy *ešče, uže, tol'ko (i tol'ko)* v sostave obstojatel'stva vremeni (na materiale chudožestvennoj i naučnoj literatury), in: Lingvostilističeskie issledovanija naučnoj reči, Moskva 1979, 110–123

KEDAJTENE, E.I., ŽURAVLEVA, V.V. Glagol'nyj vid v naučnom stile reči, in: Jazyk naučnoj literatury (Lingvističeskie problemy i metodika prepodavanija), Tezisy dokladov i soobščenij XX naučno-metodičeskoj konferencii, 30 ijunja–2 ijulja 1975 g., Moskva 1975, 143–144

KIRIČENKO, N.V., ZOTOVA, L.O. O vzaimodejstvii vidovych form i sposobov glagol'nogo dejstvija v naučnoj reči, in: Principy funkcionirovanija jazyka v ego rečevych raznovidnostjach, Perm' 1984

PRIPADČEV, A.A. Vyraženie predšestvovanija deepričastijami v delovom jazyke XVII v., in: Materialy po russko-slavjanskomu jazykoznaniju, Voronež 1982, 114–120

TURAEVA, Z.JA. Temporal'naja struktura naučnych i chudožestvennych tekstov, in: Funkcional'nye stili. Lingvometodičeskie aspekty (ed. Cvilling, M.Ja.), Moskva 1985

ZYRJANOVA, T.A. O semantičeskich raznovidnostjach složnopodčinennych predloženij s vremennymi otnošenijami v naučnom stile russkogo jazyka (sravnitel'no s chudožestvennym), in: Specifika i ėvoljucija funkcional'nych stilej, Perm' 1979

MEHRSPRACHIG

BELJAKOVA, L.F. Peredača perfektnogo i aorističeskogo značenij russkogo prošedšego vremeni soveršennogo vida v anglijskom jazyke (na materiale perevoda proizvedenij chudožestvennoj, naučnoj i publicističeskoj literatury), Leningrad 1982, akd

BELJAKOVA, L.F. Funkcionirovanie russkich glagol'nych form prošedšego soveršennogo vida s aorističeskim i perfektnym značenijami v sopostavlenii s ich anglijskimi ėkvivalentami (na materiale naučnogo stilja reči), in: Naučnaja literatura. Jazyk, stil', žanry, Moskva 1985, 193–208

BÜCHNER, L.A. Periphere Ausdrucksmittel der Zeit im modernen Russischen in konfrontativer Sicht zum Deutschen, dargestellt an der Sprache medizinischer Fachtexte, Berlin 1975, Diss.

KISELEVA, I.N., ŠIBANOVA, V.V. Častotnost' upotreblenija i nekotorye sposoby perevoda anglijskich vido-vremennych form v techničeskoj literature i chudožestvennoj proze, in: Oktjabr'skie čtenija. Materialy V-j tradicionnoj konferencij molodych učenych, Filologičeskie nauki, II, Perm' 1982

SALAGER, F. Verb Tenses in Russian and English Scientific Writing, in: Russian Language Journal, 123-124/1982, 6-12

1.6.3. MODALITÄT

RUSSISCH

CHOREVA, R.N. Vyraženie modal'no-ocenočnych značenij v naučnom stile reči, in: Lingvistika teksta, Kujbyšev 1976

KOMOVA, T.A. Kategorija modal'nosti i metody ee izučenija na materiale jazyka naučnogo izloženija, in: Jazyk dlja special'nych celej kak ob"ekt funkcional'noj stilistiki, Syktyvkar 1984

LEDNIKOV, E.E. Modal'nye ponjatija v jazyke nauki, in: Logiko-filosofskij analiz ponjatijnogo apparata nauki, Kiev 1977

MARTYNENKO, V.V. Vyraženie ob"ektivno-modal'nych značenij v tekstach sovetskogo konstitucionnogo zakonodatel'stva, in: RJa, 1988(16), 130-135

MATTUSCH, H.-J. Zur funktional-semantischen Kategorie der Modalität (insbesondere der Imperativität) in russischen Fachsprachen der Naturwissenschaften, in: Kommunikativ-funktionale Sprachbetrachtung, Halle 1977

MATTUSCH, H.-J. Fachsprachen und kommunikativ-funktionale Sprachbetrachtung - dargestellt an der Aufforderungsmodalität in naturwissenschaftlichen Fachsprachen des Russischen, Halle 1981, Diss.B

MATTUSCH, H.-J. Zu den Formen der Aufforderung (Imperativität) in russischen naturwissenschaftlichen Fachsprachen, in: FS, 2/1981, 80-86

MATTUSCH, H.-J. Zum Sprachmittelkomplex der Modalität in Fachsprachen des Russischen (unter besonderer Berücksichtigung der Imperativität), in: Kommunikativ-funktionale Sprachbetrachtung als theoretische Grundlage für den Fremdsprachenunterricht. Linguistische Studien, Leipzig 1981, 98 ff

MATTUSCH, H.-J. Zur Problematik der funktional-semantischen Felder in naturwissenschaftlichen Fachsprachen des Russischen, insbesondere zur Frage Zentrum/Peripherie bei Sprachmittelkomplexen (dargestellt an den sprachlichen Mitteln der Aufforderungsmodalität), in: Kommunikativ-funktionale Sprachbetrachtung, II, Halle 1981

MATTUSCH, H.-J. Zur Betrachtung der Aufforderungsmodalität unter kommunikativ-funktionalem Aspekt. Untersucht an einigen naturwissenschaftlichen Fachsprachen des Russischen, in: ZPSK, 1/1984

PLESKAČEVA, M.O. Modal'naja charakteristika vidov i raznovidnostej organizacionno-rasporjaditel'noj dokumentacii (Voprosy pragmatiki dokumental'nogo teksta), in: Pragmatičeskie aspekty funkcionirovanija jazyka, Barnaul 1983

POPOVA, G.V. Leksičeskoe vyraženie modal'nosti dostovernosti informacii i zadači referirovanija, in: Strukturnaja i prikladnaja lingvistika, II, Leningrad 1983, 183-187

ŠIUKAEVA, L.V. Funkcionirovanie ėksplicitno vyražennogo modusa v sovremennych naučnych tekstach (sopostavitel'no s chudožestvennymi), Saratov 1982, akd

SROVNOVALOVÁ, N. K formal'nym sredstvam vyraženija modal'noj semantiki dolženstvovanija v techničeskoj literature, in: Sborník prací Pedagogické fakulty Universitety J.E. Purkyně v Brně, 67, Řada jazyková a literární, Studie rusistické III, 11/1980, 117-127

VERBENKO, I.JU. Sposoby vyraženija logičeskoj modal'nosti v naučno-techničeskich tekstach, in: Organizacija tekstu. Gramatika i stilistika, Kiev 1979

ZVEREVA, E.A. Ob ob"ektivnom i sub"ektivnom upotreblenii modal'nych glagolov, in: Lingvostilističeskie issledovanija naučnoj reči, Moskva 1979, 77-97

ZVEREVA, E. A. Naučnaja reč' i modal'nost', Leningrad 1983, 158 p.

MEHRSPRACHIG

GREČKO, V.K. Konstrukcii so značeniem vozmožnosti v nemeckoj naučnoj reči (na materiale techničeskich tekstov), in: Naučnaja literatura. Jazyk, stil', žanry, Moskva 1985, 168-187

GULYGA, CH.V. Sistema sredstv vyraženija predpoloženija v nemeckom jazyke. Perevod na russkij jazyk, in: FS, 3/1965, 195-202

HEINZE, S. Modalpassivische Konstruktionen des Deutschen und ihre Wiedergabe im Russischen, in: LS/ZISW/A94/I, Berlin 1982, 76 ff.

KUSKOV, V.V. O sredstvach vyraženija naučnoj gipotezy v nemeckom jazyke i ich perevode na russkij jazyk, in: Osobennosti stilja naučnogo izloženija, Moskva 1976, 245-263

LESNEVSKA, D. Modal'nost' neobchodimosti v russkoj i bolgarskoj naučno-ėkonomičeskoj reči, in: Bolg Rus, 6/1988, 72-77

MYŠKINA, N.L. K voprosu ob issledovanii sistemy značenij neobchodimosti i sposobov ich vyraženija v nemeckoj i russkoj naučnoj reči, in: Stil' naučnoj reči, Moskva 1978, 164-182

MYŠKINA, N.L. O perevode jazykovych edinic so značeniem neobchodimosti s nemeckogo jazyka na russkij pri obučenii čteniju special'nych tekstov, in: Tekst v processe prepodavanija inostrannogo jazyka, Perm' 1979

MYŠKINA, N.L. Značenija neobchodimosti i sposoby peredači ėtich značenij v original'nych i perevodnych tekstach nemeckoj i russkoj naučnoj literatury, Moskva 1979, akd

1.6.4. KAUSALITÄT

1.6.4.1. KAUSALITÄT IM ENGEREN SINNE

RUSSISCH

ANTONOVA, T.I. Pričinnoe otnošenie v naučnom stile, in: NDVŠ FN, 5/1983, 43-50

BASS, Ė.M. Paradigmatičeskie i sintagmatičeskie svjazi kauzal'nych glagolov, in: Stil' naučnoj literatury, Moskva 1978

EVSTIGNEEVA, G.A. Statističeskaja charakteristika pričinnych konstrukcij v učebnom tekste, in: RJa, 6/1983, 49-56

ORLANOV, G.V. Kategorija pričinnosti i naučnyj jazyk, in: VMU, Filosofija, 6/1976

ZYRJANOVA, T.A. Funkcional'no-semantičeskie osobennosti složnopodčinennych predloženij s pridatočnym pričiny v naučnom stile sovremennogo russkogo jazyka (sravnitel'no s chudožestvennym), in: Problemy funkcionirovanija jazyka v ego raznovidnostjach, Perm' 1981

ZYRJANOVA, T.A. Izmenenija v semantike i funkcionirovanii složnopodčinennych predloženij s pričinno-sledstvennymi otnošenijami (na materiale naučnych tekstov), in: Jazyk i stil' naučnogo izloženija. Lingvometodičeskie issledovanija, Moskva 1983

1.6.4.2. KONDITIONALITÄT

RUSSISCH

LARIOCHINA, N.M. O faktorach, ograničivajuščich vzaimozameščenie predložno-padežnoj konstrukcii "*pri* + predložnyj padež" i pridatočnoj časti uslovnogo predloženija (na materiale naučnogo stilja), in: RJaSI, 1974(14), 75-87

VOROB'EVA, G.F. Vyraženie uslovija v prostom predloženii (naučnyj i razgovornyj stili), in: RJaZR, 1/1971, 45-49

1.6.4.3. KONZESSIVITÄT

RUSSISCH

NAMAKŠTANSKAJA, I.E. Sintaksičeskie otnošenija leksiki, formirujuščie ustupitel'nuju semantiku v predloženijach s deepričastnym oborotom (na materiale naučnoj reči), in: RJaZR, 3/1981, 73-77

1.6.4.4. KONSEKUTIVITÄT

RUSSISCH

ZYRJANOVA, T.A. Izmenenija v semantike i funkcionirovanii složnopodčinennych predloženij s pričinno-sledstvennymi otnošenijami (na materiale naučnych tekstov), in: Jazyk i stil' naučnogo izloženija. Lingvometodičeskie issledovanija, Moskva 1983

1.6.4.5. FINALITÄT

RUSSISCH

LJAPIDEVSKAJA, N.S. Funkcionirovanie složnopodčinennych predloženij so značeniem celi dejstvija v publicističeskom i naučnom stiljach, in: Jazyk i special'nost': obučenie russkomu jazyku studentov-nefilologov, Meždunarodnyj simpozium, Baku 1977; und in: RJaZR, 4/1979, 77-80

SROVNALOVÁ, N. Nekotorye nabljudenija k upotrebleniju infinitiva v pridatočnych predloženijach celi v special'noj techničeskoj literature, in: Sborník prací Pedagogické fakulty Universitety J.E. Purkyně v Brně, 52, Řada jazyková a literární, Studie rusistické I, 10/1977, 167-173

1.7. STILISTIK

1.7.0. ALLGEMEIN

RUSSISCH

ABELJAN, N.JU., KIM, V.V. Stil' naučnogo myšlenija i jazyk nauki, in: Semiotičeskie aspekty naučnogo poznanija, Sverdlovsk 1981

ACHMANOVA, O.S., GLUŠKO, M.M. Funkcional'nyj stil' obščenaučnogo jazyka i metody ego issledovanija, Moskva 1974

ACHMANOVA, O.S., ŠIŠKINA, T.N. Obščenaučnyj stil' kak osnova meždunarodnogo obščenija, in: Pervaja vsesojuznaja konferencija po teorii i praktike perevoda (Funkcional'nyj stil' naučnoj i techničeskoj literatury), 19 - 20 ijunja 1975 g., Tezisy dokladov, Kaunas 1975, 261-262

AKULENKO, V.V. K opredeleniju funkcional'nogo stilja, in: V Char'k GU, Serija filologičeskaja, 2/1965

ANALIZ stilej chudožestvennoj i naučnoj literatury, I-III, Leningrad, 1978-1982

ANDRJUCHINA, L.M. Stil' myšlenija i jazykovoj stil' v nauke, in: Logika, poznanie, otraženie, Sverdlovsk 1984

AVRASIN, V.M. Ob ėkstralingvističeskich svjazjach, lingvističeskich charakteristikach i klassifikacijach funkcional'nych stilej, in: Osobennosti funkcional'nych stilej naučno-techničeskoj literatury i delovoj dokumentacii, Tezisy dokladov i soobščenij naučno-techničeskogo seminara, 9-11 oktjabrja 1973, Čeljabinsk 1973, 29-32

BABENKO, V.N. Jazyk i stil' diplomatičeskich dokumentov, Moskva 1979

BALAKIREV, V.F., GLUŠAK, T.S., PAREMSKAJA, D.A. Ob imennom charaktere naučnogo i gazetno-publicističeskogo stilej, in: Funkcional'nye stili i prepodavanie inostrannych jazykov, Moskva 1982

BANCHAEV, CH.S. Obobščenie i stil', in: Problemy obučenija inostrannym jazykam, I, čast' IV, Vladimir 1969

BARANNIKOVA, L.I., BORISOVA, M.B. Učenie o funkcional'nych stiljach i ego svjaz' s nekotorymi iz osnovnych problem jazykoznanija, in: Jazyk i obščestvo, IV, Saratov 1982

BAUER, H.-J. Zum Funktionalstil der Publizistik im Russischen und seinen lexikalischen Besonderheiten, in: WZ PH Magdeburg, 5/1975

BEJDER, E.I. Nekotorye faktory, opredeljajuščie grammatičeskie osobennosti funkcional'nogo stilja naučnoj i techničeskoj literatury, in: Pervaja vsesojuznaja konferencija po teorii i praktike perevoda Funkcional'nyj stil' naučnoj i techničeskoj literatury), 19-20 ijunja 1975 g., Tezisy dokladov, Kaunas 1975, 25-30

BICHTIJAROVA, N.S. Ob izučenii stilja naučnoj prozy, in: Osobennosti jazyka naučnoj literatury, Moskva 1965

BOČEGOVA, N.N. Stilističeskaja funkcija terminov v kontekste chudožestvennogo proizvedenija, Leningrad 1978, akd

BOGATYREVA, S.T. Vydelenie predel'nych sintagmatičeskich edinic v stile naučnogo izloženija, Moskva 1983, akd

BOGATYREVA, S.T. Rol' složnych ėkvivalentov slova v postroenii naučnoj reči, in: Jazyk dlja special'nych celej kak ob"ekt funkcional'noj stilistiki, Syktyvkar 1984

BOGUSLAVSKAJA, P.P. O specifike naučnoj prozy v aspekte funkcional'noj stilistiki, in: Teorija jazykovoj kommunikacii i perevoda naučnoj i techničeskoj literatury, Tezisy dokladov i soobščenij naučno-praktičeskoj konferencii, 29-31 oktjabrja 1974 g., Čeljabinsk, 1974, II, 96-98

BUDAGOV, R.A. O naučnom i chudožestvennom stiljach, in: VJa, 3/1954

BUDAGOV, R.A. V.I. Lenin o naučnom stile jazyka, in: VDNŠ FN, 1/1970

BUDAGOV, R.A. Čto že takoe naučny stil'?, in: RR, 2/1970, 48-54; und in: Jazyk, istorija i sovremennost', Moskva 1971

CEJTLIN, A.G. Stil' Lenina-publicista, Moskva 1969

ČEPANOVA, N. Imennye konstrukcii v naučno-delovom stile, in: Materialy IV Meždunarodnogo metodičeskogo seminara prepodavatelej russkogo jazyka stran socializma, Moskva 1964

ČEREPANOVA, N.M. Stilističeskie funkcii morskoj terminologii, in: Voprosy stilistiki, XIV, Saratov 1978

ČERVJAKOV, V.A. O stile techničeskich statej, in: Geod Kartogr, 1/1964

CHOREVA, T.L. Osobennosti stilja naučno-techničeskoj literatury, in: Vsesojuznoe otraslevoe i Čeljabinskoe oblastnoe mežotraslevoe soveščanie - seminar, 23 - 25 marta 1971 g., Tezisy dokladov i soobščenij, Čeljabinsk 1971, I, 74-77

DANILENKO, V.P. O nekotorych osobennostjach jazyka i stilja proizvedenija V.I. Lenina "Dve taktiki v demokratičeskoj revoljucii", in: Issledovanija po jazyku i stilju proizvedenij V.I. Lenina, Moskva 1981

DEMIDOVA, A.K. V.I. Lenin o jazyke i stile naučnoj prozy (Trebovanija, pred"javljaemye V.I. Leninym k jazyku i stilju naučnych proizvedenij, i puti ich osuščestvlenija), in: Pjatyj seminar po voprosam teorii i praktiki perevoda naučnoj i techničeskoj literatury, 26–29 maja 1971 g., Tezisy dokladov, Moskva; Jaroslavl' 1971

DEMIDOVA, A.K. Funkcional'nye stili literaturnogo jazyka, in: Šestoj vsesojuznyj seminar po voprosam teorii i praktiki perevoda naučnoj i techničeskoj literatury, 7–9 ijunja 1972 g., Tezisy dokladov, Moskva; Baku 1972, 20–24

DOLGOPOLOVA, I.M. Substantivacija prilagatel'nych v stile naučnogo izloženija, in: Voprosy lingvistiki i metodiki prepodavanija inostrannych jazykov, IV, Moskva 1980

DROZDOVSKIJ, V.P. Lingvostilističeskie sredstva aktivizacii čitatel'skogo vnimanija (na materiale gazetno-publicističeskogo stilja), in: RJa, 1982(4), 64–71

ĖJDINOVA, V.V. Koncepcii stilja v literaturnoj kritike 20-ych godov (Iz opyta sovetskoj literaturno-kritičeskoj periodiki), Moskva 1984, add

ĖTKIN, M.U. Funkcional'no-stilističeski okrašennaja leksika i frazeologija jazyka statej i vystuplenij po voprosam meždunarodnoj žizni (40–60-e gody), Saratov 1968, akd

FUHRMANN, W. Spezifische Mittel der Stellungnahme in den gesellschaftswisenschaftlichen Fachsprachen des Russischen, in: Arbeitsberichte, XXXXV, 1977

FUNKCIONAL'NYE stili i prepodavanie inostrannych jazykov, Moskva 1982

FUNKCIONAL'NYE stili. Lingvometodičeskie aspekty (ed. Cvilling, M.Ja.), Moskva 1985

FUNKCIONAL'NYE stili reči v sinchronnom i diachroničeskom aspektach, Perm' 1978

FUNKCIONAL'NYJ stil' naučnoj prozy. Problemy lingvistiki i metodiki prepodavanija (ed. Cvilling, M.Ja), Moskva 1980

FUNKCIONAL'NYJ stil' obščenaučnogo jazyka i metody ego issledovanija (ed. Achmanova, O.S., Gluško, M.M.), Moskva 1974

GAL'PERIN, I.R. K probleme differenciacii stilej reči, in: Problemy sovremennoj filologii, Moskva 1965

GARANINA, P.S. Mnogoobrazie stilevych sredstv sovremennoj teatral'noj kritiki, in: Literaturno-chudožestvennyj process 70-ych godov v zerkale kritiki, Moskva 1982

GÁRDUS, J. A tudományos – müszaki funkcionális stílus kutatásának jilentösége, különös tekintettel az orosz nyelvre (Die Bedeutung der Erforschung des wissenschaftlichen Funktionalstils unter besonderer Berücksichtigung der russischen Sprache), in: Szaknyelvkutatás-szaknyelvoktatás, Budapest 1980

GONČAROVA, N.N. Otbor gruppirovok sinonimičnych strukturno-semantičeskich modelej dlja obučenija inostrannych studentov naučnomu stilju reči, in: Leksičeskaja i sintaksičeskaja sinonimika russkogo jazyka, Kiev 1984

GORELOVA, G.V. Avtorskie novoobrazovanija i ich stilističeskaja rol' v proizvedenijach V.I. Lenina, in: VLU, Istorija, Jazyk, Literatura, 2/1971(8)

GRECHNEVA, G.M. O stilevoj differenciacii složnogo predloženija v sovremennom russkom literaturnom jazyke, Gor'kij 1971

GRECHNEVA, G.M. Osobennosti logičnosti kak kačestva reči v naučnom stile, in: TS, 1979(2)

GREČKO, V.K. Modeli predloženija v funkcional'nom stile naučnoj i techničeskoj literatury, in: Pervaja vsesojuznaja konferencija po teorii i praktike perevoda (Funkcional'nyj stil' naučnoj i techničeskoj literatury), 19-20 ijunja 1975 g., Tezisy dokladov, Kaunas 1975, 63-68

GREČKO, V.K. Funkcional'nyj stil' i sintaksičeskaja semantika, in: Problemy sintaksičeskoj semantiki (materialy naučnoj konferencii), Moskva 1976

ISSERLIN, E.M. Oficial'no-delovoj stil', Moskva 1971

ISSERLIN, E.M. Stil' naučno-populjarnoj literatury, Moskva 1972

ISSLEDOVANIJA po jazyku i stilju proizvedenij V.I. Lenina, Moskva 1981

IVANOVA, L.P. Differenciacija funkcional'nych stilej na baze odnosostavnych predloženij, in: Voprosy stilistiki, V, Saratov 1972

IVŠIN, V.F., KURICYN, A.A. O vzaimootnošenijach jazyka, reči, myšlenija i stilja, in: Osobennosti funkcional'nych stilej naučno-techničeskoj literatury i delovoj dokumentacii, Tezisy dokladov i soobščenij naučno-techničeskogo seminara, 9-11 oktjabrja 1973 g., Čeljabinsk 1973, 8-10

IVŠIN, V.F., RŽANNIKOVA, A.K. Ob osobennostjach funkcional'nych stilej naučno-techničeskoj literatury i delovoj dokumentacii, in: Osobennosti funkcional'nych stilej naučno-techničeskoj literatury i delovoj dokumentacii, Tezisy dokladov i soobščenij naučno-techničeskogo seminara, 9-11 oktjabrja 1973 g., Čeljabinsk 1973, 27-29

IVUŠKINA, T.A., VERBICKAJA, M.V. "Stil'" naučnogo izloženija i ego otraženie v parodii, in: Jazyk dlja special'nych celej kak ob"ekt funkcional'noj stilistiki, Syktyvkar 1984

JAKOVLEVA, E.B. "Upodoblenie slovu" v registre naučnogo izloženija, in: Jazyk dlja special'nych celej kak ob"ekt funkcional'noj stilistiki, Syktyvkar 1984

JAZYK dlja special'nych celej kak ob"ekt funkcional'noj stilistiki, Syktyvkar 1984

JAZYK i stil' naučnogo izloženija. Lingvometodičeskie issledovanija, Moskva 1983

JAZYK i stil' naučnoj literatury: Teoretičeskie i prikladnye problemy (ed. Cvilling, M.Ja.), Moskva 1977

JAZYK i stil' sredstv massovoj informacii i propagandy. Pečat', radio, televidenie, dokumental'noe kino (ed. Rozental', D.Ė.), Moskva 1980
Rez.: SaS, 2/1982, 169–170 (Uhlířová, L.)

JAZYKOVAJA norma i funkcional'nye stili, in: Programma-priglašenie i tezisy dokladov respublikanskogo simpoziuma, 3–4 oktjabrja 1984, Vil'njus 1984

JAZYKOVYE sredstva differenciacii funkcional'nych stilej sovremennogo russkogo jazyka, Dnepropetrovsk 1982

KALIDASS, K.S. Osobennosti stilistiki jazyka naučnoj literatury, in: Praktičeskaja stilistika, Chajderabad 1982

KAREL'SKAJA, I.M. Funkcionirovanie leksičeski polnoznačnych, vspomogatel'nych i svjazočnych glagolov v rečevych strukturach raznych stilej, in: Voprosy terminovedenija i stilelogii, Gor'kij 1983

KAUFMAN, S.I. Količestvennyj analiz kačestvennych osobennostej nekotorych podstilej techničeskogo stilja, in: Osobennosti funkcional'nych stilej naučno-techničeskoj literatury i delovoj dokumentacii, Tezisy dokladov i soobščenij naučno-techničeskogo seminara, 9–11 oktjabrja 1973 g., Čeljabinsk 1973, 32–36

KEDAJTENE, E.I., ŽURAVLEVA, V.V. Ispol'zovanie sredstv slovesnoj obraznosti v naučnom stile reči, in: Jazyk naučnoj literatury (Lingvističeskie problemy i metodika prepodavanija), Tezisy dokladov i soobščenij XX naučno-metodičeskoj konferencii, 30 ijunja – 2 ijulja 1975 g., Moskva 1975, 131–135

KEDAJTENE, E.I., ŽURAVLEVA, V.V. Pozicija nejtralizacii kak forma otraženija abstraktnych javlenij v naučnom stile, in: Inostrannyj jazyk dlja naučnych rabotnikov. Teorija i praktika prepodavanija, Moskva 1978

KERBST, A. Untersuchungen zum grammatischen Aufbau und zur stilistischen Wertigkeit substantivischer Wortgruppen in Texten verschiedener Funktionalstile der russischen Sprache der Gegenwart im Vergleich mit analogen Wortgruppen der deutschen Gegenwartssprache, Erfurt/Mühlhausen 1974, Diss.

KLIMUŠENKO, T.F. Obščestvenno-političeskaja leksika kak funkcional'no-stilističeskij plast naučno-učebnych tekstov (imena suščestvitel'nye), in: RJa, 1983(6), 74–80

KOCAR', Ė.B. Obučenie aspirantov pis'mennoj reči (Oficial'no-delovoj stil'), in: RJaZR, 5/1985, 30–33

KOČETKOVA, T.V. Glagoly govorenija v chudožestvenom i naučnom stiljach (Leksičeskaja predstavlennost'), in: Voprosy stilistiki, XIII, Saratov 1977

KOGOTKOVA, T.S. Terminologija i mežfunkcional'no-stilevaja "omonimija", in: Problematika opredelenij terminov v slovarjach raznych tipov, Leningrad 1976

KOLJADENKO, G.S., KUZNECOVA, E.K. Lingvostilističeskie osnovy podgotovki naučno-informacionnych dokumentov, Moskva 1984

KONJUCHOVA, N.I. K voprosu o meste naučno-techničeskoj reči sredi funkcional'nych stilej jazyka, in: Bilingvističeskie issledovanija funkcional'nogo stilja naučnoj i techničeskoj literatury, Tezisy dokladov naučno-metodičeskoj konferencii, 25-27 sentjabrja 1974 g., Baku 1974, 33-35

KOSTOMAROV, V.G. Tezisy vozmožnoj koncepcii funkcional'nych stilej, in: Iz opyta prepodavanija russkogo jazyka nerusskim, V, Moskva 1970, 116-132

KOTJUROVA, M.P., KOŽINA, M.N. O nekotorych tendencijach funkcionirovanija edinic sintaksisa v russkoj reči (K voprosu ob ėvoljucii naučnogo stilja), in: Stil' naučnoj reči, Moskva 1978, 3-23

KOVAL'NICKAJA, O.V. Sravnenie veličin v naučnych tekstach, in: Stil' naučnoj reči, Moskva 1978, 195-211

KOŽEVNIKOVA, N.O. O funkcional'nych stiljach, in: RJaNŠ, 2/1968

KOŽIN, A.N., KRYLOVA, O.A., ODINCOV, V.V. Funkcional'nye tipy russkoj reči, Moskva 1982
Rez.: NDVŠ FN, 5/1983, 87-89 (Svetlyševa, V.N.)
VJa, 2/1984, 130-132 (Michajlovskaja, N.G.)

KOŽINA, M.N. Ob odnoj funkcional'no-stilističeskoj zakonomernosti naučnoj reči (K postanovke voprosa), in: Issledovanija po stilistike, Perm' 1966, 151-161

KOŽINA, M.N. O specifike chudožestvennoj i naučnoj reči v aspekte funkcional'noj stilistiki, Perm' 1966
Rez.: RJaZR, 3/1968, 119 (Vasil'eva, A.N.)

KOŽINA, M.N. K osnovanijam funkcional'noj stilistiki, Perm' 1968

KOŽINA, M.N. Iz nabljudenij nad stilistiko-statističeskoj strukturoj naučnogo stilja v svjazi s nekotorymi ėkstralingvističeskimi faktorami, in: Issledovanija po stilistike, Perm' 1970, vypusk 2, 41-62

KOŽINA, M.N. Problema specifiki i sistemnosti funkcional'nych stilej reči, Perm' 1970, add

KOŽINA, M.N. O rečevoj sistemnosti naučnogo stilja sravnitel'no s nekotorymi drugimi, Perm' 1972

KOŽINA, M.N. K probleme otraženija v naučnom stile osobennostej naučno-techničeskoj revoljucii, in: Pervaja vsesojuznaja konferencija po teorii i praktike perevoda (Funkcional'nyj stil' naučnoj i techničeskoj literatury), 19-20 ijunja 1975 g., Tezisy dokladov, Kaunas 1975, 91-94

KOŽINA, M.N. O ponimanii naučnogo stilja i ego ėvoljucii v period naučno-techničeskogo progressa, in: Naučno-techničeskaja revoljucija i funkcionirovanie jazykov mira (ed. Beloded, I.K.), Moskva 1977

KOŽINA, M.N. Sopostavitel'noe izučenie naučnogo stilja i nekotorye tendencii ego razvitija v period naučno-techničeskoj revoljucii, in: Jazyk i stil' naučnoj literatury, Moskva 1977

KOŽINA, M.N. K voprosu ob ėvoljucii stilja naučnoj prozy v period naučno-techničeskoj revoljucii, in: Funkcional'nye stili reči v sinchronnom i diachroničeskom aspektach, Perm' 1978

KOŽINA, M.N. Ob otnošenii stilistiki k lingvistike teksta, in: Funkcional'nyj stil' naučnoj prozy. Problemy lingvistiki i metodiki prepodavanija, Moskva 1980

KRYLOVA, O.A. Osnovy funkcional'noj stilistiki russkogo jazyka (Posobie dlja filologov-inostrancev), Moskva 1979, 224 p.

KUL'GAV, M.P. Osnovnye stilevye čerty i sintaksičeskie sredstva ich realizacii v sovremennoj naučno-techničeskoj reči, Moskva 1964, akd

KUMACHOV, M.A., KUMACHOVA, Z.JU. K probleme klassifikacii funkcional'nych stilej v jazykach različnych tipov, in: VJa, 1/1978, 3-17

KURGANOVA, S.P. K voprosu o vzaimosvjazi komponentov predloženija v naučnom stile reči, in: Voprosy teorii i praktiki prepodavanija russkogo jazyka kak inostrannogo, Moskva 1979

KURICYN, A.A. O povyšenii kommunikativnosti naučnoj prozy, in: Osobennosti funkcional'nych stilej naučno-techničeskoj literatury i delovoj dokumentacii, Tezisy dokladov i soobščenij naučno-techničeskogo seminara 9-11 oktjabrja 1973 g., Čeljabinsk 1973, 117-119

LAPTEVA, O.A. O nekotorych sintaksičeskich tendencijach v stile sovremennoj naučnoj prozy (po materialam redaktorskoj pravki), in: Razvitie sintaksisa sovremennogo russkogo jazyka, Moskva 1966

LAPTEVA, O.A. Vnutristilevaja ėvoljucija sovremennoj russkoj naučnoj prozy, in: Razvitie funkcional'nych stilej sovremennogo russkogo jazyka, Moskva 1968, 126-186

LAVROVA, V.I. O nekotorych osobennostjach stilja naučnogo izloženija, in: Issledovanija po voprosam teorii inostrannych jazykov, Alma-Ata 1979

LEKSIKA. Terminologija. Stili, I-IV, Gor'kij 1973-1977

LEKSIKO-grammatičeskie i stilističeskie osobennosti naučnogo teksta, Leningrad 1978

LEONIDOVA, Z. Neskol'ko zamečanij k jazyku i stilju V.I. Lenina, in: Sborník prací Pedagogické fakulty Universitety J.E. Purkyně v Brně, 79, Řada jazyková a literarní, Studie rusistické III, 14/1982, 21-31

LEVITSKIJ, V.V. K probleme stilističeskoj charakteristiki slovarja pod"jazyka special'nosti, in: Voprosy stilistiki v prepodavanii russkogo jazyka inostrancam, Moskva 1972

LINGVOSTILISTIČESKIE issledovanija naučnoj reči, Moskva 1979, 264 p.

LINGVOSTILISTIČESKIE osobennosti naučnogo teksta, Moskva 1981

LINK, N.A. Funkcionirovanie nekotorych form glagola i suščestvitel'nogo v naučnych tekstach XVII-pervoj poloviny XVIII vekov (K voprosu o formirovanii specifiki naučnogo stilja), Saratov 1982, akd

LOGINOVA, K.A. Delovaja reč' i ee stilističeskie izmenenija v sovetskuju ėpochu, Moskva 1975, akd

MAEVSKIJ, N.N. Osobennosti naučno-populjarnogo stilja, Rostov-na-Donu 1979, akd

MAL'ČEVSKAJA, T.N. Naučnyj tekst kak ob"ekt issledovanija pri razrabotke stilističeskich problem teorii rečevoj kommunikacii, in: Čtenie. Perevod. Ustnaja reč'. Metodika i lingvistika, Leningrad 1977, 3-11

MANUJLOVA, N.A. Stilističeskie funkcii frazeologičeskich edinic v gazetnych tekstach političeskoj napravlennosti, in: VLU, ser. 2, istorija, jazykoznanie, literaturvedenie, 3/1986, 110-112

MARGULIS, A.L. Nekotorye aspekty izučenija teorii naučnogo stilja, in: Jazyk dlja special'nych celej kak ob"ekt funcional'noj stilistiki, Syktyvkar 1984

MARKOV, G.M. Alljuzija i variacii rečenij kak stilističeskij priem žanra promyšlennoj reklamy, in: Pervaja naučno-metodičeskaja konferencija po perevodu naučnoj i techničeskoj literatury, Tezisy dokladov i soobščenij, Sverdlovsk 1969, 17-19

MARUSANOVA, V.E. Aktual'nye dlja aspirantov žanry naučnogo stilja (Obučenie napisaniju referata), in: RJaZR, 6/1985, 23-28

MEN'ŠIKOV, I.I. Metodika differenciacii funkcional'nych stilej russkogo jazyka s pomošč'ju strukturnych modelej predloženija, in: Jazykovye sredstva differenciacii funkcional'nych stilej sovremennogo russkogo jazyka, Dnepropetrovsk 1982

MICHAJLOVSKAJA, N.G. Funkcional'nyj stil' i kategorija variantnosti, in: SNT MPIIJa, LXXIII, 1973

MICHAJLOVSKAJA, N.G. Ob odnom prieme smyslovoj akcentuacii v proizvedenijach V.I. Lenina, in: Issledovanija po jazyku i stilju proizvedenij V.I. Lenina, Moskva 1981

MITROFANOVA, O.D. Naučnyj stil' reči: problemy obučenija, Moskva 1985^2, 231 p.

NAER, N.M. Stilističeskaja orientacija i osnovnye tendencii razvitija leksiki v naučno-techničeskoj literature, in: Problemy kačestva perevoda naučno-techničeskoj literatury, Tezisy dokladov i soobščenij oblastnoj naučno-techničeskoj konferencii, Orel 1978, 47-48

NAER, V.L. Urovni jazykovoj variativnosti i mesto funkcional'nych stilej, in: Naučnaja literatura. Jazyk, stil', žanry, Moskva 1985, 3-15

NAGAJCEVA, N.I. Osobennosti oficial'no-delovogo i naučnogo stilej s kommunikativno-sintaksičeskoj točki zrenija (na materiale dvusostavnogo predloženija), in: Aktual'nye problemy filologii, II, Moskva 1983

NAUČNAJA literatura. Jazyk, stil', žanry (ed. Cvilling, M.Ja.), Moskva 1985, 326 p.

NEGOMEDZJANOV, V.M. Strukturno-semantičeskaja i stilističeskaja charakteristika terminov v russkoj razgovornoj reči, Kiev 1983, akd

ODINCOV, V.V. Korrekcija kak polemičeskij priem, in: Issledovanija po jazyku i stilju proizvedenij V.I. Lenina, Moskva 1981

OSNOVINA, G.A. Iz nabljudenij nad jazykom i stilem knigi V.I. Lenina "Materialism i ėmpiriokriticizm", in: NDVŠ FN, 3/1960

OSOBENNOSTI funkcional'nych stilej naučno-techničeskoj literatury i delovoj dokumentacii, Tezisy dokladov i soobščenij naučno-techničeskogo seminara, 9-11 oktjabrja 1973 g., Čeljabinsk 1973

OSOBENNOSTI stilja naučnogo izloženija (ed. Trojanskaja, E.S.), Moskva 1976, 264 p.

PACHUTKIN, P.I. Funkcional'nye osobennosti rečevoj obraznosti v naučnom stile, Moskva 1973, akd

PAVLOVA, N.P. Upotreblenie desemantizirovannych glagolov v naučnom stile, in: Prepodavanie naučnogo stilja reči na podgotovitel'nom fakul'tete, Moskva 1983

PETAŠ, G.P. O stile naučnogo izloženija, in: UZ Karag GU, vypusk 12, tom 2, 1962, 235-242

PIMENOV, A.V. O predmete funkcional'noj stilistiki s pozicii teorii rečevoj dejatel'nosti, in: Psicholingvističeskie i sociolingvističeskie determinanty reči, Moskva 1978

PLESKAČEVA, M.O. Otnošenie soderžanija vyskazyvanija k dejstvitel'nosti v tekstach funkcional'nych stilej, Moskva 1984, akd

POGORELENKO, G.M. Stilističeski okrašennaja i terminologičeskaja leksika v delovom stile XVIII veka, Voronež 1972, Diss.

POLIŠČUK, G.G. Priemy naučno-populjarnogo izloženija, Moskva 1977

POLJAKOVA, E.N. O stilističeskom svoeobrazii permskich delovych pamjatnikov XVII-načala XVIII veka različnych vidov (po dannym leksiki), in: Specifika i ėvoljucija funkcional'nych stilej, Perm' 1979

PRAKTIČESKAJA stilistika russkogo jazyka. Funkcional'nye stili, Kap.: Oficial'no-delovoj stil'; Naučnyj stil', Moskva 1982

PREPODOVANIE naučnogo stilja na podgotovitel'nom fakul'tete, Moskva 1983

PUMPJANSKIJ, A.L. Funkcional'nyj stil' naučnoj i techničeskoj literatury, in: VJa, 2/1977, 87-97

PUMPJANSKIJ, A.L. Lingvističeskie aspekty naučno-techničeskoj revoljucii (Funkcional'nyj stil' naučnoj i techničeskoj literatury), in: Naučno-techničeskaja revoljucija i funkcionirovanie jazykov mira, Moskva 1977

PUTILINA, G.N. K voprosu ob obraze avtora v naučnom stile reči, in: Leksiko-grammatičeskie i stilističeskie osobennosti naučnogo teksta, Leningrad 1978

RACHMANIN, L.V. Stilistika delovoj reči i redaktirovanie služebnych dokumentov, Moskva 1973

RAZINKINA, N.M. Sopostavlenie stilej chudožestvennoj i naučnoj reči v ramkach monolingvističeskogo učenija, in: Četvertyj seminar po voprosam teorii i praktiki perevoda naučnoj i techničeskoj literatury, 2-4 nojabrja 1970 g., Tezisy dokladov, Moskva, Tbilisi 1970, 36-38

RAZINKINA, N.M. Kontrastnye kategorii i ich rol' v lingvostilističeskom izučenii naučnoj prozy, in: Prepodavanie inostrannych jazykov i ego lingvističeskie osnovy, Moskva 1972, 160-176

RAZINKINA, N.M. Sopostavlenie funkcional'no-rečevych sistem kak odin iz priemov izučenija stilja naučnoj prozy, in: Obučenie čteniju naučnogo teksta na inostrannom jazyke, Moskva 1975

RAZINKINA, N.M. Nekotorye obščie problemy izučenija funkcional'no-rečevogo stilja, in: Osobennosti stilja naučnogo izloženija, Moskva 1976, 83-103

RAZINKINA, N.M. O ponjatii stereotipa v jazyke naučnoj literatury (K postanovke voprosa), in: Naučnaja literatura. Jazyk, stil', žanry, Moskva 1985, 33-47

RAZVITIE funkcional'nych stilej sovremennogo russkogo jazyka (ed. Šmelev, D.N., Vinokur, T.G.), Moskva 1968

RED'KIN, S.V. Nekotorye priemy stilistiko-semantičeskich modifikacij slov v stat'e V.I. Lenina "Revoljucionnaja bor'ba i liberal'noe maklerstvo", in: Issledovanija po jazyku i stilju proizvedenij V.I. Lenina, Moskva 1981

REJMAN, E.A. Osobennosti upotreblenija ličnych form glagola v naučnom funkcional'nom stile, in: Jazyk naučnoj literatury (Lingvističeskie problemy i metodika prepodavanija), Tezisy dokladov i soobščenij XX naučno-metodičeskoj konferencii, 30 ijunja-2 ijulja 1975 g., Moskva 1975, 56-67

REJMAN, E.A. O značenii slov v tekstach raznych funkcional'nych stilej, in: Stil' naučnoj reči, Moskva 1978, 117-128

REPIN, B.I. Stilistiko-sintaksičeskie osobennosti jazyka naučnoj prozy, in: Jazyk naučnoj literatury (Lingvističeskie problemy i metodika prepodavanija), Tezisy dokladov i soobščenij XX naučno-metodičeskoj konferencii, 30 ijunja-2 ijula 1975 g., Moskva 1975, 86-88

REZNIKOVA, N.M. Sopostavlenie funkcional'no-rečevych sistem kak odin iz priemov izučenija stilja naučnoj prozy, in: Issledovanija po stilistike, IV, Perm' 1974

ROZENTAL', D.Ė. Voprosy jazyka i stilja v naučno-techničeskoj informacii, in: Voprosy organizacii i metodika naučno-techničeskoj informacii i propagandy, Moskva 1960, 379-398

RULÍKOVÁ, B. Problematika stylu odborných projevů v sovětské lingvistické literatuře, in: SaS, 3/1977

RUSSKIJ jazyk. Osobennosti stilja naučnoj reči, Leningrad 1971

RYLOV, S.A. O nekotorych osobennostjach posledovatel'nogo vybora grammatičeskich ėlementov vyskazyvanij v raznovidnostjach chudožestvennogo i naučnogo stilej sovremennogo russkogo jazyka, in: Leksika. Terminologija. Stili, IV, Gor'kij 1975

RŽANNIKOVA, A.K. O funkcional'nych stiljach, in: Osobennosti funkcional'nych stilej naučno-techničeskoj literatury i delovoj dokumentacii, Tezisy dokladov naučno-techničeskogo seminara, 9-11 oktjabrja 1973 g., Čeljabinsk 1973, 5-8

ŠEMJAKIN, S.M. O stile reklamy, in: Osobennosti funkcional'nych stilej naučno-techničeskoj literatury i delovoj dokumentacii, Tezisy dokladov i soobščenij naučno-techničeskogo seminara, 9-11 oktjabrja 1973 g., Čeljabinsk 1973, 44-47

SENKEVIČ, M.P. Naučnyj stil', in: Stili russkogo jazyka, Moskva 1966, 22-35

SENKEVIČ, M.P. Naučnye stili, Moskva 1967

SENKEVIČ, M.P. Rabota redaktora nad jazykom i stilem naučnych proizvedenij, Moskva 1967

SENKEVIČ, M.P. Funkcional'nyj stil' russkoj naučnoj i techničeskoj literatury i literaturnoe redaktirovanie, in: Pervaja vsesojuznaja konferencija po teorii i praktike perevoda (Funkcional'nyj stil' naučnoj i techničeskoj literatury), 19-20 ijunja 1975 g., Tezisy dokladov, Kaunas 1975, 196-203

SENKEVIČ, M.P. Stilistika naučnoj reči i literaturnoe redaktirovanie naučnych proizvedenij, Moskva 1984, 319 p. (1976)

SERDOBINCEV, N.JA. K istorii naučno-populjarnogo stilja, in: Issledovanie jazyka chudožestvennych proizvedenij, Kujbyšev 1975; und in: Voprosy stilistiki, XI, Saratov 1976

ŠERŠOVA, A.V. Lingvostilističeskie osobennosti referatov v oblasti obščestvennych nauk, in: Referirovanie v obščestvennych naukach, Moskva 1982

ŠERŠOVA, A.V. Stilističeskie osobennosti referatov v oblasti obščestvennych nauk, Moskva 1983, akd

ŠEVELEV, V.M. Osobennosti glagol'nogo slovoupotreblenija v russkich naučnych tekstach, in: Jazykovye sredstva differenciacii funkcional'nych stilej sovremennogo russkogo jazyka, Dnepropetrovsk 1982

SKIBO, V.N. Upotreblenie vvodnych predloženij v naučnoj proze, in: UZ MPIIJa, XXXII, 1965

ŠMELEV, D.N. Russkij jazyk v ego funkcional'nych raznovidnostjach, Moskva 1977, 168 p.
Rez.: VJa, 1/1979, 145-150 (Lapteva, O.A.)

SOCIOLINGVISTIČESKIE problemy funkcional'nogo stilja naučnoj i techničeskoj literatury. Tezisy dokladov, Baku 1974

SOLGANIK, G.JA. Stil' reportaža, Moskva 1970

SOLGANIK, G.JA. K probleme klassifikacii funkcional'nych stilej na intralingvističeskoj osnove, in: Osnovnye ponjatija i kategorii lingvostilistiki, Perm' 1982

SOLOV'EVA, Z.V. Semantika i stilističeskoe ispol'zovanie inojazyčnoj leksiki i terminov v gazetno-žurnal'noj publicistike, in: Voprosy leksičeskoj i grammatičeskoj semantiki, Moskva 1983

SPECIFIKA i ėvoljucija funkcional'nych stilej, Perm' 1979

STATISTIKA i funcional'nye stili jazyka, Riga 1977

STEPANOV, A.V. O chudožestvennom i naučnom stiljach reči, in: VJa, 4/1954

STEPANOV, A.V. Opyt vydelenija specializirovannych obraznych ėlementov v naučnom stile, in: Problemy lingvističeskoj stilistiki, Tezisy dokladov naučnoj konferencii, Moskva 1969, 144-145

STEPANOV, A.V. D.I. Mendeleev i kul'tura naučnogo stilja, in: RR, 4/1984, 42-47

STIL' naučnoj literatury, Moskva 1978

STIL' naučnoj reči (ed. Trojanskaja, E.S.), Moskva 1978, 280 p.

STILISTIKA naučnogo teksta, Vladivostok 1977

STILISTIKO-grammatičeskie čerty jazyka naučnoj literatury (ed. Jarceva, V.N.), Moskva 1970, 232 p.

TARASOV, E.F. Voprosy opisanija i interpretacii funkcional'nych stilej, Moskva 1964, akd

TER-MINASOVA, S.G. Sintagmatika funkcional'nych stilej, Moskva 1982, add

TIMOFEEVA, T.A. Nekotorye rečevye priemy populjarizacii v naučno-populjarnoj literature, Saratov 1969, akd

TIMOFEEVA, T.A. Stilističeskie osobennosti naučno-populjarnoj literatury (na materiale oboznačenija količestva), in: NT Kuban GU, CCXVI, 1976

TOOT, K. Charakteristika kommunikativnych edinic so značeniem statičnosti v naučnom stile, Moskva 1979, akd

TROJANSKAJA, E.S. K voprosu o techniko-stilističeskich priemach v naučnoj reči, in: Jazyk naučnoj literatury, Moskva 1975, 27-86

TROJANSKAJA, E.S. Ukazatel'noe mestoimenie v kačestve zameny suščestvitel'nogo (K voprosu o projavlenii obščego i individual'nogo v stile naučnoj reči), in: Jazyk naučnoj literatury (Lingvističeskie problemy i metodika prepodavanija), Tezisy dokladov i soobščenij XX naučno-metodičeskoj konferencii, 30 ijunja-2 ijulja 1975 g., Moskva 1975, 88-92

TROJANSKAJA, E.S. K obščej koncepcii ponimanija funkcional'nych stilej, in: Osobennosti stilja naučnogo izloženija, Moskva 1976, 23-82

TROJANSKAJA, E.S. K voprosu o lingvističeskich priznakach funkcional'nych stilej, in: Stil' naučnoj reči, Moskva 1978, 43-58

TROJANSKAJA, E.S. Aktual'nye problemy issledovanija funkcional'nych stilej, in: Lingvostilističeskie issledovanija naučnoj reči, Moskva 1979

TROJANSKAJA, E.S. "Bezličnost'" izloženija - važnyj lingvističeskij priznak stilja naučnoj reči, in: Lingvometodičeskie osnovy prepodavanija inostrannych jazykov, Moskva 1979

UŠAKOVA, A.A. Očerki sovetskoj zakonodatel'noj stilistiki, Perm' 1967

VASIL'EV, L.M. Jazykovye stili i literaturnaja norma, in: Materialy VI mežoblastnoj konferencii jazykovedov Povolž'ja. Kratkie doklady, Ul'janovsk 1962, 14-18

VELIŽANINA, M.N. Ob osobennostjach stilja naučnoj prozy, in: Vtoroj respublikanskij seminar po voprosam teorii i praktiki perevoda naučnoj i techničeskoj literatury, Tezisy dokladov, Alma-Ata 1972, 3-4

VIKTOROV-ORLOV, I.V. O stilističeskich osobennostjach pod"jazyka matematiki na grammatičeskom urovne, in: Osobennosti funkcional'nych stilej naučno-techničeskoj literatury i delovoj dokumentacii, Tezisy dokladov i soobščenij naučno-techničeskogo seminara, 9-11 oktjabrja 1973 g., Čeljabinsk 1973, 112-115

VINOGRADOVA, I.F. Konstrukcii s roditel'nym priimennym, vyražajuščie ob"ektnye otnošenija v naučnom stile, in: V pomošč' prepodavateljam russkogo jazyka kak inostrannogo, Moskva 1971

VINOKUR, T.G. Ob izučenii funkcional'nych stilej russkogo jazyka sovetskoj ėpochi, in: Razvitie funkcional'nych stilej sovremennogo russkogo jazyka, Moskva 1968

VOLNINA, I.A. O specifike naučnogo stilja reči, in: Jazyk naučnoj literatury (Lingvističeskie problemy i metodika prepodavanija), Tezisy dokladov i soobščenij XX naučno-metodičeskoj konferencii, 30 ijunja-2 ijulja 1975 g., Moskva 1975, 112-113

VOL'SKAJA, I.S. Differencial'nye priznaki oficial'nogo delovogo stilja reči, Moskva 1966, akd

VOPROSY stilistiki. Funkcional'nye stili russkogo jazyka i metody ich izučenija, XVIII, Saratov 1982

VOPROSY terminologii i stileologii russkogo jazyka, Gor'kij 1977

VOPROSY terminovedenija i stileologii, Gor'kij 1983

VOROB'EVA, M.B. K voprosu ob opredelenii v naučnom stile reči, in: Funkcional'nye stili i prepodavanie inostrannych jazykov, Moskva 1982

VORONOV, JU.S. Stil' delovoj reči V.I. Lenina, Saratov 1976

MEHRSPRACHIG

ANALIZ stilej zarubežnoj chudožestvennoj i naučnoj literatury, V, Leningrad 1987, 144 p.

AVCHAČEVA, I.A. K probleme otbora jazykovogo materiala dlja obespečenija stilističeskoj adekvatnosti inojazyčnych vyskazyvanij na naučnye temy, in: SNT MPIIJa, CIL, 1979

AVRASIN, V.M., BENDARŽEVSKAJA L.S. Šablonnost' stilja i perevod, in: Osobennosti funkcional'nych stilej naučno-techničeskoj literatury i delovoj dokumentacii, Tezisy dokladov i soobščenij naučno-techničeskogo seminara, 9-11 oktjabrja 1973 g., Čeljabinsk 1973, 91-93

AZNAUROVA, Ė.S. Funkcional'no-stilističeskaja dominanta vyskazyvanija i perevod leksičeskich edinic, in: Teorija perevoda i naučnye osnovy podgotovki perevodčikov, Materialy Vsesojuznoj naučnoj konferencii, Moskva 1975, I, 3-6

BILINGVISTIČESKIE issledovanija funkcional'nogo stilja naučnoj i techničeskoj literatury. Tezisy dokladov, Baku 1974

BOBINEC, S.S., ZIMOMRJA, N.M. Lingvo-stilističeskie osobennosti i charakter transformacii pri perevode naučno-techničeskoj literatury, in: Problemy kačestva perevoda naučno-techničeskoj literatury, Tezisy dokladov i soobščenij oblastnoj naučno-techničeskoj konferencii, Orel 1978, 12-14

BORISOVA, L.I. Leksiko-stilističeskie transformacii v anglo-russkich naučno-techničeskich perevodach, Moskva 1981

BRANDES, M.P. Stil' i perevod, in: TP, 5/1968, 75-92

BORISOVA, L.I. Leksiko-stilističeskie transformacii v anglo-russkich naučno-techničeskich perevodach, Moskva 1981

DRAZDAUSKENE, M.L. Stilistika naučnogo teksta i perevod, in: Pervaja vsesojuznaja konferencija po teorii i praktike perevoda (Funkcional'nyj stil' naučnoj i techničeskoj literatury), 19-20 ijunja 1975 g., Tezisy dokladov, Kaunas 1975, 143-145

FADEEVA, G.M. Lingvostilističeskaja charakteristika nekotorych osobennostej leksičeskoj sistemy političeskich rečej (na materiale vystuplenij K. Libknechta), Moskva 1977

GARBOVSKIJ, N.K. Sopostavitel'naja stilistika professional'noj reči (na materiale russkogo i francuszkogo jazykov), Moskva 1988, 144 p.

HÖNTZSCH, W. Zu einigen Problemen der Wiedergabe repetierender Nominationen in der Fachübersetzung aus dem Russischen ins Deutsche, in: FS, 3/1987, 155-161

IVŠIN, V.F., KURICYN, A.A., SAVEL'EV, G.D. O vidach kommunikativnoj dejatel'nosti v perevode, in: Osobennosti funkcional'nych stilej naučno-techničeskoj literatury i delovoj dokumentacii, Tezisy dokladov i soobščenij naučno-techničeskogo seminara, 9-10 oktjabrja 1973 g., Čeljabinsk 1973, 10-11

KOMISSARČIK, S.JU. Bilingvističeskie dannye interferencii v funkcional'nom stile naučnoj i techničeskoj literatury, in: Pervaja vsesojuznaja konferencija po teorii i praktike perevoda. Funkcional'nyj stil' naučnoj i techničeskoj literatury, 19-20 ijunja 1975 g., Tezisy dokladov, Kaunas 1975, 94-98

KUZ'MIN, JU.G. Problema funkcional'nych stilej i teorii perevoda, in: Vtoroj seminar po voprosam teorii i praktiki perevoda naučnoj i techničeskoj literatury, Tezisy dokladov, Moskva 1969, 9-10

KUZ'MIN, JU.G. Problema funkcional'no-rečevych stilej v teorii perevoda, in: Tezisy dokladov naučno-techničeskoj konferencii po uzlovym problemam radiotechniki i ėlektrosvjazi, posvjaščennoj Dnju radio i Dnju svjazista, Leningrad 1972, 281-282

MIKO, F. Štylistika odborného prekladu, in: Preklad odborného textu, Bratislava 1977

MININA, G.N. Znanie funkcional'nogo stilja naučno-techničeskoj literatury - osnova kačestvennogo perevoda, in: Osobennosti funkcional'nych stilej naučno-techničeskoj literatury i delovoj dokumentacii, Tezisy dokladov i soobščenij naučno-techničeskogo seminara, 9-11 oktjabrja 1973 g., Čeljabinsk 1973, 85-87

MININA, G.N. Bilingvističeskaja denotativnost' tekstov funkcional'nogo stilja naučnoj i techničeskoj literatury, in: Pervaja vsesojuznaja konferencija po teorii i praktike perevoda. Funkcional'nyj stil' naučnoj i techničeskoj literatury, 19-20 ijunja 1975 g., Tezisy dokladov, Kaunas 1975, 138-143

PROZUMENT, R.B. Bilingvističeskoe issledovanie mikrokonteksta v funkcional'nom stile naučnoj i techničeskoj literatury (anglo-russkie ėkvivalenty), in: Pervaja vsesojuznaja konferencija po teorii i praktike perevoda (Funkcional'nyj stil' naučnoj i techničeskoj literatury), 19-20 ijunja 1975 g., Tezisy dokladov, Kaunas 1975, 174-180

PUMPJANSKIJ, A.L. Bilingvističeskoe issledovanie jazyka i stilja naučnoj i techničeskoj literatury. Logiko-grammatičeskij uroven', in: Voprosy teorii i praktiki naučno-techničeskogo perevoda, Leningrad 1968, 39-53

PUMPJANSKIJ, A.L. Tri urovnja bilingvističeskogo issledovanija jazyka i stilja anglijskoj i russkoj literatury po radioėlektronike i ėlektrotechnike, in: XXIV vsesojuznaja naučnaja sessija, posvjaščennaja Dnju radio, Dnju svjazista i 50-letiju Nižegorodskoj radiolaboratorii im. V.I. Lenina, Annotacii dokladov, Moskva 1968, 45-46

PUMPJANSKIJ, A.L. Bilingvističeskoe issledovanie jazyka i stilja naučnoj i techničeskoj literatury, in: NTI, ser. 2, 7/1969, 12-16

PUMPJANSKIJ, A.L. Metody issledovanija jazyka i stilja naučnoj i techničeskoj literatury, in: Voprosy informatiki i perevoda, XII oblastnaja naučno-techničeskaja konferencija, posvjaščennaja Dnju radio i Dnju svjazista, Novosibirsk 1969, 31-36

PUMPJANSKIJ, A.L. Bilingvističeskoe issledovanie jazyka i stilja naučnoj i techničeskoj literatury, in: Voprosy teorii i metodiki prepodavanija perevoda, Tezisy dokladov, Vsesojuznaja konferencija, 12-14 maja 1970 g., Moskva 1970, 68-71

PUMPJANSKIJ, A.L. Jazyk i stil' naučnoj i techničeskoj literatury kak gosudarstvennaja problema, in: Bilingvističeskie issledovanija funkcional'nogo stilja naučnoj i techničeskoj literatury, Tezisy dokladov naučno-metodičeskoj literatury, 25-27 sentjabrja 1974 g., Baku 1974, 3-8

PUMPJANSKIJ, A.L. Dannye bilingvističeskogo issledovanija funkcional'nogo stilja naučnoj i techničeskoj literatury o perevodimosti, in: Teorija perevoda i naučnye osnovy podgotovki perevodčikov, Materialy Vsesojuznoj naučnoj konferencii, Moskva 1975, II, 45-48

PUMPJANSKIJ, A.L. Funkcional'nyj stil' naučnoj i techničeskoj literatury. Problema perevodimosti, in: Pervaja vsesojuznaja konferencija po teorii i praktike perevoda. Funkcional'nyj stil' naučnoj i techničeskoj literatury, 19-20 ijunja 1975 g., Tezisy dokladov, Kaunas 1975, 167-174

RECKER, JA. Sleduet li peredavat' alliteraciju v publicističeskom perevode?, in: TP, 3/1966

ŠADRIN, N.L. Sopostavitel'naja stilistika i teorija perevoda, in: Izv AN SSSR SLJa, 41/1982, 1

SIROTINA, V.A. Obščie processy v sisteme funkcional'nych stilej sovremennogo russkogo i ukrainskogo jazykov, in: RJa, 1982(5), 3-10

TEPER N.M. Ustanovka na recipienta reči kak stileobrazujuščij faktor, in: Vtoroj seminar po voprosam teorii i praktiki perevoda naučnoj i techničeskoj literatury, Tezisy dokladov, Moskva 1969, 21-22

TROJANSKAJA, E.S. Lingvostilističeskie osnovy perevoda naučnoj literatury, in: Obučenie naučnych rabotnikov inostrannym jazykam, Moskva 1984

1.7.1. STILMERKMALE

1.7.1.1. KONDENSATION

RUSSISCH

BLJUMENAU, D.I. Problemy svertyvanija naučnoj informacii, Leningrad 1982

GLOTOVA, I.P. Semantičeskaja kondensacija v naučnom i publicističeskom stiljach posleoktjabr'skogo perioda, in: Voprosy stilistiki, III, Saratov 1969

KOLOSOVA, T.A. K voprosu o kompressii (semantičeskom ėllipsise) v složnom predloženii. Naučnyj simpozium "Semiotičeskie problemy jazykov nauki, terminologii i informatiki" v 2 častjach, čast' 2, Moskva 1971

PAVLOVA, K.G. Javlenija svertyvanija v sintaksise prostogo predloženija v stile naučno-techničeskoj prozy, in: UZ MPIIJa, 52, 1969, 475-513

MEHRSPRACHIG

ALJANSKAJA, Ė.JA. K voprosu o svertkach mnogokomponentnych terminologičeskich sočetanij v anglijskoj naučno-techničeskoj literature i metodike ich opisanija. Lingvističeskie aspekty terminologii, Voronež 1980

BLASZEK, R. Z konfrontačnáho výskumu syntaktickej kondenzácie náučného štýlu ruštiny a slovenčiny, in: Slav Sl, 3/1985

GINDIN, JU.G. Sžatie teksta pri perevode naučnoj i techničeskoj literatury s russkogo jazyka na anglijskij, in: Pervaja vsesojuznaja konferencija po teorii i praktike perevoda. Funkcional'nyj stil' naučnoj i techničeskoj literatury, 19-20 ijunja 1975 g., Tezisy dokladov, Kaunas 1975, 50-56

HÖNTZSCH, W. Die Textkompression als Translationsverfahren in der Fachübersetzung vom Russischen ins Deutsche, Jena 1985, Diss.A

KOBKOV, V.P. Sposoby sžatija teksta pri perevode naučno-techničeskoj literatury, in: Jazyk naučnoj literatury, Moskva 1975, 234-245

LAPŠINA, V.L. Perevod naučnoj i techničeskoj literatury i deskriptornaja kondensacija, in: Šestoj vsesojuznyj seminar po voprosam teorii i praktiki perevoda naučnoj i techničeskoj literatury, 7-9 ijunja 1972 g., Tezisy dokladov, Moskva/Baku 1972, 40-42

PIŠA, I. Semantičeskaja i sintaksičeskaja kondensacija v naučnom stile russkogo i češskogo jazykov, in: RJaSI, 1961

SCHMIDT, H. Zur Beschreibung der Äquivalenzbeziehungen bei Kompressionen in Übersetzungen aus dem Russischen ins Deutsche, Leipzig 1982, Diss.B

SCHMIDT, H. Zur Beschreibung der Äquivalenzbeziehungen bei Kompressionen in Übersetzungen aus dem Russischen ins Deutsche, in: Varianz und Invarianz im semantischen Bereich (Übersetzungswissenschaftl. Beiträge 7), Leipzig 1984, 7-62

SMIRNOVA, L.N. Referativnyj perevod. Kompressija na smyslovom urovne, in: Inostrannyj jazyk dlja naučnych rabotnikov. Teorija i praktika prepodavanija, Moskva 1978

SUCHENKO, K.M. Kompressija imennych i glagol'nych struktur pri perevode s russkogo jazyka na anglijskij, Kiev 1973

1.7.1.2. EXPRESSIVITÄT, EMOTIONALITÄT

RUSSISCH

ARGUN, L.I. Ob ėkspressivnych svojstvach jazyka V.I. Lenina po ego rabote "Materializm i ėmpiriokriticizm", in: T Suchum PI, XVII, 1964

CHARČENKO, N.P. Markirovannye ėkspressivnye konstrukcii v naučno-populjarnom stile sovremennogo russkogo jazyka, in: Jazykovye normy i tekst, Čeljabinsk 1982

CHOCHLAČEVA, V.N. Ocenka kak ėkspressivnoe sredstvo polemiki v rabote V.I. Lenina "Materialium i ėmpiriokriticizm", in: Issledovanija po jazyku i stilju proizvedenij V.I. Lenina, Moskva 1981

CHOREVA, R.N. Vyraženie modal'no-ocenočnych značenij v naučnom stile reči, in: Lingvistika teksta, Kujbyšev 1976

CHUDJAKOV, I.N. Ėmocional'no-ocenočnaja leksika v jazyke proizvedenija V.I. Lenina "Materializm i ėmpiriokriticizm", in: NDVŠ FN, 5/1972

DUBJAGO, A.I. Semantičeskie i ėmocional'no-ėkspressivnye izmenenija leksiki v publicističeskom stile XIX v., in: Materialy po russko-slavjanskomu jazykoznaniju, Voronež 1982, 39-43

GLUŠKO, M.M. K voprosu ob "intimizacii" naučnogo izloženija, in: VMU FN, 1/1978

KARPOVA, T.D. Leksiko-sintaksičeskie sredstva ėmocional'no-ėkspressivnogo vozdejstvija v ustnoj naučnoj reči monologičeskogo charaktera, Moskva 1979, akd

KARPOVA, T.D. Sredstva ėmocional'nogo vozdejstvija v ustnoj naučnoj reči monologičeskogo charaktera (priem adresacii), in: RJaZR, 5/1979, 80-83

KOŽINA, M.N. K probleme ėkspressivnosti v naučnoj reči, in: Issledovanija po stilistike, III, Perm' 1971

MARGULIS, A.D. Sposoby intimizacii naučno-populjarnogo teksta, in: Voprosy filologii i metodiki prepodavanija inostrannych jazykov, Moskva 1984

MASLENNIKOVA, A.A. Osobennosti funkcionirovanija ocenočnych konstrukcij v chudožestvennoj i naučnoj proze, in: Analiz stilej zarubežnoj i naučnoj literatury, III, Leningrad 1982

MILOVANOVA, N.JA. Nabljudenija nad sredstvami ėkspressivnosti naučnoj reči (na materiale proizvedenij akademika V.V. Vinogradova), in: Issledovanija po stilistike, V, Perm' 1976

MILOVANOVA, N.JA. Ėkspressivnost' v stile naučnoj prozy, Baku 1982, akd

MOROZOVA, L.A. Ėkspressivno-ėmocional'nye opredelenija v jazyke proizvedenij V.I. Lenina, in: Issledovanija po jazyku i stilju proizvedenij V.I. Lenina, Moskva 1981

PAVLENKO, T.L. Perenosnoe ispol'zovanie sostavnych terminov i nomenklaturnych oboznačenij pri obrazovanii ėkspressivnoj frazeologii, in: Voprosy leksičeskoj i frazeologičeskoj semantiki, Rostov-na-Donu 1979

PROCHOROVA, V.N. Ob émocional'nosti termina, in: Lingvističeskie problemy naučno-techničeskoj terminologii, Moskva 1970, 153-159

RAZINKINA, N.M. O prelomlenii émocional'nych javlenij v stile naučnoj prozy, in: Osobennosti jazyka naučnoj literatury, Moskva 1965

ŠTEFAN, V. Ingerentnaja i adgerentnaja ékspressivno-ocenočnaja političeskaja leksika i frazeologija sovremennogo russkogo jazyka (na materiale gazety "Pravda"), Rostov-na-Donu 1984, akd

VOROB'EVA, M.V. Osobennosti realizacii ocenočnych značenij v naučnom tekste, in: Naučnaja literatura. Jazyk, stil', žanry, Moskva 1985, 47-56

ZAJCEVA, I.K. Ob ocenočnych slovach v delovych pis'mach i telegrammach V.I. Lenina, in: Materialy po jazyku publicistiki, Voronež 1972

1.7.2. MÜNDLICHE REDE

1.7.2.0. ALLGEMEIN

RUSSISCH

AKIŠINA, T.E. Javlenija ustno-razgovornoj raznovidnosti literaturnogo jazyka v tekste lekcii (na materiale lekcij naučno-techničeskogo profilja), Moskva 1982, akd

GARDUŠ, JA. K probleme obučenija "ritoričeskim figuram" po ustnomu variantu naučno-techničeskogo stilja reči, Budapešt 1978

GJAČ, N.V. O nekotorych osobennostjach ustnogo naučnogo vystuplenija, in: Lingvostilističeskie issledovanija naučnoj reči, Moskva 1979

JAKUBOVA, N.A. O nekotorych osobennostjach semantiko-sintaksičeskoj organizacii žanra naučnogo doklada (na materiale naučnych dokladov M. Planka), in: Naučnaja literatura. Jazyk, stil', žanry, Moskva 1985, 137-154

KOCAR', Ė.B. Razvitie reči na materiale teksta po special'nosti, in: RJaZR, 2/1983, 33-40

KONSTANTINOVA, A.JU. Predstavlennost' strukturno-semantičeskich tipov prostogo predloženija v ustnoj naučnoj reči, Moskva 1982, akd

LAPTEVA, O.A. Sovremennaja russkaja publičnaja reč' v svete teorii stilja, in: VJa, 1/1978, 18-37

LAPTEVA, O.A. Ustnaja naučnaja reč': izučenie i obučenie, in: RJaZR, 5/1983, 66-69

NISTRATOVA, S.L. Sintaktičeskie sredstva vyraženija adresovannosti v ustnoj naučnoj reči, in: Naučnaja literatura. Jazyk, stil', žanry, Moskva 1985, 81-100

RUSOVA, N.JU. K voprosu o jazykovom stroenii ustnoj i pis'mennoj reči (na materiale naučnogo stilja sovremennogo russkogo jazyka), in: Voprosy psichologii i metodiki obučenija, IV, Gor'kij 1976

ŠEVČENKO, N.V. Ustnaja oficial'naja reč' v raznych situacijach (na materiale reči juristov), Saratov 1983, akd

SKORIKOVA, T.P. Konstruktivnye vozmožnosti segmenta v ustnoj naučnoj reči, in: ČSR, 2/1982, 56-61

SKORIKOVA, T.P. Akcentno-semantičeskie vozmožnosti prilagatel'nogo v ustnoj naučnoj reči, in: Naučnaja literatura. Jazyk, stil' žanry, Moskva 1985, 118-137

SLAVGORODSKAJA, L.V. O logičeskoj svjaznosti ustnogo naučnogo soobščenija, in: Jazyk i stil' naučnogo izloženija. Lingvometodičeskie issledovanija, Moskva 1983

SLAVGORODSKAJA, L.V. Vzaimodejstvie ustnoj i pis'mennoj reči v sfere naučnogo znanija. Istoričeskij očerk, in: Naučnaja literatura. Jazyk, stil', žanry, Moskva 1985, 16-33

SOVREMENNAJA russkaja ustnaja naučnaja reč', I: Obščie svojstva i fonetičeskie osobennosti (ed. Lapteva, O.A.), Krasnojarsk 1985, 336 p.

STELLIFEROVSKIJ, A.V. Pragmatičeskie aspekty tekstov parlamentskich vystuplenij kak raznovidnosti publičnoj reči, in: SNT MPIIJa, CCXXVIII, 1984

TOBUROKOVA, V.M. Ob otnositel'nosti granic oficial'noj i neoficial'noj reči (na materiale ustnoj reči medikov), in: Voprosy stilistiki. Funkcional'nye stili russkogo jazyka i metody ich izučenija, XVIII, Saratov 1982

TOBUROKOVA, V.M. Ustnaja reč' medikov v oficial'noj i neoficial'noj obstanovke, Saratov 1982, akd

VESELITSKIJ, V.V. Reči professorov Moskovskogo universiteta vtoroj poloviny XVIII v. kak istočnik po istorii russkoj naučnoj i otvlečennoj leksiki, in: Izv AN SSSR SLJa, 3/1965

VOROB'EVA, G.F. Vyraženie uslovija v prostom predloženii (naučnyj i razgovornyj stili), in: RJaZR, 1/1971, 45-49

MEHRSPRACHIG

BAJKOV, A.G. Osobennosti ustnogo i pis'mennogo perevoda patentnych opisanij s anglijskogo jazyka na russkij, in:

Povyšenie kačestva perevoda naučno-techničeskoj literatury i dokumentacii. Osobennosti perevoda patentno-licenzionnoj dokumentacii, Tezisy simpoziuma, 23-25 ijunja 1970 g., Čeljabinsk 1970, 31-32

FADEEVA, G.M. Lingvostilističeskaja charakteristika nekotorych osobennostej leksičeskoj sistemy političeskich rečej (na materiale vystuplenij K. Libknechta), Moskva 1977

1.7.2.1. MONOLOG

RUSSISCH

IZARENKOV, D.I., MOTINA, E.I. Tekst kak istočnik obučenija dialogičeskoj i monologičeskoj reči (Schemy-tipy monologičeskich soobščenij obščestvenno-političeskogo charaktera), in: RJaZR, 3/1976, 65-68

KARPOVA, T.D. Leksiko-sintaksičeskie sredstva émocional'no-ékspressivnogo vozdejstvija v ustnoj naučnoj reči monologičeskogo charaktera, Moskva 1979, akd

KARPOVA, T.D. Sredstva émocional'nogo vozdejstvija v ustnoj naučnoj reči monologičeskogo charaktera (priem adresacii), in: RJaZR, 5/1979, 80-83

LAPTEVA, O.A. Sintaksičeskaja diskretnost' monologičeskogo vyskazyvanija v ustnoj naučnoj reči, in: Funkcional'nye stili. Lingvometodičeskie aspekty, Moskva 1985

METS, N.A., MITROFANOVA, O.D., ODINCOVA, T.B. Struktura naučnogo teksta i obučenie monologičeskoj reči, Moskva 1981

ODINCOVA, T.B. Sootnošenie ustnych i pis'mennych upražnenij pri obučenii monologičeskoj reči na materiale special'nosti (rezul'taty éksperimental'noj proverki), in: RJaSI, 1977(17), 42-55

PERFILOVA, G.V. Leksičeskoe oformlenie monologičeskogo vyskazyvanija v uslovijach professional'nogo obščenija, in: SNT MPIIJa, CCXXII, 1983

ŠTYLENKO, V.E. Fragment naučno-techničeskogo teksta kak strukturnoe ob"edinenie edinic svjaznoj monologičeskoj reči, in: Funkcional'noe i sistemno-tipologičeskoe izučenie jazyka i literatury, Moskva 1984

1.7.2.2. DIALOG

RUSSISCH

IZARENKOV, D.I., MOTINA, E.I. Tekst kak istočnik obučenija dialogičeskoj i monologičeskoj reči (Schemy-tipy monologičeskich soobščenij obščestvenno-političeskogo charaktera), in: RJaZR, 3/1976, 65-68

EBERT, W. Zur Verwendung ausgewählter Kommunikationsverfahren (KV) bei der Entwicklung der (sprachlichen) Fähigkeit zur Führung eines Sachdialogs in russischer Sprache, in: Sprachkundigenausbildung Russisch. Ausgewählte Referate des IV. Internationalen Wissenschaftlichen Kolloquiums "Linguistische Probleme der Sprachkundigenausbildung in Russisch Stufe IIa" des Zentrums für Sprachintensivausbildung in Russisch in Halle-Dölau, 7./8. Dez. 1977, Halle, 1978

KOŽINA, M.N. Dialogičnost' pis'mennoj naučnoj reči kak projavlenie social'noj suščnosti jazyka, in: Metodika i lingvistika. Inostrannyj jazyk dlja naučnych rabotnikov, Moskva 1981

KOŽINA, M.N. O dialogičnosti pis'mennoj naučnoj reči, in: RJaZR, 6/1981, 77-83

REJMANKOVÁ, L. K voprosu ob oformlenii professional'nogo dialoga, in: ČSR, 5/1983, 226-231

SLAVGORODSKAJA, L.V. O logičeskoj svjaznosti ustnogo naučnogo soobščenija, in: Jazyk i stil' naučnogo izloženija. Lingvometodičeskie issledovanija, Moskva 1983

SLAVGORODSKAJA, L.V. Naučnyj dialog. Lingvističeskie problemy, Leningrad 1986

MEHRSPRACHIG

SLAVGORODSKAJA, L.V. O dialogizacii naučnoj prozy, in: Stil' naučnoj reči, Moskva 1978, 106-117

SLAVGORODSKAJA, L.V. O logiko-smyslovych svjazjach v naučnom dialoge, in: Lingvostilističeskie issledovanija naučnoj reči, Moskva 1979, 257-262

1.7.2.3. DISKUSSION

RUSSISCH

SOKOLOV, A.N. Tipologija naučnych diskussij, in: VF, 3/1978, 110-113

SOKOLOV, A.N. Problemy naučnoj diskussii. Logiko-gnoseologičeskij analiz, Leningrad 1980

MEHRSPRACHIG

ŠČUKAREVA, N.S. Vozraženie sobesedniku i vyraženie somnenija po povodu vyskazannogo mnenija (po materialam naučnoj diskussii), in: Naučnaja literatura. Jazyk, stil', žanry, Moskva 1985, 57-66

1.8. TEXTOLOGIE

1.8.0. ALLGEMEIN

RUSSISCH

AKIŠINA, T.E. Javlenija ustno-razgovornoj raznovidnosti literaturnogo jazyka v tekste lekcii (na materiale lekcij naučno-techničeskogo profilja), Moskva 1982, akd

AMEL'ČONOK, A.A. K probleme funkcional'nogo analiza naučnogo teksta, in: RJaNŠ, 6/1973, 72-74

AMEL'ČONOK, A.A. Funkcional'nyj analiz naučnogo teksta i problema obučenija čteniju, in: Aktual'nye voprosy obučenija inojazyčnoj rečevoj dejatel'nosti, I, Moskva 1974

BEŽANIŠVILI, E.A. Vidy informacii v naučno-techničeskom tekste. Lingvističeskoe issledovanie, in: SNT MPIIJa, CCXIXI, 1983

BUKOVIČ, V.A. Statističeskaja obrabotka inostrannych naučno-techničeskich tekstov s pomošč'ju ėlektronno-vyčislitel'nych mašin, in: Teoretičeskie i praktičeskie voprosy prepodavanija inostrannych jazykov, Moskva 1970, 119-128

ČULKOVA, V.S. Problema integracii naučnogo teksta, in: Funkcional'nyj stil' naučnoj prozy. Problemy lingvistiki i metodiki prepodavanija, Moskva 1980, 36-50

DOMOGACKICH, V.M. K razrabotke algoritma smyslovogo otoždestvlenija special'nych tekstov, in: Issledovanie v oblasti grammatiki i tipologii jazykov, Moskva 1980

ERMOLAEVA, L.M. O metodologičeskoj tipologii tekstov naučno-techničeskoj literatury, in: Aktual'nye voprosy obučenija inojazyčnoj rečevoj dejatel'nosti, II, Moskva 1974

FADEEVA, N.P., IVŠIN, V.D. Sposoby predikativnogo vydelenija skazuemogo v naučno-techničeskom tekste, in: Osobennosti funkcional'nych stilej naučno-techničeskoj literatury i delovoj dokumentacii, Tezisy dokladov i soobščenij naučno-techničeskogo seminara, 9-11 oktjabrja 1973 g., Čeljabinsk 1973, 60-63

FIJAS, L. Das Nebeneinander von Methoden der syntaktisch-semantischen Textanalyse, in: Fachtext als Instrument und Resultat kommunikativer Tätigkeit (ed. Gläser, R.), Leipzig 1988, 44-53

FRUMKINA, R.M. Ponimanie teksta v uslovijach ograničennogo znanija slovarja, in: NTI, ser. 1, 1965, 4, 44-48

GERD, A.S. Naučnyj tekst kak ob"ekt lingvističeskogo issledovanija, in: Semiotičeskie problemy jazykov nauki, terminologii i informatiki (Materialy simpoziuma, referaty i annotacii), dekabr' 1971 g., I-II, Moskva 1971

GLUŠKO, M.M. Funkcional'naja pragmatika, semantika i sintaktika tekstov naučnoj i techničeskoj literatury, in: Pervaja vsesojuznaja konferencija po teorii i praktike perevoda (Funkcional'nyj stil' naučnoj i techničeskoj literatury), 19-20 ijunja 1975 g., Tezisy dokladov, Kaunas 1975, 56-63f

GLUŠKO, M.M. Sintaktika, semantika i pragmatika naučnogo teksta, Moskva, 1977

GLUŠKO, M.M. Organizacija naučnogo teksta v svete sistemnosti ego pragmatičeskich, semantičeskich i sintaksičeskich charakteristik, in: Lingvostilističeskie issledovanija naučnoj reči, Moskva 1979

GRINJUK, G.A., LJACHOVICKIJ, M.V. Tipologičeskie charakteristiki i nekotorye kriterii urovnej složnosti naučno-techničeskich tekstov, in: Lingvistika teksta i obučenie inostrannym jazykam, Kiev 1978

GRIŠINA, O.N. Problemy kontekstno-variativnogo členenija teksta v stile jayka chudožestvennoj i naučnoj prozy, in: Funkcional'nye stili i prepodavanie inostrannych jazykov, Moskva 1982

GRIŠINA, O.N. Osobennosti organizacii informacii v naučnom i chudožestvennom tekste, in: Funkcional'nye stili. Lingvometodičeskie aspekty (ed. Cvilling, M.Ja.), Moskva 1985

GRJAZNUCHINA, T.A., VERBICKIJ, V.A., et al. Avtomatizacija analiza naučnogo teksta, Kiev 1984

GULJAKOVA, I.G., LEJBEROVA, N.M. K probleme funkcionirovanija termina v tekste, in: VLU, ser.2, istorija, jazykoznanie, literaturovedenie, 2/1986, 113-115

IL'INA, N.G. Osnovy sintagmatičeskogo členenija i melodiki pri čtenii naučnogo teksta, in: Čtenie. Perevod. Ustnaja reč'. Metodika i lingvistika, Moskva 1977, 155-162

KLEJMENOVA, E.P. Specifika naučnogo teksta i sposoby ego opisanija, in: VMU, Filologija, 4/1980

KOLOTOVA, A.S., KUZ'MIČEVA, G.V. Nekotorye osobennosti funkcionirovanija terminov v zavisimosti ot logiko-grammatičeskoj struktury teksta, in: Leksika. Terminologija. Stili, IV, Gor'kij 1975

KORNEEVA, N.V. Strukturno-smyslovye osobennosti naučnogo teksta i ich vlijanie na ponimanie, in: Metody intensivnogo obučenija inostrannym jazykam, IV, Moskva 1977

KOŠEVAJA, I.G. Struktura i soderžanie tekstov naučnoj i techničeskoj literatury, in: Pervaja vsesojuznaja konferencija po teorii i praktike perevoda (Funkcional'nyj stil' naučnoj i techničeskoj literatury), 19-20 ijunja 1975 g., Tezisy dokladov, Kaunas 1975, 103-108

KOVAL', A.P. Struktura naučnogo teksta, Kiev 1970, add

KOŽINA, M.N. Ob otnošenii stilistiki k lingvistike teksta, in: Funkcional'nyj stil' naučnoj prozy. Problemy lingvistiki i metodiki prepodavanija, Moskva 1980

KOŽINA, M.N. Formy dialogičnosti v naučnych tekstach XVIII veka (sravnitel'no s sovremennymi), in: Problemy funkcionirovanija jazyka v ego raznovidnostjach, Perm' 1981

KRUG, H. Die Konsequenz (logische Folgerichtigkeit) der Denkprozesse in russischen Fachtexten der Mathematik, in: Sprache in Wissenschaft und Technik, Leipzig 1978

KUSKOV, V.V. Lingvističeskaja teorija teksta i obučenie čteniju naučnoj literatury, in: Inostrannyj jazyk dlja naučnych rabotnikov. Teorija i praktika prepodavanija, Moskva 1978

LARIOCHINA, N.M. Ob ispol'zovanii tipovogo naučnogo teksta v obučenii russkomu jazyku specialistov-nefilologov, in: RJaZR, 3/1985, 22-32

LEONT'EVA, T.I. Modelirovanie naučnogo teksta na osnove ego kompozicionno-semantičeskogo i stilističeskogo analiza, in: Funkcional'naja charakteristika konstituėntov teksta, Tjumen' 1985

LESSKIS, G.A. O zavisimosti meždu razmerom predloženija i ego strukturoj v raznych vidach teksta, in: VJa, 3/1964

LÖSCHE, CH. Untersuchungen zur Makrostruktur von russischen Fachtexten, Zwickau 1984, Diss.A

MATVEEVA, G.G. Aktualizacija pragmatičeskogo aspekta naučnogo teksta, Rostov-na-Donu 1984

MICHEEVA, T.A. Psicholingvističeskie funkcii slovosočetanija kak odnogo iz strukturnych ėlementov pri vosprijatij special'nych tekstov (na materiale russkogo jazyka), Moskva 1983, akd

MITROCHINA, V.I., MOTOVILOVA, O.G. Posobie po russkomu jazyku dlja raboty nad naučnymi tekstami, Moskva 1976

MOTRUK, V.P. Kategorial'nye priznaki naučnogo teksta, in: SNT MPIIJa, CXXXXVIII, Moskva 1979

NAER, V.L. Pragmatika naučnych tekstov (Verbal'nyj i neverbal'nyj aspekty), in: Funkcional'nye stili. Lingvometodičeskie aspekty, Moskva 1985

NAJDENOVA, E. Ob odnom tipe naučnogo teksta, in: Bolg Rus, 4/1984

NEKOTORYE voprosy analiza teksta i terminosistem, Moskva 1980

NOVIKOV, A.I. Struktura soderžanija teksta i vozmožnosti ee formalizacii (na materiale naučno-techničeskich tekstov), Moskva 1983, add

OSTROVSKAJA, A.E. Rabota nad obščestvenno-političeskim tekstom, in: RJaSI, 1963

OTRADINSKAJA, L.B. O nekotorych semantiko-sintaksičeskich osobennostjach organizacii teksta naučnoj prozy, in: NT Tašk GU, DLXXXVII, 1979

PROZUMENT, R.B. Lingvističeskie charakteristiki makrokonteksta, in: Bilingvističeskie issledovanija funkcional'nogo stilja naučnoj i techničeskoj literatury, Tezisy dokladov naučno-metodičeskoj konferencii, 25-27 sentjabrja 1974 g., Baku 1974, 28-33,

PROZUMENT, R.B. Mikrokontekst v naučnych i techničeskich tekstach, in: Teorija jazykovoj kommunikacii i perevoda naučnoj i techničeskoj literatury, Teziszy dokladov i soobščenij naučno-praktičeskoj konferencii, 29-31 oktjabrja 1974 g., Čeljabinsk 1974, II, 10-13

REJMAN, E.A. Ob obščem charaktere postroenija naučnogo prozaičeskogo teksta, in: Osobennosti jazyka naučnoj literatury, Moskva 1965

REPIN, B.I. Osložnennost' ėlementarnogo predloženija naučno-techničeskogo teksta, in: Jazyk naučnoj literatury (Lingvističeskie problemy i metodika prepodavanija), Tezisy dokladov i soobščenij XX naučno-metodičeskoj konferencii, 30 ijunja-2 ijulja 1975 g., Moskva 1975, 108-112

RUST, A. Untersuchungen zum Prädikat im gesellschaftswissenschaftlichen Fachtext (Orientierungsstudie unter textlinguistischem Aspekt dargestellt an russischen Fachtexten der Pädagogik), in: WZ PH Zwickau, 1/1983

RUST, A. Erkenntnisgewinnung durch Anwendung der kumulativen Textanalyse, dargestellt an russischsprachigen Fachtexten der Pädagogik. in: Fachtext als Instrument und Resultat kommunikativer Tätigkeit (ed. Gläser, R.), Leipzig 1988, 99-105

ŠACHNAROVIČ, A.M. Nekotorye osobennosti techničeskich tekstov, in: Osobennosti funkcional'nych stilej naučno-techničeskoj literatury i delovoj dokumentacii, Tezisy dokladov i soobščenij naučno-techničeskogo seminara, 9-11 oktjabrja 1973 g., Čeljabinsk 1973, 60-63

SIDOROV, E.V. K charakteristike teksta kak podsistemy (v obyčnoj jazykovoj kommunikacii i v kommunikacii s referirovaniem), in: Perevod kak lingvističeskaja problema, Moskva 1982, 12-27

ŠIŠKINA, I.P. Slovosočetanie i struktura naučnogo teksta, in: Leksiko-grammatičeskie i stilističeskie osobennosti naučnogo teksta, Moskva 1978

SKIRDAČ, O.M. Lingvističeskie principy tematičeskoj organizacii teksta (na materiale tekstov naučno-populjarnogo žanra), Moskva 1985, akd

ŠLANOVA, Ė.M. K voprosu o neobchodimosti učeta ėkstralingvističeskogo faktora "tip soderžanija" pri analize oficial'no-delovych tekstov, in: Voprosy stilistiki. Funkcional'nye stili russkogo jazyka i metody ich izučenija, XVIII, Saratov 1982

SLAVGORODSKAJA, L.V. K voprosu o kommunikativnoj napravlennosti naučnogo teksta, in: Funkcional'nye stili i prepodavanie inostrannych jazykov, Moskva 1982

TKALENKO, I.A. Vidy strukturno-smyslovoj organizacii naučnych tekstov dlja obučenija čteniju, in: SNT MPIIJa, CXXX, 1978

TROJANSKAJA. E.S. O prirode lingvističeskich priznakov tekstov, charakterizujuščich različnye funkcional'nye stili, in: Lingvostilističeskie issledovanija naučnoj reči, Moskva 1979, 202-224

VASIL'EV, JU.A. O vlijanii kompozicionno-smyslovoj organizacii naučnogo teksta na ego jazykovo-stilističeskie charakteristiki, in: Stil' naučnoj reči, Moskva 1978, 75-94

VINOGRADOV, V.V. Stil' V.I. Lenina i zadači tekstologii, in: VJa, 2/1970

VOLKODATOVA, Z.F. Trudnosti raspoznavanija i ponimanija rasprostranennogo opredelenija pri čtenii obščestvenno-političeskich tekstov, in: Metodika obučenija inostrannym jazykam, X, Minsk 1980

VOPROSY analiza special'nogo teksta, Ufa 1973-1983

ZIL'BERMAN, L.I. Lingvistika teksta i obučenie čteniju naučnoj literatury, in: Čtenie. Perevod. Ustnaja reč'. Metodika i lingvistika, Leningrad 1977, 96-115

MEHRSPRACHIG

ČERNAVINA, L.I. O nekotorych osobennostjach perevoda russkich naučno-techničeskich tekstov na anglijskij jazyk, in: Tekst kak ob"ekt lingvističeskogo analiza i perevoda, Moskva 1984

KLYČNIKOVA, Z.I. Psichologičeskie osobennosti ponimanija naučno-techničeskogo teksta na inostrannom jazyke, in: Jazyk naučnoj literatury (Lingvističeskie problemy i metodika prepodavanija), Tezisy dokladov i soobščenij XX naučno-metodičeskoj konferencii, 30 ijunja-2 ijulja 1975 g., Moskva 1975, 18-23

LEHNERT, G. Zum Verhältnis von Wortbildungslehre und Textlinguistik, dargestellt an den Beziehungen der russischen deverbalen Präfixverben und ihrer deutschen Entsprechungen im Text, in: LAB, 49/1985, 75-78

MATVEEVA, G.G. Problemy pragmatiki naučnogo teksta (na materiale russkogo i nemeckogo jazykov), Leningrad 1984, akd

PILIPČUK, N.N. Povyšenie éffektivnosti osmyslenija naučno-techničeskich tekstov na inostrannom jazyke, in: SNT MPIIJa, CCXXXVI, 1984

SEVBO, I.P. Ob ispol'zovanii strukturnych osobennostej teksta dlja rešenija zadač prikladnogo charaktera, in: Avtomatizacija informacionnych rabot i voprosy matematičeskoj lingvistiki, I, Kiev 1966, 45 f.

SYRKIN, A.JA. Ob otdel'nych čertach naučnogo i chudožestvennogo tekstov, in: Teksty sovetskogo literaturovedčeskogo strukturalizma, München 1971, 167f.

1.8.1. TEXTSTRUKTUR

1.8.1.0. ALLGEMEIN

RUSSISCH

GLUŠAK, T.S., SAMOLETOVA, R.S. Rol' parentezy v makrostrukturnoj organizacii funkcional'nych stilej, in: Naučnaja literatura. Jazyk, stil', žanry, Moskva 1985, 290-301

MAMALYGA, A.I. Struktura gazetnogo teksta, Kiev 1983, 136 p. Rez.: Movoznavstvo, 6/1983 (Pilinskij, M.)

METS, N.A., MITROFANOVA, O.D., ODINCOVA, T.B. Struktura naučnogo teksta i obučenie monologičeskoj reči, Moskva 1981

MEHRSPRACHIG

BLASZEK, R. K niektorým otázkam stavby odborného textu v ruštine a v slovenčine, Bratislava 1981

GERD, A.S. Struktura teksta, naučnyj perevod i informacionnye jazyki, in: Bilingvističeskie issledovanija funkcional'nogo stilja naučnoj i techničeskoj literatury, Tezisy dokladov naučno-metodičeskoj konferencii, 25-27 sentjabrja 1974 g., Baku 1974, 10-12

NOVIKOV, A.I. Primenenie denotatnoj struktury teksta dlja perevoda naučno-techničeskoj literatury, in: Psicho-lingvističeskie problemy grammatiki, Moskva 1979

1.8.1.1. KOHÄSION, KOHÄRENZ

RUSSISCH

ALGANAEVA, N.A. Soputstvujuščij tekst i sposoby ego svjazi s osnovnym tekstom (na materiale snosok k naučnym i chudožestvennym proizvedenijam), in: SNT MPIIJa, CCXXVIII, 1984

DANILEVSKAJA, N.V., KOŽINA, M.N. O razvitii smyslovoj struktury v naučnom tekste posredstvom razvernutych variativnych povtorov (K postanovke voprosa), in: Principy funkcionirovanija jazyka v ego rečevych raznovidnostjach, Perm' 1984

FEDOSJUK, M.JU. Tematičeskaja mežfrazovaja svjaz' i sredstva ee vyraženija v naučnom stile, in: Voprosy stilistiki, XIV, Saratov 1978

GAJDUKOVA, E.V. Ob"emno-pragmatičeskoe členenie romana i naučnoj monografii kak pokazatel' svjaznosti teksta, in: SNT MPIIJa, CCXXVIII, 1984

GEJVANDOV, Ė.A. Strukturirovanie faktov i jazyk dlja ich zapisi s otobraženiem aspektnych svjazej, in: NTI, ser. 2, 9/1980

GRJAZNUCHINA, T.A. Analiz predložnych svjazej v naučnom tekste, Kiev 1985

KARICH, A. Kohäsion in russischen Fachtexten der Stomatologie. in: Fachtext als Instrument und Resultat kommunikativer Tätigkeit (ed. Gläser, R.), Leipzig 1988, 36-43

KAUFMAN, S.I. Jazykovye sredstva vyraženija logičeskoj posledovatel'nosti v techničeskom stile, in: Voprosy anglijskogo i nemeckogo jazykoznanija, Materialy naučnoj konferencii vuzov Urala, Ufa 1962, 79-91

KLENINA, A.V. Kommunikativnaja svjaz' samostojatel'nych predloženij v naučnom tekste, in: RJaZR, 6/1975, 74-77

KLENINA, A.V. Svjaznoe vyskazyvanie v naučnoj reči, Moskva 1975, akd

KLENINA, A.V. K voprosu o sootnositel'nosti predloženija i teksta v naučnom stile, in: Russkij jazyk v nefilologičeskom vuze. Sintaksičeskaja osnova obučenija jazyku special'nosti, Moskva 1985

KOTJUROVA, M.P. O ponjatii svjaznosti i sredstvach ee vyraženij av russkoj naučnoj reči, in: Jazyk i stil' naučnoj literatury. Teoretičeskie i prikladnye problemy, Moskva 1977

KOTJUROVA, M.P. O svjazi predloženija i abzacev v naučnoj reči, in: Lingvostilističeskie issledovanija naučnoj reči, Moskva 1979, 176-189

KOTJUROVA, M.P. Ob ėvoljucii vyraženija svjaznosti reči v naučnom stile XVIII-XIX vekov, in: Lingvostilističeskie osobennosti naučnogo teksta, Moskva 1981

KOTJUROVA, M.P. Ėvoljucija vyraženija svjaznosti reči v naučnom stile XVIII-XX vv., Perm' 1983

KOTJUROVA, M.P. O edinstve rasčlenenija i svjazi v naučnom tekste, in: Naučnaja literatura. Jazyk, stil', žanry, Moskva 1985, 280-290

LUK'JANENKOV, K.F., NEŠITOJ, V.V. Ocenka stepeni svjaznosti

slov v naučno-techničeskom tekste, in: Voprosy lingvistiki i metodiki prepodavanija inostrannych jazykov, Minsk 1975

MALOV, V.V. Svjazočnye sredstva sceplenija samostojatel'nych predloženij (na materiale matematičeskoj literatury), Rostov-na-Donu 1970, akd

MALOV, V.V. Iz opyta raboty po razvitiju svjaznoj naučnoj reči v politechničeskom institute, in: RJaSI, 1975(15), 58-76

MURAV'EVA, N.V. Lingvističeskoe vyraženie svjaznosti gazetnoj reči, Moskva 1980, akd

NAGORR, U. Verflechtungserscheinungen in Redeeinheiten wie Satz und Absatz in russischsprachigen Texten der sozialistischen Arbeitswissenschaften, in: Arbeitsmat Dölau, XXII, 1974

ORLOVA, L.V. Sintaksičeskaja i leksičeskaja struktura sverchfrazovogo edinstva v naučnoj proze: Kustovye ierarchičeskie struktury, Leningrad 1983, akd

OSTROVSKAJA, A.I. Osobennosti struktury sverchfrazovych edinstv, vyražajuščich dokazatel'stvo v obščestvenno-političeskoj reči, in: Russkij jazyk v nefilologičeskom vuze. Sintaktičeskaja osnova obučenija jazyku special'nosti. Moskva 1985

REITZENSTEIN, C.-S., WOLF, L. Inhaltliche und linguistische Übergangsbeziehungen zwischen Sätzen in russischen Texten des Kraftfahrzeugbaus und der Technologie der materialverarbeitenden Industrie, Halle 1977, Diss.

SCHLORKE, A. Transphrastische Einheiten im russischen Text, in: WZ Rostock, GSR, 2/1983

SCHLORKE, A. Die Redeform als Determinante für die logisch-kommunikative Strukturierung transphrastischer Einheiten in Fachtexten (erörternde Fachzeitschriftenartikel), in: WZ Jena, GSR, 5/1984

SEVBO, I.P. Nekotorye charakteristiki svjaznogo teksta i problema avtomatičeskogo annotirovanija, in: Statystyčni ta strukturni lingvistični modeli, Kyjiv 1966, 124 f.

SEVBO, I.P. Ob izučenij struktury svjaznogo teksta, in: Lingvističeskie issledovanija po obščej i slavjanskoj tipologij, Moskva 1966, 16 f.

SEVBO, I.P. Struktura svjaznogo teksta i avtomatizacija referirovanija, Moskva 1969[8]

SLAVGORODSKAJA, L.V. O logiko-smyslovych svjazjach v naučnom dialoge, in: Lingvostilističeskie issledovanija naučnoj reči, Moskva 1979

SLAVGORODSKAJA, L.V. O logičeskoj svjaznosti ustnogo naučnogo soobščenija, in: Jazyk i stil' naučnogo izloženija. Lingvometodičeskie issledovanija, Moskva 1983

ŠTYLENKO, V.E. Fragment naučno-techničeskogo teksta kak strukturnoe ob"edinenie edinic svjaznoj monologičeskoj reči, in: Funkcional'noe i sistemno-tipologičeskoe izučenie jazyka i literatury, Moskva 1984

TUMANOVA, A.JU. Rol' zagolovka v osuščestvlenii kategorii svjaznosti (Opyt sopostavitel'nogo analiza naučnych i chudožestvennych tekstov), in: SNT MPIIJa, CLXXVII, 1981

VEJZE, M.G. Verbal'nye i neverbal'nye markery svjazi v tekste naučnoj stat'i, in: SNT MPIIJa, CLXXXVI, 1982

VEJZE, M.G. Indikatory svjazi v naučnoj žurnal'noj stat'e, in SNT MPIIJa, CCIX, 1983

WIEGAND, I. Untersuchungen zur Rolle der Terminologie bei der Herstellung der Textkohärenz in russischsprachigen wissenschaftlichen Fachtexten der Stomatologie, Leipzig 1985, Diss.

ZARUBINA, N.D. Stilističeskaja funkcija sverchfrazovych edinstv v jazyke gazetnogo očerka, in: VMU, Serija žurnalistiki, 3/1973

MEHRSPRACHIG

GOLUBEVA, A.I. Skrepy kak osobyj vid svjazočnych sredstv i ich funkcionirovanie v naučnom tekste (D-R), in: Naučnaja literatura. Jazyk, stil', žanry, Moskva 1985, 272-280

GRAU, A. Semantische Binder als eine besondere Art der Vertextungsmittel, untersucht an russischen und deutschen Texten zweier funktionaler Stile - des journalistischen Stils und des Stils der Ökonomie des Eisenbahnwesens, in: WZ HS Verkehrswesen, 2/1981

1.8.1.2. THEMA-RHEMA-GLIEDERUNG

RUSSISCH

ANTONOVA, M.K., GARIFULIN, L.B. Aktual'noe členenie predloženija i naučno-techničeskij tekst, in: Osobennosti funkcional'nych stilej naučno-techničeskogo seminara, 9-11 oktjabrja 1973 g., Čeljabinsk 1973, 58-60

GAEVSKAJA, T.I. , KREMENCOVA, L.I. Porjadok sledovanija častej v složnopodčinennych predloženijach v delovoj pis'mennosti XVIII veka (po materialam moskovskich i mestnych delovych pamjatnikov), in: Lingvističeskoe kraevedenie Prikam'ja, Perm' 1979

HOFFMANN, L. Zur aktuellen Satzgliederung in wissenschaftlichen Fachtexten des Russischen, in: Kommunikativ-funktionale

Sprachbetrachtung, Halle 1977; und in: Arbeitsberichte, XXXXV, 1977

PUMPJANSKIJ, A.L. Logiko-grammatičeskoe členenie predloženija v naučnoj i techničeskoj literature. Teorija, in: Pjatyj seminar po voprosam teorii i praktiki perevoda naučnoj i techničeskoj literatury, 26-29 maja 1971 g., Tezisy dokladov, Moskva/Jaroslavl' 1971, 6-10

PUMPJANSKIJ, A.L. O logiko-grammatičeskom členenii predloženija, in: VJa, 2/1972, 66-77

PUMPJANSKIJ, A.L. Informacionnaja rol' porjadka slov v naučnoj i techničeskoj literature, Moskva 1974

ROTH, G. Zur aktuellen Satzgliederung in russischsprachigen Texten der Tierproduktion, Leipzig 1980, Diss.

ROTH, G. Die Häufigkeit der Typen der aktuellen Satzgliederung in russischsprachigen Texten der Tierproduktion, in: FS, 4/1981, 227-231

ROTH, G. Zur aktuellen Satzgliederung und thematischen Progression in russischsprachigen Fachtexten, in: Fachtext als Instrument und Resultat kommunikativer Tätigkeit (ed. Gläser, R.), Leipzig 1988, 22-29

WEHDE, S. Thematische Makrostrukturen und ihre sprachliche Realisierung in russischen Fachtexten des Hochbaus, in: Fachtext als Instrument und Resultat kommunikativer Tätigkeit (ed. Gläser, R.), Leipzig 1988, 61-67

MEHRSPRACHIG

ČIALAŠVILI, E.Š. Vzaimodejstvie aktual'nogo členenija i sintaksičeskoj struktury vyskazyvanija v russkom i gruzinskom jazykach (na materiale oficial'no-delovogo stilja), Tbilisi 1984, akd

CYPYŠEVA, M.E. O vozmožnosti ispol'zovanija aktual'nogo členenija pri perevode, in: Jazyk naučnoj literatury, Moskva 1975, 222-229

CYPYŠEVA, M.E. Porjadok slov pri perevode s anglijskogo jazyka na russkij v svete teorii aktual'nogo členenija, in: Jazyk naučnoj literatury. Lingvističeskie problemy i metodika prepodavanija, Tezisy dokladov i soobščenij XX Naučno-metodičeskoj konferencii, 30 ijunja-2 ijulja 1975 g., Moskva, 78-79

FIŠMAN, M.A., POPOVA, L.N., PUMPJANSKIJ, A.L. Bilingvističeskoe issledovanie logiko-grammatičeskogo členenija predloženija v nemeckoj naučnoj i techničeskoj literature, in: Šestoj vsesojuznyj seminar po voprosam teorii i praktiki perevoda naučnoj i techničeskoj literatury, 7-9 ijunja 1972 g., Tezisy dokladov, Moskva/Baku 1972, 80-82

PUMPJANSKIJ, A.L. Bilingvističeskoe issledovanie porjadka slov v inostrannoj i russkoj literature. Poiski ėkvivalentov (na materiale literatury po radiotechnike, ėlektronike i svjazi), in: Pervyj seminar po voprosam teorii i praktiki perevoda naučnoj i techničeskoj literatury, Tezisy dokladov i soobščenij, Moskva 1968, 26

PUMPJANSKIJ, A.L. Bilingvističeskoe issledovanie porjadka slov v anglijskoj i russkoj naučnoj i techničeskoj literature, Tbilisi 1972, 21 p., add

1.8.1.3. AUTORENPERSPEKTIVE

RUSSISCH

BAUMANN, K.-D. Ein integrativer Ansatz zur Analyse von Fachkommunikation unter besonderer Berücksichtigung des kommunizierenden Subjekts in ausgewählten Fachtextsorten der Gesellschaftswissenschaften im Englischen und Russischen, Leipzig 1987, Diss.B.

JASNICKIJ, JU.G. Ob izmenenijach v sootnošenii različnych sposobov vyraženija avtorskogo "ja" v russkoj naučnoj reči, in: Problemy funkcionirovanija jazyka v ego raznovidnostjach, Perm' 1981

LAPTEVA, O.A. Sposoby vyraženija avtorskogo "ja" v naučnoj reči, in: Jazyk naučnoj literatury (Lingvističeskie problemy i metodika prepodavanija), Tezisy dokladov i soobščenij XX naučno-metodičeskoj konferencii, 30 ijunja-2 ijulja 1975 g., Moskva 1975, 128-131

PUTILINA, G.N. K voprosu ob obraze avtora v naučnom stile reči, in: Leksiko-grammatičeskie i stilističeskie osobennosti naučnogo teksta, Leningrad 1978

VALUEVA, L.I. Plan otpravitelja soobščenija v tekstach naučno-techničeskich statej, in: VLU, serija 2, 1988(2), 88-91

1.8.2. TEXTEINHEITEN

1.8.2.1. ÜBERSCHRIFT

RUSSISCH

BESSONOV, A. Gazetnyj zagolovok, Leningrad 1955

BIRAGOVA, I.I. Leksiko-semantičeskij analiz zagolovkov naučno-techničeskich dokumentov, in: Voprosy terminovedenija i stilelogii, Gor'kij 1983

BIRAGOVA, I.I. O konstruktivno obuslovlennych značenijach v

leksike naučnych zaglavij, in: Termin i slovo. Predmetnaja otnesennost' i funkcionirovanie terminov, Gor'kij 1983

CHARČENKO, N.P. Zaglavija, ich funkcii i struktura (na materiale naučnogo stilja sovremennogo russkogo jazyka), Leningrad 1968, akd

FOMINYCH, B.I. Sintaksičeskaja struktura zaglavij, in: Russkij jazyk. Stat'i i issledovanija, Moskva 1960

FRISCH, P. Upotreblenie predloženij toždestva v gazetnych zagolovkach, in: FS, 2/1983, 90-91

KOSTOMAROV, V.G. Iz nabljudenij nad jazykom gazety: gazetnye zagolovki, in: Iz opyta prepodavanija russkogo jazyka nerusskim, Moskva 1965

KOTJUROVA, M.P. K voprosu ob otraženii smyslovoj struktury naučnogo teksta v ego zaglavii, in: Principy funkcionirovanija jazyka v ego rečevych raznovidnostjach, Perm' 1984

KUZNECOVA, Ė.K. O zaglavijach naučno-techničeskich publikacij, in: NTI, ser. 1, 9/1970

LEVČENKO, E.B. Zagolovočnye konstrukcii naučno-populjarnych statej. Popytka strukturno-semantičeskogo analiza, in: Tekst. Vyskazyvanie. Slovo, Moskva 1983

MICHAJLOVSKAJA, N.G. Zagolovok - frazeologizm, in: RR, 2/1970, 55-59

MUŽEV, V.S. Dlina zagolovka (Sravnitel'nyj analiz), in: UZ MPIIJa, LXI, 1971

PAŠČENKO, N.A, SKOROBOGATOVA, V.F, STRUKULENKO, T.S. Poiskovaja ėffektivnost' zaglavij naučno-techničeskich dokumentov, in: Voprosy informacionnoj teorii i praktiki, Moskva, LI, 1984

POPOV, A.S. Sintaksičeskaja struktura sovremennych gazetnych zaglavij i ee razvitie, in: Razvitie sintaksisa sovremennogo russkogo jazyka, Moskva 1966

SAFONOV, A.A. Aktualizacija gazetnych zaglavij, in: VMU, ser. žurnalistiki, 5/1973

TUMANOVA, A.JU. Rol' zagolovka v osuščestvlenii kategorii svjaznosti (Opyt sopostavitel'nogo analiza naučnych i chudožestvennych tekstov), in: SNT MPIIJa, CLXXVII, 1981

VICHREV, A. Zagolovok: kakim emu byt'?, in: Žurnalist, 4/1975,

VOMPERSKIJ, V.P. K izučeniju sintaktičeskoj struktury gazetnogo zagolovka, in: Iskusstvo publicistiki (Problemy teorii i masterstva), Alma-Ata 1966

WIESE, E. Bemerkungen zu Funktion und Struktur von Überschriften in der sowjetischen Tagespresse, in: LAB, 60/1987, 30-34

ZABELIN, V.V. Analiz kommunikativno-smyslovoj sootnesennosti naučno-techničeskogo zagolovka s tekstom, in: VLU, ser.2, istorija, jazykoznanie, literaturovedenie, 2/1986, 115-116

MEHRSPRACHIG

CHARČENKO, N.P., GLUŠKOVA, K.A. Funkcii i sintaksičeskaja struktura zaglavij naučno-populjarnych tekstov v anglijskom i russkom jazykach, in: Stroenie i funkcionirovanie sintaksičeskich edinic, Irkutsk 1983

ČERNAVINA, L.I. Perevod zagolovkov anglijskich i amerikanskich naučno-techničeskich statej, in: Pervaja vsesojuznaja konferencija po teorii i praktike perevoda. Funkcional'nyj stil' naučnoj i techničeskoj literatury, 19-20 ijunja 1975 g., Tezisy dokladov, Kaunas 1975, 239-244

ČERNAVINA, L.I. Perevod zagolovkov anglijskich i amerikanskich naučno-techničeskich statej. Lingvometodičeskie osnovy prepodavanija inostrannych jazykov, in: Pervaja vsesojuznaja konferencija po teorii i praktike perevoda. Funkcional'nyj stil' naučnoj i techničeskoj literatury, Moskva 1979

DROŽŽIN, B.E. Perevod zagolovkov anglo-amerikanskich naučnotechničeskich statej, in: Pervaja naučno-metodičeskaja konferencija po perevodu naučnoj i techničeskoj literatury, Tezisy dokladov i soobščenij, Sverdlovsk 1969, 31-32

ŠEFTEL', E.E. Perevod zagolovkov inostrannych naučno-techničeskich dokumentov, in: NTI, ser. 1, 4/1972, 35-36

TKALIČ, V.P. Sochranenie informativnosti oglavlenij patentnoj informacii pri perevode, in: Osobennosti funkcional'nych stilej naučno-techničeskoj literatury i delovoj dokumentacii, Tezisy dokladov i soobščenij naučno-techničeskogo seminara, 9-11 oktjabrja 1973 g., Čeljabinsk 1973, 103-105

1.8.2.2. ABSATZ

RUSSISCH

BICHTIJAROVA, N.S. Abzac v naučnom i chudožestvennom tekste, in: Stilistiko-grammatičeskie čerty jazyka naučnoj literatury, Moskva 1970, 39-54

KLENINA, A.V. O kommunikativnoj prirode členenija naučnogo teksta na abzacy, in: Aspekty izučenija teksta, Moskva 1981

KOTJUROVA, M.P. O svjazi predloženija i abzacev v naučnoj reči, in: Lingvostilističeskie issledovanija naučnoj reči, Moskva 1979, 176-189

KUCHARENKO, V.A. Informativnost' vvodjaščego abzaca naučnogo filologičeskogo teksta, in: Funkcional'nye stili. Lingvometodičeskie aspekty (ed. Cvilling, M.Ja.), Moskva 1985

MAMAEVA, N.L. Problemy struktury abzaca v funkcional'no-stilističeskom aspekte, in: Sintagmatičeskaja obuslovlennost' leksičeskoj semantiki, Riga 1980

MAROV, V.N. Kompozicionno-stilističeskaja i normativno-ocenočnaja charakteristika abzaca v gazete, Moskva 1972, akd

NAGORR, U. Verflechtungserscheinungen in Redeeinheiten wie Satz und Absatz in russischsprachigen Texten der sozialistischen Arbeitswissenschaften, in: Arbeitsmat Dölau, XXII, 1974

PEREKAL'SKAJA, T.K. Abzac kak sredstvo členenija naučnogo teksta, Moskva 1976, Diss.

SERKOVA, N.I. Členenie na abzacy v raznych tipach pis'mennogo naučnogo obščenija, in: Sintaksičeskie edinicy v semantičeskom aspekte, Chabarovsk 1983

1.8.3. KOMMUNIKATIONSVERFAHREN

1.8.3.0. ALLGEMEIN

STÖCKL, E. Fachtext und Kommunikationsverfahren - Das Sprechen im System der fachorientierten Sprachkundigenausbildung (dargestellt für das Russische an einer medizinischen Thematik), in: WZ Jena, GSR, 2/1978, 249-265

1.8.3.1. ANNOTIEREN

RUSSISCH

SEVBO, I.P. Ob odnom metode avtomatičeskogo annotirovanija teksta, in: NTI, 8/1965, 32 f.

SEVBO, I.P. Nekotorye charakteristiki svjaznogo teksta i problema avtomatičeskogo annotirovanija, in: Statystyčni ta strukturni lingvistični modeli, Kyjiv 1966, 124 f.

MEHRSPRACHIG

ŽALKOVSKIJ, V.G. Sočetanie perevoda patentnych opisanij s ich bibliografičeskoj obrabotkoj i annotirovaniem, in: Povyšenie kačestva perevoda naučno-techničeskoj literatury i dokumentacii. Osobennosti perevoda patentno-licenzionnoj dokumentacii, Tezisy simpoziuma, 23-25 ijunja 1970 g., Čeljabinsk 1970, 23-25

1.8.3.2. BESCHREIBEN

RUSSISCH

EGOROV, V.L. Opisanie konstrukcii techničeskogo ob"ekta kak odin iz podvidov rečevoj formy "opisanie", in: Funkcional'nye stili i prepodavanie inostrannych jazykov, Moskva 1982

NEČAEVA, O.A. Funkcional'no-smyslovye tipy reči (opisanie, povestvovanie, rassuždenie), Ulan-Udė 1974

1.8.3.3. DEFINIEREN

RUSSISCH

KOMAROVA, Z.I. O sposobach opredelenija terminov v tolkovych slovarjach sovetskogo perioda (na materiale sel'skochozjajstvennych sobstvenno-terminov), in: Leksika. Terminologija. Stili, IV, Gor'kij 1975

VOROB'EVA, M.B. K voprosu ob opredelenii v naučnom stile reči, in: Funkcional'nye stili i prepodavanie inostrannych jazykov, Moskva 1982

1.8.3.4. REDIGIEREN

RUSSISCH

KABANCEV, G.G., KVITKO, I.S., LEJČIK, V.M. Terminovedčeskie problemy redaktirovanija, L'vov 1986.
Rez.: NDVŠ FN, 1/1988, 90-92 (Kogotkova, T.S., Skvorcov, L.I.)

LICHTENŠTEJN, E.S., MICHAJLOV, A.I. Redaktirovanie naučnoj, techničeskoj literatury i informacii, Moskva 1974

NAUČNO-techničeskaja terminologija: Standartizacija, perevod, redaktirovanie, Čeljabinsk 1984

POLJAKOVA, E.N. O redaktirovanii permskich delovych dokumentov XVII-načala XVIII v., in: Russkaja istoričeskaja leksikologija i leksikografia, III, Leningrad 1983, 89-97

RACHMANIN, L.V. Stilistika delovoj reči i redaktirovanie služebnych dokumentov, Moskva 1988[3], 239 p. (1973)

SENKEVIČ, M.P. Rabota redaktora nad jazykom i stilem naučnych proizvedenij, Moskva 1967

SENKEVIČ, M.P. Literaturnoe redaktirovanie naučnych proizvedenij, Moskva 1970

SENKEVIČ, M.P. Funkcional'nyj stil' russkoj naučnoj i techničeskoj literatury i literaturnoe redaktirovanie, in: Pervaja vsesojuznaja konferencija po teorii i praktike perevoda (Funkcional'nyj stil' naučnoj i techničeskoj literatury), 19-20 ijunja 1975 g., Tezisy dokladov, Kaunas 1975, 196-203

SENKEVIČ, M.P. Stilistika naučnoj reči i literaturnoe redaktirovanie naučnych proizvedenij, Moskva 1984, 319 p. (1976)

MEHRSPRACHIG

SMIRNOV, I.P. Redaktirovanie perevodov kak sposob analitiko-sintetičeskoj pererabotki teksta, in: Tekst kak ob"ekt lingvističeskogo analiza i perevoda, Moskva 1984

1.8.3.5. REFERIEREN

RUSSISCH

ČAL'JAN, L.N., POCHMEL'NIK, V.V. Analiz glagol'no-imennych perifrastičeskich oborotov s učetom referirovanija naučnych tekstov (pod"jazyk geologii), in: Voprosy sistemno-tipologičeskogo issledovanija jazykov, Moskva 1980

FEDOTOVA, Z.A. Referirovanie naučnoj stat'i kak aspekt raboty po russkomu jazyku, in: RJaZR, 6/1980, 24-29

GAVRILOV, L.A. Referirovanie kak specializirovannaja rečevaja dejatel'nost', in: Sistema jazyka i perevod, Moskva 1983, 17-28

POPOVA, G.V. Leksičeskoe vyraženie modal'nosti dostovernosti informaicii i zadači referirovanija, in: Strukturnaja i prikladnaja lingvistika, II, Leningrad 1983, 183-187

REFERIROVANIE v obščestvennych naukach, Moskva 1982

SEVBO, I.P. Struktura svjaznogo teksta i avtomatizacija referirovanija, Moskva 1969[8]

SIDOROV, E.V. K charakteristike teksta kak podsistemy (v obyčnoj jazykovoj kommunikacii i v kommunikacii s referirovaniem), in: Perevod kak lingvističeskaja problema, Moskva 1982

SNEŽINSKAJA, G.V. Analiz teksta pri referirovanii, in: Funkcional'nye stili i prepodavanie inostrannych jazykov, Moskva 1982

VAJSBURG, L.M. Referirovanie kak forma raboty nad publicističeskimi naučno-populjarnymi tekstami, in: IJaŠ, 5/1975

VEJZE, A. Referirovanie teksta, Minsk 1978

MEHRSPRACHIG

GORINSKIJ, V.N. O nekotorych suščestvennych nedostatkach perevoda i referirovanija naučno-techničeskoj literatury, Vtoroj seminar po voprosam teorii i praktiki perevoda naučnoj i techničeskoj literatury, Tezisy dokladov, Moskva 1969, 7-8

SMIRNOVA, L.N. Referativnyj perevod. Kompressija na smyslovom urovne, in: Inostrannyj jazyk dlja naučnych rabotnikov. Teorija i praktika prepodavanija, Moskva 1978

VEJCMAN, E.A., ZONN, I.S. Perevod i referirovanie naučno-techničeskoj literatury po melioracii i vodnomu chozjajstvu, Moskva 1974

1.8.4. TEXTSORTEN

1.8.4.0. ALLGEMEIN

RUSSISCH

HERMS, I. Anwendung textlinguistischer Erkenntnisse bei der Entwicklung des verstehenden Lesens von russischsprachigen Fachtextsorten, in: Fachtext als Instrument und Resultat kommunikativer Tätigkeit (ed. Gläser, R.), Leipzig 1988, 115-124

KARICH, A. Untersuchungen zu Retrospektion und Prospektion in den Textsorten *Referat, wissenschaftlicher Zeitschriftenartikel, Rezension* und *Enzyklopädieartikel* (dargestellt an russischsprachigen Texten der Fachsprache der Stomatologie), Leipzig 1986, Diss.A

VANNIKOV, JU.V. Načal'naja subkategorizacija naučno-techničeskich i oficial'no-delovych tekstov. K probleme vydelenija funkcional'nogo podstilja, rečevogo modusa i logičeskoj dominanty teksta, in: Semantika teksta i problemy perevoda, Moskva 1984

WIEGAND, I. Die thematische Progression als Kriterium zur Textsortendifferenzierung, in: Fachtext als Instrument und Resultat kommunikativer Tätigkeit (ed. Gläser, R.), Leipzig 1988, 29-35

MEHRSPRACHIG

KRAUSE, W.-D. Strukturaspekt und Kulturkomponente beim zwischensprachlichen Vergleich von Textsorten, in: LAB, 49/1985, 24-30

PROTOPOPOVA, E.A. Vidy predtekstov i ich strukturno-semantičeskie charakteristiki (na materiale funkcional'nogo stilja naučnoj prozy), in: Naučnaja literatura. Jazyk, stil', žanry, Moskva 1985, 259-272

VANNIKOV, JU.V. K obosnovaniju obščej tipologii tekstov, funkcionirujuščich v sfere naučno-techničeskogo perevoda, in: Tekst kak ob"ekt lingvističeskogo analiza i perevoda, Moskva 1984

1.8.4.1. ANKÜNDIGUNGEN

RUSSISCH

KRÄMER, M. Textbildende Konstituenten der Textsorte "Ankündigungen von Neuerscheinungen" im Fachgebiet Medizin. in: Fachtext als Instrument und Resultat kommunikativer Tätigkeit (ed. Gläser, R.), Leipzig 1988, 89-98

1.8.4.2. ANNOTATIONEN

RUSSISCH

GRJAZNOVA, O.V. Annotacija kak sostavnaja čast' naučnoj žurnal'noj stat'i, in: Struktura predloženija i tekst, Moskva 1982

1.8.4.3. ARBEITSANWEISUNGEN, VERSUCHSANLEITUNGEN

RUSSISCH

KRAUSE, W.-D. Zum Verhältnis von Textsorte und Textstruktur am Beispiel von russischsprachigen Arbeitsanweisungen in Lehrbüchern, in: Arbeitsberichte, CIV, 1985

LARIOCHINA, N.M. Obučenie napisaniju ėksperimental'noj časti naučnoj raboty, in: RJaZR, 2/1988, 16-20

1.8.4.4. BEDIENUNGSANLEITUNGEN

MEHRSPRACHIG

HARUTJUNJANZ, M. Zwei russische Übersetzungsvarianten einer Soemtron-Bedienungsanleitung, in: FS, 1/1977, 28-35

LAU, H.H. Übersetzung von Bedienungsanleitungen Russisch-Deutsch, in: Textgattungen der Technik. Praktische Hinweise für den Übersetzer, Berlin 1980

SENTJABOW, H. Zur Frage der Übersetzung von Gebrauchsanweisungen aus dem Deutschen ins Russische, in: WZ Jena, GSR, 5/1970(19), 921-929

1.8.4.5. BIOGRAPHIEN

RUSSISCH

BURVIKOVA, N.D., ROBASCHIK, S. Einige Gesetzmäßigkeiten des Textaufbaus russischer Wissenschaftlerbiographien (Physikerbiographien) in Nachschlagewerken, in: Fachsprachen - Instrument und Objekt (ed. Hoffmann, L.), Leipzig 1987, 83-94

1.8.4.6. DEFINITIONEN

RUSSISCH

ANTONOVA, T.I. Tekstovye formulirovki naučnogo opredelenija, in: VJa, 1/1984, 106-115

OVČARENKO, V.M. Termin, analitičeskoe naimenovanie i nominativnoe opredelenie, in: Sovremennye problemy terminologii v nauke i technike, Moskva 1969, 91-121

VOLKOVA, I.N. Tipovye struktury opredelenij v standartach na terminy i opredelenija, in: Slovo v grammatike i slovare, Moskva 1984, 169-176

VOLKOVA, I.N. Modelirovanie opredelenij v terminologičeskich standartach, in: Sovremennye problemy russkoj terminologii, Moskva 1986

VOROB'EVA, M.B. K voprosu ob opredelenii v naučnom stile reči, in: Funkcional'nye stili i prepodavanie inostrannych jazykov, Moskva 1982

1.8.4.7. DOKUMENTE, VERTRÄGE

RUSSISCH

BABENKO, V.N. Jazyk i stil' diplomatičeskich dokumentov, Moskva 1979

ISSERLIN, E.M. Leksika i frazeologija diplomatičeskich dokumentov, Moskva 1966

KOLJADENKO, G.S., KUZNECOVA, E.K. Lingvostilističeskie osnovy podgotovki naučno-informacionnych dokumentov, Moskva 1984

LJAŠČENKO, V.I. Sintaksiko-stilističeskaja struktura tekstov sovetskich diplomatičeskich dokumentov, Kiev 1977, akd

MESA, N. Lingvističeskoe opisanie diplomatičeskich dokumentov v celjach obučenija, in: RJaZR, 5/1987, 69-73

MIL'ŠIN, P.K. Obogaščenie obščestvenno-političeskoj leksiki russkogo jazyka v sovetskuju épochu (po materialam partdokumentov), in: UZ Pjatigorsk PIIJa XXVIII, 1963

PAŠČENKO, N.A, SKOROBOGATOVA, V.F, STRUKULENKO, T.S. Poiskovaja éffektivnost' zaglavij naučno-techničeskich dokumentov, in: Voprosy informacionnoj teorii i praktiki, Moskva, LI, 1984

PLESKAČEVA, M.O. Modal'naja charakteristika vidov i raznovidnostej organizacionno-rasporjaditel'noj dokumentacii (Voprosy pragmatiki dokumental'nogo teksta), in: Pragmatičeskie aspekty funkcionirovanija jazyka, Barnaul 1983

POLJAKOVA, E.N. O redaktirovanii permskich delovych dokumentov XVII-načala XVIII v., in: Russkaja istoričeskaja leksikologija i leksikografia, III, Leningrad 1983, 89-97

RACHMANIN, L.V. Stilistika delovoj reči i redaktirovanie služebnych dokumentov, Moskva 1988^3, 239 p. (1973)

SELIVANOV, G.A. Frazeologija novgorodskich dogovornych gramot XIII-XIV vekov, Saratov 1953, akd

VESELOV, P.V. Kak sostavit' služebnyi dokument?, in: RR, 1/1988, 48-51

VOROB'EV, JU.K. Osobennosti sootnošenija jazyka dokumentov i literaturnogo jazyka v donacional'nyj period, in: Semantičeskie svjazi slov v predloženii i tekste, Saransk 1985

MEHRSPRACHIG

FRANK, K. Zur Übersetzung von Dokumenten der wissenschaflichtechnischen Zusammenarbeit (Russisch-Deutsch), in: Textgattungen der Technik. Praktische Hinweise für den Übersetzer, Berlin 1980

LINDEMAN, CH. Terminologičeskij kontrol' v perevodnych dokumentach po naučnoj informacii. Materialy zasedanija komiteta MFD "Terminologija informatiki i dokumentacii", 1975, Moskva 1976

ŠEFTEL', E.E. Perevod zagolovkov inostrannych naučno-techničeskich dokumentov, in: NTI, ser.1, 4/1972, 35-36

1.8.4.8. EINLADUNGEN

RUSSISCH

WEESE, Ch. "Einladung zu einer wissenschaftlichen Veranstaltung" - der Versuch einer Analyse aus textlinguistischer Sicht, in: Fachtext als Instrument und Resultat kommunikativer Tätigkeit (ed. Gläser, R.), Leipzig 1988, 77-88

1.8.4.9. ERFINDUNGSBESCHREIBUNGEN, PATENTE

1.8.4.9.1 RUSSISCH

BUNOVA, M.A. Lingvostatističeskij metod analiza leksiki klassifikacij izobretenij, in: NTI, ser. 2, 4/1983

ČARSKAJA, T.K. Statističeskaja struktura teksta patentnogo dokumenta, Leningrad 1984, akd

FUGOL', G.S. Semantičeskie i sintaksičeskie osobennosti teksta opisanij izobretenij, in: Semantika jazykovych edinic i teksta, Moskva 1979

GEISLER, W. Analyse extra- und intraliguistischer Komponenten sowjetischer Erfindungsbeschreibungen unter besonderer Berücksichtigung deren lexikalischer und grammatischer Strukturen auf ihren didaktischen Einsatz als Textsorte in der Fremdsprachenausbildung an technischen Hochschulen, Rostock 1982, Diss.A

GEISLER, W. Analyse sowjetischer Erfindungsbeschreibungen unter sprachpraktischem Aspekt, in: WZ Jena, GSR, 5/1984

GEISLER, W. Inhaltskomponenten des Anspruchs sowjetischer Erfindungsbeschreibungen, in: WZ TH Ilmenau, 6/1984

GEISLER, W. Lexiko-grammatische Analyse sowjetischer Erfindungsbeschreibungen mit dem Ziel einer rationellen Informationsgewinnung, in: WZ TH Ilmenau, 3/1984

GEISLER, W. Rationelle Informationsgewinnung aus sowjetischen Erfindungsbeschreibungen, in: FS, 4/1984, 224-229

GEISLER, W. Zur sprachpraktischen Beschreibung und Bestimmung der Textsorte "Sowjetische Erfindungsbeschreibung", in: Ling S, Reihe A: Arbeitsberichte, CXXXIII, 1985

GEISLER, W. Zur Spezifik russischsprachiger Patentliteratur, in: SL, 3-4/1989, 136-144

1.8.4.9.2. MEHRSPRACHIG

BAJKOV, A.G. Specifika perevoda patentnych materialov, in: Pjatyj seminar po voprosam teorii i praktiki perevoda naučnoj i techničeskoj literatury, 26 - 29 maja 1971 g., Tezisy dokladov, Moskva/Jaroslavl' 1971, 24-26

DEMČENKO, V.N. Iz opyta raboty perevodčikov patentno-informacionnogo otdela rižskogo zavoda VĖF, in: Šestoj vsesojuznyj seminar po voprosam teorii i praktiki perevoda naučnoj i techničeskoj literatury, 7-9 ijunja 1972 g., Tezisy dokladov, Moskva/Baku 1972, 24-28

JAŠINA, Ė.P. O rabote perevodčika s patentnoj literaturoj.

Patentnaja informacija, in: Pjatyj seminar po voprosam teorii i praktiki perevoda naučnoj i techničeskoj literatury, 26-29 maja 1971 g., Tezisy dokladov, Moskva/Jaroslavl' 1971, 30-31

KOŠČEEVA, Ė.M. K voprosu o perevode formuly patentnych opisanij SŠA, in: Povyšenie kačestva perevoda naučno-techničeskoj literatury i dokumentacii. Osobennosti perevoda patentno-licenzionnoj dokumentacii, Tezisy simpoziuma, 23-25 ijunja 1970 g., Čeljabinsk 1970, 17-20

ORLOV, JU.A. Kačestvo perevoda zajavočnoj dokumentacii pri zarubežnom patentovanii, in: Problemy kačestva perevoda naučno-techničeskoj literatury, Tezisy dokladov i soobščenij naučno-techničeskoj konferencii, Orel 1978, 56-58

OSOBENNOSTI perevoda patentnoj dokumentacii. Naučnye tetradi CNIIPI, ser. 4, Moskva 1972, 158 p.

PARCEVSKIJ, A.B. Metodičeskie rekomendacii po perevodu na russkij jazyk inostrannych opisanij izobretenij k patentam, licenzij, standartov i delovoj dokumentacii po černoj metallurgii, Moskva 1976, 34 p.

POLJAKOVA, E.I. O perevode patentnych materialov, in: Povyšenie kačestva perevoda naučno-techničeskoj literatury i dokumentacii. Osobennosti perevoda patentno-licenzionnoj dokumentacii, Tezisy dokladov simpoziuma, 23-25 ijunja 1970 g., Čeljabinsk 1970, 33-36

POPOV, V.S., SMIRNOV, I.P. Autentičnost' perevoda opisanij izobretenij, in: Pjatyj seminar po voprosam teorii i praktiki perevoda naučnoj i techničeskoj literatury, 26-29 maja 1971 g., Tezisy dokladov, Moskva/Jaroslavl' 1971, 28-30

POSOBIE po perevodu i indeksacii publikacij iz inostrannych patentnych žurnalov (dlja perevodčikov i naučnych redaktorov CNIIPI), Moskva 1967, 54 p.

POVYŠENIE kačestva perevoda naučno-techničeskoj literatury i dokumentacii. Osobennosti perevoda patentno-licenzionnoj dokumentacii, Tezisy simpoziuma, 23-25 ijunja 1970 g., Čeljabinsk 1970

PUMPJANSKIJ, A.L. Žanry naučnoj i techničeskoj literatury. Patentnoe opisanie. Patentnaja formula, in: Tretij seminar po voprosam teorii i praktiki perevoda naučnoj i techničeskoj literatury, Tezisy dokladov, Moskva 1970, 23-24

RUDENKO, S.D. Leksika patentnych opisanij SŠA i Velikobritanii, in: XXIV Vsesojuznaja naučnaja sessija, posvjaščennaja Dnju radio, Dnju svjazista i 50-letiju Nižegorodskoj radiolaboratorii imeni V.I. Lenina, Annotacii dokladov, Moskva 1968, 57

SAMOJLOVA, A.S. Nekotorye zamečanija po rabote patentovedaperevodčika, in: Povyšenie kačestva perevoda naučno-techničeskoj literatury i dokumentacii. Osobennosti perevoda patentno-licenzionnoj dokumentacii, Tezisy simpoziuma, 23-25 ijunja 1970 g., Čeljabinsk 1970, 7-11

SMIRNOV, I.P. Perevod bibliografičeskoj časti opisanija izobretenij, in: Materialy Tret'ego respublikanskogo seminara po voprosam teorii i praktiki perevoda naučnoj i techničeskoj literatury, Alma-Ata 1974, 28-47

ŠNAJDERMAN, L.M. Nekotorye voprosy perevoda patentnoj dokumentacii i informacii, in: Povyšenie kačestva perevoda naučno-techničeskoj literatury i dokumentacii. Osobennosti perevoda patentno-licenzionnoj dokumentacii, Tezisy simpoziuma, 23-25 ijunja 1970 g., Čeljabinsk 1970, 11-14

SOROKINA, R.N. Rol' perevodčikov patentnoj literatury, in: Oblastnaja konferencija po voprosam organizacii truda i dejatel'nosti perevodčika v sisteme NII i zavoda, 21 fevralja 1972 g., Tezisy dokladov, Jaroslavl' 1972, 5-6

TITARENKO, R.M. O perevode patentnoj i patentno-juridičeskoj dokumentacii v otrasli sel'skochozjajstvennogo mašinostroenija, in: Povyšenie kačestva perevoda naučno-techničeskoj literatury i dokumentacii. Osobennosti perevoda patentno-licenzionnoj dokumentacii, Tezisy simpoziuma, 23-25 ijunja 1970 g., Čeljabinsk 1970, 27-30

TKALIČ, V.P. Sochranenie informativnosti oglavlenij patentnoj informacii pri perevode, in: Osobennosti funkcional'nych stilej naučno-techničeskoj literatury i delovoj dokumentacii, Tezisy dokladov i soobščenij naučno-techničeskogo seminara, 9-11 oktjabrja 1973 g., Čeljabinsk 1973, 103-105

ŽALKOVSKIJ, V.G. Sočetanie perevoda patentnych opisanij s ich bibliografičeskoj obrabotkoj i annotirovaniem, in: Povyšenie kačestva perevoda naučno-techničeskoj literatury i dokumentacii. Osobennosti perevoda patentno-licenzionnoj dokumentacii, Tezisy simpoziuma, 23-25 ijunja 1970 g., Čeljabinsk 1970, 23-25

1.8.4.9.2.1. DEUTSCH-RUSSISCH, RUSSISCH-DEUTSCH

STILLER, G. Einige Probleme der Übersetzung von patentfachsprachlichen Texten aus dem Russischen und ins Russische, in: Textgattungen der Technik. Praktische Hinweise für den Übersetzer, Berlin 1980

ZAVADSKAJA, L.E. Bilingvističeskoe issledovanie funkcional'nogo stilja nemeckoj i russkoj naučnoj i techničeskoj literatury (žanr - patentnoe opisanie), in: Pervaja vsesojuznaja konferencija po teorii i praktike perevoda (Funkcional'nyj stil' naučnoj i techničeskoj literatury), 19-20 ijunja 1975 g., Tezisy dokladov, Kaunas 1975, 81-85

1.8.4.9.2.2. ENGLISCH-RUSSISCH, RUSSISCH-ENGLISCH

AGRAPOV, I.M. Perevod patentnych opisanij SŠA, in: Tretij seminar po voprosam teorii i praktiki perevoda naučnoj i techničeskoj literatury, Tezisy dokladov, Moskva 1970, 57 p.

BAJKOV, A.G. Osobennosti ustnogo i pis'mennogo perevoda patentnych opisanij s anglijskogo jazyka na russkij, in: Povyšenie kačestva perevoda naučno-techničeskoj literatury i dokumentacii. Osobennosti perevoda patentno-licenzionnoj dokumentacii, Tezisy simpoziuma, 23-25 ijunja 1970 g., Čeljabinsk 1970, 31-32

BLUŽAJTE, JA., MICKIS, A.JU. Osobennosti perevoda patentnych opisanij s anglijskogo jazyka na litovskij i russkij jazyki, in: Pervaja vsesojuznaja konferencija po teorii i praktike perevoda. Funkcional'nyj stil' naučnoj i techničeskoj literatury, 19-20 ijunja 1975 g., Tezisy dokladov, Kaunas 1975, 17-20

FAJTEL'SON, V.V. Osobennosti perevoda opisanija izobretenija k patentu SŠA, in: Teorija jazykovoj kommunikacii i perevoda naučnoj i techničeskoj literatury, Tezisy dokladov naučno-praktičeskoj konferencii, 29-31 oktjabrja 1974 g., Čeljabinsk 1974, 32-36

KLIMZO, B.N. Perevod patentov. Osobennosti struktury jazyka i perevoda opisanij izobretenij, prilagaemych k patentam SŠA i Velikobritanii, Moskva 1976, 96 p.

KONJUCHOVA, N.I. Nekotorye osobennosti perevoda patentnych opisanij SŠA i Velikobritanii, in: Povyšenie kačestva perevoda naučno-techničeskoj literatury i dokumentacii. Osobennosti perevoda patentno-licenzionnoj dokumentacii, Tezisy simpoziuma, 23-25 ijunja 1970 g., Čeljabinsk 1970, 22-23

MAL'KOVSKIJ, G.E. Inostrannyj patent na izobretenie kak ob"ekt perevoda (anglijskij jazyk), in: Tretij seminar po voprosam teorii i praktiki perevoda naučnoj i techničeskoj literatury, Tezisy dokladov, Moskva 1970, 20-21

PINZIL, G.E. O nekotorych osobennostjach perevoda amerikanskich patentov, in: Problemy povyšenija kačestva perevoda naučnoj i techničeskoj literatury, Tezisy dokladov naučno-techničeskoj konferencii, 13-14 nojabrja 1972 g., Jaroslavl' 1972, 13-15

RUDENKO, S.D. Perevod patentnych opisanij SŠA i Velikobritanii, in: Povyšenie kačestva perevoda naučno-techničeskoj literatury i dokumentacii. Osobennosti perevoda patentno-licenzionnoj dokumentacii, Tezisy simpoziuma, 23-25 ijunja 1970 g., Čeljabinsk 1970, 14-17

TIŠČENKO, K.N., VIL'ČINSKIJ, S.S. O strukture perevoda terminov patentnoj informacii, (E-R), in: Teorija i praktika perevoda, Kiev 1983(10), 111-119

TKALIČ, V.P. Nekotorye trudnosti v perevode amerikanskoj patentnoj literatury, in: Povyšenie kačestva perevoda naučno-techničeskoj literatury i dokumentacii. Osobennosti perevoda patentno-licenzionnoj dokumentacii, Tezisy simpoziuma, 23-25 ijunja 1970 g., Čeljabinsk 1970, 20-22

1.8.4.9.2.3. FRANZÖSISCH-RUSSISCH, RUSSISCH-FRANZÖSISCH

ŠNAJDERMAN, L.M. Perevod patentnych opisanij s francuzskogo jazyka na russkij, in: Pjatyj seminar po voprosam teorii i praktiki perevoda naučnoj i techničeskoj literatury, 26-29 maja 1971 g., Tezisy dokladov, Moskva/Jaroslavl' 1971, 26-28

1.8.4.10. FACHAUFSÄTZE

RUSSISCH

ČERVJAKOV, V.A. O stile techničeskich statej, in: Geod Kartogr, 1/1964

FEDOTOVA, Z.A. Referirovanie naučnoj stat'i kak aspekt raboty po russkomu jazyku, in: RJaZR, 6/1980, 24-29

GRJAZNOVA, O.V. Annotacija kak sostavnaja čast' naučnoj žurnal'noj stat'i, in: Struktura predloženija i tekst, Moskva 1982

LAŠ, L.M. Osobennosti naučno-techničeskich statej i ich tipologija, in: Professional'no-orientirovannoe obučenie inostrannym jazykam v vuze, Perm' 1983

LEVČENKO, E.B. Zagolovočnye konstrukcii naučno-populjarnych statej. Popytka strukturno-semantičeskogo analiza, in: Tekst. Vyskazyvanie. Slovo, Moskva 1983

SCHLORKE, A. Die Redeform als Determinante für die logisch-kommunikative Strukturierung transphrastischer Einheiten in Fachtexten (erörternde Fachzeitschriftenartikel), in: WZ Jena, GSR, 5/1984

ŠOPOVA, V. Nekotorye osobennosti funkcionirovanija kommunikativnych edinic v kontekste naučnoj stat'i, in: Bolg Rus, 4/1987, 64-72

THIELE, A. Sprachliche Veränderungen in russischen medizinischen Texten (Fachzeitschriftenartikeln) aus textlinguistischer Sicht, in: LAB, 63/1987, 89-94

VASIL'EV, JU.A. Semantiko-sintaktičeskaja charakteristika rečevogo žanra naučnoj stat'i, Moskva 1979, akd

VEJZE, M.G. Indikatory svjazi v naučnoj žurnal'noj stat'e, in: SNT MPIIJa, CCIX, 1983

MEHRSPRACHIG

ČERNAVINA, L.I. Perevod zagolovkov anglijskich i amerikanskich naučno-techničeskich statej, in: Pervaja vsesojuznaja konferencija po teorii i praktike perevoda. Funkcional'nyj stil' naučnoj i techničeskoj literatury, 19-20 ijunja 1975 g., Tezisy dokladov, Kaunas 1975, 239-244

ČERNAVINA, L.I. Perevod zagolovkov anglijskich i amerikanskich naučno-techničeskich statej. Lingvometodičeskie osnovy prepodavanija inostrannych jazykov, in: Pervaja vsesojuznaja konferencija po teorii i praktike perevoda. Funkcional'nyj stil' naučnoj i techničeskoj literatury, Moskva 1979

ČERNOV, JU.S. Perevod zarubežnych naučno-techničeskich statej i podgotovka ich k izdaniju, Obninsk 1970

DROŽŽIN, B.E. Perevod zagolovkov anglo-amerikanskich naučno-techničeskich statej, in: Pervaja naučno-metodičeskaja konferencija po perevodu naučnoj i techničeskoj literatury, Tezisy dokladov i soobščenij, Sverdlovsk 1969, 31-32

KLEJMENOVA, E.P. Sopostavitel'nyj analiz žanra ėkonomičeskoj naučnoj stat'i i ego realizacij v russkom i anglijskom jazykach, in: Teorija perevoda i sopostavitel'nyj analiz jazykov, Moskva 1985, 68-84

KONSTANTINOVA, N.A., REJMAN, E.A. Oboroty reči anglijskoj obzornoj naučnoj stat'i, Leningrad 1978, 248 p.

SCHOLZ, F. Zur Übersetzung russischsprachiger wissenschaftlich-technischer Fachartikel, in: Textgattungen der Technik. Praktische Hinweise für den Übersetzer, Berlin 1980

1.8.4.11. KOCHREZEPTE

RUSSISCH

ROBASCHIK, S. Russischsprachige Kochrezepte, in: Fachtext als Instrument und Resultat kommunikativer Tätigkeit (ed. Gläser, R.), Leipzig 1988, 106-114

1.8.4.12. REFERATE

RUSSISCH

BAJER, A. (=BEYER, A.) Leksičeskie i grammatičeskie osobennosti tekstov naučno-techničeskich referatnych žurnalov na russkom jazyke, in: Doklady i soobščenija delegacii GDR (4.MAPRJAL-Kongreß), Berlin 1979

BEYER, A. Lexikalische Untersuchungen zur russischen Sprache in wissenschaftlich-technischen Referaten, in: WZ Rostock, GSR, 6/1977

BEYER, A. Morphologische und syntaktische Untersuchungen zur russischen Sprache in wissenschaftlich-technischen Referaten, in: WZ Rostock, GSR, 3/1978

BRITVIN, V.G. Strukturno-semantičeskij analiz tekstov referatov i formirovanie poiskovych obrazov pri avtomatičeskom indeksirovanii v IPS "Neft'-2", in: Razrabotka i ėkspluatacija avtomatizirovannoj sistemy NTI v neftjanoj promyšlennosti, Moskva 1981

ČALJAN, L.N. K voprosu o lingvističeskom analize referatov v sopostavlenii s ischodnym tekstom (Pod"jazyk geologii), in: Voprosy sistemno-tipologičeskogo issledovanija jazykov, Moskva 1980

FEDOSJUK, M.JU. O kriterijach razgraničenija atributivnych konstrukcij v russkom jazyke (na materiale tekstov naučno-techničeskich referatov), in: Stil' naučnoj reči, Moskva 1978, 232-248

GLIER, E. Perevod - peredača smysla - referat. Popytka razgraničenija, in: Studia Rossica Posnaniensia, XIV, Poznań 1980

JURKO, A. Osobennosti jazyka i stilja referatov naučnych publikacij, in: Pervaja vsesojuznaja konferencija po teorii i praktike perevoda (Funkcional'nij stil' naučnoj i techničeskoj literatury), 19-20 ijunja 1975 g., Tezisy dokladov, Kaunas 1975, 257-261

LAPŠINA, V.L. Referat kak žanr funkcional'nogo stilja naučnoj i techničeskoj literatury, in: Pervaja vsesojuznaja konferencija po teorii i praktike perevoda (Funkcional'nyj stil' naučnoj i techničeskoj literatury), 19-20 ijunja 1975 goda, Tezisy dokladov, Kaunas 1975, 123-128

MARUSANOVA, V.E. Aktual'nye dlja aspirantov žanry naučnogo stilja (Obučenie napisaniju referata), in: RJaZR, 6/1985, 23-28

MIRONOVA, V.JU. Lingvističeskaja charakteristika rečevogo žanra naučno-techničeskogo referata, Moskva 1975, akd

PANOVA, I.I. Kommunikativno-sintaksičeskij aspekt issledovanija referatov po obščestvennym naukam, in: Referirovanie v obščestvennych naukach, Moskva 1982

PAŠČENKO, N.A., STRUKULENKO, T.S. Ocenka informativnosti leksičeskich edinic zaglavij i referatov s točki zrenija avtomatizacii indeksirovanija. in: Vopr Inform Teorii Praktiki, LIII, 1985

PEREBEJNOS, V.I. Zakonomernosti strukturnoj organizacii naučno-referativnogo teksta, Kiev 1982

ŠERŠOVA, A.V. Lingvostilističeskie osobennosti referatov v oblasti obščestvennych nauk, in: Referirovanie v obščestvennych naukach, Moskva 1982

ŠERŠOVA, A.V. Stilističeskie osobennosti referatov v oblasti obščestvennych nauk, Moskva 1983, akd

ZAKONOMERNOSTI strukturnoj organizacii naučno-referativnogo teksta, Kiev 1982

MEHRSPRACHIG

LINDEMANN, H. Schwierigkeiten beim Übersetzen von Kurzreferaten zu Artikeln in Fachzeitschriften und deren Behebung, in: FS, 1/1982, 36-38

SMIRNOVA, L.N. Referativnyj perevod. Kompressija na smyslovom urovne, in: Inostrannyj jazyk dlja naučnych rabotnikov. Teorija i praktika prepodavanija, Moskva 1978

1.8.4.13. REKLAME

RUSSISCH

ALEKSANDROVA, N.A. Nekotoroye osobennosti reklamnych tekstov, in: Teorija jazykovoj kommunikacii i perevoda naučnoj i techničeskoj literatury, Tezisy dokladov i soobščenij naučno-praktičeskoj konferencii, 29-31 oktjabrja 1974 g., Čeljabinsk 1974, I, 34-35

MARKOV, G.M. Alljuzija i variacii rečenij kak stilističeskij priem žanra promyšlennoj reklamy, in: Pervaja naučno-metodičeskaja konferencija po perevodu naučnoj i techničeskoj literatury, Tezisy dokladov i soobščenij, Sverdlovsk 1969, 17-19

PADUČEVA, E.V. Logičeskoe udarenie v tekstach reklam i ob"javlenij, in: NTI, ser. 1, 5/1963, 31-33

RATHMAYER, R. Russische Werbetexte, in: Slavistische Linguistik 1987. Referate des XIII. Konstanzer Slavistischen Arbeitstreffens Tübingen 22.-25.9.1987 (=Slavistische Beiträge, Bd. 230)

ŠEMJAKIN, S.M. O stile reklamy, in: Osobennosti funkcional'nych stilej naučno-techničeskoj literatury i delovoj dokumentacii, Tezisy dokladov i soobščenij naučno-techničeskogo seminara, 9-11 oktjabrja 1973 g., Čeljabinsk 1973, 44-47

ŠESTAKOVA, I.G. O sintaksičeskich stilističeskich sredstvach naučno-techničeskogo reklamnogo teksta, in: Soderžatel'nyj analiz osnovnych jazykovych edinic, Barnaul 1981

MEHRSPRACHIG

TONKOVA, N.I. Struktury s narušeniem leksičeskoj sočetaemosti v reklamnych tekstach (na materiale anglojazyčnoj kommerčeskoj reklamy), in: Analiz stilej zarubežnoj chudožestvennoj i naučnoj literatury, vypusk 5, Leningrad 1987, 41-45

1.8.4.14. REZENSIONEN, KRITIKEN

RUSSISCH

GARANINA, P.S. Mnogoobrazie stilevych sredstv sovremennoj teatral'noj kritiki, in: Literaturno-chudožestvennyj process 70-ych godov v zerkale kritiki, Moskva 1982

KUDASOVA, O.K. Lingvostilističeskie osobennosti recenzij kak raznovidnosti naučnogo teksta, Moskva 1983, akd

SINDEEVA, T.I. Nekotorye osobennosti kompozicionno-rečevoj organizacii žanra "naučnaja recenzija", in: Funkcional'nye stili i prepodavanie inostrannych jazykov, Moskva 1982

TROJANSKAJA, E.S. Naučnoe proizvedenie v ocenke avtora recenzii (K voprosu o specifike žanrov naučnoj literatury), in: Naučnaja literatura. Jazyk, stil, žanry, Moskva 1985, 64-81

1.8.4.15. THESEN, ABSTRACTS

RUSSISCH

ALEKSEEVA, G.S., VASIL'EVA, A.N. Tezisy kak žanr naučnoj reči. Voprosy soderžanija i rečevogo oformlenija, in: RJaZR, 1/1979, 93-97

JANJUK, B.I. Mnogoaspektnaja klassifikacija naučno-techničeskich obzorov - važnyj instrument ich praktičeskogo ispol'zovanija, in: Teorija i praktika naučno-techničeskoj informacii, Moskva 1984

1.8.4.16. ZEITUNGSCHRONIK, KURZMELDUNGEN

RUSSISCH

BARKOVA, B.A. Obučenie čteniju gazety: učet stilevych osobennostej informacionnych žanrov, in: RJaZR, 1/1988, 56-60

CHAZOV, P.V. Gazetnaja chronika: tema i postroenie teksta, in: RR, 5/1984, 73-76

CHAZOV, P.V. Osobennosti stroenija teksta gazetnoj chroniki i problemy obučenija čteniju, in: RJaZR, 3/1985, 76-79

1.9. ÜBERSETZUNGSWISSENSCHAFT

1.9.1. ÜBERSETZEN

1.9.1.1. ÜBERSETZBARKEIT

CITKINA, F.A. O perevodimosti tekstov pod"jazyka matematičeskoj logiki (na materiale anglo-russkich perevodov), in: Problemy jazykoznanija i teorii anglijskogo jazyka, IV, Moskva 1978

CITKINA, F.A. Nekotorye osobennosti perevoda i perevodimosti tekstov pod"jazyka matematičeskoj logiki (na materiale anglo-russkogo perevoda), Odessa 1979, akd

LJUDSKANOV, A. Problema perevodimosti v svete sovremennoj lingvistiki, in: NTI, ser. 2, 2/1967

PUMPJANSKIJ, A.L. Dannye bilingvističeskogo issledovanija funkcional'nogo stilja naučnoj i techničeskoj literatury o perevodimosti, in: Teorija perevoda i naučnye osnovy podgotovki perevodčikov, Materialy Vsesojuznoj naučnoj konferencii, Moskva 1975, II, 45-48

PUMPJANSKIJ, A.L. Funkcional'nyi stil' naučnoj i techničeskoj literatury. Problema perevodimosti, in: Pervaja vsesojuznaja konferencija po teorii i praktike perevoda. Funkcional'nyj stil' naučnoj i techničeskoj literatury, 19-20 ijunja 1975 g., Tezisy dokladov, Kaunas 1975, 167-174

SMIRNOV, I.P. K voprosu o perevodimosti naučno-techničeskogo teksta i adekvatnosti naučno-techničeskogo perevoda, in: Problemy kačestva perevoda naučno-techničeskoj literatury, Tezisy dokladov i soobščenij oblastnoj naučno-techničeskoj konferencii, Orel 1978, 49-52

1.9.1.2. ÄQUIVALENZBEZIEHUNGEN

ARZUMANJAN, Ė.R. Problemy semantičeskoj i slovobrazovatel'noj ėkvivalentnosti naučno-techničeskich terminov (na materiale russko-armjanskich terminologičeskich slovarej), Erevan 1985, akd

BELJAKOVA, L.F. Funkcionirovanie russkich glagol'nych form prošedšego soveršennogo vida s aorističeskim i perfektnym značenijami v sopostavlenii s ich anglijskimi ėkvivalentami (na materiale naučnogo stilja reči), in: Naučnaja literatura. Jazyk, stil', žanry, Moskva 1985

BLINDUS, E.S. Ėkvivalenty pridatočnych predloženij v anglijskom naučno-techničeskom tekste, in: Voprosy informatiki i perevoda. XII Oblastnaja naučno-techničeskaja konferencija, posvjaščennaja Dnju radio i Dnju svjazista, Novosibirsk 1969, 39-49

BLINDUS, E.S. Ėkvivalenty pridatočnych predloženij v amerikanskom naučno-techničeskom tekste, in: Voprosy informatiki i perevoda. XII Oblastnaja naučno-techničeskaja konferencija, posvjaščennaja Dnju radio o Dnju svjazista, Novosibirsk 1969, 49-59

ČAVČAVADZE, Z.M. Francuzskie ėkvivalenty russkich složnych slov v naučnoj i techničeskoj literature, in: Pjatyj seminar po voprosam teorii i praktiki perevoda naučnoj i techničeskoj literatury, 26-29 maja 1971 g., Tezisy dokladov, Moskva/Jaroslavl' 1971, 35-37

HORNUNG, W. Äquivalenztypen russischer Mehrworttermini und deutscher Komposita in der chemischen Fachsprache, in: Beihefte zur Zeitschrift "Fremdsprachen", V/VI, 1973, 113-117

HORNUNG, W., KRETSCHMAR, E. Strukturelle und semantische Äquivalenzbeziehungen im russischen und deutschen Fachwortschatz, in: FS, 1/1974, 28-34

KIKOT', N.D. Ošibočnye nemecko-russkie i anglo-russkie ėkvivalenty pri perevode naučnoj i techničeskoj literatury, in: Pjatyj seminar po voprosam teorii i praktiki perevoda naučnoj i techničeskoj literatury, 26-29 maja 1971 g., Tezisy dokladov, Moskva/Jaroslavl' 1971, 39-42

KIL'DIJAROVA, A.N. Sopostavitel'nyi bilingvističeskij analiz informacionnoj inversii v anglijskoj naučnoj literature. Anglo-russkie ėkvivalenty, in: Kontrastivnaja i funkcional'naja grammatika, Kalinin 1985

KIR'JAN, M.D. Ustanovlenie sootvetstvij sintaksičeskich struktur russkoj i francuzskoj naučnoj reči kak sredstvo optimizacii obučenija perevodu, in: SNT MPIIJa, CCXXI 1983

KOMISSAROVA, L.V. Nemeckie sostavnye terminy i ich ėkvivalenty v russkom jazyke. Opyt statističeskogo analiza, in: Problemy sopostavitel'noj tipologii rodnogo (russkogo) i inostrannych jazykov, Leningrad 1981

KOVAL'NICKAJA, O.V., LICHAČEVA, I.K., TRUEVCEVA, O.N. Russko-anglijskie ėkvivalenty vyraženija veličiny, Leningrad 1977, 220 p.

LICHAČEVA, I.K. Ob ėkvivalentnosti leksičeskich i sintaksičeskich sredstv peredači značenij točnosti i netočnosti v russkich i anglijskich naučnych tekstach, in: Jazyk i stil' naučnogo izloženija. Lingvometodičeskie issledovanija, Moskva 1983

LINDEMANN, H. Für Begriffsäquivalenz - gegen Benennungskongruenz: ein Diskussionsbeitrag zu Übersetzungsvarianten im Bildungswesen, in: FS, 1/1985, 37-40

MARKOVA, N.N. Russko-anglijskie ėkvivalenty v naučnoj i techničeskoj literature, in: Pjatyj seminar po voprosam teorii i praktiki perevoda naučnoj i techničeskoj literatury, 26-29 maja 1971 g., Tezisy dokladov, Moskva/Jaroslavl' 1971, 43-35

MEL'NIKOV, G.P. O sokraščenii ėkvivalentnosti značenij i ėkvivalentnosti smyslov pri perevode naučnoj i techničeskoj literatury, in: Pjatyj seminar po voprosam teorii i praktiki perevoda naučnoj i techničeskoj literatury, 26-29 maja 1971 g., Tezisy dokladov, Moskva/Jaroslavl' 1971, 16-20

ORLJANSKAJA R.L. Problema ėkvivalentnosti v naučnom i techničeskom perevode, in: Teorija jazykovoj kommunikacii i perevoda naučnoj i techničeskoj literatury, Tezisy dokladov i soobščenij naučno-praktičeskoj konferencii, 29-31 oktjabrja 1974 g., II, 97-98

ORTMANN, H. Zur Untersuchung bilingualer Äquivalenzbeziehungen im verbalen Bereich der medizinischen Fachsprache, in: WZ Berlin, GSR, Berlin 1969(18), 393-396

ORTMANN, H. Untersuchungen zum Verb in der russischen medizinischen Fachsprache unter besonderer Berücksichtigung seiner Äquivalenzbeziehungen zum Deutschen, Berlin 1975, Diss.A

PAVLENKO, N.B. Voprosy perevoda bezėkvivalentnoj leksiki na materiale russkogo i francuzskogo jazykov, in: Problemy kačestva perevoda naučno-techničeskoj literatury, Tezisy dokladov i soobščenij naučno-techničeskoj konferencii, Orel 1978, 36-37

PETERS, H. Zum Verbalsubstantiv in der russischen Sprache der Gegenwart unter Beachtung seiner Äquivalenz im Deutschen, in: WZ Greifswald, GSR, Sonderheft V, 1977

PROZUMENT, R.B. Bilingvističeskoe issledovanie mikrokonteksta v funkcional'nom stile naučnoj i techničeskoj literatury (anglo-russkie ėkvivalenty), in: Pervaja vsesojuznaja konferencija po teorii i praktike perevoda (Funkcional'nyj stil' naučnoj i techničeskoj literatury), 19-20 ijunja 1975 g., Tezisy dokladov, Kaunas 1975, 174-180

PUMPJANSKIJ, A.L. Bilingvističeskoe issledovanie porjadka slov v inostrannoj i russkoj literature. Poiski ėkvivalentov (na materiale literatury po radiotechnike, ėlektronike i svjazi), in: Pervyj seminar po voprosam teorii i praktiki perevoda naučnoj i techničeskoj literatury, Tezisy dokladov i soobščenij, Moskva 1968, 26

PUMPJANSKIJ, A.L. Leksičeskie charakteristiki naučnoj i techničeskoj literatury. Anglo-russkie ėkvivalenty, in: Voprosy metodiki prepodavanija inostrannych jazykov v srednich special'nych učebnych zavedenijach, X, Moskva 1979

PUMPJANSKIJ, A.L. Leksičeskie zakonomernosti naučnoj i techničeskoj literatury. Anglo-russkie ėkvivalenty, Kalinin 1980

PUMPJANSKIJ, A.L. Grammatičeskie zakonomernosti naučnoj i techničeskoj literatury. Anglo-russkie ėkvivalenty, Kalinin 1982

REINECKE, W. Objektivierungsprobleme im Beziehungsfeld von Maschinen- und Humanübersetzung - eine Untersuchung zum Komplex äquivalenter syntaktischer Konstruktionen im Bereich russisch- und deutschsprachiger wissenschaftlicher Texte, Leipzig 1968, Diss.

SAVČENKO, A.I. Anglo-russkie ėkvivalenty složnogo predloženija s pridatočnym (appozitivnym), in: Četvertyj seminar po voprosam teorii i praktiki perevoda naučnoj i techničeskoj literatury, 2-4 nojabrja 1970 g., Tezisy dokladov, Moskva/Tbilisi 1970, 38-40

SCHMIDT, H. Zur Beschreibung der Äquivalenzbeziehungen bei Kompressionen in Übersetzungen aus dem Russischen ins Deutsche, Leipzig 1982, Diss.B

SCHMIDT, H. Zur Beschreibung der Äquivalenzbeziehungen bei Kompressionen in Übersetzungen aus dem Russischen ins Deutsche, in: Varianz und Invarianz im semantischen Bereich (Übersetzungswissenschaftl. Beiträge 7), Leipzig 1984, 7-62

SKOROCHOD'KO, Ė.D. Ponjatie ėkvivalenta v perevode techničeskoj literatury, in: Voprosy teorii i metodiki prepodavanija anglijskogo i nemeckogo jazykov, Kiev 1962, 198-203

VASIL'EVA, N.A. Glagol'nyj ponjatijno-kategorial'nyj potencial *Nomina Actionis* nemeckogo jazyka i ich ėkvivalentov v russkom jazyke (Konfrontativnyj analiz na materiale naučno-techničeskich tekstov), Kalinin 1979, akd

VOLKOV, N.S. Gollandsko-russkie ėkvivalenty v naučnoj i techničeskoj literature, in: Pjatyj seminar po voprosam teorii i praktiki perevoda naučnoj i techničeskoj literatury, 26-29 maja 1971 g., Tezisy dokladov, Moskva/Jaroslavl' 1971, 37-39

WÜSTENECK, H. Bilinguale Äquivalenzbeziehungen im adverbiellen Bereich der medizinischen Fachsprache, WZ Berlin, GSR, Berlin 1969(18), 3

WÜSTENECK, H. Die bilingualen Äquivalenzbeziehungen des russischen und deutschen Adverbs, dargestellt an der Sprache medizinischer Fachtexte, Berlin 1971, Diss.

WÜSTENECK, H. Grammatisch-stilistische Äquivalenzprobleme der Übersetzung wissenschaftlicher und technischer Literatur aus dem Russischen ins Deutsche, in: FS, 3/1973, 162-169

1.9.1.3. ÜBERSETZUNGSVERFAHREN

ARAF'EV, N.V., ZAJAC, O.I. Terminologičeskie značenija obichodnych slov i sposoby ich perevoda na russkij jazyk, in: Bilingvističeskie issledovanija funkcional'nogo stilja naučnoj i techničeskoj literatury, Tezisy dokladov naučno-metodičeskoj konferencii, 25-27 sentjabrja 1974 g., Baku 1974

BORISOVA, L.I. Sposoby perevoda obščenaučnoj leksiki s anglijskogo jazyka na russkij, Moskva 1983

ČEBURAŠKIN, N.D. Techničeskij perevod v škole. Posobie po obučeniju vidam perevoda, ispol'zuemogo dlja obmena naučno-techničeskoj informaciej, Moskva 1976[2]

KARPOVA, A.F., MILAŠEVIC, V.V. Iz opyta opredelenija soderžanija i operacional'noj organizacii formirovanija navykov techničeskogo perevoda, in: SNT MPIIJa, CCVII, 1983

KELER, G.S., MARTINSON, Ė.G. Sbornik materialov, sposobstvujuščich technike perevoda tekstov nemeckoj techničeskoj literatury, Krasnojarsk 1971, 115 p.

MARKOVA, N.N. O nekotorych priemach perevoda s russkogo jazyka na anglijskij jazyk, in: Povyšenie kačestva perevoda naučno-techničeskoj literatury i dokumentacii, Tezisy dokladov konferencii, posvjaščennoj problemam naučno-techničeskogo perevoda, 24-26 ijunja 1970 g., Perm' 1970, 17-18

SCHOLZ, F. Zu einigen Transpositionen bei der Übersetzung naturwissenschaftlicher und technischer Literatur aus dem Russischen ins Deutsche, in: FS, I: 2/1968, 115-124; II: 3/1968, 183-190

SIVKINA, M.I. Formirovanie obobščennych priemov perevoda s odnogo jazyka na drugoj (na materiale matematiki), Moskva 1978, akd

SMIRNOV, I.P. O technike perevoda inostrannogo naučno-techničeskogo teksta, in: Materialy seminara po teorii i praktike naučno-techničeskogo perevoda, Iževsk 1970, 8-22

SMIRNOV, I.P. Osnovy teorii i technika perevoda naučnoj i techničeskoj literatury, in: NTI, ser. 1, 8/1970, 23-25

SPOSOBY perevoda obščenaučnoj leksiki s anglijskogo jazyka na russkij, Moskva 1983

TOMAŠEVSKAJA, A.L. Posobie po technike perevoda nemeckich naučnych tekstov, Sverdlovsk 1962, 22 p.

ZENINA, Ž.M. Technika perevoda anglijskoj special'noj literatury, Kazan' 1971, 318 p.

1.9.1.4. ÜBERSETZUNGSKRITIK

1.9.1.4.0. ALLGEMEIN

BRODSKIJ, M.P. Konkurs na lučšij perevod naučno-techničeskogo teksta, in: NTI, ser. 1, 9/1973, 24-25

KLIMZO, B.N. O probleme utočnenija teksta originala pri techničeskom perevode, in: Stil' naučnoj reči, Moskva 1978, 269-278

SCHMIDT, H. Parameter einer Übersetzungskritik - zur Textsortenadäquatheit in der Translation, in: LAB, 64/1987, 61-69

1.9.1.4.1. BEWERTUNG (qualitativ, quantitativ)

BAJKOV, A.G. Nekotorye rekomendacii po voprosu povyšenija kačestva perevodov ėksportnoj techničeskoj dokumentacii, in: Voprosy teorii i praktiki naučno-techničeskogo perevoda. Sbornik materialov kratkosročnogo seminara "Problemy kačestva perevoda i povyšenija kvalifikacii perevodčikov naučno-techničeskoj literatury", Leningrad 1966

BIRJUKOV, D.V. Vozmožnosti soveršenstvovanija perevoda, in: Stil' naučnoj reči, Moskva 1978, 261-269

BLEK, A.V. Ėkonomičeskaja ėffektivnost' perevoda naučnoj i techničeskoj literatury, in: Pervaja vsesojuznaja konferencija po teorii i praktike perevoda. Funkcional'nyj stil' naučnoj i techničeskoj literatury, 19-20 ijunja 1975 g., Tezisy dokladov, Kaunas 1975, 30-33

DEMIDOVA, A.K. Obščestvennoe dviženie za povyšenie kačestva perevoda naučnoj i techničeskoj literatury, in: Pervaja vsesojuznaja konferencija po teorii i praktike perevoda. Funkcional'nyj stil' naučnoj i techničeskoj literatury, 19-20 ijunja 1975 g., Tezisy dokladov, Kaunas 1975, 68-75

DOBROVOL'SKAJA, T.V., FIŠMAN, M.A. O kačestve perevoda naučnoj i techničeskoj literatury, in: Pjatyj seminar po voprosam teorii i praktiki perevoda naučnoj i techničeskoj literatury, 26-29 maja 1971 g., Tezisy dokladov, Moskva/Jaroslavl' 1971, 42-44

DOLGOVA, L.M. O kačestve perevodov, in: Vsesojuznoe otraslevoe i Čeljabinskoe oblastnoe soveščanie-seminar, 23-25 marta 1971 g., Tezisy dokladov i soobščenij, Čeljabinsk 1971, I, 82-85

EGGERS, E. Quantitative und qualitative Untersuchungen zum informationsverarbeitenden Übertragen von naturwissenschaftlichen Texten aus dem Russischen ins Deutsche unter dem informativen Aspekt der Beziehung Autor-Textverarbeiter-Nutzer, M.-Luther-Universität Halle/Wittenberg 1979, Diss.A

EGGERS, E. Quantitative und qualitative Untersuchungen zum informationsverarbeitenden Übertragen (IBÜ) von naturwissenschaftlichen Texten aus dem Russischen ins Deutsche unter dem informatorischen Aspekt der Beziehung Autor-Textbearbeiter-Nutzer, in: ZPSK, 3/1984(37), 361-381

GOLIKOVA, E.E. O kačestve raboty perevodčika, in: Problemy povyšenija kačestva perevoda naučnoj i techničeskoj literatury, Tezisy dokladov naučno-techničeskoj konferencii, 13-14 nojabrja 1972 g., Jaroslavl' 1972, 19-23

KOMISSAROV, V.N. Problemy ocenki kačestva naučno-techničeskogo perevoda, in: Funkcional'nye stili i prepodavanie inostrannych jazykov, Moskva 1982

KOZIN, JU.M. Kačestvennyj i količestvennyj podchod k ocenke perevoda naučnoj i techničeskoj literatury za rubežom, in: Pjatyj seminar po voprosam teorii i praktiki perevoda naučnoj i techničeskoj literatury, 26-29 maja 1971 g., Tezisy dokladov, Moskva/Jaroslavl' 1971, 53-55

KUDRJAŠOVA, L.M. Zavisimost' informacionnogo ispol'zovanija perevodov ot kačestva ich vypolnenija i oformlenija, in: Šestoj vsesojuznyj seminar po voprosam teorii i praktiki perevoda naučnoj i techničeskoj literatury, 7-9 ijunja 1972 g., Tezisy dokladov, Moskva/Baku 1972, 38-40

KUDRJAŠOVA, L.M. Normirovanie raboty po perevodu i obrabotke zarubežnoj naučno-techničeskoj literatury i dokumentacii, in: Perevod naučno-techničeskoj literatury, Materialy seminarov VCP, Moskva 1976, 66-86

LEBEDEV, A.A. Puti povyšenija kačestva perevoda, in: Problemy povyšenija kačestva perevoda naučnoj i techničeskoj literatury, Tezisy dokladov naučno-techničeskoj konferencii, 13-14 nojabrja 1972 g., Jaroslavl' 1972, 11-13

LINDEMAN, CH. (= LINDEMANN, H.) Terminologičeskij kontrol' v perevodnych dokumentach po naučnoj informacii, in: Materialy zasedanija Komiteta Meždunarodnoj federacii po dokumentacii "Terminologija informacii i dokumentacii", 22-24 maja 1975 g., Moskva 1976

MARKOVA, N.N. Specifika perevoda ėksportnoj techničeskoj dokumentacii v uslovijach zavoda i puti povyšenija ee kačestva, in: Voprosy teorii i praktiki naučno-techničeskogo perevoda, Materialy k kratkosročnomu seminaru, 28-30 maja 1968 g., Leningrad 1968

NIKIFOROVA, N.A. Zavisimost' kačestva perevoda ot kačestva originala, in: Vsesojuznoe otraslevoe i Čeljabinskoe oblastnoe mežotraslevoe soveščanie-seminar, 23-25 marta 1971 g., Tezisy dokladov i soobščenij, Čeljabinsk 1971, I, 77-79

PROBLEMY kačestva perevoda naučno-techničeskoj literatury, Tezisy dokladov i soobščenij oblastnoj naučno-techničeskoj konferencii, Orel 1978

SMIRNOV, I.P. Normirovanie truda perevodčikov i podsčet ob"ema perevoda, in: Pjatyj seminar po voprosam teorii i praktiki perevoda naučnoj i techničeskoj literatury, 26-29 maja 1971 g., Tezisy dokladov, Moskva/Jaroslavl' 1971, 49-53

SMIRNOV, I.P. Kriterij kačestva perevoda naučnoj i techničeskoj literatury, in: Oblastnaja konferencija po voprosam organizacii truda i dejatel'nosti perevodčika v sisteme NII i zavoda, 21 fevralja 1972 g., Tezisy dokladov, Jaroslavl' 1972, 8-11

SMIRNOV, I.P. Ob ocenke perevodov naučnoj i techničeskoj literatury, in: NTI, ser.1, 2/1975, 33-34

SMIRNOV, I.P. Ocenka kačestva naučno-techničeskich perevodov v zavisimosti ot ich značenija, in: NTI, ser.1, 4/1977, 31-34

VOPROSY kačestva naučno-techničeskogo perevoda, Čeljabinsk 1978

ZONAL'NAJA konferencija "Voprosy kačestva naučno-techničeskogo perevoda", 11-13 dekabrja 1978 g., Tezisy dokladov i soobščenij, Čeljabinsk 1978

1.9.1.4.2. ADÄQUATHEIT

AVCHAČEVA, I.A. K probleme otbora jazykovogo materiala dlja obespečenija stilističeskoj adekvatnosti inojazyčnych vyskazyvanij na naučnye temy, in: SNT MPIIJa, CIL, 1979

KRAŠENINNIKOVA, E.A. Grammatičeskaja neoforma v plane adekvatnosti perevoda naučnoj i techničeskoj literatury, in: XXIV Vsesojuznaja naučnaja sessija, posvjaščennaja Dnju radio, Dnju svjazista i 50-letiju Nižegorodskoj radiolaboratorii im. V.I. Lenina, Annoticii dokladov, Moskva 1968, 46-48

MININA, G.N. K voprosu ob adekvatnosti naučno-techničeskogo perevoda, in: Vsesojuznoe otraslevoe i Čeljabinskoe oblastnoe mežotraslevoe soveščanie-seminar, 23-25 marta 1971 g., Tezisy dokladov i soobščenij, Čeljabinsk 1971, I, 61-67

MININA, G.N. Adekvatnaja peredača grammatiki naučno-techničeskogo teksta pri perevode, in: Osobennosti funkcional'nych stilej naučno-techničeskoj literatury i delovoj dolumentacii, Tezisy dokladov i soobščenij naučno-techničeskogo seminara, 9-11 oktjabrja 1973 g., Čeljabinsk 1973, 87-91

SMIRNOV, I.P. Adekvatnost' naučno-techničeskogo perevoda, in: Pjatyj naučno-techničeskij seminar "Teorija i praktika perevoda naučno-techničeskich tekstov s inostrannogo jazyka na russkij", Tezisy dokladov, Odessa 1974, 28-33

SMIRNOV, I.P. K voprosu o perevodimosti naučno-techničeskogo teksta i adekvatnosti naučno-techničeskogo perevoda, in: Problemy kačestva perevoda naučno-techničeskoj literatury, Tezisy dokladov i soobščenij oblastnoj naučno-techničeskoj konferencii, Orel 1978, 49-52

SMIRNOV, I.P. K voprosu o semantičeskoj adekvatnosti naučno-techničeskogo perevoda in: Semantika teksta i problemy perevoda, Moskva 1984

SOLOV'EVA, I.M. K probleme adekvatnosti naučno-techničeskogo perevoda, in: Stilistiko-grammatičeskie čerty jazyka naučnoj literatury, Moskva 1970, 195-210

1.9.1.4.3. FEHLERANALYSE

BELYCH, A.A. O nekotorych ošibkach v perevodach naučnoj i techničeskoj literatury, in: Vtoroj respublikanskij seminar po voprosam teorii i praktiki perevoda naučnoj i techničeskoj literatury, Tezisy dokladov, Alma-Ata 1972, 15-19

ČERNUCHIN, A.E. O nekotorych ošibkach v perevode parametričeskich veličin na anglijskij jazyk, in: Vsesojuznoe otraslevoe i Čeljabinskoe oblastnoe mežotraslevoe soveščanie-seminar, 23-25 marta 1971 g., Tezisy dokladov i soobščenij, Čeljabinsk 1971, I, 85-88

DOBROVOL'SKAJA, T.V., GORBATOVA, L.K., FIŠMAN, M.A. Atributivnye konstrukcii anglijskoj naučnoj i techničeskoj literatury i častotnost' ošibok, dopuskaemych pri ich perevode na russkij jazyk, in: Četvertyj seminar po voprosam teorii i praktiki perevoda naučnoj i techničeskoj literatury, 2-4 nojabrja 1970 g., Tezisy dokladov, Moskva/Tbilisi 1970, 15-17

GORINSKIJ, V.N. O nekotorych suščestvennych nedostatkach perevoda i referirovanija naučno-techničeskoj literatury, Vtoroj seminar po voprosam teorii i praktiki perevoda naučnoj i techničeskoj literatury, Tezisy dokladov, Moskva 1969, 7-8

JAMPOL'SKIJ, M.I. Ser'eznye nedostatki v perevode nužnoj knigi, in: NTI, ser. 1, 9/1966, 31

PANDIT, V. "Misleading" words in Scientific Translation from Russian into English, in: Babel, 1979, 148

SADOVSKIJ, P.V. O perevodčeskich ošibkach i putjach povyšenija kačestva perevoda, in: Vsesojuznoe otraslevoe i Čeljabinskoe oblastnoe mežotraslevoe soveščanie - seminar, 23-25 marta 1971 g., Tezisy dokladov i soobščenii, Čeljabinsk 1971, I, 67-74

1.9.1.4.4. KOMMENTIERTE TEXTE

FLEISCHMANN, E. Abenteuer Übersetzung, in: FS, 2/1984, 110-116

FLEISCHMANN, E., TATARINOV, V., WAND, V. Ja Lejpcig vospevaju moj..., in: FS, 3/1988, 168-176

GERMAN, V.A., SCHADE, W. Ordnung und Unordnung (Übersetzungskritik einer aus dem Deutschen ins Russische übersetzten Brandschutzordnung und Hotelordnung), in: FS, 4/1985, 248-252; 1/1986, 34-38

KRASITELI SOVETSKOGO SOJUZA - Farbstoffe aus der Sowjetunion (Kommentierter Text), in: FS, 2/1973, 114-118

MÄNNEL, L. Berlin - Hauptstadt der DDR - Stadt der Museen. Berlin - stolica GDR - gorod muzeev, in: FS, 4/1970, 251-161; 1/1971, 34-41

MJAKOTA, JU. Neskol'ko zamečanij otnositel'no perevoda na russkij jazyk brošjury INTERFLUG "Pravila bezopasnosti", in: FS, 1/1984, 37-39

MJAKOTA, JU. Analiz russkogo perevoda statej, pomeščennych v "Kalendare mira", (1976-1978 gg.), in: FS, 4/1980, 284-288

1.9.1.5. FACHÜBERSETZER

BALUEV, M.V. Rol' perevodčika kak informatora pri obrabotke zarubežnoj literatury, in: Oblastnaja konferencija po voprosam organizacii truda i dejatel'nosti perevodčika v sisteme NII i zavoda, 21 fevralja 1972 g., Tezisy dokladov, Jaroslavl' 1972, 11-12

BÄSE, H., BÄSE, H.-J. Die Lage der Dolmetscher und Übersetzer für Ostsprachen in der Bundesrepublik Deutschland aus der Sicht des Bundesverbandes der Dolmetscher und Übersetzer e.V. (BDÜ), in: Mitteilungsblatt, 2/1970(16), 4-5

BAUMANN, E. Verfahren und Ergebnisse wissenschaftlicher Arbeiten zur Lexikologie in der Ausbildung von Fachübersetzern, in: RP, 16/1988, 10-22

BERENSON, L.G. Iz opyta raboty gruppy naučno-techničeskogo perevoda v konstruktorskom bjuro, in: Oblastnaja konferencija po voprosam organizacii truda i dejatel'nosti perevodčika v sisteme NII i zavoda, 21 fevralja 1972 g., Tezisy dokladov, Jaroslavl' 1972, 12-13

BOČAROVA, M.M. Iz opyta raboty gruppy naučno-techničeskogo perevoda v naučno-issledovatel'skom institute, in: Tretij seminar po voprosam teorii i praktiki perevoda naučnoj i techničeskoj literatury, Tezisy dokladov, Moskva 1970, 9-10

BOČAROVA, M.M. O rabote gruppy (bjuro) naučno-techničeskogo perevoda v NII i trebovanijach, pred"javljaemych k perevodčikam, in: Četvertyj seminar po voprosam teorii i praktiki perevoda naučnoj i techničeskoj literatury, 2-4 nojabrja 1970 g., Tezisy dokladov, Moskva/ Tbilisi 1970, 7-9

BOLDINA, I.V., LIMAROV, M.D. Iz opyta raboty gruppy naučno-techničeskogo perevoda v kompleksnom naučno-issledovatel'skom i proektno-konstruktorskom institute, in: Pjatyj seminar po voprosam teorii i praktiki perevoda naučnoj i techničeskoj literatury, 26-29 maja 1971 g., Tezisy dokladov, Moskva/Jaroslavl' 1971, 55-56

FRIDMAN, A.JA. Rabota perevodčika naučno-techničeskoj literatury so slovarem, in: NTI, ser. 1, 3/1965, 14-18

GORINSKIJ, V.N. O sovmestnoj rabote perevodčika naučnoj i techničeskoj literatury i specialista, in: Tretij seminar po voprosam teorii i praktiki perevoda naučnoj i techničeskoj literatury, Tezisy dokladov, Moskva 1970, 14-15

KAMINSKI, B. Sprachwissen und Fachkenntnisse beim Übersetzen und Dolmetschen, in: RP, 16/1988, 56-74

KOPANEV, P.I. O lingvističeskoj kompetentnosti perevodčikov naučno-techničeskoj literatury i dokumentacii, in: Voprosy kačestva naučno-techničeskogo perevoda, Čeljabinsk 1978

KOWALSKI, H. Der Übersetzer im Dschungel technisch-wissenschaftlicher Wortschöpfungen, in: LAnt, II, 1968

MIRIMANOVA, M.S. Iz opyta raboty perevodčika v naučno-issledovatel'skom institute, in: Pjatyj seminar po voprosam teorii i praktiki perevoda naučnoj i techničeskoj literatury, 26-29 maja 1971 g., Tezisy dokladov, Moskva/Jaroslavl' 1971, 56-58

MOČALOVA, L.A. Iz opyta raboty gruppy perevoda v KB, in: Oblastnaja konferencija po voprosam organizacii truda i dejatel'nosti perevodčika v sisteme NII i zavoda, 21 fevralja 1972 g., Tezisy dokladov, Jaroslavl' 1972, 7-8

OBNORSKAJA, Z.D. Rol' perevodčika v vypolnenii naučno-issledovatel'skich rabot na sovremennom urovne, in: Pjatyj seminar po voprosam teorii i praktiki perevoda naučnoj i techničeskoj literatury, Tezisy dokladov, Moskva/Jaroslavl' 1971, 58-59

OBOLEVIČ, V.D. Rol' naučnych znanij v tvorčeskoj praktike perevodčika, in: Teorija i kritika perevoda, Leningrad 1962, 161-167

PUMPJANSKIJ, A.L. Trebovanija, pred"javljaemye k perevodčiku naučnoj i techničeskoj literatury, in: Tezisy dokladov naučno-techničeskogo seminara povyšenija kvalifikacii perevodčikov naučno-techničeskoj literatury, Dnepropetrovsk 1967, 3-5

ŠIŠONKOVA, N.I. Rabota perevodčika s inostrannymi techničeskimi žurnalami na predprijatii, in: Oblastnaja konferencija po voprosam organizacii truda i dejatel'nosti perevodčikov v sisteme NII i zavoda, 21 fevralja 1972 g., Tezisy dokladov, Jaroslavl' 1972, 13-14

SMIRNOV, I.P. Tvorčeskie sily perevodčikov na službu naučno-techničeskomu progressu, in: NTI, ser. 1, 9/1971, 23-24

SMIRNOV, I.P. Osobennosti truda perevodčika naučno-techničeskoj literatury, in: NTI, ser. 1, 11/1981

SOROKINA, R.N. Rol' perevodčikov patentnoj literatury, in: Oblastnaja konferencija po voprosam organizacii truda i dejatel'nosti perevodčika v sisteme NII i zavoda, 21 fevralja 1972 g., Tezisy dokladov, Jaroslavl' 1972, 5-6

STRÖBEL, R. Aus dem Berufsalltag eines freiberuflichen Übersetzers, in: RP, 16/1988, 110-124

VAJS, K.L. Rol' perevodčika v naučno-techničeskoj informacii, in: Voprosy teorii i praktiki naučno-techničeskogo perevoda, Leningrad 1966, 17-25

ZACHARJAN, S.A. Ob opyte raboty perevodčikov naučnoj i techničeskoj literatury v ONTI goroda Irkutska, in: Šestoj vsesojuznyj seminar po voprosam teorii i praktiki perevoda naučnoj i techničeskoj literatury, 7-9 ijunja 1972 g., 28-29

ŽUKOV, D.A. My - perevodčiki, Moskva 1975, 112 p.

1.9.1.6. MASCHINELLES ÜBERSETZEN

APOLLONSKAJA, T.A. Organizacija slovarnoj stat'i v mnogourovnevoj sisteme mašinnogo perevoda, in: Inženernaja lingvistika i prepodavanie inostrannych jazykov s pomošč'ju TSO (ed. Apollonskaja, T.A.), Leningrad 1981, 66-83

BARCHUDAROV, L.S. K voprosu o vozmožnostjach mašinnogo perevoda, in: VJa, 1/1958

BELJAEVA, L.N., JAŠČENKO, T.V., MATORINA, L.V., PIOTROVSKIJ, R.G. Principy mašinnogo perevoda imennych terminologičeskich slovosočetanij, in: Strukturnaja i prikladnaja lingvistika, 3/1987, 149-154

BUGACKAJA, L.N., DOBROVOL'SKAJA, T.V., FIŠMAN, M.A. Primenenie algoritmičeskich schem dlja preduprežedenija vnutrijazykovoj interferencii, in: Bilingvističeskie issledovanija funkcional'nogo stilja naučnoj i techničeskoj literatury, Tezisy dokladov naučno-metodičeskoj konferencii, 25-27 sentjabrja 1974 g., Baku 1974, 58-60

KULAGINA, O.S., MEL'ČUK, I.A. Avtomatičeskij perevod, Moskva 1971

LEVIN, M.S., TICHONOVA, N.G. Procedura avtomatizirovannoj obrabotki inostrannogo techničeskogo teksta dlja mašinnogo perevoda, in: Tekst kak ob"ekt lingvističeskogo analiza i perevoda, Moskva 1984

LINGUISTIC and Engineers Studies in the Automatic Translation of Scientific Russian, I-II, Seattle 1958-1960

MARČUK, JU.N. Sostojanie i perspektivy razvitija sistem avtomatičeskogo perevoda naučno-techničeskoj literatury s inostrannych jazykov na russkij v strane, Moskva 1982

MARČUK, JU.N. Problemy mašinnogo perevoda, Moskva 1983

MAŠINNYJ perevod i prikladnaja lingvistika, Kiev 1962

MAŠINNYJ perevod i prikladnaja lingvistika, Moskva 1957 ff (ab 18/1976: Prikladnaja lingvistika i perevod)

MILLER, J.D. Avtomatičeskij perevod - novoe perspektivnoe napravlenie v ispol'zovanii terminologičeskich bankov, in: INFOTERM. Theoretical and methodological problems of terminology, München/New York/London/Paris 1981

MIRAM, G.E. Sopostavitel'nyj analiz anglijskich i russkich otglagol'nych suščestvitel'nych i primenenie ego rezul'tatov v dejstvujuščej sisteme mašinnogo perevoda (na materiale pod"jazyka neftechimii), Moskva 1984, akd

OUBINE, I.I., SMIRNOV, I.P. New terms in scientific and technical translation and automatic dictionaries, in: INFOTERM. Theoretical and methodological problems of terminology, München/New York/London/Paris 1981, 476-479 (in E), 480-483 (in R)

PERRY, J.W. Translation of Russian Technical Literature by Machine, in: Mechanical Translation, 1/1955(2), 15-24

PERRY, J.W. Machine Translation of Russian Technical Literature, Cambridge/Mass. 1952 (Oct.-Nov.), 16 + 11 pp.

REINECKE, W. Objektivierungsprobleme im Beziehungsfeld von Maschinen- und Humanübersetzung - eine Untersuchung zum Komplex äquivalenter syntaktischer Konstruktionen im Bereich russisch- und deutschsprachiger wissenschaftlicher Texte, Leipzig 1968, Diss.

RJABCEVA, N.K. Sfera special'noj kommunikacii i mašinnyj perevod, in: Tekst kak ob"ekt lingvističeskogo analiza i perevoda, Moskva 1984

ZARUBEŽNYE sistemy avtomatičeskogo ponimanija teksta, in: Perevod naučno-techničeskoj literatury. Obzornaja informacija, Ser. 2: Mašinnyj perevod i avtomatizacija informacionnych perevodov, VI, Moskva 1982

1.9.2. DOLMETSCHEN

BAJKOV, A.G. Osobennosti ustnogo i pis'mennogo perevoda patentnych opisanij s anglijskogo jazyka na russkij, in: Povyšenie kačestva perevoda naučno-techničeskoj literatury i dokumentacii. Osobennosti perevoda patentno-licenzionnoj dokumentacii, Tezisy simpoziuma, 23-25 ijunja 1970 g., Čeljabinsk et al. 1970, 31-32

BERGMAN, T.A., BOGDANOVA, I.P., LITVINA, G.JA. Ustnyj perevod naučnych tekstov, in: Perevod naučno-techničeskoj literatury, Materialy seminarov VCP, Moskva 1976, 54-61

FRADKIN, M.Š. Dvustoronnij perevod, Moskva 1964, 94 p.

FRIDMAN, N.A. Osobennosti ustnogo perevoda na meždunarodnych techničeskich soveščanijach, in: Pjatyj naučno-techničeskij seminar "Teorija i praktika perevoda naučno-techničeskich tekstov s inostrannogo jazyka na russkij", Tezisy dokladov, Odessa 1974, 35-37

JUDINA, G.G. Learn to Interpret by Interpreting. Učites' ustnomu perevodu, Moskva 1962, 215 p.

KOROTKICH, JU.G. Smyslovoj analiz teksta i sinchronnyj perevod, in: Problemy kačestva perevoda naučno-techničeskoj literatury, Tezisy dokladov i soobščenij oblastnoj naučno-techničeskoj konferencii, Orel 1978, 16-18

SALEVSKY, H. Probleme des Simultandolmetschens. Eine Studie zur Handlungsspezifik, Berlin 1986 (= LS/ZISW/A 154), 149 p.

SMIRNOVA, L.N. Ob ustnom posledovatel'nom perevode naučnych soobščenij, in: Jazyk naučnoj literatury, Moskva 1975, 254-262

2. FACHSPRACHE (fachliche Orientierung)

2.1. NATURWISSENSCHAFTEN UND MEDIZIN

2.1.0. ALLGEMEIN

AKADEMIJA NAUK SSSR. Opredelenie ponjatij: naučnoe otkrytie, izobretenie i racionalizatorskoe predloženie, Moskva 1956, (Bjulleten' komiteta techničeskoj terminologii, vypusk LXVI)

BUGULOV, E.N. Metaforičeskie terminoobrazovatel'nye struktury v anglijskoj fiziko-matematičeskoj terminologii, in: Strukturnaja i matematičeskaja lingvistika, VIII, Kiev 1980

BURDIN, S.M. Rol' M.V. Lomonosova v sozdanii estestvenno-naučnoj terminologii v russkom literaturnom jazyke, Moskva 1952, akd

CHANAL, H., STARCHUK, O. Essentials of Scientific Russian, Massachusetts 1963

KURGANOVA, S.P. et al. Naša special'nost' - fizika, chimija, matematika, Moskva 1968

LANGE, K.E. Russisch Zyklogramm 2 MPC (Intensivkurs für Mathematiker, Physiker und Chemiker), Leipzig 1971

MARSAL, D. Russisch für Mathematiker, Physiker und Ingenieurwissenschaftler, München 1973, 534 p.

MATTUSCH, H.-J. Zur funktional-semantischen Kategorie der Modalität (insbesondere der Imperativität) in russischen Fachsprachen der Naturwissenschaften, in: Kommunikativ-funktionale Sprachbetrachtung, Halle 1977

MATTUSCH, H.-J. Fachsprachen und kommunikativ-funktionale Sprachbetrachtung - dargestellt an der Aufforderungsmodalität in naturwissenschaftlichen Fachsprachen des Russischen, Halle 1981, Diss.B

MATTUSCH, H.-J. Zu den Formen der Aufforderung (Imperativität) in russischen naturwissenschaftlichen Fachsprachen, in: FS, 2/1981, 80-86

MATTUSCH, H.-J. Zur Betrachtung der Aufforderungsmodalität unter kommunikativ-funktionalem Aspekt. Untersucht an einigen naturwissenschaftlichen Fachsprachen des Russischen, in: ZPSK, 1/1984

RIŠINA, S.A. Sbornik tekstov i upražnenij po russkomu jazyku (Fizika. Matematika. Čerčenie), Moskva 1978

SCHILLING, I., et al. Russisch Zyklogramm 1 (Intensivkurs für Naturwissenschaftler), Leipzig 1969

SOLGANIK, G.JA. Zametki o jazyke naučno-techničeskich žurnalov, in: RR, 5/1967

STOBERSKI, Z. International Scientific Neologisms, in: Babel 1977, 83, 137, 187; 1978, 36, 81

TERMINOLOGIE der Naturwissenschaften und Medizin und ihre Probleme, Halle 1971

TUCHEL, H. Verbal-nominale Wortverbindungen im schriftlich-monologischen Stil wissenschaftlicher Kommunikation der russischen Sprache der Gegenwart, dargelegt an Texten chemischer, biologischer und medizinischer Fachliteratur, Halle 1978, Diss.

2.1.1. MATHEMATIK

AKADEMIJA NAUK TECHNICZNYCH. Matematyka, Warszawa 1936, (Słownik polskich wyrazów technicznych, dział 11, <Vocabulaire technique polonais, partie 11>), XIV + 1001 p.
D-E-F-R-Pl

AMT FÜR STANDARDISIERUNG. Statistische Qualitätskontrolle. Begriffe, Leipzig, (TGL 14 449 Blatt 2, aug. 1963. Gruppe 034. DDR-Standard), 26 p.
D-E-R

AROSEVA, T.E., KUZ'MIN, JU.A. Tematičeskij dialog (matematika), Moskva 1985

ATAJAN, V.V., VERŠININ, K.P., ŽEŽERUN, A.P. O strukturnoj obrabotke matematičeskich tekstov, in: Raspoznavanie obrazov, Kiev 1978

BOCK, H., GOTTWALD, S., MÜHLIG, R.-P. Zum Sprachgebrauch in der Mathematik, Leipzig 1972

ČISTILIN, E.A. Terminologičeskaja i special'naja leksika "Arifmetiki" L.F. Magnickogo, Moskva 1964, akd

CITKINA, F.A. O perevodimosti tekstov pod"jazyka matematičeskoj logiki (na materiale anglo-russkich perevodov), in: Problemy jazykoznanija i teorii anglijskogo jazyka, IV, Moskva 1978

CITKINA, F.A. Nekotorye osobennosti perevoda i perevodimosti tekstov pod"jazyka matematičeskoj logiki (na materiale anglo-russkogo perevoda), Odessa 1979, akd

DUBJAGO, A.I. Semantičeskie preobrazovanija matematičeskoj leksiki v jazyke N.G. Černyševskogo, in: Issledovanija po istoričeskoj semantike, Kaliningrad 1980

GERMAN, B.G. Obučenie čteniju matematičeskich i chimičeskich formul, simvolov, sokraščenij, in: Teoretičeskie i praktičeskie voprosy prepodavanija inostrannych jazykov, Moskva 1970, 269-271

JANČIKOVA, N.M. Nesvobodnye glagol'no-imennye ob"ektnye slovosočetanija v naučnoj reči (na materiale matematičeskich tekstov), Moskva 1980, akd

JANČIKOVA, N.M. Nekotorye osobennosti sočetaemosti glagolov mechaničeskogo dejstvija s predmetnymi suščestvitel'nymi v jazyke matematiki, in: RJaSI, Moskva 1981(20), 62-69

KKSM. Statističeski kontrol na kačestvoto. Termini, opredelenija i označenija, (Statistical quality control. Terms, definitions and marketing), Sofija 1971, (BDS 9293-71, jan. 1973.), 7 p. E-F-R-Bg

KOZARINSKIJ, M.A. Motivacija sostavnych matematičeskich terminov, in: Lingvističeskie problemy funkcional'nogo modelirovanija rečevoj dejatel'nosti, I, Leningrad 1973, 52-58

KRUG, H. Untersuchungen zur Spezifik der Fachsprache der Mathematik im Russischen und Englischen, Leipzig 1975, Diss.

KRUG, H. Die Konsequenz (logische Folgerichtigkeit) der Denkprozesse in russischen Fachtexten der Mathematik, in: Sprache in Wissenschaft und Technik, Leipzig 1978

KUZNECOVA, N.I., SERGEVNINA, V.M. K voprosu o sistemnosti upražnenij na slovoobrazovanie matematičeskich terminov, in: Voprosy terminovedenija i stilelogii, Gor'kij 1983

MALOV, V.V. Svjazočnye sredstva sceplenija samostojatel'nych predloženij (na materiale matematičeskoj literatury), Rostov-na-Donu 1970, akd

PADUČEVA, E.V. Obnaruženie sfery dejstvija kvantorov v predloženijach matematičeskogo teksta, in: Sintaktičeskij i semantičeskij komponent lingvističeskogo obespečenija, Novosibirsk 1979

PKN. Statystyczna kontrola jakości. Nazwy, określenia i symbole, (Contrôle statistique de la qualité. Termes, définitions et symboles), Warszawa 1971, (PN-71/N-03000, jul. 1972), 32 p. E-R-Pl

PKNiM. Rachunek prawdopodobieństwa i statystyka matematyczna. Nazwy, określenia i symbole, (Théorie probabiliste et statistique mathématique. Terminologie), Warszawa 1974, (PN-74/N-0151, jan. 1976. Remplace PN-58/N-01051>, 40 p. E-R-Pl

POHANKOVÁ, M. Stylistické prostředky k vyjádření důkazu sporem v matematickém textu, in: ČSR, 5/1987, 208/211

RJUNK, O. O principach razvitija terminologii (s točki zrenija matematiki), in: Kėėl'ja Kir'jandus, VIII, Tallinn 1965

ROJTER, T. Jazyk matematiki. Lingvističeskij analiz na materiale russkich i nemeckich matematičeskich tekstov, in: R Roum Ling, 3/1980

SALICHOV, M.V. Matematika kak jazyk nauki, in: Metodologičeskie voprosy sovremennoj nauki, Ufa 1977

ŠELOV, S.D. O semantike termina: Matematičeskij termin v logose i leksike, in: Vopr Inform Teorii Praktiki, XXXXVI, 1981

SIVKINA, M.I. Formirovanie obobščennych priemov perevoda s odnogo jazyka nauki na drugoj (na materiale matematiki), Moskva 1978, akd

TRILLHASE, G. Russisch für Mathematiker. Lehrmaterial für die Sprachkundigenausbildung Stufe IIb, Leipzig 1978

ZASLAVSKIJ, I.D. O nekotorych tendencijach v razvitii jazyka sovremennoj matematiki, in: Metodologičeskie problemy analiza jazyka, Erevan 1976

2.1.2. ASTRONOMIE, GEODÄSIE

AKADEMIJA NAUK SSSR. Komitet techničeskoj terminologii. Osnovnye bukvennye oboznačenija v astronomii, Moskva, (Sborniki rekomenduemych terminov, vypusk 1, 1959), 19 p.

AKADEMIJA NAUK SSSR. Osnovnye bukvennye oboznačenija po astronomii, Moskva 1956, (Bjulleten' komiteta techničeskoj terminologii, vypusk LXVII), 16 p.

AZIM-ZADE, Ė. Russko-slavjanskaja astronomičeskaja i meteorologičeskaja terminologija v sravnitel'no-istoričeskom i tipologičeskom plane, Moskva 1979, akd

GOSUDARSTVENNYJ KOMITET STANDARTOV Soveta ministrov SSSR. Sistemy i pribory nazemnych podvižnych ob"ektov navigacionnye odometričeskie, Moskva 1973, (GOST 19156-73, jan. 1975), 10 p.

GOSUDARSTVENNYJ KOMITET STANDARTOV Soveta ministrov SSSR. Fototopografija. Terminy i opredelenija, Moskva 1975 (GOST 2100275, jul. 1976), 9 p.
D-E-F-R

GOSUDARSTVENNYJ KOMITET STANDARTOV Soveta ministrov SSSR. Geodezija. Terminy i opredelenija, Moskva 1976, (GOST 22268-76, jan. 1978), 32 p.
D-E-F-R

GOSUDARSTVENNYJ KOMITET STANDARTOV Soveta ministrov SSSR. Pribory geodezičeskie. Terminy i opredelenija, Moskva 1976, (GOST 21830-76, jul. 1977), 28 p.
D-E-F-R

GOSUDARSTVENNYJ KOMITET STANDARTOV Soveta ministrov SSSR. Kartografija. Terminy i opredelenija, Moskva 1976, (GOST 2166776, jul. 1977), 44 p.
D-E-F-R

GOSUDARSTVENNYJ KOMITET STANDARTOV Soveta ministrov SSSR. Izmerenie vremeni i častoty. Terminy i opredelenija, Moskva 1970, (GOST 15855-70, jan. 1971), 12 p.

HÜTER, P. Astronomie (R-D), in: FS, 3/1977, 228-233; 4/1977, 305-311

LAPTEVA, I.E. Russkaja astronomičeskaja terminologija (Lingvističeskij aspekt izučenija), Moskva 1984, akd

MIS'KEVIČ, G.I. Selenografija, selenologija, in: RR, 5/1971, 67-74

MÜLLER, E., NIETZOLD, I., SPÄTE, E. Symbole und Fachausdrücke im Bereich der Astrophysik (D-E-F-R), in: FS, 1/1987, 56-69

PANOVKIN, B.N. Leksiko-terminologičeskaja struktura astronomičeskich tekstov, in: Informacii v astronomii i geodezii, Moskva 1982

SACHAROVSKAJA, M.I. Zaimstvovannaja astronomičeskaja leksika v russkom jazyke XVI-XVII vv., in: Problemy istorii russkoj leksiki i terminologii, Moskva 1985

ÚN. Základní názvy a značky ve vyšši geodesii, topografii, barometrické nivelaci, gravimetrii a kartografii, (Termes et symboles fondamentaux de la haute géodésie, de la topographie, du nivellement barométrique, de la mesure de la gravité et de la cartographie), Praha, (ČSN 01 9322, jan. 1956), 11 p.
R-Cs

ÚNM. Názvosloví mapováni, (Terminologie de la cartographie), Praha 1975, (ČSN 73 0402, jun. 1977), 43 p.
E-R-Cs-Sk

VDI. Benennungen auf dem Gebiet der Kreiselgerätetechnik, Düsseldorf, (VDI/VDE 2171, dec. 1962), 8 p.
D-E-R

2.1.3. PHYSIK

AKADEMIJA NAUK SSSR. Komitet naučno-techničeskoj terminologii. Kvantovaja élektronika. Terminologija, Moskva, (Sborniki rekomenduemych terminov, vypusk 75, 1968), 50 p.
D-E-F-R

AKADEMIJA NAUK SSSR. Komitet naučno-techničeskoj terminologii. Osnovy teorii podobija i modelirovanija. Terminologija, Moskva, (Sborniki rekomenduemych terminov, vypusk 88, 1973), 22 p.
D-E-F-R

AKADEMIJA NAUK SSSR. Komitet naučno-techničeskoj terminologii. Osnovnye bukvennye oboznačenija teoretičeskoj mechaniki, Moskva 1948, (Bjulleten' komiteta techničeskoj terminologii, vypusk LVI), 8 p.

AKADEMIJA NAUK SSSR. Komitet techničeskoj terminologii. Terminologija obščej mechaniki, Moskva 1962, (Bjulleten' komiteta techničeskoj terminologii, vypusk LXIII), 39 p.

AKADEMIJA NAUK SSSR. Komitet naučno-techničeskoj terminologii. Terminologija obščej mechaniki, Moskva, (Sborniki rekomenduemych terminov, vypusk 33, 1954), 43 p.

AKADEMIJA NAUK SSSR. Komitet techničeskoj terminologii. Racional'naja terminologija teoretičeskoj mechaniki. Čast' 1: Kinematika, Moskva 1935, (Bjulleten' komiteta techničeskoj terminologii, vypusk III), 20 p.
D-E-F-R

AKADEMIJA NAUK SSSR. Komitet techničeskoj terminologii. Racional'naja terminologija teoretičeskoj mechaniki. Čast' 2: Statika, Moskva 1935, (Bjulleten' komiteta techničeskoj terminologii, vypusk IV), 15 p.
D-E-F-R

AKADEMIJA NAUK SSSR. Komitet techničeskoj terminologii. Terminologija po tjagovym rasčetam, Moskva 1940, (Bjulleten' komiteta techničeskoj terminologii, vypusk XLIV), 8 p.
D-E-F-R

AKADEMIJA NAUK SSSR. Komitet techničeskoj terminologii. Osnovnye bukvennye oboznačenija po tjagovym rasčetam suchoputnogo transporta (obščaja čast'), Moskva 1941, (Bjulleten' komiteta techničeskoj terminologii, vypusk XLVII), 4 p.

AKADEMIJA NAUK SSSR. Komitet techničeskoj terminologii. Terminologija teoretičeskoj mechaniki. Čast' 4: Teorija n'jutonianskogo pritjaženija, Moskva 1936, (Bjulleten' komiteta techničeskoj terminologii, vypusk VII), 14 p.
D-E-F-R

AKADEMIJA NAUK SSSR. Komitet techničeskoj terminologii. Terminologija teoretičeskoj mechaniki. Čast' 7: Dinamika, Moskva 1939, (Bjulleten' komiteta techničeskoj terminologii, vypusk XXVIII) 48 p.
D-E-F-R

AKADEMIJA NAUK SSSR. Komitet techničeskoj terminologii. Terminologija mechaniki židkosti. Gidromechanika, Moskva, (Sborniki rekomenduemych terminov, vypusk 12, 1952), 39 p.

AKADEMIJA NAUK SSSR. Komitet techničeskoj terminologii. Terminologija gidravliki, Moskva 1939, (Bjulleten' komiteta techničeskoj terminologii, vypusk XXVI), 24 p.
D-E-F-R

AKADEMIJA NAUK SSSR. Komitet techničeskoj terminologii. Gidromechanika. Volnovoe dviženie židkosti. Stroitel'naja mechanika. Terminologija, Moskva, (Sborniki rekomenduemych terminov, vypusk 58, 1962), 85 p.
D-E-F-R

AKADEMIJA NAUK SSSR. Komitet techničeskoj terminologii. Terminologija teoretičeskoj mechaniki. Čast' 3: Gidrostatika, Moskva 1936, (Bjulleten' komiteta techničeskoj terminologii, vypusk V), 12 p. D-E-F-R

AKADEMIJA NAUK SSSR. Komitet techničeskoj terminologii. Terminologija teoretičeskoj mechaniki. Čast' 5: Gidrodinamika, Moskva 1936, (Bjulleten' komiteta techničeskoj terminologii, vypusk X), 22 p.
D-E-F-R

AKADEMIJA NAUK SSSR. Komitet techničeskoj terminologii. Terminologija volnovych dviženij židkosti, Moskva, (Sborniki rekomenduemych terminov, vypusk 30, 1954), 15 p.

AKADEMIJA NAUK SSSR. Komitet techničeskoj terminologii. Terminologija vakuumnoj techniki, Moskva 1938, (Bjulleten' komiteta techničeskoj terminologii, vypusk XIII), 16 p.
D-E-F-R

AKADEMIJA NAUK SSSR. Komitet techničeskoj terminologii. Terminologija aėrodinamičeskogo rasčeta samoleta, Moskva, (Sborniki rekomenduemych terminov, vypusk 17, 1954), 21 p.

AKADEMIJA NAUK SSSR. Komitet naučno-techničeskoj terminologii. Fizičeskaja optika. Terminologija, Moskva, (Sborniki rekomenduemych terminov, vypusk 74, 1968), 31 p.
D-E-R

AKADEMIJA NAUK SSSR. Komitet naučno-techničeskoj terminologii. Fizičeskaja optika. Terminologija, Moskva, (Sborniki rekomenduemych terminov, vypusk 79, 1970), 50 p.
D-E-R

AKADEMIJA NAUK SSSR. Komitet naučno-techničeskoj terminologii. Teorija teploobmena. Terminologija, Moskva, (Sborniki rekomenduemych terminov, vypusk 83, 1971), 80 p.
D-E-F-R

AKADEMIJA NAUK SSSR. Komitet techničeskoj terminologii. Terminologija termometrii i kalorimetrii, Moskva 1936, (Bjulleten' komiteta techničeskoj terminologii, vypusk VIII), 40 p.
D-E-F-R

AKADEMIJA NAUK SSSR. Komitet techničeskoj terminologii. Terminologija termodinamiki, Moskva, (Sborniki rekomenduemych terminov, vypusk 7, 1952), 55 p.

AKADEMIJA NAUK SSSR. Komitet techničeskoj terminologii. Terminologija termodinamiki, Moskva 1937, (Bjulleten' komiteta techničeskoj terminologii, vypusk XV), 122 p.
D-E-F-R

AKADEMIJA NAUK SSSR. Komitet techničeskoj terminologii. Terminologija techničeskoj termodinamiki. 2-j proekt, Moskva 1948, (Bjulleten' komiteta techničeskoj terminologii, vypusk XV, 2-j proekt), 72 p.
D-E-F-R

AKADEMIJA NAUK SSSR. Komitet naučno-techničeskoj terminologii. Termodinamika. Terminologija, Moskva, (Sborniki rekomenduemych terminov, vypusk 85, 1973), 55 p. D-E-F-R

AKADEMIJA NAUK SSSR. Komitet techničeskoj terminologii. Terminologija teoretičeskoj ėlektrotechniki, Moskva 1952, (Bjulleten' komiteta techničeskoj terminologii, vypusk LXIV), 40 p.

AKADEMIJA NAUK SSSR. Komitet techničeskoj terminologii. Diėlektriki, Moskva, (Sborniki rekomenduemych terminov, vypusk 53, 1960), 23 p.
D-E-F-R

AKADEMIJA NAUK SSSR. Komitet naučno-techničeskoj terminologii. Poluprovodnikovye pribory. Čast' 1. Osnovnye ponjatija. Terminologija, Moskva, (Sborniki rekomenduemych terminov, vypusk 62, 1962), 23 p.
D-E-F-R

AKADEMIJA NAUK SSSR. Komitet techničeskoj terminologii. Terminologija ėlektričeskich javlenij v gazach, Moskva, (Sborniki rekomenduemych terminov, vypusk 13, 1952), 30 p.

AKADEMIJA NAUK SSSR. Komitet techničeskoj terminologii. Terminologija ėlektrovakuumnych priborov, Moskva, (Sborniki rekomenduemych terminov, vypusk 39, 1956), 48 p.

AKADEMIJA NAUK SSSR. Komitet techničeskoj terminologii. Terminologija ėlektričeskich javlenij v gazach, Moskva 1951, (Bjulleten' komiteta techničeskoj terminologii, vypusk LIX), 24 p.

AKADEMIJA NAUK SSSR. Komitet naučno-techničeskoj terminologii. Uskoriteli zarjažennych častic. Osnovnye ponjatija. Terminologija, Moskva, (Sborniki rekomenduemych terminov, vypusk 65, 1963), 24 p.
E-R

AKADEMIJA NAUK SSSR. Komitet naučno-techničeskoj terminologii. Dozimetrija ionizirujuščich izlučenij. Osnovnye ponjatija. Terminologija, Moskva, (Sborniki rekomenduemych terminov, vypusk 70, 1965), 23 p.
D-E-F-R

AKADEMIJA NAUK SSSR. Komitet naučno-techničeskoj terminologii. Dozimetrija ionizirujuščich izlučenij. Terminologija, Moskva, (Sborniki rekomenduemych terminov, vypusk 76, 1968), 34 p.
D-E-F-R

AKADEMIJA NAUK SSSR. Komitet techničeskoj terminologii. Terminologija teoretičeskoj mechaniki. Čast' 6: Teorija uprugosti, Moskva 1936, (Bjulleten' komiteta techničeskoj terminologii, vypusk XII), 32 p.
D-E-F-R

AKADEMIJA NAUK SSSR. Komitet techničeskoj terminologii. Terminologija teorii uprugosti, ispytanij i mechaničeskich svojstv materialov i stroitel'noj mechaniki, Moskva, (Sborniki rekomenduemych terminov, vypusk 14, 1952), 79 p.

AKADEMIJA NAUK SSSR. Komitet techničeskoj terminologii. Bukvennye oboznačenija po teorii uprugosti, Moskva 1948, (Bjulleten' komiteta techničeskoj terminologii, vypusk LV), 8 p.

AKKOŠKAROV, E., ERMATOV, S. Terminologija fiziki i perevodnye kazachskie terminy (s russko-kazachskim slovarem), Alma-Ata 1974, 75 p.

ALBER-DE WOLF, R. Neonymic Creativity. A Comparative Analysis of the Most Productive Morphological and Morphosyntactic Term-Formation Processes in English, German, French and Russian in the Field of Spectroscopy, in: Standardization of Technical Terminology. Principles and Practices, Actes du colloque de l'ASTM, Toronto, 23 juin 1982, Toronto 1983
E-D-F-R

ALBER-DE WOLF, R. Etude sur la création néonymique. Analyse comparée des procédés morphologiques et morphosyntaxiques de formation des termes du domaine de la spectroscopie en anglais, en allemand, en français et en russe, Québec 1984
E-D-F-R

AMT FÜR STANDARDISIERUNG. Formelzeichen der Akustik. Fremdsprachige Bezeichnung der Größen, Leipzig, (TGL 0-1332 Blatt 2, jul. 1963. Gruppe 034, DDR-Standard), 4 p.
D-E-F-R

BERLING, P. Einige Fachausdrücke aus der Tieftemperaturphysik (R-D), in: FS, 3/1967, 229-230

BIKSON, JA.M. K probleme obraznosti fizičeskoj terminologii, in: Aktual'nye problemy leksikologii, II, Novosibirsk 1969

BOBRINEVA, L.I. Aktivnye processy obrazovanija slovosočetanij v sisteme fizičeskoj terminologii russkogo i anglijskogo jazykov, Minsk 1978, akd

DEVJATAJKINA, V.S., LARIOCHINA, N.M. Sbornik upražnenij po sintaksisu naučnoj reči dlja fizikov, Moskva 1974

FEDOROV, V.I., KRASIL'NIKOVA, T.V. Bilingvističeskoe issledovanie jazyka i stilja perevodov russkoj radiofizičeskoj literatury v SŠA, in: Vsesojuznaja naučnaja sessija, posvjaščennaja Dnju radio, Annotacii i tezisy dokladov, Moskva 1973, 36-37

GOSUDARSTVENNYJ KOMITET STANDARTOV Soveta ministrov SSSR. Gosudarstvennaja sistema obespečenija edinstva izmerenij. Vlagometrija i gidrometrija. Terminy i opredelenija, Moskva 1976, (GOST 8.221-76, jan. 1978), 10 p.
D-E-F-R

GOSUDARSTVENNYJ KOMITET STANDARTOV Soveta ministrov SSSR. Sistemy i pribory nazemnych podvižnych ob"ektov navigacionnye odometričeskie, Moskva 1973, (GOST 19156-73, jan. 1975), 10 p.

GOSUDARSTVENNYJ KOMITET STANDARTOV Soveta ministrov SSSR. Akselerometry nizkočastotnye linejnye. Terminy i opredelenija, Moskva 1973, (GOST 18955-73, jul. 1974), 11 p.
D-E-F-R

GOSUDARSTVENNYJ KOMITET STANDARTOV Soveta ministrov SSSR. Tachometry. Terminy i opredelenija, Moskva 1972, (GOST 18303-72, jan. 1974), 6 p.
D-E-F-R

GOSUDARSTVENNYJ KOMITET STANDARTOV Soveta ministrov SSSR. Tenzorezistory. Terminy i opredelenija, Moskva 1975, (GOST 20420-75, jan. 1976), 10 p.
D-E-F-R

GOSUDARSTVENNYJ KOMITET STANDARTOV Soveta ministrov SSSR. Pribory akustičeskie dlja opredelenija fiziko-chimičeskich svojstv i sostava veščestv. Terminy i opredelenija, Moskva 1974, (GOST 19892-74, jul. 1975), 6 p.

GOSUDARSTVENNYJ KOMITET STANDARTOV Soveta ministrov SSSR. Svetovoe pole v vodnoj srede. Terminy i opredelenija, Moskva 1973, (GOST 19209-73, jan. 1975), 7 p.
D-E-F-R

GOSUDARSTVENNYJ KOMITET STANDARTOV Soveta ministrov SSSR. Gidrooptičeskie charakteristiki. Terminy i opredelenija, Moskva 1973, (GOST 19210-73, jan. 1975), 10 p.
D-E-F-R

GOSUDARSTVENNYJ KOMITET STANDARTOV Soveta ministrov SSSR. Geometričeskaja optika. Terminy, opredelenija i bukvennye oboznačenija, Moskva 1976, (GOST 7427-76, jul. 1977. Replaces GOST 4727-55), 17 p.
D-E-F-R

GOSUDARSTVENNYJ KOMITET STANDARTOV Soveta ministrov SSSR. Sredstva izmerenij temperatury. Terminy i opredelenija, Moskva 1976, (GOST 13417-76, jul. 1977. Replaces GOST 13417-67), 9 p.
D-E-F-R

GOSUDARSTVENNYJ KOMITET STANDARTOV Soveta ministrov SSSR. Ionizirujuščie izlučenija. Terminy i opredelenija, Moskva 1974, (GOST 15484-74, jan. 1976), 18 p.
E-F-R

GOSUDARSTVENNYJ KOMITET STANDARTOV Soveta ministrov SSSR. Detektory ionizirujuščich izlučenij poluprovodnikovye. Terminy i opredelenija, Moskva 1972, (GOST 18177-72, jan. 1974), 10 p.

GOSUDARSTVENNYJ KOMITET STANDARTOV Soveta ministrov SSSR. Detektory ionizirujuščich izlučenij gazovye ionizacionnye. Terminy i opredelenija, Moskva 1973, (GOST 19189-73, jan. 1975), 21 p.
E-F-R

GOSUDARSTVENNYJ KOMITET STANDARTOV Soveta ministrov SSSR. Pribory dozimetričeskie. Osnovnye parametry. Terminy i opredelenija, Moskva 1975, (GOST 20441-75, jan. 1976), 10p.
E-F-R

GOSUDARSTVENNYJ KOMITET STANDARTOV Soveta ministrov SSSR. Detektory ionizirujuščich izlučenij. Terminy i opredelenija, Moskva 1976, (GOST 14105-76, jan. 1978), 8 p.
E-F-R

GOSUDARSTVENNYJ KOMITET STANDARTOV Soveta ministrov SSSR. Edinicy radioaktivnosti i ionizirujuščich izlučenij, Moskva 1963, (GOST 8848-63, jul. 1964. Replaces GOST 8848-58), 5p.

GOSUDARSTVENNYJ KOMITET STANDARTOV Soveta ministrov SSSR. Pokrytija polimernye zaščitnye dlja ulučšenija radiacionnoj obstanovki. Terminy i opredelenija, Moskva 1974, (GOST 19465-74, jan. 1975), 6 p.
D-E-F-R

GOSUDARSTVENNYJ KOMITET STANDARTOV Soveta ministrov SSSR. Radioaktivnoe zagrjaznenie i dezaktivacija. Terminy i opredelenija, Moskva 1974, (GOST 20286-74, jan. 1976), 5 p.

GOSUDARSTVENNYJ KOMITET STANDARTOV Soveta ministrov SSSR. Komplekty upakovočnye transportnye dlja radioaktivnych veščestv. Terminy, opredelenija i priznaki klassifikacii, Moskva 1975, (GOST 12916-75, jul. 1976. Replaces GOST 12916-67), 5 p.
E-F-R

GOSUDARSTVENNYJ KOMITET STANDARTOV Soveta ministrov SSSR. Istočniki izlučenija radioizotopnye zakrytye. Terminy i opredelenija, Moskva 1973, (GOST 18445-73, jan. 1974), 3 p.
D-E-F-R

GOSUDARSTVENNYJ KOMITET STANDARTOV Soveta ministrov SSSR. Generatory nejtronov. Terminy i opredelenija, Moskva, (GOST 19353-74, jan. 1975), 5 p.
E-R

ICAO. Sonic boom, Montréal, (Terminology Bulletin No. 12, provisional edition, jun. 1973), 45 p.
E-F-S-R

IEC. International Electrotechnical Vocabulary. Chapter 391: Detection and measurement of ionizing radiation by electric means, Genève, (Publication 50(391), 1975. Revision of Publication 50(66)), 114 p.
D-E-Nl-Sv-F-I-S-R-Pl

IEC. International Electrotechnical Vocabulary. Group 66: Detection and measurement of ionizing radiation by electric means. 2nd ed., Genève, (Publication 50(66), 1968), 69 p.
D-E-Nl-Sv-F-I-S-R-Pl

IEC. Supplement to publication 181 (1964). Index of electrical measuring apparatus used in connection with ionizing radiation, Genève, (Publication 181 A, 1965), 75 p.
D-E-Nl-Sv-F-I-S-R-Pl

IEC. Supplement to publication 181 (1964). Index of electrical measuring apparatus used in connection with ionizing radiation, Genève, (Publication 181 B, 1966), 74 p.
D-E-Nl-Sv-F-I-S-R-Pl

IPPOLITOV, A.G., ŽURAVLEVA, S.F. Posobie po razvitiju navykov čtenija i audirovanija (fizika), Moskva 1986

IRS. Metrologie. Terminologie, Bucureşti, (STAS 10706-76, aug. 1976, 6 p.
D-E-F-Ro-R

IRS. Erori de măsurare. Terminologie, (Errors of measurement. Terminology), Bucureşti, (STAS 2872-74, aug. 1974. Replaces STAS 2872-59), 16 p.
D-E-F-Ro-R

IRS. Electroacustică. Aparate şi sisteme. Terminologie, (Electroacoustics. Apparatus and systems. Terminology), Bucureşti 1971, (STAS 6533-71, jul. 1972. Replaces STAS 6533-62), 18 p.
D-E-F-Ro-R

IRS. Căldură. Terminologie, (Heat. Terminology), Bucureşti 1970, (STAS 1647-70, jul. 1971. Replaces together with STAS 737/9-70 STAS 1647-62 and STAS E 5995-58), 14 p.

ISMIU. Elektroakustika. Termini i opredelenija, Sofija 1968, (BDS 4768-68, jan. 1970. Replaces BDS 4768-62), 68 p.
D-E-F-R-Bg

ISO. Kinematic diagrams - Graphical symbols - Part I, Genève 1976, (ISO/DIS 3952/I-1976), 18 p.
E-F-R

KKSM. Akustika. Terminologija, Sofija 1973, (BDS 11427-73, jan. 1975), 19 p.
R-Bg

KOMACHIDZE, R.A. Tipologičeskoe issledovanie sistemy russkoj fizičeskoj terminologii sravnitel'no s gruzinskoj, Odessa 1982, akd

KOMITET STANDARTOV, MER I IZMERITEL'NYCH PRIBOROV pri Sovete ministrov SSSR. Gosudarstvennaja sistema obespečenija edinstva izmerenij. Metrologija. Terminy i opredelenija, Moskva 1970, (GOST 16263-70, jan. 1971), 53 p.
D-E-F-R

KOMITET STANDARTOV, MER I IZMERITEL'NYCH PRIBOROV pri Sovete ministrov SSSR. Datčiki sily tenzorezistornye. Terminy i opredelenija, Moskva 1970, (GOST 16217-70, jan. 1971), 6 p.

KOMITET STANDARTOV, MER I IZMERITEL'NYCH PRIBOROV pri Sovete ministrov SSSR. Pribory dlja izmerenija davlenija. Terminy i opredelenija, Moskva 1969, (GOST 15115-69, sep. 1970), 8 p.
D-E-F-R

KOMITET STANDARTOV, MER I IZMERITEL'NYCH PRIBOROV pri Sovete ministrov SSSR. Vakuumnaja technika. Terminy i opredelenija, Moskva 1970, (GOST 5197-70, jul. 1971), 13 p.

KOMITET STANDARTOV, MER I IZMERITEL'NYCH PRIBOROV pri Sovete ministrov SSSR. Oftal'mologičeskaja optika. Terminy i bukvennye oboznačenija, Moskva 1969, (GOST 14934-69, jul. 1970), 10 p.

KOMITET STANDARTOV, MER I IZMERITEL'NYCH PRIBOROV pri Sovete ministrov SSSR. Fizičeskaja optika. Oboznačenija osnovnych veličin, Moskva 1956, (GOST 7601-55. Replaces OST/VKS 6146), 10 p.

KOMITET STANDARTOV, MER I IZMERITEL'NYCH PRIBOROV pri Sovete ministrov SSSR. Sredstva izmerenij svetovych veličin. Terminy, Moskva 1969, (GOST 14686-69, jan. 1970), 6 p.

KOMITET STANDARTOV, MER I IZMERITEL'NYCH PRIBOROV pri Sovete ministrov SSSR. Geometričeskaja optika. Oboznačenija osnovnych veličin, Moskva 1955, (GOST 7427-55. Replaces OST/VKS 6145), 8 p.

KOMITET STANDARTOV, MER I IZMERITEL'NYCH PRIBOROV pri Sovete ministrov SSSR. Pribory dlja izmerenija fiziko-chimičeskich veličin. Radiospektrometry. Terminy, Moskva 1969, (GOST 14828-69, jan. 1970), 6 p.

KOMITET STANDARTOV, MER I IZMERITEL'NYCH PRIBOROV pri Sovete ministrov SSSR. Detektory ionizirujuščich izlučenij. Terminy i opredelenija, Moskva 1969, (GOST 14105-69, jul. 1969), 4 p.

KOMITET STANDARTOV, MER I IZMERITEL'NYCH PRIBOROV pri Sovete ministrov SSSR. Funkcional'nye uzly, bloki i ustrojstva apparatury dlja izmerenija ionizirujuščich izlučenij. Terminy i opredelenija, Moskva 1969, (GOST 14642-69, sep. 1969), 8 p.

KOMITET STANDARTOV, MER I IZMERITEL'NYCH PRIBOROV pri Sovete ministrov SSSR. Pribory dlja izmerenija ionizirujuščich izlučenij. Terminy i opredelenija, Moskva 1969, (GOST 14337-69, jul. 1969), 4 p.
E-F-R

KOMITET STANDARTOV, MER I IZMERITEL'NYCH PRIBOROV pri Sovete ministrov SSSR. Pribory radioizotopnye. Terminy i opredelenija osnovnych ponjatij. Pravila postroenija naimenovanij, Moskva 1969, (GOST 14336-69, sep. 1969), 2 p.

KUTINA, L.L. Formirovanie terminologii fiziki v Rossii, Moskva 1966

LONGO, H. Fondamenti di lingua russa per fisici, Bologna 1972

MINISTERSTVO NA MAŠINOSTROENE. Triene. Termini i opredelenija, (Friction. Terms and definitions), Sofija 1971, (BDS 8738-71, jul. 1972), 6 p.
D-E-F-R-Bg

MSZH. Hegesztett kötések roncsolásmentes vizsgálata. Radiológiai vizsgálattal kimutatott hegesztési hibák tipusainak jelölése és elnevezése, (Méthodes d'essais non destructifs sur les soudures. Classification, symboles et dénomination des défauts de soudure détectés par examen radiographique), Budapest 1973, (MSZ 4310/4-73, jul. 1974. Remplace MSZ 4310/4-63), 10 p.
D-E-F-R-Hu

OSS. Tensometrie. Terminologie, (Measurement of tensions. Terminology), Bucureşti, (STAS 8147-68, mai 1969), 10 p.
D-E-F-Ro-R

PKN. Słownictwo telekomunikacyjne. Elektroakustyka. Nazwy i określenia, (Vocabulaire relatif aux télécommunications. Electroacoustique), Warszawa, (PN/T-01009, déc. 1970; projet), 82 p.
D-E-F-R-Pl

PKN. Obróbka plastyczna. Nazwy i określenia, (Travail par déformation plastique. Terminologie et définitions), Warszawa 1965, (PN-65/M-66001, jan. 1967), 8 p.
D-E-F-R-Pl

PKNiM. Procesy podstawowe inżynierii chemicznej. Przenoszenie ciepła. Nazwy i określenia, (Procédés fondamentaux de génie chimique. Transmission de chaleur. Termes et définitions), Warszawa 1976, (PN-76/C-01350 Arkusz 020 (Feuille 020), jan. 1977. Remplace PN-62/C-01356), 4 p.
D-E-F-R-Pl

PUCHTA, Ch. Einige Besonderheiten russischsprachiger Texte der Physik, in: Fachsprachen und Sprachstatistik (ed. Hoffmann, L.), Berlin 1975, 81-102

REINECKE, W., et al. Russisch für Physiker. Lehrmaterial für die Sprachkundigenausbildung Stufe IIb, Leipzig 1977

ŠAŠKOVA, L. Strukturno-funkcional'nyj analiz naučnoj terminologii (na materiale russkoj i anglijskoj terminologij teplo- i massoobmena), Minsk 1971, akd

SLAVGORODSKAJA, L.V. Ob ispol'zovanii obraznych sredstv v jazyke sovremennoj fiziki, in: Funkcional'nyj stil' naučnoj prozy. Problemy lingvistiki i metodiki prepodavanija, Moskva 1980, 186-197

SOVET ĖKONOMIČESKOJ VZAIMOPOMOŠČI. Izdelija jadernogo priborostroenija. Detektory ionizirujuščich izlučenij. Osnovnye terminy i ich opredelenija, Moskva 1966, (RS 769-66, jan. 1968), 1 p.

SOVET ĖKONOMIČESKOJ VZAIMOPOMOŠČI. Akustika. Terminologija, Moskva 1971, (RS 3114-71, jun. 1973), 52 p.
D-E-Ro-R-Bg-Cs-Pl-Hu

SOVET ĖKONOMIČESKOJ VZAIMOPOMOŠČI. Terminologija v techničeskoj geometričeskoj optike, Moskva 1967, (RS 1182-67, jan. 1970), 7 p.

SOVET ĖKONOMIČESKOJ VZAIMOPOMOŠČI. Izdelija jadernogo priborostroenija. Pribory dozimetričeskie, radiometričeskie i spektrometričeskie. Osnovnye terminy i opredelenija, Moskva 1966, (RS 766-66, jan. 1968), 2 p.

SOVET ĖKONOMIČESKOJ VZAIMOPOMOŠČI. Izdelija jadernogo priborostroenija. Radioizotopnye pribory. Osnovnye terminy i ich opredelenija, Moskva 1966, (RS 767-66, jan. 1968), 1 p.

SOVET ĖKONOMIČESKOJ VZAIMOPOMOŠČI. Izdelija jadernogo priborostroenija. Bloki i ustrojstva ėlektronnoj apparatury dlja jadernoj fiziki. Osnovnye terminy i ich opredelenija, Moskva 1966, (RS 768-66, jan. 1968), 4 p.

SOVET ĖKONOMIČESKOJ VZAIMOPOMOŠČI. Izdelija jadernogo priborostroenija. Detektory ionizirujuščich izlučenij poluprovodnikovye. Terminy, opredelenija i oboznačenija, Moskva 1969, (RS 2289-69, jan. 1971), 5 p.

TECHNOLOGIJA obrabotki optičeskich detalej: Terminologija, Moskva 1979, 40 p.

TOROPOV, A.G. (?TOPOROV, A.G.) Nekotorye osobennosti perevoda literatury po geofizike, in: Povyšenie kačestva perevoda naučno-techničeskoj literatury i dokumentacii, Tezisy dokladov konferencii, posvjaščennoj problemam naučno-techničeskogo perevoda, 24-26 ijunja 1970 g., Perm' 1970, 24-25

TRILLHASE, G. Strukturelle Beschreibung einiger Syntaxmodelle der russischen wissenschaftlichen Fachsprache – dargestellt an Texten der Physikliteratur, in: WZ Jena, GSR, 5/1967

ÚNM. Veličiny a jednotky ve vědě a technické praxi, (Grandeurs et unités de la science et technologie), Praha 1970, (ČSN 01 1301, jul. 1973. Cette norme remplace ČSN 01 1301, mai 1957 et ČSN 01 1301, mar. 1959), 63 p.
D-E-F-R-Cs-Sk

ÚNM. Slovník měrových jednotek devítijazyčný (čestina, ruština, bulharština, mad'arština, němčina, polština, rumunština, franština, angličtina), (Vocabulaire des unités de mesure en neuf langues (tchèque, russe, bulgare, hongrois, allemand, polonais, roumain, français, anglais), Praha 1971, 143 p.
D-E-F-Ro-R-Bg-Cs-Pl-Hu

ÚNM. Veličiny a jednotky mechanického kmitání a rázů, (Quanti-

tés et unités de mesure dans le domaine des vibrations mécaniques et chocs), Praha 1974, (ČSN 01 1312, jan. 1977), 51 p.
D-E-F-R-Cs

ÚNM. Měření délek. Názvosloví oboru měření délek a úhlů, (Terminologie de la mesure de longueurs et d'angles), Praha 1974, (ČSN 25 1010, jun. 1976), 90 p.
D-E-F-R-Cs-Sk

ÚNM. Hydrostatické mechanismy. Názvosloví, (Mécanique hydrostatique. Terminologie), Praha 1972, (ČSN 11 9000, april 1973. Remplace ČSN 11 9000, apr. 1966), 50 p.
D-E-R-Cs-Sk

ÚNM. Názvosloví ve vakuové technice, (Terminologie de la technique du vide), Praha 1970, (ČSN 10 7001, jan. 1972), 87 p.
D-E-F-R-Cs-Sk

ÚNM. Akustické názvosloví, (Terminologie relative à l'acoustique), Praha 1965, (ČSN 01 1600, mar. 1966), 22 p.
D-E-F-R-Cs-Sk-Pl

ÚNM. Názvosloví mechanického kmitání a rázů, (Vibrations mécaniques et chocs. Terminologie), Praha 1974, (ČSN 01 1400, jan. 1977), 80 p.
D-E-F-R-Cs-Sk

ÚNM. Zařízení pro měření mechanického kmitání. Základní pojmy, (Instruments pour le mesurage des vibrations. Terminologie de base), Praha 1973, (ČSN 01 1391, nov. 1974), 23 p.
D-E-F-R-Cs-Sk

ÚNM. Světelně technické názvosloví, (Terminologie relative à l'éclairage), Praha 1967, (ČSN 36 0000, mar. 1970. Cette norme remplace ČSN 01 1701, jan. 1954 et ČSN 01 1711, aug. 1954), 342 p.
D-E-Da-Nl-Sv-F-I-S-R-Cs-Pl-Sk-Hu

ÚNM. Názvosloví elektromagnetických vlastností feritů, (Terminologie des propriétés des ferrites), Praha 1972, (ČSN 35 8005, jul. 1973), 40 p.
D-E-F-I-S-R-Cs-Pl-Sk

ÚNM. Názvosloví přístrojů jadern techniky, (Terminologie relative aux appareils du génie nucléaire), Praha 1971, (ČSN 35 6550, apr. 1972), 72 p.
D-E-F-R-Cs-Sk

VDI. Benennungen auf dem Gebiet der Kreiselgerätetechnik, Düsseldorf, (VDI/VDE 2171, dec. 1962), 8 p.
D-E-R

VKS. Oboznačenija osnovnych obščetechničeskich veličin, Moskva 1947, (GOST 1493-47. Replaces GOST 1493-42), 4 p.

VNIIKI. Naučno-techničeskaja terminologija. Sbornik standartizovannych i rekomenduemych terminov v 10 tomach. Tom 2. Obščetechničeskaja terminologija. Bukvennye oboznačenija veličin, Moskva 1970, 427 p.
D-E-F-R

VNIIKI. Naučno-techničeskaja terminologija. Sbornik standartizovannych i rekomenduemych terminov v 10 tomach. Tom 5. Ėnergetičeskoe i ėlektrotechničeskoe oborudovanie, Moskva 1970, 112 p.
D-E-F-R

ZACHAVA-NEKRASOVA, E.B. Dlja vas, specialisty (Teksty po fizike), in: RJaZR, 2/1971, 16-19

ZAMKOVA, V.V. Fizičeskaja terminologija v *Wol'fgangskoj èksperimental'noj fizike* M.V. Lomonosova, in: Materialy i issledovanija po leksike russkogo jazyka XVIII veka, Moskva/Leningrad 1965

2.1.4. CHEMIE

AKADEMIJA NAUK SSSR. Komitet techničeskoj terminologii. Terminologija fiziko-chimičeskogo analiza. Čast' 1, Moskva, (Sborniki rekomenduemych terminov, vypusk 6, 1951), 33 p.

BRÄUER, A. Russisch für Chemiker. Lehrmaterial für die Sprachkundigenausbildung Stufe IIb, Anhang: Chemische Nomenklatur Teil I, Jena/Berlin 1977

BRÄUER, A. Inicial'nye abbreviatury v jazyke chimii, in: FS, 1/1983, 11-13

DIRECCIÓN DE NORMAS Y METROLOGÍA. Productos quimicos. Clasificación por calidades y definiciones, (Chemical products. Classification and definitions), La Habana 1967, (NC 20-03, aug. 1968), 3 p.
D-S-Ro-L-R-Bg-Cs-Pl-Hu

DMITRIEV, M.M. Terminologija koksochimičeskogo proizvodstva, in: Koks Chim, 9/1960

DOLGOVA, I.A. Semantičeskaja charakteristika terminologičeskich antonimov (na materiale terminologii chimii), Leningrad 1984, akd

EGERT, W. Russisch für Chemiker. Lehrmaterial für die Sprachkundigenausbildung Stufe IIb, Leipzig 1982

EGERT, W., HORNUNG, W., KRETSCHMAR, E., Die suffixale Derivation als Mittel der Terminusbildung (Chemie, chemische Technik), in: WZ Berlin, 3/1969, 425-431

FIEDLER, G. Untersuchungen zur Häufigkeit lexikalischer Einheiten und grammatischer Kategorien in der russischen Fachsprache der Chemie, Leipzig 1984, Diss.A

GOSUDARSTVENNYJ KOMITET STANDARTOV Soveta ministrov SSSR. Analizatory biologičeskich židkostej medicinskie. Terminy i opredelenija, Moskva 1973, (GOST 18996-73, jan. 1975), 13p.
D-E-F-R

GOSUDARSTVENNYJ KOMITET STANDARTOV Soveta ministrov SSSR. Metody i sredstva rentgenoradiometričeskogo analiza. Terminy i opredelenija, Moskva 1974, (GOST 19647-74, jul. 1975), 5 p.
E-R

GOSUDARSTVENNYJ KOMITET STANDARTOV Soveta ministrov SSSR. Chromatografija gazovaja. Terminy i opredelenija, Moskva 1972, (GOST 17567-72, jul. 1973), 8 p.

GOSUDARSTVENNYJ KOMITET STANDARTOV Soveta ministrov SSSR. Pribory poluprovodnikovye selenovye. Terminy i opredelenija, Moskva 1976, (GOST 21604-76, jul. 1977), 15 p.
D-E-F-R

GOSUDARSTVENNYJ KOMITET STANDARTOV Soveta ministrov SSSR. Aerozoli radioaktivnye. Terminy i opredelenija, Moskva 1970, (GOST 15485-70, jul. 1970), 2 p.

GUSJATINSKAJA, V.S. Leksika naučnych nazvanij v chimii, in: Problemy obščego i russkogo jazykoznanija, Moskva 1972, 39-45

GVARAMADZE, D.CH., NIKOLADZE, R.CH. Chimičeskaja terminoligija (russko-gruzinskaja), Tbilisi 1970, 220 p.

HARTMANN, H. Zur Struktur und kontextuellen Verwendung von Termini. Eine Untersuchung an russischen Fachtexten der Erdölchemie, Halle, 1983, Diss.A

HORNUNG, W. Die russische chemische und chemisch-technische Terminologie im Vergleich zur deutschen, Berlin 1965, Diss.

HORNUNG, W. Äquivalenztypen russischer Mehrworttermini und deutscher Komposita in der chemischen Fachsprache, in: Beihefte zur Zeitschrift "Fremdsprachen", V/VI 1973, 113-117

HORNUNG, W., KRETSCHMAR, E. Prozeßbezeichnungen in der russischen Fachsprache der Chemie und chemischen Technik, in: Spezialprobleme der wissenschaftlichen und technischen Übersetzung (ed. Spitzbardt, H.), Halle 1972

JAMINET, L. VON Ätherische Öle, Riechstoffe und Riechdrogen, Hamburg 1949, 169 p.
D-L-E-R-F-S-Pt

KACHADZE, C.D. Semantičeskaja i slovoobrazovatel'naja struktura složnych chimičeskich terminov, Tbilisi, 1971, akd

KARABAK, O.D., KURGANOVA, S.P. Sbornik upražnenij po sintaksisu naučnoj reči dlja chimikov, Moskva 1970

KOCAR', Ė.B., MARUSANOVA, V.E. Obučenie specialistov-chimikov professional'noj naučnoj reči, in: RJaZR, 5/1983, 42-50

KOMITET STANDARTOV, MER I IZMERITEL'NYCH PRIBOROV pri Sovete ministrov SSSR. Istočniki toka chimičeskie. Terminy i opredelenija, Moskva 1970, (GOST 15596-70, jan. 1971), 24p. D-E-F-R

KORZINKIN, V.M. O spravočnike po perevodu biochimičeskich tekstov s russkogo jazyka na anglijskij, in: Prepodavanie inostrannych jazykov i ego lingvističeskie osnovy, Moskva 1972, 337-338

KORZINKIN, V.M., OBRUČEVA, N.V. Spravočnik perevodčika biochimičeskich tekstov s russkogo jazyka na anglijskij, Moskva 1972, 183 p.

KOSILOVA, M.F. Putevoditel' po nemeckomu predloženiju. Posobie po perevodu naučnych tekstov po chimii, Moskva 1971,196p.

KOZLÍK, M. Leksiko-semantičeskie tipy russkich chimičeskich terminov-sinonimov i ich slovackich ėkvivalentov, in: ČSR, 4/1986, 165-169

KOZLOV, JU.V. Problemy otbora naučnych terminov v obščie japonsko-russkie slovari (na primere chimičeskoj terminologii), Leningrad 1983, akd

LANGLEBEN, M.M. O jazyke chimičeskoj nomenklatury, in: Trudy III Vsesojuznoj konferencii po informacionno-poiskovym sistemam i avtomatizirovannoj obrabotke naučno-techničeskoj informacii, II, Moskva 1967

MAZARSKAJA, S.E. Osobennosti upotreblenija predložno-padežnych form v chimičeskoj literature, in: Voprosy teorii i praktiki prepodavanija inostrannych jazykov na nejazykovych fakul'tetach universitetov, II, Perm' 1978

MAZARSKAJA, S.E. Leksiko-grammatičeskie osobennosti form prjamogo ob"ekta v russkich i nemeckich chimičeskich tekstach, in: Sopostavitel'no-semantičeskie issledovanija russkogo jazyka, Voronež 1979

MERVART, M. Několik poznámek k překladům ruským z oboru chemie a chemické technologie (Notes about some Czech translations of Russian publications on chemistry and chemistry technology), in: Naše řeč, 49/1966, 44-47

MIRAM, G.E. Sopostavitel'nyj analiz anglijskich i russkich otglagol'nych suščestvitel'nych i primenenie ego rezul'tatov v dejstvujuščej sisteme mašinnogo perevoda (na materiale pod"jazyka neftechimii), Moskva 1984, akd

NOMENKLATURNYE pravila IJuPAK po chimii, I-II, Moskva 1979

PESCHKA, H. Die Namen der chemischen Elemente im Deutschen und Russischen, in: WZ TU Dresden, 3/1967(16), 817 ff

PKNiM. Analiza spektralna. Podstawowe pojęcia i określenia, (Analyse spectrale. Termes et définitions), Warszawa 1975, (PN/H-01210, jul. 1977), 10 p. D-E-F-R-Pl

PROSVETOVA, L.P. Glagol'no-imennye frazeosočetanija russkich chimičeskich tekstov (v sopostavlenii c nemeckim), Voronež 1978, akd

REFORMATSKIJ, I.A., SUPERANSKAJA, A.V. Kak nazvat' novyj chimičeskij ėlement?, in: VKR, VII, 1966, 89-94

REID, R.E. Chemistry through the Sound Barrier. How to Scan Chemical Articles in Foreign Languages. With Special Reference to Russian and Japanese, Baltimore/London 1970

SATZGER, A. Das Attribut als Sonderfall von Kookkurrenz in russischen Texten der Chemie, Halle 1977, Diss.

SATZGER, A. Das Attribut als Sonderfall von Kookkurrenz in russischen Texten der Chemie, in: Arbeitsberichte, LXV, 1979

SCHICKE, W., UTERMARK, W. Schmelzpunkttabellen organischer Verbindungen, Berlin 1963², 715 p. (1951)
D-E-F-R
Rez.: Science reference notes, 3-4/1963, 13 (Cooper, M.)

SEVERGIN, V.M. Rukovodstvo k udobnejšemu razumeniju chimičeskich knig inostrannych, Sankt Peterburg 1815
L-R-F-D

ŠILENKO, E.V. Giponimija kak odin iz sposobov sistemnoj organizacii terminologii special'nosti "Technologija osnovnogo organičeskogo i neftechimičeskogo sinteza" (TOONS), in: Opisanie russkogo jazyka v aspekte ego prepodavanija kak inostrannogo, Leningrad 1984

SLABIGOUDKOVA, Ė. Imennye terminologičeskie slovosočetanija v chimičeskoj literature i rabota s nimi v češskoj auditorii, Praga 1978, Diss.

STOBERSKI, Z. International scientific terminology. Chemistry, in: Babel, 4/1983(29), 251 ff; 1/1985(31), 56; 2/1985(31), 113; 3/1985(31), 181

STOLJAROV, D.E. Anglijskie sokraščenija po neftepromyslovomu delu (v pomošč' perevodčiku), Moskva 1979, 112 p.

ÚNM. Označování čistoty chemikálií, (Désignation de la pureté des substances chimiques), Praha 1975, (ČSN 650102, jan. 1977. Remplace ČSN 650102, mar. 1966), 4 p.
D-Ro-L-R-Bg-Cs-Pl-Sk-Hu

VINITI. Dvujazyčnyj spisok terminov po chimii i chimičeskoj technologii (nemecko-russkij variant), Moskva 1979, 100 p.

WACHE, G. Untersuchungen zur Bedeutungsspezialisierung von Wörtern der russischen Allgemeinsprache im Fachwortschatz der Chemie und der chemischen Technik, Halle 1970, Diss.

WACHE, G. Untersuchungen zur Bedeutungsspezialisierung von Wörtern der russischen Allgemeinsprache im Fachwortschatz der Chemie und chemischen Technik, in: WZ Halle-Wittenberg, GSR, 5/1972, 21-24

WAHLGREN, I.H. A Descriptive Grammar of Russian Chemical Nomenclature, Berkeley 1964, Diss.

WENZEL, N. Monosemie und Polysemie der russischen Verben in der Fachsprache der anorganischen und organischen Chemie, II: Anlage I: Häufigkeitsliste der Verben. Verteilung der Verblexeme nach Rang, absoluter und relativer Häufigkeit, Leipzig 1980, Diss.A

WENZEL, N. Polysemie der Verben in russischen Fachtexten der Chemie, in: FS, 1/1984, 14-19

WENZEL, N. Zum Monosemierungsprozeß in russischen Fachtexten der Chemie, in: SL, 3-4/1984, 136-140

ZAMKOVA, V.V. Terminologija probirnogo dela i affinaža v russkom jazyke XVIII veka, in: Processy formirovanija russkogo literaturnogo jazyka XVIII veka (ot Kantemira do Karamzina), Moskva/Leningrad 1966

2.1.5. GEOLOGIE UND VERWANDTE WISSENSCHAFTEN

AŠMARINA, N.F., DMITRIEVA, L.V., KRJUKOV, L.B., TITORENKO, I.N. Terminologija po prirodnym resursam zemli, Moskva 1976, 204 p.
E-R

AZIM-ZADE, Ė. Russko-slavjanskaja astronomičeskaja i meteorologičeskaja terminologija v sravnitel'no-istoričeskom i tipologičeskom plane, Moskva 1979, akd

BESSONOVA, E.V. Semantika i struktura russkoj obščegeologičeskoj terminologii, Moskva 1984, akd

BIRJULIN, L.A. Verba meteorologica i ich diatezy v sovremennom russkom jazyke, in: Problemy lingvističeskoj terminologii i struktury jazyka, Leningrad 1977

BOROVIKOV, A.M. O faktičeskom sostojanii tektoničeskoj terminologii, in: Geotekt, 1/1968

ČAL'JAN, L.N. K voprosu o lingvističeskom analize referatov v sopostavlenii s ischodnym tekstom (Pod"jazyk geologii), in: Voprosy sistemno-tipologičeskogo issledovanija jazykov, Moskva 1980

ČAL'JAN, L.N., POCHMEL'NIK, V.V. Analiz glagol'no-imennych perifrastičeskich oborotov s učetom referirovanija naučnych tekstov (Pod"jazyk geologii), in: Voprosy sistemno-tipologičeskogo issledovanija jazykov, Moskva 1980

DOBBERITZ, L. Kohlevergasung (D-R), in: FS, 2/1982, 132-142

EINIGE Fachtermini aus dem Gebiet der Erdölförderung (R-D), in: FS, 2/1959, 24-27; 3/1959, 22-23

ĖKKERT, CH. (=ECKERT,H.) Terminologičeskie slovosočetanija v russkoj terminologii nefti i gaza, Leningrad 1979, akd

ĖKKERT, CH. (=ECKERT, H.) Terminologičeskie slovosočetanija po nefti i gazu (strukturno-semantičeskaja charakteristika), in: Arbeitsberichte, LXIV, 1979

ĖKKERT, CH. (=ECKERT, H.) Terminoobrazovatel'naja struktura trechkomponentnych terminov (na materiale russkoj terminologii nefti i gaza), in: Arbeitsberichte, LXXXIV, 1982

FERSMAN, A.E., ŠUBNIKOVA, O.M. Sputnik geochimika i mineraloga, Moskva/Leningrad 1937, 415 p.

GINZBURG, M.P. Blok morfologičeskogo analiza v scheme avtomatičeskogo indeksirovanija IPS "Neft'-2", in: Razrabotka i ėkspluatacija avtomatizirovannoj sistemy NTI v neftjanoj promyšlennosti, Moskva 1981

GOSUDARSTVENNYJ KOMITET STANDARTOV Soveta ministrov SSSR. Torf. Geologija, poisk i razvedka torfjanych mestoroždenij. Terminy i opredelenija, Moskva 1975, (GOST 21123-75, jan. 1977), 27 p.
D-E-R

GOSUDARSTVENNYJ KOMITET STANDARTOV Soveta ministrov SSSR. Apparatura ėlektrorazvedočnaja. Terminy i opredelenija, Moskva 1973, (GOST 18830-73, jul. 1974), 8 p.

GOSUDARSTVENNYJ KOMITET STANDARTOV Soveta ministrov SSSR. Okeanologija. Osnovnye ponjatija. Terminy i opredelenija, Moskva 1973, (GOST 18451-73, jul. 1974), 10 p.
D-E-F-R

GOSUDARSTVENNYJ KOMITET STANDARTOV Soveta ministrov SSSR. Okeanologija. Pribory i techničeskie sredstva. Terminy i opredelenija, Moskva 1973, (GOST 18458-73, jul. 1974), 10 p.
D-E-F-R

GOSUDARSTVENNYJ KOMITET STANDARTOV Soveta ministrov SSSR. Okeanologija. Uroven' morja. Terminy i opredelenija, Moskva 1973, (GOST 18452-73, jul. 1974), 5 p.
E-R

GOSUDARSTVENNYJ KOMITET STANDARTOV Soveta ministrov SSSR. Okeanologija. Chimija morja. Terminy i opredelenija, Moskva 1973, (GOST 18456-73, jul. 1974), 8 p.
D-E-F-R

GOSUDARSTVENNYJ KOMITET STANDARTOV Soveta ministrov SSSR. Okeanologija. Okeaničeskie i morskie tečenija. Terminy i opredelenija, Moskva 1973, (GOST 18454-73, jul. 1974), 5 p.
E-F-R

GOSUDARSTVENNYJ KOMITET STANDARTOV Soveta ministrov SSSR.

Okeanologija. Prilivnye javlenija v mirovom okeane. Terminy i opredelenija, Moskva 1973, (GOST 18453-73, jul. 1974), 5p.
E-F-R

GOSUDARSTVENNYJ KOMITET STANDARTOV Soveta ministrov SSSR. Okeanologija. Vetrovye volny i zyb'. Terminy i opredelenija, Moskva 1973, (GOST 18455-73, jul. 1974), 10 p.
D-E-R

GOSUDARSTVENNYJ KOMITET STANDARTOV Soveta ministrov SSSR. Okeanologija. Ust'evye oblasti rek, vpadajuščich v more. Terminy i opredelenija, Moskva 1973, (GOST 18457-73, jul. 1974), 7 p.
D-E-F-R

GOSUDASTVENNYJ KOMITET STANDARTOV Soveta ministrov SSSR. Gidrologija suši. Terminy i opredelenija, Moskva 1973, (GOST 19179-73, jan. 1975), 34 p.
D-E-F-R

GOSUDARSTVENNYJ KOMITET STANDARTOV Soveta ministrov SSSR. Agrometeorologija. Osnovnye ponjatija. Terminy i opredelenija, Moskva 1972, (GOST 17713-72, jul. 1973), 5 p.

KAS'JANOVA, V.M. Russkaja meteorologičeskaja leksika (istorija i funkcionirovanie), Moskva 1985, akd

KLANE, V.JA. Geomorfologičeskie terminy: russko-latyšskaja cast'), Riga 1977, 100 p.
R-Lett

KOMITET STANDARTOV, MER I IZMERITEL'NYCH PRIBOROV pri Sovete ministrov SSSR. Technika geologorazvedočnogo burenija. Terminy i opredelenija, Moskva 1970, (GOST 16275-70, jul. 1971), 29 p.
D-E-F-R

KOMITET STANDARTOV, MER I IZMERITEL'NYCH PRIBOROV pri Sovete ministrov SSSR. Technologija geologorazvedočnogo burenija. Terminy i opredelenija, Moskva 1970, (GOST 16276-70, jul. 1971), 27 p.
D-E-F-R

KRASNYJ, L.I. Podvižnye oblasti i voprosy ich nomenklatury, in: Sov Geol, 10/1961

LENZ, J.G. Versuch einer vollständigen Anleitung zur Kenntnis der Mineralien, I: Erd- und Steinarten, Salze, ölige mineralische Körper und Versteinerungen, 640 p., II: Metalle und Gebirgsarten, 420 p.
D-S-Da-E-F-I-G-L-Hu-R

NESTLER, M. Produktive Wortbildungstypen in der russischsprachigen Terminologie der Geologie, Leipzig 1981, Dipl.

ONUCHOV, F.S., TIMOFEEV, D.A., UFIMCEVA, G.F. Terminologija obščej geomorfologii, Moskva 1977

OTIN, E.S. Arealy slavjanskich gidrografičeskich terminov v toponimii Podon'ja, in: Problemy vostočno-slavjanskoj toponimii, Moskva 1979

ŠACOV, N.I. O edinoj terminologii v burenii, in: Neft Choz, 5/1962

ŠČERBAKOVA, L.E. Formirovanie russkoj meteorologičeskoj leksiki (naimenovanie osadkov, naimenovanija sostojanija pogody), Saratov 1983, akd

SCHRÖTER, K. Zur Entwicklung der Fachterminologie im Zusammenhang mit der Erweiterung der Fachkenntnisse und daraus resultierende Probleme der Fachübersetzung (dargestellt an Beispielen aus dem Bereich der Geowissenschaften), in: Spezialprobleme der wissenschaftlichen und technischen Übersetzung (ed. Spitzbardt, H.), Halle 1972, 161-171

STEMKOVSKAJA, E.P. Semantičeskaja i slovoobrazovatel'naja struktura russkoj terminologičeskoj leksiki (Terminologija sejsmičeskoj razvedki), Moskva 1971, akd

STRIŽEVSKAJA, O.I. Struktura i semantika nazvanij mineralov, Moskva 1975, akd

STRIŽEVSKAJA, O.I. Semantika nazvanij mineralov v slovare russkogo jazyka S.I. Ožegova, in: NDVŠ FN, 1/1987(157), 70-74

TABANAKOVA, V.D. Semantizacija termina v odnojazyčnych terminologičeskich slovarjach (na materiale geologičeskich slovarej), Moskva 1981, akd

TIMOFEEV, D.A., UFIMCEVA, G.F., ONUCHOV, F.S. Terminologija obščej geomorfologii, Moskva 1977

TNC 59. Glossary of geotechnics, Stockholm 1975, (Tekniska Nomenklaturcentralen), 176 p.
Sv-E-F-D-Fi-R

TOROPOV, A.G. (?TOPOROV, A.G.) Nekotorye osobennosti perevoda literatury po geofizike, in: Povyšenie kačestva perevoda naučno-techničeskoj literatury i dokumentacii, Tezisy dokladov konferencii, posvjaščennoj problemam naučno-techničeskogo perevoda, 24-26 ijunja 1970 g., Perm' 1970, 24-25

UNESCO. Bureau of conferences, languages and documents. Assessment and mitigation of earthquake risk, Paris, (COL-76/WS/3, jan. 1976), 41 p.
E-F-S-R

ÚNM. Názvosloví v hydrologii, (Terminologie de l'hydrologie), Praha 1975, (ČSN 736511, jul. 1977. Remplace ČSN 736511, nov. 1965), 155 p.
D-E-R-Cs-Sk

2.1.6. BIOLOGIE, BOTANIK, ZOOLOGIE

2.1.6.1. BIOLOGIE

BORISOV, L.B. Kratkij spravočnik mikrobiologičeskoj terminologii, Moskva 1975, 136 p.

CHVATOV, S.A. Slovoobrazovatel'naja sistema biologičeskich terminov v sovremennom russkom jazyke, in: Issledovanija po literaturovedeniju i jazykoznaniju, Taškent 1977

DUBJAGO, A.I. Terminologija biologii i mediciny v jazyke N.G. Černyševskogo, in: Voprosy semantiki, II, Leningrad 1976

FEURICH, R. Russische Wortelemente in der Biologie, in: Terminologie der Naturwissenschaften und Medizin und ihre Probleme, Bd. 2, Halle 1971, 124 S.

GERD, A.S. Formirovanie terminologičeskoj struktury russkogo biologičeskogo teksta, Leningrad 1981
Rez.: NDVŠ FN, 2/1983(134), 92

INTERNATIONAL Code of Nomenclature of Bacteriology, in: Int J Syst Bact, 4/1969; 1/1971

KORZINKIN, V.M., OBRUČEVA, N.V. Spravočnik perevodčika biochimičeskich tekstov s russkogo jazyka na anglijskij, Moskva 1972, 183 p.

NOMENKLATURA biologičeskoj chimii, I, Moskva 1968

VOJTENKO, L.M. U istokov biologičeskoj terminologii, in: Istorija i metodologija estestvoznanija, Minsk 1966

2.1.6.2. BOTANIK

BAŠ, L.M. K istorii slova "Rezeda", in: RJaŠ, 4/1974, 95

BOBROVA, T.A. "*Šipovnik*" i drugie, in: RJaŠ, 3/1974, 98

BOBROVA, T.A. O nekotorych nazvanijach derev'ev, in: RJaŠ, 3/1978, 104

GAJDAMOVIČ-MAZUREK, A. Zaimstvovannye naimenovanija v botaničeskoj nomenklature, in: ZNWSPO, Filologia Rosyjska, XIX, 1981

KOPOČEVA, V.V. Sootnošenie iskusstvennoj i estestvennoj nominacii (na materiale nazvanij rastenij), Tomsk 1985, akd

LANGE, E. Das Adjektivkompositum in der russischen botanischen Terminologie im Vergleich zum Deutschen, Berlin 1972, Diss.

LAZAREVA, M.N. K voprosu o sootnošenii estestvennogo jazyka i metajazyka v naučnych klassifikacijach (na materiale naimenovanij rastenij v botanike i farmakognozii), in: Oktjabr'skie čtenija. Materialy 5-j tradicionnoj konferencii molodych učenych. Filologičeskie nauki, II, Perm' 1982

MARSAKOVA, T.T. Frazeologičeskie i sootnositel'nye s nimi naimenovanija rastenij v russkom jazyke, in: RJaŠ, 6/1973, 97-99

MERKULOVA, V.A. Očerki po russkoj narodnoj nomenklature rastenij. Travy, griby, jagody, Moskva 1967

MILOVIDOVA, L.I. O perevode anglijskich botaničeskich terminov i nazvanij na russkom jazyke, Moskva 1964, akd

MÜLLER, K. Versuch einer Deutung russischer Pilzbezeichnungen, in: ZfSl. 1/1984(29), 19-22

ŠARAŠOVA, M.K. K razgraničeniju terminov i nomenklaturnych edinic (na materiale nazvanij rastenij), in: UZ Kalin PI, LXVI, 1969

SOROKIN, JU.S. Iz istorii russkoj estestvennonaučnoj terminologii i ee literaturnogo rasprostranenija (Termin *rastenie* i ego sinonimy), in: Izv AN SSSR SLJa, 1966, tom 25, vypusk 3

ŠOSTAKOVSKIJ, S.A. Ob uporjadočenii nomenklatury v sistematike vysšich rastenij, in: Botan Žurn, 2/1962

TARKO, G.N. Ob ispol'zovanii obščeobichodnych slov v jazyke russkoj botaničeskoj nauki XVIII veka, in: UZ Kalin PI, LXVI 1/1969

ZABINKOVA, N.N. Nekotorye voprosy sovremennoj botaničeskoj terminologii, Leningrad 1958, akd

ZABINKOVA, N.N. Terminy i nomenklatura slova v botaničeskich slovarjach, in: Problematika opredelenija terminov v slovarjach raznych tipov, Leningrad 1976

ZIGRA, J.H. Dendrologisch-öconomisch-technische Flora der im Russischen Kaiserreich bis jetzt bekannten Bäume und Sträucher, Dorpat 1839, I: 461 p.,; II: 393 p.

2.1.6.3. ZOOLOGIE

FEURICH, R. Zur konfrontativen Behandlung der Lehnübersetzungen zoologischer Taxa lateinisch-griechischer Herkunft in der fachsprachlichen Russischausbildung, in: WZ Greifswald, GSR, Sonderheft V, 1977

KOKOČAŠVILI, G.V. Materialy dlja konchologičeskoj terminologii, (gruzinsko-russkij, russko-gruzinskij), Tbilisi 1976, 79 p. R-Grus

KUTUBIDZE, M. Nomenklaturnaja terminologija ptic, russko-gruzinsko-latinskaja, latinsko-gruzinskaja, Tbilisi 1973, 236 p. R-Gruz-L

ZAJČENKO, N. K sopostavitel'nomu analizu russkich i češskich naimenovanij životnych, in: ČSR, 4/1988, 157-164

2.1.7. MEDIZIN UND GESUNDHEITSPFLEGE

2.1.7.1. MEDIZIN

ALEXANDER, G., et al. Russische Lehrtexte Medizin, Leipzig 1965^2

ALEXANDER, G. Über die Spezifik des Wortschatzes russischsprachiger Texte der Medizin, in: FU, 11/1968

ALEXANDER, G. Zum russisch-englisch-französischen Häufigkeitswörterbuch der Medizin, in: Fachsprachen und Sprachstatistik (ed. Hoffmann, L.), Berlin 1975, 119-134

BACHTIJAROV, V.A. Latinskaja terminologija nekotorych patologičeskich processov, Kemerovo 1969, 11 p
L-R

BAJKIN, V.S., STEPANOV, P.F., TOPOROV, G.N. Anatomičeskaja terminologija apparata dviženija čeloveka na russkom, latinskom, nemeckom, francuzskom i anglijskom jazykach, Čita o.J., 71 p.

BALAKIŠIEV, K.A. Anatomičeskaja nomenklatura na latinskom, azerbajdžanskom i russkom jazykach, Baku 1964, 271 p.

BLATNÁ, L. Ke zpracování lékaršké terminologie ve Velkém rusko-českém slovníku, in: ČSTČ, 3/1964

BORZOVA, I.A., DONSKOVA, L.P., KOLOTILINA, L.A., et al. Posobie po naučnomu stilju reči dlja podgotovitel'nych fakul'tetov vuzov SSSR. Mediko-biologičeskij profil', Moskva 1987

BÜCHNER, L.A. Periphere Ausdrucksmittel der Zeit im modernen Russischen in konfrontativer Sicht zum Deutschen (dargestellt an der Sprache medizinischer Fachtexte), Berlin 1975, Diss.

BUKINA, T.G., GOLUBEVA, Z.D., VIL'BERG, Ė.F. Metodičeskie razrabotki po perevodu nemeckoj special'noj medicinskoj literatury. Pediatrija, Leningrad 1981, 186 p.

DANISENKO, O. Slovoobrazovatel'naja struktura složnych imen prilagatel'nych russkoj anatomičeskoj terminologii, in: Aktual'nye problemy russkogo slovoobrazovanija, Taškent 1975

DEL GUERCIO, L.R.M., JAFFA, A., NANGLE, R. The Multilingual Manual for Medical Interpreting, New York 1960, 160 p.
E-F-S-D-I-Pt-R

DIETZEL, A. Zur Analyse einiger medizinischer terminologischer Wortverbindungen, in: Spezialprobleme der wissenschaftlichen und technischen Übersetzung (ed. Spitzbardt, H.), Halle 1972, 173-209

DIMITROVA, L. O slovoobrazovanii pri obučenii russkomu jazyku studentov medicinskich special'nostej, in: RJaZR, 3/1976, 72-74

DIMITROVA, L. O nekotorych slovoobrazovatel'nych élementach obščeslavjanskogo proischoždenija v sovremennoj russkoj medicinskoj leksike, in: Bolg Rus, 5/1982

DINES, L.A. Ob otraženii sistemy ponjatij v sisteme terminov (na materiale nemecko-russkoj medicinskoj terminologii), in: Problemy istorii, vzaimosvjazej russkoj i mirovoj kul'tury. Mežvuzovskij naučnyj sbornik, II, Saratov 1983

D'JAKOVA, V.N. Posobie po razvitiju reči (dialog vrača s bol'nym, zapolnenie medicinskoj karty stacionarnogo bol'nogo), Moskva 1987

DORODNYCH, V.D. Terminologija genetiki i problema vzaimodejstvija različnych leksičeskich podsistem, in: Kontekstual'naja semantika, Riga 1982

DUBJAGO, A.I. Terminologija biologii i mediciny v jazyke N.G. Černyševskogo, in: Voprosy semantiki, Leningrad, II, 1976

DŽAVACHIŠVILI, N.A., ŠELIJA, L.G. Nomina anatomica: Meždunarodnaja anatomičeskaja nomenklatura, Tbilisi 1976, 223 p. L-Grus-R

EISELT, E. Lexikographische Probleme bei der Darstellung russischer Fügungen aus der Fachsprache Medizin/Russisch, in: Sprachkundigenausbildung Russisch. Ausgewählte Referate des IV. Internationalen Wissenschaftlichen Kolloquiums "Linguistische Probleme der Sprachkundigenausbildung in Russisch Stufe IIa des Zentrums für Sprachintensivausbildung in Russisch in Halle-Dölau am 7. und 8.12.1977, Halle 1978

EISELT, E. Verflechtung von allgemeiner und spezieller Lexik in Fachtexten der Medizin / Russisch, in: WZ Halle-Wittenberg, 6/1979

ETTIG, A., HEIMANN, E. Russisch für Fachschulen/Medizin, Leipzig 1981[2]

FREIDHOF, G. Quantifizierungen im medizinischen Wortschatz. Probleme der Konfrontation und Translation (Russisch, Polnisch, Lateinisch, Deutsch), in: Specimina Philologiae Slavicae, 28, München 1980, 7-70

FREJMAN, D.G. Učebnoe posobie po perevodu nemeckoj medicinskoj literatury, Kazan', I: 1967[3], 149 p., II: 1971[3], 204 p. (I: 1962; II: 1966)

GOLEC, R. Strukturnye tipy russkich nazvanij boleznej, in: Pr Językozn, 5/1980, 98 ff

GOLEC, R. Strukturnye tipi nazvanij boleznej v sovremennoj russkoj medicinskoj terminologii, in: Pr Językozn, VIII, 1981

GOSUDARSTVENNYJ KOMITET STANDARTOV Soveta ministrov SSSR. Analizatory biologičeskich židkostej medicinskie. Terminy i opredelenija, Moskva 1973, (GOST 18996-73, jan. 1975), 13p. D-E-F-R

GOSUDARSTVENNYJ KOMITET STANDARTOV Soveta ministrov SSSR. Pribory izmeritel'nye dlja funkcional'noj diagnostiki. Terminy i opredelenija, Moskva 1972, (GOST 17562-72, jul. 1973), 42 p.
D-E-F-R

GOSUDARSTVENNYJ KOMITET STANDARTOV Soveta ministrov SSSR. Sistema pokazatelej kačestva produkcii. Pribory medicinskie izmeritel'nye dlja funkcional'noj diagnostiki. Nomenklatura osnovnych pokazatelej, Moskva 1972, (GOST 4.32-72, jul. 1973), 15 p.

GOSUDARSTVENNYJ KOMITET STANDARTOV Soveta ministrov SSSR. Ėndoskopy medicinskie. Terminy i opredelenija, Moskva 1972, (GOST 18305-72, jan. 1974), 18 p.
D-E-R

GOSUDARSTVENNYJ KOMITET STANDARTOV Soveta ministrov SSSR. Apparaty ingaljacionnogo narkoza i iskusstvennoj ventiljacii legkich. Terminy i opredelenija, Moskva 1972, (GOST 17807-72, jul. 1973), 16 p.
D-E-F-R

GUSJATINSKAJA, V.S. Formirovanie modelej na *-osis* v kliničeskoj terminologii, in: Problemy razvitija i sovremennogo sostojanija russkogo jazyka, Moskva 1979

GUSJATINSKAJA, V.S. Russkaja medicinskaja terminologija kak sistema, in: Problemy sovremennoj i istoričeskoj leksikologii, Moskva 1979

JAROVENKO, V.A. Sovremennaja russkaja ėmbriologičeskaja terminologija, Saratov 1977, akd

KARICH, A. Kohäsion in russischen Fachtexten der Stomatologie. in: Fachtext als Instrument und Resultat kommunikativer Tätigkeit (ed. Gläser, R.), Leipzig 1988, 36-43

KIRILLOVA, N.A., KOLOMENSKAJA, L.K. Praktičeskoe posobie po russkomu jazyku dlja studentov-inostrancev veterinarnych i zootechničeskich vuzov, Moskva 1969

KONDRATENKO, I.A. Leksiko-semantičeskie i morfologo-sintaksičeskie svojstva prilagatel'nych v naučnom stile (na materiale medicinskich tekstov), Moskva 1979, akd

KOPAEVA, JU.N. Meždunarodnaja gistologičeskaja nomenklatura, Kiev 1980, 113 p.
L-R-Ukr

KOPALEIŠVILI, B.S., USTIAŠVILI, A.D. Akušersko-ginekologičeskaja terminologija, Tbilisi 1958, 158 p.
R-Grus-L

KOSTJUK, L.A. K voprosu o formirovanii russkoj medicinskoj terminologii, in: Sovremennye problemy terminologii (ed. Danilenko, V.P.), Moskva 1986, 80-95

KRAKOVECKAJA, G.A. Metaforizacija kak sredstvo formirovanija medicinskoj terminologii (na materiale drevnegrečeskogo, latinskogo, russkogo i ukrainskogo jazykov), Kiev 1979, akd

KRAKOVECKAJA, G.A. Izmenenie značenij zaimstvovannych slov pri obrazovanii medicinskich terminov, in: Kul'tura slova, Kiev 1982(22), 12-18

KRÄMER, M. Zu Problemen der grammatischen und lexikalisch-semantischen Fügbarkeit russischer Substantive und Verben, dargestellt an Texten der medizinischen Fachliteratur, Leipzig 1973, Diss.

KRÄMER, M. Zu Problemen der grammatischen und lexikalisch-semantischen Fügbarkeit russischer Substantive in medizinischen Fachtexten, in: Sprache in Wissenschaft und Technik, Leipzig 1978

KRÄMER, M. Zu einigen Aspekten des Prädikats in russischen Texten der Zahnmedizin, in: WZ KMU, Leipzig, GSR, 1/1982(31), 35

KRÄMER, M. Textbildende Konstituenten der Textsorte "Ankündigungen von Neuerscheinungen" im Fachgebiet Medizin. in: Fachtext als Instrument und Resultat kommunikativer Tätigkeit (ed. Gläser, R.), Leipzig 1988, 89-98

KRIJT, A.K. Anglo-ėstonskaja medicinskaja terminologija, Tartu 1983^3, 301 p. (1975^2)

KUZMIČEVA, G.V. K voprosu ob ėllipsise (na materiale medicinskoj terminologii), in: TS, V, 1982, 60-66

LAURENT, É. Terminologie médicale en huit langues, Paris 1902 F-L-D-E-I-S-Pt-R

LEYN, K. Kleine Wortliste Medizin (D-R), in: FS, 1/1981, 61-63

MAJSURADZE, M.Z., MAJSURADZE, N.Z., MAJSURADZE, Z.N. Meždunarodnaja anatomičeskaja nomenklatura, Tbilisi 1979, 181 p. L-R-Grus

MASS, A. Linguistische und soziolinguistische Aspekte bei der Beschreibung russischer medizinischer Texte, in: LAB, 49/1985, 30-44

MATTUSCH, H.-J. Untersuchungen zu terminologischen Wortbildungen der Fachsprachen (am Beispiel der Medizin/Russisch), in: WZ TU Dresden, 5/1971(20)

MATTUSCH, H.-J. Ermittlungen zu grammatischen Strukturmodellen von nominalen fachsprachlichen terminologischen Wortverbindungen (Medizin / Russisch), in: WZ Halle-Wittenberg, GSR, 5/1972(21), 45-48

MEYBOOM, F. Quaestionarium medicum in English, French, Italian, Spanish, Portuguese, German, Dutch, Norwegian, Swedish, Finnish, Polish, Russian, Greek, Chinese, Japanese, Malay, Esperanto, Amsterdam/London/New York/Princeton 1961, 213p.

MEŽDUNARODNAJA anatomičeskaja nomenklatura (s oficial'nym spiskom russkich ėkvivalentov), Moskva 1980

MOROZOVA, L.A. Osobennosti funkcionirovanija special'noj leksiki v nespecial'noj literature (na materiale medicinskoj terminologii), in: Sovremennye problemy russkoj terminologii (ed. Danilenko, V.P.), Moskva 1986, 107-123

ORTMANN, H. Zur Untersuchung bilingualer Äquivalenzbeziehungen im verbalen Bereich der medizinischen Fachsprache, in: WZ Berlin, (18), 1969, 393-396

ORTMANN, H. Untersuchungen zum Verb in der russischen medizinischen Fachsprache unter besonderer Berücksichtigung seiner Äquivalenzbeziehungen zum Deutschen, Berlin 1975, Diss.

PETROV, N.G. Nekotorye voprosy terminologičeskoj frazeologii (na materiale medicinskoj terminologii), in: Respublikanskaja konferencija po voprosam jazykoznanija, Alma-Ata 1964

ROBASCHIK, S. Charakter und Bestand des Satzes russischsprachiger Fachtexte der Medizin (im Vergleich zu Texten der schöngeistigen Literatur), Leipzig 1977, Diss.A

ROBASCHIK, S. Die Subjektphrase in russischsprachigen Fachtexten der Medizin, in: BSF, I, 1978

RÜDIGER, E. Deutsche medizinische Fachausdrücke fremdsprachlich übersetzt, Frankfurt 1972^3, 94 p.

SCHÖNFELD, D. Untersuchungen zur englischen, russischen und deutschen Terminologie der Phytopathologie, Leipzig 1982, Diss.A

SCHÖNFELD, D. Die Eigennamen in der Struktur von englisch-, russisch- und deutschsprachigen Termini der Phytopathologie, in: NI, XXXXVI, 1984

SCHWIRTZ, K. Methodische Hinweise und Übungsmaterialien zur Vorbereitung des informierenden Lesens russischer Fachtexte (Medizin), Jena 1977

ŠLICHTA, M.I. K voprosu o putjach internacionalizacii naučnoj terminologii (na materiale mediko-biologičeskich terminov), in: Voprosy slovoobrazovanija v indoevropejskich jazykach, I, Tomsk 1976

SMIRNOVA, A.G. Funkcionirovanie terminov medicinskoj nauki v sovremennom russkom jazyke, Alma-Ata, 1983, akd

STÖCKL, E. Fachtext und Kommunikationsverfahren - Das Sprechen im System der fachorientierten Sprachkundigenausbildung (dargestellt für das Russische an einer medizinischen Thematik), in: WZ Jena, GSR, 2/1978, 249-265

STÖCKL, E., SCHRÖTER, K. Russisch für Medizinstudenten im Sprachlabor, in: WZ Jena, GSR, 5/1967

STÖCKL, E., SCHRÖTER, K. Spezialsprachliche Russischausbildung für Medizinstudenten im Sprachlabor, in: Sprachlab, 1/1968

ŠUBOV, JA.I. Ob uporjadočenii medicinskoj terminologii, in: Klin Med, 10/1968

SOVET ĖKONOMIČESKOJ VZAIMOPOMOŠČI. Radiacionnaja bezopasnost'. Osnovnye terminy i opredelenija, Moskva 1970, (RS 2907-70, jul. 1972), 20 p.

TERECHOVA, V.S. Leksika narodnoj mediciny (po materialam lečebnikov XVII-XVIII vekov), Leningrad 1965, akd

THIELE, A. Sprachliche Veränderungen in russischen medizinischen Texten (Fachzeitschriftenartikeln) aus textlinguistischer Sicht, in: LAB, 63/1987, 89-94

TOBUROKOVA, V.M. Ustnaja reč' medikov v oficial'noj i neoficial'noj obstanovke, Saratov 1982, akd

TOBUROKOVA, V.M. Ob otnositel'nosti granic oficial'noj i neoficial'noj reči (na materiale ustnoj reči medikov), in: Voprosy stilistiki. Funkcional'nye stili russkogo jazyka i metody ich izučenija, XVIII, Saratov 1982

TOPOROV, G.N. Ėponimičeskie terminy v kliničeskoj anatomii čeloveka, Kiev 1988, 160 p.

VYSOCKAJA, V. Anglo-gruzinsko-russkaja terminologija malogo anatomičeskogo atlasa, Tbilisi 1974

WIEGAND, I. Untersuchungen zur Rolle der Terminolgie bei der Herstellung der Textkohärenz in russischsprachigen wissenschaftlichen Fachtexten der Stomatologie, Leipzig 1985, Diss.

WHO. Regional office for Europe. Glossarij terminov po medikosanitarnoj pomošči, Kopenhagen, (Obščestvennoe zdravoochranenie v Evrope 4, 1976), 429 p.

WIESE, I. Entwicklungstendenzen sprachlicher Nominationsprozesse in der Fachsprache der Medizin, in: LAB, 36/1982, 60-68

WÜSTENECK, H. Bilinguale Äquivalenzbeziehungen im adverbiellen Bereich der medizinischen Fachsprache, in: WZ Berlin, 1969(18), 3

WÜSTENECK, H. Russisch Zyklogramm 2 M. Intensivkurs für Humanmediziner, Leipzig 1970

WÜSTENECK, H. Die bilingualen Äquivalenzbeziehungen des russischen und deutschen Adverbs, dargestellt an der Sprache medizinischer Fachtexte, Berlin 1971, Diss.

WÜSTENECK, H. et al. Russisch für Mediziner. Lehrmaterial für die Sprachkundigenausbildung Stufe IIb, Leipzig 1983²

ZANIEWSKI, J. Osobliwości składniowe języka medycznego, in: Przegl Rus, 4/1981, 45-53

ZANEVSKI, JA. (=ZANIEWSKI, J.) O jazyke medicinskich tekstov, in: Przegl Rus, V, Numer specjalny, póswięcony międzynarodowemu kongresowi rusycystycznemu (MAPRIAL), Praga 1982, 1-4(17-20)/1983, 290-302

ZANOV'EV, V.N. Ob istoričeskich izmenenijach v strukture leksiko-semantičeskoj gruppy "časti tela" v russkom jazyke, in: Ėvoljucija i predystorija russkogo jazykovogo stroja, Gor'kij 1979

ŽIDKOVA, E.M. Osobennosti perevoda sočetanij s častymi predlogami anglijskogo pod"jazyka mediciny, in: Teorija jazykovoj kommunikacii i perevoda naučnoj i techničeskoj literatury, Tezisy dokladov i soobščenii naučno-praktičeskoj konferencii, 29-31 oktjabrja 1974 g., II, Čeljabinsk 1974, 74-77

2.1.7.2. ÖFFENTLICHES GESUNDHEITSWESEN, UNFALLSCHUTZ, UNFALLVERHÜTUNG, SCHUTZAUSRÜSTUNGEN

AKADEMIJA NAUK SSSR. Komitet techničeskoj terminologii. Terminologija kislorodnogo i vysotnogo oborudovanija samoletov, Moskva, (Sborniki rekomenduemych terminov, vypusk 26, 1954), 18 p.

BLASCHKE, P. Internationaler Lazarett-Sprachführer, (D-R), Große Ausgabe, Riga 1893, 306 p.

BLASCHKE, P. Internationaler Lazarett-Sprachfüher, (D-R), Riga 1893, 185 p.

BLASCHKE, P. Blaschke's Dolmetscher am Krankenbette, Berlin/ Leipzig 1907², 306 p. (1893, 306 p.)
Rez.: Klinisch-therapeutische Wochenschrift, 2/1907, 50 (Schnirer, M.T.);
Russische medicinische Rundschau, 3/1907, 159-160;
Soziale Medizin und Hygiene, 6/1907, 388 (Jaffé, K.);
Wiener medizinische Presse, 3/1907, 109-110 (Bum, A.)

ĖJGER, I., ROT, O. Kliničeskaja terminologija, Moskva/Leningrad 1930, 658 p.

GOSUDARSTVENNYJ KOMITET STANDARTOV Soveta ministrov SSSR. Sistema standartov bezopasnosti truda. Ėlektrobezopasnost'. Terminy i opredelenija, Moskva 1976, (GOST 12.1.009-76, jan. 1977), 5 p.

JOSSILEWSKY, W. Deutsch-russischer und russisch-deutscher Sprachführer für die ärztliche und pharmaceutische Praxis, Leipzig/Sankt Petersburg 1909, 272 p.
Rez.: Deutsche medizinische Wochenschrift, 9/1909, 401 (Vierhuff);
St.Peterburger medicinische Wochenschrift, 7/1910, 109-110 (Dörbeck,F.);
Wiener medizinische Wochenschrift, 33/1911, 2110 (Kreuzfuchs, S.)

KOMITET STANDARTOV, MER I IZMERITEL'NYCH PRIBOROV pri Sovete ministrov SSSR. Požarnaja technika. Terminy i opredelenija, Moskva 1970, (GOST 15986-70, jan. 1971), 13 p.
D-E-R

METSA, A.A. Ot studenta k vraču. Učebnoe posobie po professional'nomu obščeniju studentov-medikov, Tallinn 1987
Rez.: RJaZR, 2/1989, 76-77 (Zanevskij, Ja.)

ROT, O. Kliničeskaja terminologija (Perevod s 4-ogo izdanija sočinenija "Klinische Terminologie v. Dr. Otto Roth"), Sankt Peterburg 1898, 646 p.

SCHLEGELMILCH, A., SCHWIRZ, K., TRÜBNER, J. "Der nächste, bitte". Kleiner Sprachführer für die Arztpraxis, Leipzig o.J.
D-E-F-R

SOVET ĖKONOMIČESKOJ VZAIMOPOMOŠČI. Radiacionnaja bezopasnost'. Osnovnye terminy i opredelenija, Moskva 1970, (RS 2907-70, jul. 1972), 20 p.

GOSUDARSTVENNYJ KOMITET STANDARTOV Soveta ministrov SSSR. Sistema standartov bezopasnosti truda. Očki zaščitnye. Terminy i opredelenija, Moskva 1973, (GOST 12.4.001-73, jan. 1973), 10 p.
D-E-R

2.1.7.3. PHARMAZEUTIK, THERAPEUTIK, TOXIKOLOGIE

AKADEMIJA NAUK SSSR. Komitet naučno-techničeskoj terminologii. Dozimetrija ionizirujuščich izlučenij. Terminologija, Moskva, (Sborniki rekomenduemych terminov, vypusk 76, 1968), 34 p.
D-E-F-R

ČERNJAVSKIJ, M.N. Latinskij jazyk i osnovy farmacevtičeskoj terminologii, Moskva 1984

GOSUDARSTVENNYJ KOMITET STANDARTOV Soveta ministrov SSSR. Oborudovanie medicinskoe. Akvadistilljatory. Terminy i opredelenija, Moskva 1975, (GOST 20887-75, jul. 1976), 10 p.
D-E-R

GOSUDARSTVENNYJ KOMITET STANDARTOV Soveta ministrov SSSR. Oborudovanie medicinskoe. Sterilizatory parovye, vozdušnye i gazovye. Terminy i opredelenija, Moskva 1972, (GOST 17726-72, jul. 1973), 11 p.
D-E-R

GOSUDARSTVENNYJ KOMITET STANDARTOV Soveta ministrov SSSR. Oborudovanie medicinskoe dezinfekcionnoe. Kamery. Kipjatil'niki. Terminy i opredelenija, Moskva 1975, (GOST 20509-75, jan. 1976), 10 p.
D-E-R

KAZAČENOK, T.G. Posobie po izučeniju farmakologičeskoj terminologii, (R-L, L-R), Minsk 1974, 288 p.

KUDICKAJA, L.S. Russkaja mediko-techničeskaja terminologija i nomenklatura, Voronež 1981, akd

KUTATELADZE, I.G. Farmako-chimičeskaja terminologija. Russko-latinsko-gruzinskaja, Tbilisi 1965, 248 p.

MAKSIMÓVIČ-AMBÓDIK, N.M. Vračebnoe veščestvoslovie, ili opisanie celitel'nych rastenij vo vračebstve upotrebljaemych, s iz"jasneniem pol'zy i upotreblenij onych, i prisoedineniem risunkov, prirodnomu vidu každago rastenija sootvetstvujuščich, I,1: 1783, 170 p.; I,2: 1784, 187 p.; II: 1785, 390 p.; III: 1788, 191 p.; IV: 1789, 190 p.
L-R-G-F-D-E

REJNBERG, S.A. Nekotorye soobraženija o našej rentgenologičeskoj terminologii, in: V Rentgenol i Radiol, 6/1961

SOVET ĖKONOMIČESKOJ VZAIMOPOMOŠČI. Oborudovanie medicinskoe. Sterilizatory parovye i gorjačevozdušnye. Terminy i opredelenija, Moskva 1969, (RS 2033-69, jan. 1972), 45 p.
D-E-F-Ro-R-Bg-Cs-Pl-Hu

SOVET ĖKONOMIČESKOJ VZAIMOPOMOŠČI. Apparaty gammaterapevtičeskie. Terminologija i opredelenija, Moskva 1967, (RS 1208-67, jul. 1968), 2 p.

2.1.7.4. VETERINÄRMEDIZIN

GÉRYKOVÁ, O., HRUBÝ, S. Úvod do ruské veterinární terminologie, Praha 1964

2.2. INDUSTRIE UND TECHNIK

2.2.0. ALLGEMEIN

AKADEMIJA NAUK SSSR. Komitet naučno-techničeskoj terminologii. Nadežnost' techničeskich sistem i izdelij. Osnovnye ponjatija. Terminologija, Moskva, (Sborniki rekomenduemych terminov, vypusk 67a, 1965), 39 p.
E-R

AKADEMIJA NAUK SSSR. Komitet naučno-techničeskoj terminologii. Osnovnye ponjatija avtomatiki. Terminologija, Moskva, (Sborniki rekomenduemych terminov, vypusk 71, 1966), 18 p.
E-R

AKADEMIJA NAUK SSSR. Komitet techničeskoj terminologii. Terminologia osnovnych ponjatij avtomatiki, Moskva, (Sborniki rekomenduemych terminov, vypusk 35, 1954), 23 p.

ALEKSEEV, A.A. *Promyšlennost'*, in: RR, 4/1972, 133-135

ALTAJSKAJA, V.F. Determinacija proizvodstvenno-techničeskoj terminologii v pervoe desjatiletie posle Oktjabr'skoj revoljucii, in: Dokl Užgor GU, Serija filologii, 5/1960

ANIKINA, E.JA. Analiz leksiki techničeskich tekstov statističeskim metodom, Moskva 1970, akd

BADRIEVA, L.S., SDOBNOVA, JU.A., VIŠNJAKOVA, T.A. Posobie po russkomu jazyku dlja studentov-inostrancev techničeskich vuzov, Moskva 1972

BADRIEVA, L.S., SDOBNOVA, JU.A., VIŠNJAKOVA, T.A. Kniga dlja čtenija (dlja studentov-inostrancev techničeskogo profilja), Moskva 1977

BADRIEVA, L.S., SDOBNOVA, JU.A., VIŠNJAKOVA, T.A. Kniga dlja čtenija (Učebnoe posobie dlja studentov-inostrancev inženernogo profilja), Moskva 1982^2

BAJANOVA, JU.JU., KOPAČEVA, V.I., VINOGRADSKIJ, A.V. Učebnoe posobie po anglijskomu jazyku dlja studentov inženernych fakul'tetov (vtoroj ėtap obučenija), Moskva 1974, 134 p.

BARCHUDAROV, L.S., KVASJUK, I.V., ŠVEJCER, A.D., ŽUKOVA, JU.I. Posobie po perevodu techničeskoj literatury, Moskva 1967, 283 p.

BERIDZE, V.M., et al. Techničeskaja terminologija. Russko-gruzinskaja čast', Tbilisi 1957, 433 p.

BRISKINA, K.S., ŠTUL'BERG, S.JA. Posobie po perevodu anglijskoj techničeskoj literatury, Kiev 1960, 144 p.

ČAPLYGIN, S.A., LOTTE, D.S. Zadači i metody raboty po uporjadočeniju techničeskoj terminologii, in: AN SSSR, Otdelenie techničeskich nauk, 6/1937, 867-883

CAVOLEAU, P. Terminologie industrielle soviétique. Lexique russe-français d'organisation industrielle (= Lexiques de l'Institut d'Études Slaves, III), Paris 1980, 69 p.

ČEBURAŠKIN, N.D. Techničeskij perevod v škole. Posobie po obučeniju vidam perevoda, ispol'zuemogo dlja obmena naučno-techničeskoj informaciej, Moskva 1976^2 (1972, 344 p.)

ČERNUCHIN, A.E. Metodičeskie razrabotki po techničeskomu perevodu, Moskva 1970, 72 p.

ČERVJAKOV, V.A. O stile techničeskich statej, in: Geod Kartogr, 1/1964

DIN. Kegeltoleranz- und Kegelpaßsystem für Kegel von Verjüngung C = 1:3 bis 1:500 und Längen von 6-630 mm. Benennungen in Deutsch, Englisch, Französisch, Italienisch, Russisch und Spanisch, Berlin, (DIN 7178 Teil 5, feb. 1976), 7p. D-E-F-I-S-R

DKS. Hidravlični i pnevmatični ustrojstva. Termini, opredelenija i

edinici za izmervane, (Hydraulic and pneumatic devices. Definitions and units for measurement), Sofija 1973, (BDS 11145-73, jul. 1974), 27 p.
D-Ro-R-Bg-Cs-Pl-Hu

DNA. Zuverlässigkeit elektrischer Geräte, Anlagen und Systeme. Begriffe, Berlin, (DIN 40 042, Vornorm, jun. 1970), 19 p.
D-E-F-S-R

DNA. Schilder für Textilmaschinen. Abmessungen. Bildzeichen und Schriftzeichen. Ergänzung zum Norm-Entwurf DIN 63 201, Berlin, (DIN 63 201 Blatt 20, Entwurf, feb. 1974), 17 p.
D-E-F-S-R

DNA. Schilder für Textilmaschinen. Maße. Bildzeichen und Schriftzeichen, Berlin, (DIN 63 201, aug. 1974), 12 p.
D-E-F-S-R

DVALI, R.R., GAMBAŠIDZE, R.B. Techničeskaja terminologija. Gruzinsko-russkaja čast', Tbilisi 1982, 568 p.

ELIAŠBERG, A.JA. O nekotorych principach složenija proizvodstvenno-techničeskoj terminologii, in: UZ LPI, CLXXXIX, 1959

FROLOVA, V.I. Sovremennaja russkaja terminologija ėkonomiki socialističeskoj promyšlennosti, Leningrad 1981, akd

GAMALEJA, N. Technische Übersetzung als Wiederspiegelungsproblem, in: FS, 2/1963

GAMALEJA, N. Methodische Hinweise zur Übersetzung technischer Texte in die Fremdsprache, in: FS, 4/1973, 245-249

GOMBOS, Z. The Characterization of Russian Technical Terminology, in: Nyelvpedagogiai irasok, III, Budapest 1980

GOSUDARSTVENNYJ KOMITET STANDARTOV Soveta ministrov SSSR. Nadežnost' v technike. Terminy i opredelenija, Moskva 1975, (GOST 13377-75, jul. 1975. Replaces GOST 13377-67 and GOST 16503-70), 21 p.

GOSUDARSTVENNYJ KOMITET STANDARTOV Soveta ministrov SSSR. Mašiny rulevye ėlektrogidravličeskie i ėlektropnevmatičeskie. Terminy i opredelenija, Moskva 1973, (GOST 18693-73, jul. 1974), 7 p.

GOSUDARSTVENNYJ KOMITET STANDARTOV Soveta ministrov SSSR. Sistema pokazatelej kačestva produkcii. Mašiny rulevye ėlektrogidravličeskie i ėlektropnevmatičeskie. Nomenklatura pokazatelej, Moskva, (GOST 4.39-74, jul. 1975), 10 p.

GOSUDARSTVENNYJ KOMITET STANDARTOV Soveta ministrov SSSR. Sistemy regulirovanija avtomatičeskie ėlektričeskie aviacionnych silovych ustanovok, Moskva, (GOST 22286-76, jan. 1978), 5 p.

GOSUDARSTVENNYJ KOMITET STANDARTOV Soveta ministrov SSSR. Peredači gidrodinamičeskie. Terminy i opredelenija, Moskva, (GOST 19587-74, jan. 1976), 34 p.

GOSUDARSTVENNYJ KOMITET STANDARTOV Soveta ministrov SSSR. Nakladki tormoznye asbestovye. Nomenklatura osnovnych pokazatelej kačestva, Moskva 1972, (GOST 18090-72, jul. 1973), 9 p.

GOSUDARSTVENNYJ KOMITET STANDARTOV Soveta ministrov SSSR. Pokrytija polimernye zaščitnye dlja ulučšenija radiacionnoj obstanovki. Terminy i opredelenija, Moskva 1974, (GOST 19465-74, jan. 1975), 6 p.
D-E-F-R

GOSUDARSTVENNYJ KOMITET STANDARTOV Soveta ministrov SSSR. Ob"emnyj gidroprivod i pnevmoprivod. Osnovnye termini i opredelenija, Moskva 1972, (GOST 17752-72, jul. 1973), 74 p.
D-E-F-R

GOSUDARSTVENNYJ KOMITET STANDARTOV Soveta ministrov SSSR. Mašiny vibracionnye. Termini i opredelenija, Moskva 1973, (GOST 18502-73, jan. 1974), 12 p.
D-E-F-R

GOSUDARSTVENNYJ KOMITET STANDARTOV Soveta ministrov SSSR. Balansirovka vraščajuščichsja tel. Terminy, Moskva, (GOST 19534-74, jan. 1975), 45 p.
D-E-F-R

GOSUDARSTVENNYJ KOMITET STANDARTOV Soveta ministrov SSSR. Sil'fony. Terminy, opredelenija i bukvennye oboznačenija, Moskva 1972, (GOST 17603-72, jul. 1973), 8 p.

GOSUDARSTVENNYJ KOMITET STANDARTOV Soveta ministrov SSSR. Sistema pokazatelej kačestva produkcii. Ob"emnyj gidroprivod. Nasosy i gidromotory. Nomenklatura pokazatelej, Moskva 1973, (GOST 4.38-73, jan. 1975), 3 p.

GROT, JA.K. Zametki o nekotorych starinnych techničeskich terminach russkogo jazyka, in: Trudy Ja.K. Grota. Filologičeskie razyskanija, Sankt-Peterburg 1899

GUZENKO, L.N., KRASAN, T.N., KRYLOVA, S.I. K voprosu o bazovoj leksike techničeskich pod"jazykov, in: RJaZR, 5/1982, 67-72

HABURČAK, T. Motivované a nemotivované termíny v ruskej technickej terminologii, in: Sbornik Filozofickej fakultety Universitety Komenského. Philologica, Bratislava 1967

HALBAUER, S. Russisch für Naturwissenschaftler und Ingenieure, in: Fremdsprachenunterricht in Intensivkursen (ed. Sprissler, M., Weinrich, H.), Rheda/Westfalen 1972, 11-13

HALBAUER, S., HENKE, H. Intensivkurse "Russisch für Naturwissenschaftler und Ingenieure", in: FU, 5/1971(17) 33-36

HANUSOVÁ, Z., STARÝ, S., ROZKOVCOVÁ, L. Ruština pro vědecké a odborné pracovníky (Russisch für Wissenschaftler und Fachleute), Praha 1977

HELLER, J.L., SWANSON, D.C. Elements of technical terminology, London 1962

HERMS, I. Die wachsende Verwendung internationaler Lexik in den technischen Fachsprachen und ihre Nutzung zur Effektivierung der lexikalischen Arbeit in der fachbezogenen Russischausbildung, in: WZ Berlin, GSR, 4/1978

JURGENSON, L. Techničeskaja terminologija trebuet bol'šej četkosti slovoobrazovanii, in: Ežeg ORJa, XIII, Tallin 1968

JURJAVIČJUTE, L.JU. K voprosu o litovsko-russkom terminologičeskom dvujazyčii (na materiale fiziko-mechaničeskoj internacional'noj terminologii), in: Issledovanija po social'noj lingvistike, Moskva 1980

KANDELAKI, T.L. Svjaz' meždu soderžaniem ponjatij i morfemnoj strukturoj techničeskich terminov, in: NDVŠ FN, 3/1964

KANDELAKI, T.L. Vztah obsahu pojmu a morfematické struktury technických termínův, in: ČSTČ, 2/1965

KANDELAKI, T.L. Differencial'nye semantičeskie priznaki terminov processov techniki, in: Issledovanija po russkoj terminologii, Moskva 1971, 90-113

KARPINSKAJA, E.V. Tendencija formirovanija naimenovanij orudij proizvodstva, in: Sovremennye problemy russkoj terminologii (ed. Danilenko, V.P.), Moskva 1986, 52-63

KIRILENKO, N.P. Funkcionirovanie naučno-techničeskich terminov v gazetnych tekstach, Moskva 1984, akd

KOMITET STANDARTOV, MER I IZMERITEL'NYCH PRIBOROV pri Sovete ministrov SSSR. Oboznačenie osnovnych veličin i uslovnye izobraženija priborov v schemach avtomatizacii proizvodstvennych processov, Moskva 1959, (GOST 3925-59, oct. 1959), 22 p.

KOMITET STANDARTOV, MER I IZMERITEL'NYCH PRIBOROV pri Sovete ministrov SSSR. Ustrojstva ispolnitel'nye dlja sistem avtomatičeskogo regulirovanija. Terminy, Moskva 1969, (GOST 14691-69, jan. 1970)

KOMITET STANDARTOV, MER I IZMERITEL'NYCH PRIBOROV pri Sovete ministrov SSSR. Ustrojstva uplotnitel'nye kontaktnye. Terminy i opredelenija, Moskva 1970, (GOST 15184-70, jan. 1971), 3 p.
E-R

KORŠUNOV, S.I. Sinonimy v techničeskoj terminologii, in: Izv AN SSSR, Otdelenie techničeskich nauk, 1952

KORŽAVIN, A.V. Posobie po techničeskomu perevodu s francuzskogo jazyka, Moskva 1967, 323 p.

KOSTROV, V.N. Iz istorii russkoj techničeskoj terminologii, in: Trudy instituta istorii estestvoznanija i techniki, 1955, Bd. 3, 114-130

KRUG, H. Sprachkommunikation in der Ingenieurtätigkeit, in: WZ TH Leipzig, 2, 2/1978

KRUG, H. Zur Erforschung der fachsprachlichen Kommunikation im Bereich der materiellen Produktion - Stand und Perspektiven, in: WB TH Leipzig, 23/1980

LISTOPAD, N.G., MEŽLUMOVA, A.B., USENKO, V.S. Posobie po russkomu jazyku dlja studentov-inostrancev, obučajuščichsja v techničeskich vusach, Moskva 1971

LITVINOV, M.I. Semantičeskaja struktura remeslenno-promyslovoj terminologii (po materialam slovarja V.I. Dalja), in: UZ Sujsk PI, II, 1955

LJUDVIGOVA, E.V. Metodičeskoe rukovodstvo po perevodu techničeskich tekstov, Moskva 1962, 55 p.

LJUDVIGOVA, E.V. Rukovodstvo po perevodu techničeskich tekstov s anglijskogo jazyka na russkij (dlja studentov-zaočnikov vuzov), Moskva 1964, 72 p.

LOTTE, D.S. Očerednye zadači techničeskoj terminologii, in: Izv AN SSSR, Otdelenie obščestvennych nauk, 7/1931, 883-891

MALOV, V.V. Iz opyta raboty po razvitiju svjaznoj naučnoj reči v politechničeskom institute, in: RJaSI, 1975(15), 58-76

MARSAL, D. Russisch für Mathematiker, Physiker und Ingenieurwissenschaftler, München 1973, 534 p.

METODIČESKOE rukovodstvo po perevodu techničeskich tekstov, Moskva 1962, 55 p.

MINISTERSTVO NA MAŠINOSTROENE. Edinna sistema za promišlena avtomatika (ESPA). Osnovni termini i opredelenija, (Unified system for industrial automation. Basic terms and definitions), Sofija 1970, (BDS 8362-70, jan. 1973), 63 p.
D-E-F-Ro-R-Bg-Pl-Hu

MSZH. Elektronikai termékek megbízhatósága. Alapfogalmak, (Fiabilité des installations et composants électroniques. Termes fondamentaux), Budapest 1972, (MSZ 11009-72, apr. 1973), 7 p.
E-R-Hu

MSZH. Termékek megbízhatósága. Alapfogalmak, (Fiabilité des produits. Termes fondamentaux), Budapest 1970, (MSZ 17100-70, nov. 1971), 13 p.
D-E-F-R-Hu

MÜLLER-OTT, D. Zur Entstehung technischer Fachausdrücke aus Deminutivbildungen, in: WSlJb, 1972(17), 209-214

OFFICE DES NATIONS UNIES. Division linguistique. Transfer of technology. Selected terms in English, French, Russian and Spanish (Term/22), Genève 1976

PARACHINA, A.V. Posobie po perevodu techničeskich tekstov s anglijskogo jazyka na russkij (dlja srednich special'nych učebnych zavedenij), Moskva 1972, 168 p.

PKNiM. Napędy i sterowania hydrauliczne. Pojęcia podstawowe. Nazwy i określenia, (Commandes et contrôles hydrauliques. Termes de base. Définitions et déterminations), Warszawa 1975, (PN-75/M-73001 Arkusz 01 (Feuille 01), jul. 1976. Remplace PN-68/M-73001 section 2), 55 p.
D-Ro-R-Bg-Cs-Pl-Hu

POPOV-ČERKASOV, I.N., VOLKOVA, I.N. Meždunarodnaja unifikacija jazyka i techniki. Unifikacija jazyka techničeskich dokumentov stran-členov SĖV, in: NTT, 4/1971

REVZIN, I.I., ŠVANEBACH, B.Ė. Učebnoe posobie po teorii perevoda s nemeckogo jazyka na russkij (naučno-techničeskaja literatura), Moskva 1970, 164 p.

RUSSISCH aktiv für Naturwissenschaften und Technik (ed. Kuhlmann, G.), Leipzig 1984

RUSSKIJ jazyk vo vtuze, I, Char'kov 1982

SCHILLING, I. Übersetzungen ostsprachiger Fachliteratur in der Technischen Informationsbibliothek in Hannover, in: LS, 3/1980, 97-101

SCHUPBACH, R. On technical Russian and the Teaching thereof, in: SEEJ, 3/1988, 445-461

SELICKI, V. Voprosy leksičeskoj i sintaksičeskoj sočetaemosti pri perevode rezjume naučno-techničeskich statej, in: Przegl Rus, 1-2/1986, 186-197

ŠEMAKIN, JU.I. Tezaurus naučno-techničeskich terminov, Moskva 1972, 672 p.

ŠENFEL'D, G. (=SCHÖNFELD, G.) Nekotorye aspekty i problemy jazykovoj kommunikacii v sfere socialističeskogo promyšlennogo proizvodstva, in: VJa, 4/1978, 23-31

SKOROCHOD'KO, Ė.F. Voprosy perevoda anglijskoj techničeskoj literatury (perevod terminov), Kiev 1963, 91 p.

SKLJAREVSKAJA, G.N. *Promyšlennyj* i *industrial'nyj*, in: RR, 1/1976, 156-157

SKVAJRS, E.R. Rol' ischodnogo termina v formirovanii drevnich remeslennych terminologij, in: VMU, Filologija, 4/1976

SOVET ĖKONOMIČESKOJ VZAIMOPOMOŠČI. Proektirovanie s primeneniem modelej (maketov, templetov). Osnovnye ponjatija, Moskva 1969, (RS 2237-69, dec. 1971), 5 p.
D-Ro-R-Bg-Cs-Pl-Hu

STOJKOVA, V.N., TURUK, I.F. Posobie po perevodu techničeskich tekstov s anglijskogo jazyka na russkij, Moskva 1966[3], 159p.

STYCHNOFF, A. Technisches Russisch. Lehr- und Nachschlagebuch der russischen Sprache auf technischem Gebiet, Essen 1941

SUCHOV, N.K. Ob osnovnych napravlenijach sovremennoj terminologičeskoj raboty v technike, in: Voprosy terminologii (ed. Dešeriev, Ju.D.), Moskva 1961

TERPIGOREV, A.M. Ob uporjadočenii techničeskoj terminologii, in: VJa, 1/1953

TOLIKINA, E.N. Russkaja remeslenno-promyšlennaja terminologija pervoj poloviny XIX v. i ee otraženie v leksikografii togo vremeni (slovar' V. Burnaševa), Leningrad 1954, akd

TRISTA, I.A. Posobie po techničeskomu perevodu s ispanskogo jazyka, Moskva 1971, 279 p.

ÚNM. Názvosloví z oboru vyvažování rotujících častí strojů, (Terminologie relative à l'équilibrage des pièces rotatives de machine), 1970, (ČSN 011401, jul. 1971), 28 p.
D-E-F-R-Cs-Sk

ÚNM. Názvosloví spolehlivosti v technice, (Fiabilité en technique. Terminologie), Praha 1973, (ČSN 010102, oct. 1974), 30 p.
D-E-F-R-Cs-Sk

VASIL'EV, A.I. K voprosu ob ustranenii dubletnosti i mnogoznačnosti v russkoj techničeskoj terminologii, in: UZ Kirgiz GU, filologičeskij fakul'tet, IV, 1959

VINNICKAJA, V.M. Osobennosti funkcionirovanija imennogo skazuemogo v učebno-naučnoj literature techničeskogo profilja, Moskva 1981, akd

VINOKUR, G.O. O nekotorych javlenijach slovoobrazovanija v russkoj techničeskoj terminologii, in: Trudy Moskovskogo instituta istorii, filosofii i literatury, tom 5, 1939, 3-54

VKS. Oboznačenija osnovnych obščetechničeskich veličin, Moskva 1947, (GOST 1493-47. Replaces GOST 1493-42), 4 p.

VNIIKI. Naučno-techničeskaja terminologija. Sbornik standartizovannych i rekomenduemych terminov v 10 tomach, Moskva 1970
tom 1: Naučno-techničeskaja terminologija, objazatel'naja i rekomenduemaja k primeneniju gosudarstvennymi standartami SSSR
tom 2: Obščetechničeskaja terminologija. Bukvennye oboznačenija veličin
tom 10: Svodnyj alfavitnyj ukazatel'

VOLKOVA, N.I. Strukturno-semantičeskaja charakteristika organizacionno-proizvodstvennoj terminologii v sovremennom russkom jazyke (na materiale tolkovych slovarej), in: Problemy razvitija i sovremennogo sostojanija russkogo jazyka, Moskva 1979

WOELCKE, B. Zum Problem der Übersetzung technischer Termini, in: WZ Rostock, 11/1962, 299-300

2.2.1. WERKSTOFFE UND WERKSTOFFPRÜFUNG

AKADEMIJA NAUK SSSR. Komitet techničeskoj terminologii. Terminologija po mechaničeskim svojstvam i ispytaniju materialov, Moskva 1936, (Bjulleten' komiteta techničeskoj terminologii, vypusk IX), 38 p.
D-E-F-R

AKADEMIJA NAUK SSSR. Komitet techničeskoj terminologii. Osnovnye bukvennye oboznačenija po mechaničeskim svojstvam i ispytaniju materialov, Moskva 1941, (Bjulleten' komiteta techničeskoj terminologii, vypusk LI), 8 p.

AKADEMIJA NAUK SSSR. Komitet techničeskoj terminologii. Terminologija teorii uprugosti, ispytanij mechaničeskich svojstv materialov i stroitel'noj mechaniki, Moskva, (Sborniki rekomenduemych terminov, vypusk 14, 1952), 79 p.

AKADEMIJA NAUK SSSR. Komitet techničeskoj terminologii. Terminologija konstrukcii i pročnosti samoleta, Moskva, (Sborniki rekomenduemych terminov, vypusk 18, 1954), 38 p.

AKADEMIJA NAUK SSSR. Komitet techničeskoj terminologii. Racional'naja terminologija po korrozii metallov, Moskva 1935, (Bjulleten' komiteta techničeskoj terminologii, vypusk II), 27 p.
D-E-F-R

AKADEMIJA NAUK SSSR. Komitet techničeskoj terminologii. Terminologija po korrozii i zaščite metallov, Moskva, (Sborniki rekomenduemych terminov, vypusk 4, 1951), 43 p.

AMT FÜR STANDARDISIERUNG. Materialprüfung. Probenverarbeitung von Schüttgut. Probenvorbereitung von Hand. Begriffe, Leipzig, (TGL 21369, jun. 1967. Gruppe 210. DDR-Standard), 8 p.
D-E-R

AMT FÜR STANDARDISIERUNG. Materialprüfung. Prüfung von Gekörnen. Granulometrie. Begriffe, Leipzig, (TGL 20677 Blatt 1, nov. 1967. Gruppe 200. DDR-Standard), 7 p.
D-E-R

FIDELIS, E., KRIZAR, E. Niezawodność. Terminy i określenia (Zuverlässigkeit. Ausdrücke und Wendungen),Warszawa 1972,60p.

FREMERY, J.D.N. DE Glossary of terms used in quality control, Rotterdam 1972[3], 479 p.
R-E-F-D-S-I-Sv-Cs-Bg-Hu-Ro-Ar

GOSUDARSTVENNYJ KOMITET STANDARTOV Soveta ministrov SSSR. Kontrol' nerazrušajuščij. Klassifikacija metodov, Moskva 1973, (GOST 18353-73, jan. 1974), 23 p.

GOSUDARSTVENNYJ KOMITET STANDARTOV Soveta ministrov SSSR. Gamma-defektoskopy. Priznaki klassifikacii, Moskva 1974, (GOST 19614-74, jan. 1975), 3 p.

GOSUDARSTVENNYJ KOMITET STANDARTOV Soveta ministrov SSSR. Korrozija metallov. Terminy, Moskva 1968, (GOST 5272-68, jan. 1969), 25 p.

GOSUDARSTVENNYJ KOMITET STANDARTOV Soveta ministrov SSSR. Edinaja sistema zaščity ot korrozii i starenija. Pokrytija metalličeskie i nemetalličeskie neorganičeskie. Terminy i opredelenija, Moskva 1973, (GOST 9.008-73, jul. 1974), 13 p.
D-E-F-R

IPPOLITOV, A.G., KLOKOVA, L.A. Sbornik tekstov i upražnenij po russkomu jazyku (materialovedenie), Moskva 1980

IRS. Defectoscopie cu lichide penetrante. Terminologie, (Liquid penetrant flow detection. Terminology), Bucureşti, (STAS 10041-75, feb. 1975), 8 p.
D-E-F-Ro-R

IRS. Defectoscopie cu pulberi magnetice. Terminologie, (Magnetic particle flaw detection. Terminology), Bucureşti, (STAS 10042-75, feb. 1975), 10 p.
D-E-F-Ro-R

IRS. Încercările metalelor. Încercări statice de durată. Terminologie şi simboluri, (Tests of metals. Static time testing. Terminology and symbols), Bucureşti, (STAS 6914-75, mar. 1975. Replaces STAS 6914-64), 18 p.
D-E-F-Ro-R

IRS. Metalografie. Constituenţi şi structuri. Terminologie, (Metallography. Components and structures. Terminology), Bucureşti 1973, (STAS 5000-73, dec. 1973. Replaces STAS 5000-55), 30 p.
D-E-F-Ro-R

IRS. Metalografie. Defecte. Terminologie, (Metallography. Defects. Terminology), Bucureşti 1973, (STAS 5500-74, jan. 1974. Replaces STAS 5500-56), 40 p.
D-E-F-Ro-R

ISO. Sawn timber of broadleaved species. Defects. Classification, Genève 1973, (ISO 2299-1973), 6 p.
E-F-R

ISO. Sawn timber of broadleaved species. Defects. Terms and definitions, Genève 1973, (ISO 2300-1973), 32 p.
E-F-R

JZS. Vatrostalni materijal. Terminologija na šest jezika. Lista XIII. Karakteristike i metode ispitivanja, (Matériaux réfractaires. Terminologie en six langues. 13e liste. Propriétés et méthodes d'essais), Beograd, (JUS B.D6.026, apr. 1971), 9p.
D-E-F-I-R-Sh

KKSM. Kontrol bez razrušavane. Kapiljaren metod, Osnovni termini i opredelenija, (Non-destructive testing. Capillary method. Basic terms and definitions), Sofija 1969, (BDS 7324-69, jan. 1970), 5 p.
D-E-F-R-Bg

KKSM. Metalografija. S"stavni časti na strukturata. Terminologija, (Metalography. Structure elements. Terminology), Sofija 1974, (BDS 7514-74, dec. 1975. Replaces BDS 7514-69), 72 p.
D-E-F-R-Bg

KOMITET STANDARTOV, MER I IZMERITEL'NYCH PRIBOROV pri Sovete ministrov SSSR. Mašiny i pribory dlja opredelenija mechaničeskich svojstv materialov. Terminy i opredelenija, Moskva 1969, (GOST 14766-69, jul. 1970), 6 p.

MICHALRIK, G. Werkstoffprüfung (Bruchprüfung), (R-D), in: FS, 2/1985, 136-139

MINISTERSTVO NA MAŠINOSTROENE. Metali. Izpitvane na umora. Terminologija, (Metals. Endurance test. Terminology), Sofija 1969, (BDS 7314-69, jul. 1970), 9 p.
D-E-F-R-Bg

MINISTERSTVO NA MAŠINOSTROENE. Kontrol bez razrušavane. Defektoskopija ultrazvukova. Termini i opredelenija, (Nondestructive testing. Ultrasonic testing. Terms and definitions), Sofija 1970, (BDS 8241-70, jan. 1972), 15 p.
D-E-F-R-Bg

MSZH. Hegesztett kötések roncsolásmentes vizsgálata. Radiológiai vizsgálattal kimutatott hegesztési hibák tipusainak jelölése és elnevezése, (Méthodes d'essais non destructifs sur les soudures. Classification, symboles et dénomination des défauts de soudure détectés par examen radiographique), Budapest 1973, (MSZ 4310/4-73, jul. 1974. Remplace MSZ 4310/4-63), 10 p.
D-E-F-R-Hu

PIVOVAROV, A.JA. Nekotorye terminy, ispol'zuemye v nerazrušajuščem kontrole, Moskva 1982, 41 p.

PKN. Korozja metali. Terminologia, (Corrosion des métaux. Terminologie), Warszawa 1969, (PN-69/H-04609, jul. 1970. Cette norme remplace PN-55/H-04609), 11 p.
E-F-R-Pl

PKNiM. Ochrona elektrochemiczna przed korozją. Nazwy i określenia, (Protection contre la corrosion électrochimique. Termes et définitions), Warszawa 1975, (PN-75/H-04699, jul. 1976), 4 p.
D-E-F-R-Pl

SEREDNICKA, T. Sočetaemost' kačestvennych prilagatel'nych v russkom i pol'skom jazykach (na materiale tekstov po metallovedeniju), in: Z badań kontrastów językowych, Wrocław 1978

SOVET ĖKONOMIČESKOJ VZAIMOPOMOŠČI. Gamma-defektoskopy. Terminologija i opredelenija, Moskva 1966, (RS 772-66, dec. 1968), 3 p.

SOVET ĖKONOMIČESKOJ VZAIMOPOMOŠČI. Defekty otlivok. Terminologija i klassifikacija defektov, Moskva 1963, (RS 46-63, dec. 1964), 18 p.

SOVET ĖKONOMIČESKOJ VZAIMOPOMOŠČI. Korrozija metallov. Terminologija, Moskva 1967, (RS 1186-67, dec. 1969), 8 p.

STOBERSKI, Z. Terminologie scientifique internationale. Neologismes au cours d'unification. Corrosion, in: Babel, 4/1981, 250 ff; 1/1982, 54

TNC. Korrosionsordlista, (Vocabulaire de la corrosion), Stockholm, (TNC 67, 1977), 235 p.
D-E-Da-No-Sv-F-S-R-Fi

UNITED NATIONS OFFICE at Geneva. Languages division. Terminology and technical documentation section. Transfer of technology. Selected terms in English, French, Russian and Spanish, Genève, (TERM/22, mar. 1976), 69 p.
E-F-S-R

ÚNM. Názvosloví z oboru vzorkování materiálů, (Prélèvement des échantillons. Terminologie), Praha 1974, (ČSN 010112, mai 1974), 23 p.
D-E-F-R-Cs-Sk

ÚNM. Zkoušky únavy kovů. Základní pojmy a značky, (Essais de fatiguedes métaux. Termes, définitions et symboles), Praha 1975, (ČSN 420362, dec. 1966), 47 p.
D-R-Cs-Sk

ÚNM. Zkoušeni materiálu a výrobků ultrazvukem. Názvosloví, (Examen des matériaux par ultrasons. Vocabulaire), Praha, (ČSN 015020, 1968), 15 p.
D-E-F-R-Cs

ÚNM. Nedestruktivni zkoušení názvosloví. Zkoušení materiálů a výrobků vířivými proudy, (Essais non-destructifs. Essais à courant tourbillionnaire. Terminologie), Praha 1974, (ČSN 01 5051, jul. 1976), 12 p.
D-E-F-R-Cs-Sk

ÚNM. Názvosloví ochrany materiálu proti korozi, (Terminologie relative à la protection des matériaux contre la corrosion), Praha 1969, (ČSN 038001, jan. 1971. Cette norme remplace ČSN 038001, sep. 1960), 30 p.
D-E-Ro-R-Bg-Cs-Pl-Sk-Hu

ÚNM. Názvosloví z klimatotechnologie, (Terminologie de la technologie du climat), Praha 1975, (ČSN 038801, jan. 1977. Remplace ČSN 038801, mai 1964), 15 p.
D-E-F-Cs-Sk

VNIIKI. Naučno-techničeskaja terminologija. Sbornik standartizovannych i rekomenduemych terminov v 10 tomach, Moskva 1970, tom 8: Stroitel'stvo, lesomaterialy, izdelija iz drevesiny

2.2.2. ENERGIEWIRTSCHAFT

AKADEMIJA NAUK SSSR. Komitet naučno-techničeskoj terminologii. Ėnergetičeskij balans. Terminologija, Moskva, (Sborniki rekomenduemych terminov, vypusk 86, 1973), 32 p.
D-E-F-R

GOSUDARSTVENNYJ KOMITET STANDARTOV Soveta ministrov SSSR. Ėnergetika i ėlektrifikacija narodnogo chozjajstva. Osnovnye ponjatija. Terminy i opredelenija, Moskva (GOST 19431-74, jan. 1975), 5 p.

GOSUDARSTVENNYJ KOMITET STANDARTOV Soveta ministrov SSSR. Sistemy ėnergetičeskie. Terminy i opredelenija, Moskva 1975, (GOST 21027-75, jul. 1976), 9 p.
E-R

INSTITUT FÜR ENERGETIK (im Auftrag der Ständigen Kommission für Elektroenergie des RGW). Hauptbegriffe der Energiewirtschaft, Leipzig 1974-78
IV. 2. Theoretische Grundlagen der Leistungsreaktoren, 1974, 216 p.
4. Wärmetechnischer Teil der Kernkraftwerke, 1977, 134 p.
5. Hauptbegriffe der BMSR-Technik und Kontrolle in Kernkraftwerken, 1977, 182 p.
6. Hauptbegriffe für Strahlensicherheit, Strahlenschutz in Kernkraftwerken und Umweltschutz, 1978, 230 p.
7. Hauptbegriffe der technischen Sicherheitssysteme, Notkühlung der Spaltzone, Belüftung und Filtration, 196 p.
V. 4. Hauptbegriffe der automatisierten Systeme der Dispatchersteuerung von Energiesystemen, 190 p.
5. Hauptbegriffe der automatisierten Projektionssysteme, 1978, 150 p.
6. Begriffe und Definitionen der Analogrechentechnik, 1978, 230 p.
D-Bg-Cs-Hu-Pl-Ro-R

2.2.3. MASCHINENBAU UND ELEKTROTECHNIK

2.2.3.1. MASCHINENBAU

AKADEMIJA NAUK SSSR. Komitet techničeskoj terminologii. Terminologija teorii mechanizmov. Čast' 1: Struktura i klassifikacija mechanizmov, Moskva 1938, (Bjulleten' komiteta techničeskoj terminologii, vypusk XX), 32 p.
D-E-F-R

AKADEMIJA NAUK SSSR. Komitet techničeskoj terminologii. Terminologija teorii mechanizmov. Čast' 2 i 3: Kinematika mechanizmov i dinamika mechanizmov, Moskva 1938, (Bjulleten' komiteta techničeskoj terminologii, vypusk XXIV), 16 p.
D-E-F-R

AKADEMIJA NAUK SSSR. Komitet techničeskoj terminologii. Osnovnye bukvennye oboznačenija po teorii mechanizmov i obščej teorii mašin, Moskva 1941, (Bjulleten' komiteta techničeskoj terminologii, vypusk XLV), 4 p.
D-E-F-R

AKADEMIJA NAUK SSSR. Komitet techničeskoj terminologii. Teorija mechanizmov. Osnovnye ponjatija. Terminologija, Moskva 1964, 25 p.
R-D-E-F

AMT FÜR STANDARDISIERUNG. Federn. Begriffe. Mehrsprachig, Leipzig, (TGL 16790, dec. 1963. Gruppe 382. DDR-Standard), 3 p.
D-E-R

AMT FÜR STANDARDISIERUNG. Kraftwerksanlagen, Typenschilder. Übersetzungen in englisch und russisch, Berlin, (TGL 27-16055 Blatt 2, dec. 1972. Gruppe 131.100. Fachbereichstandard), 8 p.
D-E-R

BOLKVADZE, G., KAKABADZE, K., KUČAIDZE M. Nekotorye terminy, upotrebljaemye v mašinostroitel'nych, ėlektrotechničeskich i metallurgičeskich predprijatijach (gruzinsko-russkie, russko-gruzinskie), Tbilisi 1966, 212 p.

BREUER, M. Effektive Gestaltung der fachspezifischen Russischausbildung an Ingenieur- und Fachschulen durch linguo-statistische Untersuchungen des Wortschatzes russischsprachiger Fachliteratur (dargestellt am Beispiel des Wortschatzes des Bereichs Maschinenwesen), Karl-Marx-Stadt 1971

BREUER, M. Russisches Lehrmaterial für Ingenieurschulen, Berufs- und Erwachsenenqualifizierung. Maschinenbau, Leipzig 1975

ČERNAVINA, L.I. Perevod ustojčivych slovosočetanij s anglijskogo jazyka na russkij v naučno-techničeskoj literature po mašinostroeniju, Moskva 1982

DUBOVSKIJ, V.E. Ob obraznosti i ee meste v sisteme terminologii dorožnogo mašinostroenija v sovremennom nemeckom i russkom jazykach, in: Romanskoe i germanskoe jazykoznanie, X, Minsk 1980

ERMAKOVA, V.N. K voprosu o sistemnoj organizacii glagola. Na primere odnogo leksiko-semantičeskogo klassa (na materiale glagol'nych edinic pod"jazyka mašinostroenija), in: Lingvističeskie issledovanija 1978. Problemy leksikologii, leksikografii i prikladnoj lingvistiki, Moskva 1978

FISCHER, G. et al. Russisch für den Maschinenbau. Lehrmaterial für die Sprachkundigenausbildung Stufe IIb, Leipzig 1977

GOSUDARSTVENNYJ KOMITET STANDARTOV Soveta ministrov SSSR. Sistema pokazatelej kačestva produkcii. Ob"emnyj gidroprivod. Gidroapparatura. Nomenklatura pokazatelej, Moskva 1973, (GOST 4.37-73, jan. 1975), 3 p.

ISO. Balancing machines - Symbols for front panels, Genève 1975, (ISO/DIS 3719-1975), 11 p.
D-E-F-I-R-J

JAKUBOWSKI, M., SCHARF, CH. Linguistische Untersuchungen mündlicher russischsprachiger monologischer Texte des Kommunikationsbereichs Maschineningenieurwesen unter dem Aspekt der Gestaltung von Hörtexten, Halle 1979, Diss.; Zusammenfassung in: Wissenschaftliche Schriftenreihe der TH Karl-Marx-Stadt, 11, 1980

KARU, A. Ėstonskie, anglijskie, nemeckie i russkie ėlektrotechničeskie terminy. Registry, Tallin 1974, 136 p.

LAVRENT'EVA, G.A. Terminologija teorii mechanizmov (Razdel: struktura i klassifikacija mechanizmov), Moskva/Leningrad 1950, akd

RYŽICH, A.V. Issledovanie jazykovych sredstv analiza i sinteza techniko-ėkonomičeskich soobščenij v sistemach upravlenija (na primere priborostroitel'noj otrasli), Moskva 1978, akd

SCHMIDT, H. Untersuchungen zu den häufigsten lexikalischen Einheiten und Wortverbindungen des Russischen in der Fachsprache der Automatisierungs- und Elektroenergieanlagen (Forschungsbericht), in: WB TH Leipzig, XVII, 1977

SERLINA, F.M. Was ist besonders schwer zu übersetzen? Posobie po perevodu nemeckoj techničeskoj literatury po sel'chozmašinostroeniju i obščemu mašinostroeniju, Rostov-na-Donu 1962, 108 p.

SOVET ĖKONOMIČESKOJ VZAIMOPOMOŠČI. Kontrol' germetičnosti teplovydeljajuščich ėlementov (KGO). Osnovnye terminy i opredelenija, Moskva 1970, (RS 2911-70, jul. 1972), 10 p.

SUCHOV, N.K. O sposobach postroenija naučno-techničeskich terminov obščego mašinostroenija, Moskva 1950, akd

UHLIG, S. et al. Einführung in das technische Russisch. Maschinenbau, Berlin 1976

ÚN. Názvosloví z oboru automatizace a regulační techniky, (Terminologie de l'automatisation et de la technique de réglage), Praha, (ČSN 010170, dec. 1961), 57 p.
D-E-F-R-Cs-Sk

2.2.3.2. KERNKRAFT, KERNTECHNIK

BEELER, R., BÉNÉ, G.J., GOLUB, M. Nuclear physics and atomic energy, Amsterdam/London/New York/Princeton 1960, Glossaria interpretum VIII, 213 p

ESPE, W., KUHN, A. Elementare Grundlagen der Kernphysik, Leipzig 1958^2, 263 p. (1955, 152 p.)

DNA. Kerntechnik. Begriffe (Ergänzung zu DIN 25401), Berlin, (DIN 25401 Blatt 10, dec. 1966), 7 p.
D-E-Nl-F-I-R

DNA. Kerntechnik. Begriffe (2.Ergänzung zu DIN 25401), Berlin, (DIN 25401 Blatt 11, jul. 1968), 14 p.
D-E-Nl-F-I-R

DNA. Kerntechnik. Begriffe (3.Ergänzung zu DIN 25401), Berlin (DIN 25401 Blatt 12, dec. 1968), 12 p.
D-E-Nl-F-I-R

DNA. Kerntechnik. Begriffe (4.Ergänzung zu DIN 25401), Berlin, (DIN 25401 Blatt 13, oct. 1969), 12 p.
D-E-Nl-F-I-R

DNA. Kerntechnik. Begriffe (5.Ergänzung zu DIN 25401), Berlin, (DIN 25401 Blatt 14, jun. 1970), 9 p.
D-E-Nl-F-I-R

DNA. Kerntechnik. Begriffe (6.Ergänzung zu DIN 25401), Berlin, (DIN 25401 Blatt 15, apr. 1972), 16 p.
D-E-Nl-F-I-R

DNA. Kerntechnik. Begriffe (7.Ergänzung zu DIN 25401), Berlin, (DIN 25401 Blatt 16, mai 1973), 23 p.
D-E-Nl-F-I-R

DNA. Kerntechnik. Begriffe (8.Ergänzung zu DIN 25401), Berlin, (DIN 25401 Blatt 17, Entwurf, feb. 1974), 12 p.
D-E-Nl-F-I-R

DNA. Kerntechnik. Begriffe (9.Ergänzung zu DIN 25401), Berlin, (DIN 25401 Blatt 18, Entwurf, jan. 1975), 16 p.
D-E-Nl-F-I-R

DNA. Begriffe der Kerntechnik in sechs Sprachen, Berlin, (DIN-Normenheft 5, 1973), 205 p.
D-E-Nl-F-I-R

EUROPEAN NUCLEAR ENERGY AGENCY. Glossary of terms and symbols in thermionic conversion, Paris 1975, 115 p.
E-F-R

GOSUDARSTVENNYJ KOMITET STANDARTOV Soveta ministrov SSSR. Kontrol' germetičnosti oboloček teplovydeljajuščich élementov jadernych reaktorov. Terminy i opredelenija, Moskva 1972, (GOST 17924-72, jan. 1974), 11 p.

GOSUDARSTVENNYJ KOMITET STANDARTOV Soveta ministrov SSSR. Radiacionnaja stojkost' apparatury, komplektujuščich élementov i materialov. Terminy i opredelenija, Moskva 1972, (GOST 18298-72, jan. 1974), 4 p.

GOSUDARSTVENNYJ KOMITET STANDARTOV Soveta ministrov SSSR. Sredstva transportirovanija otrabotavšich sborok teplovydeljajuščich élementov jadernych reaktorov. Terminy i opredelenija, Moskva 1974, (GOST 19541-74, jan. 1975), 7 p.
D-E-F-R

GOSUDARSTVENNYJ KOMITET STANDARTOV Soveta ministrov SSSR. Otchody radioaktivnye i dezaktivacija. Terminy i opredelenija, Moskva 1972, (GOST 17606-72, jul. 1973), 4 p.

GOSUDARSTVENNYJ KOMITET STANDARTOV Soveta ministrov SSSR. Manipuljatory. Terminy i opredelenija, Moskva 1975, (GOST 21024-75, jul. 1976), 6 p.

GOSUDARSTVENNYJ KOMITET STANDARTOV Soveta ministrov SSSR. Istočniki pitanija élektroénergiej radioizotopnye. Terminy i opredelenija, Moskva 1968, (GOST 22212-76, jan. 1978), 2 p.
E-R

GOSUDARSTVENNYJ KOMITET STANDARTOV Soveta ministrov SSSR. Sistemy vnutrireaktornogo kontrolja. Terminy i opredelenija, Moskva 1976, (GOST 21933-76, jul. 1977), 5 p.
E-R

GOSUDARSTVENNYJ KOMITET STANDARTOV Soveta ministrov SSSR. Reaktory jadernye. Sostavnye časti. Terminy i opredelenija, Moskva 1975, (GOST 20942-75, jul. 1976), 45 p.
D-E-F-R

GOSUDARSTVENNYJ KOMITET STANDARTOV Soveta ministrov SSSR. Materialy jadernye delimye. Terminy i opredelenija, Moskva 1977, (GOST 22574-77, jul. 1978), 5 p.

GOSUDARSTVENNYJ KOMITET STANDARTOV Soveta ministrov SSSR. Oborudovanie technologičeskoe radiacionno-zaščitnoe. Terminy i opredelenija, Moskva 1976, (GOST 21785-76, jul. 1977), 9 p.

IEC. International electrotechnical vocabulary. Chapter 391: Detection and measurement of ionizing radiation by electrical means, Genève, (Publication 50(391), 1975. Revision of publication 50(66)), 114 p.
D-E-NL-Sv-F-I-S-R-Pl

IEC. International electrotechnical vocabulary. Chapter 392: Nuclear instrumentation - Supplement to Chapter 391, Genève, (Publication 50(392), 1976), 26 p.
D-E-Nl-Sv-F-I-S-R-Pl

IRS. Detectarea şi măsurarea prin mijloace electrice a radiaţiilor ionizante. Ansambluri pentru măsurarea radiaţiilor ionizante. Terminologie, (Detection and measurement of ionizing radiation by electric means. Ionizing radiation measuring assemblies. Terminology), Bucureşti, (STAS 10027/1-75, apr. 1975), 8 p.
E-F-Ro-R

IRS. Detectarea şi măsurarea prin mijloace electrice a radiaţiilor ionizante. Subansambluri de detectare. Terminologie, (Detection and measurement of ionizing radiations by electric means. Detection sub-assemblies. Terminology), Bucureşti, (STAS 10027/3-75, jul. 1975), 18 p.
E-F-Ro-R

ISO. Nuclear energy glossary. Addendum 1, Genève 1975, (ISO 921/DAD 1-1975), 42 p.
E-F

MSZH. Nukleáris terminológia. Reaktor fogalmak, (Terminologie nucléaire. Termes relatifs aux réacteurs), Budapest 1976, (MSZ 14345/2-76, apr. 1977), 34 p.
E-R-Hu

SCHÖN, H. Der russische Wortschatz der Kerntechnik unter besonderer Berücksichtigung der Synonymie und die Gestaltung eines terminologisch orientierten Lehrwörterbuches, Berlin 1978, Diss.

SCHRAMM, M. Hundert Begriffe aus dem Atomzeitalter (D-R-E-F-S), in: FS, 3/1959, 10-15

SMIRNOVA, L.A. Russko-anglijskij razgovornik dlja fizikov: Jadernaja fizika i smežnye oblasti, Moskva 1977[2], 312 p.

SOVET ĖKONOMIČESKOJ VZAIMOPOMOŠČI. Sistemy radiacionnogo kontrolja, upravlenija i zaščity jadernych reaktorov. Osnovnye terminy i opredelenija, Moskva 1969, (RS 2026-69, jan. 1971), 5 p.

SOVET ĖKONOMIČESKOJ VZAIMOPOMOŠČI. Otchody radioaktivnye i dezaktivacija. Osnovnye terminy i opredelenija, Moskva 1969, (RS 2187-69, jan. 1971), 9 p.

ÚNM. Názvosloví přístrojů jaderné techniky, (Terminologie relative aux appareils du génie nucléaire), Praha 1971, (ČSN 356550, apr. 1972), 72 p.
D-E-F-R-Cs-Sk

2.2.3.3. DAMPFKRAFT

AKADEMIJA NAUK SSSR. Komitet techničeskoj terminologii. Terminologija po parovozam. Čast' 1, Moskva 1937, (Bjulleten' komiteta techničeskoj terminologii, vypusk XVI), 44 p.
D-E-F-R

AKADEMIJA NAUK SSSR. Komitet techničeskoj terminologii. Terminologija krivošipnych parovych mašin, Moskva 1939, (Bjulleten' komiteta techničeskoj terminologii, vypusk XXVII), 32 p.
D-E-F-R

AKADEMIJA NAUK SSR. Komitet techničeskoj terminologii. Terminologija chimičeskoj technologii vody, iduščej na pitanie parovoznych kotlov, Moskva 1952, (Bjulleten' komiteta techničeskoj terminologii, vypusk LXII), 32 p.

JZS. Vatrostalni materijal. Terminologija na šest jezika. Lista IX. Kotlovi, (Matériaux réfractaires. Terminologie en six langues. 9e liste. Chaudières), Beograd 1970, (JUS B.D6.022, apr. 1971), 3 p.
D-E-F-J-R-Sh

ÚNM. Názvosloví parních turbín, (Terminologie relative aux turbines à vapeur), Praha 1971, (ČSN 080000, feb. 1973. Remplace ČSN 080000, oct. 1964), 69 p.
D-E-R-Cs-Sk

2.2.3.4. WASSERKRAFT

AKADEMIJA NAUK SSSR. Komitet naučno-techničeskoj terminologii. Gidroprivod. Čast' 1. Gidrodinamičeskie peredači. Terminologija, Moskva, (Sborniki rekomenduemych terminov, vypusk 63, 1963), 26 p.
E-R

AKADEMIJA NAUK SSSR. Komitet techničeskoj terminologii. Terminologija gidroturbin, Moskva, (Sborniki rekomenduemych terminov, vypusk 21, 1953), 37 p.

AKADEMIJA NAUK SSSR. Komitet techničeskoj terminologii. Terminologija gidromechaniki, Moskva, (Sborniki rekomenduemych terminov, 1947), 55 p.
R-E-F-D

ČAČANIDZE, N. Gidrotechničeskaja terminologija. Russko-gruzinskaja i gruzinsko-russkaja časti, Tbilisi 1966, 187 p.

JZS. Uljna hidraulika i pneumatika. Nazivi i simboli. Osnovni funkcionalni simboli, (Hydraulique d'huile et pneumatique. Termes et symboles. Signes de base et de fonction), Beograd 1969, (JUS L.N1.002, jul. 1970), 2 p.
D-E-F-R-Sh

JZS. Ulnja hidraulika i pneumatika. Nazivi i simboli. Pretvaranje energije, (Hydraulique d'huile et pneumatique. Termes et symboles. Transformation d'énergie), Beograd 1969, (JUS L.N1.003, jul. 1970), 6 p.
D-E-F-R-Sh

JZS. Ulnja hidraulika i pneumatika. Nazivi i simboli. Upravljanje i regulacija energije, (Hydraulique d'huile et pneumatique. Termes et symboles. Distribution et régulation d'énergie), Beograd 1969, (JUS L.N1.004, jul. 1970)
D-E-F-R-Sh

JZS. Uljna hidraulika i pneumatika. Nazivi i simboli. Prenošenje energije, (Hydraulique d'huile et de pneumatique. Termes et symboles. Transmission de l'énergie), Beograd 1969, (JUS L.N1.005, jul. 1970), 6 p.
D-E-F-R-Sh

JZS. Uljna hidraulika i pneumatika. Nazivi i simboli. Aktiviranje, (Hydraulique d'huile et pneumatique. Termes et symboles. Commande), Beograd 1969, (JUS L.N1.006, jul. 1970), 3 p.
D-E-F-R-Sh

JZS. Uljna hidraulika i pneumatika. Nazivi i simboli. Dopunski uređaji, (Hydraulique d'huile et pneumatique. Termes et symboles. Instruments additionnels), Beograd 1969, (JUS L.N1.007, jul. 1970), 2 p.
D-E-F-R-Sh

JZS. Ulnja hidraulika i pneumatika. Nazivi i simboli. Primeri agregata i kompletnih instalacija, (Hydraulique d'huile et pneumatique. Termes et symboles. Exemples des assemblages et des installations complètes), Beograd 1969, (JUS L.N1.008, jul. 1970), 3 p.
D-E-F-R-Sh

PKNiM. Napędy i sterowania hydrauliczne. Pojęcia podstawowe. Nazwy i określenia, (Commandes et contrôles hydrauliques. Termes de base. Définitions et déterminations), Warszawa 1975, (PN-75/M-73001 Arkusz 01 (Feuille 01), jul. 1976. Remplace PN-68/M-73001 section 2), 55 p.
D-Ro-R-Bg-Cs-Pl-Hu

2.2.3.5. ELEKTROTECHNIK

2.2.3.5.0. ALLGEMEIN

AKADEMIJA NAUK SSSR. Komitet techničeskoj terminologii. Terminologija teoretičeskoj ėlektrotechniki, Moskva 1952, (Bjulleten' komiteta techničeskoj terminologii, vypusk LXIV), 40 p.

AKADEMIJA NAUK SSSR. Komitet techničeskoj terminologii. Ėlektrotechnika. Ėlektronika. Teoretičeskaja ėlektrotechnika. Bukvennye oboznačenija osnovnych veličin v ėlektrotechnike. Ėlektričeskie mašiny. Rele. Ėlektrovakuumnye pribory. Diėlektriki. Terminologija, Moskva, (Sborniki rekomenduemych terminov, vypusk 59, 1962), 232 p.
D-E-F-R

AKADEMIJA NAUK SSSR. Komitet naučno-techničeskoj terminologii. Ėlektrotechničeskie materialy, Moskva, (Sborniki rekomenduemych terminov, vypusk 78, 1969), 84 p.
D-E-F-R

AKADEMIJA NAUK SSSR. Komitet techničeskoj terminologii. Terminologija teoretičeskoj ėlektrotechniki, Moskva, (Sborniki rekomenduemych terminov, vypusk 46, 1958), 48 p.
E-F-R

AKADEMIJA NAUK SSSR. Komitet naučno-techničeskoj terminologii. Ėnergetičeskie sistemy. Terminologija, Moskva, (Sborniki rekomenduemych terminov, vypusk 81, 1970), 72 p.
D-E-F-R

AKADEMIJA NAUK SSSR. Komitet techničeskoj terminologii. Ėlektričeskie mašiny. Vidy ėlektričeskich mašin, Moskva 1960, (Sbornik rekomenduemych terminov, vypusk 52), 28 p.

ARTEM'EV, A.I. Terminologija teoretičeskoj ėlektrotechniki, in: EL, 12/1953(1)

BIRJUKOV, D.V. Posobie po perevodu ėlektrotechničeskoj literatury na francuzskij jazyk, Moskva 1970, 403 p.

BULAŠEVA, N.S. Statistika trechslovnych sočetanij s opornym častotnym slovom iz tekstov po russkoj radioėlektronike, in: Statistika teksta I, Minsk 1969

DNA. Zuverlässigkeit elektrischer Geräte, Anlagen und Systeme. Begriffe, Berlin, (DIN 40 042, Vornorm, jun. 1970.), 19 p.
D-E-F-S-R

FRIDMAN, A.JA. Perevod ėlektrotechničeskoj literatury, Moskva 1965, 136 p.

GORDIN, G.JA. Rol' lingvostruktur pri perevode naučno-techničeskich tekstov (na materiale nemeckoj ėlektrotechničeskoj literatury), in: Pervyj seminar po voprosam teorii i praktiki perevoda naučnoj i techničeskoj literatury, Tezisy dokladov i soobščenij, Moskva 1968, 7

GOSUDARSTVENNYJ KOMITET STANDARTOV Soveta ministrov SSSR. Edinaja sistema konstruktorskoj dokumentacii. Oboznačenija uslovnye grafičeskie ėlektričeskogo oborudovanija i provodok na planach, Moskva 1972, (GOST 2.754-72; jul. 1973. Replaces GOST 7621-55), 22 p.

GOSUDARSTVENNYJ KOMITET STANDARTOV Soveta ministrov SSSR. Mašiny ėlektričeskie vraščajuščiesja. Ščetočnyj tokos"em.

Terminy i opredelenija, Moskva 1976, (GOST 21888-76, jul. 1977), 41 p.
D-E-F-R

HERMS, I. Konfrontierende Untersuchung von Wortbildungselementen der internationalen Lexik in der russischen und deutschen Fachsprache der Elektrotechnik und ihre Bedeutung für die spezialsprachliche Ausbildung, Leipzig 1974, Diss.

HERMS, I. Wortbildungselemente der internationalen Lexik in der russischen und deutschen Fachsprache der Elektrotechnik, in: Sprache in Wissenschaft und Technik, Leipzig 1978, 65-80

ICKERT, A. et al. Russisches Lehrmaterial für Ingenieurschulen, Berufs- und Erwachsenenqualifizierung. Elektrotechnik - Elektronik, Leipzig 1974

IEC. Recommended graphical symbols. Part 1: Kind of current, distribution systems, methods of connection, and circuit elements, Genève, (Publication 117-1, 1960. Amendment No. 1, aug. 1966; amendment No. 2, aug. 1967), 19 p.
E-R

IEC. Definitions and nomenclature for carbon brushes, brushholders, commutators, and slip-rings, Genève, (Publication 276, 1968), 35 p.
D-E-Nl-Sv-F-I-S-R-Pl

IEC. International Electrotechnical Vocabulary. Chapter 691: Tariffs for electricity, Genève, (Publication 50(691), 1973), 44 p.
D-E-Nl-Sv-F-I-S-R-Pl

KIJAK, T.R. K probleme motivirovannosti naučno-techničeskich terminov (na materiale nemeckich i russkich terminov Meždunarodnogo ėlektrotechničeskogo slovarja), in: Strukturnosemantičeskie osobennosti otraslevoj terminologii, Voronež 1982

KOMITET STANDARTOV, MER I IZMERITEL'NYCH PRIBOROV pri Sovete ministrov SSSR. Ėlektrotechnika. Oboznačenija osnovnych veličin (bukvennye), Moskva 1961, (GOST 1494-61, jul. 1962), 11 p.

KOMITET STANDARTOV, MER I IZMERITEL'NYCH PRIBOROV pri Sovete ministrov SSSR. Izdelija bytovye ėlektromechaničeskie. Terminy i opredelenija, Moskva 1970, (GOST 16012-70, jan. 1971), 9 p.

KOMITET STANDARTOV, MER I IZMERITEL'NYCH PRIBOROV pri Sovete ministrov SSSR. Kontakty ėlektričeskie. Terminy i opredelenija, Moskva 1969, (GOST 14312-69, jan. 1970), 12 p.

NOEVA, S., RAFAILOVA, D., ZADOROŽNAJA, L. Russkij jazyk. Učebnik dlja studentov ėlektrotechničeskich special'nostej VMĖI, Sofia 1982; Rez.: RJaZR, 2/1984, 87-88

PUMPJANSKIJ, A.L. Bilingvističeskoe issledovanie porjadka slov v inostrannoj i russkoj literature. Poiski ėkvivalentov (na materiale literatury po radiotechnike, ėlektronike i svjazi), in: Pervyj seminar po voprosam teorii i praktiki perevoda naučnoj i techničeskoj literatury. Tezisy dokladov i soobščenij, Moskva 1968, 26 p.

ŠABES, V.JA. Semantičeskij sintaksis i perevod, in: Tezisy dokladov naučno-techničeskoj konferencii po uzlovym problemam radiotechniki i ėlektrosvjazi. Posvjaščaetsja Dnju radio i Dnju svjazista, Leningrad 1972, 235-236

SCHOLZ, F. Substantivgruppen als Mehrworttermini in der russischen Fachsprache der Elektrotechnik, Leipzig 1971, Diss.

ÚNM. Elektrotechnické názvosloví. Základní názvosloví v elektrotechnice, (Terminologie relative à l'électrotechnique. Terminologie fondamentale relative à l'électrotechnique), Praha 1971, (ČSN 34 5101, apr. 1972), 123 p.
D-E-F-R-Cs-Sk

VNIIKI. Naučno-techničeskaja terminologija. Sbornik standartizovannych i rekomenduemych terminov v 10 tomach. Tom 5: Ėnergetičeskoe i ėlektrotechničeskoe oborudovanije, Moskva 1970, 112 p.
D-E-F-R

WARNER, A. Internationale Angleichung fachsprachlicher Wendungen der Elektrotechnik (Versuch einer Aufstellung phraseologischer Grundsätze für die Technik), in: Beihefte der ETZ, 4/1966

WYSOCKI, S. Słownik elektrotechniczny polsko-czesko-rosyjsko-francusko-angielsko-niemiecki, (Vocabulaire électrotechnique en langues polonaise, tchèque, russe, française, anglaise et allemande), Warszawa 1929, 232 p.
D-E-F-R-Cs-Pl

ZIEGLER, W. et al. Russisch für die Elektrotechnik und Elektronik. Lehrmaterial für die Sprachkundigenausbildung Stufe IIb, Leipzig 1981[3]

2.2.3.5.1. REGELUNG UND STEUERUNG

ACHALADZE, V.S., GAMBAŠIDZE, R.B., KVESELAVA, D.A. Terminologija avtomatizirovannych sistem upravlenija (gruzinsko-russkaja), Tbilisi 1977, 90 p.

AKADEMIJA NAUK SSSR. Komitet techničeskoj terminologii. Terminologija po strukturnomu analizu i sintezu relejnokontaktnych schem, Moskva 1950, (Bjulleten' komiteta techničeskoj terminologii, vypusk LVII), 24 p.
D-E-F-R

AKADEMIJA NAUK SSSR. Komitet naučno-techničeskoj terminologii.

Poluprovodnikovye pribory. Čast' 1. Osnovnye ponjatija. Terminologija, Moskva, (Sborniki rekomenduemych terminov, vypusk 62, 1962), 23 p.
D-E-F-R

AMT FÜR STANDARDISIERUNG. Mikroelektronik. Begriffe für monolithisch integrierte Schaltkreise. Bipolare analoge Schaltkreise, Berlin, (TGL 32648/02, dec. 1975. Gruppe 13787. Fachbereichstandard), 14 p.
D-E-R

AMT FÜR STANDARDISIERUNG. Mikroelektronik. Begriffe für monolithisch integrierte Schaltkreise. Bipolare digitale Schaltkreise, Berlin, (TGL 32648/01, dec. 1975. Gruppe 13787. Fachbereichstandard), 11 p.
D-E-R

EDINAJA terminologija po upravleniju, planirovaniju i normirovaniju promyšlennogo proizvodstva, Moskva 1979

GAL'PERIN, E.I. Zamečanija o terminologii v oblasti poluprovodnikovoj ėlektroniki, in: IzvVysšUčZav, Radiotechnika, 1/1961

GOSUDARSTVENNYJ KOMITET STANDARTOV Soveta ministrov SSSR. Mikroschemy integral'nye. Ėlektričeskie parametry. Terminy, opredelenija i bukvennye oboznačenija, Moskva, (GOST 19480-74, jan. 1975), 22 p.

GOSUDARSTVENNYJ KOMITET STANDARTOV Soveta ministrov SSSR. Platy pečatnye. Terminy i opredelenija, Moskva 1975, (GOST 20406-75, jan. 1976), 13 p.
D-F-R

GOSUDARSTVENNYJ KOMITET STANDARTOV Soveta ministrov SSSR. Ustrojstva SVČ. Poloskovye linii. Terminy i opredelenija, Moskva 1976, (GOST 21702-76, jul. 1977), 6 p.
E-R

GOSUDARSTVENNYJ KOMITET STANDARTOV Soveta ministrov SSSR. Mikroschemy integral'nye. Terminy i opredelenija, Moskva 1975, (GOST 17021-75, jul. 1976. Replaces GOST 17021-71), 10 p.
D-E-F-R

GOSUDARSTVENNYJ KOMITET STANDARTOV Soveta ministrov SSSR. Kontakty magnitoupravljaemye. Terminy i opredelenija, Moskva 1972, (GOST 17499-72, jul. 1973), 12 p.
D-E-F-R

GOSUDARSTVENNYJ KOMITET STANDARTOV Soveta ministrov SSSR. Edinaja sistema konstruktorskoj dokumentacii. Oboznačenija uslovnye grafičeskie v schemach. Ustrojstva kommutacionnye i kontaktnye soedinenija, Moskva 1974, (GOST 2755-74, jan. 1975. Replaces partly GOST 2725-68 and GOST 2747-68), 27 p.

GOSUDARSTVENNYJ KOMITET STANDARTOV Soveta ministrov SSSR.

Sistemy regulirovanija avtomatičeskie ėlektričeskie aviacionnych silovych ustanovok, Moskva, (GOST 22286-76, jan. 1978), 5 p.

HEEG, R. Untersuchungen zum russischen Wortschatz der Fachsprache der Halbleitertechnik, Zwickau 1981, Diss.A

HEEG, R. Mittel zur Terminusbildung in der russischen Fachsprache der Halbleitertechnik, in: WZ PH Zwickau, 1/1983

KALININA, E.A. Issledovanie leksiki pod"jazyka ėlektroniki verojatnostno-statističeskim i strukturno-verojatnostnymi metodami, Gor'kij 1975, akd

KORZAK, G. Robotertechnik (R-D), in: FS, 4/1983, 277-282

LAU, M. Wortliste Mikroelektronik (E-D-R), in: FS, 1/1983, 65-69

LEPIK, L., MARTSON, J. Podbor russko-ėstonskich terminov po metrologii i izmeritel'noj technike, Tallin 1966, 15 p.

LEVICKAJA, E.V. Posobie dlja raboty s naučnymi tekstami na nemeckom jazyke (Avtomatika, kibernetika, ėlektronika), Moskva 1969, 191 p.

METODIČESKOE posobie dlja perevoda s anglijskogo jazyka na russkij techničeskoj literatury po poluprovodnikovoj ėlektronike, Moskva 1968, 50 p.

MSZH. Elektronikai termékek megbizhatósága. Alapfogalmak, (Fiabilité des installations et composants électroniques. Termes fondamentaux), Budapest 1972, (MSZ 11009-72, apr. 1973), 7 p.
E-R-Hu

PATRIK, JU.L. Mikroelektronik/Rechentechnik (D-R), in: FS, 2/1985, 131-136; 4/1988, 278-284

PFEFFERKORN, E. Industrierobotertermini, in: Nachrichten für Sprachmittler, 1/1985, 11

RÖDER, R. Untersuchungen zur russischen und deutschen Terminologie der Elektronik/Mikroelektronik, Dresden 1984, Diss.

SEMINA, R.A. Posobie po čteniju i perevodu techničeskich tekstov po special'nosti "Avtomatika" (na anglijskom jazyke), Vladimir 1972, 73 p.

STARKE, B. RGW-Standard über Klassifikation und Terminologie von Schaltplanarten der Elektrotechnik. Ein Beispiel für die Schaffung internationaler Verständigungsstandards, in: FS, 1/1979

VAL'KOV, V.M. K voprosu o terminologii v mikroėlektronike, in: Vopr Radioel, ser. 3, 8/1963

ZEREBCOV, I.N. Terminologija ėlektroniki, in: Fiz Šk, 5/1964

2.2.3.5.2. STROMERZEUGUNG, STROMVERTEILUNG

AKADEMIJA NAUK SSSR. Terminologija ėlektričeskich mašin. Čast' 1, Moskva 1940, (Bjulleten' komiteta techničeskoj terminologii, vypusk XXXIV), 26 p.
D-E-F-R

AKADEMIJA NAUK SSSR. Komitet techničeskoj terminologii. Terminologija ėlektričeskich mašin. Čast' 2, Moskva 1941, (Bjulleten' komiteta techničeskoj terminologii, vypusk XLIX), 20 p.
D-E-F-R

AKADEMIJA NAUK SSSR. Komitet techničeskoj terminologii. Ėlektričeskie mašiny. Vidy ėlektričeskich mašin, Moskva 1960, 28 p.

AKADEMIJA NAUK SSSR. Komitet techničeskoj terminologii. Terminologija ėlektričeskoj tjagi magistral'nych železnych dorog i metropolitenov. Tjagovye podstancii, Moskva, (Sborniki rekomenduemych terminov, vypusk 32, 1954), 18 p.

AKADEMIJA NAUK SSSR. Komitet naučno-techničeskoj terminologii. Poluprovodnikovye pribory. Čast' 1. Osnovnye ponjatija. Terminologija, Moskva, (Sborniki rekomenduemych terminov, vypusk 62, 1962), 23 p.
D-E-F-R

AKADEMIJA NAUK SSSR. Komitet techničeskoj terminologii. Terminologija po strukturnomu analizu i sintezu relejnokontaktnych schem, Moskva 1950, (Bjulleten' komiteta techničeskoj terminologii, vypusk LVII), 24 p.
D-E-F-R

AKADEMIJA NAUK SSSR. Komitet techničeskoj terminologii. Terminologija po strukturnomu analizu i sintezu relejnokontaktnych schem, Moskva, (Sborniki rekomenduemych terminov, vypusk 8, 1953), 23 p.

AKADEMIJA NAUK SSSR. Komitet techničeskoj terminologii. Terminologija rele, Moskva 1938, (Bjulleten' komiteta techničeskoj terminologii, vypusk XXI), 64 p.
D-E-F-R

AKADEMIJA NAUK SSSR. Komitet techničeskoj terminologii. Terminologija rele, Moskva, (Sborniki rekomenduemych terminov, vypusk 49, 1958), 43 p.
D-E-F-R

ALAK, CH. Terminy relejnoj zaščity (Estn-R), Tallin 1980

AMT FÜR STANDARDISIERUNG. Festwiderstände. Schichtwiderstände. Begriffe, Leipzig, (TGL 4615 Blatt 1, feb. 1968. Gruppe 364. DDR-Standard), 3 p.
D-E-R

AMT FÜR STANDARDISIERUNG. Veränderbare Widerstände. Schicht-

drehwiderstände. Begriffe, Leipzig, (TGL 9099 Blatt 1, jun. 1969. Gruppe 364. Fachbereichstandard), 5 p.
D-E-R

GOSUDARSTVENNYJ KOMITET STANDARTOV Soveta ministrov SSSR. Ėlektrostancii s dvigateljami vnutrennego sgoranija. Terminy i opredelenija, Moskva 1974, (GOST 20375-74, jan. 1976), 10 p.
D-E-R

GOSUDARSTVENNYJ KOMITET STANDARTOV Soveta ministrov SSSR. Istočniki pitanija ėlektroėnergiej radioizotopnye. Terminy i opredelenija, Moskva 1968, (GOST 22212-76, jan. 1978), 2 p.
E-R

GOSUDARSTVENNYJ KOMITET STANDARTOV Soveta ministrov SSSR. Transformatory toka i naprjaženija. Terminy i opredelenija, Moskva 1973, (GOST 18685-73, jul. 1974), 11 p.

GOSUDARSTVENNYJ KOMITET STANDARTOV Soveta ministrov SSSR. Transformatory maloj moščnosti. Terminy i opredelenija, Moskva 1975, (GOST 20938-75, jul. 1976), 26 p.
D-E-F-R

GOSUDARSTVENNYJ KOMITET STANDARTOV Soveta ministrov SSSR. Armatura linejnaja. Osnovnye ponjatija. Terminy i opredelenija, Moskva 1972, (GOST 17613-72, jul. 1973), 5 p.

GOSUDARSTVENNYJ KOMITET STANDARTOV Soveta ministrov SSSR. Materialy diėlektričeskie. Terminy i opredelenija, Moskva 1976, (GOST 21515-76, jan. 1977. Replaces GOST 17033-71), 37 p.
D-E-F-R

GOSUDARSTVENNYJ KOMITET STANDARTOV Soveta ministrov SSSR. Soediniteli ėlektričeskie. Terminy i opredelenija, Moskva 1976, (GOST 21962, jul. 1977), 15 p.
E-R

GOSUDARSTVENNYJ KOMITET STANDARTOV Soveta ministrov SSSR. Apparaty ėlektričeskie kommutacionnye. Osnovnye ponjatija. Terminy i opredelenija, Moskva 1972, (GOST 17703-72, jul. 1973), 29 p.
D-E-F-R

GOSUDARSTVENNYJ KOMITET STANDARTOV Soveta ministrov SSSR. Armatura tokovodjaščaja. Terminy i opredelenija, Moskva 1976, (GOST 22211-76, jan. 1978), 10 p.
D-E-F-R

GOSUDARSTVENNYJ KOMITET STANDARTOV Soveta ministrov SSSR. Pribory ėlektronnye radioizmeritel'nye. Klassifikacija. Naimenovanija i oboznačenija, Moskva 1969, (GOST 15094-69, jul. 1970), 20 p.

GOSUDARSTVENNYJ KOMITET STANDARTOV Soveta ministrov SSSR. Diody poluprovodnikovye. Generatory šuma. Ėlektričeskie

parametry. Terminy, opredelenija i bukvennye oboznačenija, Moskva 1975, (GOST 21154-75, jan. 1977), 5 p.
D-E-F-R

GOSUDARSTVENNYJ KOMITET STANDARTOV Soveta ministrov SSSR. Katuški induktivnosti apparatury svjazi. Terminy i opredelenija, Moskva 1975, (GOST 20718-75, jul. 1976), 21 p.
E-F-R

GOSUDARSTVENNYJ KOMITET STANDARTOV Soveta ministrov SSSR. Rele ėlektričeskie. Terminy i opredelenija, Moskva 1976, (GOST 16022-76, jan. 1978. Replaces GOST 16022-70), 21 p.
D-E-F-R

GOSUDARSTVENNYJ KOMITET STANDARTOV Soveta ministrov SSSR. Edinaja sistema konstruktorskoj dokumentacii. Oboznačenija uslovnye grafičeskie v schemach. Rezistory, kondensatory, Moskva 1974, (GOST 2728-74, jul. 1975. Replaces GOST 2728-68 and partly GOST 2729-68 and GOST 2747-68), 21 p.

GOSUDARSTVENNYJ KOMITET STANDARTOV Soveta ministrov SSSR. Kondensatory postojannoj emkosti. Terminy i opredelenija, Moskva 1975, (GOST 21415-75, jan. 1977), 19 p.
D-E-F-R

HEEG, R. Untersuchungen zum russischen Wortschatz der Fachsprache der Halbleitertechnik, Zwickau 1981, Diss.A

HEEG, R. Mittel zur Terminusbildung in der russischen Fachsprache der Halbleitertechnik, in: WZ PH Zwickau, 1/1983

IEC. International Electrotechnical Vocabulary. Chapter 441: Switchgear and controlgear, Genève, (Publication 50(441), 1974. Revision of Publication 50(15)), 60 p.
D-E-Nl-Sv-F-I-S-R-Pl

IEC. Recommended graphical symbols. Part 1: Kind of current, distribution systems, methods of connection, and circuit elements, Genève, (Publication 117-1, 1960. Amendment No. 1, aug. 1966; amendment No. 2, aug. 1967), 19 p.
E-R

IEC. International Electrotechnical Vocabulary. Chapter 351: Automatic control, Genève, (Publication 50(351), 1975), 58 p.
D-E-Nl-Sv-F-I-S-R-Pl

IEC. First supplement to Publication 50(901)(1973). Advance edition of the International Electrotechnical Vocabulary. Chapter 901: Magnetism. Section 901-05- Terms and definitions relating to non-reciprocal electromagnetic components, Genève, (Publication 50(901 A), 1975), 19 p.
D-E-Nl-Sv-F-I-S-R-Pl

IEC. International Electrotechnical Vocabulary. Chapter 392: Nuclear instrumentation - Supplement to Chapter 391, Genève, (Publication 50(392), 1976), 26 p.
D-E-Nl-Sv-F-I-S-R-Pl

IEC. International Electrotechnical Vocabulary. Chapter 411: Rotating machines, Genève, (Publication 50(411), 1973. Revision of Publication 50(10)), 187 p.
D-E-Nl-Sv-F-I-S-R-Pl

IEC. International Electrotechnical Vocabulary. Chapter 391: Detection and measurement of ionizing radiation by electric means, Genève, Publication (50(391), 1975. Revision of Publication 50(66)), 114 p.
D-E-Nl-Sv-F-I-S-R-Pl

IEC. Advance edition of the International Electrotechnical Vocabulary. Chapter 901: Magnetism, Genève, (Publication 50(901), 1973), 49 p.
D-E-Nl-Sv-F-I-S-R-Pl

IRS. Maşini electrice rotative. Mărimi caracteristice. Terminologie, (Electrical rotating machines. Characteristic quantities. Terminology), Bucureşti, (STAS 4861/3-75, mai 1975. Replaces partly STAS 1893-72), 28 p.
D-E-F-Ro-R

IRS. Maşini electrice rotative. Funcţionare, caracteristici, incercări. Terminologie, (Electrical rotating machines. Operation, characteristics, testing. Terminology), Bucureşti 1973, (STAS 4861/4-74, mai 1974), 20 p.
D-E-F-Ro-R

IRS. Detectarea şi măsurarea prin mijloace electrice a radiaţiilor ionizante. Subansambluri de detectare. Terminologie, (Detection and measurement of ionizing radiations by electric means. Detection sub-assemblies. Terminology), Bucureşti, (STAS 10027/3-75, jul. 1975), 18 p.
E-F-Ro-R

IRS. Detectarea şi măsurarea prin mijloace electrice a radiaţiilor ionizante. Ansambluri pentru măsurarea radiaţiilor ionizante. Terminologie, (Detection and measurement of ionizing radiations by electrical means. Ionizing radiation measuring assemblies. Terminology), Bucureşti, (STAS 10027/1-75, apr. 1975), 8 p.
E-F-Ro-R

ISMIU. Zaštita relejna. Termini i opredelenija, Sofija, 31 p.
D-E-F-R-Bg

ISMIU. Uredi (aparati) izmervatelni. Termini i opredelenija, (Scientific and industrial measuring instruments. Terms and definitions), Sofija 1966, (BDS 5969-66, jul. 1967), 55 p.
D-E-F-R-Bg

ISMIU. Transduktori. Termini i opredelenija, (Transductors. Terms and definitions), Sofija 1966, (BDS 6052-66, jul. 1967), 7 p.
D-E-F-R-Bg

KOMITET STANDARTOV, MER I IZMERITEL'NYCH PRIBOROV pri Sovete ministrov SSSR. Mašiny ėlektričeskie. Oboznačenie gabaritnych i ustanovočnych razmerov, Moskva 1970, (GOST 4541-70, jan. 1971. Replaces GOST 4541-48), 14 p.

KOMITET STANDARTOV, MER I IZMERITEL'NYCH PRIBOROV pri Sovete ministrov SSSR. Transformatory silovye. Terminy i opredelenija, Moskva 1970, (GOST 16110-70, jan. 1971), 38 p.

KOMITET STANDARTOV, MER I IZMERITEL'NYCH PRIBOROV pri Sovete ministrov SSSR. Kabeli, provoda i šnury. Terminy i opredelenija, Moskva 1970, (GOST 15845-70, jan. 1971), 20 p.

KOMITET STANDARTOV, MER I IZMERITEL'NYCH PRIBOROV pri Sovete ministrov SSSR. Izoljatory. Terminy i opredelenija, Moskva 1969, (GOST 15144-69, jul. 1970), 5 p.

KOMITET STANDARTOV, MER I IZMERITEL'NYCH PRIBOROV pri Sovete ministrov SSSR. Pribory i preobrazovateli ėlektroizmeritel'nye cifrovye. Osnovnye terminy i opredelenija, Moskva 1968, (GOST 13607-68, jul. 1969), 5 p.

MSZH. Híradástechnikai vezetékek. Alapfogalmai, osztályozása és jelölése, (Câbles de télécommunication. Termes fondamentaux. Classification. Marquage), Budapest 1976, (MSZ 16930-76, oct. 1976), 15 p.
D-E-R-Hu

PKNiM. Elektroenergetyczne izolatory wysokonapięciowe. Nazwy i określenia oraz podział i oznaczenie, (Isolateurs de haute tension. Définitions, classification et nomenclature), Warszawa 1974, (PN-74/E-02051, jul. 1975. Remplace PN-64/E-02051), 19 p.
D-E-F-R-Pl

PKNiM. Elementy stykowe urządzeń elektronicznych. Nazwy i określenia ogólne, (Composants de contacts électroniques. Termes et définitions généraux), Warszawa 1973, (PN-73/T-01020, Arkusz 01 (Feuille 01), apr. 1974), 2 p.
D-E-F-R-Pl

PKNiM. Elementy stykowye urządzeń elektronicznych. Nazwy i określenia podstawowe, (Composants de contacts électroniques. Termes et définitions fondamentaux), Warszawa 1973, (PN-73/T-01020, Arkusz 02 (Feuille 02), apr. 1974), 10 p.
D-E-F-R-Pl

PKNiM. Elementy stykowe urządzeń elektronicznych. Łączniki komutacyjne. Nazwy i określenia, (Composants de contacts électroniques. Commutateurs. Termes et définitions), Warszawa 1973, (PN-73/T01020, Arkusz 03 (Feuille 03), jul. 1974), 7 p.
D-E-F-R-Pl

PKNiM. Elementy stykowe urządzeń elektronicznych. Złącza. Nazwy i określenia, (Composants de contacts électroniques. Connecteurs. Termes et définitions), Warszawa 1973, (PN-73/T-01020, Arkusz 04 (Feuille 04), apr. 1974), 5 p.
D-E-F-R-Pl

PKNiM. Elementy stykowe urządzeń elektronicznych. Podstawki i cokoły. Nazwy i określenia, (Composants de contacts électroniques. Supports et culots. Termes et définitions), Warszawa 1973, (PN-73/T-01020, Arkusz 05 (Feuille 05), jul. 1974), 4 p.
D-E-F-R-Pl

PKNiM. Elementy stykowe urządzeń elektronicznych. Proste elementy połączeń elektrycznych. Nazwy i określenia, (Composants de contacts électroniques. Elements simples de connexion. Termes et définitions), Warszawa 1973, (PN-73/T01020, Arkusz 06 (Feuille 06), jul. 1974), 5 p.
D-E-F-R-Pl

ÚNM. Elektrotechnické názvosloví konstrukčních časti elektromagnetických strojů netočivých, (Vocabulaire électrotechnique. Terminologie des pièces de constructions destinées à des machines électromagnétiques non-tournantes), Praha, (ČSN 34 5127, apr. 1967), 53 p.
D-E-F-R-Cs-Sk

ÚNM. Názvosloví elektromagnetických vlastností feritů, (Terminologie des propriétés des ferrites), Praha 1972, (ČSN 35 8005, jul. 1973), 40 p.
D-E-F-I-S-R-Cs-Pl-Sk

ÚNM. Názvosloví kondenzátorů a odporů pro elektroniku, (Terminologie relative aux condensateurs et aux résistances électroniques), Praha 1964, (ČSN 35 8000, mar. 1965), 38 p.
D-E-R-Cs-Sk

VNIIKI. Naučno-techničeskaja terminologija. Sbornik standartizovannych i rekomenduemych terminov v 10 tomach. Tom 6. Čast' 1. Kontrol'noizmeritel'nye pribory i apparaty. Ėlektronnaja technika. Radioėlektronika i svjaz', Moskva 1970, 467 p.
D-E-F-R

VNIIKI. Naučno-techničeskaja terminologija. Sbornik standartizovannych i rekomenduemych terminov v 10 tomach. Tom 6. Čast' 2. Kontrol'no-izmeritel'nye pribory i apparaty. Ėlektronnaja technika. Radioėlektronika i svjaz', Moskva 1970, 248 p.
D-E-F-R

2.2.3.5.3. ELEKTRISCHE ZUGFÖRDERUNG

AKADEMIJA NAUK SSSR. Komitet techničeskoj terminologii. Terminologija ėlektrotjagi, Moskva 1940, (Bjulleten' komiteta techničeskoj terminologii, vypusk XXXVII), 36 p.
D-E-F-R

AKADEMIJA NAUK SSSR. Komitet techničeskoj terminologii. Terminologija ėlektrotjagi, Moskva 1952, (Bjulleten' komiteta techničeskoj terminologii, vypusk LX), 52 p.

AKADEMIJA NAUK SSSR. Komitet techničeskoj terminologii. Terminologija ėlektričeskoj tjagi magistral'nych železnych dorog i metropolitenov. Ėlektrotjagovaja set', Moskva, (Sborniki rekomenduemych terminov, vypusk 31, 1954), 35 p.

AKADEMIJA NAUK SSSR. Komitet techničeskoj terminologii. Terminologija ėlektričeskoj tjagi magistral'nych železnych dorog i metropolitenov. Tjagovye podstancii, Moskva, (Sborniki rekomenduemych terminov, vypusk 32, 1954), 18 p.

DKS. Transport elektrificiran. Terminologija, (Electric traction. Terminology), Sofija 1973, (BDS 11181-73, jan. 1975), 94 p.

GOSUDARSTVENNYJ KOMITET STANDARTOV Soveta ministrov SSSR. Ėlektroprivod kolesnych mašin tjagovyj. Terminy i opredelenija, Moskva 1972, (GOST 17513-72, jan. 1973), 4 p.

GOSUDARSTVENNYJ KOMITET STANDARTOV Soveta ministrov SSSR. Ėlektrooborudovanie ėlektričeskogo podvižnogo sostava. Terminy i opredelenija, Moskva 1974, (GOST 19350-74, jan. 1975), 8 p.

VNIIKI. Naučno-techničeskaja terminologija. Sbornik standartizovannych i rekomenduemych terminov v 10 tomach. Tom 7. Transportnye sredstva, Moskva 1970, 440 p.

2.2.3.5.4. ELEKTROCHEMISCHE TECHNIK

AKADEMIJA NAUK SSSR. Komitet techničeskoj terminologii. Racional'naja terminologija po korrozii metallov, Moskva 1935, (Bjulleten' komiteta techničeskoj terminologii, vypusk 11), 27 p.
D-E-F-R

GOSUDARSTVENNYJ KOMITET STANDARTOV Soveta ministrov SSSR. Korrozija metallov. Terminy, Moskva 1968, (GOST 5272-68, jan. 1969)

GOSUDARSTVENNYJ KOMITET STANDARTOV Soveta ministrov SSSR. Edinaja sistema zaščity ot korrozii i starenija. Pokrytija metalličeskie i nemetalličeskie neorganičeskie. Terminy i opredelenija, Moskva 1973, (GOST 9.008-73, jul. 1974), 13 p.
D-E-F-Ro-R

IRS. Acoperiri metalice. Terminologie, (Metallic coatings. Terminology), Bucureşti 1972, (STAS 9148-72, feb. 1973), 32 p.
D-E-F-Ro-R

PKN. Akumulatory elektryczne. Nazwy i określenia, (Accumulateurs électriques. Termes et définitions), Warszawa 1971, (PN-71/E-01004, jul. 1971. Cette norme remplace PN-63/E-06070), 19 p.
D-E-F-R-Pl

PKNiM. Ochrona elektrochemiczna przed korozją. Nazwy i określenia, (Protection contre la corrosion électrochimique. Termes et définitions), Warszawa 1975, (PN-75/H-04699, jul. 1976), 4 p.
D-E-F-R-Pl

2.2.3.5.5. ELEKTROWÄRMETECHNIK

GOSUDARSTVENNYJ KOMITET STANDARTOV Soveta ministrov SSSR. Ėlektropeči soprotivlenija promyšlennye dlja nagreva i termičeskoj obrabotki. Terminy i opredelenija, Moskva 1970, (GOST 16382-70, jul. 1971), 9 p.

GOSUDARSTVENNYJ KOMITET STANDARTOV Soveta ministrov SSSR. Ėlektropeči i ustanovki indukcionnye. Terminy i opredelenija, Moskva 1972, (GOST 18089-72, jan. 1974), 13 p.

KOMITET STANDARTOV, MER I IZMERITEL'NYCH PRIBOROV pri Sovete ministrov SSSR. Generatory termoėlektričeskie. Radioizotopnye. Terminy i opredelenija, Moskva 1970, (GOST 16328-70, jan. 1971), 3 p.

ÚNM. Průmyslová elektrotepelná zařízení. Elektrické pece a ohřívače. Názvosloví, (Installations industrielles de chauffage électrique. Fourneaux et radiateurs électriques. Termes), Praha 1973, (ČSN 34 5191, oct. 1974), 27 p.
D-E-F-R-Cs-Sk

2.2.3.5.6. TECHNIK DER ELEKTRISCHEN WELLEN, SCHWINGUNGEN UND IMPULSE

AKADEMIJA NAUK SSSR. Komitet techničeskoj terminologii. Terminologija rasprostranenija radiovoln, Moskva, (Sborniki rekomenduemych terminov, vypusk 47, 1957), 26 p.

AMT FÜR STANDARDISIERUNG. Schwingquarze. Begriffe. Kurzzeichen, Leipzig, (TGL 11 758, sep. 1967. Gruppe 364. Fachbereichstandard), 14 p.
D-E-R

GOSUDARSTVENNYJ KOMITET STANDARTOV Soveta ministrov SSSR. Pribory SVČ diapazona. Bukvennye oboznačenija parametrov, Moskva 1970, (GOST 15808-70, jan. 1971), 8 p.
E-R

GOSUDARSTVENNYJ KOMITET STANDARTOV Soveta ministrov SSSR. Linii peredači sverchvysokich častot. Terminy i opredelenija, Moskva 1972, (GOST 18238-72, jan. 1974), 11 p.

GOSUDARSTVENNYJ KOMITET STANDARTOV Soveta ministrov SSSR. Rezonatory p'ezoėlektričeskie. Terminy i opredelenija, Moskva 1973, (GOST 18669-73, jul. 1974), 13 p. D-E-F-R

GOSUDARSTVENNYJ KOMITET STANDARTOV Soveta ministrov SSSR. Fil'try p'ezoėlektričeskie. Terminy i opredelenija, Moskva 1973, (GOST 18670-73, jul. 1974), 28 p.
D-E-F-R

GOSUDARSTVENNYJ KOMITET STANDARTOV Soveta ministrov SSSR. Ustrojstva SVČ. Poloskovye linii. Terminy i opredelenija, Moskva 1976, (GOST 21702-76, jul. 1977), 6 p.
E-R

GOSUDARSTVENNYJ KOMITET STANDARTOV Soveta ministrov SSSR. Usiliteli magnitnye. Terminy i opredelenija, Moskva 1972, (GOST 17561-72, sep. 1972), 12 p.
D-E-F-R

GOSUDARSTVENNYJ KOMITET STANDARTOV Soveta ministrov SSSR. Usiliteli operacionnye. Terminy i opredelenija, Moskva 1973, (GOST 18421-73, jan. 1974), 11 p.

GOSUDARSTVENNYJ KOMITET STANDARTOV Soveta ministrov SSSR. Izdelija kvantovoj ėlektroniki. Lazery i ustrojstva upravlenija lazernym izlučeniem. Terminy i opredelenija, Moskva 1975, (GOST 15093-75, jan. 1977. Replaces GOST 15093-69), 28 p.
E-R

KOMITET STANDARTOV, MER I IZMERITEL'NYCH PRIBOROV pri Sovete ministrov SSSR. Radiopomechi industrial'nye. Terminy i opredelenija, Moskva 1969, (GOST 14777-69, jan. 1970), 4 p.

KOMITET STANDARTOV, MER I IZMERITEL'NYCH PRIBOROV pri Sovete ministrov SSSR. Pribory ėlektrovakuumnye ėlektronnye i ionnye. Sistema oboznačenij, Moskva 1967, (GOST 13393-67, jul. 1968), 15 p.

PKNiM. Rezonatory kwarcowe. Nazwy i określenia, (Quartz pour oscillateurs. Termes et définitions), Warszawa 1974, (PN-74/T-01024, jul. 1975), 11 p.
D-E-F-R-Pl

2.2.3.5.7. PHOTOELEKTRONIK, TEILCHENBESCHLEUNIGER, RÖNTGENTECHNIK

AKADEMIJA NAUK SSSR. Komitet naučno-techničeskoj terminologii. Kvantovaja ėlektronika. Terminologija, Moskva, (Sborniki rekomenduemych terminov, vypusk 75, 1968), 50 p.
D-E-F-R

AKADEMIJA NAUK SSSR. Komitet techničeskoj terminologii. Terminologija ėlektrovakuumnych priborov, Moskva 1938, (Bjulleten' komiteta techničeskoj terminologii, vypusk XXII), 24 p.
D-E-F-R

AKADEMIJA NAUK SSSR. Komitet naučno-techničeskoj terminologii. Poluprovodnikovye pribory. Čast' 1. Osnovnye ponjatija. Ter-

minologija, Moskva, (Sborniki rekomenduemych terminov, vypusk 62, 1962), 23 p.
D-E-F-R

AKADEMIJA NAUK SSSR. Komitet naučno-techničeskoj terminologii. Poluprovodnikovye pribory. Terminologija, Moskva, (Sborniki rekomenduemych terminov, vypusk 69, 1965), 51 p.
D-E-F-R

AKADEMIJA NAUK SSSR. Komitet naučno-techničeskoj terminologii. Uskoriteli zarjažennych častic. Osnovnye ponjatija. Terminologija, Moskva, (Sborniki rekomenduemych terminov, vypusk 65, 1963), 24 p.
E-R

AKADEMIJA NAUK SSSR. Komitet naučno-techničeskoj terminologii. Uskoriteli zarjažennych častic. Terminologija, Moskva, (Sborniki rekomenduemych terminov, vypusk 73, 1966), 44 p.
E-R

AKADEMIJA NAUK SSSR. Komitet techničeskoj terminologii. Terminologija vakuumnoj techniki, Moskva 1938, (Bjulleten' komiteta techničeskoj terminologii, vypusk XIII), 16 p.
D-E-F-R

AMT FÜR STANDARDISIERUNG. Halbleiterbauelemente. Begriffe für Masken und Schablonen, Leipzig, (TGL 25 546, nov. 1970. Gruppe 137 89 9. Fachbereichstandard), 7 p.
D-E-R

AMT FÜR STANDARDISIERUNG. Mikroelektronik. Begriffe, Berlin, (TGL 200-8470, jul. 1975. Gruppe 13787. DDR-Standard), 3 p.
D-E-R

AMT FÜR STANDARDISIERUNG. Begriffe für Elektronenröhren. Empfänger-, Sende-, Höchstfrequenz- und Gasentladungsröhren, Leipzig, (TGL 9664 Blatt 1, jun. 1968. Gruppe 366. DDR-Standard), 32 p.
D-E-R

AMT FÜR STANDARDISIERUNG. Begriffe für Elektronenröhren. Bildaufnahme-, Bildwiedergabe-, Farbbild- und Oszillographenröhren, Leipzig, (TGL 9664 Blatt 2, jun. 1968. Gruppe 366. DDR-Standard), 17 p.
D-E-R

DKS. Umnožiteli fotoelektronni. Terminologija, (Electron multipliers. Terminology), Sofija 1975, (BDS 6077-75, jan. 1977. Replaces BDS 6077-66), 14 p.
R-Bg

GOSUDARSTVENNYJ KOMITET STANDARTOV Soveta ministrov SSSR. Pribory poluprovodnikovye. Terminy i opredelenija, Moskva 1970, (GOST 15133-69, jan. 1971. New edition, apr. 1976), 32 p.
E-F-R

GOSUDARSTVENNYJ KOMITET STANDARTOV Soveta ministrov SSSR. Diody tunnel'nye. Ėlektričeskie parametry. Terminy, opredelenija i bukvennye oboznačenija, Moskva 1972, (GOST 18216-72, jan. 1974), 7 p.
D-E-F-R

GOSUDARSTVENNYJ KOMITET STANDARTOV Soveta ministrov SSSR. Ustrojstva termoėlektričeskie poluprovodnikovye. Terminy i opredelenija, Moskva 1973, (GOST 18577-73, jan. 1974), 3 p.

GOSUDARSTVENNYJ KOMITET STANDARTOV Soveta ministrov SSSR. Stabilitrony poluprovodnikovye. Ėlektričeskie parametry. Terminy, opredelenija i bukvennye oboznačenija, Moskva 1973, (GOST 18994-73, jan. 1975), 12 p.
D-E-F-R

GOSUDARSTVENNYJ KOMITET STANDARTOV Soveta ministrov SSSR. Pribory poluprovodnikovye selenovye. Terminy i opredelenija, Moskva 1976, (GOST 21604-76, jul. 1977), 15 p.
D-E-F-R

GOSUDARSTVENNYJ KOMITET STANDARTOV Soveta ministrov SSSR. Pribory poluprovodnikovye optoėlektronnye izlučajuščie. Parametry. Terminy, opredelenija i bukvennye oboznačenija, Moskva 1976, (GOST 22274-76, jan. 1978), 8 p.
E-F-R

GOSUDARSTVENNYJ KOMITET STANDARTOV Soveta ministrov SSSR. Diody poluprovodnikovye. Ėlektričeskie parametry obščie. Terminy, opredelenija i bukvennye oboznačenija, Moskva 1974, (GOST 20004-74, jul. 1975), 10 p.
E-F-R

GOSUDARSTVENNYJ KOMITET STANDARTOV Soveta ministrov SSSR. Diody poluprovodnikovye sverchvysokočastotnye. Ėlektričeskie parametry. Terminy, opredelenija i bukvennye oboznačenija, Moskva 1974, (GOST 20331-74, jan. 1976), 15 p.

GOSUDARSTVENNYJ KOMITET STANDARTOV Soveta ministrov SSSR. Tiristory. Ėlektričeskie parametry. Terminy, opredelenija i bukvennye oboznačenija, Moskva 1974, (GOST 20332-74, jan. 1976), 23 p.
D-E-F-R

GOSUDARSTVENNYJ KOMITET STANDARTOV Soveta ministrov SSSR. Diody poluprovodnikovye. Varikapy. Ėlektričeskie parametry. Terminy, opredelenija i bukvennye oboznačenija, Moskva 1974, (GOST 20005-74, jul. 1975), 6 p.
D-E-F-R

GOSUDARSTVENNYJ KOMITET STANDARTOV Soveta ministrov SSSR. Tranzistory bipoljarnye. Ėlektričeskie parametry. Terminy, opredelenija i bukvennye oboznačenija, Moskva 1974, (GOST 20003-74, jul. 1975), 23 p.
E-F-R

GOSUDARSTVENNYJ KOMITET STANDARTOV Soveta ministrov SSSR.

Fotorezistory. Fotodiody. Fototranzistory. Fotoélektričeskie parametry i charakteristiki. Terminy, opredelenija i bukvennye oboznačenija, Moskva 1974, (GOST 19852-74, jul. 1975), 31 p.
D-E-F-R

GOSUDARSTVENNYJ KOMITET STANDARTOV Soveta ministrov SSSR. Umnožiteli fotoélektronnye. Fotoélementy. Terminy i opredelenija, Moskva 1975, (GOST 20526-75, jan. 1976), 12 p.
D-E-F-R

GOSUDARSTVENNYJ KOMITET STANDARTOV Soveta ministrov SSSR. Umnožiteli fotoélektronnye. Terminy i opredelenija, Moskva 1975, (GOST 20576-75, jan. 1976), 12 p.
D-E-F-R

GOSUDARSTVENNYJ KOMITET STANDARTOV Soveta ministrov SSSR. Priemniki izlučenija poluprovodnikovye fotoélektričeskie. Terminy i opredelenija, Moskva 1976, (GOST 21934-76, jul. 1977), 13 p.
D-E-R

GOSUDARSTVENNYJ KOMITET STANDARTOV Soveta ministrov SSSR. Uskoriteli zarjažennych častic. Osnovnye vidy i funkcional'nye élementy. Terminy i opredelenija, Moskva 1977, (GOST 22491-77, jul. 1978), 15 p.
E-R

GOSUDARSTVENNYJ KOMITET STANDARTOV Soveta ministrov SSSR. Mass-spektrometry. Terminy i opredelenija, Moskva 1975, (GOST 15624-75, jul. 1976), 8 p.
D-E-F-R

GOSUDARSTVENNYJ KOMITET STANDARTOV Soveta ministrov SSSR. Lampy beguščej volny. Terminy i opredelenija, Moskva 1970, (GOST 16393-70, jul. 1971), 8 p.
E-R

GOSUDARSTVENNYJ KOMITET STANDARTOV Soveta ministrov SSSR. Pribory élektronnolučevye. Terminy i opredelenija, Moskva 1972, (GOST 17791-72, jul. 1973), 16 p.

GOSUDARSTVENNYJ KOMITET STANDARTOV Soveta ministrov SSSR. Pribory élektronnye SVČ. Obščie élektričeskie parametry i charakteristiki. Terminy i opredelenija, Moskva 1973, (GOST 18050.5-73, jul. 1974), 13 p.

GOSUDARSTVENNYJ KOMITET STANDARTOV Soveta ministrov SSSR. Kenotrony vysokovol'tnye. Terminy i opredelenija, Moskva, (GOST 20693-75, mar. 1975), 6 p.
D-E-F-R

GOSUDARSTVENNYJ KOMITET STANDARTOV Soveta ministrov SSSR. Lampy obratnoj volny. Terminy i opredelenija, Moskva 1975, (GOST 20411-75, jan. 1976), 9 p.
E-R

GOSUDARSTVENNYJ KOMITET STANDARTOV Soveta ministrov SSSR. Preobrazovateli ėlektronno-optičeskie. Terminy, opredelenija i bukvennye oboznačenija, Moskva, (GOST 19803-74, jul. 1975), 16 p.
D-E-F-R

GOSUDARSTVENNYJ KOMITET STANDARTOV Soveta ministrov SSSR. Mikroskopy ėlektronnye. Terminy, opredelenija i bukvennye oboznačenija, Moskva 1975, (GOST 21006-75, jul. 1976), 12 p.
D-E-R

GOSUDARSTVENNYJ KOMITET STANDARTOV Soveta ministrov SSSR. Pribory rentgenovskie. Terminy i opredelenija, Moskva 1974, (GOST 20337-74, jan. 1976), 11 p.
D-E-R

GOSUDARSTVENNYJ KOMITET STANDARTOV Soveta ministrov SSSR. Apparaty gamma-terapevtičeskie. Terminy i opredelenija, Moskva 1971, (GOST 16758-71, jul. 1971), 2 p.

IEC. International Electrotechnical Vocabulary. Chapter 531: Electronic tubes, Genève, (Publication 50(531), 1974. Partial revision of Publication 50(07)), 157 p.
D-E-Nl-Sv-F-I-S-R-Pl

IRS. Fiabilitatea în tehnică. Terminologie, (Technical reliability. Terminology), București 1973, (STAS 8174-73, dec. 1973. Replaces STAS 8174-68), 12 p.
E-F-Ro-R

ISMIU. Elektronika. Termini i opredelenija, (Electronics. Terms and definitions), Sofija, (BDS 5015-63, nov. 1963), 104 p.
D-E-F-R-Bg

KOMITET STANDARTOV, MER I IZMERITEL'NYCH PRIBOROV pri Sovete ministrov SSSR. Pribory ėlektrovakuumnye. Terminy i opredelenija, Moskva 1968, (GOST 13820-68, jan. 1969), 33 p.

KOMITET STANDARTOV, MER I IZMERITEL'NYCH PRIBOROV pri Sovete ministrov SSSR. Pribory ėlektričeskie SVČ. Sistema oboznačenij, Moskva 1968, (GOST 13706-68, jan. 1969), 4 p.

PKN. Lampy elektronowe. Pojęcia podstawowe. Nazwy i określenia, (Tubes électroniques. Notions fondamentales. Termes et définitions), Warszawa, (PN-71/T-01010, Arkusz 01 (Feuille 01), jul. 1972. Cette norme remplace PN-62/T-01010), 10 p.
D-E-F-R-Pl

PKNiM. Lampy elektronowe. Lampy fotoelektronowe. Nazwy i określenia, (Tubes électroniques. Termes et définitions), Warszawa 1976, (PN-76/T-01010, Arkusz 09, jan. 1977. Remplace PN-62/T-01010, section 16), 3 p.
D-E-F-R-Pl

PKNiM. Lampy elektronowe. Elektrody i inne części lamp elektro-

nowych. Nazwy i określenia, (Tubes électroniques. Electrodes et les autres éléments des tubes. Termes et définitions), Warszawa 1971, (PN-71/T-01010, Arkusz 02 (Feuille 02), jul. 1972. Remplace PN-62/T-01010), 8 p.
D-E-F-R-Pl

PKNiM. Lampy elektronowe. Parametry ogólne. Nazwy i określenia, (Tubes électroniques. Paramètres généraux. Termes et définitions), Warszawa 1972, (PN-72/T-01010, Arkusz 04 (Feuille 04), jan. 1973. Remplace PN-62/T-01010), 7 p.
D-E-F-R-Pl

PKNiM. Lampy elektronowe. Impuls trapezowy. Nazwy i określenia, (Tubes électroniques. Impulsion trapézoidale. Termes et définitions), Warszawa 1971, (PN-71/T-01015, jan. 1972), 3 p.
D-E-F-R-Pl

PKNiM. Lampy elektronowe. Lampy gazowane. Nazwy i określenia, (Tubes électroniques. Tubes à gaz. Termes et définitions), Warszawa 1976, (PN-76/T-01010, Arkusz 10 (Feuille 10), jan. 1977. Remplace partiellement PN-62/T-01010), 7 p.
D-E-F-R-Pl

PKNiM. Lampy elektronowe. Lampy siatkowe. Nazwy i określenia, (Tubes électroniques. Tubes avec grille. Termes et définitions), Warszawa 1975, (PN-75/T-01010, Arkusz 06 (Feuille 06), jan. 1976. Remplace PN-62/T-01010), 8 p.
D-E-F-R-Pl

PKNiM. Lampy elektronowe. Lampy analizujące. Nazwy i określenia, (Tubes électroniques. Tubes analyseurs. Termes et définitions), Warszawa 1976, (PN-76/T-01010, Arkusz 11, jan. 1977), 4 p.
D-E-F-R-Pl

PKNiM. Lampy elektronowe. Lampy mikrofalowe. Nazwy i określenia, (Tubes électroniques. Tubes hyperfréquences. Termes et définitions), Warszawa 1976, (PN-76/T-01010, Arkusz 07 (Feuille 07), jan. 1977. Remplace PN-62/T-010010, section 13), 25 p.
D-E-F-R-Pl

PKNiM. Lampy elektronowe. Lampy obrazowe. Nazwy i określenia, (Tubes électroniques. Tubes à rayons cathodiques. Termes et définitions), Warszawa 1976, (PN-76/T-01010, Arkusz 08 (Feuille 08). Remplace PN-62/T-01010 section 15), 9 p.
D-E-F-R-Pl

PKNiM. Lampy elektronowe. Lampy pamięciowe. Nazwy i określenia, (Tubes électroniques. Tubes à mémoire. Termes et définitions), Warszawa 1976, (PN-76/T-01010, Arkusz 12, jan. 1977), 4 p.
D-E-F-R-Pl

SOVET ĖKONOMIČESKOJ VZAIMOPOMOŠČI. Pribory poluprovodnikovye. Tunnel'nye diody. Sistema osnovnych i spravočnych parametrov. Bukvennye oboznačenija, terminy i opredelenija, Moskva 1969, (RS 2163-69, dec. 1971), 7 p.

SOVET ĖKONOMIČESKOJ VZAIMOPOMOŠČI. Apparaty gammaterapevtičeskie. Terminologija i opredelenija, Moskva 1967, (RS 1208-67, jul. 1968), 2 p.

SOVET ĖKONOMIČESKOJ VZAIMOPOMOŠČI. Apparaty rentgenovskie. Terminy, Moskva 1969, (RS 2277-69, dec. 1971), 28 p.
D-R-Hu

ÚNM. Názvosloví kondenzátorů a odporů pro elektroniku, (Terminologie relative aux condensateurs et aux résistances électroniques), Praha 1964, (ČSN 35 8000, mar. 1965), 38 p.
D-E-R-Cs-Sk

ÚNM. Názvosloví z oboru polovodičů, (Terminologie des éléments semiconducteurs), Praha 1975, (ČSN 35 8701, jan. 1977. Remplace ČSN 35 8701, mar. 1964), 177 p.
D-E-F-R-Cs-Sk

ÚNM. Názvosloví a definice elektronek, (Terminologie des tubes électroniques), Praha, (ČSN 35 8501, dec. 1962), 59 p.
D-E-F-R-Cs-Sk

VNIIKI. Naučno-techničeskaja terminologija. Sbornik standartizovannych i rekomenduemych terminov v 10 tomach. Tom 6. Čast' 1. Kontrol'no-izmeritel'nye pribory i apparaty. Ėlektronnaja technika. Radioėlektronika i svjaz', Moskva 1970, 467 p.
D-E-F-R

VNIIKI. Naučno-techničeskaja terminologija. Sbornik standartizovannych i rekomenduemych terminov v 10 tomach. Tom 6. Čast' 2. Kontrol'no-izmeritel'nye pribory i apparaty. Ėlektronnaja technika. Radioėlektronika i svjaz', Moskva 1970, 248 p.
D-E-F-R

2.2.3.5.8. TELEKOMMUNIKATION

AKADEMIJA NAUK SSSR. Komitet techničeskoj terminologii. Institut radiotechniki i ėlektroniki. Teorija nadežnosti v oblasti radioėlektroniki. Terminologija, Moskva, (Sborniki rekomenduemych terminov, vypusk 60, 1962), 47 p.
E-R

AKADEMIJA NAUK SSSR. Komitet naučno-techničeskoj terminologii. Teorija informacii, Moskva, (Sborniki rekomenduemych terminov, vypusk 64, 1964), 12 p.
E-R

AKADEMIJA NAUK SSSR. Komitet naučno-techničeskoj terminologii. Ėlementy techničeskoj kibernetiki. Terminologija, Moskva,

(Sborniki rekomenduemych terminov, vypusk 77, 1968), 53 p.
D-E-F-R

AKADEMIJA NAUK SSSR. Komitet techničeskoj terminologii. Terminologija radiotechniki, Moskva 1937, (Bjulleten' komiteta techničeskoj terminologii, vypusk XVII), 24 p.
D-E-F-R

AKADEMIJA NAUK SSSR. Komitet techničeskoj terminologii. Terminologija služby vremeni. Čast' 1: Služba točnogo vremeni, Moskva 1940, (Bjulleten' komiteta techničeskoj terminologii, vypusk XLI), 24 p.
D-E-F-R

AKADEMIJA NAUK SSSR. Komitet techničeskoj terminologii. Terminologija ėlektričeskoj peredači izobraženij, Moskva 1936, (Bjulleten' komiteta techničeskoj terminologii, vypusk XI), 38 p.
D-E-F-R

AKADEMIJA NAUK SSSR. Komitet techničeskoj terminologii. Terminologija telemechaniki. Čast' 1, Moskva 1939, (Bjulleten' komiteta techničeskoj terminologii, vypusk XXXII), 40 p.
D-E-F-R

AMT FÜR STANDARDISIERUNG. Fernsehtechnik. Begriffe, Berlin, (TGL 14 984, nov. 1972. Gruppe 13700. Fachbereichstandard), 39 p.
D-E-R

BORISOVA, L.T. Analiz značenija termina na baze opredelenija ego v slovare (na materiale tekstov po rasprostraneniju radiovoln v ionosfere), in: Termin i slovo, I, Gor'kij 1978

BULAŠEVA, N.S. Statistika trechslovnych sočetanij s opornym častotnym slovom iz tekstov po russkoj radioėlektronike, in: Statistika teksta, I, Minsk 1969

CHMIADAŠVILI, D.G. Terminologija radioėlektroniki (russko-gruzinskaja, gruzinsko-russkaja), Tbilisi 1981 (1966, 234 p.)
R-Grus

DKS. Radiosmuštenija. Terminologija, (Radio disturbances. Terminology), Sofija 1974, (BDS 12529-74, jan. 1976), 30 p.
D-E-F-R-Bg

EILERS, J. Neologismen der Funktechnik (R-D), in: FS, 1/1969, 62-72

FIODOROW, A. Vergleich der russischen und deutschen Fachsprache der Funktechnik (Beitrag zur Standardisierung der Fachsprachen im Rahmen des RGW-Komplexprogramms), Berlin 1973, Diss.

GOSUDARSTVENNYJ KOMITET STANDARTOV Soveta ministrov SSSR. Apparatura peredači dannych (APD). Terminy i opredelenija, Moskva 1972, (GOST 17657-72, jul. 1973), 15 p.
E-R

GOSUDARSTVENNYJ KOMITET STANDARTOV Soveta ministrov SSSR. Ustrojstva upravlenija kommutacionnoj techniki svjazi. Terminy i opredelenija, Moskva 1976, (GOST 21835-76, jul. 1977), 15 p.
E-R

GOSUDARSTVENNYJ KOMITET STANDARTOV Soveta ministrov SSSR. Apparaty telegrafnye bukvopečatajuščie. Terminy i opredelenija, Moskva, (GOST 22562-77, jul. 1978), 13 p.
D-E-R

GOSUDARSTVENNYJ KOMITET STANDARTOV Soveta ministrov SSSR. Edinaja sistema konstruktorskoj dokumentacii. Oboznačenija uslovnye grafičeskie v schemach. Telefonnye seti. Linejnye sooruženija i ustrojstva, Moskva 1971, (GOST 2.753-71, dec. 1972. Replaces GOST 6216-52), 9 p.

GOSUDARSTVENNYJ KOMITET STANDARTOV Soveta ministrov SSSR. Apparaty telefonnye. Terminy i opredelenija, Moskva 1973, (GOST 18490-73, jan. 1974), 15 p.
E-R

GOSUDARSTVENNYJ KOMITET STANDARTOV Soveta ministrov SSSR. Avtomatizacija telefonnoj svjazi. Terminy i opredelenija, Moskva 1974, (GOST 19472-74, jan. 1975), 13 p.
E-R

GOSUDARSTVENNYJ KOMITET STANDARTOV Soveta ministrov SSSR. Soobščenie telefonnoe. Charakteristiki. Terminy i opredelenija, Moskva 1975, (GOST 20733-75, jan. 1976), 17 p.
E-R

GOSUDARSTVENNYJ KOMITET STANDARTOV Soveta ministrov SSSR. Sistemy i pribory svjazi kommutacionnye. Terminy i opredelenija, Moskva 1974, (GOST 19692-74, jul. 1975), 13 p.
E-R

GOSUDARSTVENNYJ KOMITET STANDARTOV Soveta ministrov SSSR. Ustrojstva ėlektroakustičeskie šumozaščiščennye sistem telefonnoj svjazi, Moskva 1976, (GOST 21704-76, jul. 1977), 9 p.
E-R

GOSUDARSTVENNYJ KOMITET STANDARTOV Soveta ministrov SSSR. Sistemy radiotechničeskie bližnej navigacii. Terminy i opredelenija, Moskva 1973, (GOST 18832-73, jul. 1974), 10 p.

GOSUDARSTVENNYJ KOMITET STANDARTOV Soveta ministrov SSSR. Apparatura radioėlektronnaja. Sredstva vtoričnogo ėlektropitanija. Klassifikacija, Moskva 1973, (GOST 19157-73, jan. 1975), 8 p.

GOSUDARSTVENNYJ KOMITET STANDARTOV Soveta ministrov SSSR. Sistemy radionavigacionnye dal'nomernye i raznostno-dal'nomernye. Terminy i opredelenija, Moskva 1976, (GOST 21535-76, jul. 1972), 15 p.
E-F-R

GOSUDARSTVENNYJ KOMITET STANDARTOV Soveta ministrov SSSR. Televidenie veščatel'noe. Terminy i opredelenija, Moskva 1976, (GOST 21879-76, jul. 1977), 22 p.
D-E-F-R

GOSUDARSTVENNYJ KOMITET STANDARTOV Soveta ministrov SSSR. Otklonjajuščie sistemy televizionnych priemnikov. Terminy i opredelenija, Moskva 1975, (GOST 20943-75, jul. 1976), 9 p.
D-E-F-R

GOSUDARSTVENNYJ KOMITET STANDARTOV Soveta ministrov SSSR. Ustrojstva telemechaniki GSP. Terminy i opredelenija, Moskva 1976, (GOST 22232-76, jan. 1978), 8 p.
E-R

IEC. Advanced edition of the International Electrotechnical Vocabulary. Chapter 902: Radio interference, Genève, (Publication 50(902), 1973), 28 p.
D-E-Nl-Sv-I-S-R-Pl

IEC. International Electrotechnical Vocabulary. Chapter 806: Recording and reproduction of sound and video, Genève, (Publication 50(806), 1975), 93 p.
D-E-Nl-Sv-I-S-R-Pl

IRS. Aparate electroacustice. Microfoane. Clasificare şi terminologie, (Electroacoustical apparatus. Microphones. Classification and terminology), Bucureşti 1973, (STAS 7773-74, mar. 1974. Replaces STAS 7773-67), 20 p.
D-E-F-Ro-R

IRS. Radiodifuziune. Terminologie, (Radio broadcasting. Terminology), Bucureşti 1971, (STAS 6361/1-71, aug. 1972), 20 p.
D-E-F-Ro-R

IRS. Radiodifuziune sonoră. Terminologie, (Sound broadcasting. Terminology), Bucureşti 1971, (STAS 6361/2-71, aug. 1972), 10 p.
D-E-F-Ro-R

JESKE, O. Tonbandgerät (R-D), in: FS, 1/1960, 21-22

KULIKOVSKIJ, A.A., POTRJASAJ, V.F., RYŽOV, A.S. O terminologii v oblasti tranzistornoj ėlektroniki, in: Izv Vysš Uč Zav, Radiofizika, 3/1959

MINISTERSTVO NA TRANSPORT I S"OBŠTENIJE. Dalekos"obštenija. Osnovni termini i opredelenija, (Telecommunications. Basic terms and definitions), Sofija, (BDS 5001-63, sep. 1963), 40 p.
D-E-F-R-Bg

MINISTERSTVO NA TRANSPORT I S"OBŠTENIJE. Dalekos"obštenija. Telefonija. Termini i opredelenija, (Telecommunications. Telephony. Terms and definitions), Sofija, (BDS 5002-63, nov. 1963), 38 p.
D-E-F-R-Bg

MINISTERSTVO NA INFORMACIJA I S"OBŠTENIJATA. Televizija. Osnovni termini i opredelenija, (Television. Basic terms and definitions), Sofija 1972, (BDS 4986-72, jan. 1973. Replaces BDS 4986-63), 28 p.
D-E-F-R-Bg

MSZH. Híradástechnikai vezetékek. Alapfogalmai, osztályozása és jelölése, (Câbles de télécommunication. Termes fondamentaux. Classification. Marquage), Budapest 1976, (MSZ 16930-76, oct. 1976), 15 p.
D-E-R-Hu

OMELTSCHUK, O.S. (=OMEL'ČUK, O.S.) Zur Frage der linguistischen Beschreibung der Subsprache ('pod"jazyk') der Radioelektronik, in: DaF, 4/1971(8), 235-237

PATRIK, JU.L. Mikroelektronik/Rechentechnik (D-R), in: FS, 2/1985, 131-136

PKN. Słownictwo telekomunikacyjne. Materiały i elementy telekomunikacyjne. Nazwy i określenia, (Vocabulaire relatif aux télécommunications. Matériaux et composants de télécommunication. Termes et définitions), Warszawa, (PN/T-01014, dec. 1971; projet), 58 p.
D-E-F-R-Pl

PKN. Słownictwo telekomunikacyjne. Teletransmisja przewodowa. Nazwy i określenia, (Technique de transmission par fils. Termes et définitions), Warszawa 1962, (PN/T-01002, sept. 1964; provisoire), 69 p.
D-E-F-R-Pl

PKN. Przemysłowe zakłócenia radioelektryczne. Nazwy i określenia, (Interférences radioélectriques industrielles. Termes et définitions), Warszawa 1971, (PN-71/T-01005, jan. 1972. Cette norme remplace PN-61/T-01005), 12 p.
D-E-F-R-Pl

PKN. Słownictwo telekomunikacyjne. Telegrafia i teledacja (transmisja danych). Nazwy i określenia, (Télégraphie des données. Termes et définitions), Warszawa, (PN/T-01004, dec. 1971; projet), 59 p.
D-E-F-R-Pl

PKN. Słownictwo telekomunikacyjne. Telefonia. Nazwy i określenia, (Nomenclature de la télécommunication. Téléphonie. Termes et définitions), Warszawa 1962, (PN/T-01003, dec. 1965; provisional), 46 p.
D-E-F-R-Pl

PKN. Słownictwo telekomunikacyjne. Radiokomunikacja. Nazwy i określenia, (Vocabulaire relatif aux télécommunications. Radiocommunications. Termes et définitions), Warszawa, (PN/T-01006, jun. 1970; projet), 57 p.
D-E-F-R-Pl

PKNiM. Słownictwo telekomunikacyjne. Pojęcia podstawowe, (Vocabulaire relatif aux télécommunications. Termes fondamentaux), Warszawa 1962, (PN/T-01001, dec. 1965; projet), 75 p.
D-E-F-R-Pl

PKNiM. Elementy stykowe urządzeń elektronicznych. Nazwy i określenia ogólne, (Composants de contacts électroniques. Termes et définitions généraux), Warszawa 1973, (PN-73/T-01020, Arkusz 01 (Feuille 01), apr. 1974), 2 p.
D-E-F-R-Pl

PKNiM. Elementy stykowe urządzeń elektronicznych. Nazwy i określenia podstawowe, (Composants de contacts électroniques. Termes et définitions fondamentaux), Warszawa 1973, (PN-73/T-01020, Arkusz 02 (Feuille 02), apr. 1974), 10 p.
D-E-F-R-Pl

PKNiM. Elementy stykowe urządzeń elektronicznych. Łączniki komutacyjne. Nazwy i określenia, (Composants de contacts électroniques. Commutateurs. Termes et définitions), Warszawa 1973, (PN-73/T-01020, Arkusz 03 (Feuille 03), jul. 1974), 7 p.
D-E-F-R-Pl

PKNiM. Elementy stykowe urządzeń elektronicznych. Złącza. Nazwy i określenia, (Composants de contacts électroniques. Connecteurs. Termes et définitions), Warszawa 1973, (PN-73/T-01020, Arkusz 04 (Feuille 04), apr. 1974), 5 p.
D-E-F-R-Pl

PKNiM. Elementy stykowe urządzeń elektronicznych. Podstawki i cokoły. Nazwy i określenia, (Composants de contacts électroniques. Supports et culots. Termes et définitions), Warszawa 1973, (PN-73/T-01020, Arkusz 05 (Feuille 05), jul. 1974), 4 p.
D-E-F-R-Pl

PKNiM. Elementy stykowe urządzeń elektronicznych. Proste elementy połączeń elektrycznych. Nazwy i określenia, (Composants de contacts électroniques. Eléments simples de connexion. Termes et définitions), Warszawa 1973, (PN-73/T-01020, Arkusz 06 (Feuille 06), jul. 1974), 5 p.
D-E-F-R-Pl

PKNiM. Słownictwo telekomunikacyjne. Radiolokacja i radionawigacja. Nazwy i określenia, (Radiorepérage et radionavigation. Termes et définitions), Warszawa, (PN/T-01023, projekt, dec. 1975), 57 p.
D-E-F-R-Pl

PKNiM. Słownictwo telekomunikacyjne. Telewizja. Nazwy i określenia, (Vocabulaire relatif aux télécommunications. Télévision. Termes et définitions), Warszawa, (PN/T-01008, projet, dec. 1973), 36 p.
D-E-F-R-Pl

STOBERSKI, Z. Terminologie scientifique internationale. Radiographie, in: Babel, 2/1982, 122; 3/1982, 164; 4/1982, 251

STOBERSKI, Z. Terminologie scientifique internationale. Radiologie, in: Babel, 1/1983, 44 ff.; 2/1983, 116 ff.; 3/1983, 178 ff.

STRŽALKOVSKAJA, I.M. Učebnoe posobie po perevodu radiotechničeskoj literatury na anglijskom jazyke, Leningrad 1960, 260 p.

ÚN. Elektronické názvosloví. Televisní názvosloví, (Terminologie électrotechnique. Terminologie de la télévision), Praha, (ČSN 34 5115, jun. 1956), 133 p.
D-E-F-R-Cs-Sk

ÚNM. Elektrotechnické názvosloví. Názvosloví sdělovací techniky. Obecné pojmy, obvody a přenos vedením, (Terminologie électrotechnique. Terminologie relative à la télécommunication. Notions générales, circuits et lignes de transmission), Praha 1969, (ČSN 34 5152, jan. 1972. Cette norme remplace ČSN 34 5152, mar. 1954), 218 p.
D-E-F-R-Cs-Sk

VAL'KOV, V.M. K voprosu o terminologii v mikroélektronike, in: Vopr Radioel, ser. 3, 8/1963

2.2.3.6. WÄRMEKRAFTMASCHINEN (OHNE DAMPFMASCHINEN)

AKADEMIJA NAUK SSSR. Komitet techničeskoj terminologii. Terminologija konstrukcij turboreaktivnych, turbovintovych i poršnevych dvigatelej, Moskva, (Sborniki rekomenduemych terminov, vypusk 19, 1954), 28 p.

AKADEMIJA NAUK SSSR. Komitet techničeskoj terminologii. Terminologija aviacionnych silovych ustanovok, Moskva, (Sborniki rekomenduemych terminov, vypusk 23, 1954), 25 p.

AKADEMIJA NAUK SSSR. Komitet techničeskoj terminologii. Terminologija poršnevych dvigatelej vnutrennego sgoranija, Moskva, (Sborniki rekomenduemych terminov, vypusk 34, 1954), 59 p.

AKADEMIJA NAUK SSSR. Komitet techničeskoj terminologii. Terminologija poršnevych dvigatelej vnutrennego sgoranija. Čast' 1 i 2, Moskva 1940, (Bjulleten' komiteta techničeskoj terminologii, vypusk XXXIII), 40 p.
D-E-F-R

AKADEMIJA NAUK SSSR. Komitet techničeskoj terminologii. Terminologija poršnevych dvigatelej vnutrennego sgoranija. Čast' 3, Moskva 1940, (Bjulleten' komiteta techničeskoj terminologii, vypusk XLVI), 24 p.
D-E-F-R

AKADEMIJA NAUK SSSR. Komitet techničeskoj terminologii. Terminologija poršnevych dvigatelej vnutrennego sgoranija. Čast' 4, Moskva 1941, (Bjulleten' komiteta techničeskoj terminologii, vypusk L), 24 p.
D-E-F-R

AKADEMIJA NAUK SSSR. Komitet techničeskoj terminologii. Terminologija upravlenija, regulirovanija i avtomatiki aviadvigatelej, Moskva, (Sborniki rekomenduemych terminov, vypusk 28, 1954), 21 p.

AKADEMIJA NAUK SSSR. Komitet techničeskoj terminologii. Poršnevye dvigateli vnutrennego sgoranija. Defekty raboty dvigatelej, Moskva, (Sborniki rekomenduemych terminov, vypusk 50, 1959), 15 p.

AKADEMIJA NAUK SSSR. Komitet techničeskoj terminologii. Terminologija teorii i charakteristik aviacionnych gazoturbinnych dvigatelej i turbomašin dlja kombinirovannych silovych ustanovok, Moskva, (Sborniki rekomenduemych terminov, vypusk 24, 1954), 27 p.

AKADEMIJA NAUK SSSR. Komitet techničeskoj terminologii. Terminologija židkostnych raketnych dvigatelej, Moskva, (Sborniki rekomenduemych terminov, vypusk 16, 1953), 26 p.

AMT FÜR STANDARDISIERUNG. Verbrennungsmotoren. Kolben - Begriffe. Kolbentypen, Berlin, (TGL 26 139 Blatt 1, nov. 1971. Gruppe 135000. Fachbereichstandard), 19 p.
D-E-R-Cs-Pl

AMT FÜR STANDARDISIERUNG. Verbrennungsmotoren. Kolben - Begriffe, Kolbendetails, Leipzig, (TGL 26 139 Blatt 2, nov. 1971. Gruppe 135000. Fachbereich-Standard), 21 p.
D-E-R-Cs-Pl

AMT FÜR STANDARDISIERUNG. Verbrennungsmotoren. Kolben - Begriffe. Meßtechnische Begriffe, Leipzig, (TGL 26 139 Blatt 3, nov. 1971. Gruppe 135000. Fachbereich-Standard), 10 p.
D-E-R-Cs-Sk

AMT FÜR STANDARDISIERUNG. Einspritzanlagen für Dieselmotoren. Begriffe. Zeichen, Einheiten. Druckrohre, Berlin, (TGL 12 377/10, dec. 1973. Gruppe 135 288. Fachbereichstandard),5p.
D-E-F-S-R-Cs-Pl

GOSUDARSTVENNYJ KOMITET STANDARTOV Soveta ministrov SSSR. Dvigateliraketnye židkostnye. Terminy i opredelenija, Moskva 1972, (GOST 17655-72, jul. 1973), 47 p.

GOSUDARSTVENNYJ KOMITET STANDARTOV Soveta ministrov SSSR. Osnastka technologičeskaja litejnogo proizvodstva. Terminy i opredelenija, Moskva 1972, (GOST 17819-72, jan. 1974), 6 p.

GOSUDARSTVENNYJ KOMITET STANDARTOV Soveta ministrov SSSR. Mašiny litejnye. Terminy i opredelenija, Moskva 1972, (GOST 18111-72, jan. 1974), 4 p.

ISO. Reciprocating internal combustion engines. General definitions, Genève 1973, (ISO 2710-1973), 9 p.
E-F-R

KOMITET STANDARTOV, MER I IZMERITEL'NYCH PRIBOROV pri Sovete ministrov SSSR. Racočie processy v toplivnoj apparature dizelej. Terminy i opredelenija, Moskva 1970, (GOST 15887-70, jan. 1971), 6 p.
D-E-R

KOMITET STANDARTOV, MER I IZMERITEL'NYCH PRIBOROV pri Sovete ministrov SSSR. Toplivnaja apparatura avtotraktornych dizelej. Terminy i opredelenija, Moskva 1970, (GOST 15888-70, jan. 1971), 11 p.
D-E-R

OSS. Carburatoare. Terminologie, (Carburators. Terminology), Bucureşti, (STAS 8418-69, jan. 1971), 20 p.
D-E-F-S-Ro-R

PKN. Silniki spalinowe tłokowe. Nazwy i określenia, (Moteurs à explosion et à combustion. Termes et définitions), Warszawa 1971, (PN-71/M-01502, jul. 1972. Cette norme remplace PN-54/M-01502), 26 p.
D-E-R-Pl

ÚNM. Názvosloví palivových zařízení benzinových motorů, (Terminologie relative aux éléments à carburant pour moteurs à essence), Praha 1965, (ČSN 30 2301, jul. 1966), 45 p.
D-E-F-S-R-Cs-Sk

ÚNM. Spalovací motory. Definice výkonů pístových spalovacích motorů, (Moteurs à combustion interne. Définition de puissances des moteurs à combustion), Praha 1965, (ČSN 09 0014, jul. 1966), 13 p.
D-E-F-R-Cs

ÚNM. Názvosloví vstřikovacího zařízení naftových motorů, (Terminologie utilisée dans l'équipement d'injection des moteurs Diesel), Praha 1967, (ČSN 09 7300, jul. 1969), 106 p.
D-E-F-S-R-Cs-Pl-Sk-Hu

ÚNM. Názvosloví pístových spalovacích motorů, (Moteurs à combustion interne. Terminologie relative aux moteurs alternatifs à combustion interne. Types de moteurs), Praha 1972, (ČSN 09 0022, jan. 1973. Remplace ČSN 09 0022, mar. 1960), 67 p.
D-E-F-R-Cs-Sk

VNIIKI. Naučno-techničeskaja terminologija. Sbornik standartizovannych i rekomenduemych terminov v 10 tomach. Tom 7. Transportnye sredstva, Moskva 1970, 440 p.

2.2.3.7. PNEUMATISCHE ENERGIE

AMT FÜR STANDARDISIERUNG. Feste und mechanisch veränderbare Widerstandsbauelemente. Begriffe, Leipzig, (TGL 24 197, aug. 1969. Gruppe 364. Fachbereich-Standard), 11 p.
D-E-R

JZS. Uljna hidraulika i pneumatika. Nazivi i simboli. Osnovni i funkcionalni simboli, (Hydraulique d'huile et pneumatique. Termes et symboles. Signes de base et de fonction), Beograd 1969, (JUS L.N 1.002, jul. 1970), 2 p.
D-E-F-R-Sh

JZS. Ulnja hidraulika i pneumatika. Nazivi i simboli. Upravljanje i regulacija energije, (Hydraulique d'huile et pneumatique. Termes et symboles. Distribution et régulation d'énergie), Beograd 1969, (JUS L.N 1.004, jul. 1970)
D-E-F-R-Sh

JZS. Ulnja hidraulika i pneumatika. Nazivi i simboli. Prenošenje energije, (Hydraulique d'huile et pneumatique. Termes et symboles. Transmission de l'énergie), Beograd 1969, (JUS L.N 1.005, jul. 1970), 6 p.
D-E-F-R-Sh

JZS. Ulnja hidraulika i pneumatika. Nazivi i simboli. Aktiviranje, (Hydraulique d'huile et pneumatique. Termes et symboles. Commande), Beograd 1969, (JUS L.N 1.006, jul. 1970), 3 p.
D-E-F-R-Sh

JZS. Ulnja hidraulika i pneumatika. Nazivi i simboli. Dopunski uređaji, (Hydraulique d'huile et pneumatique. Termes et symboles. Instruments additionnels), Beograd 1969, (JUS L.N 1.007, jul. 1970), 2 p.
D-E-F-R-Sh

JZS. Ulnja hidraulika i pneumatika. Nazivi i simboli. Primeri agregata i kompletnih instalacija, (Hydraulique d'huile et pneumatique. Termes et symboles. Exemples des assemblages et des installations complètes), Beograd 1969, (JUS L.N 1.008, jul. 1970), 3 p.
D-E-F-R-Sh

PKN. Urządzenia chłodnicze. Aparaty. Nazwy, określenia i podział, (Installations frigorifiques. Appareils. Termes, définitions et classification), Warszawa 1967, (PN-67/M-04610, jan. 1968), 5 p.
D-E-F-R-Pl

TOGUNOV, V.I. Sopostavitel'nyj analiz nemeckoj i russkoj naučnotechničeskoj terminologii i puti ee standartizacii (na materiale cholodil'noj techniki), Kalinin 1969, akd

TOGUNOV, V.I. Strukturno-semantičeskie osobennosti obrazovanija složnych slov-terminov v nemeckom i russkom jazykach (na materiale literatury po cholodil'noj technike), in: Slovoobrazovanie i ego mesto v kurse obučenija inostrannomu jazyku, VII, Vladivostok 1979

ÚNM. Názvosloví kompresorů, (Terminologie des compresseurs), Praha 1963, (ČSN 10 5010, apr. 1964. Cette norme remplace ÚN 10 5010 et ÚN 10 5011), 83 p.
D-E-R-Cs-Sk

ÚNM. Názvosloví ve vakuové tehnice, (Terminologie de la technique du vide), Praha 1970, (ČSN 10 7001, jan. 1972), 87 p.
D-E-F-R-Cs-Sk

VNIIKI. Naučno-techničeskaja terminologija. Sbornik standartizovannych i rekomenduemych terminov v 10 tomach. Tom 4. Čast' 1. Mašiny. Oborudovanie i instrument, Moskva 1970, 232 p.
D-E-F-R

2.2.3.8. MASCHINEN UND VORRICHTUNGEN ZUM FÖRDERN UND BEFÖRDERN VON GASEN UND FLÜSSIGKEITEN

AKADEMIJA NAUK SSSR. Komitet techničeskoj terminologii. Lopastnye nasosy centrobežnye i osevye. Terminologija i bukvennye oboznačenija, Moskva, (Sborniki rekomenduemych terminov, vypusk 56, 1961), 32 p.

AMT FÜR STANDARDISIERUNG. Pumpen zur Förderung von Flüssigkeiten. Begriffe. Zeichen. Einheiten, Leipzig, (TGL 6267 Blatt 2, apr. 1970. Gruppe 135 110. Fachbereichstandard), 22 p.
D-E-R

ARDOVSKAJA, P.V. Strukturno-semantičeskie osobennosti prostych i složnych terminologičeskich edinic (na materiale terminologii v oblasti pod"emno-transportnogo oborudovanija), Moskva 1979, akd

GOSUDARSTVENNYJ KOMITET STANDARTOV Soveta ministrov SSSR. Nasosy. Terminy i opredelenija, Moskva 1972, (GOST 17398-72, jan. 1973), 36 p.
D-E-F-R

MSZH. Gumitömlö. Fogalommeghatározások, (Tuyaux en caoutchouc. Définitions), Budapest 1970, (MSZ 3048/1-70), 6 p.
D-E-R-Hu

ÚNM. Čerpadla. Všeobecné ústanovení, (Pompes. Spécification générale), Praha 1962, (ČSN 11 0010, apr. 1963. Cette norme remplace ČSN 11 0010, jul. 1953), 7 p.
D-E-F-R-Cs

ÚNM. Strojní čerpadla s kmitavým pohybem a jejiich součásti. Názvosloví, (Pompes à piston alternatif et leurs éléments. Terminologie), Praha 1964, (ČSN 11 0016, apr. 1965), 23 p.
D-E-R-Cs-Sk

2.2.3.9. SPANLOSE UMFORMUNG, FORMGEBUNG UND BEHANDLUNG VON WERKSTOFFEN

AKADEMIJA NAUK SSSR. Komitet naučno-techničeskoj terminologii. Obrabotka metallov davleniem. Voločenie. Terminologija, Moskva, (Sborniki rekomenduemych terminov, vypusk 61, 1962), 16 p.

AKADEMIJA NAUK SSSR. Komitet techničeskoj terminologii. Racional'naja terminologija termičeskoj obrabotki metallov i splavov, Moskva 1934, (Bjulleten' komiteta techničeskoj terminologii, vypusk I), 37 p.
D-E-F-R

AKADEMIJA NAUK SSSR. Komitet techničeskoj terminologii. Terminologija svarki metallov, Moskva 1937, (Bjulleten' komiteta techničeskoj terminologii, vypusk XVIII), 32 p.
D-E-F-R

AKADEMIJA NAUK SSSR. Komitet techničeskoj terminologii. Terminologija oborudovanija dlja svarki metallov, Moskva 1940, (Bjulleten' komiteta techničeskoj terminologii, vypusk XXXV), 40 p.
D-E-F-R

BARYŠEVSKIJ, L.M., FIL', E.V. O terminologii v litejnom proizvodstve, in: Lit Proizv, 2/1962

DIN. Kegeltoleranz- und Kegelpaßsystem für Kegel von Verjüngung C=1:3 bis 1:500 und Längen von 6 bis 630 mm. Benennungen in Deutsch, Englisch, Französisch, Italienisch, Russisch und Spanisch, Berlin, (DIN 7178 Teil 5, feb. 1976), 7 p.
D-E-F-I-S-R

DNA. Wärmebehandlung von Eisen und Stahl. Fremdsprachige Übersetzung von Fachausdrücken, Berlin, (DIN 17014 Beiblatt 2, feb. 1961), 4 p.
D-E-F-R

GOSUDARSTVENNYJ KOMITET STANDARTOV Soveta ministrov SSSR. Obrabotka metallov davleniem. Operacii kovki i štampovki. Terminy i opredelenija, Moskva 1973, (GOST 18970-73, jul. 1974), 19 p.

GOSUDARSTVENNYJ KOMITET STANDARTOV Soveta ministrov SSSR. Defekty otlivok iz čuguna. Terminy i opredelenija, Moskva 1973, (GOST 19200-73, jan. 1975), 8 p.
D-E-F-R

GOSUDARSTVENNYJ KOMITET STANDARTOV Soveta ministrov SSSR. Dopuski i posadki. Osnovnye opredelenija, Moskva 1962, (GOST 7713-62, jan. 1963. New edition: dec. 1970. Replaces GOST 7713-55), 17 p.

GOSUDARSTVENNYJ KOMITET STANDARTOV Soveta ministrov SSSR. Poroškovaja metallurgija. Terminy i opredelenija, Moskva 1971, (GOST 17359-71, jan. 1973), 14 p.
D-E-F-R

GOSUDARSTVENNYJ KOMITET STANDARTOV Soveta ministrov SSSR. Obrabotka upročnjajuščaja. Terminy i opredelenija, Moskva 1972, (GOST 18295-72, jan. 1974), 3 p.
D-E-R

GOSUDARSTVENNYJ KOMITET STANDARTOV Soveta ministrov SSSR. Pajka. Terminy i opredelenija, Moskva 1971, (GOST 17325-71, jan. 1973), 10 p.

GOSUDARSTVENNYJ KOMITET STANDARTOV Soveta ministrov SSSR. Pripoi. Klassifikacija, Moskva 1973, (GOST 19248-73, jan. 1975), 3 p.

GOSUDARSTVENNYJ KOMITET STANDARTOV Soveta ministrov SSSR. Svarka metallov. Osnovnye ponjatija. Terminy i opredelenija, Moskva, (GOST 2601-74, jan. 1975. Replaces GOST 2601-44), 39 p.
D-E-F-R

GOSUDARSTVENNYJ KOMITET STANDARTOV Soveta ministrov SSSR. Upročnenie metalličeskich detalej poverchnostnoj chimikotermičeskoj obrabotkoj. Charakteristiki i svojstva diffuzionnogo sloja. Terminy i opredelenija, Moskva 1975, (GOST 20495-75, jan. 1976), 11 p.
D-E-R

GOSUDARSTVENNYJ KOMITET STANDARTOV Soveta ministrov SSSR. Obrabotka poverchnostnym plastičeskim deformirovaniem. Terminy i opredelenija, Moskva 1973, (GOST 18296-72, jan. 1974), 10 p.
D-E-R

IRS. Atmosfere controlate. Clasificare şi terminologie, (Controlled atmospheres. Classification and terminology), Bucureşti 1973, (STAS 9353-73, aug. 1973), 6 p.
D-E-F-Ro-R

IRS. Semifabricate şi produse din metale şi aliaje neferoase. Terminologie, (Semifinished products and products of non-ferrous metals and alloys. Terminology), Bucureşti, (STAS 9553-74, mar. 1974), 6 p.
E-F-Ro-R

IRS. Metalurgia pulberilor. Terminologie, (Powder metallurgy. Terminology), Bucureşti, (STAS 7935-75, jun. 1975. Replaces STAS 7935-67), 20 p.
D-E-F-Ro-R

IRS. Utilajele laminoarelor metalurgice. Terminologie, (Equipment for the rolling of metals. Terminology), Bucureşti 1970, (STAS 8585-70, nov. 1971), 35 p.
D-E-F-Ro-R

IRS. Sudarea metalelor. Terminologie, (Welding of metals. Terminology), Bucureşti 1971, (STAS 5555-71, sep. 1972. Replaces STAS 5555-66), 28 p.
D-E-F-Ro-R

IRS. Defectele îmbinărilor sudate prin topire. Clasificare şi terminologie, (Defects of fusion welded joints. Classification and terminology), Bucureşti 1973, (STAS 7084/1-73, aug. 1973. Replaces partly STAS 7084-64), 22 p.
D-E-F-Ro-R

ISO. Définition de la soudabilité, Genève 1967, (ISO/R 581-1967), 7 p.
E-F-R

KKSM. Zavarjavane na metalite. Terminologija, (Welding of metals. Terminology), Sofija 1971, (BDS 2878-71, jan. 1973. Replaces BDS 2878-57), 71 p.
D-E-F-R-Bg

LAGUNOVA, V.K. Mnogoznačnyj termin kak leksiko-semantičeskaja paradigma (na materiale russkich i anglijskich terminov litejnogo proizvodstva), in: TS, 1981(4), 129-135

LAGUNOVA, V.K. Opyt sopostavitel'nogo izučenija terminologii litejnogo proizvodstva v russkom i anglijskom jazykach, Gor'kij 1982, akd

MINISTERSTVO NA MAŠINOSTROENE. Termična obrabotka na stomanata. Terminologija, (Thermal treatment of steel. Terminology), Sofija 1971, (BDS 9309-71, jul. 1972), 14 p.
D-E-F-R-Bg

MSZH. Tűrés és illesztés alapfogalmai, (Ajustements. Généralités), Budapest 1963, (MSZ 180-63 R, projet, nov. 1964), 10 p.
D-E-F-R-Hu

MSZH. Porkohászat. Szakkifejezések és meghatározások, (Métallurgie des poudres. Termes et définitions), Budapest 1971, (MSZ 15440-71, jul. 1972), 17 p.
D-E-F-Ro-R-Bg-Cs-Pl-Hu

MSZH. Hegesztett kötések roncsolásmentes vizsgálata. Radiológiai vizsgálattal kimutatott hegesztési hibák tipusainak jelölése és elnevezése, (Méthodes d'essais non destructifs sur les soudures. Classification, symboles et dénomination des défauts de soudure détectés par examen radiographique), Budapest 1973, (MSZ 4310/4-73, jul. 1974. Remplace MSZ 4310/4-63), 10 p.
D-E-F-R-Hu

MSZH. Fémek hegesztése. Alapfogalmak, (Soudage des métaux. Termes fondamentaux), Budapest 1968, (MSZ 4300/1. 1.ap-68, jan. 1970. Remplace MSZ 4300-49), 5 p.
D-E-F-R-Hu

MSZH. Fémek hegesztése. Fogalmak. Hegesztő eljárások, (Soudage des métaux. Termes. Procédés du soudage), Budapest 1968, (MSZ 4300/2. 1. ap. 68, jan. 1970), 5 p.
D-E-F-R-Hu

MSZH. Fémek hegesztése. Fogalmak. Ömlesztő hegesztés, (Soudage des métaux. Termes. Soudage par fusion), Budapest 1970, (MSZ 4300/3-70, apr. 1972), 12 p.
D-E-F-R-Hu

MSZH. Fémek hegesztése. Fogalmak. Védőgázas ívhegesztés, (Soudage des métaux. Termes. Soudage à l'arc protégé), Budapest 1971, (MSZ 4300/4-71, nov. 1971), 3 p.
D-E-F-R-Hu

MSZH. Nehézés könnyűfémek és ötvözeteik hőkezelése. Szakkifejezések és meghatározások, (Traitement à chaud des métaux légers et lourds et des alliages. Termes et définitions), Budapest 1968, (MSZ 19738-68, jul. 1969), 3 p.
D-E-F-R-Hu

OSS. Prelucrarea metalelor prin deformare și separare. Terminologie, (Metal working by plastic shaping and separation. Terminology), București, (STAS 5943-69, may 1970. Replaces STAS 5943-63), 14 p.
D-E-F-Ro-R

OSS. Sistemul ISO de toleranțe și ajustaje. Terminologie și simboluri, (ISO System of tolerances, limits and fits. Terminology and symbols), București 1968, (STAS 8100-68, oct. 1968), 10 p.
D-E-F-Ro-R

OSS. Laminarea metalelor. Terminologie, (Rolling of metals. Terminology), București 1968, (STAS 8113-68, apr. 1969), 22 p.
D-E-F-Ro-R

OSS. Fonte și oțeluri. Tratamente termice. Terminologie, (Cast iron and cast steel. Heat treatment. Terminology), București 1967, (STAS 2500-66, jan. 1968. Replaces STAS 2500-56), 19 p.
D-E-F-Ro-R

OSS. Defectele Sudurilor. Terminologie, (Weld imperfections. Terminology), București 1965, (STAS 7084-64), 9 p.
D-E-F-Ro-R

OSS. Clasificarea și simbolizarea defectelor îmbinărilor sudate cap la cap prin topire pe baza radiografiilor, (Classification and symbols of defects of fused butt-welded joints by radiographic methods), București, (STAS 8299-69, jan. 1970), 6 p.
D-E-F-Ro-R

OSS. Clasificarea procedeelor de sudare, (Classification of welding processes), București, (STAS 8325-69, jul. 1970), 6 p.
D-E-F-Ro-R

PAVLOV, I.M. K voprosu o terminologii prokatnogo proizvodstva, in: TI Metallurgii, IX, 1962

PKNiM. Metalurgia proszków. Terminologia, (Métallurgie des poudres. Terminologie), Warszawa 1973, (PN-73/H-01014, jul. 1974. Remplace PN-65/H-01014), 26 p.
D-E-F-R-Pl

PKNiM. Obróbka cieplna metali. Nazwy i określenia, (Traitement thermique des métaux. Termes et définitions), Warszawa 1976, (PN-76/H-01200, jan. 1977. Remplace PN-66/H-01200), 21 p.
D-E-F-R-Pl

PKNiM. Spawalnictwo. Wady złączy spawanych. Nazwy i określenia, (Soudage. Défauts des joints soudés par fusion des métaux. Terminologie et définitions), Warszawa 1975, (PN-75/M-69703, jul. 1976. Remplace PN-62/M-69703), 10 p.
D-E-F-R-Pl

PKNiM. Ochrona elektrochemiczna przed korozją. Nazwy i określenia, (Protection contre la corrosion électrochimique. Termes et définitions), Warszawa 1975, (PN-75/H-04699, jul. 1976), 4 p.
D-E-F-R-Pl

PRISTAJKO, T.S. Russkaja terminologija prokatnogo proizvodstva, Dnepropetrovsk 1979, akd

PRISTAJKO, T.S. Formirovanie naimenovanij processov prokatiki v sovrememmenom russkom jazyke, in: RJa, 1985(11), 96-101

RACIONAL'NAJA terminologija termičeskoj obrabotki metallov i splavov, in: Bjull Kom Tech Term, I, 1934

SEROVAGIN, A.I. Za pravil'nuju terminologiju v oblasti proizvodstva prokata, in: Stand Kač, 4/1968

SMOLJAKOV, A.N. K voprosu o techničeskoj terminologii (v litejnom proizvodstve), in: Lit Proizv, 8/1962

SOLDATOV, V.M. Kontekstnaja aktualizacija značenij polisemantičnych terminov po svarke ĖLECTRODE i ELEKTROD, in: Problemy grammatiki, fonetiki, leksikologii i stilistiki romanskich i germanskich jazykov, Minsk 1984

SOVET ĖKONOMIČESKOJ VZAIMOPOMOŠČI. Termičeskaja obrabotka stali. Klassifikacija. Terminologija. Oboznačenija, Moskva 1969, (RS 2256-69, dec. 1971), 33 p.
D-E-F-Ro-R-Bg-Cs-Pl-Hu

TNC. Glossary of heat treatment, Stockholm 1974, (Tekniska nomenklaturcentralens publikationer TNC 57E), 87 p.
D-E-Sv-F-R-J

ÚN. Hutnické názvosloví. Prášková metalurgie a její výrobky, (Terminologie de métallurgie. Métallurgie des poudres et ses produits), Praha,(ČSN 420049, jan. 1961), 200 p. D-E-F-R-Cs

ÚN. Odporové svářečky. Názvosloví, (Soudage par résistance. Terminologie), Praha, (ČSN 05 2600, oct. 1961), 21 p.
D-E-F-R-Cs-Sk

ÚNM. Lícování závitů. Základní pojmy a značky, (Ajustement de filetage. Notions et symboles fondamentaux), Praha 1971, (ČSN 014301, jul. 1972. Cette norme remplace ČSN 014301, apr. 1962), 7 p.
D-E-F-R-Cs-Sk

VASIL'EV, K.V. O terminologii gazoélektričeskoj rezki, in: Avtom Svar, 9/1961

VNIIKI. Naučno-techničeskaja terminologija. Sbornik standartizovannych i rekomenduemych terminov v 10 tomach. Tom 3. Gornoe delo. Poleznye iskopaemye. Neftjanye produkty. Metally i metalličeskie izdelija, Moskva 1969, 447 p.
D-E-F-R

2.2.3.10. KRAFTÜBERTRAGUNG, FÖRDERMITTEL

AFNOR. Outillage de serrage des vis et écrous. Nomenclature multilingue, Paris, (NF E 74-380, jul. 1972), 24 p.
D-E-F-S-R

AFNOR. Boulonnerie courante du commerce. Éléments d'assemblage. Nomenclature multilingue, Paris, (NF E 27-000, fascicule de documentation, dec. 1972), 53 p.
D-E-F-S-R

AKADEMIJA NAUK SSSR. Komitet techničeskoj terminologii. Terminologija detalej mašin. Raz"emnye soedinenija, Moskva, (Sborniki rekomenduemych terminov, vypusk 11, 1953), 47 p.

AKADEMIJA NAUK SSSR. Komitet techničeskoj terminologii. Terminologija detalej mašin. Čast' 2: Valy i osi. Opory valov i osej, Moskva 1941, (Bjulleten' komiteta techničeskoj terminologii, vypusk XLIII), 52 p.
D-E-F-R

AKADEMIJA NAUK SSSR. Komitet techničeskoj terminologii. Terminologija detalej mašin. Mufty, Moskva, (Sborniki rekomenduemych terminov, vypusk 45, 1958), 21 p.

AKADEMIJA NAUK SSSR. Komitet naučno-techničeskoj terminologii. Teorija mechanizmov. Osnovnye ponjatija. Terminologija, Moskva, (Sborniki rekomenduemych terminov, vypusk 68, 1964), 25 p.
D-E-F-R

AKADEMIJA NAUK SSSR. Komitet techničeskoj terminologii. Terminologija zubčatych mechanizmov. Čast' 1, Moskva 1951, (Bjulleten' komiteta techničeskoj terminologii, vypusk LVIII), 20 p.

AKADEMIJA NAUK SSSR. Komitet techničeskoj terminologii. Zubčatye kolesa, zaceplenija i peredači s postojannym peredatočnym otnošeniem. Terminologija, Moskva, (Sborniki rekomenduemych terminov, vypusk 57, 1962), 68 p.

DIN. Mechanische Verbindungselemente. Schrauben, Muttern und Zubehör. Terminologie, Berlin, (DIN ISO 1891, Entwurf, jul. 1977), 41 p.
D-E-F-I-S-R

DKS. Mašini i elementi. Osi i valove. Terminologija, (Axles and shafts. Terminology), Sofija 1976, (BDS 4248-76, jan. 1977. Replaces BDS 4248-60), 17 p.
D-E-F-R-Bg

DKS. Predavki z"bni grebenni. Greški i dopuski. Terminologija, (Rack and pinion gearing. Errors and tolerances. Terminology), Sofija 1975, (BDS 13197-75, jan. 1977), 34 p.
D-E-F-R-Bg

DNA. Flurfördergeräte. Benennungen von Paletten, Berlin, (DIN 15 145, oct. 1963), 4 p.
D-E-F-R

GOSUDARSTVENNYJ KOMITET STANDARTOV Soveta ministrov SSSR. Bazirovanie i bazy v mašinostroenii. Terminy i opredelenija, Moskva 1976, (GOST 21495-76, jan. 1977), 35 p.
D-E-R

GOSUDARSTVENNYJ KOMITET STANDARTOV Soveta ministrov SSSR. Detali mašin. Valy i osi. Opory valov i osej. Terminologija, Moskva 1946, (GOST 3485-46. Revision, mar. 1971), 36 p.
D-E-F-R

GOSUDARSTVENNYJ KOMITET STANDARTOV Soveta ministrov SSSR. Šariko- i rolikopodšipniki. Tipy, Moskva 1957, (GOST 3395-57, jul. 1958. Revision No.3, jul. 1963), 35 p.

GOSUDARSTVENNYJ KOMITET STANDARTOV Soveta ministrov SSSR. Podšipniki skol'ženija mašin. Terminy i opredelenija, Moskva 1972, (GOST 18282-72, jan. 1974), 10 p.
E-R

GOSUDARSTVENNYJ KOMITET STANDARTOV Soveta ministrov SSSR. Smazka i smazyvanie podšipnikov skol'ženija mašin. Terminy i opredelenija, Moskva 1972, (GOST 18283-72, jan. 1974), 11 p.
E-R

GOSUDARSTVENNYJ KOMITET STANDARTOV Soveta ministrov SSSR. Peredači zubčatye. Terminy, opredelenija i oboznačenija, Moskva 1970, (GOST 16530-70, jan. 1972. Replaces OST BKS 8089), 68 p.

GOSUDARSTVENNYJ KOMITET STANDARTOV Soveta ministrov SSSR. Peredači zubčatye cilindričeskie. Terminy, opredelenija i oboznačenija, Moskva 1970, (GOST 16531-70, jan. 1972), 28 p.

GOSUDARSTVENNYJ KOMITET STANDARTOV Soveta ministrov SSSR. Peredači zubčatye cilindričeskie ėvolventnye vnešnego zaceplenija. Rasčet geometrii na ėlektronnych cifrovych vyčislitel'nych mašinach (ĖCVM), Moskva 1974, (GOST 20183-74, jan. 1976), 94 p.

GOSUDARSTVENNYJ KOMITET STANDARTOV Soveta mnistrov SSSR. Peredači zubčatye koničeskie. Terminy, opredelenija i bukvennye oboznačenija, Moskva, (GOST 19325-73, jan. 1975), 134 p.

GOSUDARSTVENNYJ KOMITET STANDARTOV Soveta ministrov SSSR. Oborudovanie pod"emno-transportnoe. Konvejery, tali, pogruzčiki i štabelery. Terminy i opredelenija, Moskva 1973, (GOST 18501-73, jan. 1975), 6 p.
D-E-F-R

GOSUDARSTVENNYJ KOMITET STANDARTOV Soveta ministrov SSSR. Sredstva parašjutnogo desantirovanija gruzov i techniki. Terminy i opredelenija, Moskva 1975, (GOST 21453-75, jul. 1977), 4 p.

GOSUDARSTVENNYJ KOMITET STANDARTOV Soveta ministrov SSSR. Pogruzčiki stroitel'nye odnokovšovye frontal'nye. Terminy i opredelenija, Moskva 1976, (GOST 21605-76, jan. 1977), 17 p.
D-E-F-R

GOSUDARSTVENNYJ KOMITET STANDARTOV Soveta ministrov SSSR. Pod"emniki sudovye. Terminy i opredelenija, Moskva, (GOST 22287-76, jan. 1978), 5 p.

GOSUDARSTVENNYJ KOMITET STANDARTOV Soveta mnistrov SSSR. Krany gruzopod"emnye. Klassifikacija. Tipy, Moskva 1973, (GOST 18608-73, jan. 1975), 13 p.

GOSUDARSTVENNYJ KOMITET STANDARTOV Soveta ministrov SSSR. Snarjady zemlesosnye obščego naznačenija. Terminy i opredelenija, Moskva 1972, (GOST 17520-72, jan. 1973), 24 p.

GOSUDARSTVENNYJ KOMITET STANDARTOV Soveta ministrov SSSR. Ėkskavatory nepreryvnogo dejstvija. Terminy i opredelenija, Moskva 1976, (GOST 21796-76, jan. 1977), 8 p.

GOSUDARSTVENNYJ KOMITET STANDARTOV Soveta ministrov SSSR. Smazka i smazyvanie podšipnikov skol'ženija mašin. Terminy i opredelenija, Moskva 1972, (GOST 18283-72, jan. 1974), 11 p.
E-R

GOSUDARSTVENNYJ KOMITET STANDARTOV Soveta ministrov SSSR. Trenie i iznašivanie v mašinach. Osnovnye terminy i opredelenija, Moskva 1970, (GOST 16429-70, jul. 1971), 11 p.
E-R

IRS. Transmisii prin curele trapezoidale. Terminologie, (V-belts drives. Terminology), Bucureşti, (STAS 10076-75, mar. 1975), 4 p.
D-E-F-Ro-R

IRS. Organe de asamblare filetate. Elemente contructive. Terminologie, (Threaded fasteners. Constructional parts. Terminology), Bucureşti, (STAS 1450/1-74, nov. 1974. Replaces, together with STAS 1450/2...5/74, STAS 1450-65), 10 p.
D-E-F-Ro-R

IRS. Organe de asamblare filetate. Cotare. Terminologie, (Threaded fasteners. Sizing. Terminology), Bucureşti, (STAS 1450/2-74, nov. 1974. Replaces, together with STAS 1450/1-74 and STAS 1450/3...5-74, STAS 1450-65), 6 p.
D-E-F-Ro-R

IRS. Filete cilindrice. Terminologie, (Parallel screw threads. Terminology), Bucureşti, (STAS 3872-75, jun. 1975. Replaces STAS 3872-53), 14 p.
D-E-F-Ro-R

IRS. Organe de asamblare filetate. Piuliţe. Terminologie, (Threaded fasteners. Nuts. Terminology), Bucureşti, (STAS 1450/4-74, jan. 1975. Replaces partly STAS 1450-65), 6 p.
D-E-F-Ro-R

ISMIU. Boltove, vintove, gajki i prinadležnosti. Terminologija, (Bolts, screws, nuts and accessories. Terminology), Sofija 1963, (BDS 4926-63, jan. 1964), 15 p.
D-E-R-Bg

ISO. Fork lift trucks - Hook-on type fork arms - Vocabulary, Genève 1974, (ISO 2331-1974), 4 p.
E-F-R

ISO. Bolts, nuts and accessories - terminology and nomenclature, Genève, (ISO/DR 1891, mai 1969), 62 p.
D-E-F-I-S-R

ISO. Glossary of gears - geometrical definitions. Alphabetical indexes of equivalent terms, Genève 1970, (ISO/R 1122-1970, Add. 1-1970), 53 p.
E-F-R

ISO. Assembly tools for screws and nuts - Nomenclature, Genève 1975, (ISO 1703-1975. Replaces ISO/R 1703-1971), 33 p.
D-E-Sv-F-E-S-R-Cs

KKSM. Predavki z"bni. Terminologija na greški i dopuski. Ponjatija obšti za cilindrični z"bni predavki, (Gear drives. Terminology of defects and tolerances. General concepts and concepts for cylindrical gear drives), Sofija 1972, (BDS 10072-72, jul. 1973), 41 p.
D-E-F-R-Bg

KKSM. Predavki z"bni. Terminologija na greški i dopuski. Predav-

ki z"bni konusni, (Gear drives. Terminology of defects and tolerances. Conic gear drives), Sofija 1972, (BDS 10073-72, jul. 1973), 19 p.
D-E-F-R-Bg

KKSM. Instrumenti za sv"rzvašti élementi (vintove i gajki). Terminologija, (Assembly tools for screws and nuts. Terminology), Sofija 1972, (BDS 9987-72, jul. 1973), 29 p.
D-E-F-R-Bg

KOMITET STANDARTOV, MER I IZMERITEL'NYCH PRIBOROV pri Sovete ministrov SSSR. Krany bašennye stroitel'nye. Terminy, Moskva 1968, (GOST 13809-68, oct. 1968), 31 p.

KOMITET STANDARTOV, MER I IZMERITEL'NYCH PRIBOROV pri Sovete ministrov SSSR. Krany strelovye samochodnye obččego naznačenija. Terminy, Moskva 1969, (GOST 15135-69, jul. 1970), 19 p.

KOMITET STANDARTOV, MER I IZMERITEL'NYCH PRIBOROV pri Sovete ministrov SSSR. Ėkskavatory odnokovšovye universal'nye. Terminy, Moskva 1969, (GOST 15134-69, jul. 1970), 27 p.

KOMITET STANDARTOV, MER I IZMERITEL'NYCH PRIBOROV pri Sovete ministrov SSSR. Rez'by. Osnovnye opredelenija, Moskva 1966, (GOST 11708-66, jul. 1966), 11 p.

MINISTERSTVO NA MAŠINOSTROENE. Elektrokari i motokari, (Industrial trucks. Terms), Sofija 1970, (BDS 8234-70, jan. 1972), 19 p.
D-E-F-R-Bg

MSZH. Csavarmenetek. Szakkifejezések és meghatározások, (Filetages. Termes et défintions), Budapest 1975, (MSZ 12210-75, apr. 1976), 14 p.
D-E-F-R-Hu

PKN. Gwinty. Nazwy i określenia, (Filetages. Termes et définitions), Warszawa 1970, (PN-70/M-02001, jan. 1971. Cette norme remplace PN-58/M-02001), 7 p.
D-E-F-R-Pl

PKN. Śruby, wkręty, nakrętki i inne części złączne. Nazwy, (Boulons, écrous, vis et filetages. Termes), Warszawa 1971, (PN-71/M-82055, jul. 1972)
D-E-F-R-Pl

SFS. Kuormalava. Sanasto, (Palettes. Vocabulaire), Helsinki, (SFS 3648, mar. 1976), 7 p.
D-E-Sv-F-R-Fi

SFS. Ruuvit, mutterit ja niiden tarvikkeet. Nimet ja tyyppimerkinnät, (Vis, écrous et accessoires. Termes et désignations des types), Helsinki, (SFS 2017, mar. 1966), 34 p.
D-E-Sv-R-Fi

ÚN. Rypadla. Názvosloví a roztřídění rypadel, (Excavateurs.

Terminologie et classification des excavateurs), Praha, (ČSN 27 7003, jul. 1953), 15 p.
D-E-F-R-Cs

ÚN. Šrouby, matice a přidružené součásti. Názvosloví, (Vis, écrous et accessoires. Terminologie), Praha, (ČSN 02 1003, nov. 1961), 30 p.
D-E-F-R-Cs

ÚNM. Motorové dopravní vozíky. Názvosloví motorových dopravních vozíků, (Chariots automoteurs. Terminologie relative aux chariots automoteurs), Praha 1971, (ČSN 26 8801, apr. 1972), 87 p.
D-E-F-S-R-Bg-Cs-Sk

ÚNM. Zařízení pro paletizaci, mezioperační dopravu a skladování. Palety. Názvosloví, (Matériel pour le palletage, le transport entre les opérations et la mise en dépôt. Palettes. Terminologie), Praha, (ČSN 26 9100, sep. 1962), 5 p.
D-E-F-R-Cs-Sk

ÚNM. Rýpadla a zakladače. Názvosloví, (Excavateurs et ponts de transport pour travaux de déblaiement. Terminologie), Praha 1966, (ČSN 27 7003, jul. 1967. Cette norme remplace ČSN 27 7003, jun. 1953), 42 p.
D-E-F-R-Cs-Sk

ÚNM. Závity. Základní pojmy a značky, (Filetages. Notions et symboles fondamentaux), Praha 1971, (ČSN 01 4001, jul. 1972. Cette norme remplace ČSN 01 4001, jun. 1960), 14 p.
D-E-F-R-Cs-Sk

VNIIKI. Naučno-techničeskaja terminologija. Sbornik standartizovannych i rekomenduemych terminov v 10 tomach. Tom 4. Čast' 1. Mašiny. Oborudovanie i instrument, Moskva 1970, 232 p.
D-E-F-R

VNIIKI. Naučno-techničeskaja terminologija. Sbornik standartizovannych i rekomenduemych terminov v 10 tomach. Tom 4. Čast' 2. Mašiny. Oborudovanie i instrument, Moskva 1970, 411 p.
D-E-F-R

2.2.3.11. SPANENDE UMFORMUNG, TRENNEN, ZERKLEINERN, BLECHBEARBEITUNG

AFNOR. Conditions d'essais des machines à aléser et à fraiser, à broche horizontale. 1° introduction générale, Paris, (NF E 60-115, jan. 1974), 6 p.
D-E-F-R

AFNOR. Conditions d'essais des tours verticaux à un ou deux montants. Partie 1: Introduction générale, Paris, (NF E

60-105, jul. 1976. Remplace NF E 60-105, déc. 1974), 5 p.
D-E-F-I-R

AFNOR. Outillage de serrage des vis et écrous. Nomenclature multilingue, Paris, (NF E 74-380, jul. 1972), 24 p.
D-E-F-S-R

AVERBUCH, K.JA. Lingvističeskoe issledovanie terminologii chimičeskogo mašinostroenija (na materiale tekstov po granulirovaniju), Gor'kij 1980, akd

AKADEMIJA NAUK SSSR. Komitet techničeskoj terminologii. Obrabotka metallov davleniem. Operacii i perechody kovki i štampovki. Terminologija, Moskva, (Sborniki rekomenduemych terminov, vypusk 55, 1961), 27 p.

DKS. Obrabotka črez rjazane. Obšti ponjatija i kinematika. Termini, opredelenija i označenija, (Cutting. General terms and kinematics. Terminology, definitions and designations), Sofija 1974, (BDS 12402-74, jan. 1976), 15 p.
D-Ro-R-Bg-Cs-Pl-Hu

DKS. Instrumenti za obrabotka črez rjazane. Geometrija na režešata čast. Termini, opredelenija i označenija, (Cutting tools. Cutting part geometry. Terminology, definitions and designations), Sofija 1974, (BDS 12407-74, jan. 1976. Replaces BDS 1300-53 and partly BDS 1298-71), 62 p.
D-E-F-Ro-R-Bg-Cs-Pl-Hu

DKS. Trioni. Terminologija, (Saws. Terminology), Sofija 1974, (BDS 1293-74, jan. 1976), 14 p.
D-E-F-I-Ro-R-Bg-Cs-Pl-Hu

GOSUDARSTVENNYJ KOMITET STANDARTOV Soveta ministrov SSSR. Mašiny ručnye pnevmatičeskie i ėlektričeskie. Terminy i opredelenija, Moskva 1970, (GOST 16436-70, jul. 1971), 12 p.
D-E-F-R

GOSUDARSTVENNYJ KOMITET STANDARTOV Soveta ministrov SSSR. Sistemy čislovogo programmnogo upravlenija metallorežuščimi stankami. Terminy i opredelenija, Moskva 1975, (GOST 20523-75, jan. 1976), 5 p.
E-R

GOSUDARSTVENNYJ KOMITET STANDARTOV Soveta ministrov SSSR. Edinaja sistema technologičeskoj podgotovki proizvodstva. Operacii mechaničeskoj obrabotki rezaniem. Terminy i opredelenija, Moskva 1972, (GOST 17420-72, jan. 1973), 8 p.

GOSUDARSTVENNYJ KOMITET STANDARTOV Soveta ministrov SSSR. Materialy i instrumenty abrazivnye. Terminy i opredelenija, Moskva 1975, (GOST 21445-75, jul. 1976), 11 p.

GOSUDARSTVENNYJ KOMITET STANDARTOV Soveta ministrov SSSR. Drobilki ščelkovye. Terminy, opredelenija i bukvennye oboznačenija, Moskva 1973, (GOST 18600-73, jul. 1974), 18 p.
D-E-R

GOSUDARSTVENNYJ KOMITET STANDARTOV Soveta ministrov SSSR. Obrabotka davleniem. Štampy. Terminy i opredelenija, Moskva 1975, (GOST 15830-75, jul. 1976. Replaces GOST 15830-70), 10 p.
D-E-F-R

GOSUDARSTVENNYJ KOMITET STANDARTOV Soveta ministrov SSSR. Obrabotka metallov davleniem. Operacii kovki i štampovki. Terminy i opredelenija, Moskva 1973, (GOST 18970-73, jul. 1974), 19 p.

IRS. Maşini-unelte cu comandă numerica. Terminologie, (Numerically controlled machine tools. Terminology), Bucureşti 1972, (STAS 9311-73, mai 1973), 14 p.
D-E-F-Ro-R

IRS. Maşini de frezat arbori canelaţi şi filete. Nomenclator, (Thread milling and hobbing machines. Nomenclature), Bucureşti, (STAS 9567-74, mar. 1974), 4 p.
E-F-I-Ro-R

IRS. Maşini de frezat longitudinal. Nomenclator, (Planer-type milling machines. Nomenclature), Bucureşti 1973, (STAS 7595-73, dec. 1973. Replaces STAS 7595-66), 4 p.
D-E-F-I-Ro-R

IRS. Maşini-unelte. Maşini de frezat universale. Terminologie, (Machine tools. Milling machines. Terminology), Bucureşti, (STAS 2944-69, jan. 1970. Replaces STAS 2944-51), 2 p.
D-E-F-I-Ro-R

IRS. Maşini de rectificat rotund universal. Nomenclator, (Universal cylindrical grinding machines. Nomenclature), Bucureşti, (STAS 9766-74, jul. 1974), 6 p.
D-E-F-I-Ro-R

IRS. Maşini de rectificat rotund fără vîrfuri. Nomenclatură, (Centerless grinding machines. Nomenclature), Bucureşti, (STAS 10399-75, oct. 1975), 4 p.
D-E-F-I-Ro-R

IRS. Maşini de rectificat rotund exterior. Nomenclatură, (External cylindrical grinding machines. Nomenclature), Bucureşti, (STAS 10398-75, oct. 1975), 4 p.
D-E-F-I-Ro-R

IRS. Maşini-unelte. Strunguri automate monoax. Terminologie, (Machine-tools. Single-spindle automatic lathes. Terminology), Bucureşti, (STAS 9356-73, aug. 1973), 4 p.
D-E-F-Ro-R

IRS. Strunguri revolver. Nomenclator, (Turret-lathes. Nomenclature), Bucureşti, (STAS 9425-73, oct. 1973), 4 p.
D-E-F-I-Ro-R

IRS. Maşini de găurit radiale. Nomenclator, (Radial drilling ma-

chines. Nomenclature), Bucureşti, (STAS 9457-73, nov. 1973), 4 p.
D-E-F-I-Ro-R

IRS. Maşini de găurit verticale. Nomenclator, (Vertical drilling machines. Nomenclature), Bucureşti, (STAS 9596-74, apr. 1974), 4 p.
D-E-F-I-Ro-R

KOMITET STANDARTOV, MER I IZMERITEL'NYCH PRIBOROV pri Sovete ministrov SSSR. Šerochovatost' poverchnosti, Moskva 1959, (GOST 2789-59, jan. 1962. Replaces GOST 2789-51), 6 p.

KOMITET STANDARTOV, MER I IZMERITEL'NYCH PRIBOROV pri Sovete ministrov SSSR. Instrument almaznyj. Terminy, Moskva 1969, (GOST 14706-69, jul. 1970), 12 p.

KOMITET STANDARTOV, MER I IZMERITEL'NYCH PRIBOROV pri Sovete ministrov SSSR. Drobilki rotornye. Terminy, Moskva 1969, (GOST 14916-69, jan. 1970), 13 p.

MALIN, R. Russko-nemeckij kratkij sbornik techničeskoj terminologii dlja metalloobrabatyvajuščej promyšlennosti i avtomobilestroenija, Chemnitz 1942

MNOSZ. Felületminöség. Alapfogalmak és betüjelölések, (Rugosité de surface. Terminologie et symboles littéraux), Budapest, (MSZ 4721, apr. 1959. Remplace AZ MSZ 4721-51), 14 p.
D-E-F-R-Hu

MSZH. Forgácsolószerszámok élgeometriája. Müködö meghatározórendszer, (Géométrie de la partie active des outils à couper. Système "Outil en usage"), Budapest 1974, (MSZ 16900/3-74, oct. 1975), 19 p.
D-E-F-Ro-R-Bg-Cs-Pl-Hu

MSZH. Forgácsolószerszámok élgeometriája. Szerszámmeghatározórendszer, (Géométrie de la partie active des outils à couper. Système "outil en main"), Budapest 1974, (MSZ 16900/2-74, oct. 1975), 22 p.
D-E-F-Ro-R-Bg-Cs-Pl-Hu

MSZH. Forgácsolószerszámok élgeometriája. Általános fogalmak, (Géométrie de la partie active des outils à couper. Termes généraux), Budapest 1974, (MSZ 16900/1-74, oct. 1975), 17 p.
D-E-F-Ro-R-Bg-Cs-Pl-Hu

MSZH. Felületminöség. Alapfogalmak és betüjelölések, (Rugosité de surface. Termes fondamentaux et symboles littéraux), Budapest 1958, (MSZ 4721-58, apr. 1959. Remplace MSZ 4721-51), 14 p.
D-E-F-R-Hu

OSS. Maşini-unelte aşchietoare. Organe componente comune şi termeni principali funcţionali. Nomenclator, (Machine tools.

Common components and principal functional terms. Nomenclature), Bucureşti 1970, (STAS 8571-70, jun. 1971), 18 p.
D-E-F-I-Ro-R

OSS. Maşini-unelte. Maşini de rectificat plan. Terminologie, (Machine tools. Plane grinding machnines. Terminology), Bucureşti, (STAS 8230-68, oct. 1969), 4 p.
D-E-F-I-Ro-R

PKN. Armatura przemysłowa. Nazwy i określenia, (Robinetterie industrielle. Terminologie), Warszawa, (PN-64/M-01600, jul. 1966), 20 p.
D-E-F-R-Pl

PKN. Obróbka metali skrawaniem. Nazwy i określenia, (Traitement des métaux par enlèvement de copeaux. Terminologie et définitions), Warszawa 1964, 11 p.
D-E-R-Pl

PKN. Obróbka plastyczna. Tłoczenie. Nazwy i określenia, (Confection de pièces à usiner. Presses. Termes et définitions), Warszawa 1960, (PN-60/M-66002, sep. 1961. Cette norme remplace PKN/M-66010, PKN/M-66011, PKN/M-66012 et PKN/M-66020, 1950), 27 p.
D-E-F-R-Pl

PKNiM. Narzędzia do skrawania metali. Geometria ostrza. Nazwy, określenia i oznaczenia, (Géometrie de la partie active des outils coupants. Terminologie), Warszawa, (PN-76/M-01021, jul. 1977. Remplace PN-69/M-01021), 22 p.
D-E-F-R-Pl

ŠVARC, V.V. Terminologija režuščego instrumenta (s russko-anglijsko-francuzsko-ispanskim slovarem), Moskva 1966, 78p.

TARKO, G.N. Sbornik tekstov i upražnenij po russkomu jazyku (obrabotka metallov rezaniem), Moskva 1987

ÚNM. Obrábění. Základní pojmy, (Transformation avec copeaux), Praha 1975, (ČSN 22 0010, déc. 1976), 10 p.
D-E-R-Bg-Cs-Pl-Sk-Hu

ÚNM. Mlýny. Názvosloví, (Broyeurs. Terminologie), Praha 1975, (CSN 72 9201, feb. 1977. Remplace ČSN 44 7011, 2ème partie, apr. 1959), 55 p.
D-E-F-S-R-Cs-Sk

2.2.4. BERGBAUTECHNIK

AKADEMIJA NAUK SSSR. Terminologija gornogo dela. Čast' 1, Moskva 1939, (Bjulleten' komiteta techničeskoj terminologii, vypusk XXXI), 24 p.
D–E–F–R

AKADEMIJA NAUK SSSR. Komitet techničeskoj terminologii. Termi-

nologija gornogo dela. Čast' 2, Moskva 1941, (Bjulleten' komiteta techničeskoj terminologii, vypusk XLVIII), 24 p.
D-E-F-R

AKADEMIJA NAUK SSSR. Komitet techničeskoj terminologii. Klassifikacija sistem podzemnoj razrabotki tverdych poleznych iskopaemych, Moskva 1953, (Bjulleten' komiteta techničeskoj terminologii, vypusk LXV), 16 p.

AKADEMIJA NAUK SSSR. Komitet techničeskoj terminologii. Terminologija sistem razrabotki mestoroždenij tverdych poleznych iskopaemych podzemnym sposobom, Moskva, (Sborniki rekomenduemych terminov, vypusk 51, 1959), 15 p.

AKADEMIJA NAUK SSSR. Komitet techničeskoj terminologii. Terminologija gornogo dela. Gornye raboty i gornye vyrabotki, Moskva, (Sborniki rekomenduemych terminov, vypusk 36, 1954), 27 p.

AKADEMIJA NAUK SSSR. Komitet techničeskoj terminologii. Terminologija obogaščenija tverdogo iskopaemogo syr'ja. Moskva, (Sborniki rekomenduemych terminov, vypusk 43, 1957), 20 p.

AKADEMIJA NAUK SSSR. Komitet techničeskoj terminologii. Terminologija gornogo davlenija, Moskva, (Sborniki rekomenduemych terminov, vypusk 40, 1956), 12 p.

AMT FÜR STANDARDISIERUNG. Aufbereitung fester bergbaulicher Rohstoffe und Produkte. Zerkleinerung. Begriffe, Leipzig, (TGL 6550 Blatt 2, jun. 1966. Gruppe 210. DDR-Standard), 5 p.
D-E-R

AMT FÜR STANDARDISIERUNG. Aufbereitung fester bergbaulicher Rohstoffe und Produkte. Klassierung. Begriffe. Leipzig, (TGL 6550 Blatt 3, mai 1965. Gruppe 210. DDR-Standard), 2 p.
D-E-R

ARAPOVA, N.S. *Terrikon*, in: RR, 2/1989, 152-153

BOKIN, M.A. Nekotorye voprosy gornoj terminologii, in: UZ L Gorn I, 1/1953

DOBBERITZ, L. Wortliste Ingenieurökonomie-Bergbau (R-D), in: FS, 1/1962, 72-74

DOBBERITZ, L. Wortliste Tagebautechnik (R-D), in: FS, 4/1965, 304-306; 2/1966, 143-147

DOBBERITZ, L. Monosemierung polysemer russischer bergbautechnischer Fachausdrücke, Berlin 1970, Diss.

GOSUDARSTVENNYJ KOMITET STANDARTOV Soveta ministrov SSSR. Gravimetrija razvedočnaja. Terminy i opredelenija, Moskva 1972, (GOST 17782-72, jul. 1973), 12 p.

GOSUDARSTVENNYJ KOMITET STANDARTOV Soveta ministrov SSSR. Ustanovki buril'nye šachtnye. Terminy i opredelenija, Moskva 1976, (GOST 21906-76, jul. 1977), 5 p. D-E-F-R

GOSUDARSTVENNYJ KOMITET STANDARTOV Soveta ministrov SSSR. Ugol'. Obogaščenie. Terminy i opredelenija, Moskva 1971, (GOST 17321-71, jan. 1973), 13 p.
D-E-R

GOSUDARSTVENNYJ KOMITET STANDARTOV Soveta ministrov SSSR. Torf. Geologija, poisk i razvedka torfjanych mestoroždenij. Terminy i opredelenija, Moskva 1975, (GOST 21123-75, jan. 1977), 27 p.
D-E-R

IRS. Utilaj minier. Utilaje pentru prepararea mecanică a mineureurilor. Terminologie, (Mining equipment. Equipment for the mechanical preparation of minerals. Terminology), București 1971, (STAS 8998-71, jul. 1972), 13 p.
D-E-F-Ro-R

IVANIŠČEV, S.I. Terminologija gornogo dela, in: RR, 1/1978, 72-74

KOMITET STANDARTOV, MER I IZMERITEL'NYCH PRIBOROV pri Sovete ministrov SSSR. Technika geologorazvedočnogo burenija. Terminy i opredelenija, Moskva 1970, (GOST 16275-70, jul. 1971), 29 p.
D-E-F-R

KOMITET STANDARTOV, MER I IZMERITEL'NYCH PRIBOROV pri Sovete ministrov SSSR. Technologija geologorazvedočnogo burenija. Terminy i opredelenija, Moskva 1970, (GOST 16276-70, jul. 1971), 27 p.
D-E-F-R

KOMITET STANDARTOV, MER I IZMERITEL'NYCH PRIBOROV pri Sovete ministrov SSSR. Instrument almaznyj. Terminy, Moskva 1969, (GOST 14706-69, jul. 1970), 12 p.

KURDJUMOVA, I.A. Leksiko-semantičeskij sposob obrazovanija gornych terminov, in: Problemy slovoobrazovanija russkogo i ukrainskogo jazykov, Kiev/Doneck 1976

KURDJUMOVA, I.A. Iz istorii russkoj terminoleksiki gornogo dela, in: RJa, 1985(11), 107-111

MATTUSCH, H.-J. Eine kleine Sammlung aus dem Gebiet "Bergbau" (R-D), in: FS, 2/1958, 30-32; 3/1958, 26-27

OSS. Utilaj petrolier. Terminologie, (Equipment for petroleum. Terminology), București 1967, (STAS 6836-67, jan. 1969. Replaces STAS 6836-63), 41 p.
D-E-F-Ro-R

VNIIKI. Naučno-techničeskaja terminologija. Sbornik standartizovannych i rekomenduemych terminov v 10 tomach. Tom 3. Gornoe delo. Poleznye iskopaemye. Neftjanye produkty. Metally i metalličeskie izdelija, Moskva 1969, 447 p.
D-E-F-R

WORTLISTE Bergbau (R-D), in: FS, 1/1961, 12-16

2.2.5. MILITÄRTECHNIK

GOSUDARSTVENNYJ KOMITET STANDARTOV Soveta ministrov SSSR. Sistemy artillerijskie. Geometričeskie parametry stvolov. Terminy i opredelenija, Moskva 1973, (GOST 18393-73, jul. 1974), 13 p.

GOSUDARSTVENNYJ KOMITET STANDARTOV Soveta ministrov SSSR. Oružie strelkovoe. Terminy i opredelenija, Moskva 1973, (GOST 18392-73, jul. 1974), 12 p.
D-E-F-R

GOSUDARSTVENNYJ KOMITET STANDARTOV Soveta ministrov SSSR. Oružie strelkovoe. Mechanizmy i detali. Termini i opredelenija, Moskva 1975, (GOST 21209-75, jan. 1977), 15 p.
D-E-F-R

ODINCOV, G.F. Nazvanija oružija v slovare russkogo jazyka XI-XVII vv., in: Teorija i praktika russkoj istoričeskoj leksikografii, Moskva 1984

ŠČEGLOVA, N.A. Glagoly otymennogo obrazovanija v terminologii oružejnogo dela XVII-XVIII vv., in: Russkij jazyk, IV, Novosibirsk 1967

SNITKO, E.S. Počemu raketa nazyvaetsja "*krylatoj*"?, in: RR, 1/1987, 156-157

VERTRAG über Begrenzung der strategischen Offensivwaffen, in: FS, 1/1980, 28-40
R-E

VESELÁ, H. Odborný styl vojenskotechnický jako funkční styl spisovného jazyka, in: Rossica Olomucensia, 1987(26), 29-44

ZACHAROVA, M.N. *Raketa*. Iz istorii termina, in: RR, 5/1973, 93-96

2.2.6. BAUINGENIEURWESEN

2.2.6.0. ALLGEMEIN

INSTRUKCIJA po koordinacii perevodov na russkij jazyk inostrannoj naučno-techničeskoj literatury po strojmaterialam, Moskva 1973, 36 p.

2.2.6.1. BAUWERKE, TIEF- UND HOCHBAU, BRÜCKENBAU

AKADEMIJA NAUK SSSR. Komitet techničeskoj terminologii. Terminologija stroitel'noj mechaniki, Moskva 1937, (Bjulleten' komiteta techničeskoj terminologii, vypusk XIX), 32 p.
D-E-F-R

AKADEMIJA NAUK SSSR. Komitet techničeskoj terminologii. Osnovnye bukvennye oboznačenija po stroitel'noj mechanike, Moskva 1941, (Bjulleten' komiteta techničeskoj terminologii, vypusk LII), 8 p.

AKADEMIJA NAUK SSSR. Komitet techničeskoj terminologii. Gidromechanika. Volnovoe dviženie židkosti. Stroitel'naja mechanika. Terminologija, Moskva, (Sborniki rekomenduemych terminov, vypusk 58, 1962), 85 p.
D-E-F-R

AKADEMIJA NAUK SSSR. Komitet techničeskoj terminologii. Terminologija teorii uprugosti, ispytanij i mechaničeskich svojstv materialov i stroitel'noj mechaniki, Moskva, (Sborniki rekomenduemych terminov, vypusk 14, 1952), 79 p.

AKADEMIJA NAUK SSSR. Komitet naučno-techničeskoj terminologii. Stroitel'naja mechanika. Terminologija, Moskva, (Sborniki rekomenduemych terminov, vypusk 82, 1970), 48 p.
D-E-F-R

KOMITET STANDARTOV, MER I IZMERITEL'NYCH PRIBOROV pri Sovete ministrov SSSR. Kopry i koprovoe oborudovanie dlja svajnych rabot. Terminy, Moskva 1969, (GOST 14612-69, jan. 1970), 10 p.

TNC. Geoteknisk ordlista, (Vocabulaire de géotechnique), Stockholm 1975, (Tekniska nomenklaturcentralens publikationer TNC 59), 176 p.
D-E-Sv-F-R-Fi

VNIIKI. Naučno-techničeskaja terminologija. Sbornik standartizovannych i rekomenduemych terminov v 10 tomach. Tom 8. Stroitel'stvo. Lesomaterialy. Izdelija iz drevesiny, Moskva 1970, 283 p.
D-E-F-R

2.2.6.2. STRASSENBAU, EISENBAHNBAU

AMT FÜR STANDARDISIERUNG. Baumaschinen. Walzen. Klassifizierung. Benennung, Berlin, (TGL 20610, mar. 1976. Gruppe 131552. DDR-Standard. Ersatz für TGL 20610, dec. 1972), 4 p.
D-R

DUBOVSKIJ, V.E. Ob obraznosti i ee meste v sisteme terminologii dorožnogo mašinostroenija v sovremennom nemeckom i russkom jazykach, in: Romanskoe i germanskoe jazykoznanie, X, Minsk 1980

GOSUDARSTVENNYJ KOMITET STANDARTOV Soveta ministrov SSSR. Katki. Terminy i opredelenija, Moskva 1976, (GOST 21994-76, jul. 1977), 6 p.
D-R

HUMS, L. Untersuchungen zur Terminologie des Eisenbahnbaus im Russischen, Leipzig 1969, Diss.

HUMS, L. Terminologie und Phraseologie - ihr Verhältnis zueinander auf dem Hintergrund der russischen Terminologie des Eisenbahnbaus, in: WZ TU Dresden, 5/1971

HUMS, L. Zur russischen Terminologie des Eisenbahnbaus, in: Fachsprachen und Sprachstatistik (ed. Hoffmann, L.), Berlin 1975, 155-174

HUMS, L. Zur bildlichen Darstellungsweise in der deutschen und russischen Terminologie des Eisenbahnbaus, in: BSF, I, 1978, 128 ff

KOMITET STANDARTOV, MER I IZMERITEL'NYCH PRIBOROV pri Sovete ministrov SSSR. Snegoočistiteli. Terminy i opredelenija, Mokva 1970, (GOST 15840-70, jan. 1971), 19 p.

MIS'KEVIČ, G.I. *BAM*, in: RR, 6/1975, 110-113

SERGEEVA, T.V. K istorii slova "BAM", in:: RR, 3/1987, 146-147

ÚNM. Názvosloví stavebních a silničních strojů, (Terminologie relative aux matériels pour la construction des routes), Praha 1966, (ON 738000, sep. 1966), 82 p.
D-E-F-R-Cs-Sk

2.2.6.3. WASSERBAU

AKADEMIJA NAUK SSSR. Komitet techničeskoj terminologii. Terminologija gidrotechniki, Moskva, (Sborniki rekomenduemych terminov, vypusk 27, 1955), 71 p.

GOSUDARSTVENNYJ KOMITET STANDARTOV Soveta ministrov SSSR. Gidrotechnika. Osnovnye ponjatija. Terminy i opredelenija, Moskva 1973, (GOST 19185-73, jan. 1975), 22 p.
D-E-F-R

KOMITET STANDARTOV, MER I IZMERITEL'NYCH PRIBOROV pri Sovete ministrov SSSR. Doki plavučie. Glavnye i charakternye razmerenija. Terminy i uslovnye oboznačenija, Moskva 1969, (GOST 14181-69, jul. 1969), 9 p.

VNIIKI. Naučno-techničeskaja terminologija. Sbornik standartizovannych i rekomenduemych terminov v 10 tomach. Tom 8. Stroitel'stvo. Lesomaterialy. Izdelija iz drevesiny, Moskva 1970, 283 p.
D-E-F-R

2.2.6.4. SANITÄRTECHNIK, LICHTTECHNIK

AKADEMIJA NAUK SSSR. Komitet techničeskoj terminologii. Terminologija svetotechniki, Moskva, (Sborniki rekomenduemych terminov, vypusk 48, 1957), 62 p.
D-E-F-R

GOSUDARSTVENNYJ KOMITET STANDARTOV Soveta ministrov SSSR. Ustanovki opresnitel'nye sudovye. Terminy i opredelenija, Moskva 1976, (GOST 21465-76, jan. 1977), 8 p.
E-R

GOSUDARSTVENNYJ KOMITET STANDARTOV Soveta ministrov SSSR. Oborudovanie dlja kondicionirovanija vozducha, ventiljacii i otoplenija. Terminy i opredelenija, Moskva 1976, (GOST 22270-76, jan. 1978), 15 p.
D-E-R

GOSUDARSTVENNYJ KOMITET STANDARTOV Soveta ministrov SSSR. Osveščenie i svetovaja signalizacija samoletov i vertoletov. Terminy i opredelenija, Moskva 1976, (GOST 21658-76, jul. 1977), 7 p.

IEC. International Electrotechnical Vocabulary. Group 45: Lighting. 3rd ed., Genève, (Publication 50(45), 1970), 359 p.
D-E-Nl-Sv-F-I-S-R-Pl

ÚNM. Světelné technické názvosloví, (Terminologie relative à l'éclairage), Praha 1967, (ČSN 360000, mar. 1970. Cette norme remplace ČSN 011701, jan. 1954 et ČSN 011711, aug. 1954), 342 p.
D-E-Da-Nl-Sv-F-I-S-R-Cs-Pl-Sk-Hu

VNIIKI. Naučno-techničeskaja terminologija. Sbornik standartizovannych i rekomenduemych terminov v 10 tomach. Tom 5. Ėnergetičeskoe i ėlektrotechničeskoe oborudovanie, Moskva 1970, 112 p.
D-E-F-R

2.2.7. FAHRZEUGTECHNIK

2.2.7.0. ALLGEMEIN

VNIIKI. Naučno-techničeskaja terminologija. Sbornik standartizovannych i rekomenduemych terminov v 10 tomach. Tom 7. Transportnye sredstva, Moskva 1970, 440 p.

2.2.7.1. LANDFAHRZEUGE

AKADEMIJA NAUK SSSR. Avtomobil'naja terminologija. Čast' 1, Moskva 1939, (Bjulleten' komiteta techničeskoj terminologii, vypusk XXX), 44 p. D-E-F-R

AKADEMIJA NAUK SSSR. Komitet techničeskoj terminologii. Terminologija po avtomobiljam, Moskva, (Sborniki rekomenduemych terminov, vypusk 37, 1954), 42 p.

ALABUŠEVA, K.N. Russko-anglijskij razgovornik dlja rabotnikov stancij i punktov techničeskogo obsluživanija i zapravki avtomobilej, Kiev 1962, 83 p.

BARANDEEV, A.B. *Trajler* ili *trejler*?, in: RR, 5/1971, 64-66

BERDNIKOVA, V.F., KOČNOVA, T.V., KORČAGINA, N.I., Moskovskij avtomobil'no-dorožnyj institut, in: RJaZR, 5/1980, 27-33

GADŽIJAN, R.A., MUSIENKO, S.P. Russko-francuzskij razgovornik dlja rabotnikov stancij techničeskogo obsluživanija avtomobilej, Kiev 1979, 44 p.

GOSUDARSTVENNYJ KOMITET STANDARTOV Soveta ministrov SSSR. Avtomobili. Kačenie kolesa. Terminy i opredelenija, Moskva 1972, (GOST 17697-72, jul. 1973), 24 p.

IRS. Pneuri. Terminologie, (Pneumatic tyres. Terminology), Bucureşti, (STAS 9125-71, dec. 1972), 14 p.
D-E-F-Ro-R

KKSM. Traktori. Terminologija, (Tractors. Terminology), Sofija 1971, (BDS 9126-71, jul. 1972), 6 p.
D-E-F-R-Bg

KRATKIJ razgovornik dlja rabotnikov avtozapravočnych stancij, Moskva 1966, 46 p.

LIGURA, L.L., MUSIENKO, S.P. Russko-ispanskij razgovornik dlja rabotnikov stancij techničeskogo obsluživanija avtomobilej, Kiev 1979, 46 p.

MARKAROVA, K.S. Nekotorye osobennosti suffiksal'nogo obrazovanija v avtoterminologičeskoj leksike russkogo jazyka, in: UZ Azerb GU, Serija jazyka i literatury, 1965

MEYER, H. Schlepper. Technischer Fachwortschatz in deutscher und russischer Sprache mit Aussprachebezeichnung, Berlin 1943, 76 p.

MUSIENKO, S.P., POBELINSKAJA, T.V. Russko-anglijskij razgovornik dlja rabotnikov stancij techničeskogo obsluživanija avtomobilej, Kiev 1979, 46 p.

MUSIENKO, S.P., SKURIDINA, L.V. Russko-nemeckij razgovornik dlja rabotnikov stancij techničeskogo obsluživanija avtomobilej, Kiev 1979, 45 p.

PKNiM. Słownictwo telekomunikacyjne. Radiolokacja i radionawigacja. Nazwy i określenia, (Radiorepérage et radionavigation. Termes et définitions), Warszawa, (PN/T-01023, project, dec. 1975), 57 p.
D-E-F-R-Pl

POHLE, G. Wortliste Kraftwageneinzelteile (D-R), in: FS, 3/1967, 226-228; 4/1967, 305-308; 3/1968, 226-230

REITZENSTEIN, C.-S., WOLF, L. Inhaltliche und linguistische Übergangsbeziehungen zwischen Sätzen in russischen Texten des Kraftfahrzeugbaus und der Technologie der materialverarbeitenden Industrie, Halle 1977, Diss.

SERGEEV, S.D. English-Russian phrasebook for motorists, Moskva 1980

SERGEEV, V.N. *Kareta, avtomobil', mašina*, in: RR, 5/1969, 67-69

SKRIPNIKOVA, L.G. Nemecko-russkaja terminologija po organizacii i bezopasnosti dorožnogo dviženija, Moskva 1982, 111 p.

SPITZNER, F. Häufigkeit und Fügbarkeit lexikalischer Einheiten in der russischen Fachsprache der Kraftfahrzeugtechnik, Leipzig 1980, Diss.

ŠUSTOV, A.N. Na čem my vozim gruzy?, in: RR, 4/1972, 88-91

ÚN. Názvosloví jízdních kol. Rám, (Terminologie des bicyclettes. Cadre de cycle), Praha, (ČSN 309002, oct. 1961), 10 p. D-E-F-R-Cs-Sk

ÚN. Názvosloví jízdních kol. Řízení, (Terminologie des bicyclettes. Direction), Praha, (ČSN 309003, oct. 1961), 11 p. D-E-F-R-Cs-Sk

ÚN. Názvosloví jízdních kol. Pohon, (Terminologie des bicyclettes. Transmission), Praha, (ČSN 309004, oct. 1961), 13 p. D-E-F-R-Cs-Sk

ÚN. Názvosloví jízdních kol. Kola, (Terminologie des bicyclettes. Roues), Praha, (ČSN 309005, oct. 1961), 25 p. D-E-F-R-Cs-Sk

ÚN. Názvosloví jízdních kol. Brzdy, (Terminologie des bicyclettes. Freins), Praha, (ČSN 309006, oct. 1961), 11 p. D-E-F-R-Cs-Sk

ÚN. Názvosloví jízdních kol. Osvětlení, (Terminologie des bicyclettes. Eclairage), Praha, (ČSN 309007, oct. 1961), 6 p. D-E-F-R-Cs-Sk

ÚN. Názvosloví jízdních kol. Příslušenství, (Terminologie des bicyclettes. Pièces auxiliaires), Praha, (ČSN 309008, oct. 1961), 24 p. D-E-F-R-Cs-Sk

ÚN. Názvosloví jízdních kol. Výstroj, (Terminologie des bicyclettes. Accessoires), Praha, (ČSN 309009, oct. 1961), 17 p. D-E-F-R-Cs-Sk

ÚNM. Zemědělské stroje a Nářadí. Tříbodové spojení nesených a návěsných zemědělských strojů a nářadí s traktorem. Rozdělení a názvosloví, (Equipement et machines agricoles.

Attelage trois points d'équipement et des machines agricoles pour tracteur. Classification et terminologie), Praha, (ČSN 470022, feb. 1963),
7 p.
D-E-F-R-Cs

ZOTOVA, T.F. Sbornik tekstov i upražnenij po russkomu jazyku (avtomobil'nyj transport), Moskva 1981

2.2.7.2. WASSERFAHRZEUGE, SCHIFFBAU

BARABANOVA, G.V., TOPOROVA, E.M. V zagraničnom plavanii. Russko-anglijskij razgovornik-spravočnik, Moskva 1976, 328 p.

BOBROVA, A.V. Kogda upotrebljajutsja slova "élling" i "stapel'", in: RJaŠ, 6/1981, 97

BOBROVSKIJ, V.I. Russko-anglijsij razgovornik dlja morjakov, Moskva 1965², 356 p.

BOGORODSKIJ, B.L. K istorii černomorskogo sudovogo termina "feljuga", in: RJa, 1982(5), 32-38

DKS. Korpus koraben metalen. Osnovni termini i opredelenija, (Ship metal hull. Terms and definitions), Sofija 1977, (BDS 12549-77, oct. 1977. Replaces BDS 12549-75), 23 p.
E-R-Bg

DOBROVA, A.M., STANKEVIČ, S.A., SVJATNENKO, N.I. Posobie po anglijskoj grammatike i technike perevoda dlja korablestroitelej, Leningrad 1961, 232 p.

FARRA, V. Valenz- und Interferenzerscheinungen zwischen Deutsch und Russisch bei Satzmustern der Fachsprache Seeschiffahrt, Greifswald 1977, Diss.A

GOSUDARSTVENNYJ KOMITET STANDARTOV Soveta ministrov SSSR. Pod"emniki sudovye. Terminy i opredelenija, Moskva, (GOST 22287-76, jan. 1978), 5 p.

GOSUDARSTVENNYJ KOMITET STANDARTOV Soveta ministrov SSSR. Sistemy upravlenija korabel'nye. Terminy i opredelenija, Moskva 1973, (GOST 19176-73, jan. 1975), 10 p.
D-E-F-R

GOSUDARSTVENNYJ KOMITET STANDARTOV Soveta ministrov SSSR. Trapy sudovye. Terminy i opredelenija, Moskva 1976, (GOST 21666-76, jul. 1977), 25 p.
D-E-F-R

GOSUDARSTVENNYJ KOMITET STANDARTOV Soveta ministrov SSSR. Apparatura i pribory navigacionnye sudovye i korabel'nye. Terminy i opredelenija, Moskva 1975, (GOST 21063-75, jul. 1976), 14 p.
D-E-F-R

GOSUDARSTVENNYJ KOMITET STANDARTOV Soveta ministrov SSSR. Suda promyslovogo flota. Terminy i opredelenija, Moskva 1974, (GOST 20012-74, jul. 1975), 8 p.
E-R

GOSUDARSTVENNYJ KOMITET STANDARTOV Soveta ministrov SSSR. Ustrojstva šljupočnye i ich ėlementy. Terminy i opredelenija, Moskva 1976, (GOST 21665-76, jul. 1977), 17 p.
D-E-F-R

GULJAKOVA, I.G. Leksiko-semantičeskie sposoby obrazovanija sudo-stroitel'noj terminologii, in: Opisanie russkogo jazyka v aspekte ego prepodavanija kak inostrannogo, Leningrad 1984

GULJAKOVA, I.G. Sudostroitel'naja terminologija sovremennogo russkogo jazyka, Leningrad 1984, akd

HÜTER, P. Segelschiffe und Segelschiffahrt (R-D), in: FS, 4/1980, 312-315; 1/1981, 63-68; 2/1981, 138-140

ISO. Shipbuilding - Deck machinery - Vocabulary, Genève 1976, (ISO 3828-1976), 20 p.
D-E-Nl-No-F-I-S-R-Pl

KIRIČENKO, G.S. Termin v sudostroenii, in: RR, 6/1986, 69-73

KOMITET STANDARTOV, MER I IZMERITEL'NYCH PRIBOROV pri Sovete ministrov SSSR. Korabli i suda nadvodnye. Terminy, uslovnye oboznačenija i opredelenija glavnych razmerenij, Moskva 1968, (GOST 1062-68, jul. 1968), 7 p.

KOMITET STANDARTOV, MER I IZMERITEL'NYCH PRIBOROV pri Sovete ministrov SSSR. Korabli i suda nadvodnye. Terminy i opredelenija konstruktivnych ėlementov metalličeskogo korpusa, Moskva 1968, (GOST 13641-68, jan. 1969), 13 p.

LASCH, H. Eine kleine Wortsammlung aus dem Gebiet Schiffsbau (R-D), in: FS, 4/1958, 23-24

WORTLISTE Schiffbau in: FS, 2/1973, 147-156; 3/1973, 231-234
D-E-F-S-R

2.2.7.3. EISENBAHNFAHRZEUGE

AKADEMIJA NAUK SSSR. Terminologija podvižnogo sostava železnych dorog. Čast' 2: Tormozy, Moskva 1940 (Bjulleten' komiteta techničeskoj terminologii, vypusk XXXVIII), 34 p.
D-E-F-R

AKADEMIJA NAUK SSSR. Komitet techničeskoj terminologii. Terminologija podvižnogo sostava železnych dorog. Tormoza, Moskva 1952, (Bjulleten' komiteta techničeskoj terminologii, vypusk LXI), 40 p.

AKADEMIJA NAUK SSSR. Komitet techničeskoj terminologii. Terminologija podvižnogo sostava železnych dorog. Čast' 3: Udar-

no-tjagovye pribory, Moskva 1940, (Bjulleten' komiteta techničeskoj terminologii, vypusk XXXIX), 28 p.
D-E-F-R

HUMS, L. Terminologie und Phraseologie - ihr Verhältnis zueinander auf dem Hintergrund der russischen Terminologie des Eisenbahnbaus, in: WZ TU Dresden, 5/1971

KOGOTKOVA, T.S. *Poezd* i *sostav*, in: RR, 5/1977, 81-85

LEDJAEVA, S.L. Iz istorii russkoj železnodorožnoj leksiki, in: UZ Kišinev GU, LXXI, 1964

LEDJAEVA, S.L. O trech železnodorožnych terminach (*parovik, mašina, tender*), in: RJaŠ, 2/1972, 94

LEDJAEVA, S.L. Istorija železnodorožnoj leksiki v russkom jazyke XIX v., Moskva 1973, akd

OSS. Vagoane de cale ferată pentru călători şi marfă. Frîne automate. Nomenclator, (Railway coaches and wagons. Automatic brakes. Terminology), Bucureşti 1968, (STAS 5605-68, feb. 1969. Replaces STAS 5605-57), 14 p.
D-E-F-Ro-R

OSS. Vagoane de cale ferată. Părţi componente ale vagonului. Nomenclator, (Railroad cars. Components of cars. Terms), Bucureşti, (STAS 3463-68, nov. 1969. Replaces STAS 3463-52), 4 p.
D-E-F-Ro-R

PIVOVAROVA, E.N. Osobennosti perevoda akronimov dlja oboznačenija informacionno-upravljajuščich sistem železnych dorog SŠA i Kanady, in: Pjatyj naučno-techničeskij seminar "Teorija i praktika perevoda naučno-techničeskich tekstov s inostrannogo jazyka na russkij", Tezisy dokladov, Odessa 1974, 27-28

ŠUSTOV, A.N. *Čugunka* i *parochodnyj diližanec*, in: RR, 3/1979, 145-150

2.2.7.4. LUFT- UND WELTRAUMFAHRZEUGE

AKADEMIJA NAUK SSSR. Komitet techničeskoj terminologii. Terminologija teorii i charakteristik aviacionnych gazoturbinnych dvigatelej i turbomašin dlja kombinirovannych silovych ustanovok, Moskva, (Sborniki rekomenduemych terminov, vypusk 24, 1954), 27 p.

AKADEMIJA NAUK SSSR. Komitet techničeskoj terminologii. Terminologija kislorodnogo i vysotnogo oborudovanija samoletov, Moskva, (Sborniki rekomenduemych terminov, vypusk 26, 1954), 18 p.

AKADEMIJA NAUK SSSR. Komitet techničeskoj terminologii. Terminologija ėlektrooborudovanija samoletov, Moskva, (Sborniki rekomenduemych terminov, vypusk 25, 1954), 37 p.

AKADEMIJA NAUK SSSR. Komitet techničeskoj terminologii. Terminologija upravlenija, regulirovanija avtomatiki aviadvigatelej, Moskva, (Sborniki rekomenduemych terminov, vypusk 28, 1954), 21 p.

AKADEMIJA NAUK SSSR. Komitet techničeskoj terminologii. Terminologija aėrodinamičeskogo rasčeta samoleta, Moskva, (Sborniki rekomenduemych terminov, vypusk 17, 1954), 21 p.

AKADEMIJA NAUK SSSR. Komitet techničeskoj terminologii. Terminologija konstrukcii i pročnosti samoleta, Moskva, (Sborniki rekomenduemych terminov, vypusk 18, 1954), 38 p.

AKADEMIJA NAUK SSSR. Komitet techničeskoj terminologii. Terminologija aviacionnych silovych ustanovok, Moskva, (Sborniki rekomenduemych terminov, vypusk 23, 1954), 25 p.

AKADEMIJA NAUK SSSR. Komitet techničeskoj terminologii. Terminologija vozdušnych vintov i vertoletov, Moskva, (Sborniki rekomenduemych terminov, vypusk 20, 1954), 37 p.

ARAPOVA, N.S. *Aėroplan*, in: RJaŠ, 5/1981, 97

BRAGINA, A.A. Neologizmy i kosmos, in: RJaZR, 1/1971, 69–71

BRAGINA, A.A. Slovo i vremja (terminologija: kosmonavty), in: RJaZR, 4/1978, 44–48

GOSUDARSTVENNYJ KOMITET STANDARTOV Soveta ministrov SSSR. Apparaty letatel'nye. Mechanika poleta v atmosfere. Terminy, opredelenija i bukvennye oboznačenija, Moskva 1974, (GOST 20058–74, jul. 1975. Replaces GOST 1075–41, part 1–9), 35 p.

GOSUDARSTVENNYJ KOMITET STANDARTOV Soveta ministrov SSSR. Kontrol' avtomatizirovannyj techničeskogo sostojanija izdelij aviacionnoj techniki. Terminy i opredelenija, Moskva, (GOST 19919–74, jul. 1975), 12 p.

GOSUDARSTVENNYJ KOMITET STANDARTOV Soveta ministrov SSSR. Fjuzelaž, kryl'ja i operenie samoletov i vertoletov. Terminy i opredelenija, Moskva 1976, (GOST 21890–76, jul. 1977), 10 p.

GOSUDARSTVENNYJ KOMITET STANDARTOV Soveta ministrov SSSR. Vinty vozdušnye aviacionnych dvigatelej. Terminy i opredelenija, Moskva 1976, (GOST 21664–76, jul. 1977), 11 p.

GOSUDARSTVENNYJ KOMITET STANDARTOV Soveta ministrov SSSR. Šassi samoletov i vertoletov. Terminy i opredelenija, Moskva 1976, (GOST 21891–76, jan. 1977), 6 p.

GOSUDARSTVENNYJ KOMITET STANDARTOV Soveta ministrov SSSR. Sistemy regulirovanija, avtomatičeskie ėlektričeskie aviacionnych silovych ustanovok, Moskva, (GOST 22286–76, jan. 1978), 5 p.

GOSUDARSTVENNYJ KOMITET STANDARTOV Soveta ministrov SSSR. Oborudovanie gruzovych kabin transportnych samoletov. Ter–

miny i opredelenija, Moskva 1976, (GOST 22285-76, jan. 1978), 6 p.

GOSUDARSTVENNYJ KOMITET STANDARTOV Soveta ministrov SSSR. Ustanovki-katapul'tnye. Terminy i opredelenija, Moskva 1976, (GOST 22284-76, jan. 1978), 10 p.

GOSUDARSTVENNYJ KOMITET STANDARTOV Soveta ministrov SSSR. Osveščenie i svetovaja signalizacija samoletov i vertoletov. Terminy i opredelenija, Moskva 1976, (GOST 21658-76, jul. 1977), 7 p.

GOSUDARSTVENNYJ KOMITET STANDARTOV Soveta ministrov SSSR. Oborudovanie bortovoe letatel'nych apparatov. Massa. Terminy i opredelenija, Moskva 1976, (GOST 21660-76, jul. 1977), 5 p.

GOSUDARSTVENNYJ KOMITET STANDARTOV Soveta ministrov SSSR. Sistema zapravki samoleta toplivom v polete. Terminy i opredelenija, Moskva 1977, (GOST 22488-77, jul. 1978), 7 p.

GOSUDARSTVENNYJ KOMITET STANDARTOV Soveta ministrov SSSR. Kontrol' avtomatizirovannyj techničeskogo sostojanija izdelij aviacionnoj techniki. Terminy i opredelenija, Moskva, (GOST 19919-74, jul. 1975), 12 p.

GOSUDARSTVENNYJ KOMITET STANDARTOV Soveta ministrov SSSR. Gazifikatory samoletov i vertoletov kislorodnye bortovye. Terminy i opredelenija, Moskva 1976, (GOST 21486-76, jan. 1977), 7 p.

GOSUDARSTVENNYJ KOMITET STANDARTOV Soveta ministrov SSSR. Zaščita ot obledenenija samoletov i vertoletov. Terminy i opredelenija, Moskva, (GOST 21508-76, jul. 1977), 5 p.

GOSUDARSTVENNYJ KOMITET STANDARTOV Soveta ministrov SSSR. Sistemy parašjutnye. Terminy i opredelenija, Moskva 1975, (GOST 21452-75, jul. 1977), 10 p.

GOSUDARSTVENNYJ KOMITET STANDARTOV Soveta ministrov SSSR. Sredstva parašjutnogo desantirovanija gruzov i techniki. Terminy i opredelenija, Moskva 1975, (GOST 21453-75, jul. 1977), 4 p.

GOSUDARSTVENNYJ KOMITET STANDARTOV Soveta ministrov SSSR. Vinty i transmissija vertoletov. Terminy i opredelenija, Moskva 1976, (GOST 21892-76, jul. 1977), 7 p.

ICAO. Aircraft accident data reporting, Montréal, (Terminology Bulletin N° 16. Provisional edition, mai 1973), 26 p.
E-F-S-R

ICAO. Sonic boom, Montréal, (Terminology Bulletin N° 12. Provisional edition, jun. 1973), 45 p.
E-F-S-R

ICAO. Supersonic transport, Montréal, (Terminology Bulletin N° 18. Draft edition, july 1973), 23 p. E-R

IM ZEICHEN DES SPUTNIK (D-R-E-F), in: FS, 1/1958, 12-19

KRASIL'NIKOVA, E.V. Novaja kosmičeskaja leksika, in: Sposoby nominacii v sovremennom russkom jazyke, Moskva 1982, 228-254

KUČERA, A. Zur Terminologie der Raketentechnik und Raumfahrt (E-D-R), in: LS, 1/1968, 14-18

LOBODA, V.V., LUCJUK, N.V. Stanovlenie i razvitie russkoj aviacionnoj leksiki v sovetskuju ėpochu, in: RJa, 1988(16), 3-8

MAY, E. Wortliste Luftfahrt (R-D), in: FS, 4/1960, 319-320; 1/1961, 80

MIS'KEVIČ, G.I. *Kosmonavt* i *astronavt*, in: RR, 1/1976, 62 -63

SAPIRO, D. O nekotorych terminach aviacii i kosmonavtiki, in: Aviac Kosmon, 9/1964

SERGEEVA, L.I. Nekotorye osobennosti nemeckoj "kosmičeskoj" terminologii, kal'kirovannoj iz russkogo jazyka, in: Voprosy jazykovoj struktury (issledovanija po romano-germanskoj filologii), Kiev 1976, 171 ff

SKVORCOV, L.I. *Lunochod*, in: RR, 3/1971, 71-78

STOBERSKI, Z. International scientific terminology and neologisms in the course of unification. Astronautics, in: Babel, 1/1979, 44 ff; 2/1979, 94 ff; 3/1979, 172 ff; 4/1979, 231 ff

TNC. Rymordlista, (Vocabulaire de l'astronautique), Stockholm 1973, (Tekniska Nomenklaturcentralens publikationer TNC 53), 171 p.
D-E-Sv-F-R

USPENSKIJ, L.V. Materialy po jazyku russkich letčikov, in: Jazyk i myšlenie, VI-VIII, Moskva 1936

2.2.8. CHEMISCHE INDUSTRIE

2.2.8.0. ALLGEMEIN

AKADEMIJA NAUK SSSR. Komitet techničeskoj terminologii. Terminologija suški materialov, Moskva 1940, (Bjulleten' komiteta techničeskoj terminologii, vypusk XL), 28 p.
D-E-F-R

AKADEMIJA NAUK SSSR. Komitet techničeskoj terminologii. Terminologija gazovoj techniki. Čast' 1, Moskva 1940, (Bjulleten' komiteta techničeskoj terminologii, vypusk XXXVI), 32 p.
D-E-F-R

AMT FÜR STANDARDISIERUNG. Chemieausrüstungen. Kolonnen aus Stahl. Begriffe für Bauarten, Baugruppen und Bauteile, Ber-

lin, (TGL 20876/01, sep. 1975. Gruppe 131411. DDR-Standard. Ersatz für TGL 20876, sep. 1965), 15 p.
D-R

AMT FÜR STANDARDISIERUNG. Materialprüfung. Prüfung von Gekörnen. Granulometrie. Begriffe, Leipzig, (TGL 20677 Blatt 1, nov. 1967. Gruppe 200. DDR-Standard), 7 p.
D-E-R

ARAPOVA, N.S. O trech nazvanijach chimičeskoj posudy, in: RJaŠ, 1/1981, 103

BAYERL, V.,BIESS, G., BURKHARDT, A., QUARG, M., et al. Taschenbuch des Chemietechnologen, Leipzig 1963, 721 p.
D-E-R
Rez.: Zeitschrift für Chemie, 5/1964, 197-198 (Adolphi, G.)

CHRISTMANN, K. Untersuchungen zum Verb und seiner Umgebung in russischen Texten der chemischen Verfahrenstechnik, Halle 1975, Diss.

DIN. Fließbilder verfahrenstechnischer Anlagen. Begriffe, Berlin, (DIN 28004 Teil 10, aug. 1976), 2 p.
D-E-F-I-S-R

DKS. Nišeste. Proizvodni i poluprodukti. Termini i opredelenija, (Starch. Derivates and semiproducts. Terms and definitions), Sofija 1974, (BDS 12546-74, jul. 1975), 24 p.
D-E-F-R-Bg

DOBBERITZ, L. Linguistisch-informatorische Probleme der Fachkommunikation im RGW, dargestellt an Beispielen der im Rahmen des Koordinierungszentrums "Neue Methoden der Kohleverwertung" bearbeiteten Kohlevergasung und der mit ihr verwandten Fachgebiete, Berlin 1980, Diss.B

EROFEJEFF, N.S., LEIBBRANDT, G., POLJANSKY, N. Chemische Industrie (D-R), Berlin 1943, 83 p.

GOL'DBERG, M.L. Anglijskaja neftechimičeskaja terminologija i analiz ee osobennostej pri perevode na russkij jazyk, in: Teoretičeskie i praktičeskie voprosy prepodavanija inostrannych jazykov, Moskva 1970, 70-75

GOSUDARSTVENNYJ KOMITET STANDARTOV Soveta ministrov SSSR. Apparatura kolonnaja. Terminy i opredelenija, Moskva 1970, (GOST 16332-70, jul. 1971), 11 p.

GOSUDARSTVENNYJ KOMITET STANDARTOV Soveta ministrov SSSR. Edinaja sistema konstruktorskoj dokumentacii. Oboznačenija uslovnye grafičeskie. Apparaty kolonnye, Moskva 1974, (GOST 2.790-74, jan. 1975), 9 p.

GOSUDARSTVENNYJ KOMITET STANDARTOV Soveta ministrov SSSR. Edinaja sistema konstruktorskoj dokumentacii. Oboznačenija uslovnye grafičeskie. Apparaty teploobmennye, Moskva 1974, (GOST 2.789-74, jan. 1975), 11 p.

GOSUDARSTVENNYJ KOMITET STANDARTOV Soveta ministrov SSSR. Edinaja sistema konstruktorskoj dokumentacii. Oboznačenija uslovnye grafičeskie. Apparatury sušil'nye, Moskva 1974, (GOST 2.792-74, jan. 1975), 10 p.

GOSUDARSTVENNYJ KOMITET STANDARTOV Soveta ministrov SSSR. Edinaja sistema konstruktorskoj dokumentacii. Oboznačenija uslovnye grafičeskie. Apparaty vyparnye, Moskva 1974, (GOST 2.788-74, jan. 1975), 6 p.

GOSUDARSTVENNYJ KOMITET STANDARTOV Soveta ministrov SSSR. Edinaja sistema konstruktorskoj dokumentacii. Oboznačenija uslovnye grafičeskie. Otstojniki i fil'try, Moskva 1974, (GOST 2.791-74, jan. 1975), 9 p.

GOSUDARSTVENNYJ KOMITET STANDARTOV Soveta ministrov SSSR. Technika kriogennaja. Terminy i opredelenija, Moskva 1976, (GOST 21957-76, jul. 1977), 8 p.
D-E-F-R

GOSUDARSTVENNYJ KOMITET STANDARTOV Soveta ministrov SSSR. Proizvodstvo ėtilovogo spirta iz piščevogo syr'ja. Osnovnye ponjatija. Terminy i opredelenija, Moskva 1975, (GOST 20752-75, jan. 1976), 8 p.

GOSUDARSTVENNYJ KOMITET STANDARTOV Soveta ministrov SSSR. Gazifikatory samoletov i vertoletov kislorodnye bortovye. Terminy i opredelenija, Moskva 1976, (GOST 21486-76, jan. 1977), 7 p.

GOSUDARSVENNYJ KOMITET STANDARTOV Soveta ministrov SSSR. Oborudovanie medicinskoe. Akvadistilljatory. Terminy i opredelenija, Moskva 1975, (GOST 20887-75, jul. 1976), 10 p.
D-E-R

HAGEN,L., KESSNER,M., PENNDORF, M., WEBER, G., WEESE, CH. Russisch für Verfahrenstechniker, Leipzig 1983

HORNUNG, W., KRETSCHMAR, E. Prozeßbezeichnungen in der russischen Fachsprache der Chemie und chemischen Technik, in: Spezialprobleme der wissenschaftlichen und technischen Übersetzung (ed. Spitzbardt, H.), Halle 1972

ISO. Vocabulaire pour l'industrie des matériaux réfractaires, Genève 1968, (ISO/R 836-1968), 148 p.

ISO. Surface active agents. Glossary, Genève 1971, (ISO/R 862-1971), 39 p.
E-F-R

ISO. Dry fruits and dried fruits - Definition and nomenclature, Genève 1977, (ISO/DIS 4125-1977), 2 p.
E-F-L-R

JZS. Aromatski ugljovodonici. Terminologija u industriji benzena na četiri jezika, (Hydrocarbures aromatiques. Terminologie employée dans l'industrie du benzole en quatres langues), Beograd 1972, (JUS H.B0.020, jul. 1972), 5 p. E-F-R-Sh

KANDELAKI, T.L. Sistemy naučnych ponjatij i sistemy terminov, in: Voprosy razrabotki mechanizirovannoj informacionno-poiskovoj sistemy dlja central'nogo spravočno-informacionnogo fonda po chimii i chimičeskoj promyšlennosti, Moskva 1965, NIITĖCHIM, vyp. 3

KOMITET STANDARTOV, MER I IZMERITEL'NYCH PRIBOROV pri Sovete ministrov SSSR. Apparaty teploobmennye. Kožuchotrubčatye. Terminy i opredelenija, Moskva 1970, (GOST 16305-70, jul. 1971), 5 p.

KOMITET STANDARTOV, MER I IZMERITEL'NYCH PRIBOROV pri Sovete ministrov SSSR. Produkty chimičeskie. Oboznačenie stepeni čistoty, Moskva 1968, (GOST 13867-68, jan. 1969), 4 p.

MIRAM, G.E. Sopostavitel'nyj analiz anglijskich i russkich otglagol'nych suščestvitel'nich i primenenie ego rezul'tatov v dejstvujuščej sisteme mašinnogo perevoda (na materiale pod"jazyka neftechimii), Moskva 1984, akd

PIŠA, I. Základní struktury poimenování v ruské chemicko-technologické terminologii, in: ČSR, 3/1967

PKNiM. Procesy podstawowe inżynierii chemicznej. Technologia chemiczna. Nazwy i określenia, (Procédés fondamentaux de génie chimique. Technologie chimique. Termes et définitions), Warszawa 1976, (PN-76/C-01350 Arkusz 050 (Feuille 050), jan. 1977. Remplace PN-53/C-01650), 4 p.
D-E-F-R-Pl

PKNiM. Procesy podstawowe inżynierii chemicznej. Suszenie. Nazwy i określenia, (Procédés fondamentaux de génie chimique. Séchage. Termes et définitions), Warszawa 1976, (PN-76/C-01350 Arkusz 033, jan. 1977. Remplace PN-53/C-01353), 7 p.
D-E-F-R-Pl

PKNiM. Procesy podstawowe inżynierii chemicznej. Destylacja i rektyfikacja. Nazwy i określenia, (Procédés fondamentaux de génie chimique. Distillation et rectification. Termes et définitions), Warszawa 1976, (PN-76/C-01350 Arkusz 031 (Feuille 031), jan. 1977. Remplace PN/C-01400), 6 p.
D-E-F-R-Pl

PKNiM. Procesy podstawowe inżynierii chemicznej. Ekstrakcja. Nazwy i określenia, (Procédés fondamentaux de génie chimique. Extraction. Termes et définitons), Warszawa 1976, (PN-76/C-01350 Arkusz 034 (Feuille 034), jan. 1977. Remplace PN-53/C-01355), 4 p.
D-E-F-R-Pl

PKNiM. Procesy podstawowe inżynierii chemicznej. Przenoszenie masy. Nazwy i określenia, (Procédés fondamentaux de génie chimique. Transfert de masse. Termes et définitions), Warszawa 1976, (PN-76/C-01350 Arkusz 030 (Feuille 030), jan. 1977. Remplace PN-53/C-01354), 4 p. D-E-F-R-Pl

PKNiM. Procesy podstawowe inżynierii chemicznej. Filtracja cieczy. Nazwy i określenia, (Procédés fondamentaux de génie chimique. Filtrage des liquides. Termes et définitions), Warszawa 1976, (PN-76/C-01350 Arkusz 010 (Feuille 010), jan. 1977. Remplace PN/C-01351), 5 p.
D-E-F-R-Pl

PKNiM. Procesy podstawowe inżynierii chemicznej. Fluidyzacja. Nazwy i określenia, (Procédés fondamentaux de génie chimique. Fluidisation. Termes et définitions), Warszawa 1976, (PN-76/C-01350, jan. 1977. Remplace PN-59/C-01350), 4 p.
D-E-F-R-Pl

RAZRABOTKA i ėkspluatacija avtomatizirovannoj sistemy NTI v neftjanoj promyšlennosti, Moskva 1981

SCHÄFLER, H. Die Rezeption syntaktischer Grundstrukturen der russischen Sprache und ihre Bedeutung für die fachbezogene Lektüre in der Fachrichtung "Verfahrenstechnik der chemischen Industrie". Ein Beitrag zur Effektivierung der spezialsprachlichen Ausbildung an einer technischen Hochschule, I-II, Leipzig 1977, Diss.A

SLABIGOUDKOVA, Ė. Imennye terminologičeskie slovosočetanija v chimičeskoj literature i rabota s nimi v češskoj auditorii, Prag 1978, Diss.

SOVET ĖKONOMIČESKOJ VZAIMOPOMOŠČI. Kontrol' germetičnosti teplovydeljajuščich ėlementov (KGO). Osnovnye terminy i opredelenija, Moskva 1970, (RS 2911-70, jul. 1972), 10 p.

ÚNM. Způsoby sušení a klasifikace sušáren. Názvosloví, (Procédés de séchage et classification des sécheurs. Terminologie), Praha 1963, (ČSN 128001, apr. 1964), 19 p.
D-E-F-R-Cs-Sk

VNIIKI. Naučno-techničeskaja terminologija. Sbornik standartizovannych i rekomenduemych terminov v 10 tomach. Čast' 2. Mašiny. Oborudovanie i instrument, Moskva 1970, 411 p.
D-E-F-R

WEESE, CH. Zur Gliederung russischsprachiger Sätze in Fachtexten der Verfahrenstechnik, I-II, Leipzig 1984, Diss.A

2.2.8.1. EXPLOSIONSSTOFFE, BRENNSTOFFE

AKADEMIJA NAUK SSSR. Komitet techničeskoj terminologii. Terminologija vzryvnych rabot, Moskva, (Sborniki rekomenduemych terminov, vypusk 22, 1953), 20 p.

AKADEMIJA NAUK SSSR. Komitet techničeskoj terminologii. Terminologija motornogo topliva, Moskva 1939, (Bjulleten' komiteta techničeskoj terminologii, vypusk XXIX), 60 p.
D-E-F-R

AKADEMIJA NAUK SSSR. Komitet techničeskoj terminologii. Terminologija topliva dvigatelej vnutrennego sgoranija, Moskva, (Sborniki rekomenduemych terminov, vypusk 44, 1957), 29 p.

AKADEMIJA NAUK SSSR. Komitet techničeskoj terminologii. Terminologija gazovoj techniki, Moskva, (Sborniki rekomenduemych terminov, vypusk 41, 1957), 25 p.

DANILENKO, I.I. *Vzryvnoj* ili *podryvnoj* ?, in: RR, 1/1971, 70-72

DOBBERITZ, L. Kohlevergasung (D-R), in: FS, 2/1982, 132-142

EINIGE Fachtermini aus dem Gebiet der Erdölförderung (R-D), in: FS, 2/1959, 24-27; 3/1959, 22-23

ĖKKERT, CH. (=ECKERT,H.) Terminologičeskie slovosočetanija v russkoj terminologii nefti i gaza, Leningrad 1979, akd

ĖKKERT, CH. (=ECKERT,H.) Terminologičeskie slovosočetanija po nefti i gazu (strukturno-semantičeskaja charakteristika), in: Arbeitsberichte, LXIV, 1979

ĖKKERT, CH. (=ECKERT,H.) Terminoobrazovatel'naja struktura trechkomponentnych terminov (na materiale russkoj termi nologii nefti i gaza), in: Arbeitsberichte, LXXXIV, 1982

GOSUDARSTVENNYJ KOMITET STANDARTOV Soveta ministrov SSSR. Proizvodstvo spičečnoe. Polufabrikaty i produkcija. Terminy i opredelenija, Moskva 1975, (GOST 20563-75, jan. 1976), 18p.
D-E-F-R

GOSUDARSTVENNYJ KOMITET STANDARTOV Soveta ministrov SSSR. Gorelki gazovye. Terminy i opredelenija, Moskva 1971, (GOST 17356-71, jul. 1972), 2 p.

ISO. Nomenclature of terms used in the benzole industry. Part I, Genève 1971, (ISO/R 1542-1971), 4 p.
E-F-R

JZS. Vatrostalni materijal. Terminologija na šest jezika. Lista VIII. Industrija koksa i gasa, (Matériaux réfractaires. Terminologie en six langues. 8e liste. Industrie du coke et du gaz), Beograd 1970, (JUS B.D6.021, apr. 1971), 7 p.
D-E-F-I-R-Sh

NAUČNO-TECHNIČESKAJA TERMINOLOGIJA. Sbornik standartizovannych i rekomenduemych terminov v 10 tomach. Tom 9: Chimičeskie produkty. Koževennye i tekstil'nye materialy i izdelija, Moskva 1969

PKNiM. Procesy podstawowe inżynierii chemicznej. Przenoszenie ciepła. Nazwy i określenia, (Procédés fondamentaux de génie chimique. Tansmission de chaleur. Termes et définitions), Warszawa 1976, (PN-76/C-01350 Arkusz 020 (Feuille 020), jan. 1977. Remplace PN-62/C-01356), 4 p.
D-E-F-R-Pl

STOLJAROV, D.E. Anglijskie sokraščenija po neftepromyslovomu delu (v pomošč' perevodčiku), Moskva 1979, 112 p.

ÚNM. Názvosloví výbušin. Cizojazyčné názvy, (Vocabulaire des explosifs. Termes en langues étrangères), Praha, (ČSN 668001, 1. čast', sep. 1964), 24 p.
D-E-F-R-Cs

ÚNM. Názvosloví výbušin. Cizojazyčné názvy, (Vocabulaire des explosifs. Termes en langues étrangères), Praha, (ČSN 668001, 2. čast', sep. 1966), 24 p.
D-E-F-R-Cs

VNIIKI. Naučno-techničeskaja terminologija. Sbornik standartizovannych i rekomenduemych terminov v 10 tomach. Tom 3. Gornoe delo. Poleznye iskopaemye. Neftjanye produkty. Metally i metalličeskie izdelija, Moskva 1969, 447 p.
D-E-F-R

2.2.8.2. ÖLE, FETTE, WACHSE

AMT FÜR STANDARDISIERUNG. Bituminöse Stoffe. Grundbegriffe, Leipzig, (TGL 21200, dec. 1968. Fachbereichstandard), 7 p.
D-E-F-R

ISO. Petroleum industry - Vocabulary - Part I, Genève 1974, (ISO 1998/I-1974. Replaces ISO/R 1998-1971), 19 p.
E-F-R

ISO. Petroleum industry - Vocabulary - Part II, Genève 1976, (ISO 1998/II-1976), 18 p.
E-F-R

2.2.8.3. GLAS, EMAIL, KERAMIK, KUNSTSTEINE, ZEMENT, BETON

AKADEMIJA NAUK SSSR. Komitet techničeskoj terminologii. Terminologija technologii stekla, Moskva 1938, (Bjulleten' komiteta techničeskoj terminologii, vypusk XXIII), 40 p.
D-E-F-R

EINIGE Fachtermini aus dem Gebiet der Glastechnik (R-D), in: FS, 1/1960, 77-80; 2/1960, 153-156; 3/1960, 240

GOSUDARSTVENNYJ KOMITET STANDARTOV Soveta ministrov SSSR. Oborudovanie dlja stekol'nogo proizvodstva. Pitateli dlja stekloformujuščich mašin. Terminy i opredelenija, Moskva 1973, (GOST 18494-73, jan. 1974), 6 p.
E-R

GOSUDARSTVENNYJ KOMITET STANDARTOV Soveta ministrov SSSR. Mašiny dlja nepreryvnoj vyrabotki lenty stekla i stekljannych trub. Terminy i opredelenija, Moskva 1976, (GOST 21706-76, jan. 1977), 9 p.
D-E-F-R

GOSUDARSTVENNYJ KOMITET STANDARTOV Soveta ministrov SSSR. Technologičeskie processy proizvodstva ogneuporov. Terminy i opredelenija, Moskva 1972, (GOST 17630-72, jul. 1973),18p.
D-E-F-R

ISO. Vocabulaire pour l'industrie des matériaux réfractaires, Genève 1968, (ISO/R 836-1968), 148 p.
E-F-R

JZS. Vatrostalni materijal. Terminologija na šest jezika. Lista 1. Opšti izrazi, (Matériaux réfractaires. Terminologie en six langues. 1re liste. Termes géneraux), Beograd 1970, (JUS B.D6.014, apr. 1971), 7 p.
D-E-F-I-R-Sh

JZS. Vatrostalni materijal. Terminologija na šest jezika. Lista II. Sirovine i minerali, (Matériaux réfractaires. Terminologie en six langues. 2e liste. Matières premières et minéraux), Beograd 1970, (JUS B.D6.015, apr. 1971), 8 p.
D-E-F-I-R-Sh

JZS. Vatrostalni materijal. Terminologija na šest jezika. Lista III. Proizvodnja, (Matériaux réfractaires. Terminologie en six langues. 3e liste. Production), Beograd 1970, (JUS B.D6.016, apr. 1971), 10 p.
D-E-F-I-R-Sh

JZS. Vatrostalni materijal. Terminologija na šest jezika. Lista IV. Tipovi vatrostalnog materijala, (Matériaux réfractaires. Terminologie en six langues. 4e liste. Types de matériaux réfractaires), Beograd 1970, (JUS B.D6.017, apr. 1971), 8 p.
E-F-I-R-Sh

JZS. Vatrostalni materijal. Terminologija na šest jezika. Lista V. Oblici vatrostalnih opeka, (Matériaux réfractaires. Terminologie en six langues. Liste V. Formes de briques), Beograd 1971, (JUS B.D6.018, jan. 1972), 5 p.
D-E-F-I-R-Sh

JZS. Vatrostalni materijal. Terminologija na šest jezika. List VI. Osnovni elementi peći, (Matériaux réfractaires. Terminologie en six langues. 6e liste. Forme générale des fourneaux), Beograd 1970, (JUS B.D6.019, apr. 1971), 6 p.
D-E-F-I-R-Sh

JZS. Vatrostalni materijal. Terminologija na šest jezika. Lista VII. Metalurgija, (Matériaux réfractaires. Terminologie en six langues. 7e liste. Métallurgie), Beograd 1970, (JUS B.D6.020, apr. 1971), 15 p.
D-E-F-I-R-Sh

JZS. Vatrostalni materijal. Terminologija na šest jezika. Lista VIII. Industrija koksa i gasa, (Matériaux réfractaires. Terminologie en six langues. 8e liste. Industrie du coke et du gaz), Beograd 1970, (JUS B.D6.021, apr. 1971), 7 p.
D-E-F-I-R-Sh

JZS. Vatrostalni materijal. Terminologija na šest jezika. Lista IX. Kotlovi, (Matériaux réfractaires. Terminologie en six langues. 9e liste. Chaudières), Beograd 1970, (JUS B.D6.022, apr. 1971), 3 p.
D-E-F-I-R-Sh

JZS. Vatrostalni materijal. Terminologija na šest jezika. Lista X. Staklarska industrija, (Matériaux réfractaires. Terminologie en six langues. 10 liste. Industrie du verre), Beograd 1970, (JUS B.D6.023, apr. 1971), 7 p.
D-E-F-I-R-Sh

JZS. Vatrostalni materijal. Terminologija na šest jezika. Lista XI. Industrija kreča i cementa, (Matériaux réfractaires. Terminologie en six langues. 11e liste. Industrie de la chaux et du ciment), Beograd 1970, (JUS B.D6.024, apr. 1971), 3 p.
D-E-F-I-R-Sh

JZS. Vatrostalni materijal. Terminologija na šest jezika. Lista XII. Keramika, (Matériaux réfractaires. Terminologie en six langues. 12e liste. Céramique), Beograd 1970, (JUS B.D6.025, apr. 1971), 8 p.
D-E-F-I-R-Sh

JZS. Vatrostalni materijal. Terminologija na šest jezika. Lista XIII. Karakteristike i metode ispitivanja, (Matériaux réfractaires. Terminologie en six langues. 13 liste. Propriétés et méthodes d'essais), Beograd, (JUS B.D6.026, apr. 1971), 9 p.
D-E-F-I-R-Sh

KOMITET STANDARTOV, MER I IZMERITEL'NYCH PRIBOROV pri Sovete ministrov SSSR. Izdelija ogneupornye. Klassifikacija (techničeskaja), Moskva 1968, (GOST 4385-68, jan. 1969. Replaces GOST 4385-48), 6 p.

KOMITET STANDARTOV, MER I IZMERITEL'NYCH PRIBOROV pri Sovete ministrov SSSR. Izdelija iz stekla. Klassifikacija, Moskva 1962, (GOST 10135-62, oct. 1962), 12 p.

KOMITET STANDARTOV, MER I IZMERITEL'NYCH PRIBOROV pri Sovete ministrov SSSR. Oborudovanie dlja stekol'nogo proizvodstva. Stekloformujuščie mašiny dlja vyrabotki štučnych izdelij. Terminy i opredelenija, Moskva 1970, (GOST 16281-70, jul. 1971), 11 p.
E-R

NACVLIŠVILI, I. K istorii keramiki i nekotorych keramičeskich terminov v russkom i gruzinskom jazykach, in: TTbilGU,VII,1981

OSS. Produse refractare. Terminologie, (Refractory products. Terminology), București, (STAS 5992-69, jul. 1970. Replaces STAS 5992-58), 70 p.
D-E-F-Ro-R

PETČENKO, T.V. Strukturnye vidy terminov stekol'nogo proizvodstva, in: Leksika i slovoobrazovanie russkogo jazyka, Rjazan' 1982

ÚNM. Názvosloví vad skla a skleněných výrobků, (Défauts du verre et des produits de verre), Praha 1975, (ČSN 700020, jan. 1977. Remplace ČSN 700020, apr. 1957), 28 p.
D-E-F-R-Cs-Sk

2.2.8.4. FARBTECHNISCHE INDUSTRIEN

GOSUDARSTVENNYJ KOMITET STANDARTOV Soveta ministrov SSSR. Materialy lakokrasočnye. Klassifikacija i oboznačenija, Moskva 1973, (GOST 9825-73, jan. 1974. Replaces GOST 9825-61), 8 p.

GOSUDARSTVENNYJ KOMITET STANDARTOV Soveta ministrov SSSR. Pigmenty i napolniteli neorganičeskie. Terminy i opredelenija, Moskva, (GOST 19487-74, jan. 1975), 11 p.
D-E-F-R

GOSUDARSTVENNYJ KOMITET STANDARTOV Soveta ministrov SSSR. Edinaja sistema zaščity ot korrozii i starenija. Pokrytija lakokrasočnye. Terminy i opredelenija, Moskva 1977, (GOST 9.072-77, jan. 1978), 11 p.

ISO. Dyeing and finishing machinery, Genève 1970, (ISO/R 1506), 35 p.
F-E-D-R

JZS. Boje, lakovi, njima slični proizvodi i njihove sirovine. Terminologija na pet jezika i lista, (Peintures, vernis, produits pareils et matières premières. Termes en cinq langues. 1ère liste), Beograd 1967, (JUS H.C0.002, jan. 1968), 6 p.
D-E-F-R-Sh

LOBIG, P. Krasiteli Sovetskogo Sojuza - Farbstoffe aus der Sowjetunion (Kommentierter Text), in: FS, 2/1973, 114-118; 3/1973, 194-199

2.2.8.5. METALLURGIE

AFANAS'EV, V.I. Dokumental'nye materialy XVII veka. O litejnom proizvodstve v Rossii v "Osnovnom sobranii gramot", in: Problemy istočnikovedčeskogo izučenija rukopisnych i staropečatnych fondov, Leningrad 1979

AFNOR. Métallurgie des poudres. Terminologie, Paris, (NF A 95-001, jul. 1971), 82 p.
D-E-F-R

AKADEMIJA NAUK SSSR. Komitet techničeskoj terminologii. Techničeskaja klassifikacija metallov, Moskva 1948, (Bjulleten' komiteta techničeskoj terminologii, vypusk LIV), 40 p.

AMT FÜR STANDARDISIERUNG. Hochreine metallische und halbleitende Werkstoffe. Begriffe, Leipzig, (TGL 24149, oct. 1969. Gruppe 280. Fachbereichstandard), 7 p.
D-E-R

DANILENKO, V.P., KARPINSKAJA, E.V. Ustajut li metally?, in: RR, 1/1983, 159-160

DNA. Wärmebehandlung von Eisen und Stahl. Fremdsprachige Übersetzung von Fachausdrücken, Berlin, (DIN 17014 Beiblatt 2, feb. 1961), 4 p.
D-E-F-R

DŽIKAJA, M.V. Russkaja metallurgičeskaja terminologija, Moskva 1977, akd

GOSUDARSTVENNYJ KOMITET STANDARTOV Soveta ministrov SSSR. Korrozija metallov. Terminy, Moskva 1968, (GOST 5272-68, jan. 1969), 25 p.

GOSUDARSTVENNYJ KOMITET STANDARTOV Soveta ministrov SSSR. Defekty otlivok iz čuguna. Terminy i opredelenija, Moskva 1973, (GOST 19200-73, jan. 1975), 8 p.
D-E-F-R

GOSUDARSTVENNYJ KOMITET STANDARTOV Soveta ministrov SSSR. Listy i lenty stal'nye katanye. Defekty poverchnosti i formy. Terminy i opredelenija, Moskva 1975, (GOST 21014-75, jan. 1976), 43 p.
D-E-F-R

GOSUDARSTVENNYJ KOMITET STANDARTOV Soveta ministrov SSSR. Prutki, polosy i profili gorjačekatanye i kovanye iz stalej i splavov. Defekty poverchnosti. Terminy i opredelenija, Moskva 1975, (GOST 20847-75, jan. 1976), 44 p.
D-E-F-R

GOSUDARSTVENNYJ KOMITET STANDARTOV Soveta ministrov SSSR. Lom i otchody cvetnych metallov i splavov. Terminy i opredelenija, Moskva 1973, (GOST 18978-73, jul. 1974), 13 p.
D-E-F-R

IRS. Încercările metalelor. Încercări statice de durată. Terminologie și simboluri, (Tests of metals. Static time testing. Terminology and symbols), București, (STAS 6914-75, mar. 1975. Replaces STAS 6914-64), 18 p.
D-E-F-Ro-R

IRS. Defectoscopie cu pulberi magnetice. Terminologie, (Magnetic particle flaw detection. Terminology), București, (STAS 10042-75, feb. 1975), 10 p.
D-E-F-Ro-R

IRS. Defectoscopie cu lichide penetrante. Terminologie, (Liquid penetrant flow detection. Terminology), București, (STAS 10041-75, feb. 1975), 8 p.
D-E-F-Ro-R

IRS. Acoperiri metalice. Terminologie, (Metallic coatings. Terminology), Bucureşti 1972, (STAS 9148-72, feb. 1973), 32 p.
D-E-F-Ro-R

IRS. Metalografie. Constituenţi şi strukturi. Terminologie, (Metallography. Components and structures. Terminology), Bucureşti 1973, (STAS 5000-73, dec. 1973. Replaces STAS 5000-55), 30 p.
D-E-F-Ro-R

IRS. Metalografie. Defecte. Terminologie, (Metallography. Defects. Terminology), Bucureşti 1973, (STAS 5500-74, jan. 1974. Replaces STAS 5500-56), 40 p.
D-E-F-Ro-R

IRS. Semifabricate şi produse laminate de oţel. Terminologie, (Semi-finished and finished rolled steel products. Terminology), Bucureşti, (STAS 9726-74, jan. 1974), 8 p.
D-E-F-Ro-R

IRS. Semifabricate şi produse din metale şi aliaje neferoase. Terminologie, (Semifinished products and products of nonferrous metals and alloys. Terminology), Bucureşti, (STAS 9553-74, mar. 1974), 6 p.
E-F-Ro-R

IVANOV, S.P. O primenenii kombinatornoj metodiki pri opredelenii smyslov terminov, oboznačajuščich peči cvetnoj metallurgii, in: Kombinatornaja metodika T.P. Lomteva i nekotorye voprosy prikladnoj lingvistiki, Dnepropetrovsk 1978

KAŽAN, V.I. Issledovanie semantičeskoj i slovoobrazovatel'noj struktury naimenovanij metalličeskich splavov v sovremennom russkom jazyke, Dnepropetrovsk 1984, akd

KOMITET STANDARTOV, MER I IZMERITEL'NYCH PRIBOROV pri Sovete ministrov SSSR. Profili stal'nye cholodnognutye. Terminy, Moskva 1969, (GOST 14350-69, jan. 1970), 18 p.
D-E-F-R

LAGUNOVA, V.K. Opyt sopostavitel'nogo izučenija terminologii litejnogo proizvodstva v russkom i anglijskom jazykach, Gor'kij 1982, akd

MATTUSCH, H.-J. Einige wichtige Wörter aus dem Gebiet der Hüttenkunde (R-D), in: FS, 3/1959, 27-28

MINISTERSTVO NA MAŠINOSTROENE. Metali. Izpitvane na umora. Terminologija, (Metals. Endurance test. Terminology), Sofija 1969, (BDS 7314-69, jul. 1970), 9 p.
D-E-F-R-Bg

MINISTERSTVO NA MAŠINOSTROENE. Kontrol bez razrušavane. Defektoskopija ultrazvukova. Termini i opredelenija, (Nondestructive testing. Ultrasonic testing. Terms and definitions), Sofija 1970, (BDS 8241-70, jan. 1972), 15 p.
D-E-F-R-Bg

MINISTERSTVO NA MAŠINOSTROENE. Termična obrabotka na stomanata. Terminologija, (Thermal treatment of steel. Terminology), Sofija 1971, (BDS 93039-71, jul. 1972), 14 p.
D-E-F-R-Bg

MSZH. Színesfémek és ötvözeteik előtermékek és félgyártmányok. Nomenklatúrája, (Métaux non ferreux et leurs alliages. Nomenclature des produits de base et des semi-produits), Budapest 1966, (MSZ 8584-66, oct. 1967), 10 p.
D-Ro-R-Bg-Cs-Pl-Hu

MSZH. Lámpatestek. Higanylámpás lámpatestek. Kiegészítő követelmények és vizsgálatok, (Culots de lampes. Exigence et essais complémentaires pour culots de lampes à vapeur de mercure à haute pression), Budapest 1972, (MSZ 8866/3-72, apr. 1973), 10 p.
D-Ro-R-Bg-Hu

PARCEVSKIJ, A.B. Metodičeskie rekomendacii po perevodu na russkij jazyk inostrannych opisanij izobretenij k patentam, licenzij, standartov i delovoj dokumentacii po černoj metallurgii, Moskva 1976, 34 p.

PKNiM. Metale nieżelazne. Półwyroby i wyroby. Nazwy i określenia, (Métaux non ferreux. Demi-produits et produits. Termes et définitions), Warszawa 1975, (PN-75/H-01013, jul. 1976. Remplace PN-67/H-01013), 10 p.
D-E-F-Ro-R-Bg-Cs-Pl-Hu

SOVET ĖKONOMIČESKOJ VZAIMOPOMOŠČI. Defekty otlivok. Terminologija i klassifikacija defektov, Moskva 1963, (RS 46-63, dec. 1964), 18 p.

SOVET ĖKONOMIČESKOJ VZAIMOPOMOŠČI. Termičeskaja obrabotka stali. Klassifikacija. Terminologija. Oboznačenija, Moskva 1969, (RS 2256-69, dec. 1971), 33 p.
D-E-F-Ro-R-Bg-Cs-Pl-Hu

STÁTNÍ ÚŘAD PRO VYNÁLEZY A NORMALISACI. Hutnické názvosloví surové železo a jeho výroba, (Terminologie. La fonte brute et sa production), Praha 1958, (ČSN 420041, apr. 1959), 341 p.
D-E-F-R-Cs

SVOBODOV, A.N., ZOTOVA, T.F. Sbornik tekstov i upražnenij po russkomu jazyku (dlja metallurgov), Moskva 1985[3]

TNC. 57 E. Glossary of heat treatment, Stockholm 1974, (Tekniska Nomenklaturcentralen), 96 p.
E-F-D-S-R-Ni

ÚNM. Zkoušky únavy kovů. Základní pojmy a značky, (Essais de fatigue des métaux. Termes, définitions et symboles), Praha 1975, (ČSN 420362, dec. 1966), 47 p.
D-R-Cs-Sk

VKS. Metally i splavy. Klassifikacija po chimičeskomu sostavu. Terminologija, Moskva 1950, (GOST 5200-50), 9 p.

VNIIKI. Naučno-techničeskaja terminologija. Sbornik standartizovannych i rekomenduemych terminov v 10 tomach. Tom 3. Gornoe delo. Poleznye iskopaemye. Neftjanye produkty. Metally i metalličeskie izdelija, Moskva 1969, 447 p.
D-E-F-R

2.2.8.6. NAHRUNGSMITTEL

BOBROVA, T.A. Gorčica i lakrica, in: RJaŠ, 5/1973, 99

BORCHERT-RYMAROWICZ, H., BORTNOWSKI, L. Russisch für Lebensmitteltechnologen. Text und Wortschatzsammlung mit Übungsmaterialien, Berlin 1974, 264 p.

GOSUDARSTVENNYJ KOMITET STANDARTOV Soveta ministrov SSSR. Technologičeskie processy v konditorskoj promyšlennosti. Terminy i opredelenija, Moskva 1972, (GOST 17481-72, jan. 1973), 25 p.
D-E-F-R

GOSUDARSTVENNYJ KOMITET STANDARTOV Soveta ministrov SSSR. Patočno-gljukoznoe proizvodstvo. Terminy i opredelenija, Moskva 1972, (GOST 18084-72, jan. 1974), 12 p.
D-E-R

GOSUDARSTVENNYJ KOMITET STANDARTOV Soveta ministrov SSSR. Krachmaly modificirovannye. Terminy i opredelenija, Moskva 1975, (GOST 21310-75, jul. 1976), 8 p.
D-E-R

GOSUDARSTVENNYJ KOMITET STANDARTOV Soveta ministrov SSSR. Čajnaja promyšlennost'. Terminy i opredelenija, Moskva 1973, (GOST 18478-73, jan. 1974), 9 p.

GOSUDARSTVENNYJ KOMITET STANDARTOV Soveta ministrov SSSR. Čaj. Terminy i opredelenija, Moskva 1973, (GOST 18474-73, jan. 1974), 7 p.

GOSUDARSTVENNYJ KOMITET STANDARTOV Soveta ministrov SSSR. Konservy plodoovoščnye. Technologičeskie processy. Terminy i opredelenija, Moskva 1974, (GOST 19477-74, jan. 1975),7p.

GOSUDARSTVENNYJ KOMITET STANDARTOV Soveta ministrov SSSR. Masla rastitel'nye. Pokazateli kačestva. Terminy i opredelenija, Moskva 1973, (GOST 18848-73, jul. 1974), 9 p.

GOSUDARSTVENNYJ KOMITET STANDARTOV Soveta ministrov SSSR. Masla rastitel'nye. Proizvodstvo. Terminy i opredelenija, Moskva 1975, (GOST 21314-75, jul. 1976), 16 p.

GOSUDARSTVENNYJ KOMITET STANDARTOV Soveta ministrov SSSR. Proizvodstvo mjasa. Produkty uboja. Terminy i opredelenija, Moskva 1972, (GOST 18157-72, jan. 1974), 21 p.

GOSUDARSTVENNYJ KOMITET STANDARTOV Soveta ministrov SSSR. Proizvodstvo mjasnych produktov. Terminy i opredelenija, Moskva 1972, (GOST 18158-72, jan. 1974), 11 p.

GOSUDARSTVENNYJ KOMITET STANDARTOV Soveta ministrov SSSR. Mjasopticy. Polufabrikaty, kulinarnye izdelija, konservy, kolbasy. Terminy i opredelenija, Moskva 1973, (GOST 18477-73, jul. 1974), 5 p.

GOSUDARSTVENNYJ KOMITET STANDARTOV Soveta ministrov SSSR. Pticepererabatyvajuščaja promyšlennost'. Terminy i opredelenija, Moskva 1970, (GOST 16367-70, jan. 1972), 14 p.

IVANOV, S.Z. Ob ulučšenii terminologii v piščevoj promyšlennosti, in: T L Technol I Pišč Prom, XV, 1958

LEPEŠKIN, I.P. Ob uporjadočenii techničeskoj terminologii sacharnogo proizvodstva, in: Sachar Prom 5/1957

STERNAGEL, H. Die Wortschatzschichten der russischen Fachsprache der Lebensmitteltechnologie im Hinblick auf die fachbezogene Fremdsprachenausbildung und die Erarbeitung von Thesauren, Berlin 1975, Diss.

2.2.9. VERSCHIEDENE INDUSTRIEN

2.2.9.1. HOLZINDUSTRIE

DKS. Izdelija parketni ot d"rvesina. Termini i opredelenija, (Specifications for wood joinery for parquet flooring. Terms and definitions), Sofija 1975, (BDS 13089-75, jan. 1977), 15 p.
D-E-F-Ro-R-Bg-Cs-Pl

GOSUDARSTVENNYJ KOMITET STANDARTOV Soveta ministrov SSSR. Technologija derevoobrabatyvajuščej i mebel'noj promyšlennosti. Terminy i opredelenija, Moskva 1972, (GOST 17743-72, jul.1973), 18 p.

GOSUDARSTVENNYJ KOMITET STANDARTOV Soveta ministrov SSSR. Drevesina. Poroki, Moskva 1971, (GOST 2140-71, jan. 1972. Replaces GOST 2140-61), 93 p.

GOSUDARSTVENNYJ KOMITET STANDARTOV Soveta ministrov SSSR. Produkcija lesopil'nogo proizvodstva. Terminy i opredelenija, Moskva 1972, (GOST 18288-72, jan. 1974), 9 p.
D-E-R

GOSUDARSTVENNYJ KOMITET STANDARTOV Soveta ministrov SSSR. Technologija lesopil'noj promyšlennosti. Terminy i opredelenija, Moskva 1972, (GOST 17747-72, jul. 1973), 16 p.

GOSUDARSTVENNYJ KOMITET STANDARTOV Soveta ministrov SSSR. Technologija derevoobrabatyvajuščej i mebel'noj promyšlennosti. Terminy i opredelenija, Moskva 1972, (GOST 17743-72, jul. 1973), 18 p.

GOSUDARSTVENNYJ KOMITET STANDARTOV Soveta ministrov SSSR. Drevesina kleenaja. Osnovnye ponjatija. Terminy i opredelenija, Moskva 1969, (GOST 15024-69, jan. 1970. 1st revision, jun. 1973), 5 p.

GOSUDARSTVENNYJ KOMITET STANDARTOV Soveta ministrov SSSR. Drevesina kleenaja sloistaja. Syr'e i produkcija. Terminy i opredelenija, Moskva 1972, (GOST 15812-72, jan. 1973. Replaces GOST 15812-70), 15 p.

GOSUDARSTVENNYJ KOMITET STANDARTOV Soveta ministrov SSSR. Drevesina kleenaja sloistaja. Technologija proizvodstva. Terminy i opredelenija, Moskva 1972, (GOST 15813-72, jan. 1973), 10 p.

GOSUDARSTVENNYJ KOMITET STANDARTOV Soveta ministrov SSSR. Drevesina kleenaja sloistaja. Oborudovanie, instrumenty i pribory. Terminy i opredelenija, Moskva 1970, (GOST 15814-70, jan. 1971), 8 p.
D-E-F-R

GOSUDARSTVENNYJ KOMITET STANDARTOV Soveta ministrov SSSR. Jaščiki derevjannye. Proizvodstvo. Terminy i opredelenija, Moskva 1975, (GOST 20767-75, jan. 1976), 13 p.

GOSUDARSTVENNYJ KOMITET STANDARTOV Soveta ministrov SSSR. Plity drevesnostružečnye. Technologija. Terminy i opredelenija, Moskva 1972, (GOST 18110-72, jan. 1974), 14 p.
D-E-F-R

GOSUDARSTVENNYJ KOMITET STANDARTOV Soveta ministrov SSSR. Proizvodstvo plit drevesnostružečnych. Oborudovanie i instrumenty. Terminy i opredelenija, Moskva 1974, (GOST 19506-74, jan. 1975), 88 p.
D-E-R

GOSUDARSTVENNYJ KOMITET STANDARTOV Soveta ministrov SSSR. Plity drevesnovoloknistye. Oborudovanie, pribory. Terminy i opredelenija, Moskva, (GOST 19228-73, jul. 1974), 6 p.

GOSUDARSTVENNYJ KOMITET STANDARTOV Soveta ministrov SSSR. Plity drevesnovoloknistye. Produkcija. Terminy i opredelenija, Moskva, (GOST 19229-73, jul. 1974), 4 p.

GOSUDARSTVENNYJ KOMITET STANDARTOV Soveta ministrov SSSR. Plity drevesnovoloknistye. Technologija. Terminy i opredelenija, Moskva 1973, (GOST 19230-73, jul. 1974), 8 p.

ISO. Solid wood paving blocks - Terms and definitions, Genève, (ISO/DIS 5329-1976), 7 p.
E-F-R

ISO. Coniferous sawn timber - Defects - Classification, Genève 1974, (ISO 1029-1974. Replaces ISO/R 1029-1969), 6 p.
E-F-R

ISO. Coniferous sawn timber - Defects - Terms and definitions, Genève 1975, (ISO 1031-1974. Replaces ISO/R 1031-1969), 30 p.
E-F-R

ISO. Coniferous sawn timber - Sizes - Terms and definitions, Genève 1974, (ISO 1032-1974. Replaces ISO/R 1032-1969), 6 p.
E-F-R

ISO. Sawn timber of broadleaved species. Defects. Classification, Genève 1973, (ISO 2299-1973), 6 p.
E-F-R

ISO. Sawn timber of broadleaved species. Defects. Terms and definitions, Genève 1973, (ISO 2300-1973), 32 p.
E-F-R

KOMITET STANDARTOV, MER I IZMERITEL'NYCH PRIBOROV pri Sovete ministrov SSSR. Drevesina kleenaja sloistaja. Terminy i opredelenija, Moskva 1970, (GOST 15812/15814), 30 p.
R-E-D-R

VNIIKI. Naučno-techničeskaja terminologija. Sbornik standartizovannych i rekomenduemych terminov v 10 tomach. Tom 8. Stroitel'stvo. Lesomaterialy. Izdelija iz drevesiny, Moskva 1970, 283 p.
D-E-F-R

2.2.9.2. LEDERINDUSTRIE, RAUCHWAREN

BACHRACH, M. Fur. A practical treatise. London/New York 1947^{5}, 672 p. (1946^{4}, 1937^{3}, 1936^{2}, 1930, 677 p.)
E-F-D-R-S

IRS. Piei finite. Terminologie, (Leather. Terminology), Bucureşti 1973, (STAS 6305-73, oct. 1973. Replaces STAS 6305-61), 8p.
D-E-F-Ro-R

KOMITET STANDARTOV, MER I IZMERITEL'NYCH PRIBOROV pri Sovete ministrov SSSR. Koža iskusstvennaja mjagkaja. Assortiment. Terminy i opredelenija, Moskva 1970, (GOST 16119-70), 15 p.

LIEBSCHER, U., et al. Ausgewählte Fachtermini der Textil-, Bekleidungs- und Lederindustrie, Dresden 1977, 47 p.
R-D

ÚNM. Názvosloví usní, (Terminologie relative au cuir), Praha, (ČSN 790001, jun.1968), 47 p.
D-E-F-R-Cs-Sk

ÚNM. Názvosloví modelování obuvi, (Terminologie relative à modeler des chaussures), Praha 1970, (ČSN 795011, apr. 1967), 104 p. D-E-R-Cs-Sk

ÚNM. Názvosloví koželužských kůží, (Terminologie relative aux peaux destinées à la production du cuir), Praha, (ČSN 790000, apr. 1967), 48 p.
D-E-S-R-Cs-Sk

ÚNM. Názvosloví koželužských strojů, zařízení a nářadí, (Terminologie relative aux machines, dispositifs et outils de tannerie), Praha, (ON 798000, mai 1967. Norme de branche), 71 p.
D-E-F-R-Cs-Sk

ÚNM. Názvosloví kožišnických kůží a kožišin, (Terminologie relative aux peaux à fourrures et aux fourrures), Praha, (ČSN 790005, jul. 1967), 59 p.
D-E-F-R-Cs-Sk

VNIIKI. Naučno-techničeskaja terminologija. Sbornik standartizovannych i rekomenduemych terminov v 10 tomach. Tom 9. Chimičeskie produkty. Koževennye i tekstil'nye materialy i izdelija, Moskva 1969, 239 p.

2.2.9.3. PAPIERINDUSTRIE

GOSUDARSTVENNYJ KOMITET STANDARTOV Soveta ministrov SSSR. Bumaga. Technologija proizvodstva. Terminy i opredelenija, Moskva 1971, (GOST 17052-71, jul. 1972), 19 p.
D-E-F-R

GOSUDARSTVENNYJ KOMITET STANDARTOV Soveta ministrov SSSR. Bumaga. Terminy i opredelenija, Moskva 1972, (GOST 17586-72, jul. 1963), 41 p.
D-E-F-R

GOSUDARSTVENNYJ KOMITET STANDARTOV Soveta ministrov SSSR. Pribory dlja celljulozno-bumažnogo proizvodstva. Terminy i opredelenija, Moskva 1972, (GOST 18304-72, jan. 1974), 15p.
D-E-F-R

GOSUDARSTVENNYJ KOMITET STANDARTOV Soveta ministrov SSSR. Bumaga i karton. Defekty. Terminy i opredelenija, Moskva 1973, (GOST 19088-73, jan. 1974), 9 p.
D-E-F-R

GOSUDARSTVENNYJ KOMITET STANDARTOV Soveta ministrov SSSR. Polufabrikaty celljulozno-bumažnogo proizvodstva. Technologija. Terminy i opredelenija, Moskva 1972, (GOST 17401-72, jan. 1973), 38 p.
D-E-F-R

GOSUDARSTVENNYJ KOMITET STANDARTOV Soveta ministrov SSSR. Polufabrikaty celljulozno-bumažnogo proizvodstva. Pokazateli kačestva. Termini i opredelenija, Moskva 1973, (GOST 18594-73, jan. 1974), 23 p.
D-E-F-R

GOSUDARSTVENNYJ KOMITET STANDARTOV Soveta ministrov SSSR. Karton i fibra. Terminy i opredelenija, Moskva 1972, (GOST 17926-72, jul.1973), 12 p.
D-E-F-R

GOSUDARSTVENNYJ KOMITET STANDARTOV Soveta ministrov SSSR. Izdelija iz bumagi i kartona. Technologija. Terminy i opredelenija, Moskva 1973, (GOST 19112-73, jul. 1974), 24 p.
D-E-F-R

ISO. Paper vocabulary. First series of terms, Genève 1958, (ISO/R 66-1958), 23 p.
E-F-R

ISO. Paper vocabulary. Second series of terms, Genève 1959, (ISO/R 135-1959), 24 p.
E-F-R

ISO. Amendment 1 to ISO Recommendation R 135. Paper vocabulary, Genève 1964, (ISO/R 135-1969/A 1-1964), 2 p.
E-F-R

ISO. Paper vocabulary. Third series of terms, Genève 1961, (ISO/R 231-1961), 19 p.
E-F-R

ISO. Paper vocabulary. Fourth series of terms, Genève 1964, (ISO/R 372-1964), 22 p.
E-F-R

ISO. Paper vocabulary. Fifth series of terms, Genève 1970, (ISO/R 1295-1970), 22 p.
E-F-R

ISO. Paper vocabulary. Sixth series of terms, Genève 1971, (ISO/R 1912-1971), 10 p.
E-F-R

KKSM. Oborudvane za celulozno-chartienata promišlenost. Klassifikacija, termini i opredelenija, (Equipment for the paper and pulp industry. Classification, terms and definitions), Sofija 1972, (BDS 10138-72, jan. 1974), 38 p.
D-E-Ro-R-Bg-Cs-Pl-Hu

MINISTERSTVO NA TEŽKATA PROMIŠLENOST. Vlaknesti polufabrikati ot rastitelen proizchod za chartienata promišlenost. Terminologija, (Fibreous semi-finished products of vegetable origin for the paper industry. Terminology), Sofija 1972, (BDS 9570-72, jan. 1973), 4 p.
D-E-Ro-R-Bg-Cs-Pl-Hu

MINISTERSTVO NA TEŽKATA PROMIŠLENOST. Chartii i kartoni. Terminologija, (Paper and cardboard. Terminology), Sofija 1972, (BDS 9571-72, jan. 1973), 32 p.
D-E-Ro-R-Bg-Cs-Pl-Hu

PKNiM. Taśmy dziurkowane. Nazwy i określenia, (Bandes perforées. Termes et définitions), Warszawa 1974, (PN-74/T 42102, jan. 1975. Remplace PN-68/M-42102), 2 p.
D-E-F-R-Pl

SFS. Paperisanasto, (Vocabulaire du papier), Helsinki, (SFS 3215, déc. 1975), 118 p.
D-E-No-Sv-F-R-Fi

SOVET ĖKONOMIČESKOJ VZAIMOPOMOŠČI. Oborudovanie celljuloznobumažnoj promyšlennosti. Klassifikacija, terminy i opredelenija, Moskva 1968, (RS 1375-68, jan. 1970), 82 p.
D-E-Ro-R-Bg-Cs-Pl-Hu

SOVET ĖKONOMIČESKOJ VZAIMOPOMOŠČI. Polufabrikaty rastitel'nogo proischoždenija dlja bumažnoj promyšlennosti. Nomenklatura i terminologija, Moskva 1969, (RS 2130-69, dec. 1971), 9 p.
D-Ro-R-Bg-Cs-Pl-Hu

SOVET ĖKONOMIČESKOJ VZAIMOPOMOŠČI. Bumaga i karton. Nomenklatura i terminologija, Moskva 1969, (RS 2128-69, dec. 1971), 38 p.
D-Ro-R-Bg-Cs-Pl-Hu

2.2.9.4. TEXTILINDUSTRIE

AFNOR. Matériel pour l'industrie textile. Matériel d'ourdissoir. Préparation de la chaîne pour le tissage. Vocabulaire, Paris, (NF G 00-009, nov. 1976. Remplace NF G 00-009, fév. 1969), 23 p.
D-E-F-R

AMT FÜR STANDARDISIERUNG. Flachkettenwirkmaschinen mit einer oder zwei Nadelbarren. Begriffe, Berlin, (TGL 31998, nov. 1975. Gruppe 133434. DDR-Standard. Ersatz für TGL 45-12442, dec. 1964), 10 p.
D-R

DKS. Mašini tekstilni izteglitelni. Terminologija, (Drawing frame. Terminology), Sofija 1976, (BDS 8513-76, oct. 1977. Replaces BDS 8513-71), 7 p.
D-E-F-R-Bg

DKS. Mašini predačni ringovi. Terminologija, (Ring spinning machines. Terminology), Sofija 1976, (BDS 7444-76, oct. 1977. Replaces BDS 7444-69), 17 p.
D-E-F-R-Bg

DKS. Mašini za navivane na v"t"čni špuli/špulmašini/. Terminologija, (Winding frames. Terminology), Sofija 1976, (BDS 13267-76, jan. 1977), 9 p.
D-E-F-R-Bg

DNA. Schilder für Textilmaschinen. Abmessungen. Bildzeichen und Schriftzeichen. Ergänzung zum Norm-Entwurf DIN 63201, Berlin, (DIN 63201 Blatt 20, Entwurf, feb. 1974), 17 p.
D-E-F-S-R

DNA. Schilder für Textilmaschinen. Maße. Bildzeichen und Schriftzeichen, Berlin, (DIN 63201, aug. 1974), 12 p.
D-E-F-S-R

FINOGENOVA, M.V., MAKSIMOV, N.I., SMIRNOVA, T.I. Moskovskij tekstil'nyj institut, in: RJaZR, 2/1984, 4-35

GORELIK, L.M., KOLOŠINSKAJA, V.I. O sovremennoj tekstil'noj terminologii, in: Tekst Prom, 1/1962

GOSUDARSTVENNYJ KOMITET STANDARTOV Soveta ministrov SSSR. Mašiny osnovovjazal'nye ploskie. Terminy i opredelenija, Moskva 1976, (GOST 21642-76, jan. 1976), 12 p.
D-R

GOSUDARSTVENNYJ KOMITET STANDARTOV Soveta ministrov SSSR. Oborudovanie otdeločnoe dlja tekstil'nogo proizvodstva. Detali i sboročnye edinicy. Terminy i opredelenija, Moskva 1973, (GOST 18665-73, jul. 1974), 13 p.
D-E-F-R

GOSUDARSTVENNYJ KOMITET STANDARTOV Soveta ministrov SSSR. Sistema pokazatelej kačestva produkcii. Tkani chlopčatobumažnye, šelkovye, iz chimičeskich nitej i naznačenija. Nomenklatura pokazatelej, Moskva 1972, (GOST 4.33-72, jan. 1974), 9 p.

GOSUDARSTVENNYJ KOMITET STANDARTOV Soveta ministrov SSSR. Tkani žakkardovye plat'evo-kostjumnye iz natural'nogo šelka, chimičeskich nitej i prjaži. Assortiment i techničeskie trebovanija, Moskva 1969, (GOST 15138-69, jul. 1970. Replaces GOST 7053-65 and GOST 8209-56), 19 p.

GOSUDARSTVENNYJ KOMITET STANDARTOV Soveta ministrov SSSR. Volokna i niti viskoznye. Terminy i opredelenija, Moskva 1974, (GOST 3576-74, jul. 1975. Replaces GOST 3576-47), 15 p.
D-E-R

GOSUDARSTVENNYJ KOMITET STANDARTOV Soveta ministrov SSSR. Nakladki tormoznye asbestovye. Nomenklatura osnovnych pokazatelej kačestva, Moskva 1972, (GOST 18090-72, jul. 1973), 9 p.

GOSUDARSTVENNYJ KOMITET STANDARTOV Soveta ministrov SSSR. Sistema pokazatelej kačestva produkcii. Polotna netkanye tekstil'nye bytovogo naznačenija, Moskva 1972, (GOST 4.34-72, jan. 1974), 3 p.

GOSUDARSTVENNYJ KOMITET STANDARTOV Soveta ministrov SSSR. Technologija švejnogo proizvodstva. Terminy i opredelenija, Moskva 1975, (GOST 20521-75, jan. 1976), 9 p.

GOSUDARSTVENNYJ KOMITET STANDARTOV Soveta ministrov SSSR. Tipovye figury ženščin. Razmernye priznaki dlja proektirovanija odeždy, Moskva 1972, (GOST 17522-72, jan. 1973), 87 p.

GOSUDARSTVENNYJ KOMITET STANDARTOV Soveta ministrov SSSR. Čelnoki bytovych švejnych mašin kolebljuščiesja. Naimenovanija častej, Moskva 1975, (GOST 21431-75, jan. 1977), 7 p. D-R

GOSUDARSTVENNYJ KOMITET STANDARTOV Soveta ministrov SSSR. Švy dlja čechlov iz tkanej. Konstrukcija i razmery, Moskva 1971, (GOST 16964-71, jul. 1972), 7 p.

GOSUDARSTVENNYJ KOMITET STANDARTOV Soveta ministrov SSSR. Izdelija vedomstvennogo naznačenija. Dopuski pri raskroe detalej bel'ja, sanitarnogospital'noj odeždy i postel'nych prinadležnostej, Moskva 1975, (GOST 21219-75, jan. 1977), 23 p.

GOSUDARSTVENNYJ KOMITET STANDARTOV Soveta ministrov SSSR. Izdelija vedomstvennogo naznačenija. Dopuski pri raskroe detalej special'noj odeždy, Moskva 1975, (GOST 20757-75, jul. 1976), 21 p.

IL'IČEVA, T.I., KRYLOV, A.I. Vzaimodejstvie obščenarodnoj i techničeskoj leksiki (na materiale proizvodstvenno-techničeskich nazvanij, upotrebljaemych na prjadil'nych fabrikach), in: Voprosy russkogo i slavjanskogo jazykoznanija, Ivanovo 1976

ISO. Textile machinery and accessories - Packages for yarns and intermediate products - Terminology, Genève 1977, (ISO/DIS 5238-1977), 11 p.
D-E-F-R

ISO. Textile machinery and accessories - Winding - Basic terms, Genève 1977, (ISO/DIS 5239-1977), 21 p.
D-E-F-R

ISO. Textile machinery - Spinning preparatory machinery, spinning and doubling (twisting) machinery - Terminology, Genève, (ISO/R 2187, jun. 1970, Draft), 5 p.
E-F-R

ISO. Textile machinery and accessories - Spinning preparatory machinery, spinning and doubling (twisting) machinery - Terminology, Genève 1976, (ISO 2187-1976), 8 p.
D-E-F-I-R

ISO. Textile machinery and accessories - Drafting arrangements for spinning machines - Terminology, Genève 1975, (ISO 2205-1975), 7 p.
D-E-F-R

ISO. Textile machinery and accessories - Cone and cheese winders - Terminology, Genève 1977, (ISO/DIS 477-1977. Revision of ISO 477-1966), 15 p. D-E-F-R

ISO. Textile machinery and accessories - Pirn winders - Terminology, Genève 1977, (ISO/DIS 476-1977. Revision of ISO/R 476-1966), 12 p.
D-E-F-R

ISO. Textile machinery and accessories - Warping machinery - preparation of warp for weaving - Vocabulary, Genève 1975, (ISO 2544-1975), 22 p.
D-E-F-R

ISO. Textile machinery. Terms for serrated bars and dimensions of the cross-section of assembled bars for mechanical warp stop motions, Genève 1971, (ISO/R 1865-1971), 12 p.
D-E-F-R

ISO. Textile machinery. Dyeing and finishing machinery. Classification and nomenclature, Genève 1970, (ISO/R 1506-1970), 35 p.
D-E-F-R

ISO. Shuttles. Terms and designation in relation to the position of the shuttle eye, Genève 1970, (ISO/R 1586-1970), 12 p.
D-E-F-R

ISO. Stool wire ropes - Vocabulary, Genève 1974, (ISO 2532-1974), 46 p.
E-F-R

JZS. Mašine i uredaji za pripremu vlakana, predenje, tkanje i doradu. Tipovi nosača-jezgra za namotavanje prede i meduproizvoda, (Machines et équipement pour le traitement préliminaire des fibres, pour la filature, le tissage et l'apprêtage. Types de gabarit pour enroulements de fils), Beograd 1971, (JUS M.M1.154, jan. 1972), 4 p.
D-E-F-R-Sh

KARPINSKAJA, E.V. Naimenovanija tkanej: moda, tradicija i NTR, in: RR, 2/1983, 62-65

KOMITET STANDARTOV, MER I IZMERITEL'NYCH PRIBOROV pri Sovete ministrov SSSR. Volokna i niti tekstil'nye. Termini i opredelenija, Moskva 1970, (GOST 13784-70), 3 p.

KOMITET STANDARTOV, MER I IZMERITEL'NYCH PRIBOROV pri Sovete ministrov SSSR. Stanok lentotkackij. Terminy i opredelenija, Moskva 1970, (GOST 16373-70), 11 p.
D-E-R

KOMITET STANDARTOV, MER I IZMERIZEL'NYCH PRIBOROV pri Sovete ministrov SSSR. Volokna i niti tekstil'nye. Terminy i opredelenija, Moskva 1970, (GOST 13784-70), 3 p.

KOMITET STANDARTOV, MER I IZMERITEL'NYCH PRIBOROV pri Sovete ministrov SSSR. Polotna tekstil'nye netkanye. Obščie ponjatija. Terminy i opredelenija, Moskva 1972, (GOST 16430-70), 6 p.
D-E-R

KOROTKICH, JU.G. Areal'nyj aspekt inojazyčnych zaimstvovanij (na materiale terminologii tekstil'nogo proizvodstva), in: Problemy kačestva perevoda naučno-techničeskoj literatury, Tezisy dokladov i soobščenij oblastnoj naučno-techničeskoj konferencii, Orel 1978, 7-8

KRYLOV, A.I. Iz istorii terminov prjadenija (nazvanija prjaži v jazyke delovych dokumentov XVII-XIX vekov), in: Voprosy russkogo i slavjanskogo jazykoznanija, Ivanovo 1976

LIEBSCHER, U., et al. Ausgewählte Fachtermini der Textil-, Bekleidungs- und Lederindustrie, Dresden 1977, 47 p.
R-D

MINISTERSTVO NA MAŠINOSTROENE. Vretena za predačni i presukalni mašini. Terminologija, (Spindles for spinning and twisting machines. Terminology), Sofija 1970, (BDS 8161-70, jul. 1971), 7 p.
D-E-F-R-Bg

MOS'KINA, E.V. Kak nazyvajut tkani, in: RR, 5/1978, 148-150

MSZH. A természetes szálasanyagok elnevezése, (Termes relatifs aux fibres naturelles), Budapest 1976, (MSZ 17401-76, oct. 1976), 14 p.
D-E-F-R-H

PETRUNINA, V.M. Sostavnye terminy v leksike russkich tekstil'ščikov, in: Soderžanie i metodika prepodavanija russkogo jazyka v srednej i vysšej škole, Volgograd 1972

PETRUNINA, V.M. Inojazyčnye zaimstvovanija v tekstil'noj terminologii, in: RR, 2/1976, 68-70

SOVET ĖKONOMIČESKOJ VZAIMOPOMOŠČI. Tekstil'naja promyšlennost'. Terminologija izdelij. Obščie ponjatija i osnovnye terminy, Moskva 1971, (RS 3127-71, dec. 1972), 9 p.

ÚNM. Textilní a oděvní stroje a zařízení. Pojmy a roztřídění, (Machines et installations pour l'industrie textile et d'habillement. Termes et classification), Praha 1975, (ČSN 810000, jan. 1977), 68 p.
D-E-F-R-Cs-Sk

ÚNM. Názvosloví polotovarů přízí, (Terminologie relative aux demiproduits de fils), Praha, (ČSN 80 0013, oct. 1965), 2 p.
D-E-F-R-Cs-Sk

ÚNM. Švy a šití. Názvosloví a označování, (Coutures et piqûres. Termes et symboles), Praha 1970, (ČSN 800110, oct. 1971), 34 p.
D-E-F-R-Cs-Sk

ÚNM. Stehy. Názvosloví a označování, (Points. Termes et classification), Praha, (ČSN 800111, oct. 1971), 55 p.
D-E-F-R-Cs-Sk

ÚNM. Názvosloví modelování obuvi, (Terminologie relative à modeler des chaussures), Praha 1966, (ON 795011, avr. 1967), 104 p.
D-E-R-Cs-Sk

URAZOV, N.CH. K voprosu o sovremennoj tekstil'noj terminologii, in: Tekst Prom, 5/1964

VNIIKI. Naučno-techničeskaja terminologija. Sbornik standartizovannych i rekomenduemych terminov v 10 tomach. Tom 9. Chimičeskie produkty. Koževennye i tekstil'nye materialy i izdelija, Moskva 1969, 239 p.

ZSCHUNKE, R. Zur Übersetzung und Korrektur von wissenschaftlichen und technischen Texten der Textilindustrie, in: FS, 3/1974, 180-184

2.2.9.5. KUNSTSTOFFINDUSTRIE

ASKADSKIJ, A.A., PAPISOV, I.M., RENARD, T.L. Ukazatel' terminov po fizike i fiziko-chimii polimerov, Moskva 1983, 45 p.
R-E

ČSN. Plastické hmoty. Názvosloví, (Matières plastiques. Terminologie), Praha 1956, (ČSN 64 0001. Dodatek k ČSN 64 0001 z cervence 1954), 96 p.
Cs-R-Pl-D-E-F

DNA. Schaumstoffe. Begriffe. Übersetzung der Benennungen in die englische, französische und russische Sprache, Berlin, (Entwurf DIN 7726 Beiblatt, mar. 1970), 2 p.
D-E-F-R

DNA. Kunststoffe. Gleichbedeutende Fachausdrücke in deutsch, englisch, französisch und russisch nach ISO/R 194-1961 und Anhang D, Berlin, (DIN 7730 Blatt 1, jul. 1965), 88 p.
D-E-F-R

GOSUDARSTVENNYJ KOMITET STANDARTOV Soveta ministrov SSSR. Membrany rezinovye. Terminy i opredelenija, Moskva 1976, (GOST 21905-76, jan. 1977), 10 p.
D-E-F-R

IRS. Cauciuc. Terminologie, (Rubber. Terminology), Bucureşti, (STAS 10531-76, jul. 1976), 8 p.
E-F-Ro-R

ISO. Rubber vocabulary, Genève 1968, (Draft ISO Recommendation 1382), 17 p.
E-F-R

ISO. Rubber vocabulary, Genève 1972, (ISO 1382-1972), 11 p.
E-F-R

ISO. Rubber vocabulary-Addendum 1, Genève 1976, (ISO 1382-1972/Addendum 1-1976), 3 p. E-F-R

ISO. Rubber vocabulary. Addendum 1, Genève, (ISO 1387-1974, Draft Addendum 1), 4 p.
E-F-R

ISO. Plastics - Third supplement to list of equivalent terms (ISO/R 194), Genève, (ISO Recommendation 1892, Draft, may 1969), 16 p.
E-F-R

ISO. Plastics. List of equivalent terms. Addendum 5: terms relating to adhesives/Plastics, Genève, dec. 1983, 12 p.
E-F-R

KRAJČINSKAJA, G.F. Ukazatel' terminov patentnych materialov po polimeram, Kiev 1982, 290 p.

MINISTERSTVO MELIORACII I VODNOGO CHOZJAJSTVA SSSR, VNII PO PRIMENENIJU POLIMERNYCH MATERIALOV V MELIORACII I VODNOM CHOZJAJSTVE. Polimernye plenki i stabilizatory počv: Anglo-russkij glossarij, Elgava 1979, 42 p.

MSZH. Gumitömlö. Fogalommeghatározások, (Tuyaux en caoutchouc. Définitions), Budapest, 1970, (MSZ 3048/1-70), 6 p.
D-E-R-Hu

PKNiM. Terminologia tworzyw sztucznych. Środki pomocnicze, (Terminologie des matières plastiques. Additifs), Warszawa 1975, (PN-75/C-89103 Arkusz 03(Feuille 03), jan. 1976), 2 p.
E-F-R-Pl

PKNiM. Terminologia tworzyw sztucznych. Nazwy chemiczne materiałów, (Terminologie des matières plastiques. Noms chimiques des matières), Warszawa 1974, (PN-74/C-89103 Arkusz 01(Feuille 01)), 4 p.
E-F-R-Pl

PKNiM. Terminologia tworzyw sztucznych. Własności mechaniczne, (Terminologie des matières plastiques. Propriétés mécaniques), Warszawa 1974, (PN-74/C-89103 Arkusz 10 (Feuille 10), juil. 1975), 2 p.
E-F-R-Pl

PKNiM. Terminologia tworzyw sztucznych. Własności reologiczne, (Terminologie des matières plastiques. Propriétés rhéologiques), Warszawa 1974, (PN-74/C-89103 Arkusz 11 (Feuille 11), juil. 1975), 3 p.
E-F-R-Pl

PKNiM. Terminologia tworzyw sztucznych. Nazwy ogólne materiałów i produktów, (Terminologie des matières plastiques. Termes généraux des matières et des produits), Warszawa 1975, (PN-75/C-89103 Arkusz 02 (Feuille 02), juil. 1976), 4p.
E-F-R-Pl

PKNiM. Terminologia tworzyw sztucznych. Tworzywa porowate, (Terminologie des matières plastiques. Matières plastiques alvéolaires), Warszawa 1975, (PN-75/C-89103 Arkusz 05 (Feuille 05), juil. 1976), 2 p.
E-F-R-Pl

ÚNM. Názvosloví plastických hmot a pryže, (Terminologie des matières plastiques et caoutchouc vulcanisé), Praha, (ČSN 640001, déc. 1963), 290 p.
D-E-F-R-Cs-Pl-Sk

2.2.9.6. FEINMECHANIK, INSTRUMENTENKUNDE DATENVERARBEITUNGSMASCHINEN, WAAGEN

AKADEMIJA NAUK SSSR. Komitet naučno-techničeskoj terminologii. Ėlementy techničeskoj kibernetiki. Terminologija, Moskva, (Sborniki rekomenduemych terminov, vypusk 77, 1968), 53 p.
D-E-F-R

AKADEMIJA NAUK SSSR. Komitet naučno-techničeskoj terminologii. Vyčislitel'naja technika. Terminologija, Moskva, (Sborniki rekomenduemych terminov, vypusk 87, 1974), 50 p.
D-E-F-R

AKADEMIJA NAUK SSSR. Komitet naučno-techničeskoj terminologii. Vyčislitel'naja technika. Terminologija, Moskva, (Sborniki rekomenduemych terminov, vypusk 80, 1970), 38 p.
D-E-F-R

AKADEMIJA NAUK SSSR. Komitet naučno-techničeskoj terminologii. Vyčislitel'naja technika. Obščie ponjatija. Cifrovye vyčislitel'nye mašiny. Terminologija, Moskva, (Sborniki rekomenduemych terminov, vypusk 72, 1966), 28 p.
D-E-F-R

AKADEMIJA NAUK SSSR. Komitet naučno-techničeskoj terminologii. Analogovaja vyčislitel'naja technika. Terminologija, Moskva, (Sborniki rekomenduemych terminov, vypusk 84, 1972), 28 p.
D-E-F-R

AUERBACH, I., IRMSCHER, L. Abkürzungen auf dem Gebiet der elektronischen Datenverarbeitung, in: FS, 4/1982, 284-287
R-D

BELONGOV, G.G. Ob ispol'zovanii terminologičeskich slovosočetanij v avtomatizirovannych IPS, in: Cifrovaja vyčislitel'naja technika i programmirovanie, II, Moskva 1967

EFENDIEVA, N.M. Osnovnye puti obrazovanija techničeskich terminov (na materiale terminologii po avtomatike na anglijskom, azerbajdžanskom i russkom jazykach), Baku 1972, akd

GOLOVANOVA, E.I. *Komp'uter*, in: RR, 2/1976, 153-154

GOSUDARSTVENNYJ KOMITET STANDARTOV Soveta ministrov SSSR. Kamni časovye, Moskva 1973, (GOST 7137-73, jan. 1974),38p.

GOSUDARSTVENNYJ KOMITET STANDARTOV Soveta ministrov SSSR. Preobrazovateli raschoda. Terminy i opredelenija, Moskva 1972, (GOST 18083-72, jan. 1974), 12 p.

GOSUDARSTVENNYJ KOMITET STANDARTOV Soveta ministrov SSSR. Pribory radioizotopnye. Terminy i opredelenija. Pravila postroenija naimenovanij, Moskva 1976, (GOST 14336-76, jul. 1977. Replaces GOST 14336-69), 4 p.
D-E-R

GOSUDARSTVENNYJ KOMITET STANDARTOV Soveta ministrov SSSR. Vesy i dozatory vesovye. Terminy i opredelenija, Moskva 1970, (GOST 15473-70, jul. 1970), 19 p.

GOSUDARSTVENNYJ KOMITET STANDARTOV Soveta ministrov SSSR. Avtomatizirovannye sistemy upravlenija. Osnovnye položenija.Terminy i opredelenija, Moskva 1974, (GOST 19675-74, jan. 1975), 8 p.

GOSUDARSTVENNYJ KOMITET STANDARTOV Soveta ministrov SSSR. Avtomatizirovannye sistemy upravlenija technologičeskimi processami. Terminy i opredelenija, Moskva 1976, (GOST 17194-76, jul. 1977. Replaces GOST 17194-71), 12 p.
D-E-F-R

GOSUDARSTVENNYJ KOMITET STANDARTOV Soveta ministrov SSSR. Mašiny vyčislitel'nye. Programmnoe obespečenie. Terminy i opredelenija, Moskva 1974, (GOST 19781-74, jul. 1975), 9 p.
E-R

GOSUDARSTVENNYJ KOMITET STANDARTOV Soveta ministrov SSSR. Mašiny vyčislitel'nye. Pomechi. Terminy i opredelenija, Moskva 1974, (GOST 19542-74, jan. 1975), 7 p.
D-E-R

GOSUDARSTVENNYJ KOMITET STANDARTOV Soveta ministrov SSSR. Mašiny vyčislitel'nye ėlektronnye cifrovye. Terminy i opredelenija, Moskva 1974, (GOST 15971-74, jan. 1976. Replaces GOST 15971-70), 14 p.
E-R

GOSUDARSTVENNYJ KOMITET STANDARTOV Soveta ministrov SSSR. Usiliteli operacionnye. Terminy i opredelenija, Moskva 1973, (GOST 18421-73, jan. 1974), 11 p.

GOSUDARSTVENNYJ KOMITET STANDARTOV Soveta ministrov SSSR. Sredstva kopirovanija i operativnogo razmnoženija dokumentov. Terminy i opredelenija, Moskva 1977, (GOST 22600-77, jul. 1978), 5 p.

GOSUDARSTVENNYJ KOMITET STANDARTOV Soveta ministrov SSSR. Zapis' i vosproizvedenie informacii. Terminy i opredelenija, Moskva 1974, (GOST 13699-74, jul. 1975. Replaces GOST 13699-68), 78 p. D-E-F-R

GOSUDARSTVENNYJ KOMITET STANDARTOV Soveta ministrov SSSR. Sredstva gidroakustičeskie i ich sostavnye časti. Terminy i opredelenija, Moskva 1977, (GOST 22547-77, jul. 1978), 10 p.

IRS. Maşini-unelte cu comandă numerica. Terminologie, (Numerically controlled machine tools. Terminology), Bucureşti 1972, (STAS 9311-73, mai 1973), 14 p.
D-E-F-Ro-R

IRS. Electroacustică. Aparate şi sisteme. Terminologie, (Electroacustics. Apparatus and systems. Terminology), Bucureşti 1971, (STAS 6533-71, jul. 1972. Replaces STAS 6533-62), 18 p.
D-E-F-Ro-R

KOCAR', Ė.B. Razvitie reči na materiale teksta po special'nosti (ĖVM), in: RJaZR, 2/1983, 33-40

KOMITET STANDARTOV, MER I IZMERITEL'NYCH PRIBOROV pri Sovete ministrov SSSR. Pribory dlja izmerenija raschoda i količestva židkosti, gaza i para. Terminy i opredelenija, Moskva 1970, (GOST 15528-70, jul. 1970), 9 p.

KOMITET STANDARTOV, MER I IZMERITELNYCH PRIBOROV pri Sovete ministrov SSSR. Mašiny vyčislitel'nye. Terminy, Moskva 1970, (GOST 15971-70, jan. 1971), 16 p.
E-R

KOMITET STANDARTOV, MER I IZMERITEL'NYCH PRIBOROV pri Sovete ministrov SSSR. Oborudovanie dlja izgotovlenija stereotipnych matric. Terminy, Moskva, (GOST 14754-69, jan. 1970), 5 p.
E-R

KOMITET STANDARTOV, MER I IZMERITEL'NYCH PRIBOROV pri Sovete ministrov SSSR. Zapis' i vosproizvedenie informacii. Terminy, Moskva 1968, (GOST 13699-68, jan. 1969), 46 p.

KUNATH, J. Zur semantischen und syntaktischen Valenz des Verbs in russischsprachigen Texten der Informationsverarbeitung, Leipzig 1984, Diss.

MATORINA, L.V. Tezaurusnye metody v anglo-russkom mašinnom perevode (na materiale terminologii po vyčislitel'noj technike), Leningrad 1983, akd

OSS. Analiza, prelucrarea, transmiterea informaţiilor şi utilajul respectiv. Terminologie, (Data analysis, processing, transmission and related equipment. Glossary of terms), Bucureşti 1970, (STAS 8590-70, jun. 1971), 76 p.
D-E-F-Ro-R

PKN. Maszyny matematyczne. Taśmy magnetyczne. Nazwy i określenia, (Calculateurs. Bandes magnétiques. Termes et définitions), Warszawa 1968, (PN-68/M-42104, juil. 1969), 5 p.
D-E-F-R-Pl

PKNiM. Taśmy dziurkowane. Nazwy i określenia, (Bandes perforées. Termes et définitions), Warszawa 1974, (PN-74/T 42102, jan. 1975. Remplace PN-68/M-42102), 2 p.
D-E-F-R-Pl

PKNiM. Taśmy magnetyczne cyfrowe. Nazwy i określenia, (Bandes magnétiques numériques. Termes et définitions), Warszawa 1974, (PN-74/T-42104, jul. 1975. Remplace PN-68/M-42104), 5 p.
D-E-F-R-Pl

SOVET ĖKONOMIČESKOJ VZAIMOPOMOŠČI. Perfolenty. Razmery. Terminologija, Moskva 1964, (RS 196-64, dec. 1966), 2 p.

SOVET ĖKONOMIČESKOJ VZAIMOPOMOŠČI. Perfokarty. Razmery. Terminologija, Moskva 1964, (RS 197-64, dec. 1966), 3 p.

SOVET ĖKONOMIČESKOJ VZAIMOPOMOŠČI. Mašiny vyčislitel'nye. Ustrojstva vnešnie zapominajuščie na magnitnom barabane. Terminologija. Osnovnye parametry. Techničeskie trebovanija, Moskva 1969, (RS 2179-69, dec. 1970), 9 p.

ÚNM. Mechanizace řízení a správy stroji na děrné štítky. Názvosloví, (Mécanisation de la gestion et de l'administration par machines à cartes perforées. Terminologie), Praha 1971, (ČSN 178005, oct. 1972. Cette norme remplace ČSN 178005, mai 1965), 102 p.
D-E-F-R-Cs-Sk

ÚNM. Stroje na zpracování informací. Názvosloví číslicových a analogových počítačů, (Machines de traitement de l'information. Terminologie relative aux calculateurs digitaux et analogiques), Praha 1965, (ČSN 178008, fév. 1966. Remplace ČSN 016928, déc. 1959), 97 p.
D-E-R-Cs-Sk

VNIIKI. Naučno-techničeskaja terminologija. Sbornik standartizovannych i rekomenduemych terminov v 10 tomach. Tom 6. Čast' 1. Kontrol'noizmeritel'nye pribory i apparaty. Ėlektronnaja technika. Radioėlektronika i svjaz', Moskva 1970, 467 p.
D-E-F-R

VNIIKI. Naučno-techničeskaja terminologija. Sbornik standartizovannych i rekomenduemych terminov v 10 tomach. Tom 6. Čast' 2. Kontrol'noizmeritel'nye pribory i apparaty. Ėlektronnaja technika. Radioėlektronika i svjaz', Moskva 1970, 248 p.
D-E-F-R

2.2.9.7. SCHMIEDEGEWERBE, HUFBESCHLAG, EISENWAREN, SCHLOSSEREI

FAJNGERŠ, S., IVANOV, A.A. Sbornik tekstov i upražnenij po russkomu jazyku (slesarnoe delo), Moskva 1987

2.2.9.8. MÖBELINDUSTRIE

DKS. Obkov stroitelen i mebelen. Terminologija, (Building and furniture casing. Terminology), Sofija 1975, (BDS 13163-75, jul. 1976), 27 p.
D-E-F-R-Bg

GOSUDARSTVENNYJ KOMITET STANDARTOV Soveta ministrov SSSR. Proizvodstvo mebel'noe. Produkcija. Terminy i opredelenija, Moskva 1976, (GOST 20400-74, jan. 1976), 14 p.
D-E-R

2.2.9.9. VERPACKUNGSINDUSTRIE, CONTAINER, TRANSPORT- UND SPEICHERBEHÄLTER

GOSUDARSTVENNYJ KOMITET STANDARTOV Soveta ministrov SSSR. Tara proizvodstvennaja i stellaži. Terminy i opredelenija, Moskva 1973, (GOST 18338-73, jan. 1974), 8 p.

GOSUDARSTVENNYJ KOMITET STANDARTOV Soveta ministrov SSSR. Tara transportnaja. Terminy i opredelenija, Moskva 1974, (GOST 20185-74, jul. 1975), 2 p.
D-E-F-R

GOSUDARSTVENNYJ KOMITET STANDARTOV Soveta ministrov SSSR. Jaščiki derevjannye. Proizvodstvo. Terminy i opredelenija, Moskva 1975, (GOST 20767-75, jan. 1976), 13 p.

GOSUDARSTVENNYJ KOMITET STANDARTOV Soveta ministrov SSSR. Kontejnery gruzovye. Terminy i opredelenija, Moskva 1974, (GOST 20231-74, jan. 1976), 12 p.
D-E-R

GOSUDARSTVENNYJ KOMITET STANDARTOV Soveta ministrov SSSR. Komplekty upakovočnye transportnye dlja radioaktivnych veščestv. Terminy, opredelenija i priznaki klassifikacii, Moskva 1975, (GOST 12916-75, jul. 1976. Replaces GOST 12916-67), 5 p.
E-F-R

GOSUDARSTVENNYJ KOMITET STANDARTOV Soveta ministrov SSSR. Upakovka. Obščie ponjatija. Terminy i opredelenija, Moskva 1972, (GOST 17527-72, jan. 1973), 6 p.
D-E-F-R

GOSUDARSTVENNYJ KOMITET STANDARTOV Soveta ministrov SSSR. Oborudovanie specializirovannoe kontejnernoj transportnoj sistemy. Terminy i opredelenija, Moskva 1975, (GOST 21390-75, jan. 1977), 7 p.
D-E-R

ISO. Terminology relating to freight containers, Genève 1968, (ISO/R 830-1968), 12 p.
E-F-R

JZS. Ambalaža. Termini na ambalaži koji se odnose na rukovanje, transport, skladištenje i čuvanje, (Emballages. Terminologie du marquage pour manutention, transport et stockage), Beograd, (JUS D.F. 0.012.1975, oct. 1975), 2 p.
D-E-F-I-S-R-Sh

KOMITET STANDARTOV, MER I IZMERITEL'NYCH PRIBOROV pri Sovete ministrov SSSR. Processy upakovki, upakovočnye mašiny i ich funkcional'nye ustrojstva. Terminy i opredelenija, Moskva 1970, (GOST 16299-70, jul. 1971), 6 p.

SOVET ĖKONOMIČESKOJ VZAIMOPOMOŠČI. Upakovka. Terminologija. Obščie ponjatija, Moskva 1969, (RS 2233-69, dec. 1971), 1 p.

SOVET ĖKONOMIČESKOJ VZAIMOPOMOŠČI. Tara. Terminologija. Obščie ponjatija, Moskva 1969, (RS 2268-69, dec. 1971), 3 p.

SOVET ĖKONOMIČESKOJ VZAIMOPOMOŠČI. Tara. Osnovnye vidy. Terminologija, Moskva 1971, (RS 3312-71, dec. 1973), 5 p.

SOVET ĖKONOMIČESKOJ VZAIMOPOMOŠČI. Upakovočnye sredstva vspomogatel'nye. Terminologija. Osnovnye ponjatija, Moskva 1971, (RS 3313-71, dec. 1973), 6 p.

SOVET ĖKONOMIČESKOJ VZAIMOPOMOŠČI. Upakovočnye materialy. Terminologija. Osnovnye ponjatija, Moskva 1971, (RS 3314-71, dec. 1973), 2 p.

SOVET ĖKONOMIČESKOJ VZAIMOPOMOŠČI. Upakovanie. Terminologija. Osnovnye ponjatija, Moskva 1971, (RS 3315-71, dec. 1973), 4 p.

TIMMEL, G. Wortliste Container (D-R), in: FS, 2/1977, 150-151

ÚNM. Názvosloví obalové techniky. Názvy obalů, (Terminologie relative à la technique d'emballage. Termes d'emballage), Praha 1969, (ČSN 770001, jan. 1970. Cette norme remplace ČSN 019900, mai 1960, partie IV, A, B), 15 p.
D-E-F-R-Cs-Sk

ÚNM. Názvosloví obalové techniky balicí zařízení a stroje, (Terminologie relative à la technique d'emballage. Appareils et machines d'emballage), Praha 1973, (ČSN 770007, juil. 1974), 16 p.
D-E-R-Cs

ÚNM. Názvosloví obalové techniky vlastnosti a zkoušení obalových prostředků a balení, (Propriétés et essais des emballages. Terminologie), Praha 1973, (ČSN 770005, juin. 1974), 54 p.
D-E-R-Cs-Sk

WORTLISTE Verpackungswesen, (D-R-Cs), in: FS, 1/1974, 76

2.2.10. BAUWESEN, BAUINDUSTRIE, ARCHITEKTUR

ARKAD'EVA, Ė.V Terminologia iskusstva i architektury ital'janskogo proischoždenija v sovremennom russkom jazyke, in: RJaŠ, 6/1973, 81-86

BARUTČEVA, E.A. Iz istorii russkoj zodčeskoj leksiki (XI-XVIII vv.), Moskva 1984, akd

BIRÓ, A. Russische Baufachsprache des 18. Jahrhunderts: dol'žnost' architekturnoj ėkspedicii, Zürich 1982, Diss.

BRUNKE, S., SALZMANN, H., TREUMANN, H. Russisch für das Bauwesen. Lehrmaterial für die Sprachkundigenausbildung Stufe IIb, Leipzig 1980

BUDNIKOV, M.S. Terminologija v oblasti potočnych metodov stroitel'stva, in: SNT Kievsk Inž-Stroit I., 15/1962

CHMELINSKAJA, R.M. Sostav sovremennoj russkoj architekturnoj leksiki, in: Organizacija tekstu. Gramatika i stilistika, Kiev 1979

EGOROV, V.A. Terminologičeskaja sistema predmetnoj oblasti "stroitel'stvo i architektura" (Nemeckij i russkij varianty), Minsk 1973, akd

GOMBOŠ, Ž. Atributivnye slovosočetanija v jazyke russkoj naučno-techničeskoj literatury (na osnove tekstov stroitel'nogo profilja), Moskva 1982, akd

GRINEV, S.V. Problemy normalizacii stroitel'noj terminologii (na materiale sopostavitel'nogo issledovanija kapadskogo i russkogo tezaurusov), Moskva 1977, akd

INSTRUKCIJA po koordinacii perevodov na russkij jazyk inostrannoj naučno-techničeskoj literatury po strojmaterialam, Moskva 1973

ISO. Solid wood paving blocks - Terms and definitions, Genève, (ISO/DIS 5329-1976), 7 p.
E-F-R

ISO. Air distribution and air diffusion - Vocabulary, Genève 1976, (ISO 3258-1976), 33 p.
D-E-F-R

KELDYŠ, V.M. O terminologii v oblasti predvaritel'no-naprjažennogo železobetona, in: Bet Železobet, 7/1957

KOMITET STANDARTOV, MER I IZMERITEL'NYCH PRIBOROV pri Sovete ministrov SSSR. Ustanovki asfal'tosmesitel'nye. Terminy, Moskva 1969, (GOST 14889-69, jan. 1970), 6 p.

MAŠARIPOV, R.R. Stroitel'naja terminologija russkogo jazyka, Taškent 1980, akd

MINAKOVA, N.A. Osobennosti formirovanija russkoj stroitel'noj terminologii, in: Aktual'nye problemy filologii, Moskva 1982

MINAKOVA, N.A. Problemy stanovlenija stroitel'noj terminologii v russkom jazyke, in: Aktual'nye problemy filologii, II, Moskva 1983

MOLČANOVA, L.D. Nazvanija sel'skich žilych i chozjajstvennych stroenij v russkom jazyke XV-XVIII vekov, Moskva 1982, akd

POTSCHKA, E. Russisches Lehrmaterial für Ingenieurschulen, Berufs- und Erwachsenenqualifizierung. Bauwesen, Leipzig 1974

SOVET ĖKONOMIČESKOJ VZAIMOPOMOŠČI. Osnovnye položenija po stroitel'noj fizike. Zaščita zdanij i sooruženij. Gidroizoljacija, Moskva 1962, (RS 262-65), 29 p.

SOVET ĖKONOMIČESKOJ VZAIMOPOMOŠČI. Proektirovanie s primeneniem modelej (maketov, templetov). Osnovnye ponjatija, Moskva 1969, (RS 2237-69, dec. 1971), 5 p.
D-Ro-R-Bg-Cs-Pl-Hu

STARKE, H. Die russische Terminologie des Fachgebietes Hochbau und ihre theoretisch-linguistische Interpretation, Leipzig 1971, Diss.

TNC 58. Glossary of planning and building terms 1975, Stockholm 1975, (Tekniska Nomenklaturcentralen), 200 p.
Sv-E-F-D-R

TNC. Plan-och byggtermer 1975, (Vocabulaire de la planification et des bâtiments), Stockholm 1975, (Tekniska nomenklaturcentralens publikationer N° 58), 98 p.
D-E-Sv-F-R

VNIIKI. Naučno-techničeskaja terminologija. Sbornik standartizovannych i rekomenduemych terminov v 10 tomach. Tom 8: Stroitel'stvo. Lesomaterialy, izdelija iz drevesiny, Moskva 1970, 283 p.
D-E-F-R

WEHDE, S. Thematische Makrostrukturen und ihre sprachliche Realisierung in russischen Fachtexten des Hochbaus, in: Fachtext als Instrument und Resultat kommunikativer Tätigkeit (ed. Gläser, R.), Leipzig 1988, 61-67

ZIRKA, V.V. Strukturno-semantičeskij analiz special'noj glagol'noj leksiki stroitel'nogo proizvodstva v sovremennom russkom jazyke, Dnepropetrovsk 1984, akd

2.3. LANDWIRTSCHAFT

2.3.0. ALLGEMEIN

ALISKEVIČOVÁ, A., BOUDOVÁ, E., TRAPLOVÁ, B. Úvod do ruské zemědělské terminologie, Praha 1968

ANHANG zum Grundstudienprogramm für den Lehrstoffkomplex Russisch. Lexikalisches Minimum Landwirtschaft, gültig für die fachspezifische Ausbildung in den Grundstudienrichtungen Tierproduktion, Veterinärmedizin, Pflanzenbau, Gartenbau, Forstwirtschaft, Ökonomie der Landwirtschaft und Meliorationswesen, Karl-Marx-Stadt 1971

BARTSCH, J. Getreideverarbeitung (R-D), in: FS, 4/1985, 275-276

BOALCH, D.H., JACKS, G.V., et al. Multilingual vocabulary of soil science, Rome 1960, 429 p.
E-F-S-D-Pt-I-Nl-Sv-R

ČAJKINA, JU.I. Nazvanija lic, zanjatych v sel'skom chozjajstve v monastyrskich knigach XVI-XVII vekov, in: Russkaja istoričeskaja leksikologija i leksikografija, III, Leningrad 1984

DEPPE, I., FISCHER, A., MENDEL, L. Russisch für Fachschulen - Landwirtschaft, Leipzig 1981[2]

DMITRENKO, S.N. *Senaž*, in: RR, 3/1976, 155-156

GETREIDEVERARBEITUNG (R-D), in: FS, 4/1985, 275-276

GORINSKIJ, V.N. O techničeskom perevode i referirovanii inostrannych istočnikov po gidrotechnike i melioracii, in: NTI, ser.1, 10/1968, 7-10

GOSUDARSTVENNYJ KOMITET STANDARTOV Soveta ministrov SSSR. Agrometeorologija. Osnovnye ponjatija. Terminy i opredelenija, Moskva 1972, (GOST 17713-72, jul. 1973), 5 p.

GOSUDARSTVENNYJ KOMITET STANDARTOV Soveta ministrov SSSR. Udobrenija i primenenie udobrenij. Terminy i opredelenija, Moskva 1975, (GOST 20432-75, jan. 1976), 15 p.

GRISENKOVA, T.A. Naimenovanie lic, zanimajuščichsja sel'skim chozjajstvom, v istorii russkogo jazyka, Kiev 1977, akd

HAFNER, D. Linguistische Untersuchung und Beschreibung des Fachwortschatzes der Agrarpolitik der KPdSU in der gegenwärtigen Periode, Potsdam 1979, Diss.

IVANOVA, M.A. K voprosu slovoobrazovanija v sel'skochozjajstvennoj terminologii, in: T Gruz Sel'sk I, LXVI, 1965

KECCHOVELI, N.N. Terminologija sel'skogo chozjajstva (R-Grus, Grus-R), Tbilisi 1959, 623 p.

KIRILLOVA, G.M. Posobie dlja obučenija čteniju i perevodu naučnoj literatury po special'nosti "Biologija počv", Moskva 1971, 100 p.

KOMAROVA, Z.I. O sposobach opredelenija terminov v tolkovych slovarjach sovetskogo perioda (na materiale sel'skochozjajstvennych sobstvenno-terminov), in: Leksika. Terminologija. Stili, IV, Gor'kij 1975

KOMAROVA, Z.I. Semantičeskoe protivodejstvie v umen'šitel'nych obrazovanijach suščestvitel'nych (na materiale sel'skochozjajstvennoj leksiki), in: TS, 1981(4), 82-88

KOMITET STANDARTOV, MER I IZMERITEL'NYCH PRIBOROV pri Sovete ministrov SSSR. Sel'skoe chozjajstvo. Zemledelie. Terminy i opredelenija, Moskva 1970, (GOST 16265-70, jul. 1971), 17 p.

LANDWIRTSCHAFT. Sprachführer der Berufe. Deutsch-Russisch (ed. Leibbrandt, G., Vaatz, A.), Berlin 1943, 83 p.

LESNOJ, V.F. O semantičeskoj differenciacii special'noj leksiki sel'skogo chozjajstva, in: Kombinatornaja metodika T.P. Lomteva i nekotorye voprosy prikladnoj lingvistiki, Dnepropetrovsk 1978

LEYN, K. Kleine Wortliste Landwirtschaft (D-R), in: FS, 3/1981, 212-213

MAKSIMOV, B.B. Iz istorii russkoj sel'skochozjajstvennoj terminologii (SUSLON), in: Govory Urala i Zaural'ja, Čeljabinsk 1984

MINIMUM nemeckich special'nych slov po počvovedeniju, Moskva 1938, 17 p.

NURŽANOVA, D.K. Sposoby nominacii v sel'skochozjajstvennoj terminologii, Moskva 1981, akd

ROZANOV, B.G. Počvennaja nomenklatura na russkom i inostrannych jazykach (anglijskom, francuzskom, nemeckom). Rekomendacii k materialam X Meždunarodnogo kongressa počvovedov, Moskva 1974, I: 483 p.; II: 273 p.

STOBERSKI, Z. Terminologie scientifique internationale. Néologismes au cours de l'unification. Soil Science, in: Babel, 1/1981, 51 ff; 2/1981, 118 ff; 3/1981, 180 ff

VEJCMAN, E.A., ZONN, I.S. Perevod i referirovanie naučno-techničeskoj literatury po melioracii i vodnomu chozjajstvu, Moskva 1974, 119 p.

VINIČENKO, G.G. Klassifikacija analiza special'noj leksiki pod"jazyka agronomii, in: Strukturno-verojatnostnyj analiz jazyka po dannym reči, Char'kov 1979

VINIČENKO, G.G. Charakter funkcionirovanija terminologičeskoj leksiki v sisteme pod"jazykov (na materiale leksiki sel'skochozjajstvennogo proizvodstva), Odessa 1981, akd

ZALEWSKA, A. Obučenie special'noj leksike v sel'skochozjajstvennom technikume, in: Język Rosyjski, 1/1979(32), 28-30

2.3.1. LANDWIRTSCHAFTLICHE MASCHINEN UND GERÄTE

AMT FÜR STANDARDISIERUNG. Landmaschinen. Gespannpflüge. Benennungen, Leipzig, (TGL 10 756, mai 1962. Gruppe 324, DDR-Standard), 3 p.
D-E-F-R

AMT FÜR STANDARDISIERUNG. Landmaschinen. Traktorpflüge. Benennungen, Leipzig, (TGL 10 757, mai 1962. Gruppe 324, DDR-Standard), 3 p.
D-E-F-R

DEUTSCHE Verwaltung für Land- und Forstwirtschaft, Abt. Technik. Landwirtschaftliche Maschinenteile. Ihre Bezeichnung in deutscher und russischer Sprache, Berlin 1947, 7 p.

DNA. Landmaschinen. Grasmäher. Schneidwerk für Hoch-, Mittel- und Tiefschnitt. Benennung der Einzelteile, Berlin, (DIN 11 363, jan. 1956), 2 p.
D-E-E/Am-F-R

DNA. Landmaschinen. Mähmaschinen. Mähmesser. Benennung der Einzelteile, Berlin, (DIN 11 364, jan. 1956), 1 p.
D-E-F-R

DNA. Landmaschinen. Mähmaschinen. Mäh-Kurbelstange. Benennung der Einzelteile, Berlin, (DIN 11 365, jan. 1956), 1 p.
D-E-F-R

DNA. Knüpfer zum Bindemäher. Benennung der Einzelteile, Berlin, (DIN 11 368, apr. 1960), 3 p.
D-E-F-R

DNA. Landmaschinen. Grasmäher. Schneidewerk für Hoch-, Mittel- und Tiefschnitt. Benennung der Einzelteile, Berlin/Köln 1956, 2 p.
D-E-E/Am-F-R

GOSUDARSTVENNYJ KOMITET STANDARTOV Soveta ministrov SSSR. Mašiny sel'skochozjajstvennye. Naimenovanija i marki, Moskva 1969, (GOST 2472-69, jul. 1970), 3 p.

IRS. Pluguri pentru tractor. Terminologie, (Tractor ploughs. Terminology), Bucureşti, (STAS 9400-73, sep. 1973), 8 p.
D-E-F-Ro-R

IRS. Maşini agricole. Semănători pentru tractor. Terminologie, (Agricultural machines. Tractor sowing machines. Terminology), Bucureşti, (STAS 9401-73, sep. 1973), 6 p.
D-E-F-Ro-R

KOGOTKOVA, T.S. *Kormozagotovitel'* ili *kormodobytčik*, in: RR, 6/1982, 53-56

LINDNER, U. Wortliste Landtechnik (R-D), in: FS, 3/1962, 238-240

MEYER, H. Geräte für die Bodenbearbeitung. Technischer Fachwortschatz in deutscher und russischer Sprache mit Aussprachebezeichnung und 55 Abbildungen, Berlin 1944, 93 p.

OMIADZE, V.P. Terminologija mechanizacii sel'skogo chozjajstva (R-Grus), Tbilisi 1962, 281 p.

ORAZOVA, Z.A. Strukturno-semantičeskaja charakteristika sostavnych terminov-nazvanij sel'skochozjajstvennych orudij v sovremennom russkom jazyke, in: UZ Turk GU, 2/1967

SERLINA, F.M. Was ist besonders schwer zu übersetzen? Posobie po perevodu nemeckoj techničeskoj literatury po sel'chozmašinostroeniju i obščemu mašinostroeniju, Rostov-na-Donu 1962

STEFFENS, D. Untersuchungen der deutschen und russischen Synonymie im Fachwortschatz des Gartenbaus, Berlin 1974, Humboldt-Universität, Sektion Germanistik, Dipl.

STRAŚ, E. Nazwy zaprzęgów i koni zaprzęgowych w języku rosyjskim i polskim, in: Pr Językozn, 6/1980, 27-39

TITARENKO, R.M. O perevode patentnoj i patentno-juridičeskoj dokumentacii v otrasli sel'skochozjajstvennogo mašinostroenija, in: Povyšenie kačestva perevoda naučno-techničeskoj literatury i dokumentacii. Osobennosti perevoda patentno-licenzionnoj dokumentacii, Tezisy simpoziuma, 23-25 ijunja 1970 g., Čeljabinsk 1970, 27-30

ÚN. Zemědělské stroje a nářadí. Pluhy. Názvosloví, (Equipement et machines agricoles. Charrues), Praha 1955, (ČSN 47 0502, apr. 1956). 10 p.
D-E-F-R-Cs

ÚN. Zemědělské stroje a nářadí. Brány. Rozdělení a názvosloví, (Equipement et machines agricoles. Herses. Classification et terminologie), Praha, (ČSN 47 0510, apr. 1961), 4 p.
D-E-F-R-Cs

ÚN. Zemědělské stroje a nářadí. Smyky. Rozdělení a názvosloví, (Equipement et machines agricoles. Etaupinoires. Classification et terminologie), Praha, (ČSN 47 0525, apr. 1961), 3 p.
D-E-R-Cs

ÚN. Zemědělské stroje a nářadí. Válce. Rozdělení a názvosloví, (Equipement et machines agricoles. Rouleaux. Classification et terminologie), Praha, (ČSN 47 0520, apr. 1961), 4 p.
D-E-F-R-Cs

ÚN. Zemědělské stroje a nářadí. Kultivátory. Rozdělení a názvosloví, (Equipement et machines agricoles. Cultivateurs. Terminologie et classification), Praha, (ČSN 47 0530, feb. 1962), 7 p.
D-E-F-R-Cs

ÚN. Zemědělské stroje a nářadí. Secí stroje. Názvosloví, (Equipement et machines agricoles. Terminologie relative aux semoirs à prouette), Praha, (ČSN 47 3002, apr. 1956), 3 p.
D-E-F-R-Cs

ÚN. Zemědělské stroje a nářadí. Stroje na sklizeň pícnin. Rozdělení a názvosloví, (Equipement et machines agricoles. Machines pour la fenaison. Classification et terminologie), Praha, (ČSN 47 5007, jul. 1962), 10 p.
D-E-F-R-Cs

ÚNM. Zemědělské stroje a nářadí. Tříbodové spojení nesených a návěsných zemědělských strojů a nářadí s traktorem. Rozdělení a názvosloví, (Equipement et machines agricoles. Attelage trois points d'équipement et des machines agricoles pour tracteur. Classifaction et terminologie), Praha, (ČSN 47 0022, feb. 1963), 7 p.
D-E-F-R-Cs

ÚNM. Zemědělské stroje a nářadí. Stroje na sklizeň obilnin, luskovin, olejnin a přadniých rostlin. Rozdělení a názvosloví, (Equipement et machines agricoles. Machines pour la récolte des grains, des légumes secs, des plantes oléagineuses et des plantes à fibres. Classification et terminologie), Praha, (ČSN 47 5008, oct. 1963), 11 p.
D-E-F-R-Cs

ŽELIGOVSKIJ, V.A. O nekotorych techničeskich terminach v sel'skochozjajstvennom proizvodste, in: Mechaniz Elektrifik Soc Sel'sk Choz, 5/1960

2.3.2. PFLANZENKRANKHEITEN, PFLANZENSCHUTZ

BENADY, J., ŠPAČKA, J., ET AL. Zemědělská fytopatologie. Díl 4. Choroby ovocných rostlin, Prag 1962, 1086 p.
L-Cs-Sk-R-Pl-D-Hu-E-F-Ro

BOJŇANSKÝ, V. Názvoslovie viróz rastlín. Terminologija virusnych boleznej rastenij, Praha 1961, 1437-1462
Sk-Cs-R-E-D-L

GOSUDARSTVENNYJ KOMITET STANDARTOV Soveta ministrov SSSR. Zaščita rastenij. Terminy i opredelenija, Moskva 1976, (GOST 21 507-76, jan. 1977), 24 p.

GOSUDARSTVENNYJ KOMITET STANDARTOV Soveta ministrov SSSR. Karantin rastenij. Terminy i opredelenija, Moskva 1975, (GOST 20 562-75, jul. 1976), 10 p.

ISO. Common names for pest control chemicals and plant growth regulators, Genève 1970, (ISO/R 1750-1970. Supersedes ISO Recommendations R 116, 219, 258, 290, 411, 566, 628, 967 to 971, and 1062), 47 p.
E-F-R

ISO. Common names for pest control chemicals and plant growth regulators. Addendum 1 to ISO Recommendations ISO/R 1750, Genève 1970, (ISO/R 1750/A1-1970), 7 p.
E-F-R

ISO. Common names for pest control chemicals and plant growth regulators. Addendum 2 to ISO/R 1750, Genève 1970, (ISO/R 1750/ A2- 1970), 7 p.
E-F-R

ISO. Addendum 3 to ISO Recommendation R 1750. Common names for pest control chemicals and plant growth regulators, Genève 1972, (ISO/R 1750-1970/Add. 3-1972), 7 p.
E-F-R

ISO. Addendum 4 to ISO Recommendation R 1750. Common names for pest control chemicals and plant growth regulators, Genève 1973, (ISO/R 1750-1970/Add. 4-1973), 6 p.
E-F-R

ISO. Addendum 5 to ISO Recommendation R 1750. Common names for pest control chemicals and plant growth regulators, Genève 1973, (ISO/R 1750-1970/Add. 5-1973. Erratum, feb. 1974), 9 p.
E-F-R

ISO. Common names for pest control chemicals and plant growth regulators, Genève, (ISO/R 1750. Draft Addendum 6, dec. 1973), 16 p.
E-F-R

ISO. Common names for pest control chemicals and plant growth regulators, Genève, (ISO/R 1750, Draft Addendum 7, dec. 1973), 7 p.
E-F-R

ISO. Common names for pest control chemicals and plant growth regulators, Genève, (ISO/R 1750, Draft Addendum 8, dec. 1973), 8 p.
E-F-R

JZS. Jedinstveni nazivi za pesticide. Pesticidi za koje se smatra da nisu potrebni. Jedinstveni nazivi. Prva lista, (Noms communs pour les pesticides - Pesticides considérés comme ne nécessitant pas de noms communs - Première liste), Beograd 1971, (JUS H.B5.136, jan. 1972), 5 p.
E-F-R-Sh

JZS. Jedinstveni nazivi za pesticide. Pesticidi za koje se smatra da nisu potrebni. Jedinstveni nazivi. Druga lista, (Noms communs pour les pesticides - Pesticides considérés comme ne nécessitant pas de noms communs - Deuxième liste), Beograd 1971, (JUS H.B5.137, jan. 1972), 2 p.
E-F-R-Sh

JZS. Jedinstveni nazivi za pesticide. Peta lista, (Noms communs des pesticides - Cinquième liste), Beograd 1970, (JUS H.B5.101, sep. 1970), 2 p.
E-F-R-Sh

JZS. Jedinstveni nazivi za pesticide. Šesta lista, (Noms communs des pesticides - Sixième liste), Beograd 1970, (JUS H.B5.102, sep. 1970), 1 p.
E-F-R-Sh

JZS. Jedinstveni nazivi za pesticide. Sedma lista, (Noms communs des pesticides - Septième liste), Beograd 1970, (JUS H.B5.103, sep. 1970), 3 p.

JZS. Jedinstveni nazivi za pesticide. Osma lista, (Noms communs des pesticides - Huitième liste), Beograd 1970, (JUS H.B5.104, sep. 1971), 2 p.
E-F-R-Sh

JZS. Jedinstveni nazivi za pesticide. Deveta lista, (Noms communs des pesticides - Neuvième liste), Beograd 1970, (JUS H.B5.105, jan. 1970), 2 p.
E-F-R-Sh

JZS. Jedinstveni nazivi za pesticide. Deseta lista, (Noms communs des pesticides - Dixième liste), Beograd 1970, (JUS H.B5.106, jan. 1971), 2 p.
E-F-R-Sh

JZS. Jedinstveni nazivi za pesticide. Jedanaesta lista, (Noms communs des pesticides - Onzième liste), Beograd 1970, (JUS H.B5.107, jan. 1971), 2 p.
E-F-R-Sh

JZS. Jedinstveni nazivi za pesticide. Dvanaesta lista, (Noms communs des pesticides - Douzième liste), Beograd 1970, (JUS H.B5.108, jan. 1971), 2 p.
E-F-R-Sh

JZS. Jedinstveni nazivi za pesticide. Trinaesta lista, (Noms communs des pesticides - Treizième liste), Beograd 1970, (JUS H.B5.109, jan. 1971), 2 p.
E-F-R-Sh

JZS. Jedinstveni nazivi za pesticide. Četrnaesta lista, (Noms communs pour les pesticides - Quatorzième liste), Beograd 1971, (JUS H.B5.110, jan. 1972), 3 p.
E-F-R-Sh

JZS. Jedinstveni nazivi za pesticide. Petnaesta lista, (Noms communs pour les pesticides - Quinzième liste), Beograd 1971, (JUS H.B5.111, jan. 1972), 3 p.
E-F-R-Sh

KKSM. Sredstva za zaštita na rastenijata. Kratki naimenovanija, (Means for plant protection. Brief designations), Sofija 1972, (BDS 10123-72, jul. 73), 32 p.
D-E-Ro-R-Bg-Cs-Pl-Hu

PKNiM. Pestycydy. Nazwy zwyczajowe, (Pesticides. Termes communs), Warszawa 1973, (PN-73/C-04640, jan. 1974), 21 p.
D-E-F-Ro-R-Bg-Cs-Pl-Hu

STRACKE, S. Der russische und deutsche Fachwortschatz auf dem Gebiet des Pflanzenschutzes in systematischer und alphabetischer Anordnung, Berlin 1972, Humboldt-Universität, Sektion Gartenbau, Dipl.

ÚN. Zemědělské stroje a nářadí. Zařízení na ochranu rostlin. Rozdělení a názvosloví, (Equipement et machines agricoles. Appareils à protéger les plantes. Classification et terminologie), Praha, (ČSN 47 4410, feb. 1962), 7 p.
D-E-F-R-Cs

2.3.3. PFLANZENBAU

BSI. Nomenclature for spices and condiments, London 1969, (BS 4488: 1969), 18 p.
E-F-L-R

GOSUDARSTVENNYJ KOMITET STANDARTOV Soveta ministrov SSSR. Semena sel'skochozjajstvennych kul'tur. Opredelenie posevnych kačestv semjan. Terminy i opredelenija, Moskva 1974, (GOST 20290-74, jul. 1975) 23 p.
D-E-F-R

GOSUDARSTVENNYJ KOMITET STANDARTOV Soveta ministrov SSSR. Semena sacharnoj svekly. Terminy i opredelenija, Moskva 1975, (GOST 20577-75, jul. 1976), 6 p.

GOSUDARSTVENNYJ KOMITET STANDARTOV Soveta ministrov SSSR. Len-dolgunec. Terminy i opredelenija, Moskva 1975, (GOST 20433- 75, jan. 1976), 17 p.

GOSUDARSTVENNYJ KOMITET STANDARTOV Soveta ministrov SSSR. Svekla sacharnaja. Terminy i opredelenija, Moskva, (GOST 20578-75, jul. 1975), 5 p.

ISO. Spices and Condiments. Nomenclature. First list, Genève 1968, (ISO/R 676-1968), 19 p.
E-F-L-R

NURŽANOVA, D.K. Vygonjajut luk, sveklu, petrušku... (Ispol'zovanie obščeupotrebitel'nych slov v sel'skochozjajstvennoj terminologii), in: RR, 4/1980, 85-87

ORGANIZACIONNYJ KOMITET XII meždunarodnogo kongressa po lugovodstvu. Glossarij. Kratkij russko-anglijskij spravočnyj material po lugovodstvu, Moskva 1974

SCHÄFER, R. Zur Rolle des Verbs bei der Aussagebildung in der fachgebundenen Kommunikation der Pflanzenproduktion im Russischen, I-II, Berlin 1982, Diss.A

2.3.4. BAUMZUCHT, WALD- UND FORSTWIRTSCHAFT, OBSTBAU, WEINBAU

ACHVLEDIANI, R.V., GULISAŠVILI, V.Z. Lesotechničeskaja terminologija (R-Grus, Grus-R), Tbilisi 1968, 336 p.

DKS. D"rvesni vidove. Nomenklatura, (Nomenclature of commercial timbers), Sofija 1974, (BDS 12329-74, jan. 1976), 167 p.
D-E-F-L-R-Bg

GOSUDARSTVENNYJ KOMITET STANDARTOV Soveta ministrov SSSR. Lesovodstvo. Terminy i opredelenija, Moskva 1973, (GOST 18486-73, jan. 1974), 13 p.

GOSUDARSTVENNYJ KOMITET STANDARTOV Soveta ministrov SSSR. Technologija lesozagotovitel'noj promyšlennosti. Terminy i opredelenija, Moskva 1972, (GOST 17461-72, jul. 1972), 17 p.

GOSUDARSTVENNYJ KOMITET STANDARTOV Soveta ministrov SSSR. Oborudovanie lesozagotovitel'noj promyšlennosti. Terminy i opredelenija, Moskva 1972, (GOST 18284-72, jan. 1974), 11p.

GOSUDARSTVENNYJ KOMITET STANDARTOV Soveta ministrov SSSR. Produkcija lesozagotovitel'noj promyšlennosti. Terminy i opredelenija, Moskva 1972, (GOST 17462-72, jul. 1972), 11 p.
D-E-R

IVANOVA, R.JA. Kak nazyvajutsja sorta vinograda, in: RR, 6/1971, 62-66

KERBABAEV, B.B., NIKITIN, V.V. Narodnye i naučnye turkmenskie nazvanija rastenij (Turkm-R), Ašchabad 1962, 170 p.

KERN, Ė.Ė. Derev'ja i kustarniki, ich lesovodstvennye osobennosti, ispol'zovanie i techničeskie primenenija, Moskva/ Leningrad 1925, 79 p.
E-D-F-R-Grus-Nl-Sv-Pt

KOMITET STANDARTOV, MER I IZMERITEL'NYCH PRIBOROV pri Sovete ministrov SSSR. Lesoplav. Terminy i opredelenija, Moskva 1970, (GOST 16032-70, jan. 1971), 21 p.
E-R

KUTUZOV, V.N. Deutsch-russisch-französische und französisch-russisch-deutsche Forst-Terminologie, Sankt Peterburg 1896, 154 p.

LUTOVINOVA, I.S. O starych nazvanijach apel'sina, in: VLU, ser. istorija, jazyk, literatura, 4/1981, 91-93

SPERANSKAJA, N.N. Lesochozjajstvennaja terminologija, Leningrad 1984, akd

ÚNM. Názvosloví v lesním hospodářství, (Terminologie relative à la sylviculture), Praha 1964, (ČSN 48 0000, jan. 1966), 264 p.
D-E-F-R-Cs-Sk

2.3.5. GARTENBAU, ZIERPFLANZEN

AMINOV, CH., GULJAMOV, CH., et al. Russko-uzbekskij terminologičeskij spravočnik po sadovodstvu i vinogradarstvu, Taškent 1964, 182 p.

AUERBACH, F., KRYSZERSKI, M. Yalqût Zĕmahîm (List of flowers), Tel- Aviv 1930, 72 p. D-E-F-L-R-He

EGERT, W. Die Motivationstypen der russischen Mehrworttermini des Gartenbaus, Berlin 1982, Diss.A.

EXPORTKATALOG für Gemüse- und Blumensaatgut aus der Deutschen Demokratischen Republik, Berlin 1957, 83 p. D-L-R-D-F-S

HEINZE, B. Die deutschen drei- und viergliedrigen Komposita in der Fachsprache des Gartenbaus im Vergleich zu ihren russischen Äquivalenten, Berlin 1975, Dipl.

HEYME, E.-B. Der Gebrauch von Fremdwörtern in der russischen und deutschen Fachsprache des Gartenbaus, Berlin 1974, Dipl.

ŠČUR, G.S., VYSOCKAJA, L.I. O specifike jazykovogo funkcionirovanija termina (na materiale florističeskoj terminologii), in: Semiot Inform, 7/1976

TICHONOV, A.N. *Geranevyj* ili *geranievyj* ?, in: RR, 3/1972, 68-70

VOIGT, M. Die zweigliedrigen Komposita im russischen Fachwortschatz des Gartenbaus in Konfrontation mit ihren deutschen Entsprechungen, Berlin 1975, Humboldt-Universität, Sektion Slavistik, Dipl.

2.3.6. TIERZUCHT, VIEHZUCHT, ERZEUGNISSE VON HAUSTIEREN, ZUCHT VON INSEKTEN, JAGD, FISCHEREI, ZUCHT VON FISCHEN UND KREBSTIEREN

BEN-YAMI Russian-English glossary of fishing and related marine terms, London 1975, 190 p. (ISBN 0-7065-1502-1)

D'JAČKOV, I.N., GAEVSKAJA, L.S., ŠAMSUTDINOV, Z.Š. Glossarij: Kratkij russko-anglijskij spravočnyj material po karakulevomu ovcevodstvu, Samarkand 1975, 101 p.

EMEL'JANOVA, I.S., PENINA, I.P., ŠIŠLO, JU.V. Russko-anglijskij razgovornik-spravočnik dlja specialistov rybopromyslovogo flota, Moskva 1982, 149 p.

FREITAG, H., MERIAN, E., ROTH, G. Russisch für die Tierproduktion und Tiermedizin. Lehrmaterial für die Sprachkundigenausbildung Stufe IIb, Leipzig 1982

GONČAROV, V.I. Leksika promyslov v russkom jazyke XVII veka (Rybnaja lovlja, ochota), Kiev 1983, akd

GOSUDARSTVENNYJ KOMITET STANDARTOV Soveta ministrov SSSR. Pticevodstvo. Terminy i opredelenija, Moskva 1973, (GOST 18473-73, jan. 1974), 12 p.

GOSUDARSTVENNYJ KOMITET STANDARTOV Soveta ministrov SSSR. Sel'skoe chozjajstvo. Krolikovodstvo. Terminy i opredelenija, Moskva 1976, (GOST 22294-76, jan. 1978), 5 p.

GOSUDARSTVENNYJ KOMITET STANDARTOV Soveta ministrov SSSR. Sel'skoe chozjajstvo. Zverovodstvo. Terminy i opredelenija, Moskva 1973, (GOST 18567-73, jan. 1974), 18 p.

ISO. Definitions of living animals for slaughter - Porcines, Genève 1976, (ISO 1840-1976. Replaces ISO/R 1840-1970),1p. E-F-R

KIRILLOVA, N.A., KOLOMENSKAJA, L.K. Praktičeskoe posobie po russkomu jazyku dlja studentov-inostrancev veterinarnych i zootechničeskich vuzov, Moskva 1969

KOGOTKOVA, T.S. *Furažnaja korova*, in: RR, 6/1974, 118-120

KOKOJLO, A.V. Iz istorii russkich terminov pčelovodstva, in: Issledovanija po russkomu jazyku, Kiev 1976

KOKOJLO, A.V. Strukturno-semantičeskij analiz promyslovoj terminologii. Nominacija ustroistv dlja žil'ja pčel, in: Issledovanija grammatičeskogo stroja i slovarnogo sostava russkogo jazyka, Kiev 1977

KOMITET STANDARTOV, MER I IZMERITEL'NYCH PRIBOROV pri Sovete ministrov SSSR. Skot dlja uboja. Terminy i opredelenija, Moskva 1970, (GOST 16020-70, jan. 1971), 17 p. D-E-F-R

LORENZ, I. Russische Jagdterminologie. Analyse des Sprachgebrauchs der Jäger, München 1978

MAKAŠVILI, Z. Terminologija po pčelovodstvu (R-Grus, Grus-R), Tbilisi 1972, 421 p.

MEJSNER, Ė., KASEPALU, S. Životnovodčeskie terminy na ėstonskom, nemeckom, anglijskom i russkom jazykach, Tallin, I: Svinovodstvo, 1983, 84 p.

MSZH. Halak elnevezése, (Termes relatifs aux poissons), Budapest 1954, (MNOSZ 19909-54, aug. 1955), 22 p. D-E-F-L-R-Hu

NIKOL'SKIJ, G.V. Spezielle Fischkunde (Častnaja ichtiologija), Berlin 1957, 632 p. R-D-L

NISSEN, J. Welches Pferd ist das? 102 Rassen und Schläge, einschließlich der russischen, Stuttgart 1976^9, 231 p.

ODINCOV, G.F. Iz istorii gippologičeskoj leksiki v russkom jazyke, Moskva 1980, 223 p.
Rez.: VJa, 4/1982, 132-134 (Bel'čikov, Ju.A.)

ROTH, G. Zur aktuellen Satzgliederung in russischsprachigen Texten der Tierproduktion, Leipzig 1980, Diss.

ROTH, G. Die Häufigkeit der Typen der aktuellen Satzgliederung in russischsprachigen Texten der Tierproduktion, in: FS, 4/1981, 227-231

SCHÖPS, P. Die Pelztier- und Fellnamen, Leipzig/Berlin 1949, 9 p.
R-D

VAKUROV, V.N. Iz istorii terminologii rybolovnogo promysla v russkom jazyke (na materiale delovych pamjatnikov XIV-XV vv.), in: Voprosy istorii russkogo jazyka, Moskva 1959

VOLKOVA, O.N. Iz nabljudenij nad leksikoj životnovodstva v russkom jazyke, in: Issledovanija po leksikologii russkogo jazyka, Kiev 1980

2.4. WIRTSCHAFT

2.4.0. ALLGEMEIN

GOSUDARSTVENNYJ KOMITET STANDARTOV Soveta ministrov SSSR. Sistema "Čelovek-mašina". Rabočaja sreda rabočego mesta čeloveka-operatora. Terminy i opredelenija, Moskva 1975, (GOST 21035-75, jul. 1976), 6 p.
E-R

GOSUDARSTVENNYJ KOMITET STANDARTOV Soveta ministrov SSSR. Sistema "Čelovek-mašina". Trenažery. Terminy i opredelenija, Moskva 1975, (GOST 21036-75, jul. 1976), 7 p.
E-R

SKÁCEL, J. Obščestvennye funkcii russkogo jazyka v ČSSR kak važnyj faktor sociolingvističeskoj ėkonomičeskoj integracii, Praga 1980

SKÁCEL, J. Russkij jazyk v mire proizvodstvennogo truda, in: LAB, 63, 1987, 52-56

SZMITKOWSKI-NEUBER, R. Der Rat für Gegenseitige Wirtschaftshilfe und die Sprachmittlung, in: FS, 1/1980, 3-6

2.4.1. VOLKSWIRTSCHAFT

ANDERSSON, CH. Terminy ėkonomičeskoj nauki na ėstonskom, anglijskom, nemeckom i russkom jazykach, Tartu 1980, 47 p.

ANDRIANOV, S.N., SOROKINA, L.I. Učebnik ėkonomičeskogo perevoda. Textbook of Economic Translation, Moskva 1961, 350 p.

ARTEMJUK, N.D., LOGINOVA, K.V. Posobie po ėkonomičeskomu perevodu (nemeckij jazyk), Moskva 1982, 239 p.

BELOVIČOVA, L. Otbor slovarja-minimuma russkoj ėkonomičeskoj terminologii i metodika raboty nad sostavljajuščimi edinicami v slovackoj auditorii, Moskva 1985, akd

BONEV, M. O nekotorych frazeologičeskich sočetanijach v ėkonomičeskoj literature, in: RJaZR, 4/1968, 84-86

DICK, G. Zur Neuauflage des Lehrbuchs "Russisch für Ökonomen", in: Forschungsinformationen des Instituts Fremdsprachen. Hochschule für Ökonomie "Bruno Leuschner", IV, Berlin 1982

DOBROVOL'SKAJA, V.S., KARPOVA, V.L., ŠUBNJAKOVA, A.P. Učebnoe posobie po perevodu naučnych tekstov na nemeckom jazyke - ėkonomika, Moskva 1968

ĖRMATOV, O. Složnye politiko-ėkonomičeskie terminy v "Kapitale" K. Marksa i ich ėkvivalenty v uzbekskom jazyke, Taškent 1985, akd

EROGOVA, A.M. Kurs teorii i praktiki ėkonomičeskogo perevoda s anglijskogo jazyka na russkij, Moskva 1971, 360 p.

EROGOVA, A.M. Teorija i praktika perevoda ėkonomičeskich tekstov s anglijskogo jazyka na russkij, Moskva 1974, 189 p.

EROGOVA, A.M., MOROZOV, V.K. Posobie po perevodu ėkonomičeskoj literatury s anglijskogo jazyka na russkij, Moskva 1973, 151 p.

GERLACH, M.-L. Umgebungsanalyse des Verbs in russischen Texten der Fachsprache der Wirtschaftswissenschaften, Halle 1977, Diss.

FROLOVA, V.I. Sovremennaja russkaja terminologija ėkonomiki socialističeskoj promyšlennosti, Leningrad 1981, akd

KLEJMENOVA, E.P. Sopostavitel'nyj analiz žanra ėkonomičeskoj stat'i i ego realizacija v russkom i anglijskom jazykach, in: Teorija perevoda i sopostavitel'nyj analiz jazykov, Moskva 1985, 68-84

KOSTROMIN, A.A. O nekotorych trudnostjach perevoda ėkonomičeskich tekstov (na materiale nemeckogo jazyka), in: Naučnye zapiski, 27, Taškent 1966, 102-106

LESNEVSKA, D. Modal'nost' neobchodimosti v russkoj i bolgarskoj naučno-ėkonomičeskoj reči, in: Bolg Rus, 6/1988, 72-77

MALINSKI, T. Zu einigen Fragen des Erlernens russischer phraseologischer Wendungen durch Ökonomiestudenten, in: Forschungsinformationen des Instituts Fremdsprachen. Hochschule für Ökonomie "Bruno Leuschner" Berlin, VI, Berlin 1984

MOTHES, I. Untersuchungen zum russischen Fachwortschatz der Ökonomie unter besonderer Berücksichtigung von Wortbildung und Semantik. Anhang I: Häufigkeitsliste zum Terminologischen Minimum Ökonomie, Anhang II: Alphabetische Liste zum Terminologischen Minimum Ökonomie, Zwickau 1981, Diss.A

NESTEROV, P.V. Razvitie rabot po terminologičeskomu obespečeniju naučno-techničeskogo progressa v narodnom chozjajstve, in: NTI, 1/1984

PAN'KO, T.I. Funkcionirovanie politėkonomičeskogo termina, in: Kul'tura slova, Kiev 1982(22), 8-12

PAN'KO, T.I. Rol' russkogo jazyka v formirovanii terminov političeskoj ėkonomii slavjanskich jazykov, in: RJa, 1982(4), 41-49

RUST, A. Untersuchungen zum Wortschatz der russischen Fachsprache der politischen Ökonomie, Zwickau 1977, Diss.

RUST, A. Zum Einfluß des Russischen auf die politökonomische Terminologie in der DDR, in: WZ PH Zwickau, 1/1978

ŠAVERDOVA, L.N. Opyt psicholingvističeskogo issledovanija informacionnych potrebnostej (na materiale naučnogo leksikona jazyka ėkonomiki), Moskva 1981, akd

SOKOLOVA, A.M. K voprosu o mnogoznačnosti termina (na primere ėkonomičeskogo termina), in: Naučnaja literatura. Jazyk, stil', žanry, Moskva 1985, 301-311

TIMOŠENKO, E.G. O terminologizacii nekotorych imen prilagatel'nych v sisteme ėkonomičeskoj terminologii, in: Filologičeskij sbornik, Leningrad 1969

VÁCHA, M. Vztahy antonymie a rozdílu v ruských ėkonomických textech, in: ČSR, 1/1979, 18-25

VITKOVSKAJA, E.V. Javlenie odnorodnosti v obščestvenno-političeskom tekste, in: Russkij jazyk v nefilologičeskom vuze. Sintaksičeskaja osnova obučenija jazyku special'nosti, Moskva 1985

VLADOVA, I. Problema perevoda v učebnikach russkogo jazyka dlja studentov ėkonomičeskich vuzov, in: Pr Nauk AE, LXXXXII, 1976

WORTLISTE Planung und Leitung der Volkswirtschaft (D-R), in: FS, 4/1967, 275-277

2.4.2. BETRIEBSFÜHRUNG UND ORGANISATION VON INDUSTRIE, HANDEL UND VERKEHR

2.4.2.0. ALLGEMEIN

ABRAMOVA, E.K. K istorii otvlečennych suščestvitel'nych v delovom jazyke XVII veka, in: RJa, 1981(2), 32-39

AFANAS'EVA, G.V., EFANOVA, V.I., KULINIČENKO, L.F. Razgovornik dlja rabotnikov predprijatij obščestvennogo pitanija, Kiev 1980[3], 135 p. (1978[2], 135 p.)

BOBUNOVA, A.N., MOROZOV, K. Russian for Businessmen
Rez.: SEEJ, 1/1982, 132-134 (Brougher, V.G.)

CORNILLE, A. Samenstelling en voorstelling van een woordenlijst over de Sovjethandelsterminologie, Bruxelles 1972

ČUVALOVA, M.S. K metodike otbora naibolee upotrebitel'noj leksiki naučno-techničeskogo pod"jazyka ékonomiki promyšlennosti, in: NT MPIIJa, CVII, 1976

DEEVA, T.G. Issledovanie i razrabotka lingvističeskogo obespečenija avtomatizirovannoj sistemy analitičeskich rasčetov (na primere OASU Minvodchoza RSFSR), Moskva 1983, akd

DEM'JANKOV, V.Z. Metod postroenija sistemy avtomatičeskogo lingvističeskogo analiza naimenovanij ékonomičeskich pokazatelej v IPS, ispol'zujuščej estestvennyj jazyk, Moskva 1968

DOBRJAK, V.V. O specifike perevoda terminologičeskich sočetanij v tekstach po ékonomike, torgovle i finansam, in: Osobennosti stilja naučnogo izloženija, Moskva 1976, 227-233

GERASEVA, N.P. Delovye besedy na russkom jazyke, in: RJaZR, 6/1981, 41-44

GORDIENKO, T.V., GOJCHMAN, O.JA. Razgovornik dlja rabotnikov bytovogo obsluživanija, Moskva 1980, 143 p.
R-E-D-F-S

GOSUDARSTVENNYJ KOMITET STANDARTOV Soveta ministrov SSSR. Avtomatizirovannye sistemy upravlenija technologičeskimi processami. Terminy i opredelenija, Moskva 1976, (GOST 17194-76, jul. 1977. Replaces GOST 17 194-71), 12 p.
D-E-F-R

KAGANOV, A.E., KONOVALOVA, M.V., MANYŠKINA, K.G., et al. Razgovornik dlja rabotnikov torgovli, Moskva 1980, 104 p.

KOHLS, S. Russische Geschäftssprache, Düsseldorf 1972², 231 p. (1967)

KOHLS, S. Russisch: Lehrbuch für Wirtschaft und Handel, Leipzig 1968

KOHLS, S., MISGIN, V. Russisch aktiv für Politik, Wirtschaft und Kultur, Leipzig 1985

KOWALSKI, L.H. Russian for business and commerce, in: Bulletin of the Association of Foreign Languages, 6, 1/1974, 42-44

LEHMANN, H. Russisch-deutsche Lehnbeziehungen im Wortschatz offizieller Wirtschaftstexte der DDR (bis 1968), in: Sprache der Gegenwart, 21, Düsseldorf 1972, 447 p.

MECKERT, U. Russisch für das Gaststätten- und Hotelwesen, Berlin 1980 (1978¹, 160 p.)

MŽEL'SKAJA, O.S. Leksika pskovskogo rynka načala XVII veka, in: Severno-russkie govory, IV, Leningrad 1984

RAZGOVORNIK dlja rabotnikov restorana na russkom, anglijskom, francuzskom, ital'janskom, nemeckom i ispanskom jazykach, Moskva 1967, 575 p.

ROSINA, N.V. Obučenie grammatičeskomu aspektu delovoj reči, in: RJaZR, 4/1978, 62-65

RUSSKO-LATYŠSKIJ razgovornik dlja rabotnikov predprijatij obščestvennogo pitanija, Riga 1960, 44 p.

SPRAVOČNIK tovaroveda, Moskva, I: 1955, 620 p.; II: 1955, 348 p.; III: 1956, 614 p.

ÚNM. Názvosloví metod sítové analýzy, (Terminologie relative aux techniques de planification par réseaux linéaires), Praha 1969(CSN 010111, sep. 1970), 28 p.
D-E-R-Cs-Sk

2.4.2.1. AUSSENHANDEL

BAJKOV, A.G. Nekotorye rekomendacii po voprosu povyšenija kačestva perevodov ėksportnoj techničeskoj dokumentacii, in: Voprosy teorii i praktiki naučno-techničeskogo perevoda. Sbornik materialov kratkosročnogo seminara "Problemy kačestva perevoda i povyšenija kvalifikacii perevodčikov naučno-techničeskoj literatury", Moskva 1966

BEL'DJUŠKIN, V.S. Russkij jazyk dlja delovych ljudej. Vystavki, delovye visity, kontrakty, in: RJaZR, 4/1974, 22-30

BEL'DJUŠKIN, V.S., KOL'COVA, A.A. Russkij dlja delovych ljudej. Vnešnetorgovaja korrespondencija. Zapros, in: RJaZR, 6/1976, 44-47

BICEVA-GEORGIEVA, R. Nekotorye semantičeskie osobennosti vnešnetorgovoj leksiki v russkom jazyke, in: Bolg Rus, 1/1981

DE COSTER, M.C. Microglossarium van de Russische buitenlandse handelscorrespondentie en -documentatie (met Nederlandse en Franse woordenlijst), Anvers 1969

DEMINA, L.S. Perevod i oformlenie ėksportnoj techničeskoj i tovaro-soprovoditel'noj dokumentacii na francuzskij jazyk, in: Povyšenie kačestva perevoda naučno-techničeskoj literatury i dokumentacii. Osobennosti perevoda patentno-licenzionnoj dokumentacii, Tezisy simpoziuma, 23-25 ijunja 1970 g., Čeljabinsk 1970, 8-9

ELLIOTT, J.E. Russian for Trade Negotiations with the USSR, Rez.: SEEJ, 4/1982, 499

GORDON, E.I. Iz opyta perevoda na anglijskij jazyk ėksportnoj dokumentacii, in: Vtoroj seminar po voprosam teorii i praktiki perevoda naučnoj i techničeskoj literatury, Tezisy dokladov, Moskva 1969, 6-7

GOSUDARSTVENNYJ KOMITET STANDARTOV Soveta ministrov SSSR. Dokumentacija vnešnetorgovaja. Osnovnye ponjatija. Terminy i opredelenija, Moskva 1973, (GOST 18861-73, jul. 1975), 13 p.
D-E-F-S-R

MARKOVA, N.N. Specifika perevoda éksportnoj techničeskoj dokumentacii v uslovijach zavoda i puti povyšenija ee kačestva, in: Voprosy teorii i praktiki naučno-techničeskogo perevoda, Materialy k kratkosročnomu seminaru, 28-30 maja 1968 g., Leningrad 1968, 115-126

MARKOVA, N.N. Specifika perevoda čertežej na éksport, in: Pervaja naučno-metodičeskaja konferencija po perevodu naučnoj i techničeskoj literatury, Tezisy dokladov i soobščenij, Sverdlovsk 1969, 28-31

MARKOVA, N.N. Specifika perevoda čertežej na éksport, in: Materialy seminara po teorii i praktike naučno-techničeskogo perevoda, Iževsk 1970, 22-40

MONKOŠA-BOGDAN, JA. Internacional'nye abbreviatury terminov v russkoj i pol'skoj vnešnetorgovoj terminologii, in: Przegl Rus, 2/1979

MONKOŠA, JA. K voprosu o grammatičeskoj assimiljacii inojazyčnych terminov (na materiale terminologii vnešnej torgovli russkogo i pol'skogo jazykov), in: Przegl Rus, V, Numer specjalny, póswięcony międzynarodowemu kongresowi rusycystycznemu (MAPRIAŁ), Praga 1982, 1-4(17-20)/1983, 233-242

UNITED NATIONS OFFICE at Geneva. Languages division. Terminology and technical documentation section. International trade documents, Genève, (TERM/23, nov. 1976. Supersedes TERM/21), 73 p.
E-F-S-R

WALTHER, R. Zur Rolle denominaler Präpositionen im fachsprachlichen Bereich der Außenwirtschaft, in: FS, 4/1981, 232-236

2.4.2.2. TRANSPORT, VERKEHR, NACHRICHTENWESEN

AKADEMIJA NAUK SSSR. Komitet techničeskoj terminologii. Osnovnye bukvennye oboznačenija po tjagovym rasčetam suchoputnogo transporta (obščaja čast'), Moskva 1941, (Bjulleten' komiteta techničeskoj terminologii, vypusk XLVII), 4 p.

AKADEMIJA NAUK SSSR. Komitet techničeskoj terminologii. Terminologija železnodorožnoj signalizacii, centralizacii strelok i signalov i blokirovki, Moskva 1939, (Bjulleten' komiteta techničeskoj terminologii, vypusk XXV), 84 p.
D-E-F-R

AKADEMIJA NAUK SSSR. Komitet techničeskoj terminologii. Terminologija železnodorožnoj signalizacii, centralizacii strelok, signalov i blokirovki, Moskva, (Sbornik rekomenduemych terminov, vypusk 10, 1952), 55 p.

AKADEMIJA NAUK SSSR. Komitet techničeskoj terminologii. Terminologija avtoblokirovki, Moskva 1936, (Bjulleten' komiteta techničeskoj terminologii, vypusk VI), 28 p. D-E-F-R

ARDOVSKAJA, P.V. Strukturno-semantičeskie osobennosti prostych i složnych terminologičeskich edinic (na materiale terminologii v oblasti pod"emno-transportnogo oborudovanija), Moskva 1979, akd

AVERY, R. Foreign Influence on the Nautical Terminology of Russian in the Eighteenth Century, in: Oxford Slav Pap, XIV, 1981

BELENKOVA, T.A., BEZKLUBOVA, L.M., VORONINA, L.JA. Russko-anglo-nemeckij razgovornik: Dlja rabotnikov dorožnych organizacij, obsluživajuščich avtomobil'nye dorogi na inturistskich maršrutach, Kiev 1979, 47 p.

BELOUS, V.N., BUROV, B.I., IL'INA, G.N. Russko-anglo-franko-nemeckij avtotransportnyj razgovornik, Moskva 1984, 55 p. (1979, 55 p.)

BĖS, D. Morskie frachtovye i transportnye terminy, in: Morsk Transp, 3/1961

BURKART, G. Wortliste Radar in der Schiffahrt (R-D), in: FS, 1/1964, 71-72; 2/1965, 150-152

ČEREPANOVA, N.M. Stilističeskie funkcii morskoj terminologii, in: Voprosy stilistiki, XIV, Saratov 1978

GENERALOV, B.G., LEVIN, V.P., ŠAŠKOV, A.G. Razgovornik dlja voditelej legkogo avtomobil'nogo transporta, Moskva 1979, 103 p.
R-E-F-D-S

GOBANOVA, R.F., KUZNECOVA, L.M. Russko-anglijskij razgovornik. Dlja bortprovodnikov graždanskoj aviacii, Moskva 1974, 11 p.

GOSUDARSTVENNYJ KOMITET STANDARTOV Soveta ministrov SSSR. Svjaz' počtovaja. Terminy i opredelenija, Moskva 1970, (GOST 16408-70jul. 1971), 23 p.
F-R

HUMS, L. Beiträge zur Erforschung der Fachsprache des Transport- und Nachrichtenwesens in den Fremdsprachen Russisch, Englisch und Französisch, in: WZ HS Verkehrswesen, 2/1976

HUMS, L. Frequenzuntersuchungen zur russischen Terminologie des Transport- und Nachrichtenwesens, in: Arbeitsmat Dölau, XXXXVIII, 1979

ICAO. Aircraft accident data reporting, Montréal, (Terminology Bulletin No.16, mai 1973), 26 p.
E-F-S-R

ICAO. Supersonic transport, Montréal, (Terminology Bulletin No. 18, july 1973), 23 p.
E-R

ICAO. ICAO Lexicon. Volume I - Vocabulary, Montréal, (Doc. 9110, Vol. I, 1974), 325 p. E-F-S-R

IRS. Aparate de semnalizare şi siguranţă pentru căi ferate. Terminologie, (Signaling and security apparatus for railways. Terminology), Bucureşti, (STAS 9995-75, jan. 1975), 20 p.
D-E-F-Ro-R

KLUG, A., WÖLLER, E. Zur Konfrontation deutscher und russischer "Transportverben", in: Semantik, Valenz und Sprachkonfrontation des Russischen und des Deutschen (ed. Mühlner, W., Sommerfeld, K.-E.), Leipzig 1981, 128-143

KOMITET STANDARTOV, MER I IZMERITEL'NYCH PRIBOROV pri Sovete ministrov SSSR. Morskoj transport. Ėkspluatacija transportnogo flota i portov. Terminy i opredelenija, Moskva 1970, (GOST 15831-70, jan. 1971), 12 p.
E-R

KRATKIJ ... razgovornik: Dlja voditelej i drugich rabotnikov, osuščestvljajuščich perevozki passažirov i gruzov v meždunarodnom avtomobil'nom soobščenii, Moskva
russko-finnskij ..., 1977, 32 p.
russko-pol'skij ..., 1976, 32 p.
russko-rumynskij ..., 1976, 24 p.
russko-serbsko-chorvatskij ..., 1977, 32 p.
russko-vengerskij ..., 1977, 32 p.

KULLIK, H. Einführung in die russische Fachsprache des Transport- und Nachrichtenwesens, Leipzig, 1987[7], 143 p. (1981[2], 1972)
Rez.: FS, 1/1974, 68-69 (Lobig, P.)

LANGNER, A. Produktive Wortbildungstypen in der russischen Fachsprache der Seewirtschaft, in: WZ Rostock, GSR, 5/1982

LEDJAEVA, S.D. Naimenovanija lic po vypolnjaemoj funkcii na železnodorožnom transporte, in: Leksika i frazeologija, Kišinev 1973, 3-23

LEDJAEVA, S.D. O "*šlagbaume*" i "*semafore*", in: RJaŠ, 2/1973, 96

LEYN, K. Kleine Wortliste Straßenverkehr (D—R), in: FS, 2/1981, 140-142

MANUILOV, S.V., MINENKOVA, V.A., PAULINA, V.I. Russko-anglijskij razvornik: Dlja voditelej i drugich rabotnikov, osuščestvljajuščich perevozki passažirov i gruzov v meždunarodnom avtomobil'nom soobščenii, Moskva 1977- 103 p.

MART'JANOV, V.N. O naimenovanii russkich bortnych znamen, in: Problemy sovremennoj i istoričeskoj leksikologii, Moskva 1979

NATIONS UNIES. Division linguistique. Section de terminologie et de documentation technique. Navigation intérieure. Lexique trilingue, Genève, (TERM/15, jun. 1974. Remplace Term/7, oct. 1971), 114 p.
E-F-R

PAULINA, V.I. Russko-nemeckij razgovornik: Dlja voditelej i drugich rabotnikov, osuščestvljajuščich perevozki passažirov i gruzov v meždunarodnom avtomobil'nom soobščenii, Moskva 1977, 136 p.

RUSSKO-.... razgovornik: Dlja poezdnych rabotnikov, Moskva
-francuzskij ..., 1980, 101 p.
-ital'anskij ..., 1977, 158 p.
-nemeckij ..., 1980, 92 p.
-serbsko-chorvatskij ..., 1977, 141 p.
-rumynskij ..., 1978, 134 p.

SCHADE, W. Aus dem Straßenverkehr (D-R), in: FS, 3/1959, 24-25; 4/1959, 20-22

ŠILOVA, E.V. O nekotorych osobennostjach dvusostavnych naimenovanij, oboznačajuščich ponjatija počtovoj svjazi, in: NT Kujb PI, CLXXX, 1976

ŠILOVA, E.V. Strukturno-grammatičeskaja charakteristika trechkomponentnych počtovych terminov, in: NT Kujb PI, CLXXX, 1976

ŠILOVA, E.V. Leksiko-tematičeskie gruppy naimenovanij v sostave počtovoj terminologii, in: NT Kujb PI, CCX, 1977

ŠILOVA, E.V. Terminologija počtovoj svjazi v sovremennom russkom jazyke, Moskva 1977, akd

SUDOVCEV, V.A. Učebnoe posobie po perevodu special'noj naučno-techničeskoj literatury v oblasti svjazi, Moskva 1980

TJURINA, L.V. Opyt sopostavitel'nogo analiza francuzskich i russkich morskich terminov, in: Voprosy filologii, III, Leningrad 1978

TJURINA, L.V. Semantičeskie osnovy metaforičeskoj obraznosti terminov (na materiale francuzskich i russkich terminov morskogo dela), in: NT Kujb PI, CCXXIII, 1978

UNION POSTALE UNIVERSELLE. Vocabulaire polyglotte du service postal international I, Berne 1961[3], 171 p.
D-E-F-S-R-C-Ar

UNION POSTALE UNIVERSELLE. Premier supplément au vocabulaire polyglotte du service postal international I,Berne 1963[3],31p.
D-E-F-S-R-C-Ar

UNION POSTALE UNIVERSELLE. Vocabulaire polyglotte du service postal international II, Berne 1962[3], 153 p.
D-E-F-S-R-C-Ar

UNION POSTALE UNIVERSELLE. Premier supplément au vocabulaire polyglotte du service postal international II, Berne 1963[3], 25 p.
D-E-F-S-R-C-Ar

UNION POSTALE UNIVERSELLE. Vocabulaire polyglotte du service postal international III, Berne 1963[3], 147 p.
D-E-F-S-R-C-Ar

UNION POSTALE UNIVERSELLE. Premier supplément au vocabulaire polyglotte du service postal international III, Berne 1963^3, 25 p.
D-E-F-S-R-C-Ar

UNION POSTALE UNIVERSELLE. Vocabulaire polyglotte du service postal international IV, Berne 1963^3, 127 p.
D-E-F-S-R-C-Ar

UNION POSTALE UNIVERSELLE. Premier supplément au vocabulaire polyglotte du service postal international IV, Berne 1963^3, 25 p.
D-E-F-S-R-C-Ar

UNION POSTALE UNIVERSELLE. Vocabulaire polyglotte du service postal international V, Berne 1963^3, 185 p.
D-E-F-S-R-C-Ar

UNION POSTALE UNIVERSELLE. Premier supplément au vocabulaire polyglotte du service postal international V, Berne 1964^3, 33 p.
D-E-F-S-R-C-Ar

UNION POSTALE UNIVERSELLE. Vocabulaire polyglotte du service postal international VI, Berne 1964^3, 131 p.
D-E-F-S-R-C-Ar

UNION POSTALE UNIVERSELLE. Premier supplément au vocabulaire polyglotte du service postal international VI, Berne 1964^3, 21 p.
D-R-F-S-R-C-Ar

UNION POSTALE UNIVERSELLE. Vocabulaire polyglotte du service postal international VII, Berne 1964^3, 125 p.
D-E-F-S-R-C-Ar

UNION POSTALE UNIVERSELLE. Premier supplément au vocabulaire polyglotte du service postal international VII, Berne 1964^3, 21 p.
D-E-F-S-R-C-Ar

UNITED NATIONS OFFICE at Geneva. Language division. Terminology and Technical Documentation Section. Unitized transport. A quadrilingual terminology list, Genève, (TERM/8, dec. 1971), 62 p.
E-F-S-R

UNITED NATIONS OFFICE at Geneva. Language division. Terminology and Technical Documentation Section. Unitized transport. A quadrilingual terminology list. Addendum, Genève, (TERM/8/Add.1), oct. 1972, 62 p.
E-F-S-R

ÚNM. Elektrotechnické názvosloví. Názvosloví železničních zabezpečovacích zařízení, (Terminologie des installations de signalisation et de sécurité pour les chemins de fer), Praha 1976, (ČSN 34 5165, aug. 1977), 44 p. D-E-F-R-Cs-Sk

VNIIKI. Naučno-techničeskaja terminoligija. Sbornik standartizovannych rekomenduemych terminov v 10 tomach, Tom 7: Transportnye sredstva, Moskva 1970

WORTLISTE Nautik-Seezeichen (R-D), in: FS, 2/1962, 107

ZOTOVA, T.F. Sbornik tekstov i upražnenij po russkomu jazyku (avtomobil'nyj transport), Moskva 1981

2.4.2.3. RECHNUNGSWESEN, BETRIEBSWIRTSCHAFT, BESCHAFFUNG, VERTRIEB, WERBUNG

AKADEMIJA NAUK SSSR. Komitet naučno-techničeskoj terminologii. Vsesojuznyj sovet naučno-techničeskich obščestv. Komitet po nadežnosti i kontrolju kačestva produkcii. Nadežnost' techničeskich sistem i izdelij. Osnovnye ponjatija. Terminologija, Moskva 1964, (Sborniki rekomenduemych terminov, vypusk 67), 7 p.

ALEKSANDROVA, N.A. Nekotorye osobennosti reklamnych tekstov, in: Teorija jazykovoj kommunikacii i perevoda naučnoj i techničeskoj literatury, Tezisy dokladov i soobščenij naučno-praktičeskoj konferencii, 29-31 oktjabrja 1974 g., Čeljabinsk 1974, I, 34-35

AMT FÜR STANDARDISIERUNG. Modellprojektierung. Grundbegriffe, Leipzig, (TGL 23 876, Blatt 1, jan. 1972, Gruppe 901 130, DDR-Standard), 6 p.
D-Ro-R-Bg-Cs-Pl

GOSUDARSTVENNYJ KOMITET STANDARTOV Soveta ministrov SSSR. Technologičnost' konstrukcii. Terminy i opredelenija, Moskva 1973, (GOST 18831-73, jan. 1974), 12 p.

GOSUDARSTVENNYJ KOMITET STANDARTOV Soveta ministrov SSSR. Sistema techničeskogo obsluživanija i remonta techniki. Pokazateli dlja ocenki remontoprigodnosti. Terminy i opredelenija, Moskva 1976, (GOST 21623-76, jan. 1976), 17 p.

GOSUDARSTVENNYJ KOMITET STANDARTOV Soveta ministrov SSSR. Edinaja sistema technologičeskoj podgotovki proizvodstva. Operacii mechaničeskoj obrabotki rezaniem. Terminy i opredelenija, Moskva 1972, (GOST 17420-72, jan. 1973), 8 p.

GOSUDARSTVENNYJ KOMITET STANDARTOV Soveta ministrov SSSR. Sistema pokazatelej kačestva produkcii. Mašiny rulevye ėlektro-gidravličeskie i ėlektropnevmatičeskie. Nomenklatura pokazatelej, Moskva, (GOST 4.39-74, jul. 1975), 10 p.

GOSUDARSTVENNYJ KOMITET STANDARTOV Soveta ministrov SSSR. Sistema pokazatelej kačestva produkcii. Tkani chlopčatobumažnye, šelkovye, iz chimičeskich nitej i naznačenija. Nomenklatura pokazatelej, Moskva 1972, (GOST 4.33-72, jan. 1974), 9 p.

GOSUDARSTVENNYJ KOMITET STANDARTOV Soveta ministrov SSSR. Sistema pokazatelej kačestva produkcii. Polotna netkanye tekstil'nye bytovogo naznačenija, Moskva 1972, (GOST 4.34-72, jan. 1974), 3 p.

GOSUDARSTVENNYJ KOMITET STANDARTOV Soveta ministrov SSSR. Kačestvo produkcii. Pokazateli kačestva i metody ocenki urovnja kačestva produkcii. Terminy i opredelenija, Moskva 1970, (GOST 16431-70, jan. 1972), 15 p.

GOSUDARSTVENNYJ KOMITET STANDARTOV Soveta ministrov SSSR. Kačestvo produkcii. Osnovnye ponjatija upravlenija. Terminy i opredelenija, Moskva 1971, (GOST 17341-71, jan. 1973), 13 p.

GOSUDARSTVENNYJ KOMITET STANDARTOV Soveta ministrov SSSR. Sistema pokazatelej kačestva produkcii. Ob"emnyj gidroprivod. Gidroapparatura. Nomenklatura pokazatelej, Moskva 1973, (GOST 4.37-73, jan. 1975), 3 p.

GOSUDARSTVENNYJ KOMITET STANDARTOV Soveta ministrov SSSR. Techničeskaja diagnostika. Osnovnye terminy i opredelenija, Moskva 1975, (GOST 20911-75, jul. 1976), 14 p.
D-E-F-R

GOSUDARSTVENNYJ KOMITET STANDARTOV Soveta ministrov SSSR. Sistema pokazatelej kačestva produkcii. Ob"emnyj gidroprivod. Nasosy i gidromotory. Nomenklatura pokazatelej, Moskva 1973, (GOST 4.38-73, jan. 1975), 3 p.

GOSUDARSTVENNYJ KOMITET STANDARTOV Soveta ministrov SSSR. Sistema techničeskogo obsluživanija i remonta techniki. Terminy i opredelenija, Moskva 1973, (GOST 18322-73, jan. 1974), 9 p.

GOSUDARSTVENNYJ KOMITET STANDARTOV Soveta ministrov SSSR. Mašiny vyčislitel'nye. Pomechi. Terminy i opredelenija, Moskva 1974, (GOST 19542-74, jan. 1975), 7 p.
D-E-R

KKSM. Statističeski kontrol na kačestvoto. Termini, opredelenija i označenija, (Statistical quality control. Terms, definitions and marketing), Sofija 1971, (BDS 9293-71, jan. 1973), 7 p.
E-F-R-Bg

KOCHTEV, N.N., ROZENTAL', D.E. Jazyk reklamnych tekstov, Moskva 1981

KOMITET STANDARTOV, MER I IZMERITEL'NYCH PRIBOROV pri Sovete ministrov SSSR. Kačestvo produkcii. Terminy, Moskva 1970, (GOST 15467-70, jan. 1971), 9 p.

KOMITET STANDARTOV, MER I IZMERITEL'NYCH PRIBOROV pri Sovete ministrov SSSR. Kačestvo produkcii. Statističeskie metody upravlenija kačestvom. Terminy, Moskva 1970, (GOST 15895-70, jan. 1971), 16 p.
D-E-F-S-R

KOMITET STANDARTOV, MER I IZMERITEL'NYCH PRIBOROV pri Sovete ministrov SSSR. Kačestvo produkcii. Obščie ėrgonomičeskie pokazateli. Terminy, Moskva 1970, (GOST 16035, jan. 1971), 3 p.

MARKOV, G.M. Alljuzija i variacii rečenij kak stilističeskij priem žanra promyšlennoj reklamy, in: Pervaja naučno-metodičeskaja konferencija po perevodu naučnoj i techničeskoj literatury, Tezisy dokladov i soobščenij, Sverdlovsk 1969, 17-19

MARKOV, G.M. O reklamnoj napravlennosti techničeskoj dokumentacii ėksportnogo oborudovanija, in: Pervaja naučno-metodičeskaja konferencija po perevodu naučnoj i techničeskoj literatury, Tezisy dokladov i soobščenij, Sverdlovsk 1969, 25-28

PKN. Statystyczna kontrola jakości. Nazwy, określenia i symbole, (Contrôle statistique de la qualité. Termes, définitions et symboles), Warszawa 1971, (PN-7/01-N-03000, jul. 1972), 32 p.
E-R-Pl

ŠEMJAKIN, S.M. O stile reklamy, in: Osobennosti funkcional'nych stilej naučno-techničeskoj literatury i delovoj dokumentacii, Tezisy dokladov i soobščenij naučno-techničeskogo seminara, 9-11 oktjabrja 1973 g, Čeljabinsk, 1973, 44-47

ŠESTAKOVA, I.G. O sintaksičeskich stilističeskich sredstvach naučno-techničeskogo reklamnogo teksta, in: Soderžatel'nyj analiz osnovnych jazykovych edinic, Barnaul 1981

ŠKOL'NIK, L.S., TARASOV, E.F. Jazyk ulicy, Moskva 1977, 62p.

SOVET ĖKONOMIČESKOJ VZAIMOPOMOŠČI. Statističeskij kontrol' kačestva. Terminy, opredelenija i oboznačenija, Moskva 1967, (RS 966-67, dec. 1969), 7 p.
E-F-R

2.4.2.4. FINANZWIRTSCHAFT, BANKEN, BÖRSEN, VERSICHERUNGEN, STEUERN

DOBRJAK, V.V. O specifike perevoda terminologičeskich sočetanij v tekstach po ėkonomike, torgovle i finansam, in: Osobennosti stilja naučnogo izloženija, Moskva 1976, 227-233

KOHLS, S. Russisch für den Wirtschafts- und Finanzkaufmann, Berlin 1981[3]

2.4.2.5. BÜROTECHNIK, KORRESPONDENZ

AKUŠINA, A.A., ŠVARCKOPF, B.C. Delovoe pis'mo, in: RJaZR, 3/ 1973, 30-33

BEL'DJUŠKIN, V.S. Russkij jazyk dlja delovych ljudej. Vystavki, delovye visity, kontrakty, in: RJaZR, 4/1974, 22-30

BELOV, A.N., BELOV, V.N. Korrespondencija i deloproizvodstvo, Moskva 1971

DEMIDOVA, A.K., SMIRNOV, Ė. A. Russkaja kommerčeskaja korrespondencija, Moskva 1985, 224 p.

DKS. Edina sistema za unificirana upravlenčeska dokumentacija. Dokumentacija po delovodstvo i agrivno delo. Termini i opredelenija, (Common system for unified management documentation. Documentation of management and organisation of archives. Terms and definitions), Sofija 1976, (BDS 6.25.3.00-76, nov. 1976), 25 p.
D-E-F-R-Bg

HOIER, A. Datenfernverarbeitung, in: FS, 4/1981, 272-288
D-E-R

HÜBLER, W. Ordnungs- und Bildungsmodelle russischer und deutscher Termini aus der Terminologie "Datenübertragung", Berlin 1981, Diss.A

IVANOVA, V.A. Obučenie delovomu pis'mu, in: RR, 4-5/1973, 131-137; 134-141

MERŽEEVSKAJA, A.A. Russkij dlja delovych ljudej. Kommerčeskaja perepiska, in: RJaZR, 6/1975, 23-26

ŠACH-NAZAROVA, V.S. O nekotorych osobennostjach russkich i anglijskich služebnych pisem, in: RJaZR, 1/1968, 80-84

SURMONINA, R.S. Nekotorye osobennosti jazyka kommerčeskich pisem, in: RJaZR, 6/1981, 37-40

UNESCO. Bureau des conférences, des langues et des documents. Politiques de la communication, Paris, (COL-T/TERM/3, jun. 1976), 51 p.
E-F-S-R

VESELOV, P.V. Služebnoe pis'mo, in: RR, 4/1970, 53-58

VESELOV, P.V. Sovremennoe delovoe pis'mo v promyšlennosti, Moskva 1970[2]

VESELOV, P.V. Služebnyj telefonnyj razgovor, in: RR, 5/1971, 58-64

ZIELASKO, G. 100 Briefe Russisch für Export und Import, Berlin/München 1967

2.4.2.6. HAUSWIRTSCHAFT

AFNOR. Couteaux et couverts. Nomenclature multilingue, Paris, (NF D 29-001, dec. 1975), 34 p.
D-E-F-I-S-R

GOSUDARSTVENNYJ KOMITET STANDARTOV Soveta ministrov SSSR. Oborudovanie technologičeskoe dlja predprijatij torgovli i obščestvennogo pitanija. Terminy i opredelenija, Moskva 1977, (GOST 16318-77, jul. 1978. Replaces GOST 16 318-70), 20 p.
D-E-F-R

ISO. Cutlery and flatware - Nomenclature, Genève 1975, (ISO/DIS 4481-1975), 59 p.
D-E-F-I-S-R

KOMITET STANDARTOV, MER I IZMERITEL'NYCH PRIBOROV pri Sovete ministrov SSSR. Izdelija bytovye élektromechaničeskie. Terminy i opredelenija, Moskva 1970, (GOST 16012-70, jan. 1971), 9 p.

KOMITET STANDARTOV, MER I IZMERITEL'NYCH PRIBOROV pri Sovete ministrov SSSR. Ėlektropribory nagrevatel'nye bytovye. Terminy i opredelenija, Moskva 1969, (GOST 15047-69, jul. 1970), 14 p.

SOVET ĖKONOMIČESKOJ VZAIMOPOMOŠČI. Apparaty gazovye bytovye. Terminy i opredelenija, Moskva 1971, (RS 3334-71, dec. 1973), 13 p.

2.5. SOZIALWISSENSCHAFTEN

2.5.0. ALLGEMEIN

ALEKSEENKO, M. Nekotorye osobennosti obrazovanija terminov gruppy "nazvanie lica po priznaku social'no-političeskoj prinadležnosti" v russkom jazyke konca XIX veka - pervoj četverti XX veka, in: LAB, XXII, 1979, 83-95

STEPANJAN, A.G. Stanovlenie terminov *moral'* i *nravstvennost'* v russkom jazyke, in: RJa, 1984(8), 42-47

2.5.1. STATISTIK

KOTZ, S. Russian-English, English-Russian glossary of statistical terms, New York 1973 (ISBN 0-02-348030-9)

KOTZ, S. Russian-English, English-Russian glossary of statistical terms, Edinburgh 1971, 87 p. (ISBN 0-05-002446-9)

PAENSON, I. English-French-Spanish-Russian systematic glossary of the terminology of statistical methods, Oxford 1971, 517p.

PKNiM. Rachunek prawdopodobieństwa i statystyka matematyczna. Nazwy, określenia i symbole, (Théorie probabiliste et statistique mathématique. Terminologie), Warszawa 1974,(PN-74/N 01051, jan. 1976. Remplace PN-58/N-01051), 40 p. E-R-Pl

2.5.2. ANTHROPOLOGIE, ETHNOLOGIE, FOLKLORE

ECKERT, R. Zur slawischen Hochzeitsterminologie, in: ZfSl, 2/1956, 185-211

2.5.3. SOZIOLOGIE, SOZIALPOLITIK, GEWERKSCHAFTEN

BAUMANN, K.-D. Ein integrativer Ansatz zur Analyse von Fachkommunikation unter besonderer Berücksichtigung des kommunizierenden Subjekts in ausgewählten Fachtextsorten der Gesellschaftswissenschaften im Englischen und Russischen, Leipzig 1987, Diss.B

BEVERNIS, M. KUSCHFELD, R. Russisch Zyklogramm G (Intensivkurs für gesellschaftswissenschaftliche Disziplinen), Leipzig 1971

ČEREMISINA, V.I., RYVKINA, R.V. K probleme uporjadočenija sistemy naučnych terminov (na materiale sociologii), in: Mesto terminologii v sisteme sovremennych nauk. Naučnyj simpozium (Tezisy dokladov i soobščenij, 24-27 dekabrja 1969 g.), Moskva 1970

ENGELKE, H., KOKOSCHKO, K. Stark frequentierte Prädikate im russischsprachigen gesellschaftswissenschaftlichen Fachtext, in: FS, 4/1979, 284-293

FUHRMANN, W. Spezifische Mittel der Stellungnahme in den gesellschaftswissenschaftlichen Fachsprachen des Russischen, in: Arbeitsberichte, XXXXV, 1977

GURKIN, V.N. K izučeniju social'nych terminov, in: VJa, 2/1975, 62-67

HENGST, K. Konfrontative Analyse der Wortbildungsstruktur zweigliedriger gesellschaftswissenschaftlicher Termini im Russischen und Deutschen, in: WZ PH "Ernst Schneller", Zwickau 1980, 1-2

INTERNATIONAL CENTRE FOR THE TERMINOLOGY OF THE SOCIAL SCIENCES. English-French-German-Russian glossary of workers' participation, Genève 1972

IVANOV, V.V., TOPOROV, V.N. K istokam slavjanskoj social'noj terminologii, in: Slavjanskoe i balkanskoe jazykoznanie. Jazyk v ėtnokul'turnom aspekte, IX, Moskva 1984, 87-98

JÜRGEN, A. Zur formalen Struktur und zur Semantik von Funktionsverbgefügen in gesellschaftswissenschaftlichen Fachsprachen des Russischen, I-II, Erfurt-Mühlhausen 1983, Diss.A

KOLBASOVA, T.P. K voprosu o social'no-professional'noj differenciacii jazyka (na materiale sovremennoj obščestvennoj terminologii russkogo jazyka), in: Problemy vnutrennej i vnešnej lingvistiki, Moskva 1978

LEJČIK, V.M. Osobennosti terminologii obščestvennych nauk i sfery ee ispol'zovanija, in: Jazyk i stil' naučnogo izloženija. Lingvističeskie issledovanija, Moskva 1983

LEHNERT, G. Die häufigsten Wortbildungstypen des Russischen im Bereich der Gesellschaftswissenschaften, in: WZ PH "Ernst Schneller", Zwickau, 14, 1978, 1

MÜLLER, K. Übersicht über die Aufnahme sozialer Termini altgriechischen Ursprungs als Fremd- und Lehnwörter in die russische Sprache von den Anfängen bis heute, in: Soziale Typenbegriffe im alten Griechenland und ihr Fortleben in den Sprachen der Welt, VI: Das Fortleben altgriechischer sozialer Typenbegriffe in den Sprachen der Welt,1, Berlin 1982

NAGORR, K. Funktionalstilistische und linguistische Besonderheiten beim Übergang vom Satzschluß zum Satzanfang in russischen Texten der sozialistischen Arbeitswissenschaften, Halle 1973, Diss.

NAGORR, K. Verflechtungserscheinungen in Redeeinheiten wie Satz und Absatz in russischsprachigen Texten der sozialistischen Arbeitswissenschaften, in: Arbeitsmat Dölau,XXII, 1974

NOTKIN, B.I. Social'no-ėkonomičeskie terminy s različnymi konceptual'nymi značenijami v marksistskoj i buržuaznoj literature, in: Voprosy filologii i metodiki prepodavanija inostrannych jazykov, Moskva 1979

PANOVA, I.I. Kommunikativno-sintaksičeskij aspekt issledovanija referatov po obščestvennym naukam, in: Referirovanie v obščestvennych naukach, Moskva 1982

PAPKO, M.L. Nekotorye osobennosti semantiki termina (na materiale social'no-ėkonomičeskoj terminologii), in: SNT MPIIJa, CLXXVII, 1981

PROBLEME der Übersetzung gesellschaftswissenschaftlicher Texte, Berlin 1983

REFERIROVANIE v obščestvennych naukach, Moskva 1982

RUST, A. Russischer Wortschatz Gesellschaftswissenschaften. Überblick zur Morphologie, Wortbildung und Semantik, Berlin 1979

RUST, A. Erkenntnisse an den Fachsprachen der Gesellschaftswissenschaften (Russisch), in: WZ PH Zwickau, 1/1982

ŠČERBAKOV, A.B. Iz istorii termina "*tvorčeskaja individual'nost'*", in: NDVŠ FN, 5/1986, 43-48

SEIFERTH, TH. Zur Rolle der Konjunktion in russischen Texten der sozialistischen Arbeitswissenschaften, Halle 1976, Diss.

ŠERŠOVA, A.V. Lingvostilističeskie osobennosti referatov v oblasti obščestvennych nauk, in: Referirovanie v obščestvennych naukach, Moskva 1982

ŠERŠOVA, A.V. Stilističeskie osobennosti referatov v oblasti obščestvennych nauk, Moskva 1983, akd

TEORIJA i metodika slovarnych informacionno-poiskovych jazykov po obščestvennym naukam, Moskva 1975

VILENSKAJA, S.K. Lingvističeskoe obespečenie avtomatizirovannoj sistemy informacii po obščestvennym naukam. Sostojanie razrabotki i perspektivy razvitija, in: Vsesojuznoe soveščanie po problemam avtomatizacii informacionnych processov v oblasti obščestvennych nauk. Metodičeskie materialy, I, Moskva 1979

VSESOJUZNOE soveščanie po problemam avtomatizacii informacionnych processov v oblasti obščestvennych nauk. Metodičeskie materialy, I, Moskva 1979

2.5.4. PSYCHOLOGIE

APPEL, D. Untersuchungen zur Häufigkeit der Lexik in russischsprachigen Fachtexten der Psychologie, Leipzig 1977, Dipl.

BALAKER, Z. Struktura i funkcionirovanie russkoj psichologičeskoj terminologii, Moskva 1982, akd

ENKE, B. Zur linguistischen Analyse und Darstellung des terminologischen Systems der marxistisch-leninistischen Psychologie im Russischen und Deutschen, Leipzig 1980, Diss.

MEDVEDEV, V.I., PARAČEV, A.M. Terminologija inženernoj psichologii, Leningrad 1971

2.5.5. ERZIEHUNGSWISSENSCHAFTEN

DANILENKO, V.P. *Zaočnoe obrazovanie* i *zaočnoe obučenie*, in: RR, 5/1974, 145-147

INFORMACIONNO-POISKOVYE sistemy v pedagogike, Moskva 1978

KAPACINSKAJA, E.V. Terminy v praktike škol'nogo obučenija, in: Terminy v jazyke i reči, Gor'kij 1984

KUZNECOV, O.A., KVIRTIJA, L.D. Soderžanie ponjatijnogo apparata naučnoj leksiki po informacionnym sistemam i poiskovym jazykam v oblasti pedagogiki, in: Informacionno-poiskovye sistemy v pedagogike, Moskva 1978

LINDEMANNN, H. Für Begriffsäquivalenz - gegen Benennungskongruenz: ein Disskussionsbeitrag zu Übersetzungsvarianten im Bildungswesen, in: FS, 1/1985, 37-40

RUST, A. Untersuchungen zum Prädikat im gesellschaftswissenschaftlichen Fachtext (Orientierungsstudie unter textlinguistischem Aspekt dargestellt an russischen Fachtexten der Pädagogik), in: WZ PH Zwickau, 1/1983

RUST, A. Erkenntnisgewinnung durch Anwendung der kumulativen Textanalyse, dargestellt an russischsprachigen Fachtexten der Pädagogik, in: Fachtext als Instrument und Resultat kommunikativer Tätigkeit (ed. Gläser, R.), Leipzig 1988, 89-98

SKVORCOV, L.I. Kto takoj abiturient?, in: RR, 4/1971, 81-82

ŠUVALOVA, L.P. Terminologija učebnogo oborudovanija (na materiale russkogo jazyka. Trebovanija k terminu), in: Pedagogika vysšej školy, IV, Minsk 1979

TERMINOLOGISCHES Minimum Pädagogik R/D und D/R, Potsdam 1978

TERMINOLOGY. Special education (ed. Brunet, L. et al.), Paris 1977, 368 p.
E-Sv-F-R

2.5.6. INFORMATIONSWISSENSCHAFT, KOMMUNIKATION

2.5.6.0. ALLGEMEIN

AGUR, U. Terminologija po peredače dannych, Tallin 1974, 50 p.
Estn-R-E-D

HOIER, A. Datenfernverarbeitung, in: FS, 4/1981, 272-288
D-E-R

HÜBLER, W. Ordnungs- und Bildungsmodelle russischer und deutscher Termini aus der Terminologie "Datenübertragung", Berlin 1981, Diss.A.

KUNATH, J. Zur semantischen und syntaktischen Valenz des Verbs in russischsprachigen Texten der Informationsverarbeitung, Leipzig 1984, Diss.A

LEJČIK, V.M., SMIRNOV, I.P., SUSLOVA, I.M. Terminologija informatiki (Teoretičeskie i praktičeskie voprosy), Moskva 1977

POLUŠKIN, V.A., ŽDANOVA, G.S. O razvitii terminologičeskoj raboty v informatike, in: Teoretičeskie osnovy naučnoj informacii, Moskva 1975

STOBERSKI, Z. International scientific terminology and neologisms in the course of unification. Informatics, in: Babel, 1/1980, 42 ff; 2/1980, 115 ff; 3/ 1980, 167 ff

UNESCO. Bureau des conférences, des langues et des documents. Politiques de la communication, Paris, (COL-T/TERM/3, jun. 1976), 51 p.
E-F-S-R

2.5.6.1. MASSENMEDIEN

2.5.6.1.0. ALLGEMEIN

BACH, S.A., SIROTININA, O.B. et al. Izmenenija v jazyke publicistiki (na materiale meždunarodnych obzorov), in: Voprosy stilistiki, III, Saratov 1969

BAUER, H.-J. Zum Funktionalstil der Publizistik im Russischen und seinen lexikalischen Besonderheiten, in: WZ PH Magdeburg, 5/1975

BLAGOVA, N.G. Naučno-techničeskie terminy v sovremennoj chudožestvennoj i publicističeskoj reči (Semantičeskaja charakteristika), Leningrad 1976, akd

DRONJAEVA, T.S. Semantičeskaja struktura i stilističeskie funkcii povestvovatel'noj kompozicionno-rečevoj formy (na materiale publicistiki), Moskva 1983, akd

DUBJAGO, A.I. Semantičeskie i émocional'no-ékspressivnye izmenenija leksiki v publicističeskom stile XIX v., in: Materialy po russko-slavjanskomu jazykoznaniju, Voronež 1982, 39-43

FILIPPOV, V.S. Jazyk sportivnych otčetov, in: RR, 2/1973, 82-84

GLOTOVA, I.P. Semantičeskaja kondensacija v naučnom i publicističeskom stiljach posleoktjabr'skogo perioda, in: Voprosy stilistiki, III, Saratov, 1969

JAZYK i stil' sredstv massovoj informacii i propagandy. Pečat', radio, televidenie, dokumental'noe kino (ed. Rozental', D.Ė.), Moskva 1980, 256 p.
Rez.: SaS, 2/1982, 169-170 (Uhlířová, L.)

KONOVEC, A.F. Funkcional'no-strukturnye osobennosti sovremennoj sovetskoj naučnoj publicistiki, Kiev 1984, akd

KUL'TURA movy žurnalista, I, Minsk 1982

LIŠKOVA, Z. Untersuchungen zur Verständlichkeit der journalistischen Aussage, in: ZPSK, 1/1977

LJAPIDEVSKAJA, N.S. Funkcionirovanie složnopodčinennych predloženij so značeniem celi dejstvija v publicističeskom i naučnom stiljach, in: Jazyk i special'nost. Obučenie russkomu jazyku studentov-nefilologov, Meždunarodnyj simpozium, Baku 1977; und in: RJaZR, 4/1979, 77-80

MAMALYGA, A.I. O stile sredstv massovoj informacii i propagandy v sovremennom russkom jazyke, in: RJa, 1980(1), 32-41

MATERIALY po jazyku publicistiki, Voronež 1972

MOKIENKO, V.M. Frazeologija v sovremennoj publicistike (na materiale russkogo i češskogo jazykov), In: Slavjanskaja Filologija, 1986(5), 42-55

MORGAN, L. Some lexical features of Soviet journalistic writing, in: Melbourne Slavonic Studies, 16/1982, 107-115

PANFILOV, A.K. Istorija stanovlenija publicističeskogo stilja sovremennogo russkogo literaturnogo jazyka, Moskva 1974, akd

RECKER, JA. Sleduet li peredavat' alliteraciju v publicističeskom perevode?, in: TP, 3/1966

REVUCKIJ, O.I. Semantičeskoe obogaščenie imennoj leksiki pod vlijaniem razvitija nauki, techniki i kul'tury. K voprosu o determinologizacii terminov v publicističeskoj reči 70-80 godov XX veka, Kiev 1983, akd

ROGOVA, K.A. Semantičeskie osobennosti publicističeskoj reči, Leningrad 1975

ŠERDAKOVA, L.N., SOBOLEVA, N.P. Ritoričeskij vopros v publicističeskom stile, in: RR, 3/1974, 132-135

SEREBRJAKOVA, I.M. Stilističeskaja obuslovlennost' funkcionirovanija proizvodnych omonimov (na materiale voennych, naučno-techničeskich, publicističeskich i chudožestvennych tekstov anglijskogo i russkogo jazykov), Moskva 1986, akd

SOLGANIK, G.JA. Stil' reportaža, Moskva 1970

STRIŽENKO, A.A. O nekotorych osobennostjach publicističeskogo stilja v sopostavlenii s naučnymi, in: Funkcional'nye stili i prepodavanie inostrannych jazykov, Moskva 1982

ŠVEC, A.V. Publicističeskij stil' sovremennogo russkogo literaturnogo jazyka, Kiev 1979

VAJSBURG, L.M. Referirovanie kak forma raboty nad publicističeskimi naŭno-populjarnymi tekstami, in: IJaŠ, 5/1975

WITTWER, K. Untersuchungen zur Verwendung des Sportwortschatzes im publizistischen Stil der russischen Sprache der Gegenwart, Halle 1984, Diss.

2.5.6.1.1. ZEITUNG

ALEKSEEVA, T.S. Recenzija v gazete (na materialach central'noj obščepolitičeskoj pressy 1979-1983 gg., posvjaščennoj analizu proizvedenij iskusstva i literatury), Moskva 1983, akd

BEL'ČIKOV, JU.A. Terminologičeskaja i proizvodstvenno-professional'naja leksika v gazete, in: Očerki po stilistike russkogo jazyka i literaturnomu redaktirovaniju, Moskva 1961

BELJAEVA, L.M., ZRAŽEVSKAJA, T.A. Trudnosti perevoda s anglijskogo jazyka na russkij (na materiale gazetnych statej), Moskva 1972, 141 p.

BENEVOLENSKAJA, T.A. Kompozicija gazetnogo očerka, Moskva 1975

BLACH, I.S., SABELLINA, E.A., ZWILLING, M.J. Übersetzungspraktikum. Deutsche Zeitungssprache, Moskau 1969, 248 p. D-R

BOGUSLAVSKIJ, V.M. O nekotorych osobennostjach jazyka gazety, in: RJaZR, 4/1968, 80-83

CHAZOV, P.V. Gazetnaja chronika: tema i postroenie teksta, in: RR, 5/1984, 73-76

CHAZOV, P.V. Osobennosti stroenija teksta gazetnoj chroniki i problemy obučenija čteniju, in: RJaZR, 3/1985, 76-79

CHLUPÁČOVÁ, K. Lexikální dynamismus v novinovýych textech (na materiálu současné ruštiny), in: Bulletin ruského jazyka a literatury, 26/1985, 97-111

DROZDOVSKIJ, V.P. Lingvostilističeskie sredstva aktivizacii čitatel'skogo vnimanija (na materiale gazetno-publicističeskogo stilja), in: RJa, 1982(4), 64-71

FRISCH, P. Upotreblenie predloženij toždestva v gazetnych zagolovkach, in: FS, 2/1983, 90-91

GLUŠAK, T.S., PAREMSKAJA, D.A., BALAKIREV, V.F. Ob imennom charaktere naučnogo i gazetno-publicističeskogo stilej, in: Funkcional'nye stili i prepodavanie inostrannych jazykov, Moskva 1982

GORBUNOV, A.P. Obraznye sredstva jazyka gazety, Moskva 1969

HECKEL, K. Fragen der Theorie und Praxis statistischer Untersuchungen zur Lexik in der sowjetischen Presse, Leipzig 1971, Diss.

IVANOVA, A.M. K izučeniju sintaksisa gazetno-publicističeskich tekstov, in: Metodika prepodavanija russkogo jazyka i literatury, Moskva 1981(14), 86-93

KOCHTEV, N.N. Stilističeskoe ispol'zovanie frazeologičeskich sredstv v jazyke gazety, in: Jazyk i stil' sredstv massovoj informacii i propagandy, Moskva 1980, 35-51

KOCHTEV, N.N., SOLGANIK, G.JA., VAKUROV, V.N. Stilistika gazetnych žanrov, Moskva 1978

KOGOTKOVA, T.S. Termin v gazete, in: RR, 1/1980, 89-93

KOSTOMAROV, V.G. Iz nabljudenij nad jazykom gazety: gazetnye zagolovki, in: Iz opyta prepodavanija russkogo jazyka nerusskim, Moskva 1965

KOSTOMAROV, V.G. Važnejšaja terminologija gazetnogo dela, in: RJaZR, 3/1967, 94-96

KOSTOMAROV, V.G. Razgovornye élementy v jazyke gazety, in: RR, 5/1967

KOSTOMAROV, V.G. Russkij jazyk na gazetnoj polose, Moskva 1971, 267 p.

KRIVENKO, B.V. Jazyk i stil' rajonnoj gazety, in: Jazyk i stil' sredstv massovoj informacii i propagandy, Moskva 1980, 65-114

KUBIK, M. SELIVANOVA, L. Seminar po gazetno-publicističeskomu stilju, in: RJaZR, 2/1973, 111-112

LAAZI, CH.A. *Atmosfera, klimat, pogoda* na gazetnoj polose, in: RR, 5/1984, 87-89

LYSAKOVA, I. Sociolingvističeskoe izučenie gazety kak aktual'noe napravlenie sovremennogo jazykoznanija, in: S"postavitelno ezikoznanie, 2/1988, 27-31

MAMALYGA, A.I. Struktura gazetnogo teksta, Kiev 1983, 136 p Rez.: Movoznavstvo, 6/1983, 70-71 (Pilinskij, M.)

MANUJLOVA, N.A. Stilističeskie funkcii frazeologičeskich edinic v gazetnych tekstach političeskoj napravlennosti, in: VLU, ser.2, istorija, jazykoznanie, literaturovedenie, 3/1986, 110-112

MAROV, V.N. Kompozicionno-stilističeskaja i normativno-ocenočnaja charakteristika abzaca v gazete, Moskva 1972, akd

MEL'NIK, V.M. O nekotorych osobennostjach imennych slovosočetanij v gazetnoj reči, in: RJaZR, 2/1969, 83-90

MORGAN, L. Some lexical features of Soviet journalistic writing, in: Melbourne Slavonic Studies, 16/1982, 107-115

MURAV'EVA, N.V. Lingvističeskoe vyraženie svjaznosti gazetnoj reči (sravnitel'no s naučnoj i chudožestvennoj), Moskva 1980, akd

POLEVOJ, B.N. Očerk v gazete, Moskva 1953

POPOV, A.S. Sintaksičeskaja struktura sovremennych gazetnych zaglavij i ee razvitie, in: Razvitie sintaksisa sovremennogo russkogo jazyka, Moskva 1966

PORTJANNIKOV, V.A. Nekotorye kompozicionno-rečevye osobennosti gazetno-publicističeskogo žanra "Kommentarij", in: Norma realizacii. Var'irovanie jazykovych sredstv, III, Gorkij 1977

RADECKER, J. Zur Semantik und Funktion präpositionsloser adnominaler Genitive in Texten der Tagespresse der UdSSR und der DDR, in: LAB, 49/1985, 63-66

ROGOVA, K.A. Rečevye tipy gazetnogo očerka, in: VLU, ser. istorija, jazyk, literatura, 1/1982, 76-82

ROGOŽNIKOVA, R.P. A takže (jazyk gazety), in: RR, 6/1979, 69-72

ROZENTAL', D.Ė. Nabljudenija nad sintaksisom jazyka gazety, in: Jazyk i stil' sredstv massovoj informacii i propagandy, Moskva 1980, 51-65

ŠALIMOVA, G.S. Prisoedinitel'nye konstrukcii v jazyke (K voprosu o sintaksičeskom stroe sovremennoj gazetnoj reči), in: VMU, Serija žurnalistiki, 2/1972

SAFONOV, A.A. Aktualizacija gazetnych zaglavij, in: VMU, ser. žurnalistiki, 5/1973

SERGEEVA, A.V. Nekotorye osobennosti jazyka russkoj gazetnoj publicistiki (v sopostavlenii s pol'skim i češskim jazykami), in: RJaSl, 1979(18)

ŠESTOVA, V.M. Funkcionirovanie naučnogo stilja v gazete, Moskva 1978, akd

SOLGANIK, G.JA. O jazyke gazety, Moskva 1968

SOLGANIK, G.JA. O štampach i "gazetnom jazyke", in: VMU, ser. 11, Zurnalistika, 2/1968

SOLGANIK, G.JA. Specifika jazyka gazety kak formy massovoj kommunikacii, in: VMU, Serija žurnalistiki, 5/1969

SOLGANIK, G.JA. Jazyk i stil' peredovoj stat'i, Moskva 1973

SOLGANIK, G.JA. Sistemnyj analiz gazetnoj leksiki i istočniki ee formirovanija, Moskva 1976, akd

SOLGANIK, G.JA. Leksika sovremennoj gazety, in: Jazyk i stil' sredstv massovoj informacii i propagandy, Moskva 1980, 23-35

SOLGANIK, G.JA. Leksika gazety (funkcional'nyj aspekt), Moskva 1981
Rez.: Movoznavstvo, 1/1983,79-80 (Bilodid, O.K., Ševčenko, L.)

SOLGANIK, G.JA. Ob osobennostjach jazyka gazety, in: RJaZR, 5/1988, 35-38

SOLOV'EVA, Z.V. Semantika i stilističeskoe ispol'zovanie inojazyčnoj leksiki i terminov v gazetno-žurnal'noj publicistike, in: Voprosy leksičeskoj i grammatičeskoj semantiki, Moskva 1983

STELLIFEROVSKIJ, A.V. Nekotorye strukturno-smyslovye charakteristiki informacionnych gazetnych tekstov, in: Funkcional'nye stili. Lingvometodičeskie aspekty, Moskva 1985

STILISTIKA gazetnych žanrov, Moskva 1981, 230 p.

STRIŽENKO, A.A. Parametry ocenki političeskogo teksta (na materiale pressy), in: SNT MPIIJa, CXXXXVII, 1979

ŠVEC, A.V. Razgovornye konstrukcii v jazyke gazet, Kiev 1971

ŠVEJCER, A.D. Perevod i lingvistika. O gazetno-informacionnom i voenno-publicističeskom perevode, Moskva 1973, 280 p.

ŠVEJCER, A.D. Übersetzung und Linguistik, Berlin 1987, 231 p.
Rez.: FS, 3/1988, 213-215 (Martin, C.)

SYCZOW, A. Środki morfologiczne oceny zjawisk dotyczących rzeczywistości w języku prasy i publiciystyki, in: Przegl Rus, 37/1987, 108-117

TERECHOVA, V.S. Upotreblenie slov obščenarodnoj i ustarevšej leksiki v novom terminologičeskom značenii (na materiale leningradskich gazet), in: Probl Žurn, IX/1977

TOGUNOV, B.M. Stilističeskoe ispol'zovanie terminologičeskoj leksiki v sisteme sovremennogo nemeckogo literaturnogo jazyka v sopostavlenii s russkim (na materiale gazetnoj publicistiki), in: Kontrastivnaja lingvistika (Jazyki narodov SSSR - nemeckij jazyk), Kalinin 1983

TSCHALJAN, L.N., WOESLER, W. Übungen zur Übersetzung russischer und deutscher Zeitungstexte, Düsseldorf 1987

VAKUROV, V.N. Neožidannye sravnenija v fel'etone, in: RR, 2/1981, 70-73

VASIL'EVA, A.N. Gazetno-publicističeskij stil' reči, Moskva 1982 Rez.: ČSR, 2/1984, 75-77 (Žváček, D.)

VINOGRADOVA, G. Perenosnye značenija terminologičeskoj leksiki v jazyke gazety, in: Jazyk i special'nost'. Obučenie russkomu jazyku studentov-nefilologov, Baku 1977, 171-172

VOMPERSKIJ, V.P. K izučeniju sintaktičeskoj struktury gazetnogo zagolovka, in: Iskusstvo publicistiki (Problemy teorii i masterstva), Alma-Ata 1966

VOVČOK, D.P. Tipy i funkcii metaforičeskich ustojčivych slovosočetanij v sovremennoj gazete, Perm' 1973

VOVČOK, D.P. Chudožestvennaja i "gazetnaja" rečevaja obraznost', in: Issledovanija po stilistike, Sverdlovsk 1976

WEHDE, S. Untersuchungen zur Sprache der materiellen Produktion in einer sowjetischen Betriebszeitung, Leipzig 1984,Diss.A

WIESE, E. Bemerkungen zu Funktion und Struktur von Überschriften in der sowjetischen Tagespresse, in: LAB, 60/1987, 30-34

ZARUBINA, N.D. Stilističeskaja funkcija sverchfrazovych edinstv v jazyke gazetnogo očerka, in: VMU, serija žurnalistiki, 3/1973

ŽITENEVA, L.I. Gazetnost' - primeta stilja, in: RR, 2/1984, 85-89

ŽITENEVA, L.I. Orientiry gazetnogo nomera, in: RR, 3/1984, 70-74

ŽITENEVA, L.I. Frazeologizmy - sredstvo gazetnoj vyrazitel'nosti, in: RR, 5/1984, 69-73

2.5.6.1.2. RADIO

BERNŠTEJN, S.I. Jazyk radio, Moskva 1977, 47 p.

BOGUSLAVSKIJ, S. Kakim dolžen byt' radiojazyk?, in: "Govorit SSSR", 5/1931

CHARAIDZE, K.G. Reportaž kak žanr sovetskoj radiopublicistiki, Moskva 1984, akd

XXIV vsesojuznaja naučnaja sessija, posvjaščennaja Dnju radio, Dnju svjazista i 50-letiju Nižegorodskoj radiolaboratorii im. V.I. Lenina, Annotacii dokladov, Moskva 1968, 45-46

MARŠAK, M.M. Osobennosti podgotovki teksta radioperedač, in: Redaktirovanie peredač, II, Moskva 1958

PLOTNIKOVA, R.N. *Kino-, tele-, radio-*...slova, in: RR, 6/1983, 50-54

TEZISY dokladov naučno-techničeskoj konferencii po uzlovym problemam radiotechniki i élektrosvjazi, posvjaščennoj Dnju radio i Dnju svjazista, Leningrad 1972, 281-282

VOPROSY informatiki i perevoda. XII oblastnaja naučno-techničeskaja konferencija, posvjaščennaja Dnju radio i Dnju svjazista, Novosibirsk 1969, 31-63

ZARVA, M.V. Nekotorye osobennosti jazyka radio kak vida massovoj kommunikacii, in: Jazyk i stil' sredstv massovoj informacii i propagandy, Moskva 1980, 115-178

2.5.6.1.3. FERNSEHEN

ANDRONIKOV, I.L. Ob ékrannom slove i prirode TV, in: Televidenie i radioveščanie, 9/1971

BOGOMOLOVA, M.A. Jazykovye aspekty personifikacii televizionnogo soobščenija (na materiale peredač na vnešnepolitičeskie temy), Moskva 1984, akd

BRAGINA, A.A., VOMPERSKIJ, V.P. O televizionnoj reči, in: NDVŠ FN, 2/1978

KADE, T.CH. Istočniki formirovanija, razvitie i sostav russkoj televizionnoj leksiki, Dnepropetrovsk 1979, akd

MINAEV, V.F. Sootnošenie slova i izobraženija v televizionnoj žurnalistike, in: VMU, ser.11, žurnalistika, 2/1969

PLOTNIKOVA, R.N. *Kino-, tele-, radio-*...slova, in: RR, 6/1983, 50-54

SUSSKAJA, O.A. Kul'tura russkoj reči v televizionnom veščanii, in: RJa, 1980(1), 98-106

SUSSKAJA, O.A. Osobennosti funkcionirovanija russkogo jazyka v sisteme sredstv massovoj informacii i propagandy (na materiale televizionnych tekstov), in: Visnik Kiïvs'koho universitetu. Ukraïnska filolohija, XXIII, 1981, 132-141

SVETANA, S.V. Televizionnaja reč'. Funkcii i struktura, Moskva 1976

SVETANA, S.V. Televizionnaja reč', in: Jazyk i stil' sredstv massovoj informacii i propagandy, Moskva 1980, 179-236

2.5.6.2. DOKUMENTATION, NORMUNG

BIRJUKOV, B.V., VOROB'EV, G.G. Tezaurusnyj podchod k kommunikativnym processam i dokumental'noj informacii, in: Informacija i upravlenie: Filosofsko-metodologičeskie aspekty, Moskva 1985

BOČAROVA, M.M., BORISOVA, L.I., ČERNAVINA, L.I. Literatura po naučno-techničeskomu perevodu (1960-1970 gg.), Bibliografičeskij ukazatel', I-II, Moskva 1979

ESSENTIAL Problems in Terminology for Informatics and Documentation, Moskva 1979

FRANK, K. Zur Übersetzung von Dokumenten der wissenschaftlich-technischen Zusammenarbeit, in: Textgattungen der Technik. Praktische Hinweise für den Übersetzer, Berlin 1980 R-D

GINDIN, JU.G. Podgotovka dokumentacii dlja perevoda, in: Vsesojuznoe otraslevoe i Čeljabinskoe oblast'noe mežotraslevoe soveščanie-seminar, 23-25 marta 1971 g., Tezisy dokladov i soobščenij, Čeljabinsk 1971, I, 79-82

GOSUDARSTVENNYJ KOMITET STANDARTOV Soveta ministrov SSSR. Klassifikacija i kodirovanie informacii. Osnovnye ponjatija. Terminy i opredelenija, Moskva 1971, (GOST 17369-71, jan. 1973), 4 p.

GOSUDARSTVENNYJ KOMITET STANDARTOV Soveta ministrov SSSR. Tezaurus informacionno-poiskovyj. Obščie položenija. Forma predstavlenija, Moskva 1973, (GOST 18383-73, jul. 1973), 7p.

GOST 7.7. Sistemy informacionno-bibliografičeskoj dokumentacii. Informacija o normativno-techničeskoj dokumentacii, Moskva 1969

IVŠIN, V.F., LUŠNIKOVA, M.F., ORLOVA, N.V. O roli redakcionnych sredstv pri vosprijatii perevoda, in: Osobennosti funkcional'nych stilej naučno-techničeskoj literatury i delovoj dokumentacii, Tezisy dokladov i soobščenij naučno-techničeskogo seminara, 9-11 oktjabrja 1973 g., Čeljabinsk 1973, 119-122

KUDRJAŠOVA, L.M. Normirovanie raboty po perevodu i obrabotke zarubežnoj naučno-techničeskoj literatury i dokumentacii, in: Perevod naučno-techničeskoj literatury. Materialy seminarov VCP, Moskva 1976

KUL'TURA reči v techničeskoj dokumentacii (na materiale GOSTov i special'noj literatury), Moskva 1982

LAPŠINA, V.L. Perevod naučnoj i techničeskoj literatury i deskriptornaja kondensacija, in: Šestoj vsesojuznyj seminar po voprosam teorii i praktiki perevoda naučnoj i techničeskoj literatury, 7-9 ijunja 1972 g., Tezisy dokladov, Moskva/Baku 1972, 40-42

NEVELING, U., WERSIG, G. Terminology of documentation, Paris 1976, 274 p.
E-F-D-R-S

PIPKO, M.I. Literaturnoe, naučnoe i techničeskoe redaktirovanie perevodov naučno-techničeskoj literatury, in: Četvertyj seminar po voprosam teorii i praktiki perevoda naučnoj i techničeskoj literatury, 2-4 nojabrja 1970 g., Moskva/Tbilisi 1970, 31-32

PIVOVARENOK, N.M. Edinaja sistema konstruktorskoj dokumentacii (ESKD) i perevod russkoj naučno-techničeskoj dokumentacii na anglijskij jazyk, in: Vsesojuznaja naučnaja sessija, posvjaščennaja Dnju radio, Annotacii i tezisy dokladov, Moskva 1973, 54-55

POLZOVIČ, I. Rol' ustanovlenija terminologii v meždunarodnom ukreplenii discipliny dokumentacii-informacii, in: Meždunarodnyj simpozium stran-členov SĖV "Teoretičeskie osnovy informatiki", Moskva 1970

SAMOL', N.G. Tablicy perevoda anglo-amerikanskich mer v metričeskie, Moskva 1969, 163 p.

SFS. Standardisointia koskevat yleiset termin, (Termes généraux de la normalisation), Helsinki, (SFS 3539, mar. 1976), 5 p.
E-Sv-F-R-Fi

ŠILOVA, K.A. Učebnoe posobie po jazykovomu redaktirovaniju perevoda, Moskva 1969, 128 p.

SMIRNOV, I.P. Perevod bibliografičeskoj časti opisanija izobretenij, in: Materialy tret'ego respublikanskogo seminara po voprosam teorii i praktiki perevoda naučnoj i techničeskoj literatury, Alma-Ata 1974

SMIRNOVA, L.N. Referativnyj perevod: kompressija na smyslovom urovne, in: Inostrannyj jazyk dlja naučnych rabotnikov. Teorija i praktika prepodavanija, Moskva 1978

TABLICY perevoda anglijskich mer. Metodičeskoe posobie dlja služb NTI, Moskva 1971, 40 p.

TABLICY perevoda anglijskich i amerikanskich nemetričeskich mer v metričeskie. Priloženie k "Metodičeskomu rukovodstvu po perevodu inostrannoj naučno - techničeskoj literatury i dokumentacii", Moskva 1971, 72 p.

VESELOV, P.V. Standartizacija i problema perevoda, in: Standarty i kačestvo, 1/1967, 14-16

VNIIKI. Perečen' gosudarstvennych standartov na naučno-techničeskie terminy i oboznačenija veličin, Moskva 1975, 56 p.

VOLKOVA, I.N. Dejatel'nost' ISO i drugich meždunarodnych organizacij po standartizacii terminologii v oblasti bibliotečnogo dela, informacii i dokumentacii, in: Problemy uporjadočenija standartizacii terminologii bibliotekovedenija i smežnych nauk, Moskva 1979

2.5.6.3. BIBLIOTHEKSWESEN, BIBLIOGRAPHIE; MUSEEN

AKTUAL'NYE problemy archivovedenija i dokumentovedenija. Estestvenno-naučnye voprosy archivnogo dela, Moskva 1981

AKTUAL'NYE problemy terminologii bibliotečnogo dela. Mežrespublikanskaja naučno-teoretičeskaja konferencija, (Riga, 28-29 nojabrja 1979 g., tezisy dokladov i soobščenij), Moskva 1979

BIBLIOGRAFIČESKIJ UKAZATEL' "Voprosy terminologii po frazeologii, obščemu i prikladnomu jazykoznaniju" (ed. Bušuj, A.M., Mokienko, V.M.), Samarkand 1986, 156 p.
Rez.: ČSR, 1/1989, 56 (Ďurčo, P.)

CHANPIRA, Ė.I. Archivovedčeskoe terminovedenie: ob"ekt i predmet, in: Archeografičeskij ežegodnik za 1982 god, Moskva 1983

DKS. Edina sistema za unificirana upravlenčeska dokumentacija. Dokumentacija po delovodstvo i agrivno delo. Termini i opredelenija, Sofija 1976, (BDS 6.25.3.00-76, nov. 1976), 25p. D-E-F-R-Bg

GERASIMOVA, L.N. Sootnošenie naučnych terminov *"bibliotečnyj fond"* i *"spravočno-informacionnyj fond"*, in: Problemy uporjadočenija standartizacii terminologii bibliotekovedenija i smežnych nauk, Moskva 1979

GOSUDARSTVENNYJ KOMITET STANDARTOV Soveta ministrov SSSR. Bibliografija. Terminy i opredelenija, Moskva 1970, (GOST 16448-70, jul. 1971), 12 p.

JUCHNEVIČ, M.JU. Tekst v muzejnoj ėkspozicii, in: TNII Kul't, LXXXIV, 1979

KUŠNARENKO, N.N. O sootnošenii terminov "koordinacija komplektovanija" i "kooperirovanie komplektovanija" v sovremennoj bibliotekovedčeskoj literature, in: Problemy uporjadočenija standartizacii terminologii bibliotekovedenija i smežnych nauk, Moskva 1979

LEJČIK, V.M. Problemy uporjadočenija i standartizacii terminologii bibliotekovedenija i smežnych nauk. Terminologija bibliotečnogo dela, Moskva 1979

LININJA, C. Bibliotečnye i bibliogragrafičeskie terminy, Riga 1982, 29 p. R-Lett-E-D

MANOCHINA, R.P. Leksiko-semantičeskij i slovoobrazovatel'nyj analiz bibliotečnych terminov, Moskva 1978, akd

MÜLLER, B. Fachwortschatzminimum zum Lehrgebiet Russisch. Ergänzung zum Studienmaterial "Russischsprachige biliothekarische Fachtexte für die Studienrichtung Bibliothekswesen zur Ausbildung an den Fachschulen der DDR", Leipzig 1983[2]

PROBLEMY razrabotki i vnedrenija standartov po naučno-techničeskoj informacii, bibliotečnomu i izdatel'skomu delu (sistema SIBID) v svete postanovlenija CK KPSS i Soveta Ministrov SSSR "O merach po uskoreniju naučno-techničeskogo progressa v narodnom chozjajstve". Vsesojuznaja konferencija (SIBID-84),(Moskva, 27-31 maja 1984, Tezisy dokladov, Moskva, 1984

SKVORCOV, L.I. Kul'tura reči v techničeskoj dokumentacii, Moskva 1982, 216 p.
Rez.: NDVŠ FN, 3/1984, 90-92 (Tatarinov, V.A.)
Movoznavstvo, 3/1984, 76-78 (Pan'ko, T.)

SUSLOVA, I.M. Formirovanie bibliotečnoj terminologii v dorevoljucionnyj period, in: Terminologija bibliotečnogo dela, II, Moskva 1976

SUSLOVA, I.M. Terminologičeskaja sistema bibliotekovedenija, Moskva 1977, akd

SUSLOVA, I.M., ULANOVA, L.N. Opyt sostavlenija terminologičeskogo slovarja po bibliotečnomu delu, in: Sov Bibliotekovedenie, 4/1974

SUSLOVA, I.M., ULANOVA, L.N. Problemy standartizacii bibliotečnoj terminologii, in: Problemy uporjadočenija standartizacii terminologii bibliotekovedenija i smežnych nauk, Moskva 1979

TERMINOLOGIJA bibliotečnogo dela, II, Moskva 1976

TERMINOLOGIČESKIE problemy v oblasti dokumentovedenija i archivovedenija. Tezisy dokladov teoretičeskogo seminara, Moskva 1974

WALKER, G.P.M. Russian for Librarians, Bingley 1973

2.5.6.4. BUCH- UND VERLAGSWESEN

FISCHER, G. Fachsprache im Russischunterricht an einer technischen Hochschule. Probleme der Auswahl, Verarbeitung und Vermittlung (Polygraphische Fachliteratur), Leipzig 1964, Diss.

GOSUDARSTVENNYJ KOMITET STANDARTOV Soveta ministrov SSSR.

Izdanija. Osnovnye vidy. Terminy i opredelenija, Moskva 1970, (GOST 16447-70, jul. 1971), 16 p.
D-E-F-R

GRIGOR'EV, I.K. Terminologija bibliofil'stva, in: Kniga i vremja, Moskva 1980

2.5.7. POLITIK UND INTERNATIONALE BEZIEHUNGEN

2.5.7.1. POLITIK

ABBAKUMOVA, G.A. Nekotorye osobennosti semantiki i struktury terminirovannych nominacij (na materiale obščestvenno-političeskoj terminologii), in: RJa, 1982(5), 22-26

AD'JAA, O. Rol' imennych (substantivnych) slovosočetanij v strukture obščestvenno-političeskich tekstov, in: RJaZR 4/1986, 54-57

ALEKSEENKO, M. Nekotorye osobennosti obrazovanija terminov gruppy "nazvanie lica po priznaku social'no-političeskoj prinadležnosti" v russkom jazyke konca XIX v.- pervoj četverti XX v., in: LAB, XXII, 1979, 83-95

ALEKSEEV, A.A. Iz istorii obščestvenno-političeskoj leksiki russkogo jazyka XVIII veka, Leningrad 1972, akd

ALLAMBERGENOVA, A.JU. Obraznaja russkaja frazeologija v rabotach V.I. Lenina "Čto delat'?", "Dve taktiki social-demokratii v demokratičeskoj revoljucii" i sposoby ee perevoda na karakalpakskij jazyk, in: RJa, 1982(5), 10-16

AVLASEVIČ, M.A. Funkcii vstavnych edinic v jazyke raboty V.I. Lenina "Čto delat'", in: RJa, 1981(1), 62-69

BAUER, G. Die Übersetzung im Dienst imperialistischer Informationspolitik. Eine Analyse der Wiedergabe zentraler Begriffe der Verfassungen der Russischen Sozialistischen Föderativen Sowjetrepublik vom Juli 1918 sowie der Union der Sozialistischen Sowjetrepubliken vom Januar 1924 in deutschen Übersetzungen des Jahres 1925, Leipzig 1984, Diss.A

BAUER, H.J. Onomasiologische Aspekte der Systembeziehungen im politischen Wortschatz des Russischen, in: WZ PH Magdeburg, 4/1976

BAUER, H.J. Zur semantischen Analyse und Klassifizierung von Bezeichnungen für politische Kräfte im Funktionalstil der Publizistik des Russischen, Magdeburg 1978, Diss.A

BEL'ČIKOV, JU.A. Kritika V.I. Leninym obščestvenno-političeskoj terminologii liberal'nych narodnikov (na materiale trudov V.I. Lenina "Čto takoe 'druz'ja naroda' i kak oni vojujut protiv socialdemokratov?" i "Razvitie kapitalizma v Rossii"), in: VMU, Žurnalistika, 1/1967

BOBROVA, A.V. K istorii slova "*assambleja*" v russkom jazyke, in: RJaŠ, 4/1974,, 94

BOBROVA, A.V. "*Miting*", in: RJaŠ, 5/1976, 96

BOGOMOLOVA, M.A. Jazykovye aspekty personifikacii televizionnogo soobščenija (na materiale peredač na vnešnepolitičeskie temy), Moskva 1984, akd

BURCEVA, E.A., GALECKAJA, C.JA. K voprosu ob otnositel'noj častote sintaksičeskich struktur v obščestvenno-političeskoj sisteme reči, in: NDVŠ FN, 3/1972

BUSAROVA, T.D. Metodika izučenija leksičeskogo značenija slov chudožestvennych i obščestvenno-političeskich tekstov, Moskva 1979, akd

BYČKOVA, T.G. K probleme obučenija ustnoj reči na materiale obščestvenno-političeskoj leksiki, in: NT MPIIJa, CXXXVII, 1979

ČERNOV, G. Perevod russkoj obščestvenno-političeskoj bezékvivalentnoj leksiki na anglijskij jazyk, Moskva 1958

CHAJUTIN, A.D. Obščestvenno-političeskaja terminologija Žan-Žaka Russo v svete sovremennogo ponimanija termina, Moskva 1972, akd

CVILLING, M.JA. Leksiko-frazeologičeskie osobennosti obščestvenno-političeskogo teksta, in: Funkcional'nye stili i prepodavanie inostrannych jazykov, Moskva 1982

CVILLING, M.JA. Ėlementy lingvostranovedenija pri obučenii čteniju obščestvenno-političeskich i naučnych tekstov, in: Funkcional'nye stili. Lingvo-metodičeskie aspekty, Moskva 1985

DANILENKO, V.P. Terminy v trudach V.I. Lenina, in: RR, 2/1982, 32-38

FROLKINA, A.V. O nekotorych semantičeskich osobennostjach sostavnych terminov obščestvenno-političeskich nauk, in: VMU, Serija 10: Žurnalistika, 6/1983

GAK, V.G. Inojazyčnye vyraženija v proizvedenijach V.I. Lenina i ich perevod, in: TP, 7/1970, 25-34

GAK, V.G., L'VIN, JU.I. Kurs perevoda. Francuzskij jazyk. Obščestvenno-političeskaja leksika, Moskva 1970, 400 p.

GLIER, E. Auf Sprachmaterial der internationalen Lexik zurückgehende Bestimmungselemente - ein Mittel zur Redundanzverringerung bei der Neubildung von Termini der gesellschaftlich-politischen und der wissenschaftlich-technischen Lexik der russischen Sprache der Gegenwart, Jena 1965,Diss.

GOLOVANEVSKIJ, A.L. Obščestvenno-političeskaja leksika i frazeologija bol'ševistsko-proletarskoj literatury 1900-1917 gg. Problemy i zadači issledovanija, in: Lingvističeskij sbornik, IV, Moskva 1975

GOLOVANEVSKIJ, A.L. Obščestvenno-političeskaja leksika russkogo revoljucionnogo dviženija kak problema sociolingvističeskogo issledovanija, in: VMU, ser.9, filologija, 5/1987, 38-46

GOLOVANEVSKIJ, A.L. KONDRAŠOV, N.A. O principach issledovanija obščestvenno-političeskoj leksiki, in: Problemy leksikologii i slovoobrazovanija russkogo jazyka, Moskva 1982

GRIGOR'EV, V.R. Nekotorye problemy perevoda proizvedenij V.I. Lenina na ital'janskij jazyk, in: TP, 17/1980, 3-16

ISSLEDOVANIJA po jazyku i stilju proizvedenij V.I. Lenina, Moskva 1981

IZARENKOV, D.I., MOTINA, E.I. Tekst kak istočnik obučenija dialogičeskoj reči (Schemy-tipy monologičeskich soobščenij obščestvenno-političeskogo charaktera), in: RJaZR, 3/1976, 65-68

KLIMUŠENKO, T.F. Obščestvenno-političeskaja leksika kak funkcional'no-stilističeskij plast naučno-učebnych tekstov (imena suščestvitel'nye), in: RJa, 6/1983, 74-80

KOGOTKOVA, T.S. Iz istorii formirovanija obščestvenno-političeskoj terminologii, in: Issledovanija po russkoj terminologii, Moskva 1971, 114-165

KONONJUK, A. Perevod V.I. Leninym nekotorych bezėkvivalentnych obščestvenno-političeskich terminov s anglijskogo jazyka na russkij, in: TP, 7/1970, 3-24

KRAUSE, CH. Lexikalisierte Lexemverbindungen mit der Struktur Adjektiv + Substantiv in der russischen Sprache der Gegenwart (am Beispiel von Bezeichnungen für Einrichtungen gesellschaftlicher Organisationen), Leipzig 1981, Diss.A

KRUSTINJA, I.A., ORLOVSKAJA, L.JA., PAVARA, M.K. Političeskie terminy-slovosočetanija na anglijskom, latyšskom i russkom jazykach, Riga 1977, 92 p.

LEJBEROVA, N.M. Sopostavitel'noe i sociologičeskoe opisanie semantiki obščestvenno-političeskich terminov, in: Opisanie russkogo jazyka v aspekte ego prepodavanija kak inostrannogo, Leningrad 1984

MAKSIMOVA, M.K. Obščestvenno-političeskaja leksika (po materialam petraševcev), in: UZ LPJ, CXXX, 1957

MARKINA, L.G. NOSOVA, I.M. Posobie po naučno-techničeskoj i obščestvenno-političeskoj leksike, Moskva 1976

MARKOVINA, I.JU., ŽEL'VIS, V.I. Nekotorye nabljudenija nad osobennostjami parallel'nych tekstov s točki zrenija poznavatel'noj dejatel'nosti (na materiale russkich i anglijskich tekstov političeskoj jurisprudencii), in: Problemy normy i variantnosti v romano-germanskich jazykach, Jaroslavl' 1982

MIL'ŠIN, P.K. Obogaščenie obščestvenno-političeskoj leksiki

russkogo jazyka v sovetskuju épochu (po materialam partdokumentov), in: UZ Pjatigorsk PIIJa, XXVIII, 1963

MIS'KEVIČ, G.I. *Moratorij*, in: RR, 2/1987, 59–62

MOHR, A. Bemerkungen zur Wiedergabe aktueller politischer Begriffe aus dem Russischen, in: FS, 4/1986, 253–258

OSTROVSKAJA, A.E. Rabota nad obščestvenno-političeskim tekstom, in: Russkij jazyk dlja inostrancev, Moskva 1963

PAN'KO, T.I. Sociolingvističeskij aspekt issledovanija i perevoda obščestvenno-političeskoj terminologii, in: RJa, 1984(8),10–17

PAN'KO, T.I. Formirovanie russkoj politékonomičeskoj terminologii, in: Sovremennye problemy russkoj terminologii (ed. Danilenko, V.P.), Moskva 1986, 63–79

PAN'KO, T.I. Paradigmatičeskie otnošenija v sisteme obščestvenno-političeskoj terminologii russkogo, ukrainskogo i belorusskogo jazykov, in: RJa, 1987(14), 42–49

POSOBIE po perevodu nemeckich naučno-techničeskich i obščestvenno-političeskich tekstov, Sverdlovsk 1973, 72 p.

PROTČENKO, I.F. Ob izučenii obščestvenno-političeskoj leksiki russkogo jazyka, in: Wiss Beitr Halle-Wittenberg, 8, 7/1975

REINECKE, W. Russisch in Politik und Wirtschaft der DDR, in: Der große Oktober und die russische Sprache, Leipzig 1977

REJNEKE, V. (=REINECKE, W.) Russkij jazyk v politike i nauke GDR, in: Velikij Oktjabr' i russkij jazyk, Kiev/Leningrad 1977

SOOTNOŠENIE internacional'nogo i nacional'nogo v obščestvenno-političeskoj terminologii vostočnoslavjanskich jazykov (ed. Pan'ko, T.I.), L'vov 1984;
Rez.: VJa, 1/1987, 156–158 (Golovanevskij, A.L.)

ŠTEFAN, V. Ingerentnaja i adgerentnaja ékspressivno-ocenočnaja političeskaja leksika i frazeologija sovremennogo russkogo jazyka (na materiale gazety "Pravda"), Rostov-na-Donu 1984, akd

STRIŽENKO, A.A. O nekotorych sredstvach leksičeskoj i sintaksičeskoj semantiki političeskogo teksta, in: Tezisy VI vsesojuznogo simpoziuma po psicholoingvistike i teorii kommunikacii, Moskva 1978

SUDARIKOV, A.G. Formirovanie marksistskoj obščestvenno-političeskoj terminologii v russkom jazyke konca XIX veka, Moskva 1972, akd

VOLKODATOVA, Z.F. Trudnosti raspoznavanija i ponimanija rasprostranennogo opredelenija pri čtenii obščestvenno-političeskich tekstov, in: Metodika obučenija inostrannym jazykam, X, Minsk 1980

ŽILIN, I.M. Novye značenija slov "manipulirovat'" i "manipulirovanie" v russkom jazyke, in: RJaŠ, 1/1981, 59

2.5.7.2. INTERNATIONALE BEZIEHUNGEN, DIPLOMATIE

BABENKO, V.N. Jazyk i stil' diplomatičeskich dokumentov, Moskva 1979

FRANČUK, V.JU. O jazyke drevnerusskoj diplomatii, in: VJa, 4/1984, 58-69

ISSERLIN, E.M. Leksika i frazeologija diplomatičeskich dokumentov, Moskva 1966

KOCHMAN, S. Stan badań nad dziejami terminologii dyplomatycznej w języku rosyjskim, in: ZNWH Filologia Rosyjska, 9/1981, 197-202

KOVALEV, A.N. Azbuka diplomatii, Moskva 1977

LJAŠČENKO, V.I. Sintaksiko-stilističeskaja struktura tekstov sovetskich diplomatičeskich dokumentov, Kiev 1977, akd

LJAŠČENKO, V.I. Sintaksičeskie osobennosti tekstov sovetskich diplomatičeskich dokumentov, in: RJaZR, 5/1988, 57-61

MEGED', E.JU. Leksiko-semantičeskaja sočetaemost' v oficial'no-delovom stile reči (na materiale sovetskich diplomatičeskich dokumentov), in: RJa, 1980(1), 124-129

MEGED', E.JU. Leksiko-grammatičeskie osobennosti tekstov sovetskich diplomatičeskich dokumentov (na materiale dogovorov, kommjunike i verbal'nych not 1917-1982 gg.), Kiev 1982, akd

MOLOČOV, F.F. Diplomatičeskij protokol i diplomatičeskaja praktika Moskva 1979

NAZAROV, V.K. Osnovy diplomatičeskogo protokola, Moskva 1969

SERGEEV, F.P. Iz istorii obrazovanija russkoj diplomatičeskoj terminologii, in: Pitanja slovotvoru schidnoslovjans'kich mov, Kiev 1969

SERGEEV, F.P. Russkaja diplomatičeskaja terminologija XI-XVII vv., Kišinev 1971, 220 p.

SERGEEV, F.P. Iz istorii russkoj diplomatičeskoj leksiki (XI-XVII vv.), in: Leksika i frazeologija, Kišinev 1973, 24-40

SERGEEV, F.P. Formirovanie russkogo diplomatičeskogo jazyka (XI-XVII vv.), L'vov 1978

SERGEEV, F.P. Leksika sfery meždunarodnych otnošenij, Kiev-Odessa 1984, 127 p.

VOLOCKOVA, A.V. Sinonimija v diplomatičeskoj terminologii načala XVIII veka (po materialam traktata P.P. Safirova "Rassuždenie, kakie zakonnye pričiny Petr Velikij k načatiju vojny protiv Karla XII imel", in: UZ LPI, CCLVIII, 1965

VOLOCKOVA, A.V. Inojazyčnye slova v diplomatičeskoj terminologii načala XVIII veka, in: UZ Ural GU,ser. filologičeskaja, 8/1969

2.5.8. GEOGRAPHIE, LANDESKUNDE, REISEN, TOURISMUS

ALEKSANDROVA, T.D., PREOBRAŽENSKIJ, V.S. Izmenenija v sisteme ponjatij sovremennoj geografii, in: Osnovnye ponjatija, modeli i metody obščegeografičeskich issledovanij, Moskva 1984

ALEKSANDROVSKAJA, L.V. Opyt sopostavitel'nogo analiza smyslovoj struktury identičnych leksičeskich edinic, svjazannych s morskoj terminologiej v special'nych i obščich slovarjach, in: UZ MPIIJA, LXIV, 1971

BARANDEEV, A.V. Semantičeskaja istorija geografičeskogo termina KOLODJAZ', in: Issledovanija po semantike, VI, Ufa 1980, 133-153

BARANDEEV, A.V. Problemy istoričeskogo izučenija russkoj gidrografičeskoj terminologii, in: NDVŠ FN, 1/1982, 74-80

BARANDEEV, A.V. Semantičeskaja istorija gidrografičeskich terminov "reka, rečka", in: Issledovanija po semantike, VIII, Ufa 1982, 92-102

BERG, L.S. O russkoj geografičeskoj nomenklature, in: IVGO, 3/1945

BERG, L.S. O russkoj geografičeskoj terminologii, in: Zemlevedenie, IV, 1945

ČEREPANOVA, N.M. Stilističeskie funkcii morskoj terminologii, in: Voprosy stilistiki, XIV, Saratov 1978

CONEVA, A. Modeli sintaksičeskoj sočetaemosti v jazyke turistskoj dokumentacii, in: Bolg Rus, 6/1988, 61-72

DAUKŠA-KRUPINSKA, M. Izbrannye voprosy perevoda sostavnych naučnych geografičeskich terminov, in: Przgl Rus, 1-2/1986, 164-167

FLEISCHMANN, E., TATARINOV, V., WAND, V. Ja Lejpcig vospevaju moj..., in: FS, 3/1988, 168-176

HANKE, P. Die Baumnamen in der russischen geographischen Nomenklatur, Münster 1974, Diss.

KOZYREV, I.S. O nazvanijach žitelej, in: RR, 5/1974, 81-85

LANINA, G.A. Terminologija i nomenklatura fizičeskoj geografii, Moskva 1975, akd

LIST of terms relating to oceanography and marine resources, New York 1975, 193 p.
E-F-S-R-C

LJUTYJ, A.A. Jazyk karty v teoretiko-geografičeskich issledovanijach, in: Osnovnye ponjatija, modeli i metody obščegeografičeskich issledovanij, Moskva 1984

LUKIČEVA, Ė.V. Formirovanie naučnoj geografičeskoj terminologii (na materiale geografičeskich knig XVIII veka), in: Voprosy formirovanija russkogo nacional'nogo jazyka, Vologda 1979

MÄNNEL, L. Berlin - Hauptstadt der DDR - Stadt der Museen. Berlin - stolica GDR - gorod muzeev, in: FS, 4/1970, 251-161; 1/1971, 34-41

NEVSKAJA, L.G. Baltijskaja geografičeskaja terminologija (K semantičeskoj tipologii), Moskva 1977, 228 p.

POSPELOV, E.M. Mestnye geografičeskie terminy v toponimii, in: Onomastika, Moskva 1978

SELEZNEVA, L.B. Razvitie otnošenij "geografičeskij termin-toponim" v russkom jazyke, in: Voprosy struktury i funkcionirovanija russkogo jazyka, Tomsk 1979

STOLBOVAJA, L.V. Distributivno-statističeskij analiz leksičeskoj gruppy suščestvitel'nych, oboznačajuščich geografičeskie ob"ekty (na materiale anglijskogo jazyka v sopostavlenii s russkim), Minsk 1973, akd

SUPERANSKAJA, A.V. Tipy i struktura geografičeskich nazvanij (na materiale toponimii SSSR), in: Lingvističeskaja terminologija i prikladnaja toponomastika, Moskva 1964

TASKAEVA, L.A. Slovoobrazovatel'nye modeli geografičeskoj terminologii v russkich govorach Srednego Urala, in: Voprosy Onomastiki, 14/1980, Sverdlovsk, 80-86

TJURINA, L.V. Opyt sopostavitel'nogo semantičeskogo analiza francuzskich i russkich morskich terminov, in: Voprosy filologii, III, Leningrad 1978

TJURINA, L.V. Semantičeskie osnovy metaforičeskoj obraznosti terminov (na materiale francuzskich i russkich terminov morskogo dela), in: NT Kujb PI, CCXXIII, 1978

TOLSTOJ, N.I. Slavjanskaja geografičeskaja terminologija. Semasiologičeskie ėtjudy, Moskva 1969

UKLEBA, D.B. Geografičeskaja terminologija (russko-gruzinskaja, gruzinsko-russkaja), Tbilisi 1967, 206 p.

VOSTRIKOV, O.V. Substratnaja geografičeskaja terminologija v russkich govorach i toponimii Volgo-Dvinskogo meždureč'ja, in: Voprosy onomastiki, 14/1980, 71-80

ZAFFAUK, J. Die Erdrinde und ihre Formen. Ein geographisches Nachschlagebuch in lexikalischer Anordnung nebst einem Thesurus in 37 Sprachen, Wien/Pest/Leipzig 1885, 139 p.

2.5.9. SPORT UND FREIZEIT

2.5.9.1. SPORT

ADAMENKO, N.A., ADAMENKO, P.A. Opyt sopostavitel'nogo izučenija terminologičeskoj sistemy v anglijskom i russkom jazykach (na materiale sportivnoj terminologii), in: Sistemnoe opisanie leksiki germanskich jazykov, III, Leningrad 1979

AGRANOVSKIJ, M.A. Klassifikacija i terminologija sposobov peredviženija na lyžach, in: TIPFK, 12/1949

ARTEMOV, R.N. Russko-nemeckie terminologičeskie ėkvivalenty v pod"jazyke sporta, in: Issledovanija po strukturno-verojatnostnomu analizu, Gorэkij 1976

AVAKOVA, A.S. Suffiksacija v sfere naimenovanij sportsmenov, in: RJaŠ, 1/1971, 93-97

AVAKOVA, A.S. *Velosport*, in: RR, 3/1986, 132-134

BARKOW, G., HORNOFF, A. Statistische Untersuchungen zur Häufigkeit der Lexik und zu Länge, Bestand und Gliederung der Sätze in russischsprachigen Texten der Sportwissenschaft, Leipzig 1979, Dipl.

BAZAREVIČ, V.JA., et al. Fechtovanie (R-E-F-D-S), Moskva 1979, 94 p.

BRYKIN, A.T. Gimnastičeskaja terminologija, Moskva 1959

BUCHMANN, G., et al. Terminologie Geräteturnen, Berlin 1972, 246 p.
E-F-D-R

BULJAŽ, Z., RUDJAKOV, A.N. Neologizmy v sisteme russkoj legkoatletičeskoj terminologii (na primere russkogo i pol'skogo jazykov), in: RJa, 1988(16), 8-14

ČESNOKOV, L.A., et al. Grebnoj sport (R-F-E-D-S), Moskva 1979, 93 p.

ČESNOKOV, L.A., et al. Parusnyj sport (R-F-E-D-S), Moskva 1979, 95 p.

ČESNOKOV, L.A., et al. Tjaželaja atletika (R-E-F-D-S), Moskva 1979, 79 p.

FELICYNA, V.P. *Gimnastika*, in: RR, 1/1980, 135-137

IPPOLITOV, JU.S., et al. Gimnastika (R-F-E-D-S), Moskva 1979, 272 p.

JURKOVSKIJ, I.M. Terminy, obščie dlja sportivnych igr, v russkom jazyke, Leningrad 1979, akd

KONDRAŠKINA, S.I. O grammatičeskich osobennostjach dvuchkomponentnych sportivnych terminov, in: Grammatičeskaja semantika jazykovych edinic, Vologda 1981

KORNEEVA, L.T. Osnovnye principy sostavlenija učebnogo posobija po inostrannomu jazyku dlja vneauditornoj samostajatel'noj raboty studentov institutov fizičeskoj kultury, in: SNT MPIIJa, CCXX, 1983

KOZLOV, A.A., et al. Futbol (R-F-E-D-S), Moskva 1979, 111 p.

KOZLOV, A.A., et al. Volejbol (R-F-E-D-S), Moskva 1979, 96 p.

KOZLOV, A.A., et al. Sovremennoe pjatibor'e (R-F-E-D-S), Moskva 1979, 92 p.

KUNERT, W. Sprachecke Russisch. Zimnij sport, in: FU, 12/1980, 628-629; 1/1981, 46-47

LAURINAVICJUS, I.M. O jazyke sportivnogo reportaža (Vybor leksičeskich značenij), in: Kul'tura movy žurnalista, I, Minsk 1982

LEVAŠOV, E.A. Fechtovanie i "fechtoval'nye" slova, in: RR, 6/1979, 98-101

LITVINČEVA, L.N. K voprosu o terminosisteme "sportivnaja gimnastika", in: ST MOPI, XXIV, 1973

LOGINOVA, Z.S. O slovach "gol", "forward", "bek", in: RJaŠ, 5/1973, 100-101

LOKŠINA, T.B. Obraznost' v sportivnych tekstach, in: SNT MPIIJa, CLXXXIV 1981

NIKITČENKO, N.S. Semantičeskoe razvitie sportivnoj leksiki, in: Lingvističeskie issledovanija 1983, Moskva

MEDJAKINOVA, V.V., et al. Pryžki v vodu (R-F-E-D-S), Moskva 1979, 121 p.

OVDEJ, L.M. Semantičeskaja i strukturnaja charakteristika leksiki russkich narodnych sportivnych igr (na materiale imen suščestvitel'nych), Saratov 1979, akd

PROTČENKO, I.F. Nazvanija lic ženskogo pola v sportivnoj terminologii, in: NDVŠ FN, 2/1961

RED'KIN, S.V. *Boks*, in: RR, 1/1980, 131-134

RIEDEL, G. Syntaktische Besonderheiten der sprachlichen Darstellung von sportlichen Bewegungsabläufen im Russischen, Leipzig 1975, Diss.

ROGOZIN, v. Vocabulaire Russe-Français du sport. Lexique de l'Institut d'Études Slaves, 2/1980, 78 p.

ROSSOŠIK, L.V. Bor'ba vol'naja i klassičeskaja (R-F-E-D-S), Moskva 1979, 92 p.

RUST, A. Terminologisches Minimum Körpererziehung Russisch-Deutsch, Zwickau 1982

SERGEEV, V.N. *Basketbol*, in: RR, 2/1980, 128-131

SMOLICKIJ, G.P., GORBANEVSKIJ, M.V. Olimpijskaja derevnja, in: RR, 3/1980, 130-131

SOROKIN, N.N. O klassifikacii i terminologii priemov sportivnoj bor'by, in: TIPFK, 4/1953

SOROKIN, T.A., et al. Boks (R-F-E-D-S), Moskva 1979, 82 p.

STOFFEL, H.P. Studien zur Geschichte der russischen Skisportterminologie, Bern/Frankfurt 1975

VALGMAA, CH. Terminologija po gimnastike. Ėstonsko-russkaja, Tartu 1964, 95 p.

VALGMAA, CH. Ėstonsko-russko-nemecko-anglijskie sportivnye terminy, Tartu 1975, 63 p.

VAŠČENKO, A.M., et al. Dzjudo (R-F-E-D-S), Moskva 1979, 94 p.

WIELICZKO, K. Živaja reč' v uslovijach massovoj kommunikacii. Sportivnyj kommentarij na russkom i pol'skom jazykach, Poznań 1982

WITTWER, K. Untersuchungen zur Verwendung des Sportwortschatzes im publizistischen Stil der russischen Sprache der Gegenwart, Halle 1984, Diss.

ZELINSKAJA, N.I. Slovoobrazovanie v sportivnoj terminologii (na materiale legkoatletičeskoj), in: Očerki po russkomu jazyku i stilistike, Kišinev 1974, 79-87

ZIL'BERT, V.A. K voprosu o sostave special'noj leksiki fizičeskoj kul'tury i sporta i ee mesto v leksičeskoj sisteme sovremennogo russkogo jazyka, in: Jazyk i obščestvo, VI, Saratov 1982

ŽUKOV, JU.I., et al. Ručnoj mjač (R-F-E-D-S), Moskva 1978, 95 p.

ŽUKOV, JU.I., et al. Basketbol (R-F-E-D-S), Moskva 1979, 82 p.

ŽUKOV, JU.I., et al. Legkaja atletika (R-F-E-D-S), Moskva 1979, 107 p.

ŽUKOV, JU.I., et al. Plavanie (R-F-E-D-S), Moskva 1979, 75 p.

ŽUKOV, JU.I., et al. Pryžki v vodu (R-F-E-D-S), Moskva 1979, 123 p.

ŽUKOV, JU.I., et al. Strel'ba (R-F-E-D-S), Moskva 1979, 90 p.

ŽUKOV, JU.I., et al. Velosipednyj sport (R-F-E-D-S), Moskva 1979, 96 p.

ŽUKOV, JU.I., et al. Vodnoe polo (R-F-E-D-S), Moskva 1979, 108 p.

2.5.9.2. FREIZEIT UND SPIELE

HOFMANN, K., NIXDORF, U., PIEHL, B. Schachterminologie, in: FS, 3/1984, 214-215; 4/1984, 286-287; 1/1985, 64-69 D-E-F-R

MAKOVSKIJ, M.M., *Šachmaty*, in: RR, 3/1976, 149-152

2.6. RECHT UND ÖFFENTLICHE VERWALTUNG

2.6.1. RECHT

2.6.1.0. ALLGEMEIN

BALYCHINA, T.M. Lingvističeskie processy v semantičeskom razvitii terminologičeskich slovosočetanij (na materiale juridičeskoj literatury), in: Aktual'nye problemy filologii, Moskva 1982

BALYCHINA, T.M. Slova i slovosočetanija obščeliteraturnogo jazyka kak odin iz genetičeskich istočnikov juridičeskich terminologičeskich slovosočetanij, in: RJaSI, 1984(23)

CHIŽNJAK, S.P. Rol' lingvističeskich i ėkstralingvističeskich faktorov v formirovanii russkoj i anglijskoj juridičeskoj terminologii, in: Problemy istorii kul'tury, literatury, social'no-ėkonomičeskoj mysli (K 85-letiju G.A. Gukovskogo), Saratov 1984

COOPER, B. Problems with the In-Laws: The Terminology of Russian Family Relationships, in: Journal of Russian Studies (Bradford), 1987(52), 37-47

DENHAEN, M. Studie van de Nederlands-Russische terminologie inzake huwelijks - en familie recht, Anvers 1970

DESNICKAJA, A.V. K izučeniju jazyka pamjatnikov obyčnogo prava, in: VJa, 4/1983, 64-74

GLUCHOVSKAJA, I.I. Problema unifikacii tekstov normativnopravovych aktov i puti ee rešenija, in: Aktual'nye problemy archivovedenija i dokumentovedenija. Estestvennonaučnye voprosy archivnogo dela, Moskva 1981

IVAKINA, N.N. Sovmeščenie ėlementov naučnoj i oficial'no-delovoj reči v sintaksise juridičeskogo dokumenta, in: Jazyk i stil' naučnogo izloženija. Lingvometodičeskie issledovanija, Moskva 1983

KAVTARADZE, P.I., PURCELADZE, D.L., et al. Juridičeskaja terminologija. Russko-gruzinskaja čast', Tbilisi 1963, 331 p.

KRYSIN, L.P., STATKUS, V.F., ZUBAREV, V.S. Jazyk i stil' obvinitel'nogo zaključenija, Moskva 1976, 88 p.

MARTYNENKO, V.V. Vyraženie ob"ektivno-modal'nych značenij v tekstach sovetskogo konstitucionnogo zakonodatel'stva, in: RJa, 1988(16), 130-135

MELKUMOVA, I.A. Special'nyj (juridičeskij) tekst kak osnova v obučenii inostrannych učaščichsja monologičeskoj reči, in: WZ Jena, GSR, 3/1982

MICHAJLOVSKAJA, N.G., ODINCOV, V.V. Iskusstvo sudebnogo oratora, Moskva 1981

MOISEEV, A.I. Tipy tolkovanij terminov rodstva v slovarjach sovremennogo tipa, in: Leksikografičeskij sbornik, V, Gor'kij 1962

MORKOVINA, I.JU., ŽEL'VIS, V.I. Nekotorye nabljudenija nad osobennostjami parallel'nych tekstov s točki zrenija poznavatel'noj dejatel'nosti (na materiale russkich i anglijskich tekstov političeskoj jurisprudencii), in: Problemy normy i variantnosti v romano-germanskich jazykach, Jaroslavl' 1982

PETRUNIN, V.O. Iz istorii pis'menno-delovoj reči. Suščestvitel'nye so značeniem otvlečennogo dejstvija na *-nie/-enie* i kačestva na *-ost'/-stvo* v juridičeskich kodeksach drevnej Rusi i Petrovskoj ėpochi, in: Funkcional'nye i social'nye raznovidnosti russkogo literaturnogo jazyka XVIII v., Leningrad 1984

SERGEIČ, P. Iskusstvo reči na sude, Moskva 1960

ŠEVČENKO, N.V. Ustnaja oficial'naja reč' v raznych situacijach (na materiale reči juristov), Saratov 1983, akd

STEINBERG, K. Auswahl und Aufbereitung von Texten für die Sprachkundigenausbildung der Stufe IIb (Russisch) für Studenten der Rechtswissenschaft unter didaktischem und linguistischem Aspekt, Leipzig 1983, Diss.A

UNITED NATIONS ORGANIZATION at Geneva. Languages division. Terminology and technical documentation section. Law of the sea terminology, New York 1975, 276 p. (Terminology bulletin 297)
F-E-S-R

UŠAKOVA, A.A. Očerki sovetskoj zakonodatel'noj stilistiki, Perm' 1967

2.6.1.1. VERTRAGS- UND VÖLKERRECHT

EVINTOV, V.J. Problemy mnogojazyčija v prave meždunarodnych dogovorov, in: Sovetskij ežegodnik meždunarodnogo prava 1975, Moskva 1977, 123-133

JENTSCH, G. et al. Standard-Formulierungen in internationalen Verträgen (E-F-S-D) (+R), in: LS, 3/1956, 86-87; 4/1956, 119-120; 5-6/1956, 175-176; 2-3/1957, 76-78; 1/1961, 20-22
D-E-F-R-S

PETRUNIN, V.O. Dinamika slovarnogo sostava v delovom jazyke Petrovskoj ėpochi (Imena na *-nie/-enie, -ost', -stvo* i *-tel'* v juridičeskich kodeksach Drevnej Rusi i Petrovskoj ėpochi), Leningrad 1985, akd

SERGEEV, F.P. Russkaja terminologija meždunarodnogo prava XI-XVII vv., Kišinev 1972

UNESCO. Detailed organization chart of the secretariat, Paris, (COL.76WS/16, 1976), 20 p. E-F-S-R-Ar

UNESCO. International Organizations: Unesco. Multilingual Terminology List, Paris, (COLT/PMTL/3, 1976), 226 p.
E-F-S-R

UNITED NATIONS OFFICE at Geneva. Languages division. Terminology and technical documentation unit. Glossary on the law of treaties, Genève, (TERM/1, feb. 1969. Revised version), 86 p.
E-F-S-R

UNITED NATIONS OFFICE at Geneva. Languages division. Terminology and technical documentation section. International sugar agreement. Selected terms in English, French, Russian and Spanish, Genève, (TERM/13, sep. 1973), 24 p.
E-F-S-R

UNITED NATIONS OFFICE at Geneva. Languages division. Terminology and technical documentation section. Representation of states in their relations with international organizations. A quadrilingual list of terms, Genève, (TERM/18, jan. 1975), 120 p.
E-F-S-R

UNITED NATIONS OFFICE at Geneva. Languages division. Terminology and technical documentation section. International trade documents, Genève, (TERM/23, nov. 1976. Supersedes TERM/21), 73 p.
E-F-S-R

2.6.1.2. PATENTWESEN, URHEBERRECHT, MARKENRECHT

AVTOMATIZIROVANNYE sistemy patentnoj informacii, Moskva 1984

BUJANOVSKIJ, A.I., GORNIK, L.A. et al. Naibolee upotrebitel'nye oboroty i vyraženija opisanij izobretenij k patentam, Moskva 1976

BUNOVA, M.A. Lingvostatističeskij metod analiza leksiki klassifikacij izobretenij, in: NTI, Serija 2, 4/1983

ČARSKAJA, T.K. Statističeskaja struktura teksta patentnogo dokumenta, Leningrad 1984, akd

ČARSKAJA, T.K., MARTYNENKO, G.JA., Statističeskij analiz semantiki dejstvija i sostojanija v patentno-informacionnych potokach, in: UZ Tart GU, DCLVIII, 1983

FUGOL', G.S. Semantičeskie i sintaksičeskie osobennosti teksta opisanij izobretenij, in: Semantika jazykovych edinic i teksta, Moskva 1979

FUGOL', G.S. Algoritm avtomatičeskogo annotirovanija opisanij izobretenij kak približennaja model' ponimanija teksta, in: Obščenie. Tekst. Vyskazyvanie. Moskva 1981

GEISLER, W. Analyse extra- und intralinguistischer Komponenten sowjetischer Erfindungsbeschreibungen unter besonderer Berücksichtigung deren lexikalischer und grammatischer Strukturen auf ihren didaktischen Einsatz der Textsorte in der Fremdsprachenausbildung an technischen Hochschulen, Rostock 1982, Diss.A

GEISLER, W. Zur Einbeziehung sowjetischer Patentliteratur in die Russischausbildung zukünftiger Informationsfachkräfte, Ilmenau 1983

GEISLER, W. Analyse sowjetischer Erfindungsbeschreibungen unter sprachpraktischem Aspekt, in: WZ Jena GSR, 5/1984

GEISLER, W. Inhaltskomponenten des Anspruchs sowjetischer Erfindungsbeschreibungen, in: WZ TH Ilmenau, 6/1984

GEISLER, W. Lexiko-grammatische Analyse sowjetischer Erfindungsbeschreibungen mit dem Ziel einer rationellen Informationsgewinnung, in: WZ TH Ilmenau, 3/1984

GEISLER, W. Rationelle Informationsgewinnung aus sowjetischen Erfindungsbeschreibungen, in: FS, 4/1984, 224-229

IVANOVA, N.S. Avtomatičeskaja klassifikacija patentnych tekstov metodom distributivnogo statičeskogo analiza i vozmožnosti ee ispol'zovanija dlja celej informacionnogo poiska, in: Avtomatizirovanie sistemy patentnoj informacii, Moskva 1984

KOSAREV, A.L., ZBOROVSKIJ, I.JU. Terminologija patentovedenija i izobretatel'stva, Kiev 1969

LAWSON, V. The Language of Patents. A Typology of Patents, with particular Reference to Machine Translation, in: LS, 2/1983, 58-61

LEVIN, V.A. Terminologija patentovedenija, Tallin 1964

MOS'KOVIČ, V.A. Tovarnye znaki, in: Onomastika, Moskva 1969, 251-259

SOBOLEVA, T.A., SUPERANSKAJA, A.V. Tovarnye znaki, Moskva 1986, 176 p.

TIŠČENKO, K.N., VIL'ČINSKIJ, S.S. O strukture perevoda terminov patentnoj informacii, in: Teorija i praktika perevoda, X, Kiev 1983

VOPROSY patentnoj terminologii. Trudy CNIITI, ser. 4, Moskva 1973

ZAVADSKAJA, L.E. Bilingvističeskoe issledovanie funkcional'nogo stilja nemeckoj i russkoj naučnoj i techničeskoj literatury (žanr - patentnoe opisanie), in: Pervaja vsesojuznaja konferencija po teorii i praktike perevoda (Funkcional'nyj stil' naučnoj i techničeskoj literatury), 19-20 ijunja 1975 g., Tezisy dokladov, Kaunas 1975, 81-85

2.6.2. KRIMINOLOGIE

BATOV, V.I., LEONT'EV, A.A., ŠACHNAROVIČ, A.M., Reč' v kriminalistike i sudebnoj psichologii, Moskva 1977, 62 p.

2.6.3. ÖFFENTLICHE VERWALTUNG, ÖFFENTLICHE ANGELEGENHEITEN

2.6.3.0. ALLGEMEIN

DYCHOVIČNAJA, M.JU. Perevod amerikanskoj upravlenčeskoj leksiki na russkij jazyk, in: TP, 20/1983, 58-65

TAUBERT, L. *Stadtkreis* gleich *gorodskoj rajon?*, in: Nachrichten für Sprachmittler, 3/1984, 10

2.6.3.1. RAUMORDNUNG

TNC. Plan-och byggtermer 1975, (Vocabulaire de la planification et du bâtiment), Stockholm 1975, (Tekniska nomenklaturcentralens publikationer nr 58), 98 p.
D-E-S-F-R

SILLA, P. Terminy po blagoustrojstvu gorodov (R-Estn), Tallin 1974, 193 p.

2.6.3.2. UMWELTSCHUTZ

GOSUDARSTVENNYJ KOMITET STANDARTOV Soveta ministrov SSSR. Ochrana prirody. Atmosfera. Vybros vrednych veščestv avtomobiljami, traktorami i dvigateljami. Terminy i opredelenija, Moskva 1976, (GOST 17.2.1.02-76, jan. 1977), 8 p.
D-E-F-R

GOSUDARSTVENNYJ KOMITET STANDARTOV Soveta ministrov SSSR. Ochrana prirody. Atmosfera. Meteorologičeskie aspekty zagrjaznenija i promyšlennye vybrosy. Osnovnye termini i opredelenija, Moskva 1977, (GOST 17.2.1.04-77, jul. 1978), 12 p.
D-E-F-R

PAENSON, J. Multilingual systematic glossary of environmental terms. Vol 1-4. Genève 1971

PKNiM. Ochrana środowiskowa wytworów elektrotechnicznych. Nazwy i określenija, (Protection d'environnement des produits électriques. Termes et définitions), Warszawa 1972, (PN-72/E-01050, jan. 1973), 12 p.
D-E-F-R-P

POL'SKAJA, Ž.V. Ukazatel' terminov i sokraščenij po ochrane okružajuščej sredy, Moskva 1982 (VINITI), 294 p.
R-E

SOVET ĖKONOMIČESKOJ VZAIMOPOMOŠČI. Radiacionnaja bezopasnost'. Osnovnye terminy i opredelenija, Moskva 1970, (RS 2907-70, jul. 1972), 20 p.

STOBERSKI, Z. International scientific terminology and neologisms in the course of unification. Environmental terms, in: Babel, 4/1980, 226 ff

2.6.3.3. MILITÄR

BEYER, J. Untersuchungen zu Vorkommen, Häufigkeit, strukturellen und semantischen Aspekten substantivischer Wortgruppen, dargestellt an der russischsprachigen Kommunikation auf dem Gebiet des Militärwesens. Ein Beitrag zur linguistischen Fundierung der fachbezogenen Russischausbildung in der NVA der DDR, Text und Anlagen I-III, Leipzig 1982, Diss.A

CVET, L.JA., LJAŠČENKO, O.V. Semantičeskaja stratifikacija voenno-političeskoj leksiki, in: Voprosy lingvističeskoj semantiki, Simferopol' 1980

DEM'JANOV, V.G. Iz istorii slova *kapitan*, in: RR, 3/1975, 111-117

DORMIDONOV, A.A., NELJUBIN, L.L., VASIL'ČENKO, A.A. Učebnik voennogo perevoda (anglijskij jazyk), Moskva 1972, 656 p.

EDER, H. Untersuchungen zur Lexik der russischsprachigen Kommunikation auf dem Gebiet des Militärwesens, Leipzig 1974, Diss.

EDER, H. Zur Nutzanwendung von Untersuchungsergebnissen zur Lexik der russischsprachigen Kommunikation auf dem Gebiet des Militärwesens, in: BSF, I, 1978

EGOROVA, G.M. Iskonnoe i zaimstvovannoe v voennoj leksike "Vestej-kurantov", 1600-1650 gg., Leningrad 1984, akd

ESBULATOVA, R.M. Voenno-terminologičeskaja leksika i frazeologija v publicistike A.N. Tolstogo perioda Velikoj Otečestvennoj vojny, in: Lingvostilističeskij analiz teksta, Alma-Ata 1982

FILIPPOV, A.A., SPAŽEV, JU.A. Kurs voennogo perevoda (anglijskij jazyk), Moskva 1963, 196 p.

FOMINA, N.D. Strukturno-semantičeskie osobennosti voenno-obichodnoj leksiki, in: Obščee i russkoe jazykoznanie, Moskva 1978

GARBOVSKIJ, N.K. K voprosu o mež"jazykovych omonimach (na

materiale russkoj i francuzskoj voennoj terminologii), in: Voprosy filologii i metodiki prepodavanija inostrannych jazykov, Moskva 1984

GÖRING, J. Zum Übersetzen militärischer Nachrichten aus dem Russischen, in: Nachrichten für Sprachmittler, Berlin 1-2/ 1971, 8-10

KOGOTKOVA, T.S. *Kavaler ordena* ..., in: RR, 3/1975, 140-142

KOLBASOVA, T.P. Naučno-techničeskaja revoljucija i ee otraženie v voennoj terminologii (na materiale russkogo jazyka), in: Principy opisanija leksičeskogo i grammatičeskogo stroja jazykov, Moskva 1976

KOLGUŠKIN, A.N. Lingvistika v voennom dele, Moskva 1970

KOŽIN, A.N. O strukture voennogo termina, in: Očerki po russkomu jazyku i stilistike, Saratov 1967

KOŽIN, A.N. Sostavnye naimenovanija v russkom jazyke (na materiale voenno-delovoj leksiki), in: Mysli o sovremennom russkom jazyke, Moskva 1969, 31-46

KOŽIN, A.N. Voennye terminy v chudožestvennoj reči, in: RR, 1/1972, 28-32

MARTYNOV, JU.T. Kategorii i funkcii ustojčivych formul obščenija voennoslužaščich (na materiale francuzskich i russkich voennych tekstov), Moskva 1984, akd

MIN'JAR-BELORUČEV, R.K. Kurs voennogo perevoda (francuzskij jazyk), Moskva 1967, 464 p.

MUZAFFAR-ĖDDIN ASAAD CHAKIM Problemy voennogo perevoda v svete obščej teorii perevoda (na materiale perevoda s russkogo jazyka na arabskij), Moskva 1985, akd

NELJUBIN, L.L. Sintaksis jazyka amerikanskich boevych prikazov, Moskva 1968, akd

NELJUBIN, L.L. Učebnoe posobie po voennomu i voenno-techničeskomu perevodu, Moskva 1970, 89 p.

NELJUBIN, L.L. Perevod boevych dokumentov armii SŠA, Moskva 1971, 335 p

OSMONALIEV, T. Iz istorii russkoj voennoj terminologii (K voprosu o pol'skom vlijanii na russkuju voenno-terminologičeskuju sistemu XVII-XVIII vv.), in: UZ Kirgiz GU, X, 1964

SCHULZE, E. Untersuchungen zur Terminologie der russischsprachigen Kommunikation auf dem Gebiet des Militärwesens, Leipzig 1976, Diss.

SCHÜTZE, W. Untersuchungen zu Vorkommen, Distribution und Valenz der häufigsten Verben in der russischsprachigen Kommunikation des Militärwesens, Leipzig 1978, Diss.

SEREBRJAKOVA, I.M. Stilističeskaja obuslovlennost' funkcionirovanija proizvodnych omonimov (na materiale voennych, naučno-techničeskich, publističeskich i chudožestvennych tekstov anglijskogo i russkogo jazykov), Moskva 1986, akd

SEREDINECKI, JA. Nazvanija voennoslužaščich Sovetskoj armii (*boec, voin, soldat*), in: Przegl Rus, 1-2/1984

ŠEVČUK, V.N. Otnositel'no statusa abbreviatur v anglijskom jazyke i ich perevoda na russkij jazyk (na materiale amerikanskich voennych sokraščenij), in: Sistema jazyka i perevod, Moskva 1983, 120-130

SOROKOLETOV, F.P. Istorija voennoj leksiki v russkom jazyke, Leningrad 1970

SPRACHENDIENST des Auswärtigen Amtes der Bundesrepublik Deutschland. Disarmement terminology. Terminologie der Abrüstung, Berlin/New York 1982, 645 p.
E-D-F-S-R

STRELKOVSKIJ, G.M. Perevod boevych dokumentov bundesvera, Moskva 1970, 224 p.

STRELKOVSKIJ, G.M. Teorija i praktika voennogo perevoda, Moskva 1979, 272 p.

ŠVEJCER, A.D. Perevod i lingvistika. O gazetno-informacionnom i voenno-publicističeskom perevode, Moskva 1973, 280 p.

TUZOVA, M.F. Iz istorii russkoj voennoj leksiki, in: UZ MOPI, CXXXXVIII, 1964

VETLOV, N.P. Principy otbora voenno-terminologičeskogo minimuma pri sostavlenii učebnych posobij po kursu voennogo perevoda, in: Inostrannye jazyki, II, Moskva 1966

ZIL'BERG, L.I. Posobie po anglijskomu jazyku (voennyj perevod), Moskva 1971, 288 p.

2.7. RELIGION, THEOLOGIE

RIŽSKIJ, M.I. Istorija perevodov Biblii v Rossii, Novosibirsk 1978, 208 p.

2.8. GEISTESWISSENSCHAFTEN

2.8.1. ARCHÄOLOGIE

MILJUK, N.M. Archeologičeskaja terminologija v sovremennom russkom literaturnom jazyke, Leningrad 1985, akd

2.8.2. GESCHICHTE

GARDINER, S.C. Ein Gebilde ohne Namen. Die Bezeichnungen der Habsburgermonarchie in der altrussischen Kanzleisprache des 17.Jahrhunderts, in: WSlJb, XXIII, 1977

KIRILLOVA, E.A. Nekotorye aspekty analiza leksičeskogo sostava istoričeskich tekstov, in: Voprosy filologii i metodiki prepodavanija inostrannych jazykov, Moskva 1984

LÜBKE, K. Zur Ideologiegebundenheit von Internationalismen in russischsprachigen Texten der Geschichtswissenschaft, in: WZ PH Zwickau, 1/1983

LÜBKE, K. Untersuchungen zu Form, Fügbarkeit und Bedeutung der häufigsten Termini in russischsprachigen Texten der Geschichtswissenschaft, Zwickau 1983, Diss.A

LUBEJ, L. Kuda smotrel redaktor? Razmyšlenija ob istoričeskoj terminologii. Perevod terminov s latyšskogo jazyka na russkij, in: Slovo v našej reči, Riga 1978

SEMANTIČESKIJ analiz ponjatij v istoriko-filosofskich issledovanijach, Novosibirsk 1984

TROPINA, N.I. Nekotorye glagol'nye slovosočetanija obščestvenno-političeskogo charaktera (na materiale kursa "Istorija KPSS"), Moskva 1980

VODOFF, W. Remarques critiques sur le Cours de terminologie histoire russe de V.O. Ključevskij, in: Revue Canadienne-Américaine d'Études Slaves, 3-4/1986, 273-287

ZAMKOVA, V.V. K voprosu ob opisanii istoričeskoj terminologii v istoričeskom slovare (na materiale slovarja russkogo jazyka XVIII veka), in: Problematika opredelenij terminov v slovarjach raznych tipov, Leningrad 1976

ZAMKOVA, V.V. Special'naja leksika v istoričeskom slovare (K voprosu ob otbore slov), in: Problemy istoričeskoj leksikografii, Leningrad 1977

2.8.3. PHILOSOPHIE

AKADEMIJA NAUK SSSR. Komitet naučno-techničeskoj terminologii. Osnovnye teorii podobija i modelirovanija. Terminologija, Moskva, (Sbornik rekomenduemych terminov, vypusk 88, 1973), 22 p.
D-E-F-R

AUBURGER, L. Sprachliche Subsysteme. Linguistische Untersuchungen zur philosophischen Fachsprache bei M. V. Lomonosov, Hamburg 1975

AUS dem Wortschatz des Marxismus-Leninismus. Dialektischer und historischer Materialismus (D-R-E-F), in: FS, 4/1958, 4-15

BARANOV, G.V. O nekotorych osobennostjach jazyka filosofii, in: Metodičeskie problemy nauki i kul'tury, III, Kujbyšev 1978

ČMEJRKOVÁ, S.K. K překladu filozofického textu. U příležitosti českého překladu Leninových Filozofických sešitů (Nad perevodom filosofskogo teksta. Po povodu češskogo perevoda Filosofskich tetradej V.I. Lenina), in: Acta Univ Carol, Philoligica, Slavica Pragensia, XXIII, Problémy překladu a tlumočení, Praha 1983, 309-315

DUBOGRAEVA, M.P. Otvlečennaja leksika v rabote V.I. Lenina "Materializm i ėmpiriokriticizm", in: Russkij jazyk, Minsk, 3, 1984, 94-103

ILJUŠEČKIN, V.P. Terminy "obščestvenno-ėkonomičeskij uklad" i "sposob proizvodstva" v rabotach K. Marksa i V.I. Lenina, in: Filosofskie problemy obščestvennogo progressa, Gor'kij 1982

KADOMCEVA, O.O. Semantičeskaja struktura metafory v russkich i ukrainskich naučno-filosofskich tekstach, in:RJa, 1988(16), 75-81

KUDRJAŠOVA, N.R. Rabota nad leksikoj naučnogo stilja reči na materiale tekstov po marksistsko-leninskoj filosofii (s ispol'zovaniem diafil'mov), in: RJaIS, 1982(21), 112-118

LEONOVA, N.V. Formirovanie russkoj filosofskoj terminologii vo 2-oj polovine XVIII-načale XIX vv., Moskva 1979, akd

MARKARJAN, E.O. O semantičeskich urovnjach jazyka filosofii, in: VON AN Arm SSR, 7/1979

MESSERLE, E.A. Analiz nekotorych jazykovych ėlementov pervogo toma "Kapitala" K. Marksa, in: UZ Alta-Atinsk PIIJa, I, 1956

NIZOVCEVA, S.A. Nekotorye charakteristiki filosofskogo termina, in: TS, IV, 1981, 39-45

PAN'KO, T.I. Ot termina k sisteme. Stanovlenie marksistsko-leninskoj politėkonomičeskoj terminologii v vostočnoslavjanskich jazykach, L'vov 1979

PANOV, G.A. Rol' V.I. Lenina v stanovlenii russkoj sistemy obščestvenno-političeskoj terminologii naučnogo kommunizma, Moskva 1972, akd

PROKSCHA, H., RUST, A., SEIFERT, J. Terminologisches Minimum Grundlagen des Marxismus-Leninismus Russisch-Deutsch, Zwickau 1979

SCHNEIDER, R. Fachsprachliche Besonderheiten der Lexik und Morphologie des Russischen in Texten der marxistisch-leninistischen Philosophie, Leipzig 1971, Diss.

SEMANTIČESKIJ analiz ponjatij v istoriko-filosofskich issledovanijach, Novosibirsk 1984

SLOVO v jazyke proizvedenij V.I. Lenina, Moskva 1979

UNTERSUCHUNGEN zur Herausbildung gesellschaftswissenschaftlicher Termini bei K. Marx und F. Engels, in: Ling S, Reihe A: Arbeitsberichte, XXI, 1975

VEREŠČAGIN, E.M. U istokov slavjanskoj filosofskoj terminologii: mentalizacija kak priem terminotvorčestva, in: VJa, 6/1982, 105-114

ŽOL', K.K. Problema polisemantizma jazyka v istorii filosofii, in: Logiko-filosofskij analiz ponjatijnogo apparata nauki, Kiev 1977

2.8.4. LITERATUR, LITERATURWISSENSCHAFT

BALUCH, J. Nowe hasła do słownika terminów literackich (na materiale polskim, czeskim, rosyjskim), in: Sprawozdanija z posiedzeń komisji naukowych, Wrocław, 2/1983(25), 268

BERKOV, P.N. Očerk razvitija russkoj literaturovedčeskoj terminologii do načala XIX v., in: Izv AN SSSR SLJa, 3/1964

ELISEEVA, I.JU. Osobennosti sinonimičeskich otnošenij slov, oboznačajuščich literaturnye žanry, v russkom jazyke XVIII veka, in: Lingvističeskie issledovanija 1982. Jazykovye edinicy v sinchronii i diachronii, Moskva 1982

ELISEEVA, I.JU. Formirovanie značenija literaturovedčeskogo termina "pochval'naja (toržestvennaja) oda" v russkom jazyke XVIII v., in: Russkaja istoričeskaja leksikologija i leksikografija, III, Leningrad 1983, 111-121

ELISEEVA, I.JU. Formirovanie literaturovedčeskoj terminologii v russkom jazyke XVIII veka (Oboznačenie žanrov), Leningrad 1984, akd

KARAULOV, JU.N. Lingvističeskie osnovy funkcional'nogo podchoda v literaturovedenii, in: Problemy strukturnoj lingvistiki 1980, Moskva 1982

KASPER, K. Situation und Aufgaben auf dem Gebiet der literaturwissenschaftlichen Terminologie, in: ZfSl, 1/1977, 67-72

KOCHMANN, S. K istorii literaturovedčeskoj terminologii v russkom jazyke, in: Acta Univ Wratislav, 6/1976

KOLESNIK, N.G. O vlijanii russkoj literaturovedčeskoj terminologii na literaturovedčeskuju terminologiju jazykov narodov SSSR, in: Issledovanija po social'noj lingvistike, Moskva 1980

KORMAN, B.O. Celostnost' literaturnogo proizvedenija i ėksperimental'nyj slovar' literaturovedčeskich terminov, in: Problemy istorii kritiki i poėtiki realizma, Kujbyšev 1981

KUCHARENKO, V.A. Informativnost' vvodjaščego abzaca naučnogo filologičeskogo teksta, in: Funkcional'nye stili. Lingvometodičeskie aspekty (ed. Cvilling, M.Ja.), Moskva 1985

LEHMANN, M. Untersuchungen zum Wortschatz russischsprachiger Texte der Literaturwissenschaft, Leipzig 1978, Diss.A

LEHMANN, M. Zur Fachsprache der Literaturwissenschaft im Russischen (einige Untersuchungsergebnisse), in: BSF, I, 1978

LEVANDOVSKAJA, L.L. U istokov stichovedčeskoj terminologii, in: RR, 1/1987, 114-118

RUD', L.G. Literaturovedčeskie terminy kak naimenovanija ėpičeskich žanrov v russkom jazyke XIX-XX vekov, in: Semantika jazykovych edinic, Minsk 1984

SAPAROV, M.A. Terminy i metafory. Diskussionnye problemy literaturovedčeskoj terminologii, in: Rus Lit, 1/1979

SEMIČEV, V.N. Voprosy terminologičeskogo slovoobrazovanija (na materiale terminologii literaturovedenija), Moskva 1968, akd

ŠEŠUKOV, S.I. *Socialističeskij realizm*, in: RR, 1/1973, 100-103

TROST, K. Šklovskijs *ostranenie* und Brechts *Verfremdung*. Zur sprachlichen und literaturtheoretischen Interdependenz und Differenz beider Begriffe, in: Ars philologica slavica. Festschrift für H. Kunstmann, München 1988, 469-478

WAWRZYŃCZYK, J. Uwagi o terminologii literackiej w polsko-rosyjskiej konfrontacji przekładowej, in: Acta Universitatis Lodziensis. Folia litteraria, 22/1988, 151-166

2.8.5. SPRACHEN, SPRACHWISSENSCHAFT

ACHMANOVA, O.S. K voprosu ob osnovnych ponjatijach metajazyka lingvistiki, in VJa, 5/1961

ALEKSEEV, A.A. O nazvanijach častej reči, in: RR, 3/1975, 64-68

AVRORIN, V.A. O ponjatijach lingvističeskoj stilistiki i ich terminologičeskom oboznačenii, in: Razvitie stilističeskich sistem literaturnych jazykov narodov SSSR, Ašchabad 1968

BEZBOROD'KO, N.I. Morfosintaksičeskie osobennosti latinskoj terminologii, in: VJa, 2/1979, 115-121

BIBLIOGRAFIČESKIJ ukazatel' "Voprosy terminologii po frazeologii, obščemu i prikladnomu jazykoznaniju" (ed. Bušuj, A.M., Mokienko, V.M.), Samarkand 1986, 156 p.
Rez.: ČSR, 1/1989, 56 (Ďurčo, P.)

BIEDERMANN, J. Über die Termini *ustojčivost'* und *idiomatičnost'*: Rezeptionsversuche, in: WSlAl, XI, 1983, 89-111

BOJKOV, V.I. Ispol'zovanie ponjatija i termina "slovoobrazovatel'naja paradigma" pri opisanii derivacionnych vozmožnostej abbreviatur, in: RJa, 1984(8), 86-91

BUDAGOV, R.A. Terminologija i semiotika, in: Čelovek i ego jazyk, Moskva 1974, 124-129

ČEBOTNIKOVA, T.A. Leksičeskaja i semantičeskaja sočetaemost' terminoélementa "sintagmatičeskij" v sovremennom russkom jazyke, in: TS, 1981(4), 135-142

DEM'JANKOV, V.Z. Anglo-russkie terminy po prikladnoj lingvistike i avtomatičeskoj pererabotke teksta
Rez.: Izv AN SSSR SLJa, 1/1982, 85-88 (Gorodeckij, B.Ju., Kobozeva, I.M.)

FETZER, W., REUTHER, T. Materialien zu einer Bibliographie der linguistischen Terminologie im slawischen Sprachbereich, in: WSlAl, XII, 1983, 349-366

GALENKO, I.G. Naimenovanie lic po lingvističeskoj special'nosti v russkom jazyke, in: RJa, 1981(2), 52-57

GAL'PERIN, I.R. Otnositel'no upotreblenija terminov "značenie", "smysl", "soderžanie" v lingvističeskich rabotach, in: NDVŠ FN, 5/1982, 34-43

GEL'GARDT, R.R. Voprosy naučnoj teorii, interpretacija faktov i stil' učebnych posobij po "Vvedeniju v filologiju", in: NDVŠ FN, 2/1982, 24-32

GOLOVIN, B.N. Lingvističeskie terminy i lingvističeskie idei, in: VJa, 3/1976, 20-34

GOLOVIN, B.N. Terminy "sintaksis" i "sintagmatika" v ich otnošenii k realijam jazyka, in: TS, 1982(5), 3-10

GRECHNEVA, G.M. Terminy *standart* i *štamp* v rabote V.G. Kostomarova "Russkij jazyk na gazetnoj polose", in: Terminy v jazyke i reči, Gor'kij 1984

GVIŠIANI, N.B. K voprosu o metajazyke jazykoznanija, in: VJa, 2/1983, 64-72

HARUTJUNJANZ, M. Aus der Geschichte der deutsch-russischen sprachwissenschaftlichen Übersetzungen, in: FS, 3/1968, 177-183

IVANOVA, A.E. Vozmožnosti associativnogo éksperimenta dlja analiza terminologičeskoj leksiki. Problemy psicholingvistiki, Moskva 1975

IVANOVA, V.A. O termine "antonim", in: RJaŠ, 6/1980, 100

JAKIMOVA, S.A. Sistemnoe izučenie lingvističeskich terminov, in: TS, 1981(4), 114-121

KARPOVIČ, A.E. O russkoj leksikografičeskoj terminologii, in: Russian Language Journal, 128, 1983, 3-9

KAZYRO, G.N. K probleme lingvističeskogo termina (na materiale leksikologičeskoj terminologii francuzskich i nemeckich glagolov), Moskva 1980, akd

KUPALOVA, A.JU. Terminy v škol'noj grammatike, in: RR, 1/1971, 81-84

KUTINA, L.L. Termin v filologičeskich slovarjach (K antiteze: énciklopedičeskoe - filologičeskoe), in: Problematika opredelenij terminov v slovarjach raznych tipov, Leningrad 1976

LAVROVA, N.N. Zametki o polisemii lingvističeskich terminov, in: TS, 1981(4), 45-53

LOGAČEVA, E.P. O prototipach grammatičeskich terminov v "Organone" Aristotelja, in: VJa, 5/1985, 104-110

LOSEV, A.F. Terminologičeskaja mnogoznačnost' v suščestvujuščich teorijach znaka i simvola, in: Jazykovaja praktika i teorija jazyka, II, Moskva 1978

MACHNUTINA, K.S. Issledovanie terminologičeskich podgnezd i podgnezd obščeliteraturnogo jazyka, in: SNT MPIIJa, CIC, 1982

NIKITINA, S.E. Semantičeskij analiz jazyka nauki. Na materiale lingvistiki, Moskva 1987, 135 p.

PALAMARČUK, L.S. Terminologičeskaja leksika v obščejazykovom (filologičeskom) slovare, in: Problematika opredelenij terminov v slovarjach raznych tipov, Leningrad 1976

RULÍKOVÁ, B. Problematika stylu odborných projevů v sovětské lingvistické literatuře, in: SaS, 3/1977

ŠČEDROVICKIJ, G.P. "Logičeskoe" i "lingvističeskoe" v znakach (K charakteristike materiala terminologičeskoj raboty), in: Semiotičeskie problemy jazykov nauki, terminologii i informatiki, (Materialy simpoziuma. Referaty i annotacii, dekabr' 1971g.), I, Moskva 1971

SITARSKI, A. O kompresji strukturalnej w zakresie polskiej i rosyjskiej terminologii językoznawczej, in: Studia Rossica Posnaniensia, 1981(16), 183-193

SITARSKI, A. Zjawisko homonimii w polskiej i rosyjskiej terminologii językoznawczej, in: Studia Rossica Posnaniensia, 1988(20), 197-203

SLJUSAREVA, N.A. Terminologija lingvistiki i metajazykovaja funkcija jazyka, in: VJa, 4/1979, 69-76

SLJUSAREVA, N.A. O tipach terminov (na primere grammatiki), in: VJa, 3/1983, 21-30

SOSINA, P.V. Termin "jazyk" u A.A. Potebni, in: TS, 1982(5), 18-24

ŠVEJCER, A.D. Perevod i lingvistika. O gazetno-informacionnom i voenno-publicističeskom perevode, Moskva 1973, 280 p.

ŠVEJCER, A.D. Übersetzung und Linguistik, Berlin 1987, 231 p. Rez.: FS, 3/1988, 213-215 (Martin, C.)

TOBOLEVA, M.P. O termine *predloženie*, in: RR, 3/1975, 69-71

TOLIKINA, E.N. Nekotorye lingvističeskie problemy izučenija termina, in: Lingvističeskie problemy naučno-techničeskoj terminologii, Moskva 1970

TRUBAČEV, O.N. Iz raboty nad russkim Fasmerom. K voprosam teorii i praktiki perevoda, in: VJa, 6/1978, 15-24

VASIL'EVA, N.V. K semantičeskomu i funkcional'nomu opisaniju greko-latinskich terminoėlementov v lingvističeskoj terminologii, in: VJa, 3/1983, 71-79

VISKOVIČ, K.S. O terminach *pragmalingvistika* i *didaktolingvistika*, in: VJa, 3/1981, 52-59

VLASOV, A.V. Struktura terminov morfologii russkogo i belorusskogo jazykov, in: Russkij jazyk, 7, Minsk 1987, 57-63

2.9. KÜNSTE

2.9.0. ALLGEMEIN

UNESCO. Bureau of conferences, languages and documents. Culture, Paris, (COL-T/TERM/2, mar. 1976), 18 p.
E-F-S-R

2.9.1. KUNSTGESCHICHTE

ARKAD'EVA, Ė.V. Terminologija iskusstva i architektury ital'anskogo proischoždenija v sovremennom russkom jazyke, in: RJaŠ, 6/1973, 81

KLADIVKO, I. Untersuchungen zur Häufigkeit der Lexik in russischsprachigen Texten der Ästhetik und Kulturtheorie, Leipzig 1977

SIDORENKO, R.I. Sposoby obrazovanija iskusstvovedčeskich terminov, in: Pitannja slovotvoru schidnoslov'jan'skich mov, Kiïv 1969

2.9.2. BILDENDE KUNST

KRILOFF, O. Glossaire de la peinture des icônes (R-F), Bruxelles 1975

MATEVOSJAN, L.A. Princip otbora special'noj leksiki po izobrazitel'nomu iskusstvu, in: Iskusstvovedenie, 2/1975

2.9.3. ANGEWANDTE KUNST

2.9.3.1. GRAPHIK, DESIGN, TYPOGRAPHIE; KUNSTHANDWERK, ANTIQUITÄTEN

DIN. Fließbilder verfahrenstechnischer Anlagen. Begriffe, Berlin, (DIN 28004, Teil 10, aug. 1976), 2 p.
D-E-F-I-S-R

GOSUDARSTVENNYJ KOMITET STANDARTOV Soveta ministrov SSSR. Edinaja sistema konstruktorskoj dokumentacii. Oboznačenija uslovnye grafičeskie v schemach. Ustrojstva kommutacionnye i kontaktnye soedinenija, Moskva 1974, (GOST 2755-74, jan. 1975. Replaces partly GOST 2725-68 and GOST 2747-68), 27 p.

GOSUDARSTVENNYJ KOMITET STANDARTOV Soveta ministrov SSSR. Edinaja sistema konstruktorskoj dokumentacii. Oboznačenija uslovnye grafičeskie v schemach. Rezistory, kondensatory, Moskva 1974, (GOST 2728-74, jul. 1975. Replaces GOST 2728-68 and partly GOST 2729-68 and GOST 2747-68), 21 p.

GOSUDARSTVENNYJ KOMITET STANDARTOV Soveta ministrov SSSR. Edinaja sistema konstruktorskoj dokumentacii. Oboznačenija uslovnye grafičeskie. Apparaty kolonnye, Moskva 1974, (GOST 2.790-74, jan. 1975), 9 p.

GOSUDARSTVENNYJ KOMITET STANDARTOV Soveta ministrov SSSR. Edinaja sistema konstruktorskoj dokumentacii. Oboznačenija uslovnye grafičeskie. Otstojniki i fil'try, Moskva 1974, (GOST 2.791-74, jan. 1975), 9 p.

GOSUDARSTVENNYJ KOMITET STANDARTOV Soveta ministrov SSSR. Edinaja sistema konstruktorskoj dokumentacii. Oboznačenija uslovnye grafičeskie v schemach. Oboznačenija obščego primenenija, Moskva 1974, (GOST 2721-74, jul. 1975. Replaces GOST 2721-68 and GOST 2783-69), 26 p.

ISO. Kinematic diagrams - Graphical symbols- Part I, Genève 1976, (ISO/DIS 3952/1-1976), 18 p.
E-F-R

ŽABOVA, L. O terminologii i ponjatijach v sfere promyšlennogo iskusstva, in: Techn Est, 7/1964

2.9.3.2. MODE, BEKLEIDUNG

DONECK, E. Ausdrücke aus dem Bereich der Mode (R-D), in: FS, 2/1960, 103-104

JUNALEEVA, P.A. Tjurkizmy v russkom jazyke (na materiale nazvanij odeždy), Moskva 1984, akd

KARPINSKAJA, E.V. Naimenovanija tkanej: moda, tradicija i NTR, in: RR, 2/1983, 62-65

POGORELOV, A.G. Zaimstvovannye obobščajuščie naimenovanija odeždy, in: Leksika i slovoobrazovanie, Chabarovsk 1978

TOROPČINA, L.V. Naimenovanija narodnoj ženskoj odeždy v russkom jazyke XIX veka, Moskva 1983, akd

2.9.4. DARSTELLENDE KÜNSTE

2.9.4.0. ALLGEMEIN

DROBININA, D.P. K voprosu o proischoždenii sovremennoj muzykal'noj i teatral'noj terminologii (na materiale "Dnevnik putešestvija v Italiju v 1697-1699 gg. P.A. Tolstogo"), in: UZ LPI, CCLVII, 1965

KUL'TURA reči na scene i na ėkrane (ed. Skvorcov, L.I., Kuznecova, L.N.), Moskva 1986, 188 p.
Rez.: RR, 5/1987, 78-80 (Chaustova, Ju.F.)

SERGEEV, V.N. Terminologija izobrazitel'nogo iskusstva v russkom jazyke XIX-XX vv., Leningrad 1964, akd

SERGEEV, V.N. K istorii terminologii izobrazitel'nogo iskusstva v russkom jazyke XVIII-načala XIX veka, in: Materialy i issledovanija po leksike russkogo jazyka XVIII veka, Moskva/Leningrad 1965

2.9.4.1. THEATER, OPER, TANZ

ARKAD'EVA, Ė.V. Ital'anskoe *"butafor"* i russkoe *"butaforija"*, in: RJaŠ, 1/1979, 68

BUDAGOV, R.A. O sceničeskoj reči, in: Čelovek i ego jazyk, 1976

ČEKALOV, K.A. *Marionetka*, in: RR, 2/1987, 136-139

GARANINA, P.S. Mnogoobrazie stilevych sredstv sovremennoj teatral'noj kritiki, in: Literaturno-chudožestvennyj process 70-ch godov v zerkale kritiki, Moskva 1982

KIMJAGAROVA, R.S. *Amplua*, in: RJaŠ, 5/1976, 97-98

KIMJAGAROVA, R.S. *Antrakt, in:* RJaŠ, 4/1978, 97

KIMJAGAROVA, R.S. "Dramatičeskij slovar'" 1787 g. - istočnik dlja izučenija russkogo jazyka XVIII v. Teatral'naja terminologija, in: Voprosy russkogo jazykoznanija, III, Moskva 1980

KIMJAGAROVA, R.S. Iz istorii formirovanija teatral'noj terminologii v russkom jazyke. "Akt o Kaleandre i Neonilde", 1731 g., in: Russkaja istoričeskaja leksikologija i leksikografija, III, Leningrad 1983, 97-111

KISKARAEVA, G.U. Ob osvoenii russkoj sceničeskoj leksiki v tjurkskich jazykach, in: Russkoe slovo v jazykovoj žizni Kirgizii, Frunze 1984

PEN'KOVSKIJ, A.B., ŠVARCKOPF, B.S. Tipy i terminologija remarok, in: Kul'tura reči na scene i ékrane (ed. Skvorcov, L.I., Kuznecova, L.N.), Moskva 1986, 150–170

TEATRAL'NOE obščestvo Gruzii. Russko-gruzinskie terminy dramatičeskogo teatral'nogo iskusstva, Tbilisi 1964, 38 p.

2.9.4.2. FILM, PHOTOGRAPHIE

AFNOR. Cinématographie. Vocabulaire des termes utilisés dans les échanges internationaux des productions cinématographiques, Paris, (NF S 20-006, jul. 1968), 11 p.
D–E–F–I–R

AKADEMIJA NAUK SSSR. Komitet techničeskoj terminologii. Terminologija po vozdušnomu fotografirovaniju, Moskva, (Sbornik rekomenduemych terminov, vypusk 29), 30 p.

ALATORCEVA, S.I. Novaja kinematografičeskaja leksika v sovremennom russkom literaturnom jazyke, Leningrad 1984, akd

AMT FÜR STANDARDISIERUNG. Mikrofilmtechnik. Begriffe, Leipzig, (TGL 26 299, jun. 1971. Gruppe 138 58. DDR-Standard), 20 p.
D–E–R

BRAGINA, A.A. *Kinematograf – kino – fil'm*, in: RR, 6/1971, 55–60

DEL'SKAJA, T.F. *Scenarij*, in: RR, 6/1969, 76–79

GOSUDARSTVENNYJ KOMITET STANDARTOV Soveta ministrov SSSR. Apparatura aérofotoobrabatyvajuščaja nazemnaja. Terminy i opredelenija, Moskva 1976, (GOST 22213-76, jan. 1978), 9 p.
E–R

GRAUDINA, L.K., SKVORCOV, L.I. Slovo na ékrane (o jazyke i stile sinchronnych dialogov v dublirovannych kinofil'mach), in: Kul'tura reči na scene i ékrane (ed. Skvorcov, L.I., Kuznecova, L.N.), Moskva 1986, 125–135

IRS. Cinematografie. Materiale şi produse cinematografice. Terminologie, (Cinematography. Cinematographic materials and products. Terminology), Bucureşti, (STAS 9776-74, aug. 1974), 14 p.
D–E–F–Ro–R

ISO. Cinematography – Vocabulary, Genève 1977, (ISO/DIS 4246-1977), 70 p.
D–E–F–I–R

IVANOV, V.O. O strukturnom podchode k jazyku kino, in: Iskusstvo kino, 11/1973

KLJUEVA, G.S. K voprosu o sostavnych naimenovanijach v terminologii dorevoljucionnoj kinematografii, in: Sistemnye otnošenija v leksike i frazeologii (Russkij jazyk), Moskva 1982

KKSM. Sredstva za svetlokopirane. Terminologija. Klassifikacija, (Devices for photocopying. Terminology. Classification), Sofija 1973, (BDS 11234-73, jul. 1974), 4 p.
D-E-F-Ro-R-Bg-Cs-Pl-Hu

KOGOTKOVA, T.S., MIS'KEVIČ, G.I. *Mnogoserijnyj fil'm-serial* (K pojavleniju novogo slova), in: Kul'tura reči na scene i ėkrane (ed. Skvorcov, L.I., Kuznecova, L.N.), Moskva 1986, 136-150

KRIVENKO, B.V. Ėkrannaja reč', in: Jazyk i stil' sredstv massovoj informacii i propagandy, Moskva 1980, 237-255

KRJUČEČNIKOV, N. Slovo v fil'me, Moskva 1964

LEBEDEVA, O.N. Russkaja kinematografičeskaja leksika (strukturno-semantičeskij analiz), Dnepropetrovsk 1984

MARTYNENKO, JU. Kinoiskusstvo i jazyk, in: Iskusstvo kino, 12/1973

LOTMANN, JU. Semiotika kino i problemy kinoėstetiki, Tallin 1973

PKN. Sensytometria fotograficzna. Nazwy i określenia. (Sensitométrie photographique. Termes et définitions), Warszawa 1961, (PN/N-01202, jul. 1963; provisoire), 23 p.
D-E-F-R-Pl

PLOTNIKOVA, R.N. *Kino-, tele-, radio-* ... slova, in: RR, 6/1983, 50-54

SAMVELJANC, G.K. Reč' v "jazyke kino", in: RR, 6/1969, 74-76

TERPIGOREV, A.M. Terminologija po vozdušnomu fotografirovaniju, Moskva 1954

ÚN. Názvy a značky v leteckém fotografování, (Termes et symboles de la photographie aérienne), Praha 1955, (ČSN 01 9320, apr. 1956), 17 p.
R-Cs

ZGURIDI, A.M. Slovo v naučnom fil'me, Moskva 1969

2.9.5. MUSIK (UND MUSIKINSTRUMENTE)

AL'BINSKIJ, V.A. Gudok i skripka, drevnerusskie muzykal'nye instrumenty i ich naimenovanija v narodnoj reči i literaturnom jazyke, in: Literaturnyj jazyk i narodnaja reč', Perm' 1984

NAZAROVA, Ž.A. Iz istorii nekotorych nazvanij muzykal'nych instrumentov, in: RJaŠ, 1/1973, 84

SCHMIDTKE, H. Wortliste Musik (R–D), in: FS, 4/1964, 313–314

SENDROVIC, E.M. O slovach "*muzyka*" i "*koncert*", in: RJaŠ, 3/1974, 95–96

ÚNM. Hudební nástroje. Třídění a názvosloví hudebních nástrojů, (Instruments de musique. Classification et terminologie relative aux instruments de musique), Praha 1970, (ČSN 89 0000, mar. 1972), 43 p.
D–E–F–I–R–Cs–Sk

3. FACHWÖRTERBÜCHER

3.1. NATURWISSENSCHAFTEN UND MEDIZIN

3.1.0. ALLGEMEIN

CONCISE RUSSIAN-ENGLISH SCIENTIFIC DICTIONARY
Blum,H., London/Edinburgh/NewYork/Paris/Frankfurt a.M. 1965
R-E
Rez.: RJaZR, 3/1968, 116-117 (Morkovkin, V.V.)

DICCIONARIO RUSO-ESPANOL DE LA CIENCIA Y DE LA TÉCNICA
Madrid 1972², 700 p.
R-S

DICTIONARY OF NEOLOGISMS IN AMERICAN SCIENTIFIC AND TECHNICAL LITERATURE
Čornaja, A.I., et al., Moskva 1971², 94 p.
E-R

DICTIONARY OF RUSSIAN TECHNICAL AND SCIENTIFIC ABBREVIATIONS
Zalucki, H., Amsterdam/London/New York 1968
Rez.: Babel, 2/1969, 112 (Gingold, K.)

DICTIONNAIRE INTERNATIONAL D'ABRÉVIATIONS SCIENTIFIQUES ET TECHNIQUES
Azzaretti, M., Paris 1978, 500 p.
E-E/Am-F-D-I-S-R

GRUNDWORTSCHATZ NATURWISSENSCHAFTEN
Hoffmann, L., Leipzig 1988, 136 p.
R-E-F-D

KITAJSKO-RUSSKIJ SLOVAR' NAUČNYCH I TECHNIČESKICH TERMINOV
Kolokolov, V.S., Zozulja, V.N., et al., Moskva 1959, 568 p.
C-R

KOMPLEKSNYJ ČASTOTNYJ SLOVAR' RUSSKOJ NAUČNOJ I TECHNIČESKOJ LEKSIKI
Denisov, P.N., Morkovkin, V.V., Saf'jan, Ju.A., Moskva 1978, 406 p.

KRATKIJ ISPANSKO-RUSSKIJ I RUSSKO-ISPANSKIJ NAUČNO-TECHNIČESKIJ SLOVAR'
Kobo Orts, Ch., Pujč-Torres, Ch., et al., Moskva 1960, 438 p.
S-R

NEMECKO-RUSSKIJ SLOVAR' TECHNIČESKICH TERMINOV, NAZVANIJ I VYRAŽENIJ, UPOTREBLJAEMYCH V MINERALOGII, KRISTALLOGRAFII, GEOLOGII, GEOGNOZII, PETROMATOGNOZII, KNOCHILIOLOGII, GORNOM ISKUSSTVE, GORNOJ MECHANIKE, SOLJANOM DELE, METALLURGII I ZAVODSKOM DELE, ZAVODSKOJ MECHANIKE, MONETNOM DELE, PROBIRNOM ISKUSSTVE, CHIMII I FIZIKE, SOSTAVLENNYJ PO NOVEJŠIM NOMENKLATURAM
Eremeev, V.P., Sankt Peterburg 1839, 476 p. D-R

RUSSIAN-ENGLISH, ENGLISH-RUSSIAN SCIENTIFIC AND TECHNICAL DICTIONARY
Alford, M.H.T., Alford, V.L., Oxford/Elmsford/New York 1970, I: 780 p., II: 625 p.
E-R

RUSSISCH-DEUTSCHES WÖRTERBUCH DER NATURWISSENSCHAFT UND TECHNIK
Gesellschaft zur Herausgabe des Russisch-Deutschen Wörterbuchs der Naturwissenschaft und Technik, Berlin 1968-1974
Allgemeiner Maschinenbau
Horstmann, E., 1968
Schweißtechnik
Horstmann, E., Spiegel, H., 1968
Kraftfahrwesen
Spiegel, H., 1968
Wärmeenergetik
Spiegel, H., 1974, 327 p.
Meteorologie
Sorhagen, W., 1974, 324 p.
Materialprüfung
Spiegel, H., 1974, 107 p.
R-D

RUSSISCH-DEUTSCHES WÖRTERBUCH FÜR NATURWISSENSCHAFTLER UND INGENIEURE
Halbauer, S., Ismaning 1969, 240 p.
R-D

RUSSISCH-DEUTSCHES WÖRTERBUCH FÜR NATURWISSENSCHAFTLER UND INGENIEURE
Halbauer, S., Ismaning 1971, 170 p.
R-D

RUSSKO-ARABSKIJ SLOVAR' PO ESTESTVENNONAUČNYM DISCIPLINAM: FIZIKA, CHIMIJA, MATEMATIKA, NAČERTATEL'NAJA GEOMETRIJA, ČERČENIE, BIOLOGIJA
Kuznecov, N.S., Nikišin, A.A., Šach, Ch.M., et al., Moskva 1982, 246 p.
R-Ar

RUSSKO-DARI SLOVAR' PO ESTESTVENNONAUČNYM DISCIPLINAM DLJA STUDENTOV-INOSTRANCEV
Kuznecov, N.S., et al., Moskva 1984, 231 p.
R-Dari

RUSSKO-V'ETNAMSKIJ SLOVAR' PO ESTESTVENNONAUČNYM DISCIPLINAM DLJA STUDENTOV-INOSTRANCEV
Kuznecov, N.S., et al., Moskva 1985
R-Vietn

SEVEN-LANGUAGE DICTIONARY OF SCIENTIFIC AND TECHNICAL TERMS
I-IX, Pyongyang 1968-1970
E-F-R-D-Chin-J-Kor

SLOVAR' NAUČNOJ I TECHNIČESKOJ TERMINOLOGII: ANGLIJSKIJ, NEMECKIJ, FRANCUZSKIJ, NIDERLANDSKIJ, RUSSKIJ
Markov, A.S., Romanov, V.A., Rydnik, V.I., et al., Moskva-Hague-Nijhoff 1984, 496 p.
E-D-F-Nl-R

TERMINOLOGIČESKIJ SLOVAR' PO NAUČNOJ INFORMACII. RUSSKO-SERBOCHORVATSKO-SLOVENSKO-MAKEDONSKIJ
Gosudarstvennyj komitet Soveta Ministrov SSSR po nauke i technike AN SSSR, Moskva/Beograd 1969, 192 p.
R-Sh-Sn-Mazed

3.1.1. MATHEMATIK

ANGLO-RUSSKIJ MATEMATIČESKIJ SLOVAR'
Moskva 1985
E-R

ANGLO-RUSSKIJ SLOVAR' MATEMATIČESKICH TERMINOV
Moskva 1962, 371 p.
E-R

ČASTOTNYJ SLOVAR' MATEMATIČESKOJ LEKSIKI
Ter-Misakjanc, Z.T., Erevan 1973

ČEŠSKO-RUSSKIJ MATEMATIČESKIJ SLOVAR'
Gruškova, T., Iržina, E., Kol'man, Ė., Vaniček, L., et al., Moskva 1971, 237 p.
Cs-R

DICTIONAR POLIGLOT DE MATEMATICĂ ŞI ASTRONOMIE
Bucureşti o.J., 664 p.
E-Ro-D-F-R

DICTIONNAIRE DE RÉFÉRENCE POUR LA LECTURE DE TEXTES MATHÉMATIQUES
Viskov, O.V., Značko-Javorskaja, G.V., Moskva 1971, 103 p.
F-R

FACHWORTSCHATZ MATHEMATIK. HÄUFIGKEITSWÖRTERBUCH
Hoffmann, L., Krug, H., Leube, K., Leipzig 1980^2, 96 p. (1976)
R-E-F

FRANCUZSKO-RUSSKIJ MATEMATIČESKIJ SLOVAR'
Dragnev,M.V., Rozov,N.Ch., Žarov,M.I., Moskva 1970, 303 p.
F-R

KIRGIZSKIJ TERMINOLOGIČESKIJ SLOVAR' PO RISOVANIJU I ČERČENIJU. RUSSKO-KIRGIZSKIJ
Karaev, M., Frunze 1961, 88 p.
R-Kirg

KLEINES MATHEMATISCHES WÖRTERBUCH IN ZWEI TEILEN
Meyer, R., I: R-D, 5-39; II: D-R, 40-76, Dorpat 1906, 81 p.
R-D

KRATKIJ RUSSKO-ANGLIJSKIJ SLOVAR' ARIFMETIČESKICH TERMINOV
Samcova, E.N., Moskva 1963, 11 p.
R-E

KRATKIJ RUSSKO-ANGLIJSKIJ SLOVAR' TERMINOV PO NAČERTATEL'NOJ GEOMETRII I ČERČENIJU
Korol'kov, V.I., Michnev, M.M., Tokareva, E.V., Moskva 1963, 31 p.
R-E

KRATKIJ RUSSKO-ARABSKIJ SLOVAR' ARIFMETIČESKICH TERMINOV
Samcova, E.N., Moskva 1965, 25 p.
R-Ar

KRATKIJ RUSSKO-FRANCUZSKIJ SLOVAR' ARIFMETIČESKICH TERMINOV
Samcova, E.N., Moskva 1963, 11 p.
R-F

KRATKIJ RUSSKO-ISPANSKIJ I ISPANSKO-RUSSKIJ MATEMATIČESKIJ SLOVAR'
Fomin, V.L., Moskva 1978, 263 p.
R-S

KRATKIJ RUSSKO-ISPANSKIJ SLOVAR' ARIFMETIČESKICH TERMINOV
Samcova, E.N., Moskva 1963, 11 p.
R-S

KRATKIJ RUSSKO-ISPANSKIJ SLOVAR' TERMINOV PO NAČERTATEL'NOJ GEOMETRII I ČERČENIJU
Korol'kov, V.I., Michnev, M.M., Rodriges Iriondo, M., Moskva 1963, 33 p.
R-S

KRATKIJ SLOVAR'-SPRAVOČNIK PO NAČERTATEL'NOJ GEOMETRII I ČERČENIJU. RUSSKO-TADŽIKSKIJ
Džuraev, T.K., Dušanbe 1976, 141 p.
R-Tadschik

MALYJ ĖSTONSKO-RUSSKIJ I RUSSKO-ĖSTONSKIJ MATEMATIČESKIJ SLOVAR'
Ėspenberg, Ch., Merilo, Ch., Gabovič, Ja., Vallner, Ch., et al., Tartu 1965, 90 p.
Estn-R

MATEMATIČESKIJ SLOVAR'
Kaazik, Ju.Ja., Tallin 1985, 296 p.

MATHEMATICS DICTIONARY
James, G., James, R.C., Princeton/Toronto/London/New York 1959, 546 p.
E-F-D-R-S

MATHEMATISCHES WÖRTERBUCH
Berlin 1959, 244 p.
R-D-E

MEHRSPRACHENWÖRTERBUCH MATHEMATISCHER BEGRIFFE
Meschkowski, H., Mannheim 1972, 135 p.
E-D-F-I-R

NEMECKO-RUSSKIJ MATEMATIČESKIJ SLOVAR'
Kalužnin, L.A., Michajlov, V.A., Nižnik, L.P., Pogrebysskij, I.B., et al., Moskva 1980^3, 559 p. (1968^2, 387 p.; 1960, 182 p.)
D-R

NEMECKO-RUSSKIJ MECHANIKO-MATEMATIČESKIJ SLOVAR'
Ostrovskaja, Ju.A., Moskva 1960, 236 p.
D-R

NEMECKO-RUSSKIJ SLOVAR'-MINIMUM DLJA MATEMATIKOV
Jakubova, U.M., Ochotskaja, G.P., Švarcman, E.M., Alma-Ata 1960, 56 p.
D-R

POL'SKO-RUSSKIJ MATEMATIČESKIJ SLOVAR'
Miklaševskaja, N.E., Miklaševskij, R.I., Moskva 1981^2 (1963, 213 p.)
Pl-R

RUSSIAN-ENGLISH DICTIONARY OF THE MATHEMATICAL SCIENCES
Gould, S.H., Lohwater, A.J., Providence 1974, 267 p.
R-E

RUSSKO-ANGLIJSKIJ SLOVAR'-MINIMUM PO MATEMATIKE, FIZIKE I CHIMII
Bel'djuškin, V.S., Jasnova, M.M., Fedotova, Z.A., Moskva 1969, 179 p.
R-E

RUSSKO-ANGLO-NEMECKO-FRANCUZSKIJ MATEMATIČESKIJ SLOVAR'. OSNOVNYE TERMINY
Orlov, V.B., Skorochod, N.S., Sosinskij, A.B., Moskva 1987
R-E-D-F

RUSSKO-KIRGIZSKIJ SLOVAR' MATEMATIČESKICH TERMINOV
Usubakunov, R., Žanybekov, Č., Frunze 1978^2, 501 p. (1967, 473 p.)
R-Kirg

RUSSKO-KIRGIZSKIJ TERMINOLOGIČESKIJ SLOVAR' PO RISOVANIJU I ČERČENIJU
Karaev, M., Frunze 1970, 89 p.
R-Kirg

RUSSKO-MOLDAVSKIJ MATEMATIČESKIJ SLOVAR'
Belousov, V.D., Njagu, Ja.I., Kišinev 1980, 428 p.
R-Mold

RUSSKO-TADŽIKSKIJ TERMINOLOGIČESKIJ SLOVAR' PO MATEMATIKE
Muchamediev, Ch., Dušanbe 1960, 160 p.
R-Tadschik

RUSSKO-TADŽIKSKIJ TERMINOLOGIČESKIJ SLOVAR' PO NAČERTATEL'NOJ GEOMETRII I ČERČENIJU
Džuraev, T.K., Dušanbe 1974, 66 p.
R-Tadschik

RUSSKO-TATARSKIJ SLOVAR' MATEMATIČESKICH TERMINOV
Murtazin, Z.G., *Zakirov, V.Z.*, Kazan' 1970, 203 p.
R-Tatar

RUSSKO-TUVINSKIJ SLOVAR' MATEMATIČESKICH TERMINOV
Sal'čak, S.S., Kyzyl 1971, 187 p.
R-Tuwin

RUSSKO-UKRAINSKIJ MATEMATIČESKIJ SLOVAR'
Gudymenko, F.I., et al., Kiev 1960, 162 p.
R-Ukr

RUSSKO-UZBEKSKIJ SLOVAR' PO MATEMATIČESKIM NAUKAM
Sabirov, M.A., Taškent 1983^{3}, 256 p.
R-Usbek

RUSSKO-UZBEKSKIJ SLOVAR' PO MATEMATIKE
Sabirov, M.A., Taškent 1970, I (A-N): 385 p.
R-Usbek

RUSSKO-UZBEKSKIJ SLOVAR' PO MATEMATIKE
Taškent 1973^{2}, 344 p.
R-Usbek

RUSSKO-V'ETNAMSKIJ MATEMATIČESKIJ SLOVAR'
Nguen Din' Dang, Nguen Man' Chung, Moskva/Chanoj 1979^{2}, 222 p. (1977, 222 p.)
R-Vietn

SLOVAR' MATEMATIČESKICH TERMINOV NA ANGLIJSKOM, RUSSKOM, ARMJANSKOM, NEMECKOM, FRANCUZSKOM JAZYKACH
Tonjan, A.O., *Tonjan, V.A.*, Erevan 1965, 237 p.
E-R-Arm-D-F

SLOVAR' MATEMATIČESKICH TERMINOV NA ANGLIJSKOM, RUSSKOM, AZERBAJDŽANSKOM JAZYKACH
Baku 1979, 344 p.
E-R-Aserb

SLOVAR' MATEMATIČESKICH TERMINOV. RUSSKO-BAŠKIRSKIJ, BAŠKIRSKO-RUSSKIJ
Achtjamov, M.Ch., *Achtjamova, M.S.*, Ufa 1982, 120 p.
R-Baschkir

TECHNIK-WÖRTERBUCH. MATHEMATIK
Eisenreich, G., *Sube, R.*, I-II, Berlin 1985^{3} (1982, 1460 p.)
E-D-F-R
Rez.: FS, 2/1983, 128-130 (Sube, R.)

TERMINOLOGIČESKIJ SLOVAR' PO MATEMATIKE. ĖSTONSKO-RUSSKO-ANGLO-NEMECKIJ
Espenberg, Ch.A., *Etverk, E. Ch.*, *Kaazik, Ju. Ja., et al.*, Tallin 1978, 200 p. Estn-R-E-D

THE INTERNATIONAL DICTIONARY OF APPLIED MATHEMATICS
Freiberger, W.F., et al., Princeton/Toronto/London/New York 1960, 1173 p.
F-E-D-S-R

TOLKOVYJ SLOVAR' MATEMATIČESKICH TERMINOV
Manturov, O.V., et al., Moskva 1965, 539 p.

WÖRTERBUCH MATHEMATIK
Sube, R., Frankfurt a.M. 1979, 800 p.
D-E-F-R

3.1.2. ASTRONOMIE, GEODÄSIE

ANGLO-RUSSKIJ ASTROGEOFIZIČESKIJ SLOVAR'
Čekulaeva, Z.D., Trifonova, N.F., Moskva 1962, 512 p.
E-R

ANGLO-RUSSKIJ ASTRONOMIČESKIJ SLOVAR'
Kadla, Z.I., Mel'nikov, O.A., Michajlov, A.A., Nemiro, A.A., Pererva, V.M., Moskva 1971, 504 p.
E-R

ANGLO-RUSSKIJ ĖNCIKLOPEDIČESKIJ SLOVAR' TERMINOV RAZVEDOČNOJ GEODEZII
Šeriff, R.E., Moskva 1984, 351 p.
E-R

ANGLO-RUSSKIJ SLOVAR' PO KARTOGRAFII, GEODEZII I AĖROFOTOGRAFII
Gal'perin, G.L., Moskva 1968^2, 425 p. (1958, 546 p.)
E-R

ASTRONOMICAL DICTIONARY
Kleczek, J., Praha 1961, 972 p.
E-R-D-F-I-Cs

DICŢIONAR POLIGLOT DE MATEMATICĂ ŞI ASTRONOMIE
Bucureşti o.J., 664 p.
E-Ro-D-F-R

DICTIONNAIRE POLYGLOTTE DE GÉODÉSIE, PHOTOGRAMMÉTRIE ET CARTOGRAPHIE
Gherasim-Marton, o.O. 1976, 327 p.
E-Ro-D-F-R

ĖNCIKLOPEDIČESKIJ SLOVAR' JUNOGO ASTRONOMA
Erpylev, N.P., Moskva 1986^2, 336 p.

ISPANSKO-RUSSKIJ SLOVAR' PO ASTRONOMII I GEOFIZIKE
Kotov, G.D., Moskva 1960, 213 p.
S-R

KRATKIJ RUSSKO-UZBEKSKIJ TERMINOLOGIČESKIJ SLOVAR' PO ASTRONOMII
Kadyrov, A., Latypov, A., Rachimov, A., Taškent 1974, 90 p.
R-Usbek

KRATKIJ TOPOGRAFO-GEODEZIČESKIJ SLOVAR'-SPRAVOČNIK
Kuz'min, B.S., et al., Moskva 1973², 280 p.

NEMECKO-RUSSKIJ ASTRONOMIČESKIJ SLOVAR'
Cimmermann, G.K., Ichsanova, V.N., Michajlov, A.A., Pererva, V.M., Ščeglov, P.V., Moskva 1975, 292 p.
D-R

NEMECKO-RUSSKIJ GEODEZIČESKIJ SLOVAR'
Maslov, A.V., Piskunova, I.A., et al., Moskva 1965², 211 p. (1961, 292 p.)
D-R

RUSSKO-FRANCUZSKIJ I FRANCUZSKO-RUSSKIJ ASTRONOMIČESKIJ SLOVAR'
Chilov, E.D., Moskva 1984, 398 p.
R-F

RUSSKO-FRANCUZSKIJ I FRANCUZSKO-RUSSKIJ GEODEZIČESKIJ SLOVAR'
Kondrat'ev, I.F., Šlapak, V.V., Moskva 1983, 525 p.
R-F

RUSSKO-KIRGIZSKIJ SLOVAR' ASTRONOMIČESKICH TERMINOV
Jar-Muchamedov, Š.Ch., Frunze 1965, 281 p.
R-Kirg

RUSSKO-NEMECKIJ I NEMECKO-RUSSKIJ GEODEZIČESKIJ SLOVAR'
Kondrat'ev I.F., Šlapak, V.V., Moskva 1985
R-D

RUSSKO-TADŽIKSKIJ SLOVAR' PO ASTRONOMII
Abdullaev, N.Š., Dušanbe 1977, 131 p.
R-Tadschik

RUSSKO-TADŽIKSKIJ TERMINOLOGIČESKIJ SLOVAR' PO GEODEZII
Andronov, A.N., Džuraev, T.K., Dušanbe 1981, 93 p.
R-Tadschik

RUSSKO-TATARSKIJ SLOVAR' ASTRONOMIČESKICH TERMINOV
Galeev, M., Timergalin, A., Kazan' 1974, 63 p.
R-Tatar

RUSSKO-TURKMENSKIJ SLOVAR' ASTRONOMIČESKICH TERMINOV
Kolčaev, K., Aščhabad 1958, 104 p.
R-Turkmen

SLOVAR' TERMINOV PO ASTRONOMII. RUSSKO-AZERBAJDŽANSKIJ
Mamedbejli, G.Dž., et al., Baku 1960, 53 p.
R-Aserb

3.1.3. PHYSIK

ANGLO-RUSSKIJ AKUSTIČESKIJ SLOVAR'
Kočerov, N.P., Rimskij-Korsakov, A.A., Rimskij-Korsakov, A.V., Moskva 1965, 387 p. E-R

ANGLO-RUSSKIJ FIZIČESKIJ SLOVAR'
Rydnik, V.I., Slonim, A.Z., Tolstoj, D.M., Moskva 1978^{3}, 848 p. (1972^{2}, 848 p.; 1968, 848 p.)
E-R

ANGLO-RUSSKIJ SLOVAR' PO AĖRODINAMIKE
Kotik, M.G., Moskva 1970^{2}, 710 p.
E-R

ANGLO-RUSSKIJ SLOVAR' PO FIZIKE VYSOKICH ĖNERGIJ
Katyšev, Ju.V., Novikov, D.L., Polferov, Ė.A., Moskva 1984^{2}, 400 p. (1976)
E-R

ANGLO-RUSSKIJ SLOVAR' PO KVANTOVOJ ĖLEKTRONIKE I GOLOGRAFII
Moskva 1977
E-R

ANGLO-RUSSKIJ SLOVAR' PO LAZERAM I INFRAKRASNOJ TECHNIKE
Černyšev, V.N., Kulikov, I.L., Kulikova, S.S., Moskva 1968
E-R

ANGLO-RUSSKIJ SLOVAR' PO PRIKLADNOJ GEOFIZIKE
Gusev, B.V., Kupalov-Jaropolk, I.K., Petuchov, A.S., Zefirov, N.N., Moskva 1982, 489 p.
E-R

ANGLO-RUSSKIJ SLOVAR' PO REOFIZIKE
Bogačeva, Ė.A., Minsk 1970, 92 p.
E-R

ČASTOTNYJ ANGLO-RUSSKIJ FIZIČESKIJ SLOVAR'-MINIMUM
Alekseev, P.M., Kaširina, M.E., Tarasova, E.M., Moskva 1980, 288 p.
E-R

ČASTOTNYJ ANGLO-RUSSKIJ SLOVAR'-MINIMUM PO KVANTOVYM GENERATORAM
Manasjan, N.S., Moskva 1983, 272 p.
E-R

ELSEVIER'S DICTIONARY OF HIGH VACUUM SCIENCE AND TECHNOLOGY (IN SIX LANGUAGES)
Weber, F., Amsterdam/London/New York 1968
D-E-F-S-I-R

ENGLISH-RUSSIAN PHYSICS DICTIONARY
Tolstoj, D.M., Moskva 1972^{2}, 848 p.
E-R

FACHWORTSCHATZ PHYSIK. HÄUFIGKEITSWÖRTERBUCH
Hoffmann, L., Leipzig 1982^{4}, 107 p. (1976^{3}, 1970)
R-E-F

FIZIČESKIJ ĖNCIKLOPEDIČESKIJ SLOVAR'
Andreev, N.N., et al., Moskva 1960-1966, I: 664 p., II: 608 p., III: ?, IV: 592 p., V: 576 p.

FIZIČESKIJ ĖNCIKLOPEDIČESKIJ SLOVAR'
Prochorov, A.M., et al., Moskva 1983, 927 p.

FIZIČESKIJ TERMINOLOGIČESKIJ SLOVAR'. LITOVSKO-RUSSKO-ANGLO-NEMECKIJ
Brazdžjunas, P., Vil'njus 1971, 419 p.
Lit-R-E-D

FRANCUZSKO-RUSSKIJ SLOVAR' PO OPTIKE I SPEKTROSKOPII
Flejšer, G.V., Moskva 1964, 224 p.
F-R

INTERNATIONALES LEXIKON DER WISSENSCHAFT UND TECHNIK
München, I: Halbleiter, 1971, 1200 p., II: Technische Akustik, 1974
polyglott

JAPONSKO-ANGLO-RUSSKIJ FIZIČESKIJ SLOVAR'
Kim Minė, Moskva 1982
J-E-R

KLEINES PHYSIKALISCHES WÖRTERBUCH
Pflaum, H.E., Riga 1893, 95 p.
R-D

KRATKIJ NEMECKO-RUSSKIJ SLOVAR' DLJA FIZIKOV
Ochotskaja, G.P., Švarcman, E.M., Alma-Ata 1960, 92 p.
D-R

KRATKIJ RUSSKO-UZBEKSKIJ SLOVAR' PO FIZIKE
Achmadžanov, A.I., Begžanov, R.B., Taškent 1984, 199 p.
R-Usbek

NEMECKO-RUSSKIJ SLOVAR' DLJA STUDENTOV-FIZIKOV
Ochotskaja, G.P., Alma-Ata 1958, 32 p.
D-R

NEMECKO-RUSSKIJ SLOVAR' PO AĖRODINAMIKE
Kotik, M.G., Moskva 1972, 501 p.
D-R

NEMECKO-RUSSKIJ SLOVAR' PO FIZIKE
Andrijaševa, O.M., et al., Moskva 1959, 507 p.
D-R

NEMECKO-RUSSKIJ SLOVAR' PO KVANTOVOJ ĖLEKTRONIKE, GOLOGRAFII I OPTOĖLEKTRONIKE
Voropaev, N.D., Moskva 1983, 446 p.
D-R

NEMECKO-RUSSKIJ SLOVAR' PO OPTIKE
Kagan, N.B., Šesmincev, M.A., Vasil'čenko, N.V., Moskva 1975, 488 p.
D-R

NEMECKO-RUSSKIJ SLOVAR' PO TEPLO- I MASSOOBMENU
Garmizo, M.A., Minsk 1964, 183 p.
D-R

NIMEC'KO-ROSIJS'KO-UKRAINS'KIJ SLOVNIK TERMINIV Z OBSJAGU MECHANIKI Z UKRAINS'KIM TA ROSIJS'KIM POKAŽČIKAMI
Sekunda, T., Kiiv 1925, 39 p.
D-R-Ukr

RUSSKO-ANGLIJSKIJ SLOVAR'-MINIMUM PO MATEMATIKE, FIZIKE I CHIMII
Moskva 1969, 179 p.
R-E

RUSSKO-BAŠKIRSKIJ, BAŠKIRSKO-RUSSKIJ SLOVAR' TERMINOV PO FIZIKE
Kadyrmatov, Ch.Ch., Ufa 1984, 128 p.
R-Baschkir

RUSSKO-FRANCUZSKIJ SLOVAR' PO OPTIKE I SPEKTROSKOPII
Značko-Javorskaja, G.V., Moskva 1969, 290 p.
R-F

RUSSKO-KAZACHSKIJ SLOVAR' FIZIČESKICH TERMINOV
Atamuratova, K.M., Alma-Ata 1981, 423 p.
R-Kasach

RUSSKO-KAZACHSKIJ TOLKOVYJ SLOVAR' FIZIČESKICH TERMINOV
Akkoškarov, E., Alma-Ata 1974, 152 p.
R-Kasach

RUSSKO-KIRGIZSKIJ SLOVAR' FIZIČESKICH TERMINOV
Karašev, T., Mambetov, D., Nurakunov, M., Frunze 1969, 164 p.
R-Kirg

RUSSKO-KIRGIZSKIJ TERMINOLOGIČESKIJ SLOVAR' PO MECHANIKE
Usubakunov, R.U., Frunze 1981, 303 p.
R-Kirg

RUSSKO-MOLDAVSKIJ FIZIČESKIJ SLOVAR'
Vasil'ev, B.A., Kišinev 1967, 395 p.
R-Mold

RUSSKO-TADŽIKSKIJ TERMINOLOGIČESKIJ SLOVAR' PO FIZIKE
Sadykov, Ch.U., Dušanbe 1960, 167 p.
R-Tadschik

RUSSKO-TATARSKIJ SLOVAR' FIZIČESKICH TERMINOV
Galeev, M.S., Timergalin, A.K., Kazan' 1981, 175 p. (1972, 135 p.)
R-Tatar

RUSSKO-TURKMENSKIJ SLOVAR' FIZIČESKICH TERMINOV
Mjalikgulyev, G., Ašchabad 1973, 217 p.
R-Turkmen

RUSSKO-TUVINSKIJ SLOVAR' FIZIČESKICH TERMINOV
Saaja, Ch.-M., Kyzyl 1983, 151 p.
R-Tuwin

RUSSKO-UKRAINSKIJ FIZIČESKIJ SLOVAR'
Gejčenko, V.V., et al., Kiev 1959, 212 p.
R-Ukr

RUSSKO-UZBEKSKIJ SLOVAR' TERMINOV PO FIZIKE ATMOSFERY
Agzamov, A.A., Nazirov, E.N., Taškent 1972, 136 p.
R-Usbek

RUSSKO-UZBEKSKIJ TERMINOLOGIČESKIJ SLOVAR' PO FIZIKE
Kadyrov, R.M., Mallin, R.Ch., Nazirov, E.N., Taškent 1974, 280 p.
R-Usbek

RUSSKO-V'ETNAMSKIJ FIZIČESKIJ SLOVAR'
Dam Čung Don, Ngo Van Byu, Nguen Kchang Kyong et al., Moskva 1978, 560 p.
R-Vietn

SHORT ENGLISH-RUSSIAN DICTIONARY OF NUCLEAR PHYSICS AND TECHNICS
Moskva 1970, 69 p.
E-R

SLOVAR' FIZIČESKICH TERMINOV. KIRGIZSKO-RUSSKIJ
Turusbekov, M., Frunze o.J., 191 p.
Kirg-R

SLOVAR' FIZIČESKICH TERMINOV. LITOVSKO-RUSSKO-ANGLO-NEMECKIJ
Brazdžjunas, P.P., Vil'njus 1979, 277 p.
Lit-R-E-D

SLOVAR' TERMINOV FIZIKI. LATYŠSKO-RUSSKIJ, RUSSKO-LATYŠSKIJ
Riga 1964, 466 p.
Lett-R

SLOVAR' TERMINOV PO FIZIKE. RUSSKO-AZERBAJDŽANSKIJ
Baku 1965, 239 p.
R-Aserb

SŁOWNIK TERMINOLOGII MECHANIKI KLASYCZNEJ W 5 JĘZYKACH.
Leyko, J., et al., Warszawa 1959, 75 p.
Pl-D-E-F-R

SŁOWNIK TERMINÓW FIZYCZNYCH
Skibicki, W., Warszawa 1961, 776 p.
Pl-E-F-D-R

SOUND. INTERNATIONAL DICTIONARY. DICTIONNAIRE INTERNATIONAL DES SCIENCES ET TECHNIQUES. ACOUSTIQUE
New York/Milano 1975, 853 p.
E-D-F-I-Nl-Pt-S-R

TECHNICAL DICTIONARY OF SPECTROSCOPY AND SPECTRAL ANALYSIS
Moritz, H., Török, T., Berlin/Oxford/Elmsford 1971, 313 p.
E-D-F-R-S-Cs-Pl-Hu

TECHNICAL DICTIONARY OF VACUUM PHYSICS AND VACUUM TECHNOLOGY
Hurrle, K., et al., Elmsford/New York/Oxford 1973, 160 p.
E-F-D-R

TECHNIK-WÖRTERBUCH. HOCHENERGIEPHYSIK
Sube, R., Berlin 1987, 164 p.
E-D-F-R

TECHNIK-WÖRTERBUCH. PHYSIK
Eisenreich, G., Sube, R., I-III, Berlin 1983[4] (1976[2], 2896 p.; 1973)
E-D-F-R

TECHNIK-WÖRTERBUCH. SPEKTROSKOPIE. SPEKTRALANALYSE
Moritz, H., Török, T., Berlin 1970
E-D-F-R

TECHNIK-WÖRTERBUCH. TECHNISCHE AKUSTIK
Reichardt, W., et al., Berlin 1977, 268 p.
E-D-F-R-S-Pl-Hu-Sk

TECHNIK-WÖRTERBUCH. VAKUUMPHYSIK. VAKUUMTECHNIK
Hurrle, K., Jablonski, F.M., Roth, H., Berlin 1970, 202 p.
E-D-F-R

THE INTERNATIONAL DICTIONARY OF PHYSICS AND ELECTRONICS
Hoyt, R.C., Michels, W.C., et al., Princeton/Toronto/London/New York 1961, 1355 p.
F-E-D-R-S

TOLKOVYJ FIZIČESKIJ SLOVAR'. OSNOVNYE TERMINY
Brjuchanov, A.V., Pustovalov, G.E., Rydnik, V.I., Moskva 1987

VÁKUOVÁ FYZIKA. VÁKUOVÁ TECHNIKA. VAKUUMPHYSIK (VAKUUMTECHNIK)
Hurrle, K., Ivanová-Salingová, M., et al., Bratislava 1974, 208 p.
E-D-R-Sk

3.1.4. CHEMIE

ANGLO-AZERBAJDŽANSKO-RUSSKIJ SLOVAR' PO CHIMII I NEFTEPERERABOTKE
Zul'fugarova, L.Š., Baku 1967, 372 S.
E-Aserb-R

ANGLO-RUSSKIJ CHIMIKO-TECHNOLOGIČESKIJ SLOVAR'
Dymšic, L.B., Michajlov, V.V., Moskva 1971, 736 p. (1966[5]; 1964[4], 736 p.)
E-R

ANGLO-RUSSKIJ POČVENNO-AGROCHIMIČESKIJ SLOVAR'
Peterburgskij, A.V., Rode, A.A., Moskva 1967
E-R

ANGLO-RUSSKIJ SLOVAR' PO CHIMII I PERERABOTKE NEFTI
Kedrinskij, V.V. Leningrad 1962, 910 p.
E-R

ANGLO-RUSSKIJ SLOVAR' PO CHIMII I PERERABOTKE NEFTI
Moskva 1979
E-R

ANGLO-RUSSKIJ SLOVAR' PO CHIMII I TECHNOLOGII POLIMEROV
Moskva 1977
E-R

ČESKO-RUSKÝ CHEMICKÝ SLOVNÍK
Praha 1978, 616 p.
Cs-R

CHEMICKÝ SLOVNÍK V PĚTI JAZYCÍCH
Procházka, V., Praha 1963
Cs-R-D-E-F-S

CHIMIČESKIJ ĖNCIKLOPEDIČESKIJ SLOVAR'
Knunjac, I.L., Moskva 1983, 792 p.

CHIMIČESKIJ SLOVAR' NA 4 JAZYKACH: ANGLIJSKO-NEMECKO-POL'SKO-RUSSKOM
Bernackij, V., Sobecka, S., Stiven, G. (=Stephen, H.), Stiven, T. (Stephen, T.), Warszawa 1962, 724 p.
E-D-Pl-R
Rez.: Chemiker-Zeitung/Chemische Apparatur, 5/1963, 176 (Baum, E.)
Science reference notes, 1-2/1963, 5 (Cooper, M.)
Kolloid-Zeitschrift & Zeitschrift für Polymere, 1-2/1963, 122 (Ühlein, E.)

CHIMIKO-TECHNIČESKIJ SLOVAR'
Bloch, M.A., Majer, A.V. (=Mayer, A.W.), Menšutkin, B.N., Leningrad 1937, 869 p.
D-E-F-R

DICTIONARY OF CHEMICAL TERMINOLOGY
Kryt, D., et al., Warszawa 1980, 600 p. (1974, 562 p.)
F-E-D-R-Pl

DICTIONARY OF CHEMISTRY AND CHEMICAL TECHNOLOGY IN FOUR LANGUAGES
Sobecka, Z., et al., Oxford/London/New York/Paris/Warszawa 1962, 724 p.
E-D-P-R

DICTIONARY OF CHEMISTRY AND CHEMICAL TECHNOLOGY IN SIX LANGUAGES
Sobecka, Z., et al., Oxford 1966, 1334 p.
E-D-Pl-R-F-S

DICTIONNAIRE CHIMIQUE FRANÇAIS-RUSSE
Pisarenko, A.Ja., Smirnova, N.V., Moskva 1971, 71 p.
F-R

DVUJAZYČNYJ INFORMACIONNO-POISKOVYJ TEZAURUS KLASSOV ORGANIČESKICH SOEDINENIJ: RUSSKO-NEMECKIJ, NEMECKO-RUSSKIJ
Golubeva, N.E., et al., Moskva 1981, 192 p.
R-D

DVUJAZYČNYJ INFORMACIONNO-POISKOVYJ TEZAURUS PO CHIMII I CHIMIČESKOJ TECHNOLOGII
Bauer, G., Černyj, A.I., Ehmke, I., et al., Moskva/Berlin 1976
I: Russko-nemeckij, 211 p., II: Deutsch-Russisch, 219 p.
R-D

ÉTUDE PROGRAMMÉE DU VOCABULAIRE CHIMIQUE EN FRANÇAIS ET EN RUSSE
Williame, P., Mons 1971
F-R

FACHWORTSCHATZ CHEMIE. HÄUFIGKEITSWÖRTERBUCH
Hoffmann, L., Leipzig 1973, 105 p.
R-E-F

FRANCUZSKO-RUSSKIJ CHIMIKO-TECHNOLOGIČESKIJ SLOVAR'
Gagina, M.G., Geraščenko, G.V., Mal'cev, V.V., Sandomirskij, D.M., et al., Moskva 1969, 736 p.
F-R

KLEINES WÖRTERBUCH DER CHEMIE UND CHEMISCHEN TECHNIK. RUSSISCH-DEUTSCH
Gross, H., Berlin 1979
R-D

KRATKIJ ANGLO-RUSSKIJ SLOVAR' DLJA CHIMIKOV
Šišakina, A.I., Švarcman, E.M., Alma-Ata 1960, 98 p.
E-R

NEMECKO-RUSSKIJ CHIMIČESKIJ SLOVAR'
Geraščenko, A.Ž., Kiknadze, T.N., Michajlov, V.V., Podkletov, N.E., Španov, V.V., Moskva 1969[2], 792 p. (1966)
D-R

NEMECKO-RUSSKIJ CHIMIKO-TECHNOLOGIČESKIJ SLOVAR'
Rutovskij, B.N., et al., Moskva 1961 (1949, 462 p.)
D-R

NEMECKO-RUSSKIJ SLOVAR' PO CHIMII I TECHNOLOGII SILIKATOV
Pivinskij, Ju.E., Moskva 1969, 493 p.
D-R

NEMECKO-RUSSKIJ SLOVAR' SOKRAŠČENIJ, VSTREČAJUŠČICHSJA V CHIMIČESKOJ LITERATURE
Švarcman, E.M., Alma-Ata 1957, 30 p.
D-R

ORTOLOGIČESKIJ SLOVAR'
Ėrel't, T., Kull', R., Pyl'ma, V., Rajėta, Ė., Torop, K., Tallin 1984[4], 896 p. (1978[2], 927 p.)
R-Estn

POL'SKO-RUSSKIJ CHIMIČESKIJ SLOVAR'
Starosel'skaja, K.Ja., Titova, I.A., Zaprivoda, A.I., Varšava 1970, 459 p.
Pl-R

QUÍMICA TÉCNICA. DICCIONARIO TÉCNICO
La Habana 1976, 323 p.
S-E-D-F-R

RUSKO-ČESKÝ CHEMICKÝ SLOVNÍK
Praha 1978, 518 p.
R-Cs

RUSSIAN-ENGLISH CHEMICAL AND POLYTECHNICAL DICTIONARY
Callaham, L.I., New York/Chichester 1975[3], 852 p.
R-E

RUSSKO-ANGLIJSKIJ SLOVAR' PO MATEMATIKE, FIZIKE I CHIMII
Moskva 1969, 179 p.
R-E

RUSSKO-ANGLO-NEMECKIJ SLOVAR' NAZVANIJ ORGANIČESKICH REAKCIJ
Karelina, K.I., Miščenko, G.L., Vacuro, K.V., et al., Moskva 1975, 187 p.
R-E-D

RUSSKO-ĖSTONSKIJ CHIMIČESKIJ SLOVAR'
Anso, Ja., Chjusse, I., Karik, Ch., et al., Tallin 1982, 583 p. (1964, 456 p.)
R-Estn

RUSSKO-FRANCUZSKIJ CHIMIKO-TECHNOLOGIČESKIJ SLOVAR'
Moskva 1977
R-F

RUSSKO-KAZACHSKIJ SLOVAR' CHIMIČESKICH TERMINOV
Beremžanov, B.A., Omarov, S.T., Alma-Ata 1969, 396 p.
R-Kasach

RUSSKO-KIRGIZSKIJ SLOVAR' BIOCHIMIČESKICH TERMINOV
Achunbaeva, B.O., Frunze 1968, 164 p.
R-Kirg

RUSSKO-KIRGIZSKIJ SLOVAR' CHIMIČESKICH TERMINOV
Šatemirov, K., Sulajmankulov, K.S., Taškenbaev, K., Frunze 1982, 634 p. (1966, 317 p.)
R-Kirg

RUSSKO-MOLDAVSKIJ CHIMIČESKIJ SLOVAR'
Batyr, D.G., Kišinev 1963, 356 p.
R-Mold

RUSSKO-NEMECKIJ BIOCHIMIČESKIJ SLOVAR'
Himmler, V., Kluge, H., Thielmann, K., Leipzig 1970, 391 p.
R-D

RUSSKO-TADŽIKSKIJ TERMINOLOGIČESKIJ SLOVAR' PO CHIMII
Rachmanov, A.R., Radžabov, L.S., Dušanbe 1967, 172 p.
R-Tadschik

RUSSKO-TATARSKIJ SLOVAR' CHIMIČESKICH TERMINOV
Distanov, G.K., Kazan' 1978, 111 p.
R-Tatar

RUSSKO-UKRAINSKIJ CHIMIČESKIJ SLOVAR'
Černeckij, V.P., Nazarenko, Ju.P., et al., Kiev 1959, 204 p.
R-Ukr

RUSSKO-UZBEKSKIJ KRATKIJ TOLKOVYJ SLOVAR' PO CHIMII
Derkunskaja, T.V., Saidnasyrova, Z.N., Taškent 1975^{2}, 696 p.
R-Usbek

SHORT ENGLISH-RUSSIAN DICTIONARY OF CHEMICAL TERMS AND PHRASES
Bakaraeva, G.B., Romanova, N.A., Dušanbe 1971, 108 p.
E-R

SLOVAR' CHIMIČESKICH, FARMACEVTIČESKICH, BOTANIČESKICH I NARODNYCH ODNOZNAČAŠČICH NAZVANIJ-SINONIMOV NA RUSSKOM, LATINSKOM, MALOROSSIJSKOM I NEMECKOM JAZYKACH. S DOBAVLENIEM NOVYCH I NOVEJŠICH CHIMIČESKICH SINONIMOV.
Nejburg, V.Ė., Moskva 1911
R-L-D

SLOVAR' CHIMIČESKICH TERMINOV. RUSSKO-KIRGIZSKIJ
Šatemirov, K.S., Frunze 1959, 72 p.
R-Kirg

SLOVARIK LATINSKICH I NEMECKICH NAZVANIJ CHIMIČESKICH REAKTIVOV S PEREVODOM ICH NA RUSSKIJ JAZYK
Lejchman, L.K., Petrograd 1918^{3}, 40 p. (1905^{1}, 48 p.)
L-R-D

SLOVARIK NAZVANIJ CHIMIČESKICH REAKTIVOV
Lejchman, L.K., Leningrad 1932^{6}, 216 p. (1928^{5}, 103 p.; 1924^{4}, 79 p.)
R-L-D-F-E-Sv-Pl-Ukr-Lett

SLOVAR' PO CHIMII. LITOVSKO-RUSSKIJ
Daukšas, K., Vil'njus o.J., 449 p.
Lit-R

SLOVAR' TERMINOV CHIMII I CHIMIČESKOJ TECHNOLOGII. LATYŠSKO-RUSSKIJ
Rumba, G., et al., Riga 1969, 777 p.
Lett-R

SŁOWNIK CHEMICZNY ROSYJSKO-POLSKI
Warszawa 1972^{2}, 480 p.
R-Pl

SŁOWNIK TERMINOLOGII CHEMICZNEJ POLSKO-NIEMIECKO-ANGIELSKO-FRANCUSKO-ROSYJSKI
Kemula, W., Warszawa 1974, 562 p. Pl-D-E-F-R

SPRAVOČNIK PO CHIMII. RUSSKO-ANGLO-ARABSKO-ISPANSKO-FRANCUZSKIJ
Bol'šakova, V.G., Kapustjan, A.I., Kiev 1964, 127 p.
R-E-Ar-S-F

TECHNICAL DICTIONARY OF CHROMATOGRAPHY IN FOUR LANGUAGES
Angelé, H.P., Oxford/Berlin 1970, 120 p.
E-D-F-R

TECHNIK-WÖRTERBUCH. CHEMIE UND CHEMISCHE TECHNIK
Gross, H., Hildebrand, H., Berlin 1987^5, 832 p., (1980^4, 1976^3; 1963, 656 p.)
R-D
Rez. Deutsche Literaturzeitung für Kritik der internationalen Wissenschaft, 12/1963 (Unger, R. und W.)
Monthly technical review, 2/1964, 50 (Frahn, H.)
Die Technik, 2/1964, 124 (Bär, H.-J.)
Zeitschrift für Chemie, 5/1964, 200 (Nowak, A.)

TECHNIK-WÖRTERBUCH. CHROMATOGRAPHIE
Angelé, H.P., Berlin 1984^2, 132 p.
E-D-F-R
Rez.: Nachrichten für Sprachmittler, 4/1984, 14 (Wendt, N.)

TOLKOVYJ SLOVAR' PO CHIMII I CHIMIČESKOJ TECHNOLOGII. OSNOVNYE TERMINY
Barinov, S.M., Gerzberg, L.Ja., Vostorgov, B.N., et al., Moskva 1987

TOVARNYJ CHIMIČESKIJ SLOVAR'.
Kostrin, N.N., Lifšic, L.L., Moskau/Leningrad 1934, 282 p.
R-D-E-F

UČEBNYJ FRANCUZSKO-RUSSKIJ SLOVAR' PO CHIMII
Pisarenko, A.Ja., Moskva 1971, 71 p.
F-R

WÖRTERBUCH DER BIOCHEMIE
Frankfurt a.M./Leipzig 1978, ISBN 3-87144-346-8
D-E-F-R-S

3.1.5. GEOLOGIE UND VERWANDTE WISSENSCHAFTEN

ANGLO-RUSSKIJ GEOKRIOLOGIČESKIJ SLOVAR'
Fedorov, I.S., Jakutsk 1974, 127 p.
E-R

ANGLO-RUSSKIJ GEOLOGIČESKIJ SLOVAR'
Sofiano, T.A., Moskva 1961^2, 528 p. (1957)
E-R

ANGLO-RUSSKIJ GEOLOGO-GEOFIZIČESKIJ SLOVAR'
Kupalov-Jaropolk, I.K., Petuchov, A.S., Moskva 1964, 530 p.
E-R

ANGLO-RUSSKIJ GIDROGEOLOGIČESKIJ SLOVAR'
Chodžibaev, N.N., Kalust'jan, M.T., Taškent 1979, 322 p.
E-R

ANGLO-RUSSKIJ GIDROLOGIČESKIJ SLOVAR'
Deev, G.N., Losev, K.S., Moskva 1966, 297 p.
E-R

ANGLO-RUSSKIJ METEOROLOGIČESKIJ SLOVAR'
Chromov, S.P., Mamontova, L.I., Leningrad o.J., 172 p.
E-R

ANGLO-RUSSKIJ METEOROLOGIČESKIJ SLOVAR'
Ajnbinder, M.I., Astapenko, N.D., et al., Moskva o.J., 244 p.
E-R

ANGLO-RUSSKIJ SLOVAR'-SPRAVOČNIK PO VYČISLITEL'NOJ TECHNIKE V RAZVEDOČNOJ GEOFIZIKE
Nikolaev, V.P., Cukernik, V.B., Moskva 1972, 336 p.
E-R

ANGLO-RUSSKIJ TERMINOLOGIČESKIJ SLOVAR' PO GEOLOGOPOISKOVOMU BURENIJU
Gitcigrat, Ė.Ė., Pinkevič, A.A., Vinogradova, L.V., Leningrad 1963, 318 p.
E-R

ARABSKO-RUSSKIJ SLOVAR' PO DISTANCIONNOMU ZONDIROVANIJU PRIRODNYCH RESURSOV
Achadova, M.A., Baku 1977, 66 p.
Ar-R

ČASTOTNO-BAZOVYJ NEMECKO-RUSSKIJ SLOVAR' PO BURENIJU NEFTJANYCH I GAZOVYCH SKVAŽIN
Kopylova, M.E., Tjumen' 1974, 257 p.
D-R

ČASTOTNYJ SLOVAR' GEOLOGIČESKOJ LEKSIKI
Kudaševa, M.A., Rubkaleva, V.I., et al., Leningrad 1973

DESKRIPTORNYJ SLOVAR' "GEOLOGIJA MESTOROŽDENIJ RUD ČERNYCH METALLOV"
Fedorčenko, V.M., Kuchman, G.I., Moskva 1973, 282 p.

DESKRIPTORNYJ SLOVAR' PO MINERALOGII
Morosova, L.I., Pleskova, M.A., Moskva 1974, 199 p.

DICCIONARIO MINERO-METALÚRGICO-GEOLÓGICO-MINERALÓGICO-PETROGRÁFICO Y DE PETRÓLEO
Novitzky, A., Buenos Aires 1951, 369 p.
E-S-F-D-R

DICŢIONAR GEOMORFOLOGIC. CU TERMENI CORESPONDENŢI IN LIMBILE FRANCEZĂ, GERMANĂ, ENGLEZĂ, RUZĂ
Băcăuanu, V., Donisă, I., Hârjoabă, I., Bucureşti 1974, 281 p.
F-D-E-R

DREIZEHNSPRACHIGES WÖRTERBUCH FÜR GEBIRGSMECHANIK
Bilkenroth, G., Schmidt, H., Berlin 1972, 512 p.
D-Bg-E-F-S-Pl-Pt-Ro-R-Sv-Sk-Cs-Hu

FRANCUZSKO-RUSSKIJ GEOLOGIČESKIJ SLOVAR'
Timofeev, V.A., Moskva 1982, 492 p.
F-R

FRANCUZSKO-RUSSKIJ GEOLOGIČESKIJ SLOVAR'
Dybovskaja, I.K., Moskva o.J., 406 p.,
F-R

FRANCUZSKO-RUSSKIJ METEOROLOGIČESKIJ SLOVAR'
Sil'vestrov, P.V., Leningrad 1978, 191 p.
F-R

FRANCUZSKO-RUSSKIJ SLOVAR' PO DISTANCIONNOMU ZONDIROVANIJU PRIRODNYCH RESURSOV ZEMLI
Ismailov, T.K., Kondratenko, T.V., Mechtiev, A.Š., Pivovarov, A.Ja., Ragimov, T.M., Sinicyn, S.S., Baku 1977, 252 p.
F-R

GEOBOTANIČESKIJ SLOVAR'
Grebenščikov, O.S., Moskva 1965, 227 p.
R-E-D-F

GEOLOGICAL DICTIONARY
Żyłka, R., Warszawa 1970, 1439 p.
E-Pl-R-F-D

GEOLOGIČESKIJ SLOVAR'
Paffengol'c, K.N., Moskva 1973^2, I: 486 p., II: 456 p.

GEOLOGIČESKIJ SLOVAR'
Vassoevič, N.B., et al., Moskva 1978^2, I: 1552 p., II: 1488 p.

GIDROLOGIČESKIJ SLOVAR' NA INOSTRANNYCH JAZYKACH
Spengler, E.N., Spengler, O.A., Leningrad 1966^2, 263 p. (1959, 215 p.)
polyglott

KRATKIJ ANGLO-RUSSKIJ SLOVAR' KARTOGRAFIČESKICH TERMINOV
Bočarov, M.K., Moskva 1947, 85 p.
E-R

KRATKIJ ČEŠSKO-RUSSKIJ GEOFIZIČESKIJ SLOVAR'
Paščenko, N.A., Smul'skaja, T.K., Moskva o.J., 248 p.
Cs-R

KRATKIJ POL'SKO-RUSSKIJ GEOLOGO-GEOGRAFIČESKIJ SLOVAR'
Danilevskaja, S.I., Jakovlevskaja, N.V., Moskva 1962, 243 p.
Pl-R

KRATKIJ RUSSKO-FRANCUZSKIJ TOLKOVYJ GEOLOGIČESKIJ SLOVAR'
Timofeev, V.A., Moskva 1978, 352 p.
R-F

LEXIQUE QUADRILINGUE DE LA PRÉPARATION DES MINERAIS
Saint-Etienne 1963[6], 260 p.
D–E–F–R

METEOROLOGIČESKIJ SLOVAR'
Chromov, S.P., Mamontova, L.I., Moskva 1955, 454 p.

MEŽDUNARODNYJ TEKTONIČESKIJ SLOVAR'. VVODNYJ VYPUSK
Dennis, J.G., et al., Moskva 1982, 142 p.
polyglott

MEŽDUNARODNYJ TOLKOVYJ SLOVAR' PO PETROLOGII UGLEJ
Bogoljubova, L.I., Timofeev, P.P., Moskva 1965, 255 p.

MINERALOGICAL DICTIONARY
Lazarenko, E.K., Moskva 1975, 772 p.
E–R–Ukr

MULTILINGUAL DICTIONARY OF TECHNICAL TERMS IN CARTOGRAPHY
Meynen, E., et al., Wiesbaden 1973, 658 p.
polyglott

MULTILINGUAL EXPLANATORY DICTIONARY OF AUTOMATION IN CARTOGRAPHY. "MEDAC"
Budapest 1976, 600 p.
Bg-Cs-E-F-D-Hu-Pl-Ro-R-Sn-S

NEMECKO-RUSSKIJ GEODEZIČESKIJ SLOVAR'
Lund, E.V., Šapošnikov, I.V., Vysockij, A.N., et al., Moskva 1941, 284 p.
D-R

NEMECKO-RUSSKIJ GEOFIZIČESKIJ SLOVAR'
Muronec, I.I., Pučkov, S.V., Vil'kovyskaja, G.B., Moskva 1959, 409 p.
D–R

NEMECKO-RUSSKIJ GEOLOGIČESKIJ SLOVAR'
Armand, N.N., Burštejn, E.F., Kolčanov, V.P., Vlasov, A.N., Zdorik, T.B., et al., Moskva 1985[2] (1977, 784 p.)
D–R

NEMECKO-RUSSKIJ GEOLOGO-MINERALOGIČESKIJ SLOVAR'
Sinicina, E.F., Šlippe, S.A., Sobolevskij, V.I., Moskva 1962, 472 p.
D-R

NEMECKO-RUSSKIJ GIDROTECHNIČESKIJ SLOVAR'
Grišin, M.M., Moskva 1961
D-R

NEMECKO-RUSSKIJ METEOROLOGIČESKIJ SLOVAR'
Belinskij, V.A., Leningrad 1959, 237 p.
D-R

NEMECKO-RUSSKIJ METEOROLOGIČESKIJ SLOVAR'
Marčenko, V.G., Leningrad 1973, 392 p.

NEMECKO-RUSSKIJ OKEANOGRAFIČESKIJ SLOVAR'
Gorskaja, V.I., Gorskij, N.N., Šalagina, V.K., Moskva 1957, 240 p.
D-R

NEMECKO-RUSSKIJ SLOVAR' PO OBOGAŠČENIJU I PERERABOTKE MINERAL'NOGO SYR'JA
Bunin, G.M., Kemežuk, N.K., Moskva 1983, 519 p.
D-R

NEMECKO-RUSSKIJ SLOVAR' PO TECHNIKE I METODIKE DISTANCIONNOGO ZONDIROVANIJA PRIRODNYCH RESURSOV ZEMLI
Ismailov, T.K., Lipovedskaja, I.B., Mechtiev, A.Š, Ragimov, T.M.,Sinicyn, S.S., et al., Baku 1977, 362 p.
D-R

NEUES MINERALOGISCHES WÖRTERBUCH, ODER VERZEICHNIS ALLER WÖRTER, WELCHE AUF ORYCTOGNOSIE UND GEOGNOSIE BEZUG HABEN, MIT ANGABE IHRER WAHREN BEDEUTUNG NACH DES HERRN BERG-COMMISIONS-RATH WERNERS NEUESTER NOMENCLATUR IN ALPHABETISCHER ORDNUNG IN DEUTSCHER, LATEINISCHER, FRANZÖSISCHER, ITALIENISCHER, SCHWEDISCHER, DÄNISCHER, ENGLISCHER, RUSSISCHER UND UNGARISCHER SPRACHE
Reuss, F.A., Hof 1798, 503 p.
D-L-F-I-Sv-Da-E-R-Hu

PETROGRAFIČESKIJ SLOVAR'
Petrov, V.P., et al., Moskva 1981, 496 p.

PJATIJAZYČNYJ SLOVAR' MINERALOGIČESKICH NAZVANIJ
Nachimžan, O. Ė., Moskva 1962, 347 p.
polyglott

PODROBNYJ SLOVAR' MINERALOGIČESKIJ, SODERŽAŠČIJ V SEBE PODROBNOE IZ"JASNENIE VSECH V MINERALOGII UPOTREBITEL'NYCH SLOV I NAZVANIJ, TAKŽE VSE V NAUKE SEJ UČINENNYJA NOVEJŠIJA OTKRYTIJA
Severgin, V.M., I: A-L, II: M-F, Sankt Peterburg 1807
L-R-F-D

RUSSISCH-DEUTSCHES GEOLOGISCHES WÖRTERBUCH (GEOLOGIE, MINERALOGIE, BODENKUNDE, GEOPHYSIK UND VERWANDTE GEBIETE)
Barnitzke,I.,Gundlach,K., Klie,T.,Stoltenberg,H., Königsberg 1945, 314 p
R-D

RUSSISCH-DEUTSCHES WÖRTERBUCH DER NATURWISSENSCHAFT UND TECHNIK
Gesellschaft zur Herausgabe des russisch-deutschen Wörterbuchs der Naturwissenschaft und Technik, Berlin 1968-1974
V. Meteorologie
Sorhagen, W., 1974, 324 p.
R-D

RUSSKO-ANGLIJSKIJ GEOKRIOLOGIČESKIJ SLOVAR'
Fedorov, I.S., Jakutsk 1984, 112 p.
R-E

RUSSKO-ANGLIJSKIJ GEOLOGIČESKIJ SLOVAR'
Moskva 1960, 559 p.
R-E

RUSSKO-ARMJANSKIJ SLOVAR' GEOLOGIČESKICH TERMINOV
Sarkisjan, O.A., Erevan 1984, 205 p.
R-Arm

RUSSKO-AZERBAJDŽANSKIJ SLOVAR' PO DISTANCIONNOMU ZONDIROVANIJU ZEMLI
Gasymov, M.Š., Ismailov, T.K., Mechtiev, A.Š., et al., Baku 1984, 72 p.
R-Aserb

RUSSKO-ĖSTONSKIJ GEOLOGIČESKIJ SLOVAR'
Kal'o, D., Nurm, Ė., Orviku, K., et al., Tallin 1963, 261 p.
R-Estn

RUSSKO-KAZACHSKIJ SLOVAR' PO RAZVEDOČNOMU BURENIJU
Abdrachmanov, A., Tujakbaev, N., Alma-Ata 1972, 130 p.
R-Kasach

RUSSKO-KAZACHSKIJ TERMINOLOGIČESKIJ SLOVAR', III. TERMINY PO GEOLOGII
Abdrachmanov, A., Mašanov, A.Ž., Sydykov, Ž., Alma-Ata o.J., 201 p.
R-Kasach

RUSSKO-KIRGIZSKIJ SLOVAR' GIDROMETEOROLOGIČESKICH TERMINOV
Orozgožoev, B.O., Frunze 1980, 308 p.
R-Kirg

RUSSKO-LITOVSKIJ METEOROLOGIČESKIJ SLOVAR'
Mikalajunas, M.M., Vil'njus 1975, 177 p.
R-Lit

RUSSKO-TADŽIKSKIJ TERMINOLOGIČESKIJ SLOVAR' PO GEOLOGII
Babachodžaev, S.M., Ochunov, M.O., Dušanbe 1981, 158 p.
R-Tadschik

RUSSKO-TURKMENSKIJ SLOVAR' GEOLOGIČESKICH TERMINOV
Berkeliev, M., Aščhabad 1962, 226 p.
R-Turkmen

RUSSKO-UKRAINSKIJ GEOLOGIČESKIJ SLOVAR'
Golovaščuk, S.I., Sokolovskij, I.L., Kiev 1959, 280 p.
R-Ukr

RUSSKO-UZBEKSIJ SLOVAR' GEOLOGIČESKICH TERMINOV
Mavljanov, G.A., Utjušev, G.A., Taškent 1978, 304 p.
R-Usbek

SECHSSPRACHIGES METEOROLOGISCHES WÖRTERBUCH, IN: LINKES METEOROLOGISCHES TASCHENBUCH, I
Baur, F., Bergeron, T.H.P., Kassner, C., et al., Leipzig 1951, 142-265 (1939³, 138-261)
D-E-F-I-S-R

SHORT ENGLISH-RUSSIAN, RUSSIAN-ENGLISH DICTIONARY OF WEATHER AND ICE FORECASTS AND NAVIGATION WARNINGS
Steinberg, G.A., Moskva 1972, 75 p.
E-R

SLOVAR' GEOLOGIČESKICH TERMINOV. RUSSKO-AZERBAJDŽANSKIJ
Bajramov, A.S., et al., Baku 1958, 171 p.
R-Aserb

SLOVAR' GIDROGEOLOGIČESKICH TERMINOV
Ismailov, G.A., Kaškaj, M.A., Musaev, A.A., Baku 1972, 117 p.
R-Aserb

SLOVAR' GIDROGEOLOGII I INŽENERNOJ GEOLOGII
Institut gidrogeologii i inženernoj geologii, Moskva 1961, 186 p.

SLOVAR' MINERALOGIČESKIJ, STRANIEM VOL'NAGO ĖKONOMIČESKAGO OBŠČESTVA IZDANNYJ
Sankt Peterburg 1790, 98 p.
D-R-L

SLOVAR' PO GIDROGEOLOGII I INŽENERNOJ GEOLOGII
Lange, O.K., Makkaveev, A.A., Moskva 1971², 216 p.

SLOVAR' TERMINOV GIDROMETEOROLOGII: JAVLENIJA VOD I ATMOSFERY. LATYŠSKO-RUSSKIJ I RUSSKO-LATYŠSKIJ
Blinkena, A., Pastors, A., Ramans, K., Riga 1976, 658 p.
Lett-R

SLOVAR' TERMINOV PO BURENIJU NEFTJANYCH I GAZOVYCH SKVAŽIN. RUSSKO-AZERBAJDŽANSKIJ
Kuliev, S.M., Baku 1956, 67 p.
R-Aserb

SŁOWNIK GEODEZYJNY W 5 JĘZYKACH: POLSKIM, ROSYJSKIM, NIEMIECKIM, ANGIELSKIM, FRANCUSKIM
Sztompke, W., Warszawa 1955, 525 p. (1954, 525 p.)
Pl-R-D-E-F
Rez.: Science reference notes, 4/1955, 10 (O'Leary, F.)
Babel, 2/1956, 85

SŁOWNIK PETROGRAFICZNY
Pentlakowa, Z., Warszawa 1962, 344 p.
Pl-R-E-F-D
Rez.: Bulletin des bibliothèques de France, 3/1964, 169 (Roger, I.)

STRATIGRAFIČESKIJ SLOVAR' SSSR. TRIAS, JURA, MEL
Moskva 1979, 1120 p.

TECHNIK-WÖRTERBUCH. KRISTALLOGRAPHIE
Backhaus, K.-O., Berlin/New York 1972, 132 p.
E-D-F-R

TEKTONIČESKIJ SLOVAR'
Chain, V.E., Dolickij, A.V., Šulc, S.S., Moskva 1959, 42 p.
E-F-D-R

TERMINOLOGIČESKIJ SLOVAR' PO GEOLOGII. RUSSKO-UZBEKSKIJ
Sadykov, A., Taškent 1958, 276 p.
R-Usbek

TERMINOLOGIČESKIJ TOLKOVYJ SLOVAR' PO TECHNOLOGII I TECHNIKE GEOLOGO-RAZVEDOČNOGO BURENIJA. RUSSKO-ARMJANSKIJ
Adamjan, G.G., Erevan 1976, 64 p.
R-Arm

TERMINOLOGISCHES WÖRTERBUCH FÜR DAS GEOLOGISCHE ERKUNDUNGSBOHREN
Warszawa 1970, 372 p.
R-E-Bg-Hu-Mong-Ro-D-Pl-F-Cs

TERMINOLOGISCHES WÖRTERBUCH FÜR INGENIEUR-GEOLOGIE
Käbel, H., et al., Berlin 1973, I: 403 p., II: 255 p.
Bg-Hu-D-Mong-Pl-Ro-R-Cs-E

VENGERSKO-RUSSKIJ GEOLOGO-GEOGRAFIČESKIJ SLOVAR'
Fiošina, G.I., Moskva o.J., 259 p.
Hu-R

WÖRTERBUCH DER GEOWISSENSCHAFTEN. RUSSISCH-DEUTSCH
Teschke, H.-I., Berlin 1964, 424 p.
R-D
Rez.: Deutsche Literaturzeitung für Kritik der internationalen Wissenschaft, 7-8/1964 (Unger, R. und W.)

3.1.6.BIOLOGIE, BOTANIK, ZOOLOGIE

3.1.6.0. ALLGEMEIN

BIOMETRISCHES WÖRTERBUCH IN ZWEI BÄNDEN
Rasch, D., et al., Berlin 1987[3], 1050 p.
E-R-F-S-I-Pl-Cs-Hu

RUSSKO-JAPONSKIJ SLOVARIK MORSKICH I REČNYCH ŽIVOTNYCH I RASTENIJ
Eremin, V.N., Moskva 1962, 40 p.
R-J

RUSSKO-NEMECKIJ BIOCHIMIČESKIJ SLOVAR'
Himmler, V., Kluge, H., Thielmann, K., Leipzig 1970, 391 p.
R-D

WÖRTERBUCH DER BIOCHEMIE
Frankfurt a.M./Leipzig 1978, ISBN 3-87144-346-8
D-E-F-R-S

3.1.6.1. BIOLOGIE

ANGLO-RUSSKIJ BIOLOGIČESKIJ SLOVAR'
Rokickij, P.F., Moskva 1965², 680 p., (1963, 679 p.)
E-R

ANGLO-RUSSKIJ BIOLOGIČESKIJ SLOVAR'
Afanas'eva, I.N., Vaseckij, S.G., Vasina-Popova, E.T., et al., Moskva 1979⁴, 732 p. (1976³, 732 p.)
E-R

ANGLO-RUSSKIJ BIOLOGIČESKIJ SLOVAR'
Moskva 1979⁴, 1280 p.
E-R

BIOLOGICAL AND MEDICAL DICTIONARY
Carpovich, E.A., New York 1965, 400 p.
R-E

BIOLOGIČESKIJ ĖNCIKLOPEDIČESKIJ SLOVAR'
Giljarov, M.S., Moskva 1986, 831 p.

DICTIONARY OF BIOMETRICS
Specht, G., Willingborough/Leipzig 1970, 1047 p.
E-F-D-Sk-Pl-Hu-R

DICTIONNAIRE BIOLOGIQUE RUSSE-FRANÇAIS
Sinjagin, I.I., et al., Moskva 1971, 832 p.
R-F

ĖNCIKLOPEDIČESKIJ SLOVAR' JUNOGO BIOLOGA
Aspis, M.E., Moskva 1986, 352 p.

ENGLISH-RUSSIAN DICTIONARY OF GENETIC AND CYTOLOGICAL TERMS
Salganik, L.M., Moskva 1975, 143 p.
E-R

FRANCUZSKO-RUSSKIJ BIOLOGIČESKIJ SLOVAR'
Čibisova, O.I., Potockaja, V.A., Sinjagin, I.I., Moskva 1985
F-R

KAZACHSKO-RUSSKIJ TERMINOLOGIČESKIJ SLOVAR'. TERMINY BIOLOGII
Abdrachmanov, A., Musukulov, T., Alma-Ata 1962, 162 p.
Kasach-R

KRATKIJ ANGLO-RUSSKO-GRUZINSKIJ BIOLOGIČESKIJ SLOVAR'
Menabde, C.G., Tbilisi 1983, 268 p.
E-R-Grus

KRATKIJ ĖMBRIOLOGIČESKIJ SLOVAR'. UČEBNOE POSOBIE DLJA STUDENTOV
Klišov, A.A., Kujbyšev 1972, 147 p.
R-D

KRATKIJ NEMECKO-RUSSKIJ SLOVAR' DLJA BIOLOGOV
Avgambaeva, R.B., Alma-Ata 1960, 86 p.
D-R

KRATKIJ RUSSKO-JAKUTSKIJ SLOVAR' BIOLOGIČESKICH TERMINOV
Makarov, A.A., Jakutsk 1974, 63 p.
R-Jakut

KRATKIJ RUSSKO-UDMURTSKIJ BIOLOGIČESKIJ SLOVAR'
Glavatskich, F.S., Prokop'ev, M.P., Iževsk 1970, 180 p.
R-Udmurt

KRATKIJ SLOVAR' BIOLOGIČESKICH TERMINOV
Bogorad, V.B., Nechljudova, A.S., Moskva 1963, 236 p.

KRATKIJ SLOVAR' GLAVNEJŠICH GENETIČESKICH TERMINOV. UČEBNOE POSOBIE
Aleksandrov, F.A., Gavrilova, L.L., Kirov 1973, 28 p.

KRATKIJ UDMURTSKO-RUSSKIJ I RUSSKO-UDMURTSKIJ SLOVAR' BIOLOGIČESKICH TERMINOV
Glavatskich, F.S., Korepanova, K.A., Prokop'ev, M.P., Iževsk 1978, 223 p.
Udmurt-R

NEMECKO-RUSSKIJ BIOLOGIČESKIJ SLOVAR'
Čibisova, O.I., Paschin, N.F., Sinjagin, I.I., Vaschnil, I.I., Moskva 1971, 832 p.
D-R

RUSSKO-KAZACHSKIJ SLOVAR' BIOLOGIČESKICH TERMINOV
Musakulov, T., Alma-Ata o.J., 179 p.
R-Kasach

RUSSKO-KAZACHSKIJ TOLKOVYJ BIOLOGIČESKIJ SLOVAR'
Musakulov, T., Alma-Ata o.J., 206 p.
R-Kasach

RUSSKO-MARIJSKIJ SLOVAR' BIOLOGIČESKICH TERMINOV
Baldaev, Ch.F., Joškar-Ola 1983, 103 p.
R-Mari

RUSSKO-V'ETNAMSKIJ SLOVAR' BIOLOGIČESKICH NAZVANIJ
Vo Van Ši, et al., Moskva 1985
R-Vietn

SLOVAR' TERMINOV MIKROBIOLOGII. LATYŠSKO-RUSSKIJ, RUSSKO-LATYŠSKIJ
Kaleja, Ė.Ja., Klincare, A.Ja., Plandere, Ė.M., Riga 1971, 95p.
Lett-R

WÖRTERBUCH DER BIOLOGIE. DEUTSCH-RUSSISCH-LATEIN
Sinjagin, I.I., et al., Leipzig 1974
D-R-L

3.1.6.2. BOTANIK

ARMJANO-LATINSKO-RUSSKO-ANGLO-FRANCUZSKO-NEMECKIJ SLOVAR' NAZVANIJ RASTENIJ
Kazarjan, R.S., Erevan 1981, 180 p.   Arm-L-R-E-F-D

BÄUME UND STRÄUCHER EUROPAS
Priszter, S., Budapest 1983, 300 p.
L-E-F-Hu-I-S-R

BOTANIČESKIJ REČNIK
Simonović, D.T., Beograd 1959, 890 p.
L-Sh-R-E-D-F-Sn-Mazed

BOTANIČESKIJ SLOVAR'
Annenkov, N.I., Moskva 1859, 296 p.
polyglott

BOTANIČESKIJ SLOVAR'
Annenkov, N.I., Sankt Peterburg 1878, 645 p.
polyglott

BOTANIČESKIJ SLOVAR'. RUSSKO-ANGLIJSKO-NEMECKO-FRANCUZSKO-LATINSKIJ
Davydov, N.N., Moskva 1962², 335 p. (1960, 335 p.)
R-E-D-F-L

DEUTSCH-RUSSISCHES WÖRTERBUCH DER WICHTIGSTEN KUNSTAUSDRÜCKE, WELCHE BEI DER BESCHREIBUNG UND BESTIMMUNG DER PFLANZEN GEBRAUCHT WERDEN
Herder, F.G. von, Sankt Peterburg 1881, 32 p.
D-L-R

DICTIONARY OF USEFUL PLANTS IN TWENTY EUROPEAN LANGUAGES
Balašev, L.L., et al., Moskva 1970, 368 p.
polyglott

FLORA SREDNEJ GERMANII
Paschin, N.F., Sinjagin, I.I., Halle 1946, 80 p.
L-R-D

GEOBOTANIČESKIJ SLOVAR'
Bykov, B.A., Alma-Ata 1973²

KRATKIJ BOTANIČESKIJ RUSSKO-LATINSKIJ SLOVAR'
Utkin, L.A., Moskva 1961, 232 p.
R-L

KRATKIJ RUSSKO-KAZACHSKIJ SLOVAR' BOTANIČESKICH TERMINOV
Archipov, V.A., et al., Alma-Ata 1981, 82 p.
R-Kasach

KRATKIJ RUSSKO-TADŽIKSKIJ BOTANIČESKIJ SLOVAR'
Ismailov, M.I., Dušanbe 1978, 129 p.
R-Tadschik

KRATKIJ SLOVAR' BOTANIČESKICH TERMINOV
Viktorov, D.P., Moskva 1957, 213 p.

KRATKIJ TOLKOVYJ RUSSKO-UZBEKSKIJ SLOVAR' BOTANIČESKICH TERMINOV
Džamalchanov, Ch.A., Nabiev, M.M., Pratov, U., Zakirov, K.Z., Taškent 1963, 160 p. R-Usbek

LATINO-ARMJANO-RUSSKIJ SLOVAR' NAZVANIJ RASTENIJ
Caturjan, T.G., Erevan 1962, 247 p.
L-Arm-R

LATINO-RUSSKO-BELORUSSKIJ BOTANIČESKIJ SLOVAR'
Kiselevskij, A.I., Minsk 1967, 159 p.
L-R-Weißr

NOVYJ BOTANIČESKIJ SLOVAR' NA LATINSKOM, NEMECKOM I ROSSIJSKOM JAZYKACH
Maksimovič-Ambodik, N.M., Sankt Peterburg 1808[2], 118 p. (1804, 283 p.)
L-D-R

DICCIONARIO FORAMINIFEROLÓGICO PLURILINGÜE
Boltovskoy, E., Buenos Aires 1956, 156 p.
E-S-D-F-R

RUSSKO-ANGLO-NEMECKO-FRANCUZSKIJ GEOBOTANIČESKIJ SLOVAR'
Grebenščikov, O.S., Moskva 1965
R-E-D-F

RUSSKO-BAŠKIRSKIJ, BAŠKIRSKO-RUSSKIJ SLOVAR' PO BOTANIKE
Chisamov, G.A., Janturin, S.I., Ufa 1981, 99 p.
R-Baschkir

RUSSKO-ČUVAŠSKIJ SLOVAR' NAZVANIJ RASTENIJ, PROIZRASTAJUŠČICH NA TERRITORII ČUVAŠII
Dimitrieva, K.S., L'vova, A.N., Pletneva-Sokolova, A.D., Čeboksary 1963, 28 p.
R-Tschuw

RUSSKO-LATINSKIJ SLOVAR' DLJA BOTANIKOV
Kirpičnikov, M.Ė., Zabinkova, N.N., Leningrad 1977, 855 p.
R-L

RUSSKO-TURKMENSKIJ SLOVAR' BOTANIČESKICH TERMINOV
Kerbabaev, B.B., Aščhabad 1960, 101 p.
R-Turkmen

RUSSKO-UKRAINSKIJ SLOVAR' BOTANIČESKOJ TERMINOLOGII I NOMENKLATURY
Afanas'ev, D.Ja., Barbarič, A.I., Zerov, D.K., et al., Kiev 1962, 340 p.
R-Ukr

RUSSKO-UZBEKSKIJ ĖNCIKLOPEDIČESKIJ SLOVAR' PO BOTANIKE
Džamalchanov, Ch.A., Zakirov, K.Z., Taškent 1973, I: A-N, 295 p.
R-Usbek

SLOVAR' BOTANIČESKICH TERMINOV. RUSSKO-AZERBAJDŽANSKIJ
Barchalov, Š.O., et al., Baku 1963, 220 p. (1956, 214 p.)
R-Aserb

SLOVAR' BOTANIČESKICH TERMINOV
Dudki, I.A., o.O. 1984, 308 p.

SLOVAR' BOTANIČESKICH TERMINOV
Salomon, C., Schelle, E., et al., Sankt Peterburg 1913, 120 p.
L-R

SLOVAR' BOTANIČESKIJ
Maksimovič-Ambodik, N.M., o.O. 1795, 157 p.
D-L-R

SLOVAR' DREVESNYCH POROD I NEKOTORYCH SUBTROPIČESKICH RASTENIJ
Basilašvili, I.A., Tbilisi 1982², 143 p.
Grus-R-L

SŁOWNIK ROŚLIN UŻYTKOWYCH (WÖRTERBUCH DER NUTZPFLANZEN)
Podbielkowski, Z., Warszawa 1974³, 523 p.
D-E-F-L-Pl-R

3.1.6.3. ZOOLOGIE

DICTIONARY OF PRODUCTIDE (BRACHIPODE) MORPHOLOGY
Saričeva, T.G., Moskva 1970
E-R

NORVEŽSKO-RUSSKIJ SLOVAR' PO PROMYSLOVOJ ICHTIOLOGII
Lukašova, E.A., Moskva 1969, 176 p.
No-E

ORNITOLOGIA VORTARO OKLINGVA DE BIRDOJ EUROPAJ. ACHTSPRACHIGES ORNITHOLOGISCHES WÖRTERBUCH EUROPÄISCHER VÖGEL
Stojan, P.-E., Sankt Peterburg 1911, 216 p.
L-I-F-E-D-Pl-R-Esperanto

PJATIJAZYČNYJ SLOVAR' NAZVANIJ ŽIVOTNYCH, I: MLEKOPITAJUŠČIE
Sokolov, V.E., Moskva 1984, 351 p.
L-R-E-D-F

PJATIJAZYČNYJ SLOVAR' NAZVANIJ ŽIVOTNYCH, II: AMFIBII I REPTILII
Anan'eva, N.B., Borkin, L.Ja., Darevskij, I.S., Orlov, N.L., Moskva 1988, 560 p.
L-R-E-D-F

RUSSKO-ARMJANSKIJ SLOVAR' ZOOTECHNIČESKICH TERMINOV
Malatjan, N.A., Erevan 1974, 262 p.
R-Arm

RUSSKO-MOLDAVSKIJ ZOOLOGIČESKIJ SLOVAR'
Ganja, I.M., Krasnova, I.I., Kišinev 1969, 319 p.
R-Mold

RUSSKO-TADŽIKSKIJ SLOVAR' PO ZOOTECHNIKE
Ėrgašev, D.Ė, Kalantarov, S.S., Umarov, M.U., et al., Dušanbe 1980, 66 p. R-Tadschik

RUSSKO-TADŽIKSKIJ TERMINOLOGIČESKIJ SLOVAR' PO ZOOLOGII
Subchonov, M., Dušanbe 1979, 41 p.
R-Tadschik

RUSSKO-UKRAINSKO-LATINSKIJ ZOOLOGIČESKIJ SLOVAR'. TERMINOLOGIJA I NOMENKLATURA
Markevič, A.P., Tatarko, K.I., Kiev 1983, 411 p.
R-Ukr-L

SAKHARTHWELOS PHRINWELEBIS TERMINOLOGIURI LEKHSIKONI
Žordanija, R., Tbilisi 1960, 61 p.
L-Grus-R-D

SLOVAR' NAZVANIJ MORSKICH RYB
Gerd, A.S., Lindberg, G.U., Rass, T.S., Leningrad 1980

SLOVAR' NAZVANIJ MORSKICH RYB NA ŠESTI JAZYKACH
Kotljar, A.N., Moskva 1984, 288 p.
L-R-E-F-D-S

SLOVAR' NAZVANIJ PRESNOVODNYCH RYB NA JAZYKACH NARODOV SSSR I EVROPEJSKICH STRAN
Gerd, A.S., Lindberg, G.U., Leningrad 1972, 368 p.
polyglott
Rez.: ZfSl, XX, 1975, 430 (Bausch, M.)

SLOVAR'-SPRAVOČNIK ĖNTOMOLOGA
Ščegolev, V.N., Moskva/Leningrad 1955, 451 p.

SLOVAR' TERMINOV PO ZOOLOGII
Abdurachmanov, Ju.A., Asadov, S.M., Baku 1961^2, 106 p. (1957, 78 p.)
R-Aserb

WÖRTERBUCH DER ZOOLOGIE. RUSSISCH-DEUTSCH
Feurich, R., Leipzig 1969, 361 p.
R-D

ZOOLOGIČESKIJ SLOVAR' INOSTRANNYCH SLOV. LATINSKIJ, GREČESKIJ, ĖSTONSKIJ
Aul', Ju.M., Tallin 1978, 192 p.
L-G-Estn

ZOOLOGISCHES WÖRTERBUCH. PALÄARKTISCHE TIERE. DEUTSCH-LATEINISCH-RUSSISCH, RUSSISCH-LATEINISCH-DEUTSCH
Berlin 1973, 870 p.
D-L-R

3.1.7. MEDIZIN UND GESUNDHEITSPFLEGE

3.1.7.1. MEDIZIN

ANATOMIČESKIJ SLOVAR': LATINO-RUSSKI, RUSSKO-LATINSKIJ
Kazačenok, T.G., Minsk 1984^2, 400 p. (1976, 399 p.)
L-R

ANGLO-RUSSKIJ MEDICINSKIJ SLOVAR'
Akžigitov, G.N., Moskva 1988
E-R

ANGLO-RUSSKIJ MEDICINSKIJ SLOVAR'
Ivanova, A.Ja., Mul'tanovskij, M.P., Moskva 1969[2], 687 p.
E-R

ANGLO-RUSSKIJ MEDICINSKIJ SLOVAR'
Akžigitov, G.N., Moska 1988, 604 p.
E-R

ANGLO-RUSSKIJ SLOVAR' GENETIČESKICH I CITOLOGIČESKICH TERMINOV
Salganik, L.M., Novosibirsk 1973, 143 p.
E-R

ANGLO-RUSSKIJ SLOVAR' PO AVIACIONNO-KOSMIČESKOJ MEDICINE
Chvatkov, N.M., Gjurdžian, A.A., Moskva 1972, 386 p.
E-R

BIOLOGICAL AND MEDICAL DICTIONARY
Carpovich, E.A., New York 1965, 400 p.
E-R

ČASTOTNYJ SLOVAR' JAZYKA UČEBNYCH POSOBIJ MEDINSTITUTA
Levitskij, V.V., Moskva 1966

CONCISE ENGLISH-RUSSIAN MEDICAL DICTIONARY
Samarina, O.K., Leningrad 1970, 97 p.
E-R

DICTIONARY OF EPILEPSY
I: Definitions
Gastaut, H., Genève 1973
E-F-R-S

DICTIONNAIRE MÉDICAL POLYGLOTTE
Kostic, o.O. 1976, 1700 p.
D-E-F-I-L-R-Sn

DOPOLNENIE K NEMEČKO-RUSSKOMU MEDICINSKOMU SLOVARJU
Bolotina, A.Ju., Dobrovol'skij, V.I., Moskva 1983, 64 p.
D-R

ĖNCIKLOPEDIČESKIJ SLOVAR' MEDICINSKICH TERMINOV
Petrovskij, B.V., I-III, Moskva 1982-1984, 1423 p.

FACHWORTSCHATZ MEDIZIN. HÄUFIGKEITSWÖRTERBUCH
Hoffmann, L., Leipzig 1983[6] (1973[2], 106 p.; 1970)
R-E-F

FITOPATOLOGIČESKIJ SLOVAR'-SPRAVOČNIK, RUSSKO-ANGLO-NEMECKO-FRANCUZSKIJ
D'jakova, G.A., Moskva 1969, 478 p.
R-E-D-F

FRANCUZSKO-RUSSKIJ MEDICINSKIJ SLOVAR'
Beženar', G.I., Beženar', V.F., Kišinev 1970, 314 p. F-R

FRANCUZSKO-RUSSKIJ MEDICINSKIJ SLOVAR'
Fridman, L.A., Geronimus, Ch.I., Rubakin, A.N., Moskva 1974, 616 p.
F-R

KAZACHSKO-RUSSKO-LATINSKIJ I LATINO-RUSSKO-KAZACHSKIJ SLOVAR' ANATOMIČESKICH TERMINOV
Rachišev, A.R., II, Alma-Ata 1966, 160 p.
Kasach-R-L

KAZACHSKO-RUSSKO-LATINSKIJ SLOVAR' ANATOMIČESKICH TERMINOV
Rachišev, A.R., I: Organy dviženija, Alma-Ata 1963, 86 p.
Kasach-R-L

KRATKIJ ANGLO-GRUZINSKO-RUSSKIJ SLOVAR' NEJROFIZIOLOGIČESKOJ TERMINOLOGII
Koreli, A.G., Schirtladze, N.N., Tbilisi 1977, 116 p.
E-Grus-R

KRATKIJ ANGLO-RUSSKIJ MEDICINSKIJ SLOVAR'
Samarina, O.K., Leningrad 1970, 97 p.
E-R

KRATKIJ AZERBAJDŽANSKO-RUSSKO-LATINSKIJ SLOVAR' MEDICINSKICH TERMINOV
Achmedov, M.I., Baku 1969, 325 p.
Aserb-R-L

KRATKIJ ISPANSKO-RUSSKIJ MEDICINSKIJ SLOVAR'
Kryštopa, V.M., Kiev 1981, 75 p.
S-R

KRATKIJ MEDIKO-BIOLOGIČESKIJ SLOVAR'
Timčenko, A.D., Kiev 1988, 360 p.

KRATKIJ NEMECKO-RUSSKIJ MEDICINSKIJ SLOVAR'
Proėktor, R.G., Samarina, O.K., Leningrad 1971, 85 p.
D-R

KRATKIJ RUSSKO-ANGLO-ARABSKIJ MEDICINSKIJ SLOVAR'
Kireev, P.M., Minedžjan, G.Z., Moskva 1971, 455 p.
R-E-Ar

KRATKIJ RUSSKO-ČUVAŠSKIJ SLOVAR' MEDICINSKICH TERMINOV
Grigor'ev, N.G., Čeboksary 1975, 70 p.
R-Tschuw

KRATKIJ RUSSKO-ISPANSKIJ MEDICINSKIJ SLOVAR'
Čurilov, E.M., Kasatikova, L.A., Moskva 1978, 408 p.
R-S

KRATKIJ SLOVAR' SOKRAŠČENIJ, VSTREČAJUŠČICHSJA V NEMECKOJ MEDICINSKOJ LITERATURE. NEMECKO-RUSSKIJ
Sosnina, M.F., Kazan' 1963, 132 p.
D-R

LATINO-RUSSKIJ MEDICINSKIJ SLOVAR'
Lušnikov, A.G., Vol'fson, S.I., Moskva 1957[2], 422 p.
L-R

LATINO-RUSSKO-TADŽIKSKIJ ANATOMIČESKIJ SLOVAR'
Mirzoev, Ch.Ch., Dušanbe 1966, 382 p.
L-R-Tadschik

LATINO-RUSSKO-TURKMENSKIJ SLOVAR' ANATOMIČESKICH TERMINOV
Chudajberdyev, Dž., Ašchabad 1974, 109 p.
L-R-Turkmen

LATINO-RUSSKO-TURKMENSKIJ SLOVAR' MEDICINSKICH TERMINOV
Bajriev, Č.B., Davlekamov, M.Ch., Ašchabad 1962, 168 p.
L-R-Turkmen

LATINO-RUSSKO-UZBEKSKIJ KRATKIJ SLOVAR' PO ANATOMII
Ibadov, N.A., Lempel', N.M., Taškent 1982[2], 86 p.
L-R-Usbek

LATINO-RUSSKO-UZBEKSKIJ SLOVAR'. METODIČESKOE POSOBIE PO NORMAL'NOJ ANATOMII
Ibadov, N.A., Lempel', N.M., Samarkand 1961, 77 p.
L-R-Usbek

LATINO-UZBEKSKO-RUSSKIJ SLOVAR' PO NORMAL'NOJ ANATOMII
Askarov, A.A., Zachidov, Ch.Z., Taškent 1964, 266 p.
L-Usbek-R

LATINSKO-ĖSTONSKO-RUSSKIJ MEDICINSKIJ SLOVAR'
Val'des, A.O., Veski, I.-V.G., Tallin, I: A-N, 1982, 640 p., II: O-Z, 1983, 768 p.
L-Estn-R

LEXICON MEDICUM
Złotnicki, B., Stuttgart 1973, 1603 p.
E-R-F-D-L-Pl

LEXIKON MEDICUM
Złotnicki, B., Paris 1976, 1604 p.
E-R-F-D-L-Pl

MEDICINSKAJA TERMINOLOGIJA: LATINO-RUSSKO-LATYŠSKIJ SLOVAR' MEDICINSKICH TERMINOV
Rudzitis, K., Riga 1977, 886 p.
L-R-Lett

MEDICINSKIJ SLOVAR'. RUSSKO-TADŽIKSKO-LATINSKIJ
Rasulov, M.Ja., Dušanbe, I: A-Z 1973, 479 p., II: I-M 1982, 464 p., III: N-P 1982, 416 p.
R-Tadschik-L

MEDICINSKIJ TERMINOLGIČESKIJ SLOVAR' NA LATINSKOM, FRANCUZSKOM, NEMECKOM, ANGLIJSKOM I RUSSKOM JAZYKACH DLJA VRAČEJ, APTEKAREJ I PEREVODČIKOV
Kučinskij, L.A., Sankt Peterburg, I: A-K, 1893[2], 356 p. (1892, 360 p.) L-F-D-E-R

MEDIZINISCHES FACHWÖRTERBUCH
Alexander, G., Merian, E., Leipzig 1966^2 (1963)
D–R

MEDIZINISCHES WÖRTERBUCH. RUSSISCH-DEUTSCH
Berlin 1987, 640 p.
R–D

NEMEČKO-RUSSKIJ MEDICINSKIJ SLOVAR'
Časnik, S.D., Šuster, V.G., Moskva 1953, 535 p.
D–R

NEMECKO-RUSSKIJ MEDICINSKIJ SLOVAR'
Rejnberg, G.A., Sommerau, E.F., Moskva 1958, 459 p.
D–R

NEMECKO-RUSSKIJ MEDICINSKIJ SLOVAR'
Bolotina, A.Ju., Ganjušina, E.G., Ozerskij, A.N., Riman, I.B., et al., Moskva 1983^3, 767 p. (1976^2, 707 p.; 1970, 707 p.)
D–R

NEMECKO-RUSSKIJ MEDIKO-BIOLOGIČESKIJ SLOVAR'
Bronštejn, O.I., Sankin, S.L., Trius, M.V., Moskva/Leningrad 1932^2, 784 p. (1930, 638 p.)

NEMECKO-RUSSKIJ SLOVAR' DLJA STUDENTOV-MEDIKOV
Ljašenko, M.V., Kiev 1984, 189 p.
D–R

NEMECKO-RUSSKIJ SLOVAR' MINIMUM DLJA MEDICINSKICH VUZOV
Dinaburg, I. F., Moskva 1974, 38 p.
D–R

NOMENCLATURA COLUMNAE VERTEBRALIS. WÖRTERBUCH DER WIRBELSÄULE
Fischer, H., Junghanns, H., Seifert, J., Stuttgart 1977, 280 p.
D–E–F–I–R–S

NOMENCLATURE INTERNATIONALE PROVISOIRE DES MALADIES DU SYSTÈME CARDIO-VASCULAIRE
Conseil des organisations internationales des sciences médicales, Paris 1974, 116 p.
polyglott

PICTORIAL DICTIONARY OF MEDICAL MYCOLOGY
Dvořák, J., Otcenasek, M., 's-Gravenhage 1973, 229 p.
E–R–F–D–L

POLYGLOT MEDICAL QUESTIONNAIRE
Parry, S.C., London 1972^2, 96 p.
polyglott

RUSSKO-ANGLISKIJ MEDICINSKIJ SLOVAR'
Eliseenkov, Ju.B., Michailov, V.I., Ryvkin, V.L., Tokarev, T.N., Moskva 1975, 647 p.
R–E

RUSSKO-ANGLIJSKIJ MEDICINSKIJ SLOVAR'-RAZGOVORNIK
Čupjatova, V.S., Korn, S.I., Petrov, V.I., Moskva 1983, 460 p.
R-E

RUSSKO-ARABSKIJ MEDICINSKIJ SLOVAR'
Arslanjan, G.T., Šubov, Ja. I., Moskva 1983², 607 p. (1977, 607 p.)
R-Ar

RUSSKO-ARMJANSKIJ FIZIOLOGIČESKIJ SLOVAR'
Arutjunjan, R.A., Grigorjan, V.Z., Karapetjan, S.K., Erevan 1977,185 p.
R-Arm

RUSSKO-ARMJANSKIJ FIZIOLOGIČESKIJ TOLKOVYJ SLOVAR'
Arutjunjan, R.A., Grigorjan, V.Z., Karapetjan, S.K., Erevan 1979,339 p.
R-Arm

RUSSKO-BAŠKIRSKIJ SLOVAR' PO ANATOMII I FIZIOLOGII ČELOVEKA
Gumarov, V.Z., Ufa 1981, 131 p.
R-Baschkir

RUSSKO-KAZACHSKIJ KRATKIJ TOLKOVYJ SLOVAR' TERMINOV GLAZNYCH BOLEZNEJ
Žalmuchamedov, K.B., Alma-Ata 1977, 95 p.
R-Kasach

RUSSKO-KAZACHSKIJ MEDICINSKIJ RAZGOVORNIK-SLOVAR'
Ajapbergenova, K.G., Alma-Ata 1980, 197 p.
R-Kasach

RUSSKO-KAZACHSKIJ SLOVAR' MEDICINSKOJ LEKSIKI
Andronova, N.A., Alma-Ata 1977, 127 p.
R-Kasach

RUSSKO-KAZACHSKIJ SLOVAR' MEDICINSKICH TERMINOV
Isambaev, M., Sarsenova, S., Alma-Ata 1982, 407 p.
R-Kasach

RUSSKO-KIRGIZSKIJ ANATOMIČESKIJ ATLAS ČELOVEKA
Achunbaev, I.K., Altymyšev, A.A., Frunze 1967, 101 p.
R-Kirg

RUSSKO-KIRGIZSKIJ SLOVAR' ANATOMO-FIZIOLOGIČESKICH TERMINOV
Achunbaev, I.K., Frunze 1964, 417 p.
R-Kirg

RUSSKO-KIRGIZSKIJ SLOVAR' MEDICINSKICH TERMINOV
Aliev, M.A., Mambetov, M.S., Tynalieva, T.A., Frunze 1983, 644 p.
R-Kirg

RUSSKO-KIRGIZSKIJ SLOVAR' TERMINOV KLINIČESKOJ MEDICINY
Mambetov, M.S., Frunze 1973, 379 p.
R-Kirg

RUSSKO-LATINSKO-ARMJANSKIJ SLOVAR' MEDICINSKICH TERMINOV
Arcruni, V.M., Erevan 1956, 359 p.
R-L-Arm

RUSSKO-LATINO-KAZACHSKIJ TERMINOLOGIČESKIJ SLOVAR'. V: MEDICINA
Isambaev, I.M., Syzganov, A.N., Alma-Ata o.J., 507 p.
R-L-Kasach

RUSSKO-LATINSKO-GRUZINSKIJ MEDICINSKIJ TOLKOVYJ SLOVAR'
Abašidze, S.V., Abašidze, V.S., Tbilisi 1973, 579 p.
R-L-Grus

RUSSKO-LATINSKO-UZBEKSKIJ MEDICINSKIJ SLOVAR'
Jakubova, S.I., Tuljaganov, P.D., Taškent 1978, 188 p.
R-L-Usbek

RUSSKO-NEMECKIJ MEDICINSKIJ SLOVAR'
Bolotina, A.Ju., Ganjušina, E.G., Verencov, M.M., et al., Moskva 1987
R-D

RUSSKO-POL'SKIJ MEDICINSKIJ SLOVAR'
Neuman, B., Neuman, E., Warszawa 1973, 705 p.
R-Pl

RUSSKO-UKRAINSKIJ SLOVAR' FIZIOLOGIČESKOJ TERMINOLOGII
Esipenko, B.E., Kondratovič, M.A., Kiev 1963, 201 p.
R-Ukr

RUSSKO-UZBEKSKO-LATINSKIJ SLOVAR' PO NORMAL'NOJ ANATOMII
Askarov, A.A., Zachidov Ch.Z., Taškent 1971^2, 181 p.
R-Usbek-L

RUSSKO-UZBEKSKIJ MEDICINSKIJ SLOVAR'
Turakulov, Ja.Ch., Taškent, I: Abazia-Mjata, 1962, 367 p., II: Nabljudenie-Jašur, 1971, 455 p.
R-Usbek

RUSSKO-V'ETNAMSKIJ MEDICINSKIJ SLOVAR'
Choang Din' Kau, Nguen Van Čong, Moskva/Chanoj 1967, 514 p.
R-Vietn

SEMIJAZYČNYJ VOENNO-MEDICINSKIJ SLOVAR'. RUSSKIJ, BOLGARSKIJ, VENGERSKIJ, NEMECKIJ, POL'SKIJ, RUSSKIJ I ČEŠSKIJ JAZYKI
Lobastov, O.S., Medvedev, V.I., Todorov, T., et al., Moskva 1978, 264 p.
R-Bg-Hu-D-Pl-R-Cs

SLOVAR' ANATOMIČESKICH TERMINOV
Karuzin, P.I., Moskva 1982

SLOVAR' MEDICINSKICH TERMINOV. LATINSKO-LITOVSKO-RUSSKIJ
Astrauskas, V., Bizjuljavičjus, S., Pavilonis, S., et al., Vil'njus 1980, 994 p.
L-Lit-R

SLOVAR'-MINIMUM FIZIOLOGIČESKICH TERMINOV: PEREVOD S RUSSKOGO NA ANGLIJSKIJ, FRANCUZSKIJ I NEMECKIJ JAZYKI
Leningrad 1980, 114 p.
R-E-F-D

SLOVAR'-SPRAVOČNIK PO MEDICINSKOJ TERMINOLOGII
Lidov, I.P., Šubov, Ja.I., Moskva 1973, 136 p.

SLOVAR' TERMINOV PO CHIRURGII. RUSSKO-AZERBAJDŽANSKIJ
Aliev, A., Baku 1966, 218 p.
R-Aserb

SLOVAR' TERMINOV PO FIZIOLOGII ČELOVEKA I ŽIVOTNYCH. RUSSKO-AZERBAJDŽANSKIJ
Karaev, A.I., Mustafaev, M.G., Baku 1964, 99 p.
R-Aserb

SLOVAR' TERMINOV PO KOŽNYM I VENERIČESKIM BOLEZNJAM. RUSSKO-AZERBAJDŽANSKIJ
Ismailzade, I.M., Baku 1965, 80 p.
R-Aserb

SLOVAR' TERMINOV PO STOMATOLOGII. RUSSKO-AZERBAJDŽANSKIJ
Achmedov, A.A., Gusejnova, T.Ch., Baku 1965, 183 p.
R-Aserb

SLOVAR' USLOVNYCH SOKRAŠČENIJ RUSSKO-LATINSKICH, UPOTREBLJAEMYCH V MEDICINE (S PEREVODOM NA AZERBAJDŽANSKIJ JAZYK) DLJA VRAČEJ
Achmedov, M., Baku 1968
R-L-Aserb

SPRAVOČNIK (-SLOVAR') LATINSKOJ ANATOMIČESKOJ TERMINOLOGII. IV-V: ANGIOLOGIJA, NEVROLOGIJA I ĖSTEZIOLOGIJA
Dokukina, A.P., Lavrov, N.N., Frunze 1961, 123 p.
L-R

TECHNIK-WÖRTERBUCH. MEDIZINTECHNIK
Albert, R., Hahnewald, H., Berlin 1980[3] (1978)
E-D-F-R-S-Pl-Hu-Sk

TECHNIK-WÖRTERBUCH. MEDIZIN. RUSSISCH-DEUTSCH
Alexander, G., Berlin 1983
R-D

TECHNIK-WÖRTERBUCH. STRAHLENSCHUTZ, STRAHLENBIOLOGIE, NUKLEARMEDIZIN
Sube, R., Berlin 1985
E-D-F-R

TERMINOLOGIA MEDICA POLYGLOTTA
Maxwell, T., de La Harpe, E., Hernandez y Barrios, R., Leipzig/Berlin/Wien 1890, 459 p.
F-L-E-D-I-S-R

TERMINOLOGIA MEDICA POLYGLOTTA
Arnaudov, G.D., Sofia 1964, 1112 p.
L-Bg-R-E-F-D

TERMINOLOIGIČESKIJ MEDICINSKIJ SLOVAR', NA LATINSKOM, NEMECKOM, FRANCUZSKOM I RUSSKOM JAZYKACH, SO VKLJUČENIEM VYRAŽENIJ, OTNOSJAŠČICHSJA K FARMACII, MEDICINSKOJ FIZIKE, CHIMII, ZOOLOGII, BOTANIKE, MINERALOGII I VETERINARNOMU ISKUSSTVU
Grinberg, L., Sankt Peterburg 1864^2, 1062 p.
L-D-F-R

TERMINOLOGIČESKIJ SLOVAR' PSICHIATRA
Gus'kov, V.S., Moskva 1965, 219 p.

TERMINY PO ANATOMII, GISTOLOGII I ĖMBRIOLOGII. RUSSKO-LATINSKO-AZERBAJDŽANSKIJ
Balakišiev, K.A., Baku 1961, 415 p.
R-L-Aserb

UČEBNYJ LATINO-RUSSKIJ SLOVAR' (POSOBIE DLJA STUDENTOV I KURSA MEDICINSKOGO INSTITUTA)
Kazanskij, G.G., Smolensk 1964, 50 p.
L-R

UKRAINSKO-LATINSKO-RUSSKIJ MEDICINSKIJ SLOVAR'
Kaz'er, G.V., et al., Kiev o.J., 487 p.
Ukr-L-R

WÖRTERBUCH DER MILITÄRMEDIZIN
Schmid-Daberkow, G., Leipzig, I: Russisch-Deutsch, 1965, 275 p., II: Deutsch-Russisch, 1971, 459 p.
D-R

WÖRTERBUCH VON ABKÜRZUNGEN IN DER MEDIZIN UND IN VERWANDTEN WISSENSCHAFTEN
Babecki, J., Maksys, A., Warszawa 1976, 480 p.
F-E-D-R-Pl-L-G

WORTSCHATZ-MINIMUM RUSSISCH UND ENGLISCH FÜR STUDIENBEWERBER DER MEDIZIN
Heissler, G., Schwirtz, K., Jena 1979^2
R-E

3.1.7.2. ÖFFENTLICHES GESUNDHEITSWESEN, UNFALLSCHUTZ, UNFALLVERHÜTUNG, SCHUTZAUSRÜSTUNGEN

ANGLO-RUSSKIJ POŽARNO-TECHNIČESKIJ SLOVAR'
Čameev, A.A., Kuprin, G.N., et al., Moskva 1980, 343 p.
E-R

INTERNATIONALES TECHNISCHES BRANDSCHUTZWÖRTERBUCH
Havelka, F., XVI, Wien o.J.
E-D-F-R

KLEINES DEUTSCH-RUSSISCHES MEDIZINISCHES WÖRTERBUCH FÜR DEN GESUNDHEITSDIENST
Oesterle, P., Berlin 1946, 286 p.
D-R
Rez.: Reichs-Gesundheitsblatt, 31/1943, 537
Zahnärztliche Mitteilungen, 7-8/1943, 208 (*Leimert, E.*)

KRATKIJ SLOVAR' KLINIČESKICH TERMINOV
Zubkova, E.V., Moskva 1959, 125 p.

KRATKIJ SLOVAR' KLINIČESKICH TERMINOV S ICH PEREVODNYM I TOLKOVYM ZNAČENIEM
Aleksandrovskij, B.P., Sokolovskij, V.G., Kiev 1957^2, 125 p.

KRATKIJ TOLKOVYJ SLOVAR' KLINIČESKICH TERMINOV. RUSSKO-MOLDAVSKO-LATINSKIJ
Mazur, A.D., Zėnoagė, I.O., Kišinev 1961, 150 p.
R-Mold-L

SLOVAR' KLINIČESKICH TERMINOV. RUSSKO-LATINSKO-AZERBAJDŽANSKIJ
Abdullaev, Dž.M., Efendiev, M.E., Priverdiev, A., et al., Baku 1970, 243 p.
R-L-Aserb

WÖRTERBUCH DER HYGIENE. RUSSISCH-DEUTSCH, REGISTER DEUTSCH-RUSSISCH
Horn, K., Leipzig 1967
R-D

3.1.7.3. PHARMAZEUTIK, THERAPEUTIK, TOXIKOLOGIE

ANGLO-RUSSKIJ GLOSSARIJ IZBRANNYCH TERMINOV PO PROFILAKTIČESKOJ TOKSIKOLOGII
Sanockij, I.V., Sidorov, K.K., Moskva 1982, 68 p.
E-R

BOTANIČESKIJ SLOVAR' FARMACEVTIČESKICH NAZVANIJ I SINONIMOV ICH NA LATINSKOM, RUSSKOM, POL'SKOM, NEMECKOM, FRANCUZSKOM, ANGLIJSKOM, I LATYŠSKOM JAZYKACH DLJA FARMACEVTOV, VRAČEJ I DROGISTOV
Snapir, A.S., Kremenčug 1909, 144 p.
L-R-P-N-F-E-Lat

FARMACEVTIČESKIJ SLOVAR': LATINO-RUSSKIJ, RUSSKO-LATINSKIJ
Kazačenok, T.G., Minsk 1977, 464 p.
L-R

GOTOVYE LEKARSTVENNYE SREDSTVA
Daraban, E.V., Moskva 1974^3, 374 p.
R-L

KRATKIJ FARMACEVTIČESKIJ POLIGLOTNYJ SLOVAR'
Vosiljus, I., Kaunas 1970, 349 p.
L-Lit-E-D-F-R

LATINSKO-RUSSKO-UZBEKSKIJ FARMACEVTIČESKIJ SLOVAR'-SPRAVOČNIK
Mučnik, F.I., Travickaja, M.G., Chalmatov, Ch.Ch., Taškent 1975, 125 p.
L-R-Usbek

RUSSISCH-DEUTSCH-LATEINISCHES WÖRTERBUCH FÜR APOTHEKEN UND DROGUERIEN
Jenken, H.A., Riga 1843, 87 p.
R-D-L

RUSSKO-LATINSKO-MOLDAVSKIJ SLOVAR' LEKARSTVENNYCH RASTENIJ
Grinko, G.V., Gorjanu, G.M., Kišinev 1972, 83 p.
R-L-Mold

SLOVAR' FARMACEVTIČESKICH NAZVANIJ I SINONIMOV NA LATINSKOM, RUSSKOM, NEMECKOM I FRANCUZSKOM JAZYKACH
Klinge, A.G., Sankt Peterburg 1911^2, 226 p. (1903, 217 p.)
L-R-D-F

SLOVAR' TIBETCKO-LATINSKO-RUSSKICH NAZVANIJ LEKARSTVENNOGO SYR'JA, PRIMENJAEMOGO V TIBETSKOJ MEDICINE
Tammerman, A.F., Semičov, B.V., Ulan Udė 1963
Tibet-L-R

SLOVAR' UPOTREBITEL'NĚJŠICH FARMACEVTIČESKICH NAZVANIJ I SINONIMOV ICH NA JAZYKACH RUSSKOM, LATINSKOM, NEMECKOM I FRANCUZSKOM
Kruze, K., Sankt Peterburg 1882, 276 p.
R-L-D-F

UČEBNYJ LATINSKO-RUSSKIJ I RUSSKO-LATINSKIJ SLOVAR' FARMACEVTIČESKICH TERMINOV
Černjavskij, M.N., Chodorkovskaja, B.B., Kljačko, N.B., Moskva 1961, 57 p.
L-R

WÖRTERBUCH DER PRÄVENTIVEN TOXIKOLOGIE
Elster, P., Luderitz, P., Berlin 1985, 96 p.
D-E-R

2.1.8.4. VETERINÄRMEDIZIN

FACHWORTSCHATZ TIERPRODUKTION, VETERINÄRMEDIZIN. HÄUFIGKEITS-WÖRTERBUCH
Hoffmann, L., Leipzig 1978, 110 p.
R-E-F

RUSSIAN-ENGLISH VETERINARY DICTIONARY
Mack, R., London 1972, 104 p.
R-E

RUSSKO-ĖSTONSKIJ TERMINOLOGIČESKIJ SLOVAR' PO BOLEZNJAM SEL'SKO-CHOZJAJSTVENNYCH ŽIVOTNYCH
Ol'tevckaja, T., Tartu 1968, 75 p.
R-Estn

RUSSKO-KAZACHSKIJ VETERINARNYJ SLOVAR'-SPRAVOČNIK
Berdimuratov, Ž.B., Kačaganov, Ch., Alma-Ata 1969^2, 247 p. (1963, 165 p.)
R-Kasach

RUSSKO-KIRGIZSKIJ TERMINOLOGIČESKIJ SLOVAR' PO ŽIVOTNOVODSTVU I VETERINARII
Aldašev, A.A., Frunze 1980, 522 p.
R-Kirg

RUSSKO-UKRAINSKIJ VETERINARNYJ SLOVAR'
Jarema, A.A., Pogrebnjak, L.P., Kiev 1964, 380 p.
R-Ukr

SLOVAR' TERMINOV PO FIZIOLOGII ČELOVEKA I ŽIVOTNYCH. RUSSKO-AZERBAJDŽANSKIJ
Karaev, A.I., Mustafaev, M.G., Baku 1964, 99 p.
R-Aserb

VETERINARNYJ TOLKOVYJ SLOVAR'. RUSSKO-KAZACHSKIJ
Berdimuratov, Ž.B., Kačaganov, Ch.E., Alma-Ata 1982, 239 p.
R-Kasach

3.2. INDUSTRIE UND TECHNIK

3.2.0. ALLGEMEIN

ANGLO-RUSSKIJ POLITECHNIČESKIJ SLOVAR'
Černuchin, A.E., et al., Moskva 1979^{4}, 687 p. (1976^{3}, 647 p.; 1971^{2}, 672 p.; 1962, 664 p.)
E-R

BOLGARSKO-RUSSKIJ POLITECHNIČESKIJ SLOVAR'
Atanasov, A.G., Atanasova, N.A., Ferronskij, V.I., et al., Moskva 1968, 560 p.
Bg-R

BOLGARSKO-RUSSKIJ POLITECHNIČESKIJ SLOVAR'
Atanasov, A.G., et al., Moskva/Sofia 1975, 672 p.
Bg-R

ČASTOTNYJ SLOVAR' RUSSKOJ TECHNIČESKOJ LEKSIKI
Saf'jan, Ju.A., Erevan 1971, 127 p.

ČASTOTNYJ SLOVAR' TECHNIČESKICH TERMINOV. UČEBNOE POSOBIE DLJA STUDENTOV INOSTRANCEV
El'čenko, A.I., Matveev, A.Ja., et al., L'vov 1972, 104 p.

ČEŠSKO-RUSSKIJ POLITECHNIČESKIJ SLOVAR'
Moskva/Praga 1971, 862 p.
Cs-R

DEUTSCH-RUSSISCHES TASCHENWÖRTERBUCH FÜR DAS VERKEHRSWESEN. EISENBAHN, KRAFTVERKEHR, SCHIFFAHRT, TECHNIK
Klot, E. von, Leipzig 1942, 196 p.
D-R

DEUTSCH-RUSSISCHES TECHNISCHES WÖRTERBUCH
Kučera, A., Wiesbaden 1966, 464 p.
D-R

DICCIONARIO RUSO-ESPANOL DE LA CIENCIA Y DE LA TÉCNICA
Madrid 1972², 700 p.
R-S

DICTIONARY OF NEOLOGISMS IN AMERICAN SCIENTIFIC AND TECHNICAL LITERATURE
Čornaja, A.I., et al., Moskva 1971², 94 p.
E-R

DICTIONARY OF RUSSIAN TECHNICAL AND SCIENTIFIC ABBREVIATIONS
Zalucki, H., Amsterdam/London/New York 1968
Rez.: Babel, 2/1969, 112 (Gingold, <K.)

DICTIONNAIRE INTERNATIONAL D'ABRÉVIATIONS SCIENTIFIQUES ET TECHNIQUES
Azzaretti, M., Paris 1978, 500 p.
E-E/Am-F-D-I-S-R

FRANCUZSKO-RUSSKIJ POLITECHNIČESKIJ SLOVAR'
Alender, I.Z., Antonenko, V.G., Arnol'd, V.N., Turčin, E.P., et al., Moskva 1970², 835 p. (1964, 835 p.)
F-R

FRANCUZSKO-RUSSKIJ TECHNIČESKIJ SLOVAR'
Baron, L.I., Moskva 1967, 808 p.
F-R

FRANCUZSKO-RUSSKIJ TECHNIČESKIJ SLOVAR'
Bolotin, A.A., Gorbunov, A.V., Voropaev, N.D., et al., Moskva 1985
F-R

HANDY TECHNICAL DICTIONARY IN 8 LANGUAGES
London 1952, 1088 p.
E-D-F-R-I-S-Pl-Pt

ISPANSKO-RUSSKIJ POLITECHNIČESKIJ SLOVAR'
Prado Mendisabal, P., Moskva 1964, 837 p.
S-R

ISPANSKO-RUSSKIJ TECHNIČESKIJ SLOVAR'
Karpov, D.V., Moskva 1966, 630 p.
S-R

JAPONSKO-RUSSKIJ POLITECHNIČESKIJ SLOVAR'
Zav'jalov, Z.A., Moskva 1976, 495 p.
J-R

KITAJSKO-RUSSKIJ SLOVAR' NAUČNYCH I TECHNIČESKICH TERMINOV
Kolokolov, V.S., Zozulja, V.N., et al., Moskva 1959, 568 p.
C-R

KITAJSKO-RUSSKIJ VOENNYJ I TECHNIČESKIJ SLOVAR'
Klenin, I.D., Moskva 1985², 676 p. (1968, 565 p.)
C-R

KLEINES POLYTECHNISCHES WÖRTERBUCH. RUSSISCH-DEUTSCH
Görner, H., Berlin 1986[3], 384 p. (1976[2], 369 p.; 1970)
R-D
Rez.: FS, 3/1987, 212 (Mattner, K.)

KOMPLEKSNYJ ČASTOTNYJ SLOVAR' RUSSKOJ NAUČNOJ I TECHNIČESKOJ LEKSIKI
Denisov, P.N., Morkovkin, V.V., et al., Moskva 1978, 406 p.

KRATKIJ ANGLO-RUSSKIJ TECHNIČESKIJ SLOVAR'
Desov, A.E., Moskva 1969[2], 463 p. (1965, 455 p.)
E-R

KRATKIJ ISPANSKO-RUSSKIJ I RUSSKO-ISPANSKIJ NAUČNO-TECHNIČESKIJ SLOVAR'
Kobo Orts, Ch., Pujč-Torres, Ch., et al., Moskva 1960, 438 p.
S-R

KRATKIJ ITAL'JANSKO-RUSSKIJ POLITECHNIČESKIJ SLOVAR'
Vol'nov, I.I., Majzel', B.N., Moskva 1961, 378 p.
I-R

KRATKIJ NEMECKO-RUSSKIJ POLITECHNIČESKIJ SLOVAR'
Čekryžov, P.F., Gusev, N.P., Fedirko, Ju.V., Pankin, A.V., Moskva/Berlin 1976[2], 631 p. (1970, 631 p.)
D-R

KRATKIJ POLITECHNIČESKIJ RUSSKO-POL'SKIJ I POL'SKO-RUSSKIJ SLOVAR'
Warszawa 1973[3], I: 142 p., II: 129 p.
R-Pl

KRATKIJ POLITECHNIČESKIJ SLOVAR'
Stepanov, Ju.A., et al., Moskva 1956, 1136 p.

KRATKIJ RUSSKO-ĖSTONSKIJ TECHNIČESKIJ SLOVAR'
Targo, Ė., Tallin 1972, 230 p.
R-Estn

KRATKIJ RUSSKO-PERSIDSKIJ TECHNIČESKIJ SLOVAR'
Giunašvili, Dž.Š., Tbilisi 1974, 477 p.
R-Pers

KRATKIJ SERBSKO-CHORVATSKO-RUSSKIJ I RUSSKO-SERBSKO-CHORVATSKIJ POLITECHNIČESKIJ SLOVAR'
Moskva 1971, 596 p.
Sh-R

KRATKIJ TECHNIKO-ĖKONOMIČESKIJ TERMINOLOGIČESKIJ DARI-RUSSKIJ SLOVAR'
Gul'džanov, M., Obidov, U., Dušanbe 1979, 262 p.
Dari-R

KRATKIJ TOLKOVYJ SLOVAR' POLITECHNIČESKICH I NAUČNO-POPULJARNYCH TERMINOV
Adylchodžaev, I.A., Azizov, A.A., Barilovič, S.I., et al., Taškent 1974, 409 p.

MAŁY SŁOWNIK TECHNICZNY ROSYJSKO-POLSKI I POLSKO-ROSYJSKI
Głowacka, E., Martin, M., Warszawa 1977^4, 129 p.
R-Pl

MATERIAL'NO-TECHNIČESKOE SNABŽENIE. SLOVAR'-SPRAVOČNIK
Barmina, Z.J., Fasoljak, N.D., Moskva 1985, 224 p.

NEMECKO-RUSSKIJ NAUČNO-TECHNIČESKIJ SLOVAR'
Grachov, Ja.D., Sankt Peterburg 1900^2, I: A-L, 672 p.; II: M-Z, 481 p.(1872, I: 672 p.; II: 481 p.)
D-R

NEMECKO-RUSSKIJ POLITECHNIČESKIJ SLOVAR'
Bel'kind, L.D., Moskva 1948, 370 p.
D-R

NEMECKO-RUSSKIJ POLITECHNIČESKIJ SLOVAR'
Baranov, A.M., Bogomolov, B.A., Gusev, N.P., Muronec, I.I., Pankan, A.V., Moskva 1963, 812 p.
D-R

NEMECKO-RUSSKIJ POLITECHNIČESKIJ SLOVAR'
Bardyšev, G.M., Baron, L.I., Bryzgalin, N.F., et al., Moskva 1984^3, 864 p. (1979^2, 863 p.; 1973, 863 p.)
D-R

NEMECKO-RUSSKIJ SLOVAR'-MINIMUM OBŠČEUPOTREBITEL'NYCH SLOV V TECHNIČESKOJ LITERATURE
Kantor, S.M., Micheeva, O.V., Moskva 1963, 30 p.
D-R

NEMECKO-RUSSKIJ TECHNIČESKIJ SLOVAR'
Baron, L.I., Moskva 1968^2, 727 p. (1966, 727 p.)
D-R

NEMECKO-RUSSKIJ TECHNIČESKIJ SLOVAR'
Miller, I.I., Modrach, K.A., Sankt Peterburg 1901, 832 p.
D-R

NEMECKO-RUSSKIJ TERMINOLOGIČESKIJ SLOVAR'-MINIMUM DLJA TECHNIČESKICH VUZOV
Pupal'skij. N.I., Minsk 1969, 131 p.
D-R

NORVEŽSKO-RUSSKIJ POLITECHNIČESKIJ SLOVAR'
Maksimov, V.F., Maksimov, L.V., Moskva 1970, 767 p.
No-R

POLITECHNIČESKIJ SLOVAR'
Artobolevskij, I.I., Moskva 1976, 608 p.

POLITECHNIČESKIJ SLOVAR'
Išlinskij, A.Ju., Moskva 1980^2, 654 p.

POLNYJ TECHNIČESKIJ NEMECKO-RUSSKIJ SLOVAR'
Papengut, A.F., Sankt Peterburg 1905, I: 640 p.; II: 640 p.
D-R

POL'SKO-RUSSKIJ POLITECHNIČESKIJ SLOVAR'
Moskva 1963, 516 p.
Pl-R

POLYTECHNISCHES WÖRTERBUCH
Tecniska Nomenklaturcentralen, Stockholm 1976, 300 p.
D-E-F-R

POLYTECHNISCHES WÖRTERBUCH. RUSSISCH-DEUTSCH
Görner, H., Hüter, P., Berlin 1983³, 1755 p.
R-D
Rez.: Nachrichten für Sprachmittler, 2/1984, 12 (Höppner,W.)
BDÜ, März-April/1984, 19 (Kučera, A.)

PORTUGAL'SKO-RUSSKIJ POLITECHNIČESKIJ SLOVAR'
Asrijanc, K.G., Matveev, V.S., Moskva 1981², 568 p. (1974, 568 p.)
Pt-R

POSOBIE PO PEREVODU NAUČNOJ I TECHNIČESKOJ LITERATURY NA ANGLIJSKIJ JAZYK (4300 SLOVARNYCH STATEJ)
Pumpjanskij, A.L., Moskva 1965
R-E

RUMÄNISCH-UNGARISCH-DEUTSCHES TECHNISCHES WÖRTERBUCH
Biró, A., Killmann, V., Rohonyi, V., Bucureşti 1973, 356 p.
Ro-Hu-D

RUMYNSKO-RUSSKIJ POLITECHNIČESKIJ SLOVAR'
Andrianov, B.A., Manole, M.G., et al., Moskva 1956, 715 p.
Ro-R

RUSSIAN-ENGLISH, ENGLISH-RUSSIAN SCIENTIFIC AND TECHNICAL DICTIONARY
Alford, M.H.T., Alford, V.L., Oxford/Elmsford/New York 1970, I: 780 p., II: 625 p.
R-E

RUSSISCH-DEUTSCHES TECHNISCHES WÖRTERBUCH
Kučera, A., Wiesbaden 1966, 329 p.
R-D

RUSSISCH-DEUTSCHES WÖRTERBUCH DER NATURWISSENSCHAFT UND TECHNIK
Gesellschaft zur Herausgabe des Russisch-Deutschen Wörterbuchs der Naturwissenschaft und Technik, Berlin 1968-1974
R-E

RUSSISCH-DEUTSCHES WÖRTERBUCH FÜR NATURWISSENSCHAFTLER UND INGENIEURE
Halbauer, S., Ismaning 1969, 240 p.
R-D

RUSSISCH-DEUTSCHES WÖRTERBUCH FÜR NATURWISSENSCHAFTLER UND INGENIEURE
Halbauer, S., Ismaning 1971, 170 p.
R-D

RUSSKIJ TECHNIČESKIJ SLOVAR' S PEREVODOM NA FRANCUZSKIJ, NEMECKIJ I ANGLIJSKIJ JAZYKI
Andreev, P.P., Sankt Peterburg 1899, 420 p.
R-F-D-E

RUSSKO-ANGLIJSKIJ NAUČNO-TECHNIČESKIJ SLOVAR' POLEZNYCH SOČETANIJ I VYRAŽENIJ
Cimmermann, M.G., Moskva 1966, 294 p.
R-E

RUSSKO-ANGLIJSKIJ POLITECHNIČESKIJ SLOVAR'
Kuznecov, B.V., Perlov, N.I., Jankovskij, G.N., Moskva 1982^2, 723 p. (1980)
R-E

RUSSKO-ANGLIJSKIJ TECHNIČESKIJ SLOVAR'
Černuchin, A.E., Moskva 1971, 1026 p.
R-E

RUSSKO-ANGLIJSKIJ SLOVAR'-MINIMUM TECHNIČESKOJ I ĖKONOMIČESKOJ TERMINOLOGII (PO OTRASLJAM TECHNIKI)
Tolstoj, S.S., Moskva 1969, 49 p.
R-E

RUSSKO-ARMJANSKIJ POLITECHNIČESKIJ SLOVAR'
Achšarumov, R.T., et al., Erevan 1957, 436 p.
R-Arm

RUSSKO-BOLGARSKIJ POLITECHNIČESKIJ SLOVAR'
Zauėr, N.S., Moskva 1964, 471 p.
R-Bg

RUSSKO-ČEŠSKIJ POLITECHNIČESKIJ SLOVAR'
Petrov, V.S., Tulin, S.A., Moskva 1962, 640 p.
R-Cs

RUSSKO-ČUVAŠSKIJ SLOVAR' TECHNIČESKICH TERMINOV
Petrov, N.P., Čeboksary 1971, 191 p.
R-Tschuw

RUSSKO-ĖSTONSKIJ TECHNIČESKIJ SLOVAR'
Aarna, A., Isotamm, A., Joosti, Ch., Kuldma, Ch., et al., Tallin 1975, 1023 p.
R-Estn

RUSSKO-FRANCUZSKIJ POLITECHNIČESKIJ SLOVAR'
Aleksandrov, L.B., Bardyšev, G.M., Baron, L.I., Vasil'ev, L.B., et al., Moskva 1980^2, 800 p., (1974, 800 p.)
R-F

RUSSKO-FRANCUZSKIJ SLOVAR' TECHNIČESKICH TERMINOV
Kostjuk, A.G., Minsk 1971, 98 p.
R-F

RUSSKO-ISPANSKIJ POLITECHNIČESKIJ SLOVAR'
Benichno, G.-P., Kanarias, B.-A., Manuėl', K.-S., et al., Moskva 1969, 672 p.
R-S

RUSSKO-ITAL'JANSKIJ TECHNIČESKIJ SLOVAR'
Vandelli, K., Moskva 1983, 557 p.
R-I

RUSSKO-KAZACHSKIJ POLITECHNIČESKIJ TOLKOVYJ SLOVAR'
Abdrachmanov, A., Bekmuchametov, E., Syzdykov, N., Alma-Ata 1979, 399 p.
R-Kasach

RUSSKO-KIRGIZSKIJ SLOVAR' TECHNIČESKICH TERMINOV
Mederov, O.A., Frunze 1970, 139 p.
R-Kirg

RUSSKO-KITAJSKIJ POLITECHNIČESKIJ SLOVAR'
Moskva 1960, 1303 p.
R-C

RUSSKO-LATYŠSKIJ POLITECHNIČESKIJ SLOVAR'
Pastors, A., Radzinyš, V., Škele, V., Zingitis, A., et al., Riga 1977, 565 p.
R-Lett

RUSSKO-LITOVSKIJ POLITECHNIČESKIJ SLOVAR'
Novodvorskij, A., et al., Vil'njus o.J., 518 p.
R-Lit

RUSSKO-MOLDAVSKIJ POLITECHNIČESKIJ SLOVAR'
Abadžeru, N.N., Gorčak, A.F., Radaucan, S.I., Žavrockij, V.S., et al., Kišinev 1983, 704 p.
R-Mold

RUSSKO-MOLDAVSKIJ TECHNIČESKIJ SLOVAR'
Borš, A.P., Čokoj, P.K., Lavrov, V.A., Kišinev 1967, 251 p.
R-Mold

RUSSKO-PERSIDSKIJ POLITECHNIČESKIJ SLOVAR'
Mirzabekjan, Ž.M., Moskva 1983², 719 p. (1973, 719 p.)
R-Pers

RUSSKO-PORTUGAL'SKIJ POLITECHNIČESKIJ SLOVAR'
Asrijanc, K.G., Matveev, V.S., Moskva 1984², 591 p., (1978, 591 p.)
R-Pt

RUSSKO-SLOVACKIJ I SLOVACKO-RUSSKIJ POLITECHNIČESKIJ SLOVAR'
Moskva 1983
R-Sk

RUSSKO-TATARSKIJ SLOVAR' TECHNIČESKICH TERMINOV
Galeev, M., Timergalin, A.K., Kazan' 1963, 216 p.
R-Tatar

RUSSKO-UKRAINSKIJ TECHNIČESKIJ SLOVAR'
Matijko, A.M., Matijko, N.M., Rodzevič, N.S., et al., Kiev 1961, 648 p.
R-Ukr

RUSSKO-V'ETNAMSKIJ POLITECHNIČESKIJ SLOVAR'
Moskva 1975^2, 879 p. (1973, 879 p.)
R-Vietn

SEVEN-LANGUAGE DICTIONARY OF SCIENTIFIC AND TECHNICAL TERMS
I-IX, Pyongyang 1968-1970
E-F-R-D-C-J-Kor

SLOVAR' NAUČNOJ I TECHNIČESKOJ TERMINOLOGII: ANGLIJSKIJ, NEMECKIJ, FRANCUZSKIJ, NIDERLANDSKIJ, RUSSKIJ
Markov, A.S., Romanov, V.A., Rydnik, V.I., et al., Moskva-Hague-Nijhoff 1984, 496 p.
E-D-F-No-R

ŠVEDSKO-RUSSKIJ POLITECHNIČESKIJ SLOVAR'
Maksimov, V.F., Moskva 1964, 1257 p.
Sv-R

TECHNICAL DICTIONARY
Černuchin, A.E., London, I: English-Russian, 1976, 647 p., II: Russian-English, 1971, 1026 p.
E-R

TECHNIČESKIJ FRANCUZSKO-RUSSKO-NEMECKO ANGLIJSKIJ SLOVAR'
Andreev, P.P., et al., Sankt Peterburg, I: A-G, 1881, 524 p.; II: H-Z, 1884, 432 p. (1878)
R-F-D-E

TECHNIK-WÖRTERBUCH. POLYTECHNISCHES WÖRTERBUCH. RUSSISCH-DEUTSCH
Hüter, P., Berlin 1965^2, 1271 p., (1963)
R-D

TECHNIK-WÖRTERBUCH. POLYTECHNISCHES WÖRTERBUCH. RUSSISCH DEUTSCH
Görner, H., Hüter, P., I-II, Berlin 1983^3, 1755 p.
R-D

TECHNISCHES TASCHENWÖRTERBUCH IN DEUTSCHER UND RUSSISCHER SPRACHE
Assmann, E., Berlin 1943, I: Deutsch-Russisch, II: Russisch-Deutsch
D-R

TECHNISCHES TASCHENWÖRTERBUCH IN RUSSISCHER UND DEUTSCHER SPRACHE
Lavroff, S.I., Berlin o.J.
D-R

TECHNOLOGISCHES WÖRTERBUCH RUSSISCH. DEUTSCH-RUSSISCH. RUSSISCH-DEUTSCH
Bahder, E.v., Essen 1970, 510 p
R-D

TERMINOLOGIE INDUSTRIELLE SOVIÉTIQUE. LEXIQUE RUSSE-FRANÇAIS D'ORGANISATION INDUSTRIELLE
Cavoleau, P., Paris 1980 (= Lexique de l'institut d'études slaves, 3)
R-F
Rez.: Slavica Gandensia, 1982(9) (Lothe, J.)

UČEBNYJ SLOVAR' OBŠČETECHNIČESKOJ LEKSIKI. RUSSKO - ANGLO-FRANCUZSKO - NEMECKIJ
Berg, Ju.G., Giljanova, G.F., Rudakova, I.F., et al., Moskva 1985[3], 448 p. (1982[2], 448 p.; 1976, 191 p.)
R-E-F-D

UČEBNYJ SLOVAR' OBŠČETECHNIČESKOJ LEKSIKI. RUSSKO - ČEŠSKIJ
Berg, Ju.G., Giljanova, G.F., Rudakova, I.F., Vajt, L., Moskva 1979, 135 p.
R-Cs

WIELKI SŁOWNIK TECHNICZNY POLSKO-ROSYJSKI
Januszkiewicz, J., Martin, M., Mieczysław, B., Warszawa 1984[5], 1117 p. (1976[4], 1238 p.)
Pl-R

WIELKI SŁOWNIK TECHNICZNY ROSYJSKO-POLSKI
Januszkiewicz, J., Martin, M., Mieczysław, B., Warszawa 1983[7], 1152 p. (1977[5], 370 p.)
R-Pl

WÖRTERBUCH DER TECHNIK. RUSSISCH-DEUTSCH
Görner, H., Hüter, P., I-II, Essen 1983[3]
R-D

WÖRTERBUCH FÜR TECHNIK UND WIRTSCHAFT
Klöpper, H., Halle 1948, I: Deutsch-Russisch
D-R

WÖRTERBUCH FÜR TECHNIK UND WIRTSCHAFT. RUSSISCH-DEUTSCH
Dollinger, A., Halle 1955, 873 p.
D-R

3.2.1. WERKSTOFFE UND WERKSTOFFPRÜFUNG

ANGLO-RUSSKIJ SLOVAR' PO NADEŽNOSTI I KONTROLJU KAČESTVA
Kovalenko, E.G., Moskva 1975, 479 p.
E-R

KRATKIJ DEFEKTOLOGIČESKIJ SLOVAR'
Moskva 1964

NADEŽNOST'. ISPYTANIJA. KONTROL'. RUSSKO-FRANCUZSKIJ SLOVAR' OSNOVNYCH TERMINOV
Dudko, V.D., Kurt'e, Ž.K., Martynov, G.K., Merl', K., Moskva 1983, 72 p.
R-F

RUSSISCH-DEUTSCHES WÖRTERBUCH DER NATURWISSENSCHAFT UND TECHNIK
Gesellschaft zur Herausgabe des Russisch-Deutschen Wörterbuchs der Naturwissenschaft und Technik, Berlin 1968-1974
VI. Materialprüfung
Spiegel, H., 1974, 107 p.
R-D

RUSSKO-ANGLIJSKIJ TECHNIČESKIJ SLOVAR' PO DEFEKTAM I NEISPRAVNOSTJAM
Levinskij, N.N., Mkrtčjan, G.A., Moskva 1985, 334 p.
R-E

SLOVAR' TERMINOV PO TECHNOLOGII METALLOV I METALLOVEDENIJU. RUSSKO-AZERBAJDŽANSKIJ
Kasumzade, N.G., Baku 1970, 183 p.
R-Aserb

UČEBNYJ SLOVAR' SOČETAEMOSTI TERMINOV. TECHNOLOGIJA METALLOV I MATERIALOVEDENIE
Curkov, V.N., Krjuk, L.A., Morkovkin, V.V., Toršina, L.M., Moskva 1981, 274 p.

3.2.2. ENERGIEWIRTSCHAFT

KRATKIJ TERMINOLOGIČESKIJ SLOVAR' PO ISKOPAEMYM ĖNERGETIČESKIM RESURSAM
Laverov, N.P., Moskva 1985, 223 p.
E-F-D-S-R

MEŽDUNARODNYJ ĖLEKTROTECHNIČESKIJ SLOVAR'. GRUPPA 25: PROIZVODSTVO, PEREDAČA I RASPREDELENIE ĖLEKTRIČESKOJ ĖNERGII
Moskva 1967, 164 p.
R-E-Nl-S-I-D-Pl-F-Sv

RUSSISCH-DEUTSCHES WÖRTERBUCH DER NATURWISSENSCHAFT UND TECHNIK
Gesellschaft zur Herausgabe des Russisch-Deutschen Wörterbuchs der Naturwissenschaft und Technik, Berlin 1968-1974
IV. Wärmeenergetik
Spiegel, H., 1974, 327 p.
R-D

3.2.3. MASCHINENBAU UND ELEKTROTECHNIK

3.2.3.0. ALLGEMEIN

ANGLO-RUSSKIJ SLOVAR' PO DETALJAM MAŠIN
Bel'kind, L.D., Moskva o.J., 309 p. E-R

ANGLO-RUSSKIJ SLOVAR' PO KOMMUNAL'NYM MAŠINAM
Dan'ko, Ju.T., Petročenko, V.V., Plochotnikov, F.M., Vinogradov, R.N., Moskva 1971, 233 p.
E-R

ANGLO-RUSSKIJ SLOVAR' PO MAŠINOSTROENIJU I METALLOOBRABOTKE
Krečetnikov, S.I., Šeldakov-Grekov, E.M., Simačevskaja, Z.N., Moskva 1969[3], 661 p. (1961[2], 678 p.)
E-R

BOLGARSKO-RUSSKIJ I RUSSKO-BOLGARSKIJ SLOVAR' PO DETALJAM MAŠIN
Mančeva, S., Vachovskij, A., Moskva 1970, 352 p.
Bg-R

ČEŠSKO-RUSSKIJ SLOVAR' PO TECHNOLOGII MAŠINOSTROENIJA
Meched, G.N., Švarc, V.V., Moskva 1967, 264 p.
Cs-R

DEUTSCH-RUSSISCHES MINIMUM-LEHRWÖRTERBUCH FÜR MONTAGEBAU
Špotel', R.K., Leningrad 1971, 173 p.
D-R

DICTIONNAIRE DES MACHINES ET DE LEUR CONSTRUCTION
Bruxelles o.J., 776 p.
E-Ro-D-F-R

FRANCUZSKO-RUSSKIJ SLOVAR' PO MAŠINOSTROENIJU
Baškirov, I.A., Koganov, D.Ja., Moskva 1974, 600 p.
F-R

ILLJUSTRIROVANNYJ SLOVAR' PO MAŠINOSTROENIJU. ANGLIJSKIJ, NEMECKIJ, FRANCUZSKIJ, JAPONSKIJ, RUSSKIJ
Al'perovič, T.A., Erans, Ch., Palej, S.M., Švarc, V.V., Moskva 1986, 428 p.
E-D-F-J-R

ILLJUSTRIROVANNYJ SLOVAR' PO MAŠINOSTROENIJU. ANGLO-NEMECKO-FRANCUZSKO-NIDERLANDSKO-RUSSKIJ
Al'perovič, T.A., Boršč, V.M., et al., Moskva 1983, 418 p.
E-D-F-Nl-R

ITAL'JANSKO-RUSSKIJ SLOVAR' PO TECHNOLOGII MAŠINOSTROENIJA
Saksaganskaja, L.I., Moskva 1982, 511 p.
I-R

KRATKIJ ILLJUSTRIROVANNYJ RUSSKO-ANGLIJSKIJ SLOVAR' PO MAŠINOSTROENIJU
Švarc, V.V., Moskva 1983[2], 224 p. (1980, 224 p.)
R-E

KRATKIJ NEMECKO-RUSSKIJ SLOVAR' PO TORGOVOMU MAŠINOSTROENIJU I TECHNOLOGIČESKOMU OBORUDOVANIJU PIŠČEVYCH PREDPRIJATIJ
Rotgol'c, A.V., Leningrad 1964, 79 p. D-R

MEŽDUNARODNYJ ĖLEKTROTECHNIČESKIJ SLOVAR'. GRUPPA 10: MAŠINY I TRANSFORMATORY
Bel'kind, L.D., Moskva 1958[2]

NEMECKO-RUSSKIJ MECHANO-MATEMATIČESKIJ SLOVAR'
Dovnar-Zapol'skaja, N.M., et al., Moskva o.J., 237 p.
D-R

NEMECKO-RUSSKIJ SLOVAR' PO DETALJAM MAŠIN
Gut'jar, E.M., *Kuz'min, P.G.*, *Ličak, S.K.*, Moskva 1969, 344 p.
D-R

NEMECKO-RUSSKIJ SLOVAR' PO TECHNOLOGII MAŠINOSTROENIJA
Deputatova, N.F., *Širman, A.G.*, *Starosel'skaja, I.M.*, *Švarc, V.V*, Moskva 1982[2], 559 p., (1978, 558 p.)
D-R

POL'SKO-RUSSKIJ SLOVAR' PO DETALJAM MAŠIN
Krivenko, E.I., *Vetecha, G.*, Moskva 1965, 301 p.
Pl-R

POL'SKO-RUSSKIJ SLOVAR' PO TECHNOLOGII MAŠINOSTROENIJA
Petuchov, A.P., *Vetecha, G.I.*, Moskva 1983, 353 p.
Pl-R

RUSSKO-ARABSKIJ SLOVAR' PO MAŠINOSTROENIJU
Minedžjan, G.Z., Moskva 1968, 347 p.
R-Ar

RUSSKO-AZERBAJDŽANSKIJ SLOVAR' TERMINOV PO TECHNIČESKOJ MECHANIKE
Mamedov, G.K., Baku o.J., 98 p.
R-Aserb

RUSSKO-AZERBAJDŽANSKIJ SLOVAR' TERMINOV PO TECHNOLOGII MAŠINOSTROENIJA
Mustafaev, A.Dž., Baku o.J., 150 p.
R-Aserb

RUSSISCH-DEUTSCHES WÖRTERBUCH DER NATURWISSENSCHAFT UND TECHNIK
Gesellschaft zur Herausgabe des Russisch-Deutschen Wörterbuchs der Naturwissenschaft und Technik, Berlin 1968-1974
I. Allgemeiner Maschinenbau
Horstmann, E., Berlin 1968
R-D

RUSSKO-KAZACHSKIJ TERMINOLOGIČESKIJ SLOVAR' PO MAŠINOSTROENIJU
Abdrachmanov, A., *Džoldasbekov, U.*, *Serikbaev, D.*, *Tažibaev, S.*, Alma-Ata 1974, 192 p.
R-Kasach

RUSSKO-KAZACHSKIJ TERMINOLOGIČESKIJ SLOVAR' PO MECHANIZMAM I MAŠINAM
Abdrachmanov, A., *Džoldasbekov, O.*, Alma-Ata 1968, 130 p.
R-Kasach

RUSSKO-TADŽIKSKIJ TERMINOLOGIČESKIJ SLOVAR' PO TECHNIČESKOJ MECHANIKE
Bachriev, G., Džuraev, T.K., Saidov, Ch.S., et al., Dušanbe 1978, 161 p.
R-Tadschik

RUSSKO-UKRAINSKIJ SLOVAR' PO MAŠINOVEDENIJU I OBŠČEMU MAŠINOSTROENIJU
Chil'čevskij, V.V., Šašlov, V.I., Kiev 1959, 232 p.
R-Ukr

RUSSKO-UKRAINSKIJ SLOVAR' PO MECHANIKE
Kijanica-Guslistaja, N.N., Kiev 1963, 340 p.
R-Ukr

RUSSKO-UZBEKSKIJ SLOVAR' TERMINOV PO TECHNOLOGII MAŠINOSTROENIJA
Muminov, N.A., Taškent 1973, 77 p.
R-Usbek

SLOVAR'-SPRAVOČNIK MECHANIZATORA. RUSSKO-UZBEKSKIJ
Chamidov, A., Taškent 1968, 236 p.
R-Usbek

SLOVAR'-SPRAVOČNIK PO MECHANIZMAM
Krajnev, A.F., Moskva 1981

TECHNIK-WÖRTERBUCH. WISSENSCHAFTLICHER GERÄTEBAU. RUSSISCH-DEUTSCH
Stöckigt, A., Berlin 1977, 312 p.
R-D

TOLKOVYJ SLOVAR' PO MAŠINOSTROENIJU. OSNOVNYE TERMINY
Judin, D.L., Kireev, V.S., Zacharov, B.V., Moskva 1987

3.2.3.1. KERNKRAFT UND KERNTECHNIK

ANGLO-RUSSKIJ JADERNYJ SLOVAR'
Voskobojnik, D.I., Cimmermann, M.G., Moskva o.J., 400 p.
E-R

ANGLO-RUSSKIJ SLOVAR' PO JADERNYM VZRYVAM
Petrenko, O.K., Moskva 1977, 304 p.
E-R

DICTIONNAIRE INTERNATIONAL ÉLECTROTECHNIQUE EN 9 LANGUES. GROUPE 26: CENTRALES DE PRODUCTION D'ÉNERGIE ÉLECTRIQUE PAR VOIE NUCLÉAIRE. BROCHÉ.
GROUPE 66: DÉTECTION ET MESURE PAR VOIE ÉLECTRIQUE DES RAYONNEMENTS IONISANTS. BROCHÉ.
F-R-E-D-I-S-Sv-Nl-Pl

ELSEVIER'S DICTIONARY OF NUCLEAR SCIENCE AND TECHNOLOGY
Clason, W.E., Amsterdam/London/New York/Princeton 1958, 914 p. Am/E-F-S-I-Nl-D

FRANCUZSKO-RUSSKIJ JADERNYJ SLOVAR'
Agzibekov, O.G., Cimmermann, M.G., Kameneva, V.M., Saltykova, V.I., Voskobojnik, D.I., Moskva 1961, 242 p.
F-R

KRATKIJ ANGLO-RUSSKIJ SLOVAR' PO ATOMNOJ NAUKE I TECHNIKE
Veselova, M.V., Vinigradova, V.K., Volkov, G.V., et al., Moskva 1971, 37 p.
E-R

KRATKIJ NEMECKO-RUSSKIJ SLOVAR' PO JADERNOJ FIZIKE I JADERNOJ TECHNIKE
Kaplanskaja, Ju.M., Lidvanskij, A.M., Manušin, N.F., Moskva 1958, 303 p.
D-R

MEŽDUNARODNYJ ĖLEKTROTECHNIČESKIJ SLOVAR' GRUPPA 26: JADERNYE ĖNERGETIČESKIE USTANOVKI DLJA PROIZVODSTVA ĖLEKTRIČESKOJ ĖNERGII
Moskva 1974, 180 p.
R-F-E-D-S-I-Nl-Pl-Sv

PĚTIJAZYČNÝ SLOVNÍK ANGLICKO-FRANCOUZSKO-RUSKO-NĚMECKO-ČESKÝ Z OBORU JADERNÉ ENERGIE A JADERNÉ TECHNIKY
Fuksa, J., Velart, W., Praha 1959/1960-1962, 320 p.
E-F-R-D-Cs

RUSSKO-ANGLIJSKIJ JADERNYJ SLOVAR'
Cimmermann, M.G., Voskobojnik, D.I., Moskva 1960, 334 p.
R-E

RUSSKO-BOLGARSKIJ SLOVAR' PO JADERNOJ FIZIKE I TECHNIKE
Petkov, I., Želev, Ž., Moskva 1965, 423 p.
R-Bg

RUSSKO-ČEŠSKIJ SLOVAR' PO JADERNOJ FIZIKE I TECHNIKE
Moskva 1964, 304 p.
R-Cs

RUSSKO-FRANCUZSKIJ JADERNIJ SLOVAR'
Agzibekov, O.G., Cimmermann, M.G., Kameneva, V.M., Saltykova, V.I., Voskobojnik, D.I., Moskva 1962, 627 p.
R-F

RUSSKO-POL'SKIJ SLOVAR' PO JADERNOJ FIZIKE I TECHNIKE
Červonko, E., Sosnovskij, E., Moskva 1966, 439 p.
R-Pl

SEMIJAZYČNYJ JADERNYJ SLOVAR'. ANGLO-RUSSKO-FRANCUZSKO-ISPANSKO-ITAL'JANSKO-GOLLANDSKO-NEMECKIJ
Voskobojnik, D.I., Moskva 1961, 462 p.
E-R-F-S-I-Nl-D

SLOVNÍK JADROWEJ FIZIKY A TECHNIKY
in: Technická práca. Techničeskij trud, Bratislawa 1957[2], 130-135 Sk-Cs-R-Pl-E-D-F-Hu

TECHNIK-WÖRTERBUCH. KERNPHYSIK UND KERNTECHNIK
Sube, R., Berlin 1962, 1606 p.
E-D-F-R

TECHNIK-WÖRTERBUCH. KERNTECHNIK
Sube, R., Berlin 1985, 1199 p.
E-D-F-R

3.2.3.2. DAMPFKRAFT

3.2.3.3. WASSERKRAFT

ANGLO-RUSSKIJ SLOVAR' PO GIDROTECHNIKE
Gorjunov, B.F., Gubin, M.F., Vladimirov, V.A., et al., Moskva 1983, 294 p.
E-R

NEMECKO-RUSSKIJ GIDROTECHNIČESKIJ SLOVAR'
Bernštejn, L.B., Moskva 1961, 579 p.
D-R

3.2.3.4. ELEKTROTECHNIK

3.2.3.4.0. ALLGEMEIN

ANGLO-RUSSKIJ ČASTOTNYJ SLOVAR' PO ĖLEKTRONIKE
Andrjuščenko, V.M., Buchštab, D.A., Ubin, I.I., Vladimirov, A.M., et al., Moskva 1977, 208 p.
E-R

ANGLO-RUSSKIJ ĖLEKTROTECHNIČESKIJ SLOVAR'
Dozorov, N.I., Gejler, L.B., Moskva o.J., 711 p.
E-R

ANGLO-RUSSKIJ SLOVAR' PO KVANTOVOJ ĖLEKTRONIKE I GOLOGRAFII
Voropaev, N.D., Moskva 1977, 501 p.
E-R

ANGLO-RUSSKIJ SLOVAR' PO MIKROĖLEKTRONIKE
Prochorov, K.Ja., Moskva 1984
E-R

ANGLO-RUSSKIJ SLOVAR' TERMINOV PO POLUPROVODNIKOVOJ ĖLEKTRONIKE
Izakova, O.N., Moskva 1959, 48 p.
E-R

ANGLO-RUSSKIJ TOLKOVYJ SLOVAR' PO VYČISLITEL'NOJ TECHNIKE
Gnedovski, A.V., Jakubajtis, Ė.A., Kovalenko, Ju.G., Red'ko, V.A., Tav'ev, D.M., Riga 1977, 504 p. E-R

-BAUELEMENTE DER ELEKTRONIK
Rumpf, o.O. 1976, 770 p.
E-D-F-R

BOLGARSKO-RUSSKIJ ĖLEKTROTECHNIČESKIJ SLOVAR'
Bozmarov, P.J., Genov, G.A., Grigorov, N.K., et al., Moskva 1977, 349 p.
Bg-R

ČASTOTNYJ ANGLO-RUSSKIJ SLOVAR'-MINIMUM PO ĖLEKTRONIKE
Alekseev, P.M., Moskva 1971, 302 p.
E-R

ČASTOTNYJ FRANCUZSKO-RUSSKIJ SLOVAR'-MINIMUM PO ĖLEKTRONIKE
Kočetkova, V.K., Moskva 1975, 158 p.
F-R

ČASTOTNYJ NEMECKO-RUSSKIJ SLOVAR'-MINIMUM PO ĖLEKTRONIKE
Zoref, M.G., Moskva 1978, 114 p.
D-R

ČEŠSKO-RUSSKIJ SLOVAR' PO ĖLEKTROTECHNIKE I ĖLEKTRONIKE
Moskva 1966, 524 p.
Cs-R

ELECTRONICS DICTIONARY. ENGLISH-RUSSIAN, RUSSIAN-ENGLISH
New York/Toronto/London 1958, 943 p.
R-E

FRANCUZSKO-RUSSKIJ ĖLEKTROTECHNIČESKIJ SLOVAR'
Gor'kova, V.I., Gorochov, P.K., Kurbatova, N.S., Pavlov, L.I., Tareev, B.M., et al., Moskva 1984^2, 760 p. (1965, 720 p.)
F-R

FRANCUZSKO-RUSSSKIJ SLOVAR' PO KVANTOVOJ ĖLEKTRONIKE, GOLOGRAFII I OPTOĖLEKTRONIKE
Voropaev, N.D., Moskva 1983, 432 p.
F-R

KLEINES WÖRTERBUCH DER ELEKTROTECHNIK. RUSSISCH-DEUTSCH
Cramer, R., Hildebrandt, H., et al., Berlin 1970, 208 p.
R-D

KRATKIJ ANGLO-RUSSKIJ SLOVAR' PO ĖLEKTROVAKUUMNYM PRIBORAM
Kuklina, A.S., Nevskaja, G.M., Tjurikova, N.A., Moskva 1968, 71 p.
E-R

KRATKIJ ŠVEDSKO-RUSSKIJ ĖLEKTROTECHNIČESKIJ SLOVAR'
Antošin, N.N., Smirnova, I.A., Moskva 1965, 437 p.
Sv-R

MALEN'KIJ RUSSKO-ĖSTONSKIJ SLOVAR' PO ĖLEKTROTECHNIKE
Agur, U., Janes, Ch., Plakk, P., et al., Tallin 1964, 64 p.
R-Estn

MEŽDUNARODNYJ ĖLEKTROTECHNIČESKIJ SLOVAR': SVODNYJ UKAZATEL' TERMINOV. RUSSKO-ANGLO-FRANCUZSKIJ
Volkova, I.N., Rjapolov, A.F., Sakov, A.A., et al., Moskva 1978, I: 379 p., II: 343 p.
R-E-F

NEMECKO-RUSSKIJ ĖLEKTROTECHNIČESKIJ SLOVAR'
Gejler, L.B., Ginzburg, M.L., Gorochov, P.K., Šiškin, S.V., Moskva 1973^4, 856 p. (1968^3, 868 p.; 1962^2, 1090 p.; 1959, 1066 p.)
D-R

NEMECKO-RUSSKIJ SLOVAR' PO KVANTOVOJ ĖLEKTRONIKE, GOLOGRAFII I OPTOĖLEKTRONIKE
Voropaev, N.D., Moskva 1983, 447 p.
D-R

POL'SKO-RUSSKIJ SLOVAR' PO ĖLEKTROTECHNIKE I ĖLEKTRONIKE
Judin, I.M., Obuchov, V.A., Moskva 1985
Pl-R

RUSSIAN-ENGLISH DICTIONARY OF ELECTROTECHNOLOGY AND ALLIED SCIENCES
Macura, N., New York/Chichester 1971, 717 p.
R-E

RUSSKO-ANGLIJSKIJ ČASTOTNYJ SLOVAR' PO ĖLEKTRONIKE
Andrjuščenko, V.M., Buchštab, D.A., Ubin, I.I., Vladimirov, A.M., et al., Moskva 1977, 235 p.
R-E

RUSSKO-AZERBAJDŽANSKIJ SLOVAR' TERMINOV PO ĖLEKTROTECHNIKE
Kjazimzade, Z.I., Salamzade, M.M., Baku o.J., 178 p.
R-Aserb

RUSSKO-ĖSTONSKIJ ĖLEKTROTECHNIČESKIJ SLOVAR'
Janes, Ch., Kask, K., Kindlam, M., et al., Tallin 1969, 220 p.
R-Estn

RUSSKO-ISPANSKIJ ĖLEKTROTECHNIČESKIJ SLOVAR'
San José, B., Moskva 1972, 551 p.
R-S

RUSSKO-KIRGIZSKIJ TERMINOLOGIČESKIJ SLOVAR' PO ĖLEKTROTECHNIKE
Alymkulov, K., Alymkulov, M., Ordakov, I., Toktonaliev, Ž., Frunze 1981, 331 p.
R-Kirg

RUSSKO-NEMECKIJ ĖLEKTROTECHNIČESKIJ SLOVAR'
Moskva 1971, 1110 p.
R-D

RUSSKO-NEMECKIJ SLOVAR' PO POLUPROVODNIKOVYM PRIBORAM I MIKROĖLEKTRONIKE
Muchov, Ch., Berlin/Moskva 1975 R-D

RUSSKO-UZBEKSKIJ TOLKOVYJ SLOVAR' POLUPROVODNIKOVYCH TERMINOV
Azizov, M., Taškent 1966, 47 p.
R-Usbek

SEMICONDUCTORS. INTERNATIONAL DICTIONARY OF SCIENCE AND TECHNOLOGY
London/München/Milano 1971, 1373 p., ISBN 0-220-66798-5
F-D-E-S-I-Pl-R

SEMIJAZYČNYJ SLOVAR' PO ĖLEKTRONIKE I VOLNOVODAM. ANGLO-RUSSKO-FRANCUZSKO-ISPANSKO-ITAL'JANSKO-GOLLANDSKO-NEMECKIJ
Moskva 1961, 263 p.
E-R-F-S-I-Nl-D

SERBSKOCHORVATSKO-RUSSKIJ I RUSSKO-SERBSKOCHORVATSKIJ SLOVAR' PO ĖLEKTROTECHNIKE I ĖLEKTRONIKE
Degtjar', V.G., Roganovič, B., Roganovič, D.L., Moskva 1982, 678 p.
Sh-R

ŠESTIJAZYČNÝ ELEKTROTECHNICKÝ SLOVNÍK
Kříž, O., Pavlík, I., Sittova, M., Praha 1964, 156 p.
Cs-R-D-E-F-S

SLOVAR' PO ĖLEKTRONIKE. ANGLO-NEMECKO-FRANCUZSKO- NIDERLANDSKO-RUSSKIJ
Gareev, B.M., Lazarev, A.V., Mirimanov, R.G., et al., Moskva 1985
E-D-F-Nl-R

SLOVAR' PO ĖLEKTROTECHNIKE. ANGLO-NEMECKO-FRANCUZSKO-NIDERLANDSKO-RUSSKIJ
Luginskij, Ja.N., et al., Moskva 1985
E-D-F-Nl-R

SŁOWNIK ELECTRONICZNY POLSKO-ANGIELSKO-ROSYJSKI
Sozańska, E., et al., Warszawa 1977, 253 p.
Pl-E-R

TECHNIK-WÖRTERBUCH. ELEKTROTECHNIK-ELEKTRONIK. RUSSISCH-DEUTSCH
Gross, H., et al., Berlin 1982^{4}, 1963 p. (1978^{3}, 1025 p.; 1972^{2}, 1110 p.)
R-D

TECHNIK-WÖRTERBUCH. FESTKÖRPERELEKTRONIK. RUSSISCH - DEUTSCH
Muchow, H., Berlin 1974, 212 p.
R-D

3.2.3.4.1. REGELUNG UND STEUERUNG

ANGLIJSKIJ ČASTOTNYJ SLOVAR' PO KIBERNETIKE
Adamov, R.V., Aleksandrova, L.N., Andrjuščenko, V.M., Gluško, M.M., et al., Moskva 1982, 102 p. E-R

ANGLO-RUSSKIJ I RUSSKO-ANGLIJSKIJ SLOVAR' PO TEORETIČESKOJ KIBERNETIKE
Goltvjanica, N.M., Maslova, V.F., Starik, L.N., et al., Kiev 1969, 440 p.
E-R

ANGLO-RUSSKIJ SLOVAR' PO AVTOMATIKE, KIBERNETIKE I KONTROL'NO-IZMERITEL'NYM PRIBORAM
Ptašnyj, L.K., Moskva 1971[2], 428 p. (1957, 379 p.)
E-R

ANGLO-RUSSKIJ SLOVAR' PO METROLOGII I TECHNIKE TOČNYCH IZMERENIJ
Ignat'ev, B.I., Judin, M.F., Moskva 1981, 363 p.
E-R

ANGLO-RUSSKIJ SLOVAR' PO SISTEMNOMU ANALIZU
Myševa, I.A., Vyšinskaja, E.V., et al., Moskva 1982, 186 p.
E-R

AUTOMATIZOVANÝ ZBER DÁT PROGRAMOVANIA. AUTOMATISIERUNG DER DATEN-PROGRAMMIERUNG. ANGLICKO-, NEMECKO-, FRANCÚZSKO-, RUSKO-, SLOVENSKÝ SLOVNÍK
Bürger, E., Bratislava/Berlin 1976, 479 p.
E-D-F-R-Sn

AVTOMATIZIROVANNYE SISTEMY UPRAVLENIJA. KRATKIJ SLOVAR' TERMINOV
Frolov, V.S., Glinskij, E.N., Machlis, A.A., Mitjušin, Ju.B., Moskva 1972, 26 p.

AVTOMATIZIROVANNYE SISTEMY UPRAVLENIJA. SLOVAR' TERMINOV
Komarov, A.A., Mišukov, I.V., Semenov, V.F., Moskva 1972, 170 p.

ČASTOTNYJ ANGLO-RUSSKIJ SLOVAR' PO ROBOTOTECHNIKE
Šunevič, B.I., in: Uz Tart GU, DCCXI, 1985

ELECTRONIC MEASURING INSTRUMENTS. COMPARISON CATALOG
Terner, E., Praha 1973[5], 721 p.
E-F-D-R

FACHWÖRTERBUCH DER REGELUNGSTECHNIK. ENGLISCH/AMERIKANISCH, FRANZÖSISCH, DEUTSCH, RUSSISCH
München/Wien 1963
E/Am-F-D-R

JAPONSKO-RUSSKIJ I RUSSKO-JAPONSKIJ SLOVAR' PO SISTEMOTECHNIKE I ROBOTOTECHNIKE
Chajlova, I.M., Filatov, A.M., Ivanova, Ė.G., Moskva 1979, 271 p.
J-R

KIBERNETIKA. TECHNIČESKIJ REČNIK ANGLIJSKO, NEMSKO, FRENSKO, RUSKO, BĂLGARSKI
Zidov, A., Sofija/Berlin 1976[3], 176 p.
E-D-F-R-Bg

KRATKIJ NEMECKO-RUSSKIJ SLOVAR' PO AVTOMATIKE I TELEMECHANIKE
Bunin, D.A., Šubin, A.A., Moskva 1962, 531 p.
D-R

KRATKIJ TERMINOLOGIČESKIJ SLOVAR' PO MIKROPROCESSORNOJ TECHNIKE
Moskva 1984, 104 p.
R-Bg-Hu-Vietn-S-D-Pl-Ro-Cs-E

MEŽDUNARODNYJ ĖLEKTROTECHNIČESKIJ SLOVAR'. GRUPPA 37: AVTOMATIČESKIE UPRAVLJAJUŠČIE I REGULIRUJUŠČIE SISTEMY
Raev, V.K., Moskva 1969, 112 p.

MEŽDUNARODNYJ ĖLEKTROTECHNIČESKIJ SLOVAR'. GRUPPA 15: KOMMUTACIONNAJA APPARATURA. (RASPREDELITEL'NYE ŠČITY I APPARATY DLJA KOMMUTACII, UPRAVLENIJA I REGULIROVANIJA)
Ulissova, I.N., Moskva 1963, 66 p.

MEŽDUNARODNYJ ĖLEKTROTECHNIČESKIJ SLOVAR'. LABORATORNYE I TECHNIČESKIE IZMERITEL'NYE PRIBORY
Aškenazi, Ė.L., Moskva 1962, 110 p.

MNOGOJAZYČNYJ TERMINOLOGIČESKIJ SLOVAR' PO AVTOMATIZIROVANNYM SISTEMAM UPRAVLENIJA (ASU) V UGOL'NOJ PROMYŠLENNOSTI
Migačev, R.D., Moskva 1977
polyglott

MNOGOJAZYČNYJ TERMINOLOGIČESKIJ SLOVAR' PO AVTOMATIZIROVANNYM SISTEMAM UPRAVLENIJA (ASU) V UGOL'NOJ PROMYŠLENNOSTI. EDINYJ ALFAVITNYJ UKAZATEL' (NA RUSSKOM JAZYKE)
Migačev, R.D., Perov, Ju.A., Moskva 1983, 88 p.
polyglott

NEMECKO-RUSSKIJ SLOVAR' PO AVTOMATIKE I TECHNIČESKOJ KIBERNETIKE
Kokorev, L.A., Moskva 1981^{2}, 560 p. (1978, 560 p.)
D-R

NEMECKO-RUSSKIJ SLOVAR' PO ĖLEKTROIZMERITEL'NOJ TECHNIKE
Boguslavskij, P.S., et al., Moskva 1964, 376 p.
D-R

NEMECKO-RUSSKIJ SLOVAR' PO IZMERITEL'NOJ TECHNIKE
Boguslavskij, P.S., Moskva 1984, 567 p.
D-R

RUSSKO-ANGLIJSKIJ I ANGLO-RUSSKIJ SLOVAR' PO AVTOMATIČESKOMU REGULIROVANIJU I UPRAVLENIJU
Chramoj, A.V., Žurkina, Ė.G., Moskva o.J., 98 p.
R-E

RUSSKO-ANGLO-NEMECKO-FRANCUZSKIJ SLOVAR' TERMINOV PO AVTOMATIČESKOMY UPRAVLENIJU
Birjukov, N.O., Žurkina, Ė.G., Chramoj, A.V., Krug, E.K., et al., Moskva 1963, 230 p. R-E-D-F

RUSSKO-AZERBAJDŽANSKIJ SLOVAR' TERMINOV PO INFORMACIONNO-IZMERITEL'NOJ TECHNIKE
Aliev, T.M., Kerimzade, S.K., Baku 1980, 114 p.
R-Aserb

RUSSKO-FRANCUZSKIJ I FRANCUZSKO-RUSSKIJ SLOVAR' PO AVTOMATIČESKOMU REGULIROVANIJU I UPRAVLENIJU
Chramoj, A.V., et al., Moskva o.J., 106 p.
R-F

RUSSKO-NEMECKIJ I NEMECKO-RUSSKIJ SLOVAR' PO AVTOMATIČESKOMU REGULIROVANIJU I UPRAVLENIJU
Chramoj, A.V., Platicyn, V.F., Moskva o.J., 123 p.
R-D

SEMIJAZYČNYJ SLOVAR' PO AVTOMATIKE, VYČISLITEL'NOJ I IZMERITEL'NOJ TECHNIKE
Moskva 1963, 471 p.
E-R-F-S-I-Nl-D

SLOVAR' PO KIBERNETIKE
Gluškov, V.M., Kiev 1979, 621 p.

SLOVAR'-SPRAVOČNIK PO TECHNIČESKIM SREDSTVAM AVTOMATIZIROVANNYCH SISTEM UPRAVLENIJA "ASU". LATYŠSKO-RUSSKIJ, RUSSKO-LATYŠSKIJ
Svilans, M.P., Riga 1972, 225 p.
Lett-R

SLOVAR' TERMINOV PO ĖLEKTROPRIVODU I AVTOMATIZACII PROMYŠLENNYCH USTANOVOK. AZERBAJDŽANSKO-RUSSKO-ANGLIJSKIJ
Ėfendizade, A., Baku 1966, 156 p.
Aserb-R-E

TECHNIK-WÖRTERBUCH. AUTOMATISIERUNGSTECHNIK
Sýkora, J., Berlin 1975, 1024 p.
E-D-F-R-S-Pl-Hu-Sk

TECHNIK-WÖRTERBUCH. FERTIGUNGSMESSTECHNIK
Hoffmann, P., Berlin 1975², 140 p.
D-R

TECHNIK-WÖRTERBUCH. MIKROPROZESSORSYSTEME
Müller, D., Berlin 1983, 312 p.
Rez.: FS, 2/1984, 128 (Eckhardt, D.)
Nachrichten für Sprachmittler, 3/1984, 13 (Einig, T.)

TECHNIK-WÖRTERBUCH. ROBOTERTECHNIK
Bürger, E., Korzak, G., Berlin 1986
E-D-F-R

TERMINOLOGIČESKIJ SLOVAR' PO AVTOMATIČESKOMU UPRAVLENIJU. RUSSKO-ANGLIJSKO-AZERBAJDŽANSKO-KIRGIZSKO-TURKMENSKIJ
Alymkulov, K.A., Berdyev, A.A., Kjazimzade, Z.I., et al., Baku 1977, 643 p.
R-E-Aserb-Kirg-Turkmen-Usbek

3.2.3.4.2. STROMERZEUGUNG, STROMVERTEILUNG

FÉLVEZETŐK ERŐSÁRAMÚ ALKALMAZÁSA (HALBLEITER IN DER STARKSTROMTECHNIK)
Kohut, M., Kövessi, F., Medek, B., Budapest 1971, 150 p.
D-E-Hu-R

MEŽDUNARODNYJ ĖLEKTOTECHNIČESKIJ SLOVAR'. GRUPPA 25: PROIZVODSTVO, PEREDAČA I RASPREDELENIE ĖLEKTRIČESKOJ ĖNERGII
Moskva 1967, 164 p.
R-E-F

3.2.3.4.3. ELEKTRISCHE ZUGFÖRDERUNG

MEŽDUNARODNYJ ĖLEKTROTECHNIČESKIJ SLOVAR'. GRUPPA 30: ĖLEKTRIČESKAJA TJAGA
Petrov, G.A., Vislouch, L.A., Moskva 1963, 199 p.

MEŽDUNARODNYJ ĖLEKTROTECHNIČESKIJ SLOVAR'. GRUPPA 35: ĖLEKTRO-MECHANIČESKIE USTROJSTVA I ICH PRIMENENIE
Rudakov, V.V., Rudakova, N.N., Moskva 1963, 72 p.

UZBEKSKO-RUSSKIJ TOLKOVYJ SLOVAR' TERMINOV PO ELEKTRIČESKIM MAŠINAM I AVTOMATIZIROVANNOMU ĖLEKTROPRIVODU
Madžidov, S., Taškent 1971, 38 p.
Usbek-R

3.2.3.4.4. ELEKTROCHEMISCHE TECHNIK

ANGLO-RUSSKIJ SLOVAR' PO ĖLEKTROCHIMII I KORROZII
Lukašina, N.D., Mel'nikova, M.M., Smirnov, I.P., Moskva 1976^2, 496 p. (1963, 234 p.)
E-R

FIVE LANGUAGE DICTIONARY OF SURFACE COATINGS, PLATING, PRODUCTS FINISHING, CORROSION, PLASTICS AND RUBBER
Santholzer, R.W., Oxford 1969, 586 p.
E/Am-Cs-R-D-F

MEŽDUNARODNYJ ELEKTROTECHNIČESKIJ SLOVAR'. GRUPPA 50: ĖLEKTROCHIMIJA I ĖLEKTROMETALLURGIJA
Barskij, B.S., Moskva 1964, 212 p.

NEMECKO-RUSSKIJ SLOVAR' PO ĖLEKTROCHIMII I KORROZII
Lukašina, N.D., Moskva 1971, 272 p.
D-R

TECHNIK-WÖRTERBUCH. KORROSION UND KORROSIONSSCHUTZ. RUSSISCH-DEUTSCH, DEUTSCH-RUSSISCH
Gross, H., Berlin 1982, 260 p.
R-D

3.2.3.4.5. ELEKTROWÄRMETECHNIK

ANGLO-RUSSKIJ TEPLOTECHNIČESKIJ SLOVAR'
Baškirova, A.Ja., Brodjanskij, V.M., Perkov, V.G., Vukalovič, M.M., et al., Moskva 1966, 437 p.
E-R

DICTIONNAIRE POLYGLOTTE. THERMOTECHNIQUE ET MACHINES THERMIQUES
Popa, o.O. 1975, 624 p.
E-Ro-D-F-R

NEMECKO-RUSSSIJ TEPLOTECHNIČESKIJ SLOVAR'
Aleksandrova, M.A., Asinovskij, Ė.I., Balandin, V.V., et al., Moskva 1964, 512 p.
D-R

RUSSKO-UKRAINSKIJ SLOVAR' PO TEPLOTECHNIKE I GAZOTECHNIKE
Gnyp, P.I., Mariničenko, V.G., Šelud'ko, I.M., Kiev 1962, 308 p.
R-Ukr

SLOVAR'-MINIMUM PO TEPLOTECHNIKE. ANGLO-RUSSKIJ
Somova, E.L., Leningrad 1970, 38 p.
E-R

TECHNICAL DICTIONARY OF HEATING, VENTILATION AND SANITARY ENGINEERING
Lindeke, W., Oxford 1970, 182 p.
E-R

3.2.3.4.6. TECHNIK DER ELEKTRISCHEN WELLEN, SCHWINGUNGEN UND IMPULSE

ANGLO-RUSSKIJ SLOVAR' PO ANTENNO-VOLNOVODNOJ TECHNIKE
Reznikov, G.B., Moskva 1973, 431 p.
E-R

ANGLO-RUSSKIJ SLOVAR' PO LAZERAM I INFRAKRASNOJ TECHNIKE
Černyšev, V.N.,Kulikov, I.L., Kulikova, S.S., Moskva 1968, 360 p.
E-R

SEMIJAZYČNYJ SLOVAR' PO ĖLEKTRONIKE I VOLNOVODAM
Lepešinskaja, E.V., Moskva 1961, 263 p.
E-R-F-S-I-Nl-D

3.2.3.4.7. PHOTOELEKTRONIK, TEILCHENBESCHLEUNIGER, RÖNTGENTECHNIK

ANGLO-RUSSKIJ SLOVAR' PO USKORITELJAM ZARJAŽENNYCH ČASTIC
Dmitrievskij, V.P., Katyšev, Ju.V., Novikov, D.L., Polferov, Ė.A.,Moskva 1965, 323 p. E-R

FRANCUZSKO-RUSSKIJ SLOVAR' PO KVANTOVOJ ĖLEKTRONIKE, GOLOGRAFII I OPTOĖLEKTRONIKE
Voropaev, N.D., Moskva 1983, 432 p.
F-R

MEŽDUNARODNYJ ĖLEKTROTECHNIČESKIJ SLOVAR'. GRUPPA 65: RADIOLOGIJA I RADIOLOGIČESKAJA FIZIKA
Dorofeev, G.A., Moskva 1966, 253 p.

NEMECKO-RUSSKIJ SLOVAR' PO KVANTOVOJ ĖLEKTRONIKE, GOLOGRAFII I OPTOĖLEKTRONIKE
Voropaev, N.D., Moskva 1983, 447 p.
D-R

TECHNIK-WÖRTERBUCH. OPTISCHE KOMMUNIKATIONSTECHNIK
Rehahn, J.P., Schäfer, N., Berlin 1987, 180 p.
E-D-F-R

3.2.3.4.8. TELEKOMMUNIKATION

ANGLO-RUSSKIJ RADIOTECHNIČESKIJ SLOVAR'
German - Prozorova, L.P., Vinogradova, D.I., Moskva 1960^2 (1957, 524 p.)
E-R

ANGLO-RUSSKIJ SLOVAR' PO RADIOĖLEKTRONIKE
Kalugin, I.K., Lisovskij, F.V., Prochorov, K.Ja., Moskva 1984, 717 p.
E-R

ANGLO-RUSSKIJ SLOVAR' PO RADIOĖLEKTRONIKE I SVJAZI
Dozorov, N.I, Moskva o.J., 548 p.
E-R

ANGLO-RUSSKIJ SLOVAR' PO SOVREMENNOJ RADIOĖLEKTRONIKE
Berg, M.A., Glagoleva, G.N., Kalugin, I.K., Sokolenko, A.P., Vodop'janov, F.A., Moskva 1972^2, 448 p. (1968, 448 p.)
E-R

ANGLO-RUSSKIJ SLOVAR' PO TELEVIDENIJU
German - Prozorova, L.P., Jankel'son, I.S., Moskva 1985^2 (1960, 429 p.)
E-R

ČEŠSKO-RUSSKIJ RADIOTECHNIČESKIJ SLOVAR'
Jakovlev, B.E., Moskva 1960, 364 p.
Cs-R

DICŢIONAR POLIGLOT DE ELEKTROTEHNICĂ, ELECTRONICĂ ŞI TELECOMMUNICAŢII
Nicolau, E., et al., Bucureşti 1972, 806 p.
D-E-F-Ro-R

DICTIONNAIRE DU RADIO-AMATEUR
Barančuk, E.I., et al., Leningrad 1972, 616 p. F-R

DOPOLNENIE K ANGLO-RUSSKOMU SLOVARJU PO RADIOĖLEKTRONIKE I SVJAZI
Dozorov, N.I., Moskva 1959, 115 p.
E-R

FRANCUZSKO-RUSSKIJ RADIOTECHNIČESKIJ SLOVAR'
Gorochov, P.K., Moskva 1963², 383 p. (1956, 379 p.)
F-R

FRANCUZSKO-RUSSKIJ SLOVAR' PO RADIOĖLEKTRONIKE
Gorochov, P.K., Moskva 1978², 504 p. (1963, 440 p.)
F-R

FRANCUZSKO-RUSSKIJ SLOVAR' PO TELEVIDENIJU
Šor, K.G., Moskva 1979, 240 p.
F-R

FUNK- UND FERNMELDEANLAGEN
Plöhn, H., et al., Berlin o.J.
E-D-F-R

INTERNATIONAL ELECTROTECHNICAL VOCABULARY. GROUP 55: TELEGRAPHY AND TELEPHONY
International Electrotechnical Commission, Genève 1970
E-F-D-Nl-I-R-Pl-Sv

ITAL'JANSKO-RUSSKIJ SLOVAR' PO RADIO I ĖLEKTRONIKE
Gekker, I.R., Šmaonov, T.A., Teterič, N.M., Moskva o.J., 447 p.
I-R

JAPONSKO-RUSSKIJ SLOVAR' PO RADIOĖLEKTRONIKE
Azerbaev, Ė.G., Izuckiver, M.I., Moskva 1981, 783 p.
J-R

KRATKIJ SLOVAR' PO RADIOĖLEKTRONIKE
Grigor'janc, V.G., Popov, G.P., Veržikovskij, A.P., et al., Moskva 1980²

MEŽDUNARODNYJ ĖLEKTROTECHNIČESKIJ SLOVAR'. GRUPPA 08: ĖLEKTROAKUSTIKA.
Veklepko, A.F., Rimskij-Korsakov, A.V., Rusakov, I.G., et al., Moskva 1963
R-E-Nl-S-I-D-Pl-F-Sv

NEMECKO-RUSSKIJ RADIOTECHNIČESKIJ SLOVAR'
Kozlov, V.F., Pozen, N.L., Moskva 1964, 678 p.
D-R

NEMECKO-RUSSKIJ SLOVAR' PO RADIOĖLEKTRONIKE
Jankel'son, I.S., Mirimov, L.M., Šerov-Ignat'ev, G.P., et al., Moskva 1979², 1680 p. (1974, 1046 p.)
D-R

RUSSKO-ARMJANSKIJ SLOVAR' PO RADIOĖLEKTRONIKE
Gasparjan, R.B., Simonjan, A.A., Širojan, S.G., et al., Erevan 1982, 250 p.
R-Arm

RUSSKO-FRANCUZSKIJ SLOVAR' PO RADIOĖLEKTRONIKE
Gorochov, P.K., Moskva 1967, 432 p.
R-F

RUSSKO-NEMECKIJ RADIOTECHNIČESKIJ SLOVAR'
Gorochov, P.K., Moskva 1965[2], 405 p. (1961, 390 p.)
R-D

RUSSKO-UKRAINSKIJ ĖLEKTRORADIOTECHNIČESKIJ SLOVAR'
Kobal'čuk-Ivan'juk, Sobolevskij, K.M., Veličko, Ju.T., et al., Kiev 1961, 534 p.
R-Ukr

SEMIJAZYČNYJ SLOVAR' PO ĖLEKTROSVJAZI. ANGLO-RUSSKO-FRANCUZSKO-ISPANSKO-ITAL'JANSKO-NEMECKO-GOLLANDSKIJ
Kon'kov, V.I., et al., Moskva 1966
D-E-F-I-Nl-S-R

SEMIJAZYČNYJ SLOVAR' PO TELEVIDENIJU, RADIOLOKACII I ANTENNAM
Lepešinskaja, E.V., Moskva 1961, 244 p.
D-E-F-I-Nl-S-R

SLOVAR' RADIOLJUBITELJA
Chajkin, S.E., Moskva 1960, 607 p.

SLOVAR' TERMINOV RADIOĖLEKTRONIKI, ĖLEKTROSVJAZI, AVTOMATIKI I VYČISLITEL'NOJ TECHNIKI. LATYŠSKO-RUSSKIJ
Ratniek, A., Riga 1968, 604 p.
Lett-R

TECHNIK-WÖRTERBUCH. FERNSEHTECHNIK UND FERNSEHELEKTRONIK
Neidhardt, P., Berlin 1970[2], 180 p.
D-E-F-R

3.2.3.5. WÄRMEKRAFTMASCHINEN (OHNE DAMPFMASCHINEN)

ANGLO-RUSSKIJ SLOVAR' PO GAZOTURBINNYM USTANOVKAM
Nartov, I.M., Leningrad 1962, 215 p.
E-R

NEMECKO-RUSSKIJ SLOVAR' PO DVIGATELJAM VNUTRENNEGO SGORANIJA I GAZOTURBINNYM USTANOVKAM
Ličak, S.K., Moskva 1961
D-R

TECHNIK-WÖRTERBUCH. KOLBENMASCHINEN. TURBOMASCHINEN
Henning, G., Korzak, G., Berlin 1989, 304 p.
R-D

3.2.3.6. PNEUMATISCHE ENERGIE

LEXIKON HYDRAULISCHE MASCHINEN UND ANLAGEN
Troskolanski, A., Warszawa 1974, 512 p. D-E-F-Pl-R

NEMECKO-RUSSKIJ I RUSSKO-NEMECKIJ SLOVAR' PO PROMYŠLENNOJ GIDRAVLIKE I PNEVMATIKE
Maširov, V.V., Moskva 1979, 280 p.
D-R

SLOVAR' TERMINOV PO GIDRAVLIKE I GIDRAVLIČESKIM MAŠINAM. RUSSKO-AZERBAJDŽANSKIJ
Mamedzade, Ju.I., Baku 1979, 40 p.
R-Aserb

SLOVAR' TERMINOV PO GIDRAVLIKE, PODZEMNOJ GIDRAVLIKE I GIDRAVLIČESKIM MAŠINAM. RUSSKO-AZERBAJDŽANSKIJ
Agalarov, I.S., *Mamedzade, Ju.I.*, Baku 1963, 54 p.
R-Aserb

TECHNICAL DICTIONARY OF HYDRAULICS AND PNEUMATICS
Neubert, G., Oxford/Elmsford/New York 1973, 260 p.
E-D-F-R

TECHNIK-WÖRTERBUCH. HYDRAULIK, PNEUMATIK
Neubert, G., Berlin 1971
Cs-D-E-F-Hu-Pl-R-S

3.2.3.7. SPANLOSE UMFORMUNG, FORMGEBUNG UND BEHANDLUNG VON WERKSTOFFEN

ANGLO-RUSSKIJ SLOVAR' PO SVAROČNOMU PROIZVODSTVU
Zolotych, V.T., Moskva 1967, 376 p. (1961, 191 p.)
E-R

FRANCUZSKO-RUSSKIJ SLOVAR' PO SVARKE
Korkin, Ju.G., Moskva 1965, 205 p.
F-R

NEMECKO-RUSSKIJ SLOVAR' PO METALLOOBRABOTKE
Boguslavskij, B.L., *Deputatova, N.F.*, *Širman, A.G.*, *Starosel'skaja, I.M.*, *Švarc, V.V.*, Moskva 1969[3], 480 p. (1957, 465 p.)
D-R

NEMECKO-RUSSKIJ SLOVAR' PO SVARKE
Grabov, I.N., Moskva 1962, 246 p.
D-R

RECUEIL TERMINOLOGIQUE MULTILINGUE DE SOUDAGE ET DES TECHNIQUES CONNEXES
I-VII, Paris o.J.
I Termes généraux. Exécution, caractéristiques et contrôles des soudures
Termes tchèques, polonais, russes, slovaques et turcs, 52 p.
Termes généraux. Exécution, caractéristiques et contrôles des soudures
II Soudage au gaz

III Soudage électrique à l'arc, 52 p.
IV Soudage électrique par résistance, 254 p.
V Coupage thermique
VI Projection à chaud
VII Brassage, 18 p.
polyglott

RUSSISCH-DEUTSCHES WÖRTERBUCH DER NATURWISSENSCHAFT UND TECHNIK
Gesellschaft zur Herausgabe des Russisch-Deutschen Wörterbuchs der Naturwissenschaft und Technik, Berlin 1968-1974
II. Schweißtechnik,
Horstmann, E., Spiegel, H., 1968
R-D

RUSSKO-NEMECKIJ I NEMECKO-RUSSKIJ SLOVAR' PO SVARKE I PAJKE
Burchačeva, M.P., Grabov, I.N., Grzimalskij, L.L., Moskva 1985, 384 p.
R-D

RUSSKO-UKRAINSKIJ SLOVAR' SVAROČNOJ TERMINOLOGII
Potap'evskij, A.G., Kiev 1964, 144 p.
R-Ukr

TECHNIK-WÖRTERBUCH. SCHWEISSTECHNIK
Dollinger, A., et al., Berlin 1974, 764 p.
E-D-F-R-Pl-Sk

3.2.3.8. KRAFTÜBERTRAGUNG, FÖRDERMITTEL

TECHNIK-WÖRTERBUCH. KRAFT- UND ARBEITSMASCHINEN. FÖRDERTECHNIK. RUSSISCH-DEUTSCH, DEUTSCH-RUSSISCH
Fritzsche, C., Berlin 1969², 1432 p. (1964, 1443 p.)
D-R

3.2.3.9. SPANENDE UMFORMUNG, TRENNEN, ZERKLEINERN, BLECHBEARBEITUNG

NEMECKO-RUSSKIJ SLOVAR' PO METALLOOBRABOTKE
Boguslavskij, B.L., Deputatova, N.F., Širman, A.G., Starosel'skaja, I.M., Švarc, V.V., et al., Moskva 1969³, 480 p. (1957, 465 p.)
D-R

SPANENDE WERKZEUGMASCHINEN UND WERKZEUGE. RUSSISCH - DEUTSCH
Gross, H., et al., Berlin 1987, 272 p.
R-D

TECHNIK-WÖRTERBUCH. SPANENDE FORMUNG. RUSSISCH-DEUTSCH, DEUTSCH-RUSSISCH
Spulsky, E., Berlin 1962
R-D

3.2.4. BERGBAUTECHNIK

ANGLO-RUSSKIJ GORNOTECHNIČESKIJ SLOVAR'
Matveev, S.D., Kosminskij, B.M., Terpigoreva, V.D., Moskva 1958, 478 p.
E-R

ANGLO-RUSSKIJ GORNYJ SLOVAR'
Baron, L.I., Eršov, N.N., Moskva 1958, 992 p.
E-R

DEUTSCH-BÖHMISCH-RUSSISCHES BERG- UND HÜTTENMÄNNISCHES WÖRTERBUCH, ENTHALTEND DIE WISSENSCHAFTLICHEN UND TECHNISCHEN AUSDRÜCKE AUS DEM BEREICHE DER MINERALOGIE, GEOLOGIE, ANORGANISCHEN CHEMIE, BERGBAU-, AUFBEREITUNGS- UND HÜTTENKUNDE, BERG- UND HÜTTENMASCHINENLEHRE, METALLURGIE, SALINENKUNDE UND DER WICHTIGSTEN VERWANDTEN MINERALINDUSTRIEN,
Hořovský, E., Prag 1890, 449 p.
D-Cs-R

DICŢIONAR POLIGLOT DE MINE, GEOLOGE ŞI PETROLEXTRACŢIE
Apostolescu, S., Costea, I., Diaconescu, N., Irinevici, P., et al., Bucureşti/Paris 1974, 765 p.
D-E-F-R-Ro-R

DICTIONNAIRE TECHNIQUE RUSSE - FRANÇAIS DE LA PRÉPARATION MÉCANIQUE DES CHARBONS
Centre d'études et de recherches des charbonnages de France, Paris 1973, 129 p.
R-F

FRANCUZSKO-RUSSKIJ GORNYJ SLOVAR'
Baron, L.I., Eršov, N.N., Moskva 1963, 829 p.
F-R

GORNOE DELO. TERMINOLOGIČESKIJ SLOVAR'
Mel'nikov, N.V., Moskva 1974², 527 p.

NEMECKO-RUSSKIJ GORNO-TECHNIČESKIJ SLOVAR', SODERŽAŠČIJ TECHNIČESKIJA VYRAŽENIJA KAK PO NAUKAM GORNYM, TAK I PO PREDMETAM VSPOMOGATEL'NYM, A IMENNO PO METALLURGII, GORNOMU, MARKŠEJDERSKOMU I PROBIRNOMU ISKUSSTVAM, GALURGII, GEOLOGII, MINERALOGII, CHIMII, FIZIKE, MECHANIKE, GEODEZII, STROITEL'NOMU ISKUSSTVU, PLOTNIČNOMU I ŽELEZNODOROŽNOMU DELU
Bek, V.V., Sankt Peterburg 1890, 496 p.
D-R

NEMECKO-RUSSKIJ GORNYJ SLOVAR'
Kitajskij, E.V., Pines, M.E., Smorodskij, P.V., Moskva 1961, 429 p.
D-R

NEMECKO-RUSSKIJ GORNYJ SLOVAR'
Baron, L.I., Moskva 1966, 1198 p.
D-R

POL'SKO-RUSSKIJ GORNYJ SLOVAR'
Moskva 1975
Pl-R

RUDARSKI REČNIK. MINING DICTIONARY
Gojko, N., Beograd 1970, 1295 p.
R-D-E-F

RUSSISCH-DEUTSCHES BERGBAU-WÖRTERBUCH
Döbberitz, L., Freiberg 1988, 319 p.
R-D

RUSSKO-ANGLO-NEMECKO-FRANCUZSKIJ GORNYJ SLOVAR'. OSNOVNYE TERMINY
Ajruni, A.T., et al., Moskva 1984, 421 p.
R-E-D-F

RUSSKO-ANGLO-NEMECKO-FRANCUZSKIJ GORNYJ SLOVAR'. OSNOVNYE TERMINY
Belkova , S.Ju., Ėjner, F.F., Sachovaler, A.Ju., Moskva 1987,
R-E-D-F

RUSSKO-ĖSTONSKIJ GORNYJ SLOVAR'
Lajnoja, L., Tallin 1969, 235 p.
R-Estn

RUSSKO-KIRGIZSKIJ SLOVAR' GORNYCH TERMINOV
Ajtmatov, I., Alymkulov, Ž., Imaraliev, A., et al., Frunze 1970, 209 p.
R-Kirg

RUSSKO-UKRAINSKIJ GORNYJ SLOVAR'
Garmaš, N.Z., Kovšulja, A.A., Zil'ban, M.S., Kiev 1959, 271 p.
R-Ukr

SLOVAR' GORNO-TECHNIČESKICH TERMINOV. RUSSKO-AZERBAJDŽANSKIJ
Achundov, I.A., Baku o.J., 99 p.
R-Aserb

SŁOWNICZEK GÓRNICZY. CHOCEŠ' LI, ČTOBY TEBE POMOČ'?
Bross, M., Katowice 1972, 30 p.
D-E-F-R-Pl

SŁOWNIK POMP STOSOWANYCH W GÓRNICTWIE WĘGLOWYM
Debiec, J., Osuch, A., Troskolański, A., Zarzycki, M., Warszawa 1973, 75 p.
D-E-F-Pl-R

TECHNIK-WÖRTERBUCH. BERGBAUTECHNIK UND AUFBEREITUNG. RUSSISCH-DEUTSCH
Dietze, W., et al., Berlin 1985, 427 p.
R-D

TERMINOLOGIČESKIJ SLOVAR' PO GORNO-RAZVEDOČNYM RABOTAM I OBORUDOVANIJU
Černev, P., Iliev, T., Rimski, V., et al., Moskva 1980, 545 p.
R-E-Bg-Hu-Mong-D-Pl-Ro-Cs

3.2.5. MILITÄRTECHNIK

ANGLO-RUSSKIJ ARTILLERIJSKIJ SLOVAR'
Buzinov, V.M., Savelov, V.P., Moskva 1959, 415 p.
E-R

ANGLO-RUSSKIJ AVTOBRONETANKOVYJ SLOVAR'
Očna, A.P., Ščeglov, A.S., Moskva 1961, 783 p.
E-R

ANGLO-RUSSKIJ SLOVAR' PO AVIACIONNYM I RAKETNYM BAZAM
Chruščev, Ju.I., Nikitin, S.M., Moskva 1962, 335 p.
E-R

ANGLO-RUSSKIJ SLOVAR' PO PODVODNYM LODKAM I PROTIVOLODOČNOJ OBORONE
Bondarenko, A.S., Favorov, P.A., Rodinov, A.I., Šutkin, I.N., Moskva 1963, 260 p.
E-R

ANGLO-RUSSKIJ SLOVAR' PO PROTIVOVOZDUŠNOJ I PROTIVORAKETNOJ OBORONE
Sudzilovskij, G.A., Moskva 1961, 720 p.
E-R

ANGLO-RUSSKIJ SLOVAR' PO REAKTIVNOMU ORUŽIJU
Dremičev, I.D., Trečkin, V.P., Moskva 1960, 383 p.
E-R

ANGLO-RUSSKIJ VOENNO-INŽENERSKIJ SLOVAR'
Volodin, N.V., Moskva 1962, 783 p.
E-R

ANGLO-RUSSKIJ VOENNO-MORSKOJ SLOVAR'
Morozovskij, N.G., Nemirov, I.A., Šarčenko, V.G., Šmid, V.A., Taube, A.M., Moskva 1962, 851 p.
E-R

ANGLO-RUSSKIJ VOENNO-TECHNIČESKIJ SLOVAR'
Buzinov, V.M., Gal'perin, G.L., Volodin, N.V., et al., Moskva 1965, 943 p.
E-R

ANGLO-RUSSKIJ VOENNYJ SLOVAR'
Bogdanova, K.N., Burjakov, Ju.F., Sudzilovskij, G.A., et al., Moskva 1968², 1063 p. (1960, 925 p.) E-R

ANGLO-RUSSKIJ VOENNYJ SLOVAR' PO RADIOĖLEKTRONIKE, LAZERNOJ I INFRAKRASNOJ TECHNIKE
Novičkov, N.N., Pimenov, T.S., Moskva 1984, 639 p.
E-R

ANGLO-RUSSKIJ VOENNYJ SLOVAR' TERMINOV PO TYLU I SNABŽENIJU
Sudzilovskij, G.A., Moskva 1958, 449 p.
E-R

ARABSKO-RUSSKIJ I RUSSKO-ARABSKIJ VOENNYJ SLOVAR'
Anisimov, M.G., Danilov, I.S., Ryžkov, V.I., Moskva 1965, 704 p.
Ar-R

DATSKO-RUSSKIJ VOENNYJ SLOVAR'
Sergeev, S.S., Moskva 1968, 235 p.
Da-R

DEUTSCHES MILITÄRLEXIKON MIT DEN ENTSPRECHENDEN RUSSISCHEN BEGRIFFEN UND DEUTSCHEN DEFINITIONEN
Kollektiv der Militärakademie der Nationalen Volksarmee "Friedrich Engels", Berlin 1962
D-R

DEUTSCH-RUSSISCHES, RUSSISCH-DEUTSCHES MILITÄRWÖRTERBUCH, NEBST ANLAGEN RUSSISCHER MILITÄRISCHER ABKÜRZUNGEN, RUSSISCHER GELDSORTEN, MASSE, GEWICHTE, RUSSISCHER MORSEZEICHEN, RUSSISCHER ORTSNAMENÄNDERUNGEN
Berlin 1928
D-R

DICCIONARIO RUSO-ESPANOL DE TERMINOLOǴIA MILITAR Y TÉCNICA
Reijada de Pablo, C., Madrid 1973, 421 p.
R-S

FRANCUZSKO-RUSSKIJ SLOVAR' PO RAKETNOJ TECHNIKE
Deev, M.N., Moskva 1962, 263 p.
F-R

FRANCUZSKO-RUSSKIJ SLOVAR' SOKRAŠČENIJ PO AVIACIONNOJ I RAKETNO-KOSMIČESKOJ TECHNIKE
Muraškevič, A.M., Moskva 1988, 222 p.
F-R

FRANCUZSKO-RUSSKIJ SLOVAR' VOENNYCH SOKRAŠČENIJ
Baršev, A.N., Moskva 1983, 256 p.
F-R

GREČESKO-RUSSKIJ I RUSSKO-GREČESKIJ VOENNYJ I TECHNIČESKIJ SLOVAR'
Čerstvyj, A.N., Moskva 1975, 756 p.
G-R

ILLJUSTRIROVANNYJ VOENNO-TECHNIČESKIJ SLOVAR'
Neljubin, L.L., Moskva 1968, 481 p. R-E-D-F-S

ITAL'JANSKO-RUSSKIJ VOENNYJ SLOVAR'
Dančevskij, V.I., Savel'ev, B.I., Moskva 1965, 239 p.
I-R

KITAJSKO-RUSSKIJ VOENNYJ I TECHNIČESKIJ SLOVAR'
Klenin, I.D., Moskva 1985², 676 p. (1968, 565 p.)
C-R

KRATKIJ FRANCUZSKO-RUSSKIJ AVTOBRONETANKOVYJ SLOVAR'
Kiržaev, N.I., Sukalo, M.Ch., Zelenskij, V.D., Moskva 1964, 429 p.
F-R

KRATKIJ FRANCUZSKO-RUSSKIJ, RUSSKO-FRANCUZSKIJ VOENNYJ SLOVAR'
Koliliev, V.I., Min'jar-Beloručev, R.K., Ostapenko, V.P., Moskva 1964, 536 p.
F-R

KRATKIJ FRANCUZSKO-RUSSKIJ VOENNO-MORSKOJ SLOVAR'
Čaadaev, N.A., Isaev, V.N., Monachov, V.A., Moskva 1961, 344 p.
F-R

KRATKIJ RUSSKO-JAPONSKIJ VOENNYJ SLOVAR'
Šlenkin, I.I., Moskva 1963, 344 p.
R-J

LUFTWAFFENWÖRTERBUCH IN SECHS SPRACHEN. DEUTSCH-RUSSISCH-SPANISCH-ITALIENISCH-FRANZÖSISCH-ENGLISCH
Glodkowski, B., Berlin 1941, I: D-R, R-D, 997 p.
D-R-S-I-F-E

MILITÄRWÖRTERBUCH RUSSISCH-DEUTSCH
Hochmuth, H., et al., Berlin 1982², 640 p. (1962, 806 p.)
R-D
Rez.: FS, 4/1984, 281 (Kokoschko, K.)

NEMECKO-RUSSKIJ ARTILLERIJSKIJ SLOVAR'
Artemov, A.P., Avdej, V.Ė.-Ja., Dubner, M.I., Meder, V.L., Rochčina, L.T., Moskva 1960, 436 p.
D-R

NEMECKO-RUSSKIJ AVTOBRONETANKOVYJ SLOVAR'
Berzin, B.O., Gofman, E.A., Logačeva, V.A., Polozov, A.I., Vul'fovič, R.D., Moskva 1961, 487 p.
D-R

NEMECKO-RUSSKIJ RAKETNO-ARTILLERIJSKIJ SLOVAR'
Artemov, A.P., Avdiev, V.Ja., Moskva 1982, 848 p.
D-R

NEMECKO-RUSSKIJ SLOVAR' PO RAKETNOJ TECHNIKE
Lillevjali, A.A., Iskrickaja, L.I., Petrov, A.G., Tremin, V.P., Ušakov, A.V., Moskva 1964, 456 p.
D-R

NEMECKO-RUSSKIJ SLOVAR' VOENNYCH SOKRAŠČENIJ
Azarch, L.S., Parparov, L.F., Moskva 1983, 320 p.
D-R

NEMECKO-RUSSKIJ VOENNO-MORSKOJ SLOVAR'
Blednev, A.I., Cvilling, M.Ja., Iskrickaja, L.I., Jachontov, Ju.A., Moskva 1961, 456 p.
D-R

NEMECKO-RUSSKIJ VOENNO-TECHNIČESKIJ SLOVAR'
Miller, I.J., Modrach, K.A., Sankt Peterburg 1887, 832 p.
D-R

NEMECKO-RUSSKIJ VOENNYJ SLOVAR'
Artemov, A.P., Azarch, L.S., Parparov, L.F., Taube, A.M., et al., Moskva 1964, 1224 p.
D-R

RUSSKO-ANGLIJSKIJ VOENNO-TECHNIČESKIJ SLOVAR'
Nadysev, M.A., Savelov, V.P., Ugarkin, S.M., Moskva 1975, 622 p.
R-E

RUSSKO-ARABSKIJ SLOVAR' PO RAKETNO-ZENITNOJ TECHNIKE
Končic, V.V., Šanran, I.A., Moskva 1973, 151 p.
R-Ar

RUSSKO-ITAL'JANSKIJ VOENNYJ I TECHNIČESKIJ SLOVAR'
Dančevskij, V.I., Moskva 1972
R-I

RUSSKO-RUMYNSKIJ VOENNYJ SLOVAR'
Kur'janov, V.P., Šinov, N.A., Spažev, Ju.A., Moskva 1964, 335 p.
R-Ro

SEMIJAZYČNYJ VOENNYJ SLOVAR'
Bojko, I.M., et al., Moskva 1971, 1139 p.
D-R-Bg-Hu-Pl-Ro-Cs

SLOVAR' INOSTRANNYCH VOENNYCH SOKRAŠČENIJ
Borisov, V.V., Dubjanskij, M.A., Egorov, M.P., Stolbov, V.S., Moskva 1961, 895 p.
polyglott

SLOVAR' OSNOVNYCH VOENNYCH TERMINOV
Morozov, B.N., Mednikova, A.N., Moskva 1965, 247 p.

SLOVAR'-SPRAVOČNIK NAZVANIJ OBRAZCOV BOEVOJ TECHNIKI I VOORUŽENIJA KAPITALISTIČESKICH STRAN I OSNOVNYCH FIRM, PROIZVODJAŠČICH VOORUŽENIE
Kuročkin, V.D., Petejum, A.Ja., Savin, B.V., Smachtin, G.M., Moskva 1979[2], 280 p.

ŠVEDSKO-RUSSKIJ VOENNYJ SLOVAR'
Konstantinov, N.N., Kravec, L.G., Ligvinenko, M.V., Skujbeda, P.I., et al., Moskva 1964, 432 p.
Sv-R

TOLKOVYJ SLOVAR' VOENNYCH TERMINOV
Skujbeda, P.I., Vil'činskij, I.K., Moskva 1966

VOENNYJ ĖNCIKLOPEDIČESKIJ SLOVAR'
Achromeev, S.F., Ogarkov, N.V., et al, Moskva 1986², 803 p. (1983)

3.2.6. BAUINGENIEURWESEN

3.2.6.0. ALLGEMEIN

DICTIONARY OF BUILDUNG AND CONSTRUCTION
Budapest/Wellingborough 1976, 210 p.
R-D-E-Hu

SLOVAR' (TECHNIČESKICH TERMINOV) PO MECHANIKE GRUNTOV I FUNDAMENTOSTROENIJU. ANGLO-ĖSTONSKO-RUSSKIJ, RUSSKO-ĖSTONSKO-ANGLIJSKIJ
Tallin 1965, 116 p.
E-Estn-R

SŁOWNIK TERMINOLOGICZNY KONSTRUKCJI METALOWYCH (TERMINOLOGISCHES WÖRTERBUCH DER METALLKONSTRUKTIONEN)
Nowak, A., Kaminska, E., Karczewski, J., Zyburtowicz, M., Warszawa 1973
E-F-D-R-Pl

TECHNOLOGIJA KONSTRUKCIONNYCH MATERIALOV: TERMINOLOGIČESKIJ SPRAVOČNIK
Averčenko, P.A., Kiev 1984, 112 p.

3.2.6.1. BAUWERKE, TIEF- UND HOCHBAU, BRÜCKENBAU

FRANCUZSKO-RUSSKIJ SLOVAR' PO MOSTOSTROENIJU
Čerkasov, K.A., Passek, V.V., Moskva 1972, 45 p.
F-R

3.2.6.2. STRASSENBAU, EISENBAHNBAU

ANGLO-RUSSKIJ ŽELEZNODOROŽNYJ SLOVAR'
Pronina, R.F., et al., Moskva 1958, 662 p.
E-R

FRANCUZSKO-RUSSKIJ ŽELEZNODOROŽNYJ SLOVAR'
Fajn, A.G., Gajdamaka, P.S., Gluzman, I.S., Vislouch, L.A., Moskva 1966, 616 p.
F-R

MEŽDUNARODNYJ ĖLEKTROTECHNIČESKIJ SLOVAR'. SIGNALIZACIJA I USTROJSTVA BEZOPASNOSTI NA ŽELEZNYCH DOROGACH
Ščeglova, L.D., Moskva 1963

NEMECKO-RUSSKIJ SLOVAR' DOROŽNIKA
Stender, G.M., Moskva 1959, 469 p.
D–R

NEMECKO-RUSSKIJ SLOVAR' PO DOROŽNOMU STROITEL'STVU
Stender, G.M., Moskva 1964², 377 p.
D–R

NEMECKO-RUSSKIJ ŽELEZNODOROŽNYJ SLOVAR'
Bunin, D.A., Moskva 1985³ (1957, 531 p.)
D–R

NEMECKO-RUSSKIJ ŽELEZNODOROŽNYJ SLOVAR'
Kovrovceva, E.G., Krot-Krival', I.S., Prochorov, V.F., Sulima-Samujillo, A.P., Moskva 1960, 536 p.
D–R

NEMECKO-RUSSKIJ ŽELEZNODOROŽNYJ SLOVAR'
Bunin, D.A., Daniljuk, T.I., Fridman, N.A., Gorovaja, B.A., Moskva 1987³, 807 p. (1977², 736 p.)
D–R

RUSSKO-FRANCUZSKIJ I FRANCUZSKO-RUSSKIJ TECHNIČESKIJ TERMINOLOGIČESKIJ SLOVAR': SPISKI RUSSKICH TERMINOV, PONJATIJ I SLOVOSOČETANIJ: "POKRYTIJA AVTOMOBIL'NYCH DOROG"
Vejcman, M.I., Moskva 1975, 26 p.
R–F

TERMINOLOGIČESKIJ SLOVAR' PO LESNYM DOROGAM
Leonovič, I.I., Minsk 1970, 168 p.

3.2.6.3. WASSERBAU

ANGLO-FRANCUZSKO-ISPANO-RUSSKIJ SLOVAR' PO GIDROTECHNIKE I MELIORACII ZEMEL'
Litvinenko, V.S., Vejcman, E.A., Moskva 1974, 95 p.
E–F–S–R

ANGLO-RUSSKIJ GIDROTECHNIČESKIJ SLOVAR'
Gorjunov, B.F., Korčagina, A.Ja., Michajlov, A.V., et al., Moskva 1983
E–R

FRANCUZSKO-RUSSKIJ GIDROTECHNIČESKIJ SLOVAR'
Achrap, S.K., Golovanova, E.D., Jarošenja, I.F., Lapina, L.V., Tizdel', R.R., Moskva 1971, 495 p.
F–R

MNOGOJAZYČNYJ TECHNIČESKIJ SLOVAR' PO IRRIGACII I DRENAŽU. RUSSKO-ANGLO-FRANCUZSKIJ
Šubladze, K.K., Moskva 1978, 543 p. R–E–F

NEMECKO-RUSSKIJ SLOVAR' PO MELIORACII I VODNOMU CHOZJAJSTVU
Gorinskij, V.N., Moskva 1973, 455 p.
D-R

ÖTNYELVŰ VÍZGAZDÁLKODÁSI SZÓGYŰJTEMÉNY (WÖRTERBUCH DER WASSERWIRTSCHAFT IN FÜNF SPRACHEN)
Csobok, V., Kindlovits, P., Budapest 1973, I: 1087 p., II: 546 p.
D-E-F-R-Hu

RUSSKO - AZERBAJDŽANSKIJ SLOVAR' TERMINOV PO GIDROLOGII I GIDROMETRII
Mamedov, M.A., Baku 1983, 56 p.
R-Aserb

RUSSKO-UKRAINSKIJ GIDROTECHNIČESKIJ SLOVAR'
Švec, T.I., et al., Kiev 1960, 192 p.
R-Ukr

RUSSKO-UZBEKSKIJ SLOVAR' GIDROTECHNIČESKICH TERMINOV
Chusan-Chodžaev, Z.Ch., Taškent 1969, 44 p.
R-Usbek

SLOVAR'-SPRAVOČNIK GIDROTECHNIKA-MELIORATORA
Moskva 1955, 500 p.

TECHNIČESKIJ SLOVAR' PO PLOTINAM
Moskva 1962, 380 p.
R-E-Bg-S-I-D-Pl-Pt-Ro-Cs-F

VODOCHOZJAJSTVENNYJ SLOVAR'
Sovet èkonomičeskoj vzaimopomošči, Moskva 1970, 705 p.
D-E-F-S-Ro-R-Bg-(S-Pl-Hu-Mong)

3.2.6.4. SANITÄRTECHNIK, LICHTTECHNIK, KÄLTETECHNIK

ANGLO-RUSSKIJ SLOVAR'-MINIMUM PO CHOLODIL'NOJ TECHNIKE
Vol'pova, M.V., Odessa o.J., 27 p.
E-R

ANGLO-RUSSKIJ SLOVAR' PO CHOLODIL'NOJ I KRIOGENNOJ TECHNIKE
Rozenberg, M.B., Moskva 1978^{2}, 467 p.
E-R

ANGLO-RUSSKIJ SLOVAR' PO CHOLODIL'NOJ TECHNIKE
Gindlin, I.M., Rozenberg, M.B., Vejnberg, B.S., Moskva 1966, 437 p.
E-R

DICTIONNAIRE INTERNATIONAL DU FROID
Institut international du froid, Paris 1962, 278 p.
E-F-D-R-S-I

INTERNATIONAL LIGHTING VOCABULARY
International Commission on Illumination, Paris 1970^3, 359 p.
F-E-D-R

KRATKIJ NEMECKO-RUSSKIJ SLOVAR' TECHNIČESKICH TERMINOV PO CHOLODIL'NOJ TECHNIKE I CHOLODIL'NOJ TECHNOLOGII
Rotgol'c, A.V., Leningrad 1963, 96 p.
D-R

MEŽDUNARODNYJ SVETOTECHNIČESKIJ SLOVAR'
Bel'kind, L.D., Moskva 1963, 428 p.

MEŽDUNARODNYJ SVETOTECHNIČESKIJ SLOVAR'
Lazarev, D.N., Moskva 1979^3, 278 p.

NEMECKO-RUSSKIJ SLOVAR' PO CHOLODIL'NOJ TECHNIKE
Stefanovskij, V.M., Togunov, B.M., Moskva 1965, 246 p.
D-R

NEW INTERNATIONAL DICTIONARY OF REFRIGERATION
Institut international du froid, Oxford/Paris 1975, 550 p.
F-D-E-S-I-R-No

SVETELNÁ TECHNIKA (LICHTTECHNIK)
Zimmermann, R., et al., Bratislava 1977, 363 p.
E-D-F-R-S-Pl-Sk-Hu

SVETOTECHNIČESKIJ SLOVAR'. ĖSTONSKO-ANGLO-NEMECKO-RUSSKIJ
Ristchejn, Ė.M., Tallin 1982, 151 p.
Estn-E-D-R

TECHNICAL DICTIONARY OF HEATING, VENTILATION AND SANITARY ENGINEERING
Lindeke, W., Oxford 1970, 182 p.
E-D-F-R

TECHNIK-WÖRTERBUCH. HEIZUNG-LÜFTUNG-SANITÄRTECHNIK
Lindeke, W., Berlin 1969
E-D-F-R

TECHNIK-WÖRTERBUCH. KLIMA- UND KÄLTETECHNIK
Heinrich, G., et al., Berlin 1979^2, 404 p.
E-D-F-R

TECHNIK-WÖRTERBUCH. LICHTTECHNIK
Zimmermann, R., Berlin 1977, 363 p.
E-D-F-R-S-Pl-Hu-Sk

VYKUROVANIE. VETRANIE. ZDRAVOTNÁ TECHNIKA
Ivanová-Šalingová, M., Lindeke, W., et al., Bratislava 1973, 185 p.
D-E-R-Sk

3.2.7. FAHRZEUGTECHNIK

3.2.7.0. ALLGEMEIN

NEMECKO-RUSSKIJ SLOVAR' PO DVIGATELJAM VNUTRENNEGO SGORANIJA, GAZOTURBINNYM USTANOVKAM
Ličak, S.K., Moskva 1961, 319 p.
D-R

3.2.7.1. LANDFAHRZEUGE

ANGLO-RUSSKIJ AVTOTRAKTORNYJ SLOVAR'
Gol'd, B.V., Kugel', R.V., Šeršer, S.A., Moskva 1972^3, 703 p. (1957^2, 831 p.)
E-R

ČEŠSKO-RUSSKIJ AVTOTRAKTORNYJ SLOVAR'
Belen'kij, Ju.Ju., Moskva 1977, 407 p.
Cs-R

ELSEVIER'S AUTOMOBILE DICTIONARY
Schuurmans Stekhoven, G.S., New York/Amsterdam 1974, 946 p.
E/Am-F-I-S-Pt-D-R-J

FRANCUZSKO-RUSSKIJ AVTOTRAKTORNYJ SLOVAR'
Gol'dberg, G.I., Malachovskij, Ja.Ė., Moskva 1965, 460 p.
F-R

HÄUFIGKEITSWÖRTERBUCH RUSSISCH. FACHWORTSCHATZ KRAFTFAHRZEUGTECHNIK
Reitzenstein, C.-S., Seifert, T., Spitzner, F., Zwickau 1978
R-D

ITAL'JANSKO-RUSSKIJ I RUSSKO-ITAL'JANSKIJ AVTOMOBIL'NYJ SLOVAR'
Keržanevič, Ju.B., Moskva 1969, 560 p.
I-R

JAPONSKO-RUSSKIJ AVTOTRAKTORNYJ SLOVAR'
Romanov, V.A., Moskva 1977, 551 p.
J-R

KRAFTFAHRWESEN. DEUTSCH-RUSSISCH UND RUSSISCH-DEUTSCH, TECHNISCHES FACHWÖRTERBUCH
Aßmann, E., Berlin 1943^2, 162 p.
D-R

KRAFTFAHRZEUGTECHNIK
Müller, W., Berlin 1964
E-D-F-R

KRAFTWAGENBAU. DEUTSCH-RUSSISCH, RUSSISCH-DEUTSCH
Aßmann, E., Berlin 1943, 308 p. D-R

NEMECKO-RUSSKIJ AVTOBRONETANKOVYJ SLOVAR'
Berzin, B.O., Gofman, E.A., Logačeva, V.A., Polozov, A.I., Vul'fovič, R.D., Moskva 1961, 487 p.
D-R

NEMECKO-RUSSKIJ AVTOTRAKTORNYJ SLOVAR'
Dormidontov, E.A., Malachovskij, Ja.Ė., Moskva 1986[3], 775 p. (1982[2], 775 p.; 1961, 411 p.)
D-R
Rez.: FS, 3/1984, 197-199 (Tatarinov, V.A.)

NEMECKO-RUSSKIJ AVTOTRANSPORTNYJ SLOVAR'
Klinkovštejn, G.I., Šlippe, J.S., Znamenskij, A.N., Moskva 1963, 336 p.
D-R

RUSSIAN-ENGLISH DICTIONARY OF TRACTOR THEORY
Lebedev, O.V., Lebedeva, A.I., Taškent 1972, 27 p.
R-E

RUSSISCH-DEUTSCHES WÖRTERBUCH DER NATURWISSENSCHAFTEN UND TECHNIK
Gesellschaft zur Herausgabe des Russisch-Deutschen Wörterbuchs der Naturwissenschaft und Technik, Berlin 1968-1974
III. Kraftfahrwesen
Spiegel, H., 1968
R-D

RUSSKO-ARMJANSKIJ AVTOMOBIL'NYJ SLOVAR'
Antonjan, G.A., Erevan 1973, 306 p.
R-Arm

RUSSKO-ČEŠSKIJ AVTOTRAKTORNYJ SLOVAR'
Belen'kij, Ju.Ju., Moskva 1985
R-Cs

RUSSKO-FRANCUZSKIJ AVTOTRAKTORNYJ SLOVAR'
Žetikov, S.D., Moskva 1973, 575 p.
R-F

RUSSKO-KIRGIZSKIJ SLOVAR' OSNOVNYCH TERMINOV PO AVTOTRANSPORTU, AVTOMOBIL'NYM DOROGAM I DOROŽNO-STROITEL'NYM MAŠINAM
Abekov, T.U., Bakanov, B.T., Radžapova, N.P., Frunze 1980, 114 p.
R-Kirg

SLOVAR' TERMINOV PO AVTOMOBIL'NOMU TRANSPORTU. AZERBAJDŽANSKO-RUSSKIJ
Aliev, A.M., Baku 1973, 98 p.
Aserb-R

3.2.7.2. WASSERFAHRZEUGE, SCHIFFBAU

ANGLO-ĖSTONSKO-RUSSKIJ MORSKOJ SLOVAR'
Olev, K.I., Tallin 1981, 560 p. E-Estn-R

ANGLO-RUSSKIJ KORABLESTROITEL'NYJ SLOVAR'
Andrianov, S.N., Baruzdin, P.T., Bykov, V.I., Favorov, P.A., et al., Moskva 1967, 747 p.
E-R

ANGLO-RUSSKIJ MORSKOJ SLOVAR'
Andrianov, S.N., Favorov, P.A., et al., Moskva 1973, 791 p.
E-R

ANGLO-RUSSKIJ MORSKOJ SLOVAR' SOKRAŠČENIJ
Favorov, P.A., Moskva 1983, 632 p.
E-R

ANGLO-RUSSKIJ MORSKOJ TECHNIČESKIJ SLOVAR'
Favorov, P.A., Moskva 1977, 931 p.
E-R

ANGLO-RUSSKIJ SLOVAR' PO NAVIGACII, GIDROGRAFII I OKEANOGRAFII
Sorokin, A.I., Moskva 1984, 463 p.
E-R

ANGLO-RUSSKIJ SLOVAR' PO SUDOSTROENIJU I SUDOVOMU MAŠINOSTROENIJU
Belkina, S.S., Leningrad o.J., 579 p.
E-R

ANGLO-RUSSKIJ ŠTURMANSKIJ SLOVAR'. PRILOŽENIE 2 K KURSU KORABLEVOŽDENIJA
Lapuškin, Ja.Ja., Rutkovskaja, T.L., Leningrad o.J., 312 p.
E-R

ANGLO-RUSSKIJ VOENNO-MORSKOJ SLOVAR'
Morozovskij, N.G., Nemirov, I.A., Šarčenko, V.G., Šmid, V.A., Taube, A.M., Moskva 1962, 851 p.
E-R

ČASTOTNYJ ANGLO-RUSSKIJ SLOVAR'-MINIMUM PO SUDOVOŽDENIJU
Luk'janenkov, K.F., Sergeeva, V.N., Moskva 1978, 196 p.
E-R

FRANCUZSKO-RUSSKIJ SLOVAR' PO SUDOSTROENIJU I SUDOCHODSTVU
Mogilevskaja, S.S., Telegin, A.I., Moskva 1961
F-R

KRATKIJ FRANCUZSKO-RUSSKIJ VOENNO-MORSKOJ SLOVAR'
Čaadaev, N.A., Isaev, V.N., Monachov, V.A., Moskva 1961, 344 p.
F-R

LEXIKON MARITIM
Andrei, T., Bibescu, G., Bucureşti 1971, 856 p.
D-S-F-Ro-R

MORSKOJ SLOVAR'
Ministerstvo oborony SSSR, Moskva 1959, I: 432 p., II: 440 p.

NAUTISCHES ZEHNSPRACHIGES WÖRTERBUCH
Webb, B., Warszawa 1975, 173 p.
E-F-D-Nl-S-I-Pt-R-Pl-Da

NEDERLANDS-RUSSISCH GLOSSARIUM VAN DE SCHEEPSVERVEN EN VAN HUN TOEPASSING
Delabie, R., Anvers 1970, 238 p.
Nl-R

NEMECKO-RUSSKIJ SLOVAR' PO SUDOSTROENIJU I SUDOVOMU MAŠINOSTROENIJU
Zarina, E.P., Leningrad 1957, 362 p.
D-R

NEMECKO-RUSSKIJ SLOVAR' VODNOGO TRANSPORTA
Rozen, S.Ja., Moskva 1959
D-R

NEMECKO-RUSSKIJ VOENNO-MORSKOJ SLOVAR'
Blednev, A.I., Cvilling, M.Ja., Iskrickaja, L.I., Jachontov, Ju.A., Moskva 1975, 622 p.
D-R

ORFOGRAFIČESKIJ MORSKOJ SLOVAR'. OPYT SLOVARJA-SPRAVOČNIKA
Filin, F.P., Poreckaja, R.Ė., Moskva 1974

POSOBIE DLJA SUDOMECHANIKA. TERMINOLOGIJA. ANGLO-RUSSKIJ SLOVAR'
Pivnenko, B.A., Moskva 1974, 114 p.
E-R

SLOVAR' MORSKICH I REČNYCH TERMINOV. TOM I: A-M
Černova, M.I., Moskva 1955, 215 p.

TECHNIK-WÖRTERBUCH. SCHIFFSBAU, SCHIFFAHRT, FISCHEREITECHNIK
Bensch, E., Berlin 1979, 784 p.
R-E-D
Rez.: FS, 3/1980, 227

3.2.7.3. EISENBAHNFAHRZEUGE

ANGLO-RUSSKIJ ŽELEZNODOROŽNYJ SLOVAR'
Pronina, R.F., et al., Moskva 1958, 662 p.
E-R

EISENBAHN. FACHWÖRTERBUCH. DEUTSCH-RUSSISCH, RUSSISCH-DEUTSCH
Vietinghoff, A., Leipzig 1960, 377 p.
D-R

FRANCUZSKO-RUSSKIJ ŽELEZNODOROŽNYJ SLOVAR'
Fajn, A.G., Gajdamaka, P.S., Gluzman, I.S., Vislouch, L.A., Moskva 1966, 616 p.
F-R

NEMECKO-RUSSKIJ ŽELEZNODOROŽNYJ SLOVAR'
Kovrovceva, E.G., Krot-Krival', I.S., Prochorov, V.F., Sulima-Samujllo, A.P., Moskva 1960, 536 p.
D-R

NEMECKO-RUSSKIJ ŽELEZNODOROŽNYJ SLOVAR'
Bunin, D.A., Daniljuk, T.I., Fridman, N.A., Gorovaja, B.A., Moskva 1987[3], 807 p. (1977[2], 736 p.)
D-R

TECHNIK-WÖRTERBUCH. EISENBAHN. ENGLISCH-DEUTSCH-FRANZÖSISCH-RUSSISCH
Dannehl, A., Berlin 1983, 400 p.
E-D-F-R
Rez.: FS, 1/1984, 60 (Rose, H.)

TECHNIK-WÖRTERBUCH. EISENBAHN. ENGLISCH-DEUTSCH-FRANZÖSISCH-RUSSISCH
Dannehl, A., Wiesbaden 1983, 400 p.
E-D-F-R
Rez.: BDÜ, 11-12/1983, 20 (Günther, F.)

3.2.7.4. LUFT- UND WELTRAUMFAHRZEUGE

ANGLO-RUSSKIJ AVIACIONNO-KOSMIČESKIJ SLOVAR'
Muraškevič, A.M., Moskva 1974, 1336 p.
E-R

ANGLO-RUSSKIJ AVIACIONNYJ SLOVAR'
Burjakov, Ju.F., Dremičev, I.D., Dubošin, V.N., Nikolaev, N.I., Vasil'ev, A.A., Moskva 1963, 544 p.
E-R

ANGLO-RUSSKIJ AVIACIONNYJ SLOVAR'
Buchatina, M.I., Cejtlina, C.I., Kotik, M.G., Muraškevič, A.M., Moskva 1964, 687 p.
E-R

ANGLO-RUSSKIJ RAKETNO-KOSMIČESKIJ SLOVAR'
Avgustov, A.A., Bezzabotnov, V.I., Muraškevič, A.M., et al., Moskva 1966, 920 p.
E-R

ANGLO-RUSSKIJ SLOVAR' PO AVIACIONNO-KOSMIČESKIM MATERIALAM
Borisov, I.F., Moskva 1972, 486 p.
E-R

ANGLO-RUSSKIJ SLOVAR' PO GRAŽDANSKOJ AVIACII
Aslezova, S.I., Moskva 1969, 352 p.
E-R

ANGLO-RUSSKIJ SLOVAR' PO KOSMONAVTIKE
Širokov, K.V., Suprun, F.P., Moskva 1964, 30 p.
E-R

ANGLO-RUSSKIJ SLOVAR' PO RAKETNOJ TECHNIKE
Muraškevič, A.M., Moskva o.J., 231 p.
E-R

ANGLO-RUSSKIJ SLOVAR' SOKRAŠČENIJ PO AVIACIONNOJ I RAKETNO-KOSMIČESKOJ TECHNIKE
Muraškevič, A.M., Vladimirov, O.N., Moskva 1981, 621 p.
E-R

ASTRONAUTICAL MULTILINGUAL DICTIONARY
Vlachy, J., et al., Amsterdam/Praha 1970, 936 p.
E-F-R-D-I-S-Cs

ENGLISH-RUSSIAN AVIATION AND SPACE DICTIONARY
Muraškevič, A.M., London 1975, 1336 p.
E-R

FRANCUZSKO-RUSSKIJ AVIACIONNO-KOSMIČESKIJ SLOVAR'
Boršč, V.M., Muraškevič, A.M., Sneško, Ju.I., et al., Moskva 1982, 872 p.
F-R

FRANCUZSKO-RUSSKIJ AVIACIONNO-TECHNIČESKIJ SLOVAR'
Striževskij, S.Ja., Moskva 1963, 578 p.
F-R

FRANCUZSKO-RUSSKIJ AVIACIONNYJ SLOVAR'
Ščerban', S.A., Stolbov, V.S., Znamenskij, G.A., Moskva 1962, 485 p.
F-R

FRANCUZSKO-RUSSKIJ SLOVAR' PO KOSMIČESKOJ NAUKE I TECHNIKE
Andreev, B.G., Fedosova, M.A., Stefanovič, A.E., Moskva 1985
F-R

KRATKIJ AVIACIONNYJ SLOVAR' DLJA STUDENTOV-INOSTRANCEV
Brus, V.V., Gerasimenko, M.I., Kononova, G.I., et al., Kiev 1970, 68 p.
R-E-F-D

LUFTWAFFENWÖRTERBUCH IN SECHS SPRACHEN. DEUTSCH-RUSSISCH SPANISCH-ITALIENISCH-FRANZÖSISCH-ENGLISCH
Glodkowski, B., Berlin 1941, I: D-R, R-D, 997 p.
D-R-S-I-F-E

NEMECKO-RUSSKIJ AVIACIONNYJ SLOVAR'
Dremičev, I.D., Gorskij, V.V., Stolbov, V.S., Moskva 1964^2, 631 p. (1959, 411 p.)
D-R

NEMECKO-RUSSKIJ RAKETNO-ARTILLERIJSKIJ SLOVAR'
Artemov, A.P., Moskva 1982
D-R

NEMECKO-RUSSKIJ RAKETNO-KOSMIČESKIJ SLOVAR'
Alekseev, A.I., Ušakov, A.V., Moskva 1972, 616 p.
D-R

NEMECKO-RUSSKIJ SLOVAR' PO AVIACII I KOSMONAVTIKE
Kotik, M.G., Ruchadze, V.G., Moskva 1984, 797 p.
D-R

NEMECKO-RUSSKIJ SLOVAR' PO RAKETNOJ TECHNIKE
Ušakov, A.V., et al., Moskva 1964
D-R

RUSSIAN-ENGLISH DICTIONARY OF MODERN TERMS IN AERONAUTICS AND ROCKETRY
Konarski, M.M., Oxford 1970, 515 p. (1962)
R-E
Rez.: Babel, 1/1965

RUSSIAN-ENGLISH SPACE TECHNOLOGY DICTIONARY
Konarski, M.M., Oxford 1970, 928 p.
R-E

RUSSKO-ANGLIJSKIJ AVIACIONNO-KOSMIČESKIJ SLOVAR'
Muraškevič, A.M., Moskva 1971, 791 p.
R-E

RUSSKO-FRANCUZSKIJ AVIACIONNO-TECHNIČESKIJ SLOVAR'
Turčin, P.Ė., Moskva 1968, 624 p.
R-F

RUSSKO-ISPANSKIJ AVIACIONNO-KOSMIČESKIJ SLOVAR'
Oznobišev, M.A., Moskva 1980, 920 p.
R-S

RUSSKO-UZBEKSKIJ KRATKIJ TOLKOVYJ SLOVAR' PO AVIACIONNOJ TECHNIKE
Šarifbaev, I.M., Švec, F.P., Taškent 1978, 111 p.
R-Usbek

3.2.8. CHEMISCHE INDUSTRIE

3.2.8.0. ALLGEMEIN

ANGLO-RUSSKIJ CHIMIKO-TECHNOLOGIČESKIJ SLOVAR'
Dymšyc, L.B., Michajlov, V.V., Moskva 1966^{5}, 736 p.
E-R

ANGLO-RUSSKIJ SLOVAR' PO CHIMII I PERERABOTKE NEFTI
Kedrinskij, V.V., Moskva 1979^{3}, 767 p. (1975^{2}, 767 p.; 1962)
E-R

ANGLO-RUSSKIJ SLOVAR' PO NEFTEPROMYSLOVOMU DELU
Izraileva, E.Ju., Moskva 1966^{3}, 422 p. (1963^{2}, 391 p.)
E-R

ČEŠSKO-RUSSKIJ CHIMIKO-TECHNOLOGIČESKIJ SLOVAR'
Miščenko, Ju.A., Vol'fson, B.M., Moskva/Praga 1973, 621 p.
Cs-R

CHIMIČESKIJ ĖNCIKLOPEDIČESKIJ SLOVAR'
Knunjanc, I.L., Moskva 1983, 790 p.

DICTIONNAIRE DE L'INDUSTRIE ET DE LA TECHNOLOGIE CHIMIQUE EN 5 LANGUES
Bruxelles o.J., 786 p.
E-Ro-D-F-R

FIVE LANGUAGE DICTIONARY OF SURFACE COATINGS, PLATING, PRODUCTS FINISHING, CORROSION, PLASTICS AND RUBBER
Santholzer, R.W., Oxford 1969, 586 p.
E/Am-Cs-R-D-F

FRANCUZSKO-RUSSKIJ SLOVAR' PO NEFTI I GAZU
Bulanova, G.A., Gužov, S.S., Orudževa, D.S., et al., Moskva 1975, 399 p.
F-R

ITAL'JANSKO-RUSSKIJ CHIMIKO-TECHNOLOGIČESKIJ SLOVAR'
Keržkenevič, Ju.B., Vol'nov, I.I., Moskva 1966, 437 p.
I-R

MINIMUM VOCABULARY OF CHEMICAL ENGINEERING
Egyed, L., Veszprém 1982
E-R-D-Hu

NEMECKO-RUSSKIJ CHIMIČESKIJ SLOVAR'
Michajlov, V.V., Podkletnov, N.E., Moskva 1966, 792 p.
D-R

NEMECKO-RUSSKIJ CHIMIKO-TECHNOLOGIČESKIJ SLOVAR'
Rutorskij, B.N., Moskva 1961, 462 p.
D-R

NEMECKO-RUSSKIJ SLOVAR' PO CHIMII I TECHNOLOGII SILIKATOV
Pivinskij, Ju.E., Moskva 1969
D-R

RUSSKO-FRANCUZSKIJ CHIMIKO-TECHNOLOGIČESKIJ SLOVAR'
Al'tach, O.L., Pavlov, V.P., Moskva 1977, 600 p.
R-F

RUSSKO-NEMECKIJ I NEMECKO-RUSSKIJ SLOVAR' PO NEFTI I GAZU
Ingendorf, P., Knutov, V.P., Moskva 1981, 631 p.
R-D

SLOVAR' TERMINOV PO CHIMII I PERERABOTKE NEFTI. RUSSKO-AZERBAJDŽANSKIJ
Mechtiev, S.Dž., et al., Baku o.J., 80 p.
R-Aserb

TECHNIK-WÖRTERBUCH. CHEMIE UND CHEMISCHE TECHNIK. RUSSISCH-DEUTSCH
Cramer, R., Gross, H., Hentschel, F., Hildebrand, H., Memke, A., Berlin 1987[5], 832 p. (1976[3], 831 p.; 1963)
R-D

TERMINOLOGIČESKIJ SLOVAR' PO PRAČEČNOMU DELU I CHIMIČESKOJ ČISTKE. RUSSKO-ĖSTONSKIJ, ĖSTONSKO-RUSSKIJ, NEMECKO-ĖSTONSKIJ
Lijvaku, U., Tallin 1970, 119 p.
R-Estn-D

3.2.8.1. EXPLOSIONSSTOFFE, BRENNSTOFFE

ANGLO-AZERBAJDŽANSKO-RUSSKIJ SLOVAR' PO NEFTEPROMYSLOVOMU DELU
Kuliev, S.M., Mdivani, A.A., Baku o.J., 575 p.
E-Aserb-R

ANGLO-RUSSKIJ SLOVAR' PO CHIMII I PERERABOTKE NEFTI
Kedrinskij, V.V., Moskva 1979³, 767 p. (1975², 767 p.; 1962)
E-R

ANGLO-RUSSKIJ SLOVAR' PO NEFTEPROMYSLOVOMU DELU
Izraileva, E.Ju., Moskva 1966³, 422 p. (1963², 391 p.)
E-R

ENGLISH-RUSSIAN DICTIONARY OF PETROLEUM CHEMISTRY AND PROCESSING
Kedrinskij, V.V., Wellingborough 1976², 766 p.
E-R

ERDÖLVERARBEITUNG. PETROLCHEMIE
Leipnitz, o.O. 1976, 240 p.
E-D-F-R

ERDÖLWÖRTERBUCH. DEUTSCH-RUSSISCH, RUSSISCH-DEUTSCH
Stahmer, A.M., Berlin 1942, 482 p.
R-D

FRANCUZSKO-RUSSKIJ SLOVAR' PO NEFTI I GAZU
Bulanova, G.A., Gužov, S.S., Orudževa. D.S., et al., Moskva 1975, 399 p.
F-R

ISPANSKO-RUSSKIJ SLOVAR' PO DOBYČE I PERERABOTKE NEFTI
Amelin, B.A., Pinkevič, A.A., Leningrad 1966, 424 p.
S-R

NEDERLANDS-ENGELS-RUSSISCH GLOSSARIUM OVER DE VERWERKING VAN PETROLEUM
Goddaer, A., Anvers 1970, 312 p.
Nl-E-R

PETROLOGIČESKIJ ANGLO-RUSSKIJ TOLKOVYJ SLOVAR'. V DVUCH TOMACH
Tomkeev, S.I., Moskva 1986, 596 p.
E-R

RUSSKO-ANGLIJSKIJ NEFTE-PROMYSLOVYJ SLOVAR'
Cejtlin, L.I., Edvabnickaja, R.A., Sosnovskaja, L.A., Stoljarov, D.E., Moskva 1982, 431 p. R-E

RUSSKO-NEMECKIJ I NEMECKO-RUSSKIJ SLOVAR' PO NEFTI I GAZU
Geršman, S.L., Ingendorf, P., Knutov, V.P., Moskva 1981, 629 p.
R-D

TECHNIK - WÖRTERBUCH. ERDÖL - ERDGAS. RUSSISCH - DEUTSCH, DEUTSCH - RUSSISCH
Schäfer, F., Berlin 1968
R-D

TECHNIK-WÖRTERBUCH. ERDÖLVERARBEITUNG - PETROLCHEMIE
Wiesbaden 1977, 267 p.
D-E-F-R

3.2.8.2. ÖLE, FETTE, WACHSE

NEMECKO-RUSSKIJ SLOVAR' PO TOPLIVAM I MASLAM
Čočina, A.P., Moskva 1969, 494 p.
D-R

TECHNIČESKIJ SLOVAR' PO TOPLIVU I MASLAM
Papok, K.K., Ragozin, N.A., Moskva 1955², 386 p.

3.2.8.3. GLAS, EMAIL, KERAMIK, KUNSTSTEINE, ZEMENT, BETON

ANGLO-RUSSKIJ SLOVAR' PO CEMENTU I BETONU
Chajkin, Ja.B., Moskva 1959, 283 p.
E-R

DICTIONARY OF GLASS-MAKING
Commission internationale du verre, Charleroi 1970
E-Cs-R

FRANCUZSKO-RUSSKIJ SLOVAR' PO CEMENTU I BETONU
Mačkovskij, G.I., Moskva 1962, 310 p.
F-R

LABORGERÄTE AUS GLAS
Deutsche Gesellschaft für Chemisches Apparatewesen, Frankfurt a.M. 1970, 260 p.
D-E-F-R

MULTILINGUAL DICTIONARY OF CONCRETE
New York/Amsterdam 1976, 202 p.
E-F-D-S-Nl-R

NEMECKO-RUSSKIJ SLOVAR' PO CEMENTU, BETONU I ŽELEZOBETONU
Stender, G.M., Moskva 1962, 378 p.
D-R

NEMECKO-RUSSKIJ SLOVAR' PO OBOGAŠČENIJU I PERERABOTKE MINERAL'NOGO SYR'JA
Bunin, G.M., Kemežuk, N.K., Rjabov, Ju.V., Moskva 1983, 518 p. D-R

NEMECKO - RUSSKIJ SLOVAR' PO TECHNOLOGII STEKLA I SITALLOV
Gajduk, A.P., Kovčur, S.G., Moskva 1985
D-R

RUSSKO-FRANCUZSKIJ I FRANCUZSKO-RUSSKIJ TECHNIČESKIJ TERMINOLOGIČESKIJ SLOVAR': SPISKI RUSSKICH TERMINOV, PONJATIJ I SLOVOSOČETANIJ: "SPECIAL'NYE BETONY"
Mironov, S.A., Moskva 1975, 9 p.
R-F

TECHNIK - WÖRTERBUCH. BETON UND STAHLBETON. RUSSISCH-DEUTSCH
Steiger, E., Berlin 1963
R-D

TECHNIK-WÖRTERBUCH. GLAS-KERAMIK-EMAIL
Petzold, A., Berlin o.J.
E-D-F-R

3.2.8.4. FARBTECHNISCHE INDUSTRIEN

FIVE LANGUAGE DICTIONARY OF SURFACE COATINGS, PLATING, PRODUCT FINISHING, CORROSION, PLASTICS AND RUBBER
Santholzer, R.W., Oxford 1969, 586 p.
E/Am-Cs-R-D-F

NEMECKO-RUSSKIJ SLOVAR' PO PLASTMASSAM, KAUČUKU, REZINE, CHIMIČESKIM VOLOKNAM, LAKAM I KRASKAM
Maslennikov, K.N., Semenov, A.I., Trostjanskaja, E.B., et al., Moskva 1968, 528 p.
D-R

3.2.8.5. METALLURGIE

ANGLIJSKAJA NAUČNO-TECHNIČESKAJA TERMINOLOGIJA PO METALLURGII ČERNYCH METALLOV
Moskva 1971 - 1974

1. Proizvodstvo čuguna i processy prjamogo polučenija železa,
   Šatunovskij, I.S., Smol'janinov, N.A., Moskva 1971, 218 p.
2. Zagotovka i pererabotka loma i otchodov černych metallov,
   Smol'janinov, N.A., Moskva 1973, 72 p.
3. Proizvodstvo i služba ogneuporov,
   Parcevskij, A.B., Smol'janinov, N.A., Moskva 1973, 115 p.
4. Vakuumnaja metallurgija i proizvodstvo special'nych stalej, splavov i čistych metallov,
   Lincevskij, B.V., Smol'janinov, N.A., Moskva 1974, 97 p.

E-R

ANGLO-RUSSKIJ METALLURGIČESKIJ SLOVAR'
Isteev, A.I., Perlov, N.I., Rjabčikova, A.I., Vošedčenko, B.M., et al., Moskva 1985^{2}, 841 p. (1974, 752 p.)
E-R

ANGLO-RUSSKIJ SLOVAR' PO PROKATKE METALLOV
Koroleva, A.A., Saksonov, G.M., Moskva 1963, 181 p.
E-R

ČEŠSKO-RUSSKIJ METALLURGIČESKIJ SLOVAR'
Moskva 1978
Cs-R

DICŢIONAR POLIGLOT DE METALURGIE
Breabăn, M.L., Nedelcov, C., Niculescu, G., Bucureşti 1973, 624 p.
D-E-F-Ro-R

DICTIONARY OF FERROUS METALLURGY
Jurela, L., Beograd 1971, 707 p.
E-D-F-R-Sh

ENGLISH-RUSSIAN METALLURGICAL DICTIONARY
Voshedchenko, B.M., Wellingborough 1974, 752 p.
E-R

ENGELS-RUSSISCH-NEDERLANDS GLOSSARIUM OVER DE WARMETEBEHANDELING, OPPERVLAKTEBEHANDELING, OPPERVLAKTEBEDEKKING, THERMOCHEMISCHE DIFFUSIE, BEHANDELING EN BEPROEVINGSMETHODES VAN STAALDRAAD
van Schandevijl, J.P., Anvers 1971, 180 p.
E-R-Nl

FRANCUZSKO-RUSSKIJ METALLURGIČESKIJ SLOVAR'
Astrova, N.V., Beljaeva, G.F., Dlugač, L.S., Timošenko, N.N., Moskva 1962, 434 p.
F-R

ITAL'JANSKO-RUSSKIJ METALLURGIČESKIJ SLOVAR'
Moskva 1978
I-R

KRATKIJ RUSSKO-PERSIDSKIJ TERMINOLOGIČESKIJ SLOVAR' PO METALLURGII
Kariev, Š.Z., Taškent 1974, 64 p.
R-Pers

METALURSKI REČNIK IZ OBLASTI CRNE METALURGIJE
Beograd 1971, 707 p.
Sh-Sn-Mazed-E-F-D-R

NEMECKO-RUSSKIJ METALLURGIČESKIJ SLOVAR'
Bogomolov, B.A., Gusev, N.P., et al., Moskva 1967, 760 p.
D-R

OTRASLEVOJ SLOVAR'. KOMPAKTNYJ METALLURGIČESKIJ ZAVOD. RUSSKO-NEMECKIJ, NEMECKO-RUSSKIJ
von Michel, B., et al., Linz 1982, I: 151 p., II: 174 p. R-D

POL'SKO-RUSSKIJ METALLURGIČESKIJ SLOVAR'
Meched, G.N., Pobegajlo, V.M., Moskva 1982, 461 p.
Pl-R

RUSSKO-ANGLO-NEMECKO-FRANCUZSKIJ METALLURGIČESKIJ SLOVAR'. OSNOVNYE TERMINY
Bočkareva, V.M., Kurukov, I.F., Lopuchov, G.A., et al., Moskva 1987
R-E-D-F

RUSSKO-UKRAINSKIJ METALLURGIČESKIJ SLOVAR'
Meleško, V.I., Čechranov, V.D., Kiev 1970, 118 p.
R-Ukr

SLOVAR'-SPRAVOČNIK PO POROŠKOVOJ METALLURGII
Denisenko, Ė.T., Kovenskij, I.I., Švedkov, E.L., Kiev 1982, 269 p.

SŁOWNIK TERMINOLOGII METALOZNAWSTWA ANGIELSKO-NIEMIECKO-FRANCUSKO-POLSKO-ROSYSKI (DICTIONARY OF PHYSICAL METALLURGY ENGLISH-GERMAN-FRENCH-POLISH-RUSSIAN)
Tyrkiel, E.F., Warszawa 1977, 404 p.
E-D-F-Pl-R

TECHNICAL DICTIONARY OF METALLURGICAL TERMS IN THE IRON AND STEEL INDUSTRY
Moskva 1971, 218 p.
E-R

TECHNIK-WÖRTERBUCH. METALLURGIE UND GIESSEREITECHNIK, RUSSISCH-DEUTSCH
Stölzel, K., Berlin 1986, 648 p.
Rez.: FS, 1/1987, 50 (Springl, W.)
R-D

UČEBNYJ SLOVAR' SOČETAEMOSTI TERMINOV. TECHNOLOGIJA METALLOV I MATERIALOVEDENIE
Curkov, V.N., Krjuk, L.A., Toršina, L.M., Moskva 1981, 274 p.

WÖRTERBUCH DES HÜTTEN- UND WALZWERKWESENS. RUSSISCH-DEUTSCH
Fritzsche, C., Berlin 1967 (1955, 387 p.)
R-D

3.2.8.6. NAHRUNGSMITTEL

ANGLO-RUSSKIJ SLOVAR' PO PIŠČEVOJ PROMYŠLENNOSTI
Benson, M.I., Berezin, N.T., Gurni, V.P., et al., Moskva 1963, 570 p.
E-R

ANGLO-RUSSKIJ SLOVAR' PO SACHARNOJ PROMYŠLENNOSTI
Ivanov, S.Z., Palaš, V.P., Moskva 1969, 176 p.
E-R

ANGLO-RUSSKIJ SLOVAR' TERMINOV PO TECHNOLOGII MJASA I MJASOPRODUKTOV
Vuič, T.M., et al., Moskva o.J., 44 p.
E-R

BOLGARSKO-RUSSKIJ SLOVAR' PO SACHARNOJ PROMYŠLENNOSTI
Ivanov, S.Z., Mičev, Ch.J., Moskva 1979. 148 p.
Bg-R

ČEŠSKO-RUSSKIJ SLOVAR' PO SACHARNOJ PROMYŠLENNOSTI
Ivanov, S.Z., Moskva 1974, 144 p.
Cs-R

DICŢIONAR POLIGLOT DE INDUSTRII ALIMENTARE
Bejan, N., Brad, S., Munteanu, M., Pandelea, M., et al., Galaţi 1972, 500 p.
D-E-F-Ro-R

DICTIONNAIRE DU CONTREMAÎTRE DE FABRIQUES DE CONSERVES
Jastrebov, S.M., Moskva 1972, 200 p.
F-R

FRANCUZSKO-RUSSKIJ SLOVAR' PO PIŠČEVOJ PROMYŠLENNOSTI
Bardyšev, G.M., Gurni, V.P., Moskva 1974, 648 p.
F-R

FRANCUZSKO-RUSSKIJ SLOVAR' PO SACHARNOJ PROMYŠLENNOSTI
Ivanov, S.Z., Muštenko, G.A., Vinogradova, N.P., Moskva 1971, 160 p.
F-R

NEMECKO-RUSSKIJ SLOVAR' PO KRACHMALO-PATOČNOJ I GLJUKOZNOJ PROMYŠLENNOSTI
Anjuškin, E.S., Žušman, A.I., Moskva 1972, 159 p.
D-R

NEMECKO-RUSSKIJ SLOVAR' PO PIŠČEVOJ PROMYŠLENNOSTI
Anjuškin, E.S., Babanina, A.V., Bardyšev, G.M., et al., Moskva 1967, 612 p.
D-R

NEMECKO-RUSSKIJ SLOVAR' PO SACHARNOJ PROMYŠLENNOSTI
Anjuškin, E.S., Ivanov, S.Z., Moskva 1969, 272 p.
D-R

POL'SKO-RUSSKIJ SLOVAR' PO SACHARNOJ PROMYŠLENNOSTI
Ivanov, S.Z., Moskva 1976, 150 p.
Pl-R

RUMYNSKO-RUSSKIJ SLOVAR' PO SACHARNOJ PROMYŠLENNOSTI
Ivanov, S.Z., Moskva 1981, 152 p.
Ro-R

RUSSKO-V'ETNAMSKIJ SLOVAR' PO PIŠČEVOJ PROMYŠLENNOSTI
Buj Dych Choj, Le Van N'ong, Nguen Nang Vin', Sorokin, A.I., et al., Moskva 1984, 254 p.
R-Vietn

SERBSKOCHORVATSKO-RUSSKIJ SLOVAR' PO SACHARNOJ PROMYŠLENNOSTI
Ivanov, S.Z., Moskva 1982, 165 p.
Sh-R

SLOVACKO-RUSSKIJ SLOVAR' PO SACHARNOJ PROMYŠLENNOSTI
Moskva 1982, 160 p.
Sk-R

SLOVAR' TERMINOV MJASNOJ PROMYŠLENNOSTI. ANGLO-FRANCUZSKO-NEMECKO-RUSSKIJ
Adžjan, M.P., Gal'perina, T.G., Zaslavskaja, S.M., et al., Moskva 1967, 83 p.
E-F-D-R

UKRAINSKO-RUSSKIJ SLOVAR' PO SACHARNOJ PROMYŠLENNOSTI
Golovnjak, Ju.D., Ivanov, S.Z., Krjakvina, S.P., Kiev 1976, 163 p.
Ukr-R

VENGERSKO-RUSSKIJ SLOVAR' PO SACHARNOJ PROMYŠLENNOSTI
Ivanov, S.Z., Moskva 1978, 149 p.
Hu-R

3.2.9. VERSCHIEDENE INDUSTRIEN

3.2.9.1. HOLZINDUSTRIE

NEMECKO-RUSSKIJ SLOVAR'. LESOTECHNIČESKAJA I LESOĖKSPORTNAJA TERMINOLOGIJA
Raba, Ė.F., Vallenburger, B.F., Moskva/Leningrad 1935, 149 p.
D-R

NEMECKO-RUSSKIJ SLOVAR' PO DEREVOOBRABOTKE
Alender, I.Z., Kazimirova, E.D., Nikolaev, A.P., Moskva 1962, 216 p.
D-R

TOLKOVYJ SLOVAR' PO DEREVOOBRABOTKE. RUSSKO-LITOVSKIJ, NEMECKO-LITOVSKIJ
Barkauskas, A., Enajtis, S., Kajris, M., et al., Vil'njus 1971, 118 p.
D-R-Lit

WÖRTERBUCH DER HOLZTECHNIK
Zentralinstitut für Holztechnologie Dresden, Leipzig 1975, 635 p.
D-R-E-F

3.2.9.2. LEDERINDUSTRIE

ANGLO-RUSSKIJ KOŽEVENNO-OBUVNOJ SLOVAR'
Afanas'ev, A.A., Arbuzov, G.A., Egorova, E.A., Michailov, A.N., Moskva 1963, 402 p.
E-R

ČEŠSKO-RUSSKIJ KOŽEVENNO-OBUVNOJ SLOVAR'
Lilič, T.A., Mogilevskij, L.D., Ramm, S.N., Moskva 1962, 135 p.
Cs-R

INTERNATIONALES WÖRTERBUCH DER LEDERWIRTSCHAFT
Freudenberg, W., Berlin/New York 1973², 263 p.
E-F-D-S-I-R

NEMECKO-RUSSKIJ SLOVAR' PO KOŽEVENNOJ I OBUVNOJ PROMYŠLENNOSTI
Polterovič, M.L., Šapiro, A.E., Moskva 1960, 408 p.
D-R

3.2.9.3. PAPIERINDUSTRIE

ANGLO-RUSSKIJ LESOTECHNIČESKIJ SLOVAR'
Mel'cer, E.M., Možaev, D.V., Novikov, B.N., et al., Moskva 1983
E-R

ANGLO-RUSSKIJ SLOVAR' PO CELLJULOZNO-BUMAŽNOMU PROIZVODSTVU
Grabovskij-Ėkonopnic, V.A., Ėliašberg, A.Ja., et al., Moskva 1958, 263 p.
E-R

LESOTECHNIČESKIJ SLOVAR'
Langendorf, G., et al., Leipzig 1969
D-R-E-F

NEMECKO-RUSSKIJ LESOTECHNIČESKIJ SLOVAR'
Vigdorovič, O.A., Leningrad 1958, 205 p.
D-R

NEMECKO-RUSSKIJ SLOVAR' PO CELLJULOZNO-BUMAŽNOMU PROIZVODSTVU
Andronnikova, E.M., Grabovskij-Ėkonopnic, V.A., Mel'cer, E.M., Moskva 1959, 235 p.
D-R

NEMECKO-RUSSKIJ SLOVAR' PO CELLJULOZNO-BUMAŽNOMU I GIDROLIZNOMY PROIZVODSTVU
Eliašberg, A.Ja., Grabovskij-Ėkonopnic, V.A., Mel'cer, E.M., et al., Moskva 1968, 469 p.
D-R

NEMECKO-RUSSKIJ SLOVAR' PO DEREVOOBRABOTKE
Alender, I.Z., et al., Moskva 1962, 216 p.
D-R

NEMECKO-RUSSKIJ SLOVAR' PO LESNOMU CHOZJAJSTVU, LESNOJ I DEREVOOBRABATYVAJUŠČEJ PROMYŠLENNOSTI
Pavlov, E.A., Semenova, O.I., et al., Moskva 1978, 477 p.
D-R
Rez.: FS, 1/1980, 66 (Draheim, M.)

3.2.9.4. TEXTILINDUSTRIE

ANGLO-RUSSKIJ TEKSTIL'NYJ SLOVAR'
Lupandin, K.K., Rabinovič, Z.E., Moskva 1961, 640 p.
E-R

CHIMIČESKIE VOLOKNA. SLOVAR'-SPRAVOČNIK
Maslennikov, K.N., Moskva 1973, 190 p.

COURTAULDS VOCABULARY OF TEXTILE TERMS IN 5 LANGUAGES
London 1972[2], 224 p.
E-D-S-F-R

FRANCUZSKO-RUSSKIJ TEKSTIL'NYJ SLOVAR'
Butovič, V.M., Korzinkin, N.S., Lur'e, A.E., Villemson, Ch.I., et al., Moskva 1962, 462 p.
F-R

KRATKIJ ANGLO-RUSSKIJ I RUSSKO-ANGLIJSKIJ SLOVAR' PO ŠVEJNOMU PROIZVODSTVU
Michalev, A.F., Ivanovo 1963, 77 p.
E-R

KRATKIJ NEMECKO-RUSSKIJ SLOVAR' PO ŠVEJNOMU PROIZVODSTVU
Kudrjakova, L.M., Čurilova, L.P., Ivanovo 1971[2], 186 p.
D-R

NEMECKO-RUSSKIJ TEKSTIL'NYJ SLOVAR'
Grišin, P.I., Lužeckij, D.G., Maslennikov, K.N., Tijsman, K.N., et al., Moskva 1981[2], 827 p. (1962, 559 p.)
D-R

POL'SKO-RUSSKIJ TEKSTIL'NYJ SLOVAR'
Bondar', N.D., Genc, I.P., Moskva 1965, 411 p.
Pl-R

RUSSKO-UKRAINSKIJ TOLKOVYJ SLOVAR' ŠVEJNOVO PROIZVODSTVA
Antipova, A.I., Baev, P.M., Bojcova, A.M., et al., Kiev 1974, 184 p.
R-Ukr

TECHNIK-WÖRTERBUCH. TEXTILVEREDLUNG
Körner, R., et al., Berlin 1966, 1022 p.
E-D-F-R

TOLKOVYJ SLOVAR' TEKSTIL'NYCH TERMINOV
Jurevičjus, A., Čižas, A., Vil'njus 1962, 98 p.
Lit-R

3.2.9.5. KUNSTSTOFFINDUSTRIE

AGENTS DE SURFACE VOCABULAIRE (POVERCHNOSTNO-AKTIVNYE VEŠČESTVA. SLOVAR')
ISO, Genève 1971, 39 p.
E-F-R

ANGLO-RUSSKIJ SLOVAR' PO CHIMII I TECHNOLOGII POLIMEROV
Babaevskij, P.G., Dubrova, B.M., Leščiner, A.A., et al., Moskva 1977, 535 p.
E-R

ANGLO-RUSSKIJ SLOVAR' PO KAUČUKU, REZINE I CHIMIČESKIM VOLOKNAM
Fejgin, I.E., Jašunskaja, F.I., Moskva 1962³, 260 p.
E-R

ANGLO-RUSSKIJ SLOVAR' PO PLASTMASSAM
Gurarij, M.G., Iofe, S.S., Pesin, L.M., Moskva 1963, 144 p.
E-R

ČEŠSKO-RUSSKIJ SLOVAR' PO PLASTMASSAM, CHIMIČESKIM VOLOKNAM, KAUČUKU I REZINE
Čečik, E.I., Vol'fson, B.M., Moskva 1964, 274 p.
Cs-R

NEMECKO-ANGLO-RUSSKO-LATYŠSKIJ ILLJUSTRIROVANNYJ SLOVAR' TERMINOV PO OBRABOTKE PLASTMASS
Arendt, L., Karlivan, V., Mjuller, K., et al., Riga 1980, 69 p.
D-E-R-Lett

NEMECKO-RUSSKIJ SLOVAR' PO PLASTMASSAM, KAUČUKU, REZINE, CHIMIČECKIM VOLOKNAM, LAKAM I KRASKAM
Jašunskaja, F.I., Maslennikov, K.N., Semenov, A.I., Šapiro, A.E., Trostjanskaja, E.B., Vinogradov, V.M., et al., Moskva 1968, 528 p.
D-R

RUSSIAN-ENGLISH PLASTICS DICTIONARY
Josselson, H.H., Detroit 1970, 304 p.
R-E

TECHNICAL DICTIONARY OF HIGH POLYMERS
Dawydoff, W., Howork, H., Oxford 1969, 960 p.
E-D-F-R

TECHNIK-WÖRTERBUCH. HOCHPOLYMERE
Dawydoff, W., Howork, H., Berlin 1968, 959 p.
E-D-F-R

TECHNIK-WÖRTERBUCH. PLASTTECHNIK
Kaliske, G., Berlin 1982, 408 p.
E-D-F-R

TECHNIK-WÖRTERBUCH. SILIKATTECHNIK
Blankenburg, H.-J., Petzold, A., et al., Berlin 1977, 212 p.
E-D-F-R

TECHNIK-WÖRTERBUCH. SILIKATTECHNIK
Petzold, A., Berlin 1976, 304 p.
D-E-F-R

3.2.9.6. FEINMECHANIK, INSTRUMENTENKUNDE DATENVERARBEITUNGSMASCHINEN, WAAGEN

ANGLO-GRUZINSKIJ SLOVAR' PO VYČISLITEL'NOJ TECHNIKE I OBRABOTKE DANNYCH
Berulava, R.G., Kvačachija, I.I., Tbilisi 1984
E-Grus

ANGLO-RUSSKIJ SLOVAR' PO VYČISLITEL'NOJ TECHNIKE
Avaev, A.V., Lebedev, S.A., Zejdenberg, V.K., Ziman, Ju.L., Zimarev, A.N., Moskva 1964, 279 p.
E-R

ANGLO-RUSSKIJ SLOVAR' PO VYČISLITEL'NOJ TECHNIKE
Zejdenberg, V.K., Ziman, Ju.L., Zimarev, A.N., Moskva 1987, 567 p. (1984^3, 504 p.; 1974^2, 535 p.)
E-R

ANGLO-RUSSKIJ TOLKOVYJ SLOVAR' PO VYČISLITEL'NYM SISTEMAM I SETJAM
Gnedovskij, A.V., Jakubajtis, Ė.A., Rotanov, S.V., Moskva 1981, 269 p.
E-R

ANGLO-RUSSKO-NEMECKO-FRANCUZSKIJ TOLKOVYJ SLOVAR' PO VYČISLITEL'NOJ TECHNIKE
Dorodnicyn, A.A., Šišmareva, A.I., Zamorin, A.P., Moskva 1981^2, 416 p. (1978, 416 p.)
E-R-D-F

ČEŠSKO-RUSSKIJ SLOVAR' PO VYČISLITEL'NOJ TECHNIKE
Žuravlev, A.I., Pod"jačev, V.G., Moskva 1979, 375 p.
Cs-R

DATA PROCESSING DICTIONARY
Pezinska, Z., Warszawa 1976, 150 p.
E-Pl-R

ENGLISH-RUSSIAN DICTIONARY OF COMPUTERS AND DATA PROCESSING
Zejdenberg, V.K., Ziman, Ju.L., Zimarev, A.N., Wellingborough 1974, 535 p.
E-R

MALYJ SLOVAR' PO ĖVM: ĖSTONSKO-RUSSKO-ANGLIJSKIJ
Agur, U.M., Chanson, V., Tallin 1976, 108 p.
Estn-R-E

MNOGOJAZYČNYJ TERMINOLOGIČESKIJ SLOVAR' PO AVTOMATIZIROVANNYM SISTEMAM UPRAVLENIJA (ASU) V UGOL'NOJ PROMYŠLENNOSTI. VYČISLITEL'NAJA I ORGANIZACIONNAJA TECHNIKA (TOM 7. ČAST' 1)
Aptekman, G.N., Itel'son, Ė.A., Migačev, R.D., Petrov, Ju.A., et al., Moskva 1979, 481 p.
polyglott

NEMECKO-RUSSKIJ SLOVAR' PO KOMMUNAL'NYM MAŠINAM
Bojko, R.F., Borodin V.S., Kolpačkov, V.A., Petročenko, V.V., et al., Moskva 1971, 216 p.
D-R

NEMECKO-RUSSKIJ SLOVAR' PO PRIBORAM VREMENI
Samsonov, L.M., Vladimir 1969, 18 p.
D-R

NEMECKO-RUSSKIJ SLOVAR' PO VYČISLITEL'NOJ TECHNIKE
Novičkova, L.M., Šarov, V.A., Šišmarev, A.I., Moskva 1976, 400 p.
D-R

OSNOVNI PONJATIJA ZA ANALOGOVA IZČISLITELNA TECHNIKA. ANALÓG SZÁMÍTÁSTECHNIKA (ANALOGRECHENTECHNIK)
Institut für Energetik, Leipzig 1977, 194 p.
Bg-D-Pl-Ro-R-Cs-Hu

RUSSKO-LITOVSKO-ANGLIJSKIJ TERMINOLOGIČESKIJ SLOVAR' PO VYČISLITEL'NOJ TECHNIKE
Kairis, V., Kaminskas, A., et al., Vil'njus 1971, 599 p.
R-Lit-E

SZÁMÍTÁSTECHNIKA (RECHENTECHNIK)
Frey, T., Szelezsán, J., Budapest 1973, 168 p.
D-E-Hu-R

TECHNICAL DICTIONARY OF DATA PROCESSING, COMPUTERS AND OFFICE MACHINES
Bürger, E., Elmsford/NewYork/Oxford 1970, 1464 p.
E-D-F-R

TECHNIK-WÖRTERBUCH. DATENERFASSUNG-PROGRAMMIERUNG
Bürger, E., Berlin 1981^3 (1978^2, 388 p.)
E-D-F-R

TERMINOLOGIČESKIJ SLOVAR' PO ČASOVOMU DELU. RUSSKO-ĖSTONSKIJ, ĖSTONSKO-RUSSKIJ
Lijvaku, U., Tallin 1968, 39 p.
R-Estn

TOLKOVYJ SLOVAR' PO VYČISLITEL'NOJ TECHNIKE I PROGRAMMIROVANIJU. OSNOVNYE TERMINY
Šarov, V.A., Zamorin, A.P., Moskva 1987 R-D

VEZETÉSI, SZERVEZÉSI, INFORMÁCIÓS ÉS SZÁMÍTÁSTECHNIKAI ÉRTELMEZŐ SZÓTÁR (SACHWÖRTERBUCH FÜR LEITUNGS-, ORGANISATIONS-, INFORMATIONSWESEN UND RECHENTECHNIK)
Kiss, E., Drecin, J., Budapest 1974, 547 p.
E-Hu-R

WÖRTERBUCH DER DATENTECHNIK. RUSSISCH-DEUTSCH-ENGLISCH, ENGLISCH-RUSSISCH-DEUTSCH, DEUTSCH-RUSSISCH-ENGLISCH
Schulz, J., Wiesbaden 1977, 1092 p.
R-D-E

3.2.9.7. SCHMIEDEGEWERBE, HUFBESCHLAG, EISENWAREN, SCHLOSSEREI

ČASTOTNYJ SLOVAR' PO SLESARNOMU DELU
Kaplinskaja, K.P., Zasorina, L.N., Zubkova, T.I., Leningrad 1966

NEMECKO-RUSSKIJ SLOVAR' PO METALLOOBRABOTKE
Boguslavskij, B.L., Deputatova, N.F., Švarc, V.V., o.O. 1969³, 480 p. (1957, 465 p.)
D-R

3.2.9.8. MÖBELINDUSTRIE

NEMECKO-RUSSKIJ SLOVAR' PO DEREVOOBRABOTKE
Alender, I.Z., Kazimirova, E.D., Nikolaev, A.P., Moskva 1962, 216 p.
D-R

TOLKOVYJ SLOVAR' PO DEREVOOBRABOTKE. RUSSKO-LITOVSKIJ, NEMECKO-LITOVSKIJ
Barkauskas, A., Enajtis, S., Kajris, M., et al., Vil'njus 1971, 118 p.
D-R-Lit

3.2.9.9. VERPACKUNGSINDUSTRIE, CONTAINER, TRANSPORT- UND SPEICHERBEHÄLTER

FACHWÖRTERBUCH VERPACKUNG
Hoffmann, P.A., Heidelberg 1975, 843 p.
E-D-F-S-R

3.2.10. BAUWESEN, BAUINDUSTRIE, ARCHITEKTUR

ANGLO-RUSSKIJ STROITEL'NYJ SLOVAR'
Amburger, P.G., Moskva 1961³, 599 p.
E-R

ANGLO-RUSSKIJ I RUSSKO-ANGLIJSKIJ ARCHITEKTURNO-STROITEL'-NYJ SLOVAR'
Puškarev, V.I., Ščegoleva, A.M., Kiev 1961, 843 p.
E-R

ČEŠSKO-RUSSKIJ STROITEL'NYJ SLOVAR'
Ležepekov, F.F., Konorov, A.V., Moskva 1971, 662 p.
Cs-R

DICTIONARY OF BUILDING AND CONSTRUCTION
Wellingborough 1976, 210 p.
Hu-E-D-R

DVENADCATIJAZYČNYJ STROITEL'NYJ SLOVAR'
SĖV, Postojannaja komissija po stroitel'stvu, Tom na anglijskom jazyke, Moskva 1979, 370 p.
Bg-Hu-S-Mong-D-Pl-Ro-R-Serb-Kroat-E-F

DVENADCATIJAZYČNYJ STROITEL'NYJ SLOVAR'
SĖV, Postojannaja komissija po stroitel'stvu, Tom na francuzskom jazyke, *Vizirjan, G.V., Vislouch, A.F., Volkov, E.D., et al.*, Moskva 1982, 457 p.
Bg-Hu-S-Mong-D-Pl-Ro-R-Serb-Kroat-E-F

FACHWORTSCHATZ BAUWESEN. HÄUFIGKEITSWÖRTERBUCH
Hahn, U., Hoffmann, L., Leipzig 1984², 99 p. (1976, 99 p.)
R-E-F

FRANCUZSKO-RUSSKIJ STROITEL'NYJ SLOVAR'
Sacharov, G.V., Sokolov, V.N., Poljak, O.S., Moskva 1976², 424 p.
F-R

ITAL'JANSKO-RUSSKIJ I RUSSKO-ITAL'JANSKIJ STROITEL'NYJ SLOVAR'
Avramenko, B.I., Moskva 1978, 480 p.
I-R

KRATKIJ RUSSKO-BOLGARSKIJ I BOLGARO-RUSSKIJ STROITEL'NYJ SLOVAR' S RAZGOVORNIKOM
Barzov, K.V., O.o. 1980, 80 p.
R-Bg

KRATKIJ RUSSKO-GRUZINSKIJ ARCHITEKTURNYJ TOLKOVYJ SLOVAR'
Kvirkvelija, T.R., Tbilisi 1961, 150 p.
R-Grus

KRATKIJ RUSSKO-UZBEKSKIJ SLOVAR' STROITEL'NYCH TERMINOV
Ašrabov, A.B., Kasymov, Š., Taškent 1970, 52 p.
R-Usbek

MULTILINGUAL DICTIONARY OF CONCRETE
New York/Amsterdam 1976, 202 p.
E-F-D-S-Nl-R

NEMECKO-RUSSKIJ ARCHITEKTURNYJ SLOVAR'
Žitomirskij, M.M., Moskva 1957, 208 p. D-R

NEMECKO-RUSSKIJ SLOVAR' PO CEMENTU, BETONU I ŽELEZOBETONU
Stender, T.M., Moskva 1962, 378 p.
D-R

NEMECKO-RUSSKIJ STROITEL'NYJ SLOVAR'
Blank, M.L., Polivanov, N.I., Poljakov, O.S., Predtečenskij, M.A., Šestopal, N.M., et al., Moskva 1972, 612 p.
D-R

NEMECKO-RUSSKIJ STROITEL'NYJ SLOVAR'
Amburger, P.G., Nekrasov, K.D., Moskva 1952, 547 p.
D-R

POL'SKO-RUSSKIJ STROITEL'NYJ SLOVAR'
Račinskaja, Č.S., Račinskij, Z.Z., Moskva 1968, 702 p.
Pl-R

RUSSKO-AZERBAJDŽANSKIJ SLOVAR' TERMINOV PO STROITEL'STVU
Aliev, A.A., Baku 1959, 145 p.
R-Aserb

RUSSKO-ĖSTONSKIJ STROITEL'NYJ SLOVAR'
Masso, T., Tallin 1975, 383 p.
R-Estn

RUSSKO-FRANCUZSKIJ SLOVAR' PO STROITEL'NYM MATERIALAM
Akimova, T.A., Moskva 1973, 83 p.
R-F

RUSSKO-FRANCUZSKIJ STROITEL'NYJ SLOVAR'
Voronin, V.V., Mačkovskij, G.I., Moskva 1978, 462 p.
R-F

RUSSKO-FRANCUZSKIJ STROITEL'NYJ SLOVAR' (ČAST' 2: N-JA)
Batiščev, S.I., Injakina, E.N., Voskresenskaja, V.A., Kujbyšev 1978, 475 p.
R-F

RUSSKO-KIRGIZSKIJ TERMINOLOGIČESKIJ SLOVAR' PO ARCHITEKTURE
Alieva, V., Frunze 1983, 145 p.
R-Kirg

RUSSKO-TADŽIKSKJ TERMINOLOGIČESKIJ SLOVAR' PO STROITEL'STVU
Džuraev, T.K., Komilov, A.K., Šaropov, N.A., Dušanbe 1982, 69 p.
R-Tadschik

SERBSKO-CHORVATSKO-RUSSKIJ STROITEL'NYJ SLOVAR'
Poljakov, O.S., Moskva 1972, 500 p.
Serb-Kroat-R

STROITEL'NYJ SLOVAR'
Beljaev, Ju.N., Korčemkin, S.N., Kurbatov, S.V., Moskva 1985, 1600 p.
E-D-F-Nl-R

TECHNIK-WÖRTERBUCH. BAUWESEN, RUSSISCH-DEUTSCH
Stapel, R.K., Sturm, W., Berlin 1985, 664 p.
R-D
Rez.: FS, 1/1986, 65 (Grün, J.)

TECHNIK-WÖRTERBUCH. BETON UND STAHLBETON, RUSSISCH-DEUTSCH
Steiger, E., Berlin 1963, 328 p.
R-D

TERMINOLOGIČESKIJ RUSSKO-ANGLIJSKJ SLOVAR' DLJA STROITEL'-NYCH VUZOV
Korjakin, V.P., Ljapina, N.N., Pudovkina, S.F., Moskva 1977, 224 p.
R-E

3.3. LANDWIRTSCHAFT

3.3.0. ALLGEMEIN

ANGLO-RUSSKIJ POČVENNO-AGROCHIMIČESKIJ SLOVAR'
Peterburgskij, A.V., Rode, A.A., Moskva 1967, 432 p.
E-R

ANGLO-RUSSKIJ POČVENNYJ SLOVAR'
Zonn, I.S., Moskva 1963, 175 p.
E-R

ANGLO-RUSSKIJ SEL'SKOCHOZJAJSTVENNYJ SLOVAR'
Adamenko, P.A., D'jakonov, L.P., Kozlovskij, V.G., Rakipov, N.G., Vejcman, E.A., et al., Moskva 1983, 886 p.
E-R

ANGLO-RUSSKIJ SLOVAR' PO SEL'SKOCHOZJAJSTVENNOJ TECHNIKE
Doktorov, A.T., Evsjukov, Ju.M., Rozenbaum, A.N., Moskva 1965, 379 p.
E-R

ČASTOTNYJ SLOVAR' LEKSIKI UČEBNYCH POSOBIJ DLJA SEL'SKO-CHOZJAJSTVENNYCH VUZOV
Dobrinskaja, E.I., Gruza, V.V., Zijautdinova, Ch.A., et al., I: Rastenievodstvo i smežnye s nim discipliny, Taškent 1979, 108 p.

COMPREHENSIVE RUSSIAN-ENGLISH AGRICULTURAL DICTIONARY
Ussovsky, B.N., Oxford 1967^2, 482 p.
R-E

DEUTSCH-RUSSISCHES LANDWIRTSCHAFTLICHES WÖRTERBUCH
Jemtzeff, W., Königsberg/Berlin 1943, 534 p.
D-R-L

FRANCUZSKO-RUSSKIJ SEL'SKOCHOZJAJSTVENNYJ SLOVAR'
Moskva (Gostechizdat) 1977 F-R

FRANCUZSKO-RUSSKIJ SEL'SKOCHOZJAJSTVENNYJ SLOVAR'
Sinjagin, I.I., Moskva (Russkij jazyk) o.J., 395 p.
F-R

KRATKIJ RUSSKO-BAŠKIRSKIJ SEL'SKOCHOZJAJSTVENNYJ SLOVAR'
Gadilov, L., Šigaev, M., Ufa 1961, 98 p.
R-Baschkir

KRATKIJ RUSSKO-TURKMENSKIJ SLOVAR' SEL'SKOCHOZJAJSTVENNYCH TERMINOV
Džumaev, O.M., Aščhabad 1958, 291 p.
R-Turkmen

KRATKIJ RUSSKO-UZBEKSKIJ TERMINOLOGIČESKIJ SLOVAR' PO POČVOVEDENIJU
Bachadyrov, M., et al., Taškent 1956, 80 p.
R-Usbek

KRATKIJ TERMINOLOGIČESKIJ SLOVAR' PO ĖKONOMIKE SEL'SKOGO CHOZJAJSTVA
Abdirov, M., Aubakirov, Ja., Balapanov, Ž., Kaimov, B., Alma-Ata 1974, 139 p.
R-Kasach

LAUKSAIMNIECIBAS TEHNIKAS TERMINU VARDNICA (WÖRTERBUCH DER FACHAUSDRÜCKE DER LANDTECHNIK)
Brinkmanis, O., Pommers, Ju., Riga 1974, 421 p.
Lett-R

LEXIQUE PÉDOLOGIQUE TRILINGUE
Plaisance, G., Paris o.J., 355 p.
polyglott

NEMECKO-ĖSTONSKO-RUSSKIJ SEL'SKOCHOZJAJSTVENNYJ SLOVAR'
Trejman, L., Tallin 1970, 210 p.
D-Estn-R

NEMECKO-RUSSKIJ SEL'SKOCHOZJAJSTVENNYJ SLOVAR'
Linnik, E.F., Paschin, N.F., Požarskij, V.K., Sinjagin, I.I., Moskva 1987 (1982, 743 p.)
D-R

NEMECKO-RUSSKIJ SEL'SKOCHOZJAJSTVENNYJ SLOVAR'
Paschin, N.F., Sinjagin, I.I., et al., Moskva 1968³ (1965², 684 p.; 1952, 507 p.)
D-R

NEMECKO-RUSSKIJ SLOVAR' PO MELIORACII I VODNOMU CHOZJAJSTVU
Gorinskij, V.N., Moskva 1973, 455 p.
D-R

PIĘCIOJĘZYCZNY SŁOWNIK GLEBOZNAWCZY (FÜNFSPRACHIGES BODENKUNDLICHES WÖRTERBUCH)
Warszawa 1976, 264 p.
polyglott

POČVENNAJA NOMENKLATURA NA RUSSKOM I INOSTRANNYCH JAZYKACH
Rozanov, B.G., Moskva 1974, I: 483 p., II: 273 p.
D-E-F-R

POL'SKO-RUSSKIJ SEL'SKOCHOZJAJSTVENNYJ SLOVAR'
Sinjagin, I.I., Varšava 1973, 460 p.
P-R

RUSSKO-ANGLIJSKIJ SEL'SKOCHOZJAJSTVENNYJ SLOVAR'
Usovskij, B.N., et al., Moskva o.J., 504 p.
R-E

RUSSKO-ČUVAŠSKIJ SLOVAR' SEL'SKOCHOZJAJSTVENNYCH TERMINOV
Ignat'ev, V.I., Kostin, M.K., Čeboksary 1976, 71 p.
R-Tschuw

RUSSKO-ČUVAŠSKIJ SLOVAR' SEL'SKOCHOZJAJSTVENNYCH TERMINOV
Kostin, M.K., Čeboksary 1959, 92 p.
R-Tschuw

RUSSKO-ĖSTONSKIJ POČVENNYJ SLOVAR'
Kask, R., Kul', R., Truu, A., et al., Tallin 1971, 238 p.
R-Estn

RUSSKO-GRUZINSKIJ SEL'SKOCHOZJAJSTVENNYJ SLOVAR'
Chomizurašvili, N., Rcchiladze, G., Tbilisi 1956, 268 p.
R-Grus

RUSSKO-ISPANSKIJ SEL'SKOCHOZJAJSTVENNYJ SLOVAR'
Mansil'ja, K.F., Stotik, A.M., Moskva 1967, 312 p.
R-S

RUSSKO-KAZACHSKIJ SLOVAR' PO MECHANIZACII SEL'SKOGO CHOZJAJSTVA
Bajmirov, M.E., Mynbaev, K.N., Šynybaev, M.A., Alma-Ata 1983, 176 p.
R-Kasach

RUSSKO-KIRGIZSKIJ SLOVAR' TERMINOV PO POČVOVEDENIJU
Mamytov, A.M., Sultanbaev, A.S., Frunze 1969, 155 p.
R-Kirg

RUSSKO-LITOVSKIJ SEL'SKOCHOZJAJSTVENNYJ SLOVAR'
Anskajtis, V., Kilas, M., Vil'njus 1971, 362 p.
R-Lit

RUSSKO-LITOVSKIJ SLOVAR' TERMINOV PO MECHANIZACII SEL'SKOGO CHOZJAJSTVA
Gerulajtis, V.B., Lukenas, C.N., Vil'njus 1983, 159 p.
R-Lit

RUSSKO-MOLDAVSKIJ SEL'SKOCHOZJAJSTVENNYJ SLOVAR'
Aleksandr-Alba, I.T., Kerdivarenko, A.P., Podiko, M.V., Zil'berman, S.L., et al., Kišinev 1971, 880 p.
R-Mold

RUSSKO-NEMECKIJ SEL'SKOCHOZJAJSTVENNYJ SLOVAR'
Paschin, N.F., Požarskij, V.K., Sinjagin, I.I., Moskva/Leipzig 1968^{2}, 454 p., (1955, 355 p.)
D-R

RUSSKO-RUMYNSKIJ SEL'SKOCHOZJAJSTVENNYJ SLOVAR'
Kotljar, L.E., Moskva o.J., 456 p.
R-Ro

RUSSKO-TADŽIKSKIJ TERMINOLOGIČESKIJ SLOVAR' PO POČVOVEDENIJU
Akramov, Ju., Chalilov, A., Jakutilov, M.R., Sadriddinov, A.A., Dušanbe 1981, 140 p.
R-Tadschik

RUSSKO-TATARSKIJ SLOVAR' SEL'SKOCHOZJAJSTVENNYCH TERMINOV
Achmetov, G.G., Sadyjkov, Š.G., Timergalin, A.K., Kazan' 1972, 230 p.
R-Tatar

RUSSKO-TUVINSKIJ SLOVAR' SEL'SKOCHOZJAJSTVENNYCH TERMINOV
Kyzyl-ool, I.T., Kyzyl 1959, 220 p.
R-Tuwin

RUSSKO-UKRAINSKIJ SEL'SKOCHOZJAJSTVENNYJ SLOVAR'
Biloštan, A.P., Bojko, M.F., Dorošenko, E.P., et al., Kiev 1963, 438 p.
R-Ukr

RUSSKO-UZBEKSKIJ SLOVAR'-SPRAVOČNIK PO SEL'SKOCHOZJAJSTVENNOJ TECHNIKE
Chamidov, A., Taškent 1981, 463 p.
R-Usbek

SEL'SKOE CHOZJAJSTVO I LESOVODSTVO
Paschin, N.F., Sinjagin, I.I., I: Nemecko-russkij slovar', Halle 1948^{2}, 613 p. (1946, 251 p.); II: Russko-nemeckij slovar', Halle 1947, 361 p.
D-R

SLOVAR' MELIORATIVNYCH TERMINOV. LITOVSKO-RUSSKIJ, RUSSKO LITOVSKIJ
Čefčis, I., Vil'njus o.J., 283 p.
Lit-R

SLOVAR'-SPRAVOČNIK PO UDOBRENIJAM
Unanjanc, T.P., Moskva 1972, 271 p.

SLOVAR' TECHNIČESKICH TERMINOV PO MECHANIZACII I ĖLEKTRIFIKACII
Achmedov, N.M., Bagirzade, M.M., et al., Baku 1963, 49 p.
R-Aserb

SLOVAR' TERMINOV AGRONOMII. LATYŠSKO-RUSSKIJ, RUSSKO-LATYŠSKIJ
Bamberg, K., Riga 1973, 659 p.
Lett-R

SLOVAR' TERMINOV PO POČVOVEDENIJU I AGROCHIMII
Agaev, B.M., Alekberov, K.E., Aliev, T.A., et al., Baku 1962, 76 p. R-Aserb

SLOVAR' TERMINOV PO POČVOVEDENIJU I AGROCHIMII
Mechtiev, S.Dž., et al., Baku 1956, 50 p.
R-Aserb

TOLKOVYJ SLOVAR' PO POČVOVEDENIJU. FIZIKA POČV
Abramov, M.M., Dimo, V.N., et al., Moskva 1972, 62 p.

TURKMENSKO-RUSSKIJ SLOVAR' SEL'SKOCHOZJAJSTVENNYCH TERMINOV
Amangel'dyeva, K., Ataev, K.A., Gafurova, Ch., Kerbabaev, B.B., Kuliev, A., Aščhabad 1979, 110 p.
Turkmen-R

WÖRTERBUCH DER LANDWIRTSCHAFT
Freyse, K., Hassenrück, E., Horatschek, E., Leipzig 1964, 652 p.
D-Cs-R-Pl

WÖRTERBUCH DER LANDWIRTSCHAFT
Haberkamp de Anton, G., Haensch, G., München/Amsterdam/New York/London 1975[4], 999 p.
E-D-F-S-R

WÖRTERBUCH DER LANDWIRTSCHAFT
Haberkamp de Anton, G., Haensch, G., München/Wien/Bruxelles 1987[5]
D-E-F-S-I-R (mit lateinischem Register)
Rez.: SL, 1-2/1987
BDÜ, Juli/August 1987, 28 (Fuchs-Vidotto, L.B.)

3.3.1. LANDWIRTSCHAFTLICHE MASCHINEN UND GERÄTE

SLOVAR' TECHNIČESKICH TERMINOV PO MECHANIZACII I ĖLEKTRIFIKACII SEL'SKOGO CHOZJAJSTVA. RUSSKO-AZERBAJDŽANSKIJ
Terminologičeskaja komissija pri prezidiume AN AzCCR, Baku 1959, 43 p.
R-Aserb

SLOVAR' TERMINOV SEL'SKOCHOZJAJSTVENNOJ TECHNIKI. LATYŠSKO-RUSSKIJ
Brinkmanis, O., Pommers, Ju., Riga 1974, 421 p.
Lett-R

3.3.2. PFLANZENKRANKHEITEN, PFLANZENSCHUTZ

KRATKIJ RUSSKO-ANGLIJSKIJ SLOVAR'-SPRAVOČNIK PO ZAŠČITE RASTENIJ
Arsen'eva, M.V., Burov, V.N., Isakova, N.P., et al., Moskva 1974 R-E

NAUČNAJA I TECHNIČESKAJA TERMINOLOGIJA. LATYŠSKO-RUSSKIJ I RUSSKO-LATYŠSKIJ TERMINOLOGIČESKIJ SLOVAR'
Terminologičeskaja komissija AN Latvijskoj SSR, III: Zaščita rastenij, Riga 1960, 591 p.
Lett-R

RUSSIAN-ENGLISH DICTIONARY OF PESTICIDES
Parsons, C., Philadelphia o.J.
R-E

3.3.3. PFLANZENBAU

ANGLO-RUSSKIJ I RUSSKO-ANGLIJSKIJ SLOVAR' PO PŠENICE
Golik, V.S., Char'kov 1978, 115 p.
E-R

ANGLO-RUSSKIJ SLOVAR' PO FIZIOLOGII VYSŠICH RASTENIJ
Obručeva, N.V., Moskva 1979, 215 p.
E-R

KRATKIJ TOLKOVYJ SLOVAR' PO OCENKE PITATEL'NOSTI KORMOV I METODAM EË IZMERENIJA NA RUSSKOM I NEMECKOM JAZYKACH
Platikanov, N., Moskva 1965, 74 p.
R-D

LATINO-ARMJANSKO-RUSSKIJ SLOVAR' NAZVANIJ RASTENIJ
Caturjan, T.G., Erevan 1970², 257 p.
L-Arm-R

RUSSKO-LATINO-KARAKALPAKSKIJ SLOVAR' NAZVANIJ RASTENIJ
Šerbaev, B.Š, Nukus 1978, 91 p.
R-L-Karak

RUSSKO-NEMECKIJ I NEMECKO-RUSSKIJ SLOVAR' "REKUL'TIVACIJA"
Iževskaja, T.I., *Motorina, L.V.*, *Ovčinnikov, V.A.*, *et al.*, Moskva 1974, 248 p.
R-D

RUSSKO-TADŽIKSKIJ SLOVAR' PO CHLOPKOVODSTVU
Kalontarov, Ja.I., *Maksudov, Ch.M.*, Stalinabad o.J., 109 p.
R-Tadschik

RUSSKO-UZBEKSKIJ KRATKIJ TOLKOVYJ SLOVAR' PO CHLOPKOVODSTVU
Mamatov, N.M., *Muchamadchonov, R.S.*, Taškent 1977, 403 p.
R-Usbek

RUSSKO-UZBEKSKIJ SLOVAR'-SPRAVOČNIK PO RASTENIEVODSTVU
Džangurazov, F.Ch., *Muchamedchanov, S.R.*, Taškent 1973, 323 p.
R-Usbek

SLOVAR' POLEZNYCH RASTENIJ NA DVADCATI EVROPEJSKICH JAZYKACH
Balašev, L.L., *Beus, T.B.*, *Kitanov, D.*, *et al.*, Moskva 1970, 368 p. polyglott

SLOVAR' TERMINOV, PRINJATYCH V LITERATURE PO VOPROSAM CHRANENIJA I PERERABOTKI ZERNA NA 4 JAZYKACH
VNII zerna i produktov ego pererabotki. ONTI, I, Moskva 1961, 196 p.
polyglott

SŁOWNIK ROŚLIN UŻYTKOWYCH (WÖRTERBUCH DER NUTZPFLANZEN)
Podbielkowski, Z., Warszawa 1974[3], 523 p.
D–E–F–L–P–Ro

3.3.4. BAUMZUCHT, WALD- UND FORSTWIRTSCHAFT, OBSTBAU, WEINBAU

ANGLO-LATINO-RUSSKIJ SLOVAR'-SPRAVOČNIK DREVESNYCH I KUSTARNIKOVYCH POROD
Česnokova, I.F., Lazarev, V.M., Moskva 1966, 246 p.
E–R–L

ANGLO-RUSSKIJ LESOTECHNIČESKIJ SLOVAR'
Leningradskaja lesotechničeskaja akademija imeni Kirova, Moskva 1962[2], 525 p.
E–R

ANGLO-RUSSKIJ LESOTECHNIČESKIJ SLOVAR'
Brandt, G.G., Mazur, M.V., Tamarkin, M.L., Moskva/Leningrad 1960, 414 p.
E–R

ANGLO-RUSSKIJ LESOTECHNIČESKIJ SLOVAR'
Baršev, A.I., Leningrad 1957, 100 p.
E–R

ANGLO-RUSSKIJ LESOTECHNIČESKIJ SLOVAR'
Glass, I.S., Možaev, D.V., Novikov, B.N., et al., Moskva 1983, 669 p.
E–R

DEUTSCH-RUSSISCHES FACHWÖRTERBUCH FÜR FORST- UND HOLZWIRTE
Antonov, G., Hilf, H.H., Hannover 1943, 122 p.
Rez.: Forstarchiv, 3-8/1943, 143–144 (Hilf, H.H.)

DEUTSCH-RUSSISCHES FORSTWÖRTERBUCH
Krause, A., Riga 1889, 413 p.
D–R

DICTIONNAIRE FORESTIER MULTILINGUE
Metro, A., Paris 1976, 432 p.
polyglott

DICTIONNAIRE TECHNIQUE DU BOIS EN 4 LANGUES
Bruxelles o.J., 640 p.
D–R–E–F

ĖKOLOGO-GEOGRAFIČESKIE TERMINY V LESOVEDENII. SLOVAR'-SPRAVOČNIK
Kireev, D.M., Novosibirsk 1984, 184 p.

FINSKO-RUSSKIJ LESOTECHNIČESKIJ SLOVAR'
Jagodkin, N.N., Moskva 1984, 504 p.
Fi-R

FINSKO-RUSSKIJ SLOVAR' PO DEREVOOBRABATYVAJUŠČEJ I LESO-ZAGOTOVITEL'NOJ PROMYŠLENNOSTI
Jagodkin, N.N., L'vovski, L.V., Moskva 1965, 298 p.
Fi-R

FORSTWIRTSCHAFTLICHES FACHWÖRTERBUCH. RUSSISCH-DEUTSCH, DEUTSCH-RUSSISCH
Buchholz, E., Berlin 1957, 422 p.
R-D

FRANCUZSKO-RUSSKIJ LESOTECHNIČESKIJ SLOVAR'
Baškirov, I.A., Rubinštejn, R.P., Moskva 1967, 584 p.
F-R

KLEINES DEUTSCH-RUSSISCHES FORSTWÖRTERBUCH
Buchholz, E., Berlin 1942, 110 p.
D-R
Rez.: Zeitschrift für Forst- und Jagdwesen, 2-3/1943, 102 (Dengler, A.)

KLEINES RUSSISCH-DEUTSCHES FORSTWÖRTERBUCH
Buchholz, E., Königsberg 1943, 138 p.
R-D

KRATKIJ NEMECKO-RUSSKIJ LESOTECHNIČESKIJ SLOVAR'
Podoljak, Z.Ja., Sotnikova, R.D., Vagner, E.N., Leningrad 1959, 354 p.
D-R

LESNOJ SLOVAR'
Nikol'skij, A., Vrangel', V.V., Sankt Peterburg, I: A-I, 1843, 639 p.; II: K-N, 1844, 725 p.; III: O-Ja, 1845, 863 p.
polyglott
Rez.: Otečestvennye zapiski, 1845, 22-23 (Belinskij, V.G.)

LESOTECHNIČESKIJ RUSSKO-ANGLO-NEMECKO-FRANCUZSKIJ SLOVAR'
Ėliašberg, A.Ja., Mel'cer, E.M., Moskau 1964, 423 p.
R-E-D-F

NEMECKO-RUSSKIJ LESNOJ SLOVAR'
Paschin, N.F., Moskva 1959, 238 p.
D-R

NEMECKO-RUSSKIJ SLOVAR' PO LESNOMU CHOZJAJSTVU, LESNOJ I DEREVOOBRABATYVAJUŠČEJ PROMYŠLENNOSTI
Pavlov, Ė.A., Semenova, O.I., Moskva 1978, 477 p.
D-R
Rez.: FS, 1/1980, 66 (Draheim, M.)

RUSSKO-ANGLIJSKO-FRANCUZSKO-NEMECKIJ TECHNIČESKIJ SLOVAR' DLJA LESOINŽENEROV
Linde, L.R., Moskva 1936, 847 p.
Rez.: Zeitschrift für Weltforstwirtschaft, Bd.4, 1936/1937, 814-815 (Buchholz, E.)

RUSSKO-ĖSTONSKIJ LESOVODČESKIJ SLOVAR'
Margus, M., Neėrmete, K., Val'met, A., Tallin 1962, 78 p.
R-Estn

RUSSKO-UKRAINSKIJ SLOVAR' TERMINOV LESOVODSTVA
Galič, M.A., Poljuga, L.N., Postrigan', S.A., et al., Kiev 1980, 158 p.
R-Ukr

SECHSSPRACHIGES ERLÄUTERNDES WÖRTERBUCH WEINBAU UND KELLEREI
Budapest 1971, 665 p.
Hu-D-E-F-I-R

SLOVAR' DREVESNYCH POROD. GRUZINSKO-RUSSKO-LATINSKIJ
Basilašvili, I.A., Tbilisi 1960, 96 p.
Grus-R-L

SLOVAR' TERMINOV, UPOTREBLJAEMYCH PRI OPISANII DREVESINY
Jacenko-Chmeljevskij, A.A., Džaparidze, L.I., Tbilisi 1936, 59 p.
E-D-F-R-Grus-Nl-Sv-Pt

WÖRTERBUCH DES FORSTWESENS UND HOLZWESENS
Czereyski, K., Warszawa 1972, 458 p.
Pl-F-E-D-R

3.3.5. GARTENBAU, ZIERPFLANZEN

DIZIONARIO POLIGLOTTO ILLUSTRATO. TECNICA ORTOFRUTTICOLO E GIARDINAGGIO
Steinmetz, H., Bologna 1973, 398 p.
polyglott

ĖTIMOLOGIČESKIJ SLOVAR' NAUČNYCH NAZVANIJ SOSUDISTYCH RASTENIJ, DIKORASTUŠČICH I RAZVODIMYCH V SSSR
Kaden, N.N., Terent'eva, N.N., Moskva 1979, 267 p.

TERMINOLOGIČESKIJ SLOVAR' PO OVOŠČEVODSTVU. RUSSKO-ABCHAZSKIJ, ABCHAZSKO-RUSSKIJ
Chalbad, T.Ch., Suchumi 1980, 87 p.
R-Abchas

WÖRTERVERZEICHNIS DER ZIERPFLANZENWIRTSCHAFT
Institut für Ausbildung und Qualifizierung beim Ministerium für Land-, Forst- und Nahrungsgüterwirtschaft, Brieselang 1976, I: 131 p., II: 46 p., III: 49 p.
R-D-E

3.3.6. TIERZUCHT, VIEHZUCHT, ERZEUGNISSE VON HAUSTIEREN, ZUCHT VON INSEKTEN, JAGD, FISCHEREI, ZUCHT VON FISCHEN UND KREBSTIEREN

ANGLO-RUSSKIJ SLOVAR' PO ŽIVOTNOVODSTVU
Adamenko, P.A., Dmitročenko, A.P., Kokuričev, P.I., et al., Moskva 1979, 452 p.
E-R

FACHWORTSCHATZ TIERPRODUKTION, VETERINÄRMEDIZIN. HÄUFIGKEITSWÖRTERBUCH
Hoffmann, L., Leipzig 1978, 110 p.
R-E-F

KRATKIJ NEMECKO-RUSSKIJ I RUSSKO-NEMECKIJ SLOVAR' RYBOPROMYSLOVYCH TERMINOV
Cypin, L.M., Kaliningrad 1965, 153 p.
D-R

KRATKIJ NORVEŽSKO-RUSSKIJ I RUSSKO-NORVEŽSKIJ RYBOPROMYSLOVYJ SLOVAR'
Stepanov, V.N., Kaliningrad 1965, 376 p.
No-R

KRATKIJ SLOVAR' RYBOVODA
Abramovič, L.S., Kozlov, V.I., Moskva 1982, 160 p.

MULTILINGUAL DICTIONARY OF FISH AND FISH PRODUCTS
OECD, New York 1973
polyglott

RUSSKO-KAZACHSKIJ SLOVAR' PO RYBNOMU CHOZJAJSTVU
Kulenov, K.K., Kulenova, S.K., Alma-Ata 1971, 160 p.
R-Kasach

RUSSKO-KAZACHSKIJ TOLKOVYJ SLOVAR' PO RYBNOMU CHOZJAJSTVU
Kulenov, K.K., Kulenova, S.K., Alma-Ata 1980, 256 p.
R-Kasach

RUSSKO-KIRGIZSKIJ SLOVAR' PO ŽIVOTNOVODSTVU I VETERINARII
Aldašev, A.A., Frunze 1980, 522 p.
R-Kirg

RUSSKO-TADŽIKSKIJ I TADŽIKSKO-RUSSKIJ TERMINOLOGIČESKIJ SLOVAR' PO KARAKULEVODSTVU
Achmedov, K., Džalolov, Ch., et al., Dušanbe 1982, 56 p.
R-Tadschik

RUSSKO-TURKMENSKIJ SLOVAR' ŽIVOTNOVODČESKICH TERMINOV
Džumaev, R., Kozin, V.S., et al., Ašchabad 1980, 126 p.
R-Turkmen

SLOVAR' NAZVANIJ MORSKICH PROMYSLOVYCH RYB MIROVOJ FAUNY
Gerd, A.S., Lindberg, G.U, Rass, T.S., Leningrad 1980, 562 p.
Rez.: ZfSl, XXVIII, 1983, 490 (Bausch, M.)
NDVŠ FN, 4/1982 (Meščerskij, N.A.)

SLOVAR' NAZVANIJ PRESNOVODNYCH RYB SSSR NA JAZYKACH NARODOV SSSR I EVROPEJSKICH STRAN
Gerd, A.S., Lindberg, G.U., Leningrad 1972, 368 p.
polyglott

SLOVAR' TERMINOV PO ŽIVOTNOVODSTVU. RUSSKO-AZERBAJDŽANSKIJ
Malikov, F., Baku 1965, 63 p.
R-Aserb

SLOVAR' ŽIVOTNOVODČESKICH TERMINOV. ABCHAZSKO - RUSSKIJ, RUSSKO - ABCHAZSKIJ
Aršba, N.V., Suchumi 1980, 183 p.
Abchas-R

WÖRTERBUCH NUTZFISCHE
Leipzig 1983, 113 p.
R-L-D-E-F-No-Bg-Pl-Ro
Rez.: ZfSl, XX, 1975, 430 (Bausch, M.)

3.4. WIRTSCHAFT

3.4.1. VOLKSWIRTSCHAFT

ANGLO-RUSSKIJ ĖKONOMIČESKIJ SLOVAR'
Aničkova-Platonova, A.E., Anikin, A.V., Izrailevič, E.E., Kagalovskaja, E.T., Moskva 1981^2, 792 p. (1977, 727 p.)
E-R

ANGLO-RUSSKIJ ĖKONOMIČESKIJ SLOVAR'
Cagolovaja, R.S., Gavriljuk, U.S., Medvinskaja, V.D., Zlomanova, G.A., Moskva 1976, 334 p.
E-R

ANGLO-RUSSKIJ ĖKONOMIKO-STATISTIČESKIJ SLOVAR'
Morozenko, V.V., Moskva 1974, 221 p.
E-R

ANGLO-RUSSKIJ OBŠČEĖKONOMIČESKIJ I VNEŠNETORGOVYJ SLOVAR'
Izrailevič, E.E., Moskva 1972^3, 448 p.
E-R

ANGLO-RUSSKIJ SLOVAR'-MINIMUM DLJA ĖKONOMISTOV
Abdjuševa, S.Ch., Alma-Ata 1960, 46 p.
E-R

ANGLO-RUSSKIJ SLOVAR' PO MECHANIZIROVANNOJ OBRABOTKE ĖKONOMIČESKOJ INFORMACII
Markin, A.N., Morozenko, V.V., Turuk, I.F., Moskva 1972^2, 109 p.
E-R

ČEŠSKO-RUSSKIJ ĖKONOMIČESKIJ SLOVAR'
Moskva 1985 Cs-R

CHINDI-RUSSKIJ I RUSSKO-CHINDI OBŠČEĖKONOMIČESKIJ I VNEŠNE-TORGOVYJ SLOVAR'
Šuršalin, Ul'ciferov, O.G., Moskva 1974, 664 p.
Hindi-R

DEUTSCH-RUSSISCHE WIRTSCHAFTSSPRACHE. NEMECKO-RUSSKIJ ĖKONOMIČESKIJ SLOVAR'
Grischin, N., Haensch, G., Renner, R., München 1969, 480 p.
D-R

DICTIONNAIRE D'ÉCONOMIE ET STATISTIQUE
o.O. 1974, 221 p.
E-R

ĖKONOMIČESKIJ SLOVAR'
Kuznecova, G.F., Pasjuk, M.Ju., Zolotogorov, V.G., Minsk 1983, 316 p.

ĖKONOMIKO-MATEMATIČESKIJ SLOVAR'
Lopatnikov, L.I., o.O. 1987, 510 p.

ENGLISH-RUSSIAN ECONOMICS AND STATISTICS DICTIONARY
Morozenko, V.V., Wellingborough/Moskva 1975, 222 p.
E-R

ENGLISH-RUSSIAN LEARNER'S DICTIONARY OF ECONOMIC TERMINOLOGY
Moskva/London 1976, ISBN 0-569-08305-2
E-R

FRANCUZSKO-RUSSKIJ OBŠČEĖKONOMIČESKIJ I VNEŠNETORGOVYJ SLOVAR'
Ivanova, T.S., Moskva 1959, 398 p.
F-R

GLOSSARY OF ECONOMICS INCLUDING SOVIET TERMINOLOGY IN ENGLISH-AMERICAN, FRENCH, GERMAN, RUSSIAN
Clifford Vaughan, F., Clifford Vaughan, M., Amsterdam 1966, 201 p.
E/Am-F-D-R

GROSSES ÖKONOMISCHES WÖRTERBUCH. RUSSISCH-DEUTSCH
Möchel, G., et al., Berlin 1983, 576 p. (1976^{3}, 690 p.)
R-D
Rez.: Nachrichten für Sprachmittler, 1/1984, 15

KITAJSKO-RUSSKIJ OBŠČEĖKONOMIČESKIJ I VNEŠNETORGOVYJ SLOVAR'
Zorin, I.N., Moskva 1962, 701 p.
C-R

KRATKIJ ANGLO-RUSSKIJ SLOVAR' ĖKONOMIČESKICH SLOV I VYRAŽENIJ
Mosolova, N.I., Dušanbe 1971, 63 p.
E-R

KRATKIJ ĖKONOMIČESKIJ SLOVAR'
Kozlov, G.A., Pervušin, S.P., Moskva 1958, 391 p.

KRATKIJ ĖKONOMIČESKIJ SLOVAR' PJATILETKI ĖFFEKTIVNOSTI I KAČESTVA
Kiev 1978

KRATKIJ RUSSKO-ISPANSKIJ I ISPANSKO-RUSSKIJ ĖKONOMIČESKIJ SLOVAR'
Fatovskaja, M.A., Kosobčuk, S.N., Moskva 1985
R-S

KRATKIJ RUSSKO-KAZACHSKIJ TOLKOVYJ SLOVAR' SOCIAL'NO-ĖKONOMIČESKICH TERMINOV
Nasyrova, M.R., Alma-Ata 1968, 214 p.
R-Kasach

KRATKIJ RUSSKO-UZBEKSKIJ SLOVAR' ĖKONOMIČESKICH TERMINOV
Aminov, A., Dusmuchamedov, D., Usmanov, A., Taškent 1971, 164 p.
R-Usbek

NEMECKO-RUSSKIJ ĖKONOMIČESKIJ SLOVAR'
Bagma, L.T., Bljach, I.S., Moskva/Berlin 1981^2, 664 p. (1977, 664 p.)
D-R

POLITĖKONOMIČESKIJ SLOVAR'
Borisov, E.F., et al., Moskva 1972^2, 367 p., 1964, 303 p.

POLITIČESKAJA ĖKONOMIJA. SLOVAR'
Volkov, M.I., Moskva 1981

POL'SKO-RUSSKIJ ĖKONOMIČESKIJ SLOVAR'
Moskva 1977
Pl-R

POPULJARNYJ ĖKONOMIKO-MATEMATIČESKIJ SLOVAR'
Lopatnikov, L.I., Moskva 1973, 168 p.

RUSSKO-ARMJANSKIJ SLOVAR' ĖKONOMIČESKICH TERMINOV
Avdalbekjan, T., Erevan 1964, 586 p.
R-Arm

RUSSKO-AZERBAJDŽANSKIJ SLOVAR' TERMINOV POLITIČESKOJ ĖKONOMII
Garaev, R.Š., Mustafaev, M.M., Veliev, T.S., Baku 1983, 167 p.
R-Aserb

RUSSKO-JAPONSKIJ OBŠČEĖKONOMIČESKIJ I VNEŠNETORGOVYJ SLOVAR'
Tulukov, M.A., Moskva 1965, 456 p.
R-J

RUSSKO-KAZACHSKIJ KRATKIJ SLOVAR' SOCIAL'NO-ĖKONOMIČESKICH TERMINOV
Nasyrova, M.R., Alma-Ata 1979, 347 p. R-Kasach

RUSSKO-KIRGIZSKIJ SLOVAR'-SPRAVOČNIK ĖKONOMIČESKICH TERMINOV
Žumadylov, K., Frunze 1981, 268 p.
R-Kirg

RUSSKO-KIRGIZSKIJ TERMINOLOGIČESKIJ SLOVAR' PO POLITIČESKOJ ĖKONOMII
Tukembaev, A., Frunze 1970, 153 p.
R-Kirg

RUSSKO-KITAJSKIJ OBŠČEĖKONOMIČESKIJ I VNEŠNETORGOVYJ SLOVAR'
Zorin, I.N., Moskva 1961, 708 p.
R-C

RUSSKO-LITOVSKIJ SLOVAR' ĖKONOMIČESKICH TERMINOV
Meškauskas, K., Vil'njus 1966, 290 p.
R-Lit

RUSSKO-MOLDAVSKIJ ĖKONOMIČESKIJ SLOVAR'
Bortnikov, V.B., *Izman, A.S.*, et al., Kišinev 1973, 363 p.
R-Mold

RUSSKO-NEMECKIJ OBŠČEĖKONOMIČESKIJ I VNEŠNETORGOVYJ SLOVAR'
Bagma, L.T., *Bljach, I.S.*, Moskva 1964
R-D

RUSSKO-UKRAINSKIJ SLOVAR' SOCIAL'NO-ĖKONOMIČESKOJ TERMINOLOGII
Molodid, T.K., *Vorob'eva, S.A.*, Kiev 1976[2], 412 p. (1966, 341 p.)
R-Ukr

SHORT ENGLISH-RUSSIAN DICTIONARY OF ECONOMIC TERMS AND PHRASES
Mosolowa, N.I., Dušanbe 1971, 63 p.
E-R

SLOVAR' ĖKONOMIČESKICH TERMINOV. RUSSKO-AZERBAJDŽANSKIJ
Tagiev, M.B., Baku 1967, 110 p.
R-Aserb

UPRAVLENIE NARODNYM CHOZJAJSTVOM. SLOVAR'
Belousov, R.A., *Ivanova, N.I.*, Moskva 1983, 205 p.

WÖRTERBUCH FÜR TECHNIK UND WIRTSCHAFT
Klöpper, H., Halle 1948, I: Deutsch-Russisch
D-R

3.4.2. BETRIEBSFÜHRUNG UND ORGANISATION VON INDUSTRIE, HANDEL UND VERKEHR

3.4.2.0. ALLGEMEIN

ANGLO-RUSSKIJ OBŠČEĖKONOMIČESKIJ I VNEŠNETORGOVYJ SLOVAR'
Izrailevič, E.E., Moskva 1960[2], 544 p. E-R

ANGLO-RUSSKIJ PROMYŠLENNO-ĖKONOMIČESKIJ SLOVAR'
Antipina, N.S., Novosibirsk 1971, 378 p.
E-R

ANGLO-RUSSKIJ SLOVAR' PO UPRAVLENIJU
Moskva 1985
E-R

DICŢIONAR TERMINOLOGIC POLIGLOT ÎN DOMENUIL ORGANIZĂRII MUNCI (WÖRTERBUCH DER TERMINI FÜR ARBEITSORGANISATION)
Bucureşti 1973
Bg-Cs-D-Hu-Pl-Ro-R-Sk

DICTIONNAIRE GASTRONOMIQUE EN 6 LANGUES
Schraemli, H., Luzern 1974^2, 225 p.
polyglott

FACHWÖRTERBUCH GASTSTÄTTEN- UND HOTELWESEN
Meyer, I., Leipzig 1977, 192 p.
D-R-E-F

KLEINES WÖRTERBUCH DER RUSSISCHEN GESCHÄFTSSPRACHE. RUSSISCH-DEUTSCH
Kohls, S., Berlin 1969
R-D

KONFERENZSPRACHE
Bonnafous, J., *Buntrock, G.*, *Kopylova, G.*, Leipzig 1983^2, 183 p.(1980)
D-E-F-R

KRATKIJ ANGLO-RUSSKIJ SLOVAR' TOVAROVEDNYCH TERMINOV
Kosenko, Z.I., Moskva 1963, 148 p.
E-R

KRATKIJ NEMECKO-RUSSKIJ TOVAROVEDNYJ SLOVAR'
Levengof, A.S., Moskva 1963, III, 225 p.
D-R

KRATKIJ RUSSKO-ANGLIJSKIJ SOCIAL'NO-ĖKONOMIČESKIJ SLOVAR'
Krivoščekov, V.V., *Legin, Ju.N.*, *Morgunov, V.D.*, *Smirnov, E.A.*, *et al.*, Moskva 1971, 220 p.
R-E

KRATKIJ SLOVAR'-SPRAVOČNIK ĖKONOMISTA OBŠČESTVENNOGO PITANIJA
Baskov, L.P., *Valkin, A.P.*, Moskva 1973

PERSIDSKO-RUSSKIJ I RUSSKO-PERSIDSKIJ OBŠČEĖKONOMIČESKIJ I VNEŠNETORGOVYJ SLOVAR'
Kor-Ogly, Ch.G., Moskva 1957, 596 p.
Pers-R

RUSSKO-AZERBAJDŽANSKIJ SLOVAR' TERMINOV PO TORGOVLE
Abdulsalimzade, G., *Mamedov, T.D.*, *Veliev, T.S.*, *et al.*, Baku 1983, 42 p.
R-Aserb

RUSSKO-KIRGIZSKIJ SLOVAR' TERMINOV PO ĖKONOMIKE PROMYŠLENNOSTI
Imanaliev, M., Imanbekov, A., Soodonbekov, K., Frunze 1973, 343 p.
R-Kirg

SLOVAR' NAIBOLEE UPOTREBITEL'NYCH TERMINOV SISTEMY KOMPLEKSNOGO CENTRALIZOVANNOGO OBSLUŽIVANIJA
Moskva 1977

TOVARNYJ SLOVAR'
Pugačev, I.A., Moskva, I: 1956, 1014 p., II: 1957, 1044 p., III: 1957, 998 p., IV: 1958, 1086 p., V: 1958, 1094 p., VI: 1959, 1108 p., VII: 1960, 1078 p., VIII: 1960, 1214 p., IX:1961, 1734 p.

WÖRTERBUCH DES HANDELS. RUSSISCH-DEUTSCH, DEUTSCH-RUSSISCH
Schaarschuh, F.J., Leipzig 1967
R-D

WÖRTERBUCH DES INTERNATIONALEN MESSEWESENS. DEUTSCH-RUSSISCH
Leyn, K., Mjakota, I., Vasylyšin, V.M., Leipzig 1981, 136 p.
D-R
Rez.: FS, 2/1982, 130-131 (Kokoschko, K.)

WÖRTERBUCH ZUR LEITUNG UND ÖKONOMIE DER INDUSTRIE, DES BAUWESENS UND DES TRANSPORTS
Bojadshijev, I.S., Sofia 1982, 776 p.
E-D-F-R-Bg

3.4.2.1. AUSSENHANDEL

ANGLO-RUSSKIJ OBŠČEĖKONOMIČESKIJ I VNEŠNETORGOVYJ SLOVAR'
Izrailevič, E.E., Moskva 1972^3, 448 p. (1960^2, 544 p.)
E-R

DICTIONARY OF INTERNATIONAL ECONOMICS
Kohls, S., Leiden/Berlin 1976^2, 619 p.
D-R-E-F-S

ĖKSPORTNO-IMPORTNYJ SLOVAR'
Kolpakov, B.T., Moskva, I: 1952, 1496 p., II: 1953, 1830 p., III: 1954, 1458 p.

KITAJSKO-RUSSKIJ I RUSSKO-KITAJSKIJ SLOVAR' ĖKSPORTNO-IMPORTNYCH TOVAROV
Senin, V.P., Moskva 1963, 907 p.
C-R

KRATKIJ NEMECKO-RUSSKIJ VNEŠNETORGOVYJ SLOVAR'
Lopatin, G.S., Moskva 1954, 479 p.
D-R

KRATKIJ RUSSKO-NEMECKIJ VNEŠNETORGOVYJ SLOVAR'
Jarockaja, A.Ja., Moskva 1953
R-D

KRATKIJ TURECKO-RUSSKIJ I RUSSKO-TURECKIJ VNEŠNETORGOVYJ SLOVAR'
Ibragimova, B.N., Moskva 1957, 144 p.
Türk-R

KRATKIJ VNEŠNEĖKONOMIČESKIJ SLOVAR'
Bogdanov, O.S., Moskva 1984, 248 p.

ÖKONOMISCHES WÖRTERBUCH AUSSENWIRTSCHAFT
Kohls, S., Berlin 1978^3, 624 p. (1972)
D-R-E-F-S

RUSSKO-ANGLIJSKIJ VNEŠNETORGOVYJ SLOVAR'
Voskresenskaja, I.V., Moskva 1986, 494 p.
R-E
Rez.: RJaZR, 4/1988, 84-85 (Uvarova, N.V.)

RUSSKO-AZERBAJDŽANSKIJ SLOVAR' KANCELJARSKICH I BUCHGALTERSKICH TERMINOV
Abdullaev, B.T., Tasymov, M.Š., Baku 1982, 78 p.
R-Aserb

RUSSKO-KOREJSKIJ I KOREJSKO-RUSSKIJ VNEŠNETORGOVYJ SLOVAR'
Karšinov, L.N., Kim En Čer, Kim Tu Un, Moskva 1961, 190 p.
R-Kor

RUSSKO-NEMECKIJ OBŠČEĖKONOMIČESKIJ I VNEŠNETORGOVYJ SLOVAR'
Bagma, L.T., Bljach, I.S., Moskva 1964, 695 p.
R-D

WÖRTERBUCH DES INTERNATIONALEN MESSEWESENS. DEUTSCH-RUSSISCH
Leyn, K., Mjakota, I., Vasylyšin, V.M., Leipzig 1981, 136 p.
D-R
Rez.: FS, 2/1982, 130-131 (Kokoschko, K.)

3.4.2.2. TRANSPORT, VERKEHR UND NACHRICHTENWESEN

ANGLO-RUSSKIJ SLOVAR' PO NAVIGACII, GIDROGRAFII I OKEANOGRAFII
Sorokin, A.I., Tribuc, G.V., Moskva 1984, 463 p.
E-R

ANGLO-RUSSKIJ SLOVAR' PO ŽELEZNODOROŽNOJ AVTOMATIKE, TELEMECHANIKE I SVJAZI
Gluzman, I.S., Moskva o.J., 427 p.
E-R

ANGLO-RUSSKIJ SLOVAR' PO PROVODNOJ I POČTOVOJ SVJAZI
Moskva 1961, 472 p. E-R

DEUTSCH-RUSSISCHES TASCHENWÖRTERBUCH FÜR DAS VERKEHRSWESEN. EISENBAHN, KRAFTVERKEHR, SCHIFFAHRT, TECHNIK
Klot, E. von, Leipzig 1942, 196 p.
D-R

FRANCUZSKO-RUSSKIJ SLOVAR' PO PROVODNOJ I POČTOVOJ SVJAZI
Moskva 1965, 667 p.
F-R

NEMECKO-RUSSKIJ SLOVAR' PO PROVODNOJ I POČTOVOJ SVJAZI
Moskva 1970, 654 p.
D-R

NEMECKO-RUSSKIJ SLOVAR' VODNOGO TRANSPORTA
Rozen, S.Ja., Moskva 1959, 622 p.
D-R

SLOVAR' TERMINOV PO SVJAZI. POČTA, TELEGRAF, TELEFON, RADIO
Mirzabekov, I.S., Tagiev, K.M., Baku 1959, 166 p.
R-Aserb

SLOVAR' TERMINOV PO SVJAZI. RUSSKO-AZERBAJDŽANSKIJ
Mirzabekov, I.S., Tagiev, K.M., Baku 1966, 173 p.
R-Aserb

3.4.2.3. RECHNUNGSWESEN, BETRIEBSWIRTSCHAFT, BESCHAFFUNG VERTRIEB, WERBUNG

BUCHGALTERSKIJ SLOVAR'
Kostjuk, P.A., Minsk 1971

KRATKIJ BUCHGALTERSKIJ SLOVAR'-SPRAVOČNIK
Krasij, S.A., Cherson 1960, 124 p.

3.4.2.4. FINANZWIRTSCHAFT, BANKEN, BÖRSEN, VERSICHERUNGEN, STEUERN

FINANSOVO-KREDITNYJ SLOVAR'
D'jačenko, V.P., Moskva 1961-1964, I: 663 p., II: 688 p.

3.4.2.5. BÜROTECHNIK

NEMECKO-RUSSKIJ SLOVAR' PO KOMMUNAL'NYM MAŠINAM
Petročenko, Moskva 1971
D-R

3.5. SOZIALWISSENSCHAFTEN

3.5.0. ALLGEMEIN

GRUNDWORTSCHATZ GESELLSCHAFTSWISSENSCHAFTEN. RUSSISCH-DEUTSCH, ENGLISCH-DEUTSCH
Hoffmann, L., Leipzig 1980, 76 p.
R-E-D

RUSSKO-ČUVAŠSKIJ SLOVAR' OBŠČESTVENNO-POLITIČESKICH TERMINOV
Andreev, N.A., Čeboksary o.J., 107 p.
R-Tschuw

3.5.1. STATISTIK

ANGLO-RUSSKIJ ĖKONOMIKO-STATISTIČESKIJ SLOVAR' (ČASTOTNYJ). BOLEE 10.000 TERMINOV I SOČETANIJ
Morozenko, V.V., Moskva 1974
E-R

DEMOGRAFIČESKIJ ĖNCIKLOPEDIČESKIJ SLOVAR'
Valentej, D.I., et al., Moskva 1985, 608 p.

STATISTIČESKIJ SLOVAR'
Bojarskij, A.Ja., Moskva 1965, 706 p.

STATISTISCHES WÖRTERVERZEICHNIS. 1700 STATISTISCHE AUSDRÜCKE
Budapest 1961, 171 p.
R-D-Cs-Pl-E-Hu-Bg

3.5.2. ANTHROPOLOGIE, ETHNOLOGIE, FOLKLORE

DICTIONARY OF RUSSIAN OBSCENITIES
Cambridge/Mass. 1971
E-R

ZAGADKI RUSSKOGO NARODA
Sadornikov, D.N., Moskva 1960, 333 p.

RUSSKIE NARODNYE POSLOVICY, POGOVORKI, ZAGADKI I DETSKIJ FOL'KLOR
Anikin, V.P., Moskva 1957, 239 p.

3.5.3. SOZIOLOGIE, SOZIALPOLITIK, GEWERKSCHAFTEN

KRATKIJ SLOVAR' PO SOCIOLOGII
Gvišiani, D.M., Lapin, N.I., Moskva 1988, 479 p.
Rez.: Pravda, 14.4.1989 (Zaslavskaja, T.I.)

3.5.4. PSYCHOLOGIE

KRATKIJ PSICHOLOGIČESKIJ SLOVAR'
Petrovskij, A.V., Moskva 1985, 430 p.

KRATKIJ PSICHOLOGIČESKIJ SLOVAR'-CHRESTOMATIJA
Petrov, B.M., Platonov, K.K., Moskva 1974, 134 p.

KRATKIJ SLOVAR' PO PEDAGOGIČESKOJ I VOZRASTNOJ PSICHOLOGII
Petrov, V.M., Liepaja 1972, 181 p.

PSICHOLOGIČESKIJ SLOVAR'
Davydov, V.V., et al., Moskva 1983, 447 p.

RUSSKO-KAZACHSKIJ SLOVAR' PSICHOLOGIČESKICH TERMINOV
Abdrachmanov, A., Žarikbaev G.V., Alma-Ata 1976, 84 p.
R-Kasach

RUSSKO-KAZACHSKIJ TERMINOLOGIČESKIJ SLOVAR'. JURISPRUDENCIJA, PEDAGOGIKA I PSICHOLOGIJA
Alma-Ata o.J., 187 p.
R-Kasach

RUSSKO-KIRGIZSKIJ TERMINOLOGIČESKIJ SLOVAR' PO PSICHOLOGII
Teršun, S.I., Šookaev, Š., Toktarov T.T., Frunze 1983, 302 p.
R-Kirg

RUSSKO-TADŽIKSKIJ SLOVAR' PSICHOLOGIČESKOJ TERMINOLOGII
Tursunov, N., Dušanbe 1976, 51 p.
R-Tadschik

RUSSKO-UZBEKSKIJ SLOVAR' PSICHOLOGIČESKICH TERMINOV
Turgunov, K., Taškent 1975, 195 p.
R-Usbek

SLOVAR' TERMINOV PO PEDAGOGIKE I PSICHOLOGII. RUSSKO-AZERBAJDŽANSKIJ
Baku 1956, 80 p.
R-Aserb

3.5.5. ERZIEHUNGSWISSENSCHAFTEN

ANGLO-RUSSKIJ SLOVAR' PO PROGRAMMIROVANNOMU OBUČENIJU
Volodin, N.V., Moskva 1968, 336 p.
E-R

BEGRIFFSWÖRTERBUCH DER KYBERNETISCHEN PÄDAGOGIK
Frank, H., Hollenbach, G., Paderborn 1973, 234 p.
F-E-D-R-S-Pt

LINGVOSTRANOVEDČESKIJ SLOVAR': NARODNOE OBRAZOVANIE V SSSR
Denisova, M.A., Moskva 1983^2, 251 p. (1978, 277 p.)

NEMECKO-RUSSKIJ ŠKOL'NO-PEDAGOGIČESKIJ SLOVAR'
Bulach, N.A., Lebedev, P.A., Vejs, V.Ė., et al., Moskva 1972
D-R

RUSSKO-KAZACHSKIJ TERMINOLOGIČESKIJ SLOVAR'. JURISPRUDENCIJA, PEDAGOGIKA I PSICHOLOGIJA
Alma-Ata o.J., 187 p.
R-Kasach

RUSSKO-KIRGIZSKIJ I KIRGIZSKO-RUSSKIJ SLOVAR'-MINIMUM ŠKOL'NIKA
Abdulina, Ė. Š., Bajkaeva, K.K., Omukeeva D.Š.A., Frunze 1983, 74 p.
R-Kirg

RUSSKO-NEMECKIJ ŠKOL'NO-PEDAGOGIČESKIJ SLOVAR'
Vaksman, S.Ja., Vejs, V.Ė., et al., Moskva 1967, 704 p.
R-D

RUSSKO-TUVINSKIJ SLOVAR' PEDAGOGIČESKICH TERMINOV
Anisova, M.A., Sat, Š.Č., Kyzyl 1974, 183 p.
R-Tuwin

SEMEJNOE VOSPITANIE. SLOVAR'
Kumarin, V.V., Kondakov, M. I., Moskva 1972

SLOVAR' TERMINOV PO PEDAGOGIKE I PSICHOLOGII. RUSSKO-AZERBAJDŽANSKIJ
Baku 1956, 80 p.
R-Aserb

WÖRTERBUCH DEFEKTOLOGIE - SONDERPÄDAGOGIK. RUSSISCH-DEUTSCH
Angerhoefer U., et al., Berlin 1987, 110 S.
R-D

3.5.6. INFORMATIONSWISSENSCHAFT, KOMMUNIKATION

3.5.6.0. ALLGEMEIN

AKTUAL'NYE PROBLEMY TERMINOLOGII PO INFORMATIKE I DOKUMENTACII: ČASTOTNYJ SLOVAR' TERMINOV
Bakulina, I.I., Bobrova, V.Ja., Vysočanskaja, O.A., et al., Moskva 1982, 212 p.

ANGLO-RUSSKIJ SLOVAR' PO BANKAM DANNYCH
Babenko, L.P., Budzko V.I., et al., Moskva 1978, 37 p.
E-R

ANGLO-RUSSKIJ SLOVAR' PO PROGRAMMIROVANIJU I INFORMATIKE
Borkovskij, A.B., Moskva 1987, 332 p.
E-R

INFORMACIONNO-POISKOVYJ TEZAURUS PO INFORMATIKE
Černyj, A.I., et al., Moskva 1973, 209 p.

KRATKIJ ANGLO-RUSSKIJ SLOVAR' PO AVTOMATIČESKOJ OBRABOTKE INFORMACII
Morozenko, V.V., Turuk, I.F., Moskva 1965, 33 p. E-R

RUSSKO-ANGLO-FRANCUZSKIJ TERMINOLOGIČESKIJ SLOVAR' PO INFORMACIONNOJ TEORII I PRAKTIKE
Ioselovič, O.V., Kolobrodova, E.S., Ždanova, G.S., et al., Moskva 1968, 240 p.
R-E-F

SLOVAR' SOKRAŠČENIJ PO INFORMATIKE
Balachovskij, M.M., Basova, I.M., Evsin, A.D., Michajlov, A.I., et al., Moskva 1976, 405 p.
Bg-Hu-S-L-D-Pl-Ro-Sk-F-Cs

SLOVAR' TERMINOV NAUČNO-TECHNIČESKOJ INFORMACII. TOLKOVYJ SLOVAR' S RUSSKIMI I ANGLIJSKIMI TERMINAMI-ĖKVIVALENTAMI
Trjačekajte, A.Ju., Vil'njus 1983, 228 p.
R-E

SLOVAR' TERMINOV PO INFORMATIKE NA RUSSKOM I ANGLIJSKOM JAZYKACH
Ždanova, G.S., Moskva 1973, 360 p.
R-E

SŁOWNIK INFORMATYKI POLSKO-ANGIELSKO-ROSYJSKI
Pezińska, Z., Topulos, A., Warszawa 1981², 119 p. (1976, 160 p.)
E-R-Pl

TECHNIK-WÖRTERBUCH. INFORMATIONSVERARBEITUNG
Bürger, E., Berlin 1980², (1978, 610 p.)
E-D-R-F

TERMINOLOGIČESKIJ SLOVAR' PO INFORMACIONNOJ TEORII I PRAKTIKE NA RUSSKOM I ISPANSKOM JAZYKACH
Černyj, A.I., Poluškin, V.A., Ždanova, G.S., et al., Moskva 1969, 192 p.
R-S

TERMINOLOGIČESKIJ SLOVAR' PO INFORMATIKE
Gabor, B., Laslo, D., Tibor, Ch., et al., Moskva 1975, 752 p.
R-Bg-Hu-Maked-D-Pl-Ro-Sh-Sk-Sn-F-Cs

TERMINOLOGIČESKIJ SLOVAR' PO NAUČNOJ INFORMACII
Moskva 1966, 507 p.
R-Bg-Hu-D-Pl-Ro-Sk-Cs

3.5.6.1. MASSENMEDIEN

3.5.6.1.1. ZEITUNG

ČASTOTNYJ ANGLO-RUSSKIJ SLOVAR'-MINIMUM GAZETNOJ LEKSIKI
Alekseev, P.M., Turygina, L.A., Moskva 1984, 312 p. (1974, 260 p.)
E-R

ČASTOTNYJ SLOVAR' JAZYKA GAZETY
Poljakova, G.R., Solganik, G.Ja., Moskva 1971

DEUTSCH-RUSSISCHES FACHWÖRTERBUCH FÜR DAS POST- UND ZEITUNGSWESEN
Söhner, B., Wrzolek, R.J., Berlin 1976, 119 p.
D-R

KRATKIJ SLOVAR' TRUDNOSTEJ RUSSKOGO DLJA RABOTNIKOV PEČATI
Moskva 1968, 263 p.

MONGOL-RUSSIAN DICTIONARY (BASED ON THE CONTEMPORARY PRESS)
Cheremisov, K.M., Rumiantsev, G.N., Farnborough 1971, 800 p.
Mong-R

NEMECKO-RUSSKIJ SLOVAR'-POSOBIE DLJA RABOTY NAD GAZETNYMI I ISTORIČESKIMI TEKSTAMI
Inozemceva, G.I., Petrivnjaja, I.V., Zajarkina, E.N., Gor'kij 1970, 117 p.
D-R

RUSSKO-SUACHILI SLOVAR' GAZETNOJ LEKSIKI
Kutuzov, A.I., Moskva 1963, 174 p.
R-Suah

TRUDNOSTI RUSSKOGO JAZYKA. SLOVAR'-SPRAVOČNIK ŽURNALISTA
Rachmanova, L.I., Vakurov, V.N., et al., Moskva 1974, 480 p.

3.5.6.1.2. RADIO

KRATKIJ NEMECKO-RUSSKIJ SLOVAR' PO RADIO I TELEVIDENIJU
Golicyna, Ju.I., Moskva 1966, 95 p.
D-R

SEMIJAZYČNYJ SLOVAR' PO TELEVIDENIJU, RADIOLOKACII I ANTENNAM
Barginyj, B.G., Bučinskij, A.S., Moskva 1961
E-R-F-S-I-Nl-D

SLOVAR' TERMINOV PO SVJAZI. POČTA, TELEGRAF, TELEFON, RADIO
Mirzabekov, I.S., Tagiev, K.M., Baku 1959, 166 p.
R-Aserb

3.5.6.1.3. FERNSEHEN

ANGLO-RUSSKIJ SLOVAR' PO TELEVIDENIJU
German-Prozorova, L.P., Jankel'son, I.S., Moskva 1985^2 (1960, 429 p.)
E-R

FRANCUZSKO-RUSSKIJ SLOVAR' PO TELEVIDENIJU
Šor, K.G., Moskva 1979, 240 p. F-R

KRATKIJ NEMECKO-RUSSKIJ SLOVAR' PO RADIO I TELEVIDENIJU
Golycina, Ju.I., Moskva 1966, 95 p.
D-R

SEMIJAZYČNYJ SLOVAR' PO TELEVIDENIJU, RADIOLOKACII I ANTENNAM
Barginyj, B.G., Bučinskij, A.S., Lepešinskaja, E.V., Moskva 1961, 244 p.
E-R-F-S-I-Nl-D

3.5.6.2. DOKUMENTATION, NORMUNG, HÄUFIGKEITSWÖRTERBÜCHER

3.5.6.2.0. ALLGEMEIN

A CONCISE DICTIONARY OF SOVIET TERMINOLOGY, INSTITUTIONS AND ABBREVIATIONS
Crowe, B., Oxford 1969, 190 p.
R-E

AKTUAL'NYE PROBLEMY TERMINOLOGII PO INFORMATIKE I DOKUMENTACII: ČASTOTNYJ SLOVAR' TERMINOV
Bakulina, I.I., Bobrova, V.Ja., Vysočanskaja, O.A., et al., Moskva 1982, 212 p.

3.5.6.2.1. HÄUFIGKEITSWÖRTERBÜCHER

AKTUAL'NYE PROBLEMY TERMINOLOGII PO INFORMATIKE I DOKUMENTACII: ČASTOTNYJ SLOVAR' TERMINOV:
Bakulina, I.I., Bobrova, V.Ja., Vysočanskaja, O.A., et al., Moskva 1982, 212 p.

ANGLIJSKIJ ČASTOTNYJ SLOVAR' PO KIBERNETIKE
Adamov, R.V., Aleksandrova, L.N., Andrjuščenko, V.M., Gluško, M.M., et al., Moskva 1982, 102 p.
E-R

ANGLO-RUSSKIJ ČASTOTNYJ SLOVAR' PO ĖLEKTRONIKE
Andrjuščenko, V.M., Buchštab, D.A., Ubin, I.I., Vladimirov, A.M., et al., Moskva 1977, 208 p.
E-R

ANGLO-RUSSKIJ SLOVAR'-MINIMUM DLJA ĖKONOMISTOV
Abdjuševa, S.Ch., Alma-Ata 1960, 46 p.
E-R

ANGLO-RUSSKIJ SLOVAR'-MINIMUM OBŠČESTVENNO-POLITIČESKOJ LEKSIKI
Ėmmil', L.I., Moskva 1966, 55 p.
E-R

ANGLO-RUSSKIJ SLOVAR'-MINIMUM PO CHOLODIL'NOJ TECHNIKE
Vol'pova, M.V., Odessa o.J., 27 p. E-R

ANGLO-RUSSKIJ SLOVAR SPRAVOČNIK PO VYČISLITEL'NOJ TECHNIKE V RAZVEDOČNOJ GEOFIZIKE
Cukernik, V.B., Nikolaev, V.P., Moskva 1972, 336 p.
E-R

BAZOVYJ POTENCIAL'NYJ SLOVAR' DLJA ČTENIJA CHUDOŽESTVENNOJ LITERATURY NA PRODVINUTOM ĖTAPE OBUČENIJA
Vasil'eva, A.N., Moskva 1973

ČASTOTNO - BAZOVYJ NEMECKO - RUSSKIJ SLOVAR' PO BURENIJU NEFTJANYCH I GAZOVYCH SKVAŽIN
Kopylova, M.E., Tjumen' 1974, 257 p.
D-R

ČASTOTNYJ ANGLO-RUSSKIJ FIZIČESKIJ SLOVAR'-MINIMUM
Alekseev, P.M., Kaširina, M.E., Tarasova, E.M., Moskva 1980, 288 p.
E-R

ČASTOTNYJ ANGLO-RUSSKIJ SLOVAR'-MINIMUM GAZETNOJ LEKSIKI
Alekseev, P.M., Turygina, L.A., Moskva 1984, 312 p. (1974, 260 p.)
E-R

ČASTOTNYJ ANGLO-RUSSKIJ SLOVAR'-MINIMUM PO ĖLEKTRONIKE
Alekseev, P.M., Moskva 1971, 302 p.
E-R

ČASTOTNYJ ANGLO-RUSSKIJ SLOVAR'-MINIMUM PO KVANTOVYM GENERATORAM
Manasjan, N.S., Moskva 1983, 272 p.
E-R

ČASTOTNYJ ANGLO-RUSSKIJ SLOVAR'-MINIMUM PO SUDOVOŽDENIJU
Luk'janenkov, K.F., Sergeeva, V.N., Moskva 1978, 196 p.
E-R

ČASTOTNYJ ANGLO-RUSSKIJ SLOVAR': POD"JAZYK ISTORII
Bezborodova, V.N., Ostrikova, O.A., Leningrad 1984, 137 p.
E-R

ČASTOTNYJ ANGLO-RUSSKIJ SLOVAR' OBŠČEĖKONOMIČESKICH TERMINOV
Pašin, L.M., Kujbyšev 1974, 192 p.
E-R

ČASTOTNYJ ANGLO-RUSSKIJ VOENNYJ SLOVAR'-MINIMUM
Neljubin, L.L., Moskva 1974, 224 p.
E-R

ČASTOTNYJ FRANCUZSKO-RUSSKIJ SLOVAR'-MINIMUM PO ĖLEKTRONIKE
Kočetkova, V.K., Moskva 1975, 158 p.
F-R

ČASTOTNYJ IEROGLIFIČESKIJ JAPONO-RUSSKIJ SLOVAR'
Lerner, M.L., Ševenko. S.M., Moskva 1967, 55 p.
J-R

ČASTOTNYJ IEROGLIFIČESKIJ JAPONSKO-RUSSKO-ANGLIJSKIJ SLOVAR'
Ermakova, L.M., Lerner, M.L., Ševenko, S.M., Moskva 1968, 50 p.
J-R-E

ČASTOTNYJ NEMECKO-RUSSKIJ SLOVAR'-MINIMUM PO ELEKTRONIKE
Zoref, M.G., Moskva 1978, 114 p.
D-R

ČASTOTNYJ RUSSKO-ANGLIJSKIJ VOENNYJ SLOVAR'-MINIMUM
Neljubin, L.L., Moskva 1977, 247 p.
R-E

ČASTOTNYJ SLOVAR' JAZYKA GAZETY
Poljakova, G.R., Solganik, G.Ja., Moskva 1971

ČASTOTNYJ SLOVAR' JAZYKA UČEBNYCH POSOBIJ MEDINSTITUTA
Levitskij, V.V., Moskva 1966

ČASTOTNYJ SLOVAR' LEKSIKI UČEBNYCH POSOBIJ DLJA SEL'SKOCHOZJAJSTVENNYCH VUZOV
Dobrinskaja, E.I., Gruza, V.V., Zijautdinova, Ch.A., et al., I: Rastenievodstvo i smežnye s nim discipliny, Taškent 1979, 108 p.

ČASTOTNYJ SLOVAR' MATEMATIČESKOJ LEKSIKI
Ter-Misakjanc, Z.T., Erevan 1973

ČASTOTNYJ SLOVAR' OBŠČENAUČNOJ LEKSIKI
Stepanova, E.M., Moskva 1971

ČASTOTNYJ SLOVAR' PO SLESARNOMU DELU
Kaplinskaja, K.P., Zasorina, L.N., et al., Leningrad 1966

ČASTOTNYJ SLOVAR' RUSSKOJ TECHNIČESKOJ LEKSIKI
Saf'jan, Ju.A., Erevan 1971, 127 p.

ČASTOTNYJ SLOVAR' SEMANTIČESKICH MNOŽITELEJ RUSSKOGO JAZYKA
Karaulov, Ju.N., Moskva 1980, 207 p.

ČASTOTNYJ SLOVAR' SOVREMENNOGO RUSSKOGO LITERATURNOGO JAZYKA. SPRAVOČNIK DLJA PREPODAVATELEJ RUSSKOGO JAZYKA
Štejnfeldt, E., Moskva, o.J.

ČASTOTNYJ SLOVAR' TECHNIČESKICH TERMINOV. UČEBNOE POSOBIE DLJA STUDENTOV-INOSTRANCEV
El'čenko, A.I., Matveev, A.Ja., et al., L'vov 1972, 104 p.

DEUTSCH-RUSSISCHES MINIMUM-LEHRWÖRTERBUCH FÜR MONTAGEBAU
Špotel', R.K., Leningrad 1971, 173 p.
D-R

ENGLISH-RUSSIAN MINIMUM FREQUENCY DICTIONARY OF ELECTRONICS
Alekseev, P.M., Moskva 1971, 301 p.
E-R

FACHWORTSCHATZ BAUWESEN. HÄUFIGKEITSWÖRTERBUCH
Hahn, U., Hoffmann, L., Leipzig 1984², 99 p. (1976, 99 p.)
R-E-F

FACHWORTSCHATZ CHEMIE. HÄUFIGKEITSWÖRTERBUCH
Hoffmann, L., Leipzig 1973, 105 p.
R-E-F

FACHWORTSCHATZ MATHEMATIK. HÄUFIGKEITSWÖRTERBUCH
Hoffmann, L., Krug, H., Leube, K., Leipzig 1980² (1976, 96 p.)
R-E-F

FACHWORTSCHATZ MEDIZIN. HÄUFIGKEITSWÖRTERBUCH
Hoffmann, L., Leipzig 1983⁶ (1973², 106 p.; 1970)
R-E-F

FACHWORTSCHATZ PHYSIK. HÄUFIGKEITSWÖRTERBUCH
Hoffmann, L., Leipzig 1982⁴, 107 p. (1976³, 1970)
R-E-F

FACHWORTSCHATZ TIERPRODUKTION, VETERINÄRMEDIZIN. HÄUFIGKEITSWÖRTERBUCH
Hoffmann, L., Leipzig 1978, 110 p.
R-E-F

GRUNDWORTSCHATZ GESELLSCHAFTSWISSENSCHAFTEN. RUSSISCH-DEUTSCH, ENGLISCH-DEUTSCH
Hoffmann, L., Leipzig 1980, 76 p.
R-D-E

HÄUFIGKEITSWÖRTERBUCH RUSSISCH. FACHWORTSCHATZ KRAFTFAHRZEUGTECHNIK
Reitzenstein, C.-S., Seiferth, T., Spitzner, F., Zwickau 1978
R-D

KOMPLEKSNYJ ČASTOTNYJ SLOVAR' RUSSKOJ NAUČNOJ I TECHNIČESKOJ LEKSIKI
Denisov, P.N., Morkovkin, V.V., Saf'jan, Ju.A., Moskva 1978, 406 p.

MIMIMUM VOCABULARY OF CHEMICAL ENGINEERING
Egyeg, L., Veszprém 1982
E-R-D-Hu

NEMECKO-RUSSKIJ SLOVAR-MINIMUM DLJA JURISTOV
Bulatova, E.K., Savickaja, T.P., Alma-Ata 1960, 32 p.
D-R

NEMECKO-RUSSKIJ SLOVAR'-MINIMUM DLJA MATEMATIKOV
Jakubova, U.M., Ochotskaja, G.P., Švarcman, E.M., Alma-Ata 1960, 56 p.
D-R

NEMECKO-RUSSKIJ SLOVAR'-MINIMUM DLJA MEDICINSKICH VUZOV
Dinaburg, I.F., Moskva 1974, 38 p.

NEMECKO-RUSSKIJ SLOVAR'-MINIMUM OBŠČEUPOTREBITEL'NYCH SLOV V TECHNIČESKOJ LITERATURE
Kantor, S.M., Micheeva, O.V., Moskva 1963, 30 p.
D-R

NEMECKO-RUSSKIJ TERMINOLOGIČESKIJ SLOVAR'-MINIMUM DLJA TECHNIČESKICH VUZOV
Pupal'skij, N.I., Minsk 1969, 131 p.
D-R

POSOBIE PO OBŠČESTVENNO-POLITIČESKOJ LEKSIKE. ANGLO-RUSSKIJ SLOVAR'-MINIMUM
Kazanceva, A.M., Ulan-Udė 1968, 21 p.
E-R

POSOBIE PO OBŠČESTVENNO-POLITIČESKOJ LEKSIKE. FRANCUZSKO-RUSSKIJ SLOVAR'-MINIMUM
Najdakova, M.B., Ulan-Udė 1968, 20 p.
F-R

PUTEVODITEL' PO KONCERTAM. SLOVAR' NAIBOLEE NEOBCHODIMYCH TERMINOV I PONJATIJ
Astaf'ev, B.V., Moskva 1978[2]

RUSSKO-ANGLIJSKIJ ČASTOTNYJ SLOVAR' PO ĖLEKTRONIKE
Andrjuščenko, V.M., Buchštab, D.A., Ubin, I.I., Vladimirov, A.M., et al., Moskva 1977, 235 p.
R-E

RUSSKO-ANGLIJSKIJ SLOVAR'-MINIMUM PO MATEMATIKE, FIZIKE I CHIMII
Bel'djuškin, V.S., Jasnova, M.M. et al., Moskva 1969, 179 p.
R-E

RUSSKO-ANGLIJSKIJ SLOVAR'-MINIMUM PO OLIMPIJSKIM VIDAM SPORTA
Ščore, T.A., Vanjaškin, S.T., Moskva 1979, 59 p.
R-E

RUSSKO-ANGLIJSKIJ SLOVAR'-MINIMUM TECHNIČESKOJ I ĖKONOMIČESKOJ TERMINOLOGII (PO OTRASLJAM TECHNIKI)
Tolstoj, S.S., Moskva 1969, 49 p.
R-E

RUSSKO-PERSIDSKIJ SLOVAR' ČASTO UPOTREBLJAEMYCH SLOV I OBŠČESTVENNO-POLITIČESKICH TERMINOV
Kuznecov, Ja.V., Tannočka, V.T., Moskva 1974, 75 p.
R-Pers

SLOVAR'-MINIMUM FIZIOLOGIČESKICH TERMINOV: PEREVOD S RUSSKOGO NA ANGLIJSKIJ, FRANCUZSKIJ I NEMECKIJ JAZYKI
Leningrad 1980, 114 p.
R-E-F-D

SLOVAR'-MINIMUM DLJA ČTENIJA ANGLIJSKOJ OBŠČESTVENNO-POLITIČESKOJ LITERATURY
Korkija, M.M., Sverdlovsk 1969, 74 p. R-E

SLOVAR'-MINIMUM PO ISKUSSTVU. NEMECKO-RUSSKO-GRUZINSKIJ
Cagarejšvili, E., Tbilisi 1969, 129 p.
D-R-Grus

SLOVAR'-MINIMUM PO TEPLOTECHNIKE. ANGLO-RUSSKIJ
Somova, E.L., Leningrad 1970, 38 p.
E-R

SLOVAR'-MINIMUM RAZGOVORNOJ LEKSIKI. ANGLO-RUSSKIJ
Nečiporenko, V.P., Moskva 1966, 98 p.
E-R

TERMINOLOGISCHES MINIMUM MUSIKWISSENSCHAFT. RUSSISCH-DEUTSCH
Hengst, K., Zwickau 1979
R-D

WORTSCHATZ-MINIMUM RUSSISCH UND ENGLISCH FÜR STUDIENBEWERBER DER MEDIZIN
Heissler, G., Schwirtz, K., Jena 1979[2]
R-E

3.5.6.2.2. ABKÜRZUNGSWÖRTERBÜCHER

A CONCISE DICTIONARY OF SOVIET TERMINOLOGY, INSTITUTIONS AND ABBREVIATIONS
Crowe, B., Oxford 1969, 190 p.
R-E

ANGLO-RUSSKIJ MORSKOJ SLOVAR' SOKRAŠČENIJ
Favorov, P.A., Moskva 1983, 632 p.
E-R

ANGLO-RUSSKIJ SLOVAR' SOKRAŠČENIJ PO AVIACIONNOJ I RAKETNO-KOSMIČESKOJ TECHNIKE
Muraškevič, A.M., Vladimirov, O.N., Moskva 1981, 621 p.
E-R

DICTIONARY OF RUSSIAN ABBREVATIONS
Scheitz, E., Amsterdam/Oxford/New York/Tokio 1986, 695 p.
Rez.: VJa 1/1988, 164-168 (Kalakuckaja, L.P.)

DICTIONARY OF RUSSIAN TECHNICAL AND SCIENTIFIC ABBREVIATIONS
Zalucki, H., Amsterdam/London/New York 1968
Rez.: Babel, 2/1969, 112 (Gingold,K.)

DICTIONNAIRE DES ABRÉVIATIONS DES SCIENCES DE L'INFORMATIQUE EN 11 LANGUES
o.O. 1976, 400 p.
polyglott

DICTIONNAIRE INTERNATIONAL D'ABRÉVIATIONS SCIENTIFIQUES ET TECHNIQUES
Azzaretti, M., Paris 1978, 500 p. E-E/Am-F-D-I-S-R

FRANCUZSKO-RUSSKIJ SLOVAR VOENNYCH SOKRAŠČENIJ
Baršev, A.N., Moskva 1983, 256 p.
F-R

GLOSSARY OF RUSSIAN ABBREVIATIONS AND ACRONYMS
Library of Congress, Washington 1967, 14 p.

KOMPLEKSNYJ ČASTOTNYJ SLOVAR' RUSSKOJ NAUČNOJ I TECHNIČESKOJ LEKSIKI
Denisov, P.N., Morkovkin, V.V., et al., Moskva 1978, 406 p.

KRATKIJ SLOVAR' SOKRAŠČENIJ
Ollisaar, M.Ju., Tallin 1980, 167 p.

KRATKIJ SLOVAR' SOKRAŠČENIJ, VSTREČAJUŠČICHSJA V NEMECKOJ MEDICINSKOJ LITERATURE. NEMECKO-RUSSKIJ
Sosnina, M.F., Kazan' 1963, 132 p.
D-R

NEMECKO-RUSSKIJ SLOVAR' SOKRAŠČENIJ, VSTREČAJUŠČICHSJA V CHIMIČESKOJ LITERATURE
Švarcman, E.M., Alma-Ata o.J., 31 p.
D-R

NEMECKO-RUSSKIJ SLOVAR' VOENNYCH SOKRAŠČENIJ
Azarch, L.S., Parparov, L.F., Moskva 1983, 320 p.
D-R

OSTEUROPÄISCHE BIBLIOGRAPHISCHE ABKÜRZUNGEN
Görner, F., München, I: Ost- und südeuropäische Sprachen einschließlich der Sprachen im Westen der Sowjetunion, 1975[3], 301 p., II: Nicht-slawische Sprachen der Völker im Osten der Sowjetunion, 1978
polyglott

RUSSISCHE ABKÜRZUNGEN UND IHRE AUFLÖSUNGEN AUF DEM GEBIET VON STAAT, VERWALTUNG, WIRTSCHAFT, WISSENSCHAFT, WEHRWESEN UND SPRACHGEBRAUCH
Bahder, E. von, Leipzig 1943[2], 181 p.

RUSSISCHE ABKÜRZUNGEN UND KURZWÖRTER (AUS ALLEN GEBIETEN DES ÖFFENTLICHEN LEBENS, AUS INDUSTRIE UND WIRTSCHAFT, WISSENSCHAFT UND TECHNIK)
Scheitz, E., Berlin 1961, 727 p.

SLOVAR' ANGLIJSKICH I AMERIKANSKICH SOKRAŠČENIJ
Bluvštejn, V.O., Eršov, N.N., et al., Moskva 1957[3], 767 p.
E/Am-R

SLOVAR' INOSTRANNYCH VOENNYCH SOKRAŠČENIJ
Borisov, V.V., Dubjanskij, M.A., Egorov, M.P., Stolpov, V.S., Moskva 1961, 895 p.
polyglott

SLOVAR' NEMECKICH SOKRAŠČENIJ
Bluvštejn, V.O., Moskva 1958, 442 p.
D-R

SLOVAR' RUSSKICH I TADŽIKSKICH SOKRAŠČENIJ
Chalmatova, S.D., Dušanbe 1979, 282 p.
R-Tadschik

SLOVAR' SOKRAŠČENIJ ANGLIJSKOGO, NEMECKOGO, GOLLANDSKOGO I SKANDINAVSKICH JAZYKOV
Bluvštejn, V.O., Moskva 1964, 883 p.
E-D-Nl-Sv-No-Da-R

SLOVAR' SOKRAŠČENIJ PO INFORMATIKE
Balachovskij, M.M., Basova, I.M., Evsin, A.D., Michajlov, A.I., et al., Moskva 1976, 405 p.
Bg-Hu-S-L-D-Pl-Ro-Sk-F-Cs-R

SLOVAR' SOKRAŠČENIJ RUSSKOGO JAZYKA
Alekseev, D.J., Gozman, I.G., Korickij, B.F., Sacharov, G.V., Moskva 1984^4, 468 p., (1983^3, 485 p.; 1977^2, 1963, 486 p.)

SLOVAR' USLOVNYCH SOKRAŠČENIJ RUSSKO-LATINSKICH, UPOTREBLJAEMYCH V MEDICINE (S PEREVODOM NA AZERBAJDŽANSKIJ JAZYK) DLJA VRAČEJ
Achmedov, M., Baku 1968
R-L-Aserb

TECHNIK-WÖRTERBUCH. RUSSISCHE ABKÜRZUNGEN
Scheitz, D., Berlin 1989^2, 696 p. (1985, 752 p.)
Rez. FS, 4/1986, 274-275 (Mattner, K.)

VOCABULARIUM ABBREVIATURARUM BIBLIOTHECARII
New York 1962-71, III, 1-8
III, 1. Instituta rerum publicarum, 1965
2. Instituta scientifica, 1962
3. Instituta paedagogica, 1963
4. Religio, 1966
5. Instituta ad artes litterasque spectantia, o.J.
6. Instituta oeconomica, 1969
7. Instituta communicationis, 1966
8. Instituta sanitatis publicae, 1971
polyglott

WÖRTERBUCH VON ABKÜRZUNGEN IN DER MEDIZIN UND IN VERWANDTEN WISSENSCHAFTEN
Babecki, J., Maksys, A., Warszawa 1976, 480 p.
F-E-D-R-Pl-L-G

3.5.6.3. BIBLIOTHEKSWESEN, ARCHIVE; MUSEEN

3.5.6.3.0. ALLGEMEIN

ANGLO-RUSSKIJ SLOVAR' KNIGOVEDČESKICH TERMINOV
Ėlizarenkova, T.P., Moskva 1962, 510 p. E-R

DICTIONARIUM BIBLIOTHECARII PRACTICUM AD USUM INTERNATIONALEM IN XXII LINGUIS
Pipics, Z., München/Budapest 1977, 385 p.
polyglott

ELSEVIER'S DICTIONARY OF LIBRARY SCIENCE, INFORMATION AND DOCUMENTATION
Clason, W.E., *Salem, S.*, Amsterdam/New York/London 1976, 708 p.
polyglott

KRATKIJ RUSSKO-MOLDAVSKIJ BIBLIOTEČNYJ SLOVAR'
Leontesku-Savel'eva, L., et al., Kišinev 1961, 56 p.
R-Mold

OSTEUROPÄISCHE BIBLIOGRAPHISCHE ABKÜRZUNGEN
Görner, F., München, I: Ost- und südeuropäische Sprachen einschließlich der Sprachen im Westen der Sowjetunion, 1975^3, 301 p., II: Nicht-slawische Sprachen der Völker im Osten der Sowjetunion, 1978
polyglott

POLSKI SŁOWNIK ARCHIWALNY
Grygier, T., *Maciejewska, W.*, *et al.*, Warszawa 1974, 131 p.
D-E-R-F-Pl

RUSSKO - TADŽIKSKIJ SLOVAR' BIBLIOTEČNOJ I KNIGOVEDČESKOJ TERMINOLOGII
Džuraev, I.A., Dušanbe 1974, 78 p.
R-Tadschik

SLOVAR' BIBLIOTEČNYCH TERMINOV
Čurbar'jan, O.S., *Suslova, I.M.*, et al., Moskva 1976, 224 p.
R-E

SLOVAR' BIBLIOTEČNYCH TERMINOV. GRUZINSKO-RUSSKIJ, RUSSKO-GRUZINSKIJ
Giorgidze, G.G., *Kartozija, G.A.*, Tbilisi 1974, 157 p. (1962, 203 p.)
Grus-R

SLOVAR' BIBLIOTEČNO-BIBLIOGRAFIČESKICH TERMINOV. RUSSKO-AZERBAJDŽANSKIJ
Karamanov, F.A., *Karamanov, T.A.*, Baku 1964, 96 p.
R-Aserb

VOCABULARIUM ABBREVIATURARUM BIBLIOTHECARII
New York 1962-71, III, 1-8
III, 1. Instituta rerum publicarum, 1965
2. Instituta scientifica, 1962
3. Instituta paedagogica, 1963
4. Religio, 1966
5. Instituta ad artes litterasque spectantia, o.J.
6. Instituta oeconomica, 1969
7. Instituta communicationis, 1966
8. Instituta sanitatis publicae, 1971 polyglott

WÖRTERBUCH DES BIBLIOTHEKSWESEN. RUSSISCH-DEUTSCH, DEUTSCH-RUSSISCH
Wasikewitsch (Vasikevič), G., Leipzig 1988, 253 p.
R-D

3.5.6.3.1. BIBLIOGRAPHIEN

A BIBLIOGRAPHY OF SLAVIC DICTIONARIES
Lewanski, R.C., Bologna, 1972-1973², I: Polish, 1973; II: Belorussian, Bulgarian, Czech, Kashubian, Lusatian; III: Russian, 1972; IV: Supplement 1973

BIBLIOGRAFIČESKIJ UKAZATEL' IZDANNYCH TRUDOV KOMITETA NAUČNO-TECHNIČESKOJ TERMINOLOGII AN SSSR, in: Kak rabotat' nad terminologiej. Osnovy i metody, Moskva 1968

BIBLIOGRAFIJA BIBLIOGRAFIJ PO JAZYKOZNANIJU
Moskva 1963, 412 p.

BIBLIOGRAFIJA LITERATURY PO TERMINOLOGII I TERMINOLOGIČESKICH SLOVAREJ
Baku 1983

BIBLIOGRAFIA SŁOWNIKÓW (BIBLIOGRAPHIE DER WÖRTERBÜCHER)
Warzawa, VIII: 1975-1976, 1978, 200 p.

BIBLIOGRAPHIE DER FACHWÖRTERBÜCHER MIT DEUTSCHEN UND RUSSISCHEN ÄQUIVALENTEN
Müller, K.-H., Müller, R.U., Leipzig 1978, II: Technische Wissenschaften: Technik insgesamt, allgemeintechnische Disziplinen, Automatisierungstechnik, Energiewirtschaft, Elektrotechnik, 516 p.
Rez: FS, 4/1980, 301-302 (Stöckl, E.)

BIBLIOGRAPHIE DER WÖRTERBÜCHER. VERZEICHNIS DER MEHRSPRACHIGEN FACH- UND ALLGEMEINEN WÖRTERBÜCHER
Möllhof, E., et al., (Veröffentlichungen der Bibliothek der Technischen Hochschule Otto von Guericke) Magdeburg 1973, 103 p.

BIBLIOGRAPHIE DER WÖRTERBÜCHER UND NACHSCHLAGEWERKE. RECHTS- UND VERWALTUNGSSPRACHE, WIRTSCHAFT UND POLITIK IN 37 SPRACHEN
Haensch, G., Land, A., (Internationales Institut für Rechts- und Verwaltungssprache), Berlin o.J., 106 p.

BIBLIOGRAPHISCHES HANDBUCH DER SPRACHWÖRTERBÜCHER
Zaunmüller, W., o.O. 1958

BIBLIOGRAPHY OF DICTIONARIES
Rymsza-Zalewska, D., et al., o.O., 1965

BIBLIOGRAPHY OF MONO- AND MULTILINGUAL DICTIONARIES AND

GLOSSARIES OF TECHNICAL TERMS USED IN GEOGRAPHY AS WELL AS IN RELATED NATURAL AND SOCIAL SCIENCES
Meynen, E., (bearbeitet im Auftrag der Internationalen Geographischen Union, Kommission "Internationale Geographische Terminologie") Wiesbaden 1974, 246 p.

DICTIONARIES AND VOCABULARIES. 1966-1973
FAO, Roma 1974[4]

DICTIONARIES, ENCYCLOPEDIAS AND OTHER WORD-RELATED BOOKS: 1966-1974
Brewer, A.M., Detroit/Mi 1975, XVII: 591 p.; ISBN 0-8103-1128-3

DICTIONARIES OF ENGLISH AND FOREIGN LANGUAGES. A BIBLIOGRAPHICAL GUIDE TO BOTH GENERAL AND TECHNICAL DICTIONARIES WITH HISTORICAL AND EXPLANATORY NOTES AND REFERENCES
Collison, R., New York 1971[2], 303 p.

DICTIONARIES OF THE WORLD
New York 1973 (Micropublications and reprint series)

ĖNCIKLOPEDII. SLOVARI. SPRAVOČNIKI. 1926-1970
Moskva 1972, 80 p.

INTERNATIONAL BIBLIOGRAPHY OF DIRECTORIES OF ACRONYMS, INITIALISMS AND ABBREVIATIONS
Nedobity, W. (Infoterm 7-85), Wien 1985

INTERNATIONAL BIBLIOGRAPHY OF SPECIALIZED DICTIONARIES. FACHWÖRTERBÜCHER UND LEXIKA.
Lengenfelder, H., van Hoof, H., München/New York/London/Paris 1979[6]

INTERNATIONAL BIBLIOGRAPHY OF TERMINOLOGICAL ARTICLES AND BOOKS
Quebec 1977

INTERNATIONAL BIBLIOGRAPHY OF TERMINOLOGICAL PUBLICATIONS (VOCABULARIES, DICTIONARIES, THESAURI ETC.) IN THE FIELDS OF SPORTS, PHYSICAL EDUCATION AND LEISURE TIME ACTIVIES (PRELIMINARY DATA COLLECTION)
Infoterm, Wien 1984

INTERNATIONAL BIBLIOGRAPHY OF VOCABULARIES IN THE FIELD OF DATA PROCESSING, COMPUTERS AND INFORMATION SCIENCE
Infoterm, Wien 1986

INTERNATIONAL BIBLIOGRAPHY OF VOCABULARIES IN THE FIELD OF MUSIC
Infoterm, Wien 1986

INTERNATIONAL DICTIONARIES OF SCIENCE AND TECHNOLOGY. SOUND
Stephens, R.W.B., London 1975, 854 p.; ISBN 0-258-96930-X

INTERNATIONALE BIBLIOGRAPHIE DER NORMWÖRTERBÜCHER (INFOTERM SERIE 2)
Krommer-Benz, M., Felber, H., Manu, A., München 1979², 550 p.

NAUČNO-TECHNIČESKAJA TERMINOLOGIJA: BIBLIOGRAFIČESKIJ UKAZATEL' LITERATURY ZA 1976-1978 GG.
Vil'dt, E.O., Rubina, L.S., Moskva 1978

RUSSIAN DICTIONARIES. DICTIONARIES AND GLOSSARIES PRINTED IN RUSSIA 1627-1917
Aav, Y., Zug 1977, VII: 196 p. (Bibliotheca Slavica 10)

SŁOWNIKI SPECJALISTYCZNE
Warszawa 1977, 55 p.

TERMINOLOGIČESKIE SLOVARI: BIBLIOGRAFIJA
Kaufman, I.M., Moskva 1961, 419 p.

TERMINOLOGIE. 555 DICTIONNAIRES SPÉCIALISÉS
Hélie, S., Houyoux, P., Quebec 1976, 91 p.

TERMINOLOGIJA INFORMATIKI (BIBLIOGRAFIČESKIJ UKAZATEL' RABOT). ITOGI NAUKI I TECHNIKI. INFORMATIKA. TOM I
Černyj, A.I., Michajlov, A.I., Ždanova, G.S., et al., Moskva 1976

WÖRTERBÜCHER, GLOSSARIEN UND BEGRIFFSERLÄUTERUNGEN ÜBER UMWELTSCHUTZ UND LANDESPFLEGE
Kämpfer, M., Bonn 1972, 52 p.

3.5.6.4. BUCH- UND VERLAGSWESEN

ANGLO-RUSSKIJ POLIGRAFIČESKIJ SLOVAR'
Tjurin, A.A., Moskva 1962
E-R

FRANCUZSKO-RUSSKIJ POLIGRAFIČESKIJ SLOVAR'
Černyšev, A.N., Černyševa, A.G., Čeryžkov, P.F., Umanskij, S.D., et al., Moskva 1965, 418 p.
F-R

KRATKIJ RUSSKO-UKRAINSKIJ SLOVAR' POLIGRAFIČESKICH I IZDATEL'SKICH TERMINOV
Bova, V.I., Dolomino, N.P., Kiev 1969, 114 p.
R-Ukr

NEMECKO-RUSSKIJ POLIGRAFIČESKIJ SLOVAR'
Galanova, N.G., Leongardt, K.T., Vvedenskaja, N.P., Moskva 1961, 179 p.
D-R

NEMECKO-RUSSKIJ POLIGRAFIČESKIJ SLOVAR'
Černyšev, A.N., Maguds, E.M., Monastyrskaja, O.M., Trojckij, A.D., Moskva 1977² (1962, 376 p.)
D-R

NEMECKO-RUSSKIJ SLOVAR' PO POLIGRAFII I IZDATEL'SKOMU DELU
Čekryžov, P.F., Černyšev, A.N., Černyševa, A.G., Sokolova, N.P., et al., Moskva, 1977, 448 p.
D-R

POLIGRAFIČESKIJ SPRAVOČNIK-SLOVAR'
Matinjan, A.A., Erevan 1973, 334 p.

POLYGRAFICKÝ SLOVNÍK
Pešek, A., Rambousek, A., Praha 1976, 654 p.
E-I-R-D-Cs-Nl-Sn

POLYGRAFIE
Muller, J., o.O. 1976, 1400 p.
E-D-R-F-S-Cs-Pl-Hu

RUSSKO-ANGLIJSKIJ SLOVAR' KNIGOVEDČESKICH TERMINOV
Elizarenkova, T.P., Moskva 1969, 264 p.
R-E

RUSSKO-ARMJANSKIJ POLIGRAFIČESKIJ SLOVAR'
Matinjan, A.A., Erevan 1977, 300 p.
R-Arm

RUSSKO-ĖSTONSKIJ ILLJUSTRIROVANNYJ POLIGRAFIČESKIJ SLOVAR'
Koplus, O.M., Tallin 1965, 441 p.
R-Estn

RUSSKO-KAZACHSKIJ SLOVAR' LEKTORA
Šnybekova, Ė.I., Turganbaeva, B.T., Alma-Ata 1983, 27 p.
R-Kasach

RUSSKO-NEMECKIJ TEMATIČESKIJ SLOVAR' PO KNIGOVEDENIJU
Jakimovič, Ju.K., Moskva 1983, 248 p.
R-D

SLOVAR' IZDATEL'SKICH TERMINOV
Mil'čina, Moskva 1983

SLOVAR' KNIGOVEDČESKICH TERMINOV
Šamurin, E.I., Moskva 1958, 340 p.

SLOVAR'-SPRAVOČNIK RABOTNIKA KNIŽNOJ TORGOVLI
Alekseev, B.V., Osipov, V.O., Moskva 1981, 256 p.

TECHNIK-WÖRTERBUCH. POLYGRAFIE
Müller, W., Berlin 1981
E-D-F-R-S-Pl-Sl-Hu

WÖRTERBUCH DES VERLAGSWESENS IN 20 SPRACHEN
Móra, I., Pullach 1977², 389 p. (1974)
polyglott

3.5.7. POLITIK, INTERNATIONALE BEZIEHUNGEN

ANGLO-RUSSKIJ SLOVAR'-MINIMUM OBŠČESTVENNO-POLITIČESKOJ LEKSIKI
Ėmmil', L.I., Moskva 1966, 55 p. E-R

CHINDI-RUSSKIJ SLOVAR' OBŠČESTVENNO-POLITIČESKOJ LEKSIKI
Solnceva, N.I., Ul'ciferov, O.G., Moskva 1981, 535 p.
Hindi-R

DIPLOMATIČESKIJ SLOVAR'
Gromyko, A.A., Kovalev, A.G., Sevost'janov, P.P., Tichvinskij, S.L., Moskva 1985-1986[4], I: 1985, 424 p., II: 1985, 503 p., III: 1986, 751 p.

FRANCUZSKO-RUSSKIJ OBŠČESTVENNO-POLITIČESKIJ SLOVAR'
Kirejčenko, O.N., Knjazeva, M.M., Monardova, V.B., Moskva 1961, 285 p.
F-R

FRANCUZSKO - RUSSKO - UZBEKSKIJ OBŠČESTVENNO-POLITIČESKIJ SLOVAR'
Karaeva, M.Ch., Taškent 1980, 152 p.
F-R-Usbek

INTERNATIONALE BETREKKINGEN EN ORGANISATIES (RUSSISCH-NEDERLANDS GLOSSARIUM VOOR TOLKEN)
De Knock, J.P., Anvers 1970
R-Nl

KRATKIJ ANGLO-AZERBAJDŽANSKO-RUSSKIJ POLITIČESKIJ SLOVAR'
Babaev, S., Ragimov, I., Sokolova, K., Baku 1965, 136 p.
E-Aserb-R

KRATKIJ POLITIČESKIJ SLOVAR'
Ašukin, N.S., Moskva 1971[3]

KRATKIJ POLITIČESKIJ SLOVAR'
Abarenkov, V.P., Agešin, Ju.A., Alekseev, R.F., Anučkin-Timofeev, A.S., Averkin, A.G., Onikov, L.A., Šišlin, N.V., Moskva 1983[3], 368 p. (1980[2], 447 p.)

KRATKIJ RUSSKO-ČEČENO-INGUŠSKIJ SLOVAR' OBŠČESTVENNO-POLITIČESKICH TERMINOV
Čokaev, K.Z., Groznyj 1961, 109 p.
R-Tschetschen-Ingus

KRATKIJ RUSSKO-TADŽIKSKIJ SLOVAR' POLITIČESKICH TERMINOV
Dinoršoev, M., Kalontarov, Ja., Dušanbe 1975, 52 p.
R-Tadschik

KRATKIJ SLOVAR'-SPRAVOČNIK POLITINFORMATORA I AGITATORA
Balbič, F.P., et al., Moskva 1973, 287 p.

KRATKIJ UČEBNYJ RUSSKO-V'ETNAMSKIJ OBŠČESTVENNO-POLITIČESKIJ SLOVAR'
Mal'chanova, I.A., Moskva 1974, 114 p.
R-Vietn

NEMECKO-RUSSKO-UZBEKSKIJ OBŠČESTVENNO-POLITIČESKIJ SLOVAR'
Nigmatbaeva, M.T., Rašidova, D., Taškent 1980, 259 p.
D-R-Usbek

POLITIČESKIJ SLOVAR'
Ponomarev, B.N., Moskva 1958², 700 p.

RUSSKO-ABAZINSKIJ SLOVAR' OBŠČESTVENNO-POLITIČESKOJ TERMINOLOGII
Erižev, U.D., Tabulova, N.T., Turova, V.B., Čerkessk 1983, 190 p.
R-Abas

RUSSKO-BALKARSKIJ POLITIKO-TERMINOLOGIČESKIJ SLOVAR'
Kaciev, Ch.Ch., Malkonduev, Ch.S., Nal'čik 1961, 144 p.
R-Balk

RUSSKO-BAŠKIRSKIJ, BAŠKIRO-RUSSKIJ SLOVAR' OBŠČESTVENNO-POLITIČESKICH TERMINOV
Absaljamov, Z.Z., Ufa 1984, 160 p.
R-Baschkir

RUSSKO-BELORUSSKIJ SLOVAR' OBŠČESTVENNO-POLITIČESKOJ TERMINOLOGII
Burillo, N.V., Sudnik, M.R., Vankovič, L.A., Žuravskij, A.I., Minsk 1970, 451 p.
R-Weißr

RUSSKO-ČUVAŠSKIJ OBŠČESTVENNO-POLITIČESKIJ SLOVAR'
Skvorcov, M.I., Čeboksary 1973, 152 p.
R-Tschuw

RUSSKO-KABARDINO-ČERKESSKIJ SLOVAR' OBŠČESTVENNO-POLITIČESKOJ TERMINOLOGII
Bratov, Ch.S., Mamchjagov, D.Ju., Temirova, R.Ch., Čerkessk 1984, 206 p.
R-Kabard-Tscherk

RUSSKO-KARAČAEVSKIJ SLOVAR' OBŠČESTVENNO-POLITIČESKOJ TERMINOLOGII
Chabičev, M.A., Kalmykova, S.A., Mal'bachova, N.T., Sujučev, Ch.I., Temirova, R.Ch., et al., Čerkessk 1980, 174 p.
R-Kara

RUSSKO-KIRGIZSKIJ SLOVAR'-SPRAVOČNIK OBŠČESTVENNO-POLITIČESKICH TERMINOV
Danijarov, S.S., Kangeldiev, A., Frunze 1979, 477 p.
R-Kirg

RUSSKO-MOLDAVSKIJ SLOVAR' OBŠČESTVENNO-POLITIČESKICH TERMINOV
Naku, M.F., Podiko, M.V., Kišinev 1980, 750 p.
R-Mold

RUSSKO-NOGAJSKIJ SLOVAR' OBŠČESTVENNO-POLITIČESKOJ TERMINOLOGII
Džanibekov, Ė.A., Kalmykova, S.A., Kapaev, S.I., Karasov, B.A., Čerkessk 1981, 187 p.
R-Nog

RUSSKO-PERSIDSKIJ SLOVAR' ČASTO UPOTREBLJAEMYCH SLOV I OBŠČESTVENNO-POLITIČESKICH TERMINOV
Kuznecov, Ja.V., Tannočka, V.T., Moskva 1974, 75 p.
R-Pers

RUSSKO-TUVINSKIJ SLOVAR' OBŠČESTVENNO-POLITIČESKICH TERMINOV
Tolgar-ool, O.A., Ding, K.N., Kyzyl 1966, 364 p.
R-Tuwin

RUSSKO-TUVINSKIJ SLOVAR' OBŠČESTVENNO-POLITIČESKICH TERMINOV
Biče-ool, M.D., Doržu, Č.M., Martan-ool, M.B., Monguš, D.A., Kyzyl 1979, 377 p.
R-Tuwin

SLOVAR'-MINIMUM DLJA ČTENIJA ANGLIJSKOJ OBŠČESTVENNO-POLITIČESKOJ LITERATURY
Korkija, M.M., Sverdlovsk 1969, 74 p.
R-E

SLOVAR' OBŠČESTVENNO-POLITIČESKICH TERMINOV
Chamitov, Š., Usmanov, A.U., Valiev, V.K., Taškent 1976, 348 p.

3.5.8. GEOGRAPHIE, LANDESKUNDE, REISEN, TOURISMUS

3.5.8.1. GEOGRAPHIE

3.5.8.1.0. ALLGEMEIN

ANGLO-ĖSTONSKO-RUSSKIJ MORSKOJ SLOVAR'
Olev, K.I., Tallin 1981, 560 p.
E-Estn-R

ANGLO-RUSSKIJ MORSKOJ SLOVAR'
Andrianov, S.N., Baruzdin, P.T., Bykov, V.I., Favorov, P.A., et al., Moskva 1973, 791 p.
E-R

ANGLO-RUSSKIJ OKEANOGRAFIČESKIJ SLOVAR'
Gorskaja, V.I., Gorskij, N.N., Moskva 1957, 292 p.
E-R

ANGLO-RUSSKIJ SLOVAR' GEOGRAFIČESKICH TERMINOV PO PUSTYNJAM
Charin, N.G., Aščhabad 1974, 117 p.
E-R

ČETYRECH"JAZYČNYJ ĖNCIKLOPEDIČESKIJ SLOVAR' TERMINOV PO FIZIČESKOJ GEOGRAFII. RUSSKO-ANGLO-NEMECKO-FRANCUZSKIJ
Spiridonov, A.I., Ščukin, I.S., Moskva 1980, 703 p.
R-E-D-F

DESKRIPTORNYJ SLOVAR' REGIONAL'NOJ TERMINOLOGII SOVETSKOGO SOJUZA I ZARUBEŽNYCH STRAN
Gol'denberg, L.A., Kručinina, V.N., Kuchman, G.I., et al., Moskva 1973, 261 p.

ĖKOLOGO-GEOGRAFIČESKIE TERMINY V LESOVEDENII. SLOVAR'-SPRAVOČNIK
Kireev, D.M., Novosibirsk 1984, 184 p.

ĖNCIKLOPEDIČESKIJ SLOVAR' GEOGRAFIČESKICH TERMINOV
Kalesnik, S.V., et al., Moskva 1973^2, 866 p. (1968, 437 p.)

FRANCUZSKO-RUSSKIJ GEOGRAFIČESKIJ SLOVAR'
Deev, G.N., Dybovskaja, I.K., et al., Moskva o.J., 374 p.
F-R

GEOGRAFIČESKIJ ĖNCIKLOPEDIČESKIJ SLOVAR'
Moskva 1983, 528 p.

KRATKIJ RUSSKO-ANGLIJSKIJ GEOGRAFIČESKIJ SLOVAR'
Volynkin, K.I., Moskva 1963, 65 p.
R-E

KRATKIJ SLOVAR' RUSSKOJ TRANSKRIPCII GEOGRAFIČESKICH NAIMENOVANIJ GERMANII
Fedorenko, M.K., Moskva 1950, 391 p.
R-D

MORSKOJ ĖNCIKLOPEDIČESKIJ SLOVAR'-SPRAVOČNIK V DVUCH TOMACH
Vlg. Sudostroenie 1986, 1032 p.

PALEOGEOGRAFIČESKIJ SLOVAR'
Maruašvili, L.I., Moskva 1985, 366 p.

RUSSKO-KAZACHSKIJ TOLKOVYJ GEOGRAFIČESKIJ SLOVAR'
Abdrachmanov, S., Aubakirov, Ž., Bazarbaev, K., Alma-Ata 1966, 203 p.
R-Kasach

RUSSKO-KIRGIZSKIJ SLOVAR' GEOGRAFIČESKICH TERMINOV
Orozaliev, S., Frunze 1966, 172 p.
R-Kirg

RUSSKO-TADŽIKSKIJ SLOVAR' PO GEOGRAFII
Očilov, Ch.G., Dušanbe 1980, 175 p.
R-Tadschik

RUSSKO-TADŽIKSKIJ TERMINOLOGIČESKIJ GEOGRAFIČESKIJ SLOVAR'
Rachmatullaev, Ch., Dušanbe 1968, 98 p.
R-Tadschik

RUSSKO-TATARSKIJ GEOGRAFIČESKIJ SLOVAR'
Dusaev, Z.S., Kazan' 1977, 191 p.
R-Tatar

RUSSKO-UKRAINSKIJ SLOVAR' GEOGRAFIČESKICH TERMINOV
Marinek, A.M., Michajlenko, N.M., Mogila, A.P., Rečmedin, I.E., Kiev 1970, 157 p. R-Ukr

RUSSKO-UZBEKSKIJ I UZBEKSKO-RUSSKIJ SLOVAR' PO GEOGRAFII
Chasanov, Ch.Ch., Taškent 1964, 112 p.
R-Usbek

RUSSKO-VENGERSKIJ SLOVAR' TRANSKRIPCII GEOGRAFIČESKICH NAZVANIJ
Baran, V.N., Bibikov, K.A., Kiev-Užgorod, 1963, 375 p.
R-Hu

SLOVAR' GEOGRAFIČESKICH NAZVANIJ
Bodnarskij, M.S., Moskva 1954, 368 p.

SLOVAR' GEOGRAFIČESKICH TERMINOV
Medatzade, A.A., et al., Baku 1957, 63 p.
R-Aserb

SLOVAR' GEOGRAFIČESKICH TERMINOV
Smirnova, N.A., Moskva 1966, 80 p.

SLOVAR' GEOGRAFIČESKICH TERMINOV. RUSSKO-AZERBAJDŽANSKIJ
Ajubov, A.D., Budagov, B.A., Juzbašev, R.M., et al., Baku 1972, 109 p.
Aserb-R

SLOVAR' GEOGRAFIČESKICH TERMINOV I DRUGICH SLOV, VSTREČAJUŠČICHSJA V MANSIJSKICH, CHANTYJSKICH I SEL'KUPSKICH TOPONIMACH
Rozova, L.I., Širokova, V.S., Moskva 1973, 106 p.

SLOVAR' NARODNYCH GEOGRAFIČESKICH TERMINOV
Murzaev, Ė.M., Moskva 1984, 653 p.

SLOVAR' NERUSSKICH GEOGRAFIČESKICH TERMINOV I SLOV, VSTREČAJUŠČICHSJA V GEOGRAFIČESKICH NAZVANIJACH, in: Atlas mira. Ukazatel' geografičeskich nazvanij, 557-572
Jakovleva, A.K., Tjurin, S.A., Moskva 1954

SLOVAR' OBŠČEGEOGRAFIČESKICH TERMINOV. PEREVOD S ANGLIJSKOGO
I-II, Moskva 1975

SLOVAR' PRILAGATEL'NYCH OT GEOGRAFIČESKICH NAZVANIJ
Levašov, E.A., Moskva 1986, 550 p.
Rez.: RR, 1/1988, 93-94 (Novikova, N.V.)

SLOVAR'-SPRAVOČNIK PO FIZIČESKOJ GEOGRAFII
Barkov, A.S., Moskva 1958[4], 329 p.

SLOVAR'-SPRAVOČNIK PO FIZIČESKOJ GEOGRAFII
Mil'kov, F.N., Moskva 1960, 269 p.

SLOVAR' TERMINOV ĖKONOMIČESKOJ GEOGRAFII. ĖKONOMIČESKAJA I SOCIAL'NAJA GEOGRAFIJA. LATYŠSKO-RUSSKIJ
Alksnis, Ja., Berklav, G., Dzenis, Z., et al., Riga 1981, 760 p.
Lett-R

VENGERSKO-RUSSKIJ GEOLOGO-GEOGRAFIČESKIJ SLOVAR'
Fiošina, G.I., Moskva o.J., 259 p. Hu-R

VOCABULAIRE DE L' OCÉANOGRAPHIE
Agence de coopération culturelle et technique, Paris 1976, 431 p.
F-E-D-R

3.5.8.1.1. ORTSNAMEN

GEOGRAFIČESKIE IMENA. TOPONIMIČESKIJ SLOVAR'
Mel'cheev, M.N., Moskva 1961, 99 p.

GEOGRAFIČESKIE NAZVANIJA URALA. KRATKIJ TOPONIMIČESKIJ SLOVAR'
Matveev, A.K., Sverdlovsk 1980, 318 p.

KRATKIJ TOLKOVYJ SLOVAR' TOPONIMOV KAZACHSTANA
Kajdarov, A.T., Kojčubaev, E., Alma-Ata 1974, 274 p.

KRATKIJ TOPONIMIČESKIJ SLOVAR'
Nikonov, V.A., Moskva 1966

KRATKIJ TOPONIMIČESKIJ SLOVAR' BELORUSSII
Žučkevič, V.A., Minsk 1974, 447 p.

NAZVANIJA SSSR, SOJUZNYCH RESPUBLIK I ZARUBEŽNYCH STRAN NA 20 JAZYKACH. SLOVAR'-SPRAVOČNIK
Gajdukova, G.M., Kozlov, A.M., Kuznecova, L.S., Pokidova, E.M., Moskva 1974, 183 p.
polyglott

NAZVANIJA STRAN MIRA NA 20 JAZYKACH. SLOVAR'-SPRAVOČNIK
Kozlov, A.M., Kuznecova, L.S., et al., Moskva 1966, 176 p.
polyglott

OT PARIŽA DO BERLINA PO KARTE ČELJABINSKOJ OBLASTI: TOPONIMIČESKIJ SLOVAR'
Šuvalov, N.I., Čeljabinsk 1982, 127 p.

SLOVAR' GEOGRAFIČESKICH NAZVANIJ ARABSKICH STRAN
Arutjunova, G.G., Nadžarova, N.M., Savina, V.I., Moskva 1973, I: 358 p., II: 406 p.
Ar-R

SLOVAR' GEOGRAFIČESKICH NAZVANIJ AVSTRII
Buzykina, V.S., Moskva 1983, I: A-Ch, 248 p., II: C-Ja, 478 p., ukazatel': 249-478
R-D

SLOVAR' GEOGRAFIČESKICH NAZVANIJ BIRMY
Bojko, K.T., Moskva 1981, 355 p.

SLOVAR' GEOGRAFIČESKICH NAZVANIJ ĖFIOPII
Gankin, E.B., Gorovaja, E.V., Moskva 1974, 359 p.
Amhari-R

SLOVAR' GEOGRAFIČESKICH NAZVANIJ FRANCII
Arutjunova, G.G., Kuznecova, L.S., I-III, Moskva 1983 R-F

SLOVAR' GEOGRAFIČESKICH NAZVANIJ KITAJA
Miropol'skij, Ja.A., et al., I–III, Moskva 1982–1984, 1224 p.
R–C

SLOVAR' GEOGRAFIČESKICH NAZVANIJ KOREI
Koncevic, L.R., Miropol'skij, Ja.A., Tichonova G.E., Moskva 1973, 559 p.
Kor–R

SLOVAR' GEOGRAFIČESKICH NAZVANIJ LATVIJSKOJ SSR
Aleksa, A.P., Moskva 1965, 82 p.
R–Lett

SLOVAR' GEOGRAFIČESKICH NAZVANIJ PORTUGALII
Litvin, I.P., Moskva 1982, 183 p.
R–Pt

SLOVAR' GEOGRAFIČESKICH NAZVANIJ SOMALI
Gorovaja, E.V., I–III, Moskva 1981, 920 p.
R–Somali

SLOVAR' GEOGRAFIČESKICH NAZVANIJ UDMURTSKOJ ASSR
Bušmakin, S.K., Moskva 1980, 183 p.
R–Udmurt

SLOVAR' GEOGRAFIČESKICH NAZVANIJ ZARUBEŽNYCH STRAN
Anenberg, L.I., Arutjunova, G.G., Bojko, V.S., Volostnova, M.B., Moskva 1986[3], 459 p., (1970[2], 430 p.; 1965, 480 p.)

SLOVAR' NAZVANIJ KOREI (V RUSSKOM, KOREJSKOM, IEROGLIFIČESKOM I LATINSKOM NAPISANII)
Miropol'skij, Ja.A., Tichonova, G.E., Moskva 1973, 560 p.
R–Kor–L

SLOVAR' RUSSKOJ TRANSKRIPCII GEOGRAFIČESKICH NAZVANIJ
Volostnova, M.B., Moskva 1959, II: Geografičeskie nazvanija na territorii zarubežnych stran, 167 p.

SLOVAR'-SPRAVOČNIK "GEOGRAFIČESKIE NAZVANIJA FRG"
Buzykina, V.S., Moskva 1981, I: 448 p., II: 360 p.
R–D

SLOVAR' TOPONIMIČESKOJ LEKSIKI LATINSKOJ AMERIKI
Litvin, I.P., Moskva 1983, 265 p.

SLOVAR' TOPONIMOV BAŠKIRSKOJ ASSR
Chismatov, M.F., Kamalov, A.A., Šakurov, R.Z., Uraksin, Z.G., Ufa 1980, 199 p.

TOPONIMIČESKIJ SLOVAR' MORDOVSKOJ ASSR: NAZVANIJA NASELENNYCH PUNKTOV
Inževatov, I.K., Saransk 1979, 221 p.

UKRAINSKO-RUSSKIJ SLOVAR'-SPRAVOČNIK GEOGRAFIČESKICH NAZVANIJ UKRAINSKOJ SSR
Nežnipapa, V.Ja., Kiev 1972[2], 158 p. (1964, 196 p.)
Ukr–R

VSJA VORONEŽSKAJA ZEMLJA. KRATKIJ ISTORIKO-TOPONIMIČESKIJ SLOVAR'
Prochorov, V.A., Voronoež 1973, 367 p.

ZNAETE LI VY? SLOVAR' GEOGRAFIČESKICH NAZVANIJ LENINGRADSKOJ OBLASTI
Kilovskoj, S.V., Leningrad 1974², 183 p.

3.5.8.2. LANDESKUNDE, LINGUO-LANDESKUNDE

3.5.8.2.0. ALLGEMEIN

CHUDOŽESTVENNAJA KUL'TURA SSSR: LINGVOSTRANOVEDČESKIJ SLOVAR'
Černjavskaja, G.N., Moskva 1984, 355p.

LINGVOSTRANOVEDČESKIJ SLOVAR': NARODNOE OBRAZOVANIE V SSSR
Denisova, M.A., Moskva 1983², 251p. (1978, 277 p.)

RUSSKIE POSLOVICY, POGOVORKI I KRYLATYE VYRAŽENIJA: LINGVOSTRANOVEDČESKIJ SLOVAR'
Felicyna, V.P., Kostomarov, V.G., Prochorov, Ju.E., Vereščagin, E.M., Moskva 1980, 238 p.

SOVETSKIJ ĖNCIKLOPEDIČESKIJ SLOVAR'
Prochorov, A.M., Moskva 1986⁴, 1600 p.

STRANOVEDČESKIE RALII NEMECKOGO JAZYKA
Kulikov, G.I., Martinevskij, V.I., Minsk 1986, 260p.

3.5.8.2.1. PERSONENNAMEN

ONOMASTIKON. DREVNERUSSKIE IMENA, PROZVIŠČA I FAMILII
Bulganov, V.I., Levšin, B.V., Veselovskij, S.B., Moskva 1974

SLOVAR' JAPONSKICH IMEN I FAMILIJ. JAPONSKO-RUSSKIJ
Fol'kman, E.A., Moskva 1958², 1211 p.
J-R

SLOVAR' LIČNYCH SOBSTVENNYCH IMEN
Sudnik, M.P., Minsk 1965, 112 p.
R-Weißr

SLOVAR' NAZVANIJ ŽITELEJ SSSR
Babkin, A.M., Levašov, E.A., Moskva 1975, 616 p.

SLOVAR' RUSSKICH LIČNYCH IMEN
Petrovskij, N.A., Moskva 1984³, 384 p. (1980², 384 p.; 1966)

SLOVAR' SOBSTVENNYCH IMEN LJUDEJ. UKRAINSKO-RUSSKIJ, RUSSKO-UKRAINSKIJ
Dzjatkovskaja, N.P., Levčenko, S.F., Skripnik, L.G., Kiev 1976⁵, 315 p. (1973⁴, 279 p.; 1967³, 111 p.; 1961², 75 p.)
R-Ukr

3.5.8.3. REISEN, TOURISMUS

DICTIONNAIRE À L'USAGE DES PLAISANCIERS EN HUIT LANGUES
Webb, B., Paris o.J.
polyglott

KRATKIJ SLOVAR' MEŽDUNARODNOJ TURISTSKOJ TERMINOLOGII
Bojčenko, V.K., Chodorkov, L.F., Krečetova, N.B., Nikol'skij, M.V., Moskva 1980, 198 p.
R-E-Nl-S-I-D-Pl-Pt-F-Sv

3.5.9. SPORT UND FREIZEIT

3.5.9.1. SPORT

ACHTMAL WASSERSPORT. INTERNATIONALES WÖRTERBUCH
Webb, B., Bielefeld 1977[3], 160 p.
polyglott

ANGLO-RUSSKIJ SLOVAR' GIMNASTIČESKICH TERMINOV
Sabirov, Ju.A., Moskva 1985, 199 p.
E-R

ANGLO-RUSSKIJ SLOVAR' PO LEGKOJ ATLETIKE
Morozov, V., Smolensk 1973, 134 p.
E-R

ANGLO-RUSSKIJ SLOVAR'-RAZGOVORNIK: LETNIE OLIMPIJSKIE VIDY SPORTA
Gavrilovec, A.V., Moskva 1979, 420 p.
E-R

CHOKKEJ NA TRAVE. SPORTIVNYE TERMINY NA PJATI JAZYKACH
Lejkina, A.L., et al., Moskva 1979, 90 p.
R-F-E-D-S

DICŢIONAR SPORTIV POLIGLOT
Gavrilă, D., Tudose, C., Bucureşti 1973, 800 p.
D-S-E-F-I-Ro-R

DICTIONNAIRE SPORTIF
Hepp, F., Katona, I., Budapest 1964, 1112 p.
D-E-F-I-S-R-Hu

FRANCUZSKO-RUSSKIJ SLOVAR'-RAZGOVORNIK: LETNIE OLIMPIJSKIE VIDY SPORTA
Djussossua, Ž.-P., Gavrilovec, A.V., Moskva 1979, 384 p.
F-R

KRATKIJ RUSSKO-KIRGIZSKIJ SLOVAR' SPORTIVNYCH TERMINOV
Amankulov, Z., Omurzakov, D., Frunze 1963, 91 p.
R-Kirg

KRATKIJ RUSSKO-MOLDAVSKIJ SPORTIVNYJ SLOVAR'
Markov, D.S., Truliza, T.A., Kišinev 1961, 160 p. R-Mold

KRATKIJ RUSSKO-TADŽIKSKIJ TERMINOLOGIČESKIJ SLOVAR' PO GIMNASTIKE
Ciklauri, M., Sičev, B., Tursunov, N., Dušanbe 1974, 41 p.
R-Tadschik

KRATKIJ SLOVAR' NEMECKO-RUSSKOJ SPORTIVNOJ TERMINOLOGII
Plutickij, A.M., Frunze 1968, 140 p.
D-R

NEMECKO-RUSSKIJ SLOVAR'-RAZGOVORNIK: LETNIE OLIMPIJSKIE VIDY SPORTA
Chandke, D. (=Handke, D.), Gavrilovec, A.V., Moskva/Leipzig 1979, 304 p.
D-R

ROSIJS'KO-UKRAINSKIJ SPORTIVNIJ SLOVNIK
Firsel', N.I., Kaljužnaja, V.N., Kiev 1973, 170 p.
R-Ukr

RUSSKO-ANGLIJSKIJ SLOVAR'-RAZGOVORNIK: LETNIE OLIMPIJSKIE VIDY SPORTA
Gavrilovec, A.V., Moskva 1980, 352[2] p. (1979, 381 p.)
R-E

RUSSKO-ANGLIJSKIJ SLOVAR'-RAZGOVORNIK: ZIMNIE VIDY SPORTA
Gorovoj, A.V., Nevskij, Ju.G., Moskva 1983, 224 p.
R-E

RUSSKO-FRANCUZSKIJ SLOVAR'-RAZGOVORNIK: LETNIE OLIMPIJSKIE VIDY SPORTA
Djussossua, Ž.-P., Gavrilovec, A.V., Moskva 1980, 304 p.
R-F

RUSSKO-ISPANSKIJ SLOVAR'-RAZGOVORNIK: LETNIE OLIMPIJSKIE VIDY SPORTA
Rodriges, R., Gavrilovec, A.V., Moskva 1980, 304 p.
R-S

RUSSKO-KIRGIZSKIJ SLOVAR' SPORTIVNOJ TERMINOLOGII
Šugaeva, M.F., Frunze 1962, 77 p.
R-Kirg

RUSSKO-MOLDAVSKIJ SLOVAR' SPORTIVNYCH TERMINOV
Grumeza, G., Markov, D., Kišinev 1971, 199 p.
R-Mold

RUSSKO-NEMECKIJ SLOVAR'-RAZGOVORNIK: LETNIE OLIMPIJSKIE VIDY SPORTA
Chandke, D. (=Handke, D.), Gavrilovec, A.V., Moskva 1979, 303 p.
R-D

RUSSKO-NEMECKIJ SPORTIVNYJ SLOVAR'
Vajcechovskij, S.M., Moskva 1987, 381 p.
R-D

RUSSKO-UKRAINSKIJ SPORTIVNYJ SLOVAR'
Firsel', N.I., Kaljužnaja. V.N., Kiev 1973, 170 p. R-Ukr

RUSSKO-UZBEKSKIJ TOLKOVYJ SLOVAR' PO FIZKUL'TURE I SPORTU
Ismailov, R.I., Norkij, M.F., Taškent 1961. 95 p.
R-Usbek

SKI-TERMINOLOGIE IN 6 SPRACHEN. INTERNATIONALES FACHWÖRTERBUCH DER ALPINEN SKITECHNIK
Internationaler Verband für das Skilehrwesen. Arbeitsausschuß Skiterminologie/Ski-Interterm, München 1979, 70 p.
polyglott

SLOVAR' SPORTIVNYCH TERMINOV
Litovskij gosudarstvennyj institut fizičeskoj kul'tury, Vil'njus 1959, 340 p.
Lit-R

SLOVAR' SPORTIVNYCH TERMINOV
Skorodumova, N.N., et al., Moskva 1949, 80 p.
F-R

SLOVAR' TERMINOV PO FIZKUL'TURE I SPORTU. RUSSKO-AZERBAJDŽANSKIJ
Ragimov, G., Baku 1975, 70 p.
R-Aserb

SŁOWNIK SPORTOWY
Warszawa 1955, 3750 p.
D-E-D-R-Pl-Hu

SPORTIVNAJA TERMINOLOGIJA
Skorodumova, N.N., Moskva 1957, 383 p.
D-E-F-R

SPORTWÖRTERBUCH
Gyula, H., Budapest 1952, 742 p.
D-E-F-R-Hu

SPORTWÖRTERBUCH ATHLETIK
Hepp, F., Budapest 1960, 350 p.
D-E-F-I-S-R-Hu

SPORTWÖRTERBUCH FECHTEN
Hepp, F., Budapest 1960, 300 p.
D-E-F-S-R-Hu

SPORTWÖRTERBUCH FUßBALL
Hepp, F., Budapest 1960, 269 p.
D-E-F-I-S-R-Hu

SPORTWÖRTERBUCH KORBBALL
Hepp, F., Budapest 1960, 260 p.
D-E-F-I-S-R-Hu

SPORTWÖRTERBUCH SCHWIMMEN, WASSERBALL
Hepp, F., Budapest 1960, 430 p.
D-E-F-I-S-R-Hu

SPORTWÖRTERBUCH TURNEN
Hepp, F., Budapest 1960, 370 p. D-E-F-I-S-R-Hu

TERMINOLOGIA EDUCAŢIEI FIZICE ŞI SPORTOLUI (TERMINOLOGY OF PHYSICAL TRAINING AND SPORT)
Bukarest 1974, 428 p.
E-F-S-Ro-R

TERMINOLOGIČESKIJ SLOVAR' PO PLAVANIJU
Kutti, N., Tartu 1964, 91 p.
Estn-R-D-E

TERMINOLOGIE GERÄTETURNEN
Buchmann, G., et al., Berlin 1972, 246 p.
D-E-F-R

VOCABULAIRE RUSSE-FRANÇAIS DU SPORT
Ragozin, V., Paris 1980 (Lexiques de l'Institut d'Etudes slaves, 2)
F-R
Rez.: Slavica Gandensia, 1982(9) (Zothe, J.)

3.5.9.2. FREIZEIT UND SPIELE

NUMIZMATIČESKIJ SLOVAR'
Ivarin, V.W., Moskva 1975, 156 p.

NUMIZMATIČESKIJ SLOVAR'
Zvaric, V.V., L'vov 1979[4]

ŠACHMATNYJ SLOVAR'
Gejler, G.M., Moskva 1963, 618 p.

SLOVAR' OCHOTNIKA
Cholostov, B.G., Moskva 1972, 96 p.

3.6. RECHT UND ÖFFENTLICHE VERWALTUNG

3.6.1. RECHT

3.6.1.1. ALLGEMEIN

ANGLO-RUSSKIJ JURIDIČESKIJ SLOVAR'
Andrianov, S.N., Nikiforov, A.S., Moskva 1964, 340 p.
E-R

ĖNCIKLOPEDIČESKIJ SLOVAR' PRAVOVYCH ZNANIJ - SOVETSKOE PRAVO
Bratus, S.N., et al., Moskva 1965, 512 p.

ĖSTONSKO-RUSSKIJ, RUSSKO-ĖSTONSKIJ JURIDIČESKIJ SLOVAR'
Tallin 1971, 231 p.
Estn-R

JURIDIČESKIJ ĖNCIKLOPEDIČESKIJ SLOVAR'
Sucharev, A.Ja., Moskva 1984, 415 p.

JURIDIČESKIJ SLOVAR' V 2 TOMACH
Kudrjavcev, P.I., Moskva 1956², I: A–N, 687 p., II: O–Ja, 663 p.

JURISTISCHES WÖRTERBUCH. DEUTSCH-RUSSISCH
Lingen, L. von, Leipzig 1979⁴ (1977³, 370 p.; 1972)
D–R

JURISTISCHES WÖRTERBUCH. RUSSISCH-DEUTSCH
Engelbert, H., Leipzig 1967
R–D

KLEINES DEUTSCH-RUSSISCHES JURISTISCHES WÖRTERBUCH
Severjanov, N.K., Volgograd 1972, 130 p.
D–R

KRATKIJ POPULJARNYJ SLOVAR'-SPRAVOČNIK O BRAKE I SEM'E
Pergament, A.I., Moskva 1982, 95 p.

KRATKIJ RUSSKO-ISPANSKIJ I ISPANSKO-RUSSKIJ JURIDIČESKIJ SLOVAR'
Švyrkova, L.L., Moskva 1981, 309 p.
R–S

NEMECKO-RUSSKIJ JURIDIČESKIJ SLOVAR'
Antoškina, V.T., *Bjalous, K.M.*, *et al.*, Irkutsk 1974, 738 p.
D–R

NEMECKO-RUSSKIJ JURIDIČESKIJ SLOVAR'
Benjamin, M., *Grišaev, P.*, Berlin/Moskva 1985, 605 p.
D–R

NEMECKO-RUSSKIJ SLOVAR'-MINIMUM DLJA JURISTOV
Bulatova, E.K., *Savickaja, T.P.*, Alma-Ata 1960, 32 p.
D–R

RECHTSWÖRTERBUCH DEUTSCH-RUSSISCH
Benjamin, M., *Grischajew, P.*, Berlin 1988, 608 p.
D–R

RECHTSWÖRTERBUCH RUSSISCH-DEUTSCH
Engelbert, H., Berlin 1986, 640 p.
R–D

RUSSIAN-ENGLISH LAW DICTIONARY
Prišopenko, N.P., New York/London 1970, 154 p.
R–E

RUSSISCH-DEUTSCHES JURISTISCHES WÖRTERBUCH
Engelbert, H., Leipzig 1967
R–D
Rez.: RJaZR, 1/1970, 106–107 (Kovaleva, L.M.)

RUSSISCH-DEUTSCHES JURISTISCHES WÖRTERBUCH
Frenzke, D., *Kraft, H.*, *Uschakov, A.*, *Weniger, M.*, Frankfurt a.M./ Berlin 1964, I: 189 p. R–D
Rez.: Babel, 3/1965, 185

RUSSKO-BAŠKIRSKIJ, BAŠKIRSKO-RUSSKIJ SLOVAR' JURIDIČESKICH TERMINOV
Absaljamov, Z.Z., Muchametdinov, M.M., Ufa 1980, 63 p.
R-Baschkir

RUSSKO-FRANCUZSKIJ I FRANCUZSKO-RUSSKIJ JURIDIČESKIJ SLOVAR'
Mačkovskij, G.I., Moskva 1982
R-F

RUSSKO-KAZACHSKIJ TERMINOLOGIČESKIJ SLOVAR'. JURISPRUDENCIJA, PEDAGOGIKA I PSICHOLOGIJA
Alma-Ata o.J., 187 p.
R-Kasach

RUSSKO-KIRGIZSKIJ SLOVAR'-SPRAVOČNIK JURIDIČESKICH TERMINOV
Al'činov, K., Nurbekov, K.N., Turgunbekov, R., et al., Frunze 1982, 551 p.
R-Kirg

RUSSKO-MOLDAVSKIJ JURIDIČESKIJ SLOVAR'
Ecko, I.I., Kotel'nik, F.S., Lungu, L.E., Kišinev 1970, 451 p.
R-Mold

RUSSKO-TADŽIKSKIJ JURIDIČESKIJ TERMINOLOGIČESKIJ SLOVAR'
Bucharizoda, A.L., Kasymov, S.M., Radžabov, S.A., Dušanbe 1965, 116 p.
R-Tadschik

RUSSKO-UZBEKSKIJ SLOVAR'-SPRAVOČNIK JURIDIČESKICH TERMINOV
Mirzažanov, K., Muchitdinov, F.I., Taškent 1983, 279 p.
R-Usbek

SLOVAR' JURIDIČESKICH TERMINOV. LATYŠSKO-RUSSKIJ, RUSSKO-LATYŠSKIJ
Grinberg, O., Riga 1970, 499 p.
R-Lett

SLOVAR' JURIDIČESKICH TERMINOV. RUSSKO-AZERBAJDŽANSKIJ
Babaev, A., Chalafov, M., Kasumov, Z., Selimov, I., Baku 1961, 311 p.
R-Aserb

SLOVAR' JURIDIČESKICH TERMINOV
Bakirov, F., Taškent 1959, 118 p.
R-Usbek

SPRAVOČNYJ TERMINOLOGIČESKIJ SLOVAR'-MINIMUM. DLJA STUDENTOV-INOSTRANCEV JURIDIČESKOGO FAKUL'TETA
Burmistrenko, O.I., Butskaja, I.A., Ljaščenko, V.I., Makaravoj, T.I., et al., Kiev 1964, 91 p.
R-E-F-S-Ar-Indon

TRUDOVOE PRAVO. ĖNCIKLOPEDIČESKIJ SLOVAR'
Denisov, A.I., et al., Moskau 1959, 512 p.

WÖRTERBUCH DER RECHTS- UND WIRTSCHAFTSSPRACHE
Berson, A.S., Décsi, Gy., Karcsay, S., München 1985, 725 p.
D–R
Rez.: BDÜ, Nov./Dez. 1985, 18 (Salnikow, N.)

3.6.1.2. VERTRAGS- UND VÖLKERRECHT

ANGLO-RUSSKIJ I RUSSKO-ANGLIJSKIJ SLOVAR' PO MORSKOMU PRAVU
Knjazev, V.S., Želtov, L.M., Moskva 1988, 207 p.
R-E

SLOVAR' MEŽDUNARODNOGO PRAVA
Klimenko, B.M., et al., Moskva 1982, 248 p.

SLOVAR' MEŽDUNARODNOGO PRAVA
Bacanov, S.B., et al., Moskva 1986^2, 432 p.

SLOVAR' MEŽDUNARODNOGO VOZDUŠNOGO PRAVA
Balachovskij, Ja.M., Bordunov, V.D., Grjaznov, V.S., et al., Moskva 1988, 192 p.

3.6.1.3. PATENTWESEN, URHEBERRECHT, MARKENRECHT

ANGLO-RUSSKO-ĖSTONSKIJ PATENTNYJ SLOVAR'
Kojtel', Ch.Ch., Kukrus, A.Ju., Lillevjali, A.A., Vyrk, Ch.T., Tallin 1976, 363 p.
E-R-Estn

ANGLO-RUSSKIJ PATENTNYJ SLOVAR'
Aranov, I.M., Moskva 1973, 208 p.
E-R

ANGLO-RUSSKIJ PATENTNYJ SLOVAR'
Berson, A.S., Lillevjali, A.A., Mjasnikov, B.P., Jašina, M., Moskva 1973, 232 p.
E-R

FRANCUZSKO-RUSSKIJ PATENTNYJ SLOVAR'
Berson, A.S., Mjasnikov, B.P., Vajnštejn, V.Ch., Moskva 1977, 280 p.
F-R

NEMECKO-RUSSKIJ I RUSSKO-NEMECKIJ PATENTNYJ SLOVAR'
Berson, A.S., Lillevjali, A.A., Mjasnikov, B.P., Morozov, A.N., Moskva 1985^3 (1981; 1971, 239 p.)
D-R

RUSSKO-ČEŠSKIJ I ČEŠSKO-RUSSKIJ PATENTNYJ SLOVAR'
Kudrjašova, E.P., Mjasnikov, B.P., Morozov, A.N., Moskva 1982
R-Cs

RUSSKO-POL'SKIJ I POL'SKO-RUSSKIJ PATENTNYJ SLOVAR'
Kydrjašova, E.P., Mjasnikov, B.P., Pšibyš, E., Moskva 1985
R-Pl

SLOVAR' TERMINOV PO IZOBRETATEL'STVU. LITOVSKO-RUSSKIJ, RUSSKO- LITOVSKIJ
Trečiokajte, A., Vil'njus 1977, 50 p.
Lit-R

WÖRTERBUCH DER PATENTFACHSPRACHE
Staszkow, M., Katowice 1972, 165 p.
F-E-D-S-I-R-Pl-Cs

WÖRTERBUCH DES PATENTWESENS IN FÜNF SPRACHEN
Szendy, G.L., Düsseldorf 1974, 916 p.
D-E-F-S-R

3.6.2. KRIMINOLOGIE

SOVIET PRISON CAMP SPEECH. A SURVIVOR'S GLOSSARY
Meyer, G., Marquess, H.E., Madison/Wisconsin 1972
E-R

3.6.3. ÖFFENTLICHE VERWALTUNG, ÖFFENTLICHE ANGELEGENHEITEN

3.6.3.0. ALLGEMEIN

FACHWÖRTERBUCH. EIN BEHELF FÜR DIE INTERNATIONALE LEICHENBEFÖRDERUNG
Europäische Bestatterunion, München 1970, ISBN 3-8113-7003-0
polyglott

3.6.3.1. UMWELTSCHUTZ

ANGLO-RUSSKIJ SLOVAR' PO OCHRANE OKRUŽAJUŠČEJ SREDY
Milovanov, E., Vejcman, E.A., Moskva 1980, 367 p.
E-R

ĖKOLOGIČESKIJ SLOVAR'
Bykov, B.A., Moskva 1983, 216 p.

ĖKOLOGO-GEOGRAFIČESKIE TERMINY V LESOVEDENII. SLOVAR'-SPRAVOČNIK
Kireev, D.M., Novosibirsk 1984, 184 p.

LEXIKON BRANDSCHUTZ. DEUTSCH-RUSSISCH-ENGLISCH
Berlin 1980, 200 p.
D-R-E
Rez.: SL, 4/1982, 277-278 (Baldauf, W.)

MNOGOJAZYČNYJ SLOVAR' TERMINOV OCHRANY PRIRODY
Tbilisi 1978, 139 p.
R-Grus-E-I-D-F

SLOVAR' TERMINOV I PONJATIJ, SVJAZANNYCH S OCHRANOJ ŽIVOJ PRIRODY
Jablokov, A.V., Rejmers, N.F., Moskva 1982, 145 p.

TECHNIK-WÖRTERBUCH. UMWELTSCHUTZTECHNIK
Seidel, E., et al., Berlin 1987, 528 p.
E-D-F-R

3.6.3.2. MILITÄR

ANGLO-RUSSKIJ I RUSSKO-ANGLIJSKIJ SLOVAR' VOENNO-MORSKICH KOMAND
Ėljanov, D.I., Morozovskij, N.G., Moskva 1960, 195 p.
E-R

ANGLO-RUSSKIJ VOENNO-MORSKOJ SLOVAR'
Morozovskij, N.G., Nemirov, I.A., Šarčenko, V.G., Šmid, V.A., Taube, A.M., Moskva 1962, 851 p.
E-R

ANGLO-RUSSKIJ VOENNYJ SLOVAR'
Bogdanova, K.N., Burjakov, Ju.F., Sudzilovskij, G..A., et al., Moskva 1968², 1063 p. (1960, 965 p.)
E-R

ARABSKO-RUSSKIJ I RUSSKO-ARABSKIJ VOENNYJ SLOVAR'
Anisimov, M.G., Danilov, I.S., Ryžkov, V.I., Moskva 1965, 704 p.
Ar-R

BOLGARSKO-RUSSKIJ VOENNYJ SLOVAR'
Artjuchov, M.G., Mil'cekorov, I.I., Rašitov, M.M., Moskva 1966, 526 p.
Bg-R

ČASTOTNYJ ANGLO-RUSSKIJ VOENNVJ SLOVAR'-MINIMUM
Neljubin, L.L., Moskva 1974, 224 p.
E-R

ČASTOTNYJ RUSSKO-ANGLIJSKIJ VOENNYJ SLOVAR'-MINIMUM
Neljubin, L.L., Moskva 1977, 247 p.
R-E

DATSKO-RUSSKIJ VOENNYJ SLOVAR'
Sergeev, S.S., Moskva 1968, 235 p.
Da-R

DEUTSCHES MILITÄRLEXIKON MIT DEN ENTSPRECHENDEN RUSSISCHEN BEGRIFFEN UND DEUTSCHEN DEFINITIONEN
Kollektiv der Militärakademie der Nationalen Volksarmee "Friedrich Engels", Berlin 1962 D-R

DEUTSCH-RUSSISCHES, RUSSISCH-DEUTSCHES MILITÄRWÖRTERBUCH, NEBST ANLAGEN RUSSISCHER MILITÄRISCHER ABKÜRZUNGEN, RUSSISCHER GELDSORTEN, MASSE, GEWICHTE, RUSSISCHER MORSEZEICHEN, RUSSISCHER ORTSNAMENÄNDERUNGEN
Berlin 1928
D-R

FRANCUZSKO-RUSSKIJ SLOVAR' VOENNYCH SOKRAŠČENIJ
Baršev, A.N., Moskva 1983, 256 p.
F-R

FRANCUZSKO-RUSSKIJ VOENNYJ SLOVAR'
Ostapenko, V.P., Poljakov, V.A., Reduzubov, K.N., Moskva 1976, 880 p.
F-R

FRANCUZSKO-RUSSKIJ VOENNYJ SLOVAR'
Taube, A.M., Moskva 1960[4], 824 p.
F-R

ISPANSKO-RUSSKIJ VOENNYJ SLOVAR'
Bulgakov, T.N., Moskva 1973, 957 p.
S-R

ITAL'JANSKO-RUSSKIJ VOENNYJ SLOVAR'
Dančevskij, V.I., Savel'ev, B.I., Moskva 1965, 239 p.
I-R

KITAJSKO-RUSSKIJ VOENNYJ I TECHNIČESKIJ SLOVAR'
Klenin, I.D., Moskva 1985[2], 676 p. (1968, 565 p.)
C-R

KOREJSKO-RUSSKIJ VOENNYJ SLOVAR'
Busnjuk, N.I., Nikol'skij, L.B., Plotnikov, G.K., Šubnikov, N.M., Moskva 1966, 281 p.
Kor-R

KRATKIJ FRANCUZSKO-RUSSKIJ, RUSSKO-FRANCUZSKIJ VOENNYJ SLOVAR'
Koliliev, V.I., Min'jar-Beloručev, R.K., Ostapenko, V.P., Moskva 1964, 536 p.
F-R

KRATKIJ NEMECKO-RUSSKIJ, RUSSKO-NEMECKIJ VOENNYJ SLOVAR'
Asrieva, M.A., Kartvelišvili, N.V., Tbilisi 1980, 124 p.
D-R

KRATKIJ RUSSKO-AMCHARSKIJ VOENNYJ UČEBNYJ SLOVAR'
Voennyj institut inostrannych jazykov, Moskva 1974, 155 p.
R-Amhari

KRATKIJ RUSSKO-ANGLIJSKIJ I ANGLIJSKO-RUSSKIJ VOENNYJ SLOVAR'
Bakakov, R.A., Burjakov, Ju.F., Vachmistrov, V.V., Moskva 1963, 560 p.
R-E

KRATKIJ RUSSKO-AZERBAJDŽANSKIJ VOENNYJ SLOVAR'
Baku 1981^2, 116 p. (1975, 128 p.)
R-Aserb

KRATKIJ RUSSKO-JAPONSKIJ VOENNYJ SLOVAR'
Šlenkin, I.I., Moskva 1963, 344 p.
R-J

MILITÄRWÖRTERBUCH. RUSSISCH-DEUTSCH
Hochmuth, H., et al., Berlin 1982^2, 640 p. (1962, 806 p.)
R-D
Rez.: FS, 4/1984, 281 (Kokoschko, K.)

NEMECKO-RUSSKIJ SLOVAR' VOENNYCH SOKRAŠČENIJ
Azarch, L.S., Parparov, L.F., Moskva 1983, 320 p.
D-R

NEMECKO-RUSSKIJ VOENNO-MORSKOJ SLOVAR'
Blednev, A.I., Cvilling, M.Ja., Iskrickaja, L.I., Jachontov, Ju.A., Moskva 1961, 456 p.
D-R

NEMECKO-RUSSKIJ VOENNYJ SLOVAR'
Artemov, A.P., Azarch, L.S., Parparov, L.F., Taube, A.M., et al., Moskva 1964, 1224 p.
D-R

NORVEŽSKO-RUSSKIJ VOENNYJ SLOVAR'
Sergeev, S.S., Moskva 1963, 380 p.
No-R

PERSIDSKO-RUSSKIJ VOENNYJ SLOVAR'
Aliev, G.G., Moskva 1972, 655 p.
Pers-R

RUSSKO-KAZACHSKIJ TOLKOVYJ SLOVAR' VOENNYCH TERMINOV
Amanžolov, K., Alma-Ata 1982, 126 p.
R-Kasach

RUSSKO-RUMYNSKIJ VOENNYJ SLOVAR'
Kur'janov, V.P., Šinov, N.A., Spažev, Ju.A., Moskva 1964, 335 p.
R-Ro

RUSSKO-ŠVEDSKIJ VOENNYJ SLOVAR'
Ryžkov, V.A., Moskva 1975, 235 p.
R-Sv

RUSSKO-VENGERSKIJ VOENNYJ SLOVAR'
Kucenko, V.L., Moskva 1972, 426 p.
R-Hu

SEMIJAZYČNYJ VOENNO-MEDICINSKIJ SLOVAR'. RUSSKIJ, BOLGARSKIJ, VENGERSKIJ, NEMECKIJ, POL'SKIJ, RUSSKIJ I ČEŠSKIJ JAZYKI
Lobastov, O.S., Medvedev, V.I., Todorov, T., et al., Moskva 1978, 264 p.
R-Bg-Hu-D-Pl-R-Cs

SEMIJAZYČNYJ VOENNYJ SLOVAR'
Bojko,, I.M., et al., Moskva 1971, 1139 p.
D-R-Bg-Hu-Pl-Ro-Cs

SLOVAR' INOSTRANNYCH VOENNYCH SOKRAŠČENIJ
Borisov, V.V., Dubjanskij, M.A., Egorov, M.P., Stolbov, V.S., Moskva 1961, 895 p.
polyglott

SLOVAR' OSNOVNYCH VOENNYCH TERMINOV
Morozov, B.N., Mednikova, A.N., Moskva 1965, 247 p.

ŠVEDSKO-RUSSKIJ VOENNYJ SLOVAR'
Konstantinov, N.N., Kravec, L.G., Ligvinenko, M.V., Skujbeda, P.I., et al., Moskva 1964, 432 p.
Sv-R

TOLKOVYJ SLOVAR' VOENNYCH TERMINOV
Skujbeda, P.I., Vil'činskij, I.K., Moskva 1966

TURECKO-RUSSKIJ VOENNYJ SLOVAR'
Chochlov, B.M., Moskva 1968, 477 p.
Türk-R

VENGERSKO-RUSSKIJ VOENNYJ SLOVAR'
Kucenko, V.L., Moskva 1966, 416 p.
Hu-R

VOENNYJ ĖNCIKLOPEDIČESKIJ SLOVAR'
Achromeev, S.F., Ogarkov, N.V., et al., Moskva 1986², 803 p. (1983)

VOENNYJ JAPONSKO-RUSSKIJ SLOVAR'
Paškovskij, A.A., Rožeckin, A.M., Moskva 1959, 555 p.
J-R

WÖRTERBUCH DER MILITÄRMEDIZIN
Schmid-Daberkow, G., Leipzig, I: Russisch-Deutsch, 1965, 275 p., II: Deutsch-Russisch, 1971, 459 p.
D-R

3.7. RELIGION, THEOLOGIE

ATEISTIČESKIJ SLOVAR'
Novikov, M.P., et al., Moskva 1983, 559 p.

DICTIONNAIRE RUSSE-FRANÇAIS DES TERMES EN USAGE DANS L'EGLISE RUSSE
Roty, M., Paris 1980, 160 p. (= Léxiques de l'Institut d'Etudes slaves, 4)
Rez.: Slavica Gandensia, 1982(9), (Lothe, J.);
SEER, 1982(60), 443-445 (Hackel, S.)

KARMANNYJ SLOVAR' ATEISTA
Belen'kij, M.S., Novikov, M.P., Moskva 1973

MIFOLOGIČESKIJ SLOVAR'
Botvinnik, M.N., et al., Moskva 1985[4], 176 p.

3.8. GEISTESWISSENSCHAFTEN

3.8.1. ARCHÄOLOGIE

KRATKIJ RUSSKO-KIRGIZSKIJ TERMINOLOGIČESKIJ SLOVAR' PO ARCHEOLOGII
Urstanbekov, B., Frunze 1979, 152 p.
R-Kirg

RUSSKO-GRUZINSKIJ ARCHEOLOGIČESKIJ SLOVAR'
Apakidze, A.M., Apakidze, G.G., Inasaridze, M.N., Sicharulidze, A.N., Tbilisi 1980, 889 p.
R-Grus

3.8.2. GESCHICHTE

NEMECKO-RUSSKIJ SLOVAR' - POSOBIE DLJA RABOTY NAD GAZETNYMI I ISTORIČESKIMI TEKSTAMI
Inozemceva, G.I., Petrivnjaja, I.V., Zajarkina, E.N., et al., Gor'kij 1970, 117 p.
D-R

PSKOVSKIJ OBLASTNOJ SLOVAR' S ISTORIČESKIMI DANNYMI
Leningrad, I: 1967, 197 p., II: 1973, 247 p., III: 1976, 177 p.

RUSSKO-ANGLIJSKIJ I ANGLO-RUSSKIJ SLOVAR' ISTORIČESKOJ TERMINOLOGII
Solov'eva, T.A., Ivanovo 1972, 282 p.
R-E

SLOVAR' PO ISTORII SSSR. RUSSKO - ARABSKIJ
Tichomirov, V.A., Moskva 1965, 112 p.
R-Ar

TADŽIKSKO-RUSSKIJ SLOVAR' PO ISTORII GRUZII
Egani, A., Muchtarov, A., Tbilisi 1973, 158 p.
Tadschik-R

VSJA VORONEŽSKAJA ZEMLJA. KRATKIJ ISTORIKO-TOPONIMIČESKIJ SLOVAR'
Prochorov, V.A., Voronež 1973, 367 p.

3.8.3. PHILOSOPHIE

ČASTOTNYJ ANGLO-RUSSKIJ SLOVAR'. POD''JAZYK FILOSOFII
Černecovskaja, L.K., Elisarova, E.F., Leningrad 1985
E-R

ČASTOTNYJ ANGLO-RUSSKIJ SLOVAR'. POD"JAZYK FILOSOFII
Černecovskaja, L.K., Elisarova, E.F., Razdel "Ėtiketa i ėstetika", Leningrad 1985
E-R

FILOSOFSKIJ ĖNCIKLOPEDIČESKIJ SLOVAR'
Il'ičev, et al., Moskva 1983, 840 p.

FILOSOFSKIJ SLOVAR'
Rozental', M.M., Judin, P.F., Moskva, 1972^{3} (1963)

FILOSOFSKIJ SLOVAR'
Frolov, I.T., Moskva, 1986^{5}, 590 p. (1980^{4}, 444 p.)

KRATKIJ ANGLO-RUSSKIJ FILOSOFSKIJ SLOVAR'
Carev, P.V., Moskva 1969, 318 p.
E-R

KRATKIJ FILOSOFSKIJ SLOVAR'
Rozental', M.M., Moskva 1955^{4}, 567 p.

KRATKIJ SLOVAR' PO ĖTIKE
Drobnickij, O.G., Kon, I.S., Moskva 1965, 543 p.

LOGIČESKIJ SLOVAR'-SPRAVOČNIK
Kondakov, N.I., Moskva 1975^{2}, 720 p. (1971)

NEMECKO-RUSSKIJ FILOSOFSKIJ SLOVAR'
Zajceva, Z.N., Moskva 1981, 362 p.
D-R

RUSSKO-KIRGIZSKIJ SLOVAR' FILOSOFSKICH TERMINOV
Amanaliev, B., Frunze 1967, 125 p.
R-Kirg

RUSSKO-TADŽIKSKIJ TERMINOLOGIČESKIJ FILOSOFSKIJ SLOVAR'
Asimov, M., Bačaev, M., et al., Dušanbe 1966, 200 p.
R-Tadschik

SLOVAR' FILOSOFSKICH TERMINOV. RUSSKO-AZERBAJDŽANSKIJ
Nurullaev, R.N., Baku 1959, 68 p.
R-Aserb

SLOVAR' LOGIKI
Gorskij, D.P., Kondakov, N.I., Moskva 1971

WÖRTERBUCH RUSSISCH-DEUTSCH, DEUTSCH-RUSSISCH. LOGIK-SEMIOTIK-METHODOLOGIE
Albrecht, E., et al., Leipzig 1983, 326 p.
R-D
Rez.: Nachrichten für Sprachmittler, 2/1984, 14 (Lau, H.-H.)

3.8.4. LITERATUR, LITERATURWISSENSCHAFT

KRATKIJ RUSSKO-KAZACHSKIJ SLOVAR' LITERATUROVEDČESKICH TERMINOV
Institut jazykoznanija. Institut literatury i iskusstva im. Auėzova, Alma-Ata 1962, 141 p. R-Kasach

KRATKIJ SLOVAR' LITERATUROVEDČESKICH TERMINOV
Timofeev, L.I., Vengrov, H., Moskva 1955², 179 p. (1952, 159 p.)

KRATKIJ SLOVAR' LITERATUROVEDČESKICH TERMINOV
Timofeev, L.I., Šuraev, S.V., Moskva 1985², 207 p. (1978, 240 p.)

LITERATURNYJ ĖNCIKLOPEDIČESKIJ SLOVAR'
Koževnikov, V.M., Moskva 1987, 752 p.

POĖTIČESKIJ SLOVAR'
Kvjatkovskij, A., Moskva 1966, 375 p.

POĖT I SLOVO. OPYT SLOVARJA
Bakin, M.A., Grigor'ev, V.P., et al., Moskva 1973

RUSSKO-JAKUTSKIJ POĖTIČESKIJ SLOVAR'
Vasil'ev, G.M., Jakutsk 1976, 207 p.
R-Jak

RUSSKO-TADŽIKSKIJ SLOVAR' LITERATUROVEDČESKICH TERMINOV
Tabarov, S.Š, Dušanbe 1980, 52 p.
R-Tadschik

RUSSKO-UZBEKSKIJ TOLKOVYJ SLOVAR' LITERATUROVEDČESKICH TERMINOV
Chatamov, N.T., Sarimsakov, B.I., Taškent 1979, 365 p.
R-Usbek

SLOVAR' LITERATURNYCH TERMINOV. LITOVSKO-RUSSKIJ
Petronis, I., Vanagas, V., Zalatorjus, A., Vil'njus 1962, 80 p.
Lit-R

SLOVAR' LITERATUROVEDČESKICH TERMINOV
Timofeev, L.I., Turaev, S.V., Moskva 1974, 509 p.

SLOVAR' LITERATUROVEDČESKICH TERMINOV. RUSSKO-AZERBAJDŽANSKIJ
Mamedov, K., Mirachmedov, A., Talybzade, K., o.O. o.J.
R-Aserb

TOLKOVYJ SLOVAR' TRUDNYCH SLOV, VSTREČAJUŠČICHSJA V UČEBNIKACH LITERATURY. RUSSKO-AZERBAJDŽANSKIJ
Bagirov, G.A., Baku 1983, 103 p.
R-Aserb

WÖRTERBUCH DER LITERARISCHEN TERMINI
Sławinski, J., et al., Wrocław 1975
F-E-D-R-Pl

3.8.5. SPRACHWISSENSCHAFT

3.8.5.0. ALLGEMEIN

DICTIONARY OF SLAVONIC LINGUISTIC TERMINOLOGY IN 11 SLAVONIC LANGUAGES AND IN ENGLISH, FRENCH AND GERMAN
Praha 1977, I: 560 p., II: 720 p. polyglott

ĖNCIKLOPEDIČESKIJ SLOVAR' JUNOGO FILOLOGA (JAZYKOZNANIE). DLJA SREDNEGO I STARŠEGO ŠKOL'NOGO VOZRASTA
Panov, M.V., Moskva 1984, 352 p.
Rez.: VJa, 3/1985, 121–124 (Martynov, V.V.)
Przegl Rus, 37 (1987), 146–149 (Chlebda, W.)

ENCYCLOPEDIC DICTIONARY OF LINGUISTIC TERMS
Simeon, o.O. o.J., I: 1010 p., II: 926 p.
Sh-L-R-D-E-F-I-S

KRATKIJ LINGVISTIČESKIJ SLOVAR'
Nečaev, G.A., Rostov 1976

KRATKIJ RUSSKO-TADŽIKSKIJ I TADŽIKSKO-RUSSKIJ SLOVAR' LINGVISTIČESKICH TERMINOV
Fazylov, M.F., Kalontarov, Ja.I., Kapranov, V.A., Dušanbe 1974, 95 p.
R-Tadschik

KRÓTKI SŁOWNIK POLSKO-ROSYJSKI TERMINOLOGII GLOTTODYDAKTYCZNEJ. MATERIAŁY DO ĆWICZEŃ Z DYDAKTYKI JĘZYKA ROSYJSKIEGO (KURZES POLNISCH-RUSSISCHES WÖRTERBUCH DER GLOTTODIDAKTISCHEN TERMINOLOGIE. MATERIALIEN ZU ÜBUNGEN AUS DER DIDAKTIK DER RUSSISCHEN SPRACHE)
Komaniewska-Nalepińska, J., Sobczyk, A., Krakow 1974, 171 p.
Pl-R

RUSSISCH-DEUTSCHES WÖRTERBUCH DER LINGUISTISCHEN TERMINOLOGIE
Gröschel, B., Parawanowa, E., Münster 1985
Rez.: S"postavitel'no ezikoznanie, 6/1987, 76–78 (Pavlova, G.)

RUSSKO-KARAKALPAKSKIJ SLOVAR' LINGVISTIČESKICH TERMINOV
Bekbergenov, A., Nasyrov, D.S., Žarimbetov, A., Nukus 1979, 230 p.
R-Karak

RUSSKO-KAZACHSKIJ SLOVAR' LINGVISTIČESKICH TERMINOV
Kenesbaev, S., Žanuzakov, T., Alma-Ata 1966, 208 p.
R-Kasach

RUSSKO-TURKMENSKIJ SPRAVOČNIK LINGVISTIČESKICH TERMINOV
Amansaryev, D., Kul'manov, G., Aščhabad 1981, 237 p.
R-Turkmen

SLOVAR' AMERIKANSKOJ LINGVISTIČESKOJ TERMINOLOGII
Chemp, Ė., Ivanov, V.V., Moskva 1964, 264 p.
R-E/Am

SLOVAR' LINGVISTIČESKICH TERMINOV
Achmanova, O.S., Moskva 1966, 607 p.

SLOVAR' LINGVISTIČESKICH TERMINOV. PEREVOD S FRANCUZSKOGO
Andreeva, N.D., Maruzo, Z., Moskva 1960, 435 p.
R-F-D-E-I

SLOVAR' LINGVISTIČESKICH TERMINOV. LATYŠSKO-RUSSKIJ, RUSSKO-LATYŠSKIJ
Barbare, D., Bergmane, A., Trabis, P., Riga 1963, 256 p.
Lett-R

SLOVAR' LINGVISTIČESKICH TERMINOV. RUSSKO-MOLDAVSKIJ, MOLDAVSKO-RUSSKIJ
Čelak, T., Kišinev 1969, 206 p.
R-Mold

SLOVAR' LINGVISTIČESKICH TERMINOV. RUSSKO-ABCHAZSKIJ, ABCHAZSKO-RUSSKIJ
Chalbad, T.Ch., Suchumi 1977, 283 p.
R-Abchas

SLOVAR'-SPRAVOČNIK LINGVISTIČESKICH TERMINOV
Rozental', D.Ė., Telenkova, M.A., Moskva 1976², 543 p.

TERMINI-KATALOG. VERZEICHNIS SPRACHWISSENSCHAFTLICHER TERMINI
Vinogradov, V.D., Berlin 1976, 96 p.
R-D

TEZAURUS PO TEORETIČESKOJ I PRIKLADNOJ LINGVISTIKE
Nikitina, S.E., Moskva 1978, 375 p.

3.8.5.1. ORTHOGRAPHIE

ORFOGRAFIČESKIJ MORSKOJ SLOVAR'. OPYT SLOVARJA-SPRAVOČNIKA
Filin, F.P., Poreckaja, R.Ė., Moskva 1974

ORFOGRAFIČESKIJ SLOVAR' SLOŽNYCH PRILAGATEL'NYCH (ISPOL'-ZUEMYCH V MEDICINSKOJ LITERATURE)
Kireeva, T.N., Kotel'nikova, M.A., Kulikova, N.F., Moskva 1978, 31 p.

3.8.5.2. GRAMMATIK

3.8.5.2.0. ALLGEMEIN

RUSSISCHE GRAMMATISCHE TERMINOLOGIE
Seegatz, W., Tübingen 1976, 67 p. (Skripten des Slavischen Seminars der Universität Tübingen, 9)
R-D

SLOVAR' GRAMMATIČESKICH TERMINOV KIRGIZSKOGO JAZYKA. KIRGIZSKO-RUSSKIJ, RUSSKO-KIRGIZSKIJ
Frunze 1961, 35 p.
Kirg-R

SLOVAR' TERMINOV POROŽDAJUŠČEJ GRAMMATIKI
Lang, Ė., in: UZ Tart GU, 1969, vypusk 232

3.8.5.2.1. FÜGUNGSWÖRTERBÜCHER

FÜGUNGSWÖRTERBUCH DEUTSCH-RUSSISCH. EINE SAMMLUNG HÄUFIG GEBRAUCHTER WENDUNGEN FÜR WISSENSCHAFTLER UND STUDENTEN
Christmann, K., Troebes, O., Leipzig 1985, 200 p.
D-R
Rez.: FS, 2/1987, 133-134 (Lindemann, H.)

RUSSIAN-ENGLISH SCIENTIFIC AND TECHNICAL DICTIONARY OF USEFUL COMBINATIONS AND EXPRESSIONS
Zimmerman, M.G. (= Cimmermann, M.G.), Brooklyn/New York o.J., ISBN 0-87559-119-1
R-E

RUSSKO-ANGLIJSKIJ NAUČNO-TECHNIČESKIJ SLOVAR' POLEZNYCH SOČETANIJ I VYRAŽENIJ
Cimmermann, M.G., Moskva 1966, 294 p.
R-E

RUSSKO-ANGLIJSKIJ SLOVAR' NAUČNOGO I TECHNIČESKOGO SLOVOUPOTREBLENIJA
Kuznecov, B.V., Moskva 1985
R-E

RUSSKO-FRANCUZSKIJ I FRANCUZSKO-RUSSKIJ TECHNIČESKIJ TERMINOLOGIČESKIJ SLOVAR': SPISKI RUSSKICH TERMINOV, PONJATIJ I SLOVOSOČETANIJ: "SPECIAL'NYE BETONY"
Mironov, S.A., Moskva 1975, 9 p.
R-F

SHORT ENGLISH-RUSSIAN DICTIONARY OF CHEMICAL TERMS AND PHRASES
Bakaraeva, G.B., Romanova, N.A., Dušanbe 1971, 108 p.
E-R

SLOVAR' GLAGOL'NO-IMENNYCH SLOVOSOČETANIJ OBŠČENAUČNOJ REČI
Agoškova, V.A., Bodrova, A.A., Krasnych, V.I., Motovilova, O.G., et al., Moskva 1973, 79 p.

UČEBNYJ SLOVAR' GLAGOL'NO-IMENNYCH SLOVOSOČETANIJ RUSSKOGO JAZYKA. NA MATERIALE OBŠČESTVENNO-PUBLICISTIČESKICH TEKSTOV
Derjagina, S.I., Moskva 1987

UČEBNYJ SLOVAR' SOČETAEMOSTI TERMINOV. TECHNOLOGIJA METALLOV I MATERIALOVEDENIE
Curkov, V.N., Krjuk, L.A., Toršina, L.M., Moskva 1981, 274 p.

UPRAVLENIE V RUSSKOM JAZYKE: SLOVAR'-SPRAVOČNIK DLJA RABOTNIKOV PEČATI
Rozental', D.Ė., Moskva 1986[2]

3.8.5.3. LEXIKOLOGIE

3.8.5.3.1. NEOLOGISMEN

DICTIONARY OF NEOLOGISMS IN AMERICAN SCIENTIFIC AND TECHNICAL LITERATURE
Černaja, A.I., et al., Moskva 1971², 94 p.
E-R

NOVOE V RUSSKOJ LEKSIKE. SLOVARNYE MATERIALY
Kotelova, N.Z., et al.,
1977: Moskva 1980, 176 p.; 1978: Moskva 1981, 262 p.;
1979: Moskva 1982, 319 p.; 1980: Moskva 1984, 287 p.;
1981: Moskva 1986, 288 p.

NOVYE SLOVA I ZNAČENIJA. SLOVAR'-SPRAVOČNIK PO MATERIALAM PRESSY I LITERATURY SEMIDESJATYCH GODOV
Kotelova, N.Z., Levašov, E.A., Popovceva, T.N., Felicyna, V.P., et al., Moskva 1984, 808 p.
Rez.: FS, 2/1985, 125 (Krüger, K.)

NOVYE SLOVA I ZNAČENIJA. SLOVAR'-SPRAVOČNIK PO MATERIALAM PRESSY I LITERATURY ŠESTIDESJATYCH GODOV
Butarova, N.Z., Kotelova, N.Z., Levašov, E.A., Moskva 1973² (1971, 543 p.)
Rez.: RJaŠ, 5/1971, 108-111 (Jarancev, R.I.)
VJa, 6/1971, 122-129 (Gak, V.G., Moiseev, A.I.)
FS, 3/1972, 217-220 (Schade, W.)

RUSSIAN-ENGLISH DICTIONARY OF MODERN TERMS IN AERONAUTICS AND ROCKETRY
Konarski, M.M., Oxford 1970, 515 p. (1962)
R-E
Rez.: Babel, 1/1965

3.8.5.3.2. FREMDWÖRTER

KRATKIJ SLOVAR' INOSTRANNYCH SLOV
Lokšina, S.M., Moskva 1984⁷, 352 p. (1979⁶, 351 p.; 1974⁴, 351 p.; 1968², 384 p.)

SLOVAR' INOJAZYČNYCH VYRAŽENIJ I SLOV: A - J
Babkin, A.M., Šendecov, V.V., Leningrad, I:1981², 696 p., II: 1987², 654 p.

SLOVAR' INOJAZYČNYCH VYRAŽENIJ I SLOV, UPOTREBLJAJUŠČICHSJA V RUSSKOM JAZYKE BEZ PEREVODA
Babkin, A.M., Šendecov, V.V., I-II, Moskva/Leningrad 1966

SLOVAR' INOSTRANNYCH SLOV
Lechin, I.V., Lokšina, S.M., Petrov, F.N., Šaumjan, L.S., Moskva 1984¹¹, 608 p. (1983¹⁰, 607 p.; 1982⁹, 602 p.; 1980⁷, 622 p.; 1955⁵, 853 p.; 1949³, 801 p.))

TOLKOVYJ SLOVAR' RUSSKO-INTERNACIONAL'NYCH ZAIMSTVOVANIJ
Šarifov, V.Š., Dušanbe 1984, 376 p.

3.8.5.3.3. PHRASEOLOGIE

3.8.5.3.3.1. IDIOMATISCHE REDEWENDUNGEN

ANGLO-KABARDINO-RUSSKIJ FRAZEOLOGIČESKIJ SLOVAR'
Emuzov, A.G., Nal'čik 1976, 349 p.
E-Kabard-R

ANGLO-LATYŠSKO-RUSSKIJ FRAZEOLOGIČESKIJ SLOVAR'
Raškevič, Ja., Sauka, O., Vejš, Ja., Zalite, T., Riga 1977, 717 p.
E-Lett-R

ANGLO-RUSSKIJ FRAZEOLOGIČESKIJ SLOVAR'
Kunin, A.V., Moskva 1967[3], I: A-Q, 738 p., II: R-Z, 1264 p. (1956[2], 1455 p.)
E-R

ANGLO-RUSSKIJ FRAZEOLOGIČESKIJ SLOVAR'
Kunin, A.V., Moskva 1984[4], 942 p.
E-R

ANGLO-RUSSKIJ-LAKSKIJ FRAZEOLOGIČESKIJ SLOVAR'
Šachšaeva, L.M., Machačkala 1977, 132 p.
E-R-Laks

AVARSKO-RUSSKIJ FRAZEOLOGIČESKIJ SLOVAR'
Magomedchanov, M.M., Machačkala 1983, 104 p.
Awar-R

AZERBAJDŽANSKO-RUSSKIJ FRAZEOLOGIČESKIJ SLOVAR'
Orudžev, A.A., Baku 1976, 247 p.
Aserb-R

BAŠKIRSKO-RUSSKIJ FRAZEOLOGIČESKIJ SLOVAR'
Jusupov, Ch.G., Nadršina, F.A., Uraksin, Z.G., Ufa 1973, 167 p.
Baschkir-R

BOLGARSKO-RUSSKIJ FRAZEOLOGIČESKIJ SLOVAR'
Košelev, A.K., Leonidova, M.A., Moskva 1974, 635 p.
Bg-R

ČUVAŠSKO-RUSSKIJ FRAZEOLOGIČESKIJ SLOVAR'
Černov, M.F., Čeboksary 1982, 175 p.
Tschuw-R

DEUTSCH-RUSSISCHES PHRASEOLOGISCHES WÖRTERBUCH
Binovič, L.Ė., Moskva 1975[2], 656 p. (1956)
D-R

DEUTSCH-RUSSISCHES PHRASEOLOGISCHES WÖRTERBUCH
Braun, M., Göttingen 1958
D-R

FRANCUZSKO-MOLDAVSKO-RUSSKIJ FRAZEOLOGIČESKIJ SLOVAR'
Popovič, P.I., Kišinev 1977², 511 p. (1963, 308 p.)
F-Mold-R

FRANCUZSKO-RUSSKIJ FRAZEOLOGIČESKIJ SLOVAR'
Gak, V.G., Kunina, I.A., et al., Moskva 1963, 1111 p.
F-R

FRAZEOLOGIČESKIJ SLOVAR' RUSSKICH GOVOROV SIBIRI
Fedorov, A.I., Panin, L.G., Petropavlovskaja, L.V., Postnova, A.I., Novosibirsk 1983, 232 p.

FRAZEOLOGIČESKIJ SLOVAR' RUSSKOGO JAZYKA
Fedorov, A.I., Molotkov, A.I., Vojnova, L.A., Žukov, V.P., Moskva 1978³, 1188 p. (1968²)

GREAT RUSSIAN DICTIONARY OF IDIOMS AND SET EXPRESSIONS
Borkovski, P., London 1973
R-E

GRUZINSKO-RUSSKIJ FRAZEOLOGIČESKIJ SLOVAR'
Gamrekeli, N.N., Mgaloblišvili, E.A., Tbilisi 1966, 639 p.
Grus-R

IDIOMATISCHE REDEWENDUNGEN DER RUSSISCHEN UND DEUTSCHEN SPRACHE
Graf, A.E., Berlin 1965⁵, 224 p. (1956²; 1954)
D-R

ITAL'JANSKO-RUSSKIJ FRAZEOLOGIČESKIJ SLOVAR'
Čerdanceva, T.Z., Recker, Ja.I., Zor'ko, G.F., Moskva 1982, 1056 p.
I-R

KABARDINSKO-RUSSKIJ FRAZEOLOGIČESKIJ SLOVAR'
Kardanov, B.M., Nal'čik 1968, 342 p.
Kabard-R

KRATKIJ RUSSKO-ANGLIJSKIJ I ANGLO-RUSSKIJ FRAZEOLOGIČESKIJ SLOVAR'
Alechina, A.I., Minsk 1980, 400 p.
R-E

KRATKIJ RUSSKO-AZERBAJDŽANSKIJ FRAZEOLOGIČESKIJ SLOVAR'
Tagiev, M.T., Baku 1964, 142 p.
R-Aserb

KRATKIJ RUSSKO-ČUVAŠSKIJ FRAZEOLOGIČESKIJ SLOVAR'
Černov, M.F., Čeboksary 1975, 191 p.
R-Tschuw

KRATKIJ RUSSKO-NEMECKIJ FRAZEOLOGIČESKIJ SLOVAR'
Ekkert, R., Engel'ke, Ch., Škljarov, V.T., Moskva 1977, 253 p.
R-D

KRATKIJ RUSSKO-TURKMENSKIJ FRAZEOLOGIČESKIJ SLOVAR'
Bystrova, E.A., Džumagel'dyeva, B., Šanskij, N.M., Aščhabad 1981, 134 p.
R-Turkmen

KRATKIJ UDMURTSKO-RUSSKIJ FRAZEOLOGIČESKIJ SLOVAR'
Dzjuina, K., Iževsk 1967, 131 p.
Udmurt-R

KRATKIJ UZBEKSKO-RUSSKIJ FRAZEOLOGIČESKIJ SLOVAR'
Abdurachimov, M., Taškent 1980, 184 p.
Usbek-R

KUMYKSKO-RUSSKIJ I RUSSKO-KUMYKSKIJ FRAZEOLOGIČESKIJ SLOVAR'
Daibova, K.Ch., Machačkala 1981, 99 p.
Kumyk-R

KURDSKO-RUSSKIJ FRAZEOLOGIČESKIJ SLOVAR'
Chamojan, M.U., Erevan 1979, 275 p.
Kurd-R

LATYŠSKO-RUSSKIJ FRAZEOLOGIČESKIJ SLOVAR'
Caubulinja, D., Ozolinja, N., Plesuma, A., Riga 1965, 673 p.
Lett-R

MOLDAVSKO-RUSSKIJ FRAZEOLOGIČESKIJ SLOVAR'
Solov'ev, V.P., Solov'eva, V.A., Kišinev 1976, 223 p.
Mold-R

NEMECKO-GRUZINSKO-RUSSKIJ FRAZEOLOGIČESKIJ SLOVAR'
Gamrekeli, N., Gofman, T., Kadagidze, N., Tbilisi 1973[2], 567 p.
D-Grus-R

NEMECKO-RUSSKO-AVARSKIJ FRAZEOLOGIČESKIJ SLOVAR'
Magomedchanov, M.M., Machačkala 1966, 134 p.
D-R-Awar

NEMECKO-RUSSKIJ FRAZEOLOGIČESKIJ SLOVAR'
Binovič, L.Ė., Grišin, N.N., Moskva 1975[2], 656 p.
D-R

RUSSIAN-ENGLISH IDIOM DICTIONARY
Josselson, H.H., Vitek, A.J., Detroit 1973
R-E

RUSSISCHE UND DEUTSCHE IDIOMATISCHE REDEWENDUNGEN
Graf, A.E., Leipzig 1978[10]
R-D

RUSSKIE FRAZEOLOGIZMY V KARTINKACH (DLJA GOVORJAŠČICH NA NEMECKOM JAZYKE)
Dubrovin, M.I., Šenk, V., Moskva 1982[2], 328 p.

RUSSKO-ARMJANSKIJ FRAZEOLOGIČESKIJ SLOVAR'
Achumjan, S.T., Melkumjan, R.L., Pogosjan, P.M., et al., Erevan 1975, 615 p.
R-Arm

RUSSKO-AZERBAJDŽANSKIJ FRAZEOLOGIČESKIJ SLOVAR'
Tagiev. M.T., Baku 1974, 246 p.
R-Aserb

RUSSKO-BOLGARSKIJ FRAZEOLOGIČESKIJ SLOVAR'
Andrejčina, K., Dimitrova, S., Vlachov, S., Zaprjanova, K., Sofia 1980, 582 p.
R-Bg

RUSSKO-KIRGIZSKIJ FRAZEOLOGIČESKIJ SLOVAR'
Bijaliev, A., Chmel'nickaja, H.L., Frunze 1977, 202 p.
R-Kirg

RUSSKO-LATYŠSKIJ FRAZEOLOGIČESKIJ SLOVAR'
Bauga, A., Iostsone, A., Tjurina, L., Riga 1974, I: A-R, 758 p., II: S-Ja, 735 p.
R-Lett

RUSSKO-LITOVSKIJ FRAZEOLOGIČESKIJ SLOVARIK
Krivickene, Ž., Šjarnas, V., Stašajtene, V., Vil'njus 1977, 58 p.
R-Lit

RUSSKO-TATARSKIJ FRAZEOLOGIČESKIJ SLOVAR' JAZYKA V.I. LENINA
Bajramova, L.K., Kazan' 1980, 232 p.
R-Tatar

RUSSKO-UZBEKSKIJ FRAZEOLOGIČESKIJ SLOVAR'
Sadykova, M., Taškent 1972, 192 p.
R-Usbek

700 FRAZEOLOGIČESKICH OBOROTOV RUSSKOGO JAZYKA DLJA GOVORJAŠČICH NA ANGLIJSKOM JAZYKE
Bystrova, E.A., Šanskij, N.M., Moskva 1980[2] (1976, 125 p.)
R-E

700 FRAZEOLOGIČESKICH OBOROTOV RUSSKOGO JAZYKA DLJA GOVORJAŠČICH NA VENGERSKOM JAZYKE
Bystrova, E.A., Šanskij, N.M., Vereš, V., Moskva 1983, 122 p.
R-Hu

SLOVAR' FRAZEOLOGIČESKICH SINONIMOV RUSSKOGO JAZYKA
Škljarov, V.T., Sidorenko, M.I., Žukov, V.P., Moskva 1987

SLOVAR'-SPRAVOČNIK PO RUSSKOJ FRAZEOLOGII
Jarancev, R.I., Moskva 1985[2], 384 p. (1981, 304 p.; 1979)

SLOVAR' USILITEL'NYCH SLOVOSOČETANIJ DLJA RUSSKOGO I ANGLIJSKOGO JAZYKOV
Ubin, I.I., Moskva, I: Prjamoj slovar', 1975, 107 p., II: Reversivnyj slovar', 1976, 145 p.
R-E

TUVINSKO-RUSSKIJ FRAZEOLOGIČESKIJ SLOVAR'
Chertek, Ja.Š., Kyzyl 1975, 204 p.
Tuwin-R

UKRAINSKO-RUSSKIJ I RUSSKO-UKRAINSKIJ FRAZEOLOGIČESKIJ SLOVAR'
Olejnik, I.S., Sidorenko, M.M., Kiev 1978^2, 446 p. (1971, 350 p.)
Ukr-R

3.8.5.3.3.2. SPRICHWÖRTER

POSLOVICY, POGOVORKI, FRAZEOLOGIZMY. KRATKIJ RUSSKO-ANGLIJSKIJ SLOVAR'
Kicis, A.B., Moskva 1969, 147 p.
R-E

POSLOVICY RUSSKOGO NARODA
Dal', V., Moskva 1957, 990 p.

PROVERBS
Gluski, J., Amsterdam 1971, 448 p.
E-F-D-I-S-R-L

RUSSISCHE SPRICHWÖRTER. RUSSISCH-DEUTSCH
München 1973
R-D

RUSSKIE NARODNYE POSLOVICY, POGOVORKI, ZAGADKI I DETSKIJ FOL'KLOR
Anikin, V.P., Moskva 1957, 239 p.

RUSSKIE POSLOVICY I POGOVORKI
Rybnikova, M.A., Moskva 1961, 229 p.

RUSSKIE POSLOVICY I POGOVORKI
Sokolova, V.K., Moskva 1969, 447 p.

RUSSKIE POSLOVICY, POGOVORKI I KRYLATYE VYRAŽENIJA. LINGVOSTRANOVEDČESKIJ SLOVAR'
Felicyna, V.P., Kostomarov, V.G., et al., Moskva 1979, 238 p.

RUSSKO-NEMECKIJ SLOVAR' POSLOVIC I POGOVOROK
Cvilling, M.Ja., Moskva 1984, 214 p.
R-D

6000 DEUTSCHE UND RUSSISCHE SPRICHWÖRTER
Graf, A.E., Halle 1956, 297 p.
D-R

SLOVAR' RUSSKICH POSLOVIC I POGOVOROK
Žukov, V.P., Moskva 1966

SŁOWNIK PRZYSŁÓW ROSYJSKO-POLSKI I POLSKO-POSYSKI
Sajór, B.M., Stypuła, R., Warzawa 1974, 557 p.
R-Pl

3.8.5.3.3.3. ZITATE, GEFLÜGELTE WORTE

KRYLATYE LATINSKIE IZREČENIJA V LITERATURE
Ovruckij, N.O., Kiev 1962, 219 p. L-R

KRYLATYE SLOVA
Anskin, N.S., Anskina, M.G., Moskva 1960 (1955, 666 p.)

RUSSKO-ANGLIJSKIJ SLOVAR' KRYLATYCH SLOV
Berkov, V.P., Uolš, I.A., Moskva 1984, 281 p.
R-E

RUSSKO-NEMECKIJ SLOVAR' KRYLATYCH SLOV
Afon'kin, J.N., Moskva 1985, 285 p.
R-D

RUSSKO-NORVEŽSKIJ SLOVAR' KRYLATYCH SLOV
Berkov, V.P., Moskva 1980, 75 p.
R-No

SLOVAR' LATINSKICH KRYLATYCH SLOV
Babičev, N.T., Borovskij, Ja.M., Moskva 1986^2, 957 p.
L-R

UZBEKSKO-RUSSKIJ SLOVAR' AFORIZMOV
Abdurachimov, M., Taškent 1976, 216 p.
Usbek-R

3.8.5.3.4. ONOMASTIK

SLOVAR' RUSSKOJ ONOMASTIČESKOJ TERMINOLOGII
Podol'skaja, N.V., Moskva 1978, 198 p.
Rez.: VJa, 3/1979, 155-157 (Ju.V. Otkupščikov)

3.8.5.4. ÜBERSETZUNG

KONTEKSTOLOGIČESKIJ SLOVAR' DLJA MAŠINNOGO PEREVODA MNOGOZNAČNYCH SLOV S ANGLIJSKOGO JAZYKA NA RUSSKIJ
Marčuk, Ju.N., Moskva 1976, 264 p.
E-R

KONTEKSTOLOGIČESKIJ SLOVAR' DLJA MAŠINNOGO PEREVODA MNOGOZNAČNYCH SLOV S ANGLIJSKOGO JAZYKA NA RUSSKIJ
Marčuk, Ju.N., II: Glagoly. Narečija, Moskva 1976, 256 p.
E-R

RUSSIAN MACHINE TRANSLATION DICTIONARY
Massey, H.S.H., o.O., 1960,
E-R

3.9. KÜNSTE

3.9.0. ALLGEMEIN

KRATKIJ RUSSKO-KAZACHSKIJ TOLKOVYJ SLOVAR' ĖSTETIČESKICH TERMINOV
Sajko, A.F., Tursunov, D.T., Alma-Ata 1972 R-Kasach

KRATKIJ SLOVAR' FESTIVALJA
Bruskov, V.S., et al., Moskva o.J., 160 p.
R-E-F-D-S

3.9.1. ANGEWANDTE KUNST

3.9.1.1. GRAPHIK, DESIGN. TYPOGRAPHIE; KUNSTHANDWERK, ANTIQUITÄTEN

BRIEF DICTIONARY OF SOVIET DESIGN DOCUMENTATION TERMINOLOGY
MacVay, J.C., Charlottesville/CA 1975, 59 p.
R-E

DICTIONNAIRE HORLOGER. TERMINOLOGIE ET NUMÉROTATION. ÉBAUCHES
o.O. 1976, 493 p.
F-E-R-D-S-I-Pt-Nl

GLOSSAIRE DU DIAMANT
Van Langenhove, M., Bruxelles 1975, 71 p.
R-F

KRATKIJ GRUZINSKO-RUSSKIJ TOLKOVYJ SLOVAR' KOVOČNOGO ISKUSSTVA
Andriašvili, I.A., Tbilisi 1974, 98 p.
Grus-R

NEDERLANDS-RUSSISCH-DUITS GLOSSARIUM OVER DE WEVERIJ
Van Baelen, Y., Anvers 1970, 327 p.
Nl-R-D

3.9.1.2. MODE, BEKLEIDUNG

KLEINES DEUTSCH-RUSSISCHES WÖRTERBUCH FÜR DIE BEKLEIDUNGSINDUSTRIE
Kudrjakova, L.M., Čurilova, L.P., Ivanovo 1971
D-R

SLOVAR' GALANTEREJNYCH TOVAROV. RUSSKO-TURKMENSKIJ
Ašchabad o.J., 21 p.
R-Turkmen

3.9.2. DARSTELLENDE KÜNSTE

3.9.2.0. ALLGEMEIN

WÖRTERBUCH DER DARSTELLENDEN KÜNSTE. RUSSISCH-DEUTSCH, DEUTSCH-RUSSISCH
Fischborn, G., Leipzig 1984, 255 p. (1976) R-D

3.9.2.1. THEATER, OPER, TANZ

KRATKIJ OPERNYJ SLOVAR'
Gozenpud, A., o.O. 1986, 248 p.

LEXIQUE INTERNATIONAL DES TERMES TECHNIQUES DE THÉÂTRE, EN HUIT LANGUES
Rhae, K., *Southern, R.*, Bruxelles o.J.
polyglott

SLOVAR' TEATRAL'NYCH TERMINOV. AZERBAJDŽANSKO-RUSSKIJ
Aliev, A., Baku 1984, 41 p.
Aserb-R

CIRK. MALEN'KAJA ĖNCIKLOPEDIJA
Šneer, A.Ja., *Slavskij, R.E.*, Moskva 1973, 375 p.

3.9.2.2. FILM, PHOTOGRAPHIE

ANGLO-RUSSKIJ SLOVAR' PO FOTOGRAFII I KINEMATOGRAFII
Sacharov A.A., Moskva 1960, 395 p.
E-R

DICTIONARY OF FILMS AND FILMING
Budapest 1976, 220 p.
Hu-E-D-R

FACHWÖRTER DES FILMS. DEUTSCH-RUSSISCH
DEFA-Studio für Spielfilme, Potsdam-Babelsberg 1975, 27 p.
D-R

FOTOKINO-WÖRTERBUCH
Wolter, F.W., Halle, I: Deutsch, 1961, II: Russisch, 1960
D-E-F-R

FRANCUZSKO-RUSSKIJ SLOVAR' PO FOTOKINOTECHNIKE
Pererva V.M., Moskva 1965, 463 p.
F-R

INTERNATIONAL GLOSSARY OF PHOTOGRAPHIC TERMS
Kodak, Garden City/NA 1973
polyglott

KINO: ĖNCIKLOPEDIČESKIJ SLOVAR'
Jutkevič, S.I., Moskva 1986, 640 p.

KINOSLOVAR' V DVUCH TOMACH
Jutkevič, S.I., Moskva 1966, I: A-L

NEMECKO-RUSSKIJ SLOVAR' PO KINOFOTOTECHNIKE
Pell', V.G., Moskva 1962, 583 p.
D-R

NEMECKO-RUSSKIJ SLOVAR' PO KINOFOTOTECHNIKE
Pererva, V.M., Moskva 1962, 583 p.
D-R

SLOVAR' FOTOGRAFIČESKICH I KINEMATOGRAFIČESKICH TERMINOV
Tusejnov, U., Baku 1965, 109 p.

3.9.3. MUSIK (UND MUSIKINSTRUMENTE)

CONCISE MUSIC DICTIONARY
AAA, Shanhai 1957, 446 p.
C–R

ĖNCIKLOPEDIČESKIJ MUZYKAL'NYJ SLOVAR'
Keldyš, G.V., Moskva 1959, 326 p.

ĖNCIKLOPEDIČESKIJ MUZYKAL'NYJ SLOVAR'
Šteinpress, B.S., *Jampol'skij, I.M.*, Moskva 1966², 631 p.

FACHWÖRTERBUCH MUSIK. DEUTSCH – RUSSISCH, RUSSISCH – DEUTSCH
Balter, G., Leipzig/Moskva 1976, 484 p.
D–R
Rez.: FS, 3/1977, 225–226 (Müller, B., Müller, K.)

KRATKIJ SLOVAR' MUZYKAL'NYCH TERMINOV. ITAL'JANSKO-ARMJANSKO-RUSSKIJ, NEMECKO-ARMJANSKO-RUSSKIJ
Darpasjan, V., Erevan 1975, 60 p.
I–Arm–R–D

MALYJ SLOVAR' MUZYKI
Bulucevskij, J.S., Leningrad 1972², 100 p.
D–R

MUZYKAL'NYJ SLOVAR' SPECIAL'NYCH TERMINOV I VYRAŽENIJ NEMECKO-RUSSKIJ I RUSSKO-NEMECKIJ
Balter, G.A., Moskva/Leipzig 1976, 484 p.
D–R

POLYGLOTTES WÖRTERBUCH DER MUSIKALISCHEN TERMINOLOGIE
Leuchtmann, H., Kassel-Wilhelmshöhe 1978, 805 p.
D–E–F–I–S–Hu–R

PUTEVODITEL' PO KONCERTAM. SLOVAR' NAIBOLEE NEOBCHODIMYCH TERMINOV I PONJATIJ
Astaf'ev, B.V., Moskva 1978²

RUSSISCH-DEUTSCHES FACHWÖRTERBUCH DER MUSIK
Stöckl, E., Zwickau 1970
R–D

SLOVAR' CHORA
Romanovskij, N.V., Leningrad 1972², 136 p.

SLOVAR' INOSTRANNYCH MUZYKAL'NYCH TERMINOV
Kruntjaeva, T.S., *Molokova, N.*, *Stupel', A.*, Leningrad 1984⁴, 142 p. (1974, 135 p.)
polyglott

TERMINOLOGISCHES MINIMUM MUSIKWISSENSCHAFT. RUSSISCH-DEUTSCH
Hengst, K., Zwickau 1979 R–D

4. ABKÜRZUNGEN

Abas - Abasinisch
Abchas - Abchasisch
Abh Sächs AdW - Abhandlungen der Sächsischen Akademie der Wissenschaften zu Leipzig, Berlin
Acta Univ Carol - Acta Universitatis Carolinae, Praha
Acta Univ Wratislav - Acta Universitatis Wratislaviensis, Wrocław
add - avtoreferat doktorskoj dissertacii
AFNOR - Association Française de Normalisation, Paris; Normenzeichen: NF, FD
akd - avtoreferat kandidatskoj dissertacii
Aksl - Altkirchenslawisch
Apt Delo - Aptečnoe Delo, Moskva
Amhari - Amharisch
Ar - Arabisch
Arbeitsberichte - Arbeitsberichte der Martin-Luther-Universität Halle-Wittenberg, Sektion Sprach- und Literaturwissenschaft, Forschungskollektiv Kommunikativ-Funktionale Sprachbetrachtung und Fremdsprachenunterricht, Halle
Arbeitsmat - Arbeitsmaterialien des Forschungskollektivs Fachsprachen und Sprachunterricht an der Sektion Sprach- und Literaturwissenschaft der Martin-Luther-Universität Halle-Wittenberg, Halle/Wittenberg
Arbeitsmat Dölau - Arbeitsmaterialien der Martin-Luther-Universität Halle-Wittenberg, Zentrum für Sprachintensivausbildung in Russisch Halle-Dölau, Halle
Arm - Armenisch
Aserb - Aserbajdschanisch
Aviac Kosmon - Aviacija i kosmonavtika, Moskva
Avtom Svar - Avtomatičeskaja Svarka, Kiev
Awar - Awarisch
Babel - Babel. Revue Internationale de la Traduction. Organe Trimestriel d'Information et de Recherche dans le Domaine de la Traduction, Gerlingen
Balk - Balkarisch
BAS - Berichte der Sektion Fremdsprachen, Karl-Marx-Universität, Leipzig
Baschk - Baschkirisch
BDS - Normenzeichen folgender bulgarischer Organisationen: B"lgarskata Akademija na naukite; D"rzaven Komitet za Standartizacija pri Ministerskija S"vet (DKS) (ehemals: Komitet po Kačestvoto standartizacijata i metrologijata pri ministerstkijata S"vet (KKSM)/Institut po standartizacija merki i izmeritelni uredi (ISMIU), Sofia
Bet Železobet - Beton i Železobeton. Naučno-techničeskij i Proizvodstvennyj Žurnal, Moskva
Bg - Bulgarisch
BIT - Berichte, Informationen, Thesen. Humboldt-Universität zu Berlin, Sektion Fremdsprachen, Berlin

Bjull Kom Tech Term - Bjulleten' Komiteta Techničeskoj Terminologii, Moskva

Bolg Rus - Bolgarskaja Rusistika. Organ Obščestva Rusistov Bolgarii i Naučno-Issledovatel'skogo Instituta Russkogo Jazyka i Literatury, Sofija

Botan Žurn - Botaničeskij Žurnal, Moskva

BPTJ - Biuletyn Polskiego Towarzystwa Językoznawczego, Wrocław/Warszawa/Kraków

BRPh - Beiträge zur romanischen Philologie, Berlin

BSF - Berichte der Sektion Fremdsprachen der Karl-Marx-Universität, Leipzig

C/Chin - Chinesisch

CNIITI - Central'nyj Naučno-Issledovatel'skij Institut techničeskoj Informacii, Moskva

COL-T/TERM - Veröffentlichungen des COLT (Bureau of Conferences, Languages and Documents Translation der UNESCO. Translation and Records Division; Terminology and Documentation Section), Paris

Cs - Tschechisch

ČSN - Normenzeichen der tschechoslowakischen Organisationen: Úřad pro Normalizaci a Měření (ÚNM), Úřad pro Normalizaci (ÚVN), Praha

ČSR - Československá Rusistika. Časopis pro Jazyky a Literaturu Slovanských Národů SSSR, Praha

ČSTČ - Československý Terminologický Časopis, Bratislava

D - Deutsch

Da - Dänisch

DaF - Deutsch als Fremdsprache. Zeitschrift zur Theorie und Praxis des Deutschunterrichts für Ausländer, Leipzig

Der Übersetzer - Diskussionsbeiträge und Informationen. Hrsg. Verband deutschsprachiger Übersetzer literarischer und wissenschaftlicher Werke, 1964 Hamburg, 1965-1969 Stuttgart

DIN - Deutsches Institut für Normung, Berlin

DISS.A - Dissertation

Diss.B - Dissertation B (DDR) = Habilitationsschrift

DKS - D"rzaven Komitet za Standartizacija pri Ministerskija S"vet, Sofia; Normenzeichen: BDS

DNA - Deutscher Normenausschuß, Berlin

Dokl Užgor GU - Doklady i Soobščenija Užgorodskogo Gosudarstvennogo Universiteta, Užgorod

Dopovidi ta Povidomlennja - Dopovidi ta Povidomlennja, Užgorod

E - Englisch

E/Am - Amerikanisches Englisch

EL - Ėlektričestvo, Moskva

Estn - Estnisch

ETZ - Elektrotechnische Zeitschrift, Berlin

Ežeg ORJa - Ežegodnik Obščestva Rodnogo Jazyka, Tallin

F - Französisch

Fi - Finnisch

Fiz Šk - Fizika v Škole, Moskva

FS - Fremdsprachen. Zeitschrift für Dolmetscher, Übersetzer und Sprachkundige, Leipzig

FU - Fremdsprachenunterricht, Berlin
G - Griechisch
Geod Kartogr - Geodezija i Kartografija, Moskva
Geotekt - Geotektonika, Moskva
GOST - Gosudarstvennyj komitet standartov Soveta ministrov SSSR, Moskva
Griech - Griechisch
Grus - Grusinisch
GSR - Gesellschafts- und sprachwissenschaftliche Reihe
Hu - Ungarisch
Hindi - Hindi
HW - Das Hochschulwesen. Wissenschaftspolititsche Rundschau, Berlin
I - Italienisch
IEC - International Electrotechnical Commission, Genève
IJaŠ - Inostrannye Jazyki v Škole, Moskva
Indon - Indonesisch
Ingus - Inguschisch
Int J Syst Bact - International Journal of Systematic Bacteriology, Ames/Ia.
IRS - Instiututul Român de Standardizare (ehemals: Oficiul de Stat pentru Standarde), Bucarest; Normenzeichen: STAS
Iskusstvovedenie - Iskusstvovedenie, Vilnius
ISMIU - Institut po standartizacija merki i izmertelni uredi, Sofia; Normenzeichen: BDS
ISO - International Organization for Standartization, Genève
IVGO - Izvestija Vsesojuznogo Geografičeskogo Obščestva, Leningrad
Izv AN SSSR SLJa - Izvestija Akademii Nauk SSSR, Serija Literatury i Jazyka, Moskva
Izv AN Arm SSSR - Izvestija Akademii Nauk Armjanskoj SSR, Erevan
Izv Vysš Uč Zav - Izvestija Vysšich Učebnych Zavedenij, Moskva
J - Japanisch
Jak - Jakutisch
Język Rosyjski - Język rosyjski. Czasopismo dla nauczycieli, Warszawa
JUS - Normenzeichen der jugoslawischen Organisationen: Jugoslovenski Zavod za Standardizaciju (JZS) und Savezna Komisija za Standardizaciju (SKS), Beograd
JZS - Jugoslovenski Zavod za Standardizaciju (JZS), Beograd
Kara - Karatschaisch
Kabard - Kabardinisch
Karak - Karakalpakisch
Kasach - Kasachisch
Kaschub - Kaschubisch
Kirg - Kirgisisch
KKSM - Komitet po Kacestvoto standartizacijata i metrologijata pri ministerstkija S"vet, Sofia
Klin Med - Kliničeskaja Medicina, Moskva
Koks Chim - Koks i Chimija, Moskva
Kor - Koreanisch

Kroat - Kroatisch
Kumyk - Kumykisch
Kurd - Kurdisch
L - Latein
LAB - Linguistische Arbeitsberichte, Leipzig
LAnt - Linguistica Antverpiensa, Antwerpen
Lett - Lettisch
Ling S - Linguistische Studien. Akademie der Wissenschaften der DDR, Zentralinstitut für Sprachwissenschaft, Berlin
Lit - Litauisch
Lit Proizv - Litejnoe Proizvodstvo, Moskva
LS - Lebende Sprachen. Zeitschrift für fremde Sprachen in Wissenschaft und Praxis, zugleich Fachblatt des Bundesverbandes der Dolmetscher und Übersetzer e.V. (BDÜ), Berlin
Mazed - Mazedonisch
Mechaniz Elektrifik Soc Sel'sk Choz - Mechanizacija i Ėlektrifikacija Socialističeskogo Sel'skogo Chozjajstva, Moskva
MNOSZ - Normenzeichen der ungarischen Organisation: Magyar Szabványügyi Intézet (MSZI), heute: Magyar Szabványügyi Hivatal (MSZH), Budapest
Mold - Moldauisch
Mong - Mongolisch
Morsk Transp - Morskoj Transport, Moskva
MS - Muttersprache. Zeitschrift zur Pflege und Erforschung der deutschen Sprache, Wiesbaden
MSZ - Normenzeichen der ungarischen Organisation: Magyar Szabványügyi Hivatal (MSZH), ehemals: Magyar Szabványügyi Intézet (MSZI), Budapest
MSZH - Magyar Szabványügyi Hivatal, Budapest
MZ VPIJa - Metodičeskie Zapiski po Voprosam Prepodavanija Inostrannych Jazykov v Vuze, Moskva
NDVŠ FN - Naučnye Doklady Vysšej Školy, Filologičeskie Nauki, Moskva
Neft Choz - Neftjanoe Chozjajstvo, Moskva
Ne - Niederländisch
NF - Normenzeichen der Association Française de Normalisation (AFNOR), Paris
NI - Namenkundliche Inofrmationen, Leipzig
Nl - Niederländisch
No - Norwegisch
Nog - Nogaisch
NTI - Naučno-Techničeskaja Informacija. Vsesojuznyj Institut Naučnoj i Techničeskoj Informacii, Moskva
NT Kiev PI - Naučnye Trudy Kievskogo Pedagogičeskogo Instituta, Kiev
NT Kuban GU - Naučnye Trudy Kubanskogo Gosudarstvennogo Universiteta, Krasnodar
NT Kujb PI - Naučnye Trudy Kujbyševskogo Gosudarstvennogo Pedagogičeskogo Instituta im. V.V. Kujbyševa, Kujbyšev
NT MPIIJa - Naučnye Trudy Moskovskogo Gosudarstvennogo Pedagogičeskogo Instituta Inostrannych Jazykov im. M. Toreza, Moskva

NT MZPI - Naučnye Trudy Moskovskogo Zaočnogo Pedagogičeskogo Instituta, Moskva
NTT - Naučno-Techničeskaja Terminologija. Informacionno-Referativnyj Sbornik, Moskva
NT Tašk GU - Naučnye Trudy Taškentskogo Gosudarstvennogo Universiteta im. V.I. Lenina, Taškent
NT Tjumen' GU - Naučnye Trudy Tjumen'skogo Gosudarstvennogo Universiteta, Tjumen'
NZ Char'k PI - Naučnye Zapiski Char'kovskogo Pedagogičeskogo Instituta, Char'kov
NZ Kiív PI - Naukovi Zapiski Kiívs'koho Deržavnoho Pedagogičnoho Institutu im. A.M. Gor'kogo, Kiív
OSS - Officiul de Stat Pentru Standarde, Bucarest; Normenzeichen: STAS
Osset - Ossetisch
Oxford Slav Pap - Oxford Slavonic Papers, London
Pers - Persisch
PKN - Polski Komitet Normalizacij, Warszawa; Normenzeichen: PN
PKNiM - Polski Komitet Normalizacij i Miar (ehemals: PKN), Warszawa; Normenzeichen: PN
Pl - Polnisch
PN - Normenzeichen der polnischen Organisationen: Polski Komitet Normalizacij i Miar (PKNiM), ehemals: Polski Komitet Normalizacij (PKN), Warszawa
Pr Językozn - Prace Językoznawcze, Warszawa
Probl Žurn - Problemy Žurnalistiki, Leningrad
Przegl Rus - Przegląd Rusycystyczny. Polskie Towarzystwo Rusycystyczne, Warsawa/Łodź
Pt - Portugiesisch
R - Russisch
Ref Bull Bolg Nauč Lit - Referativnyj Bjulleten' Bolgarskoj Naučnoj Literatury, Sofia
R ET Sl - Revue des Etudes Slaves, Paris
RJa - Russkoe Jazykoznanie, Kiev
RJaNŠ - Russkij Jazyk v Nacional'noj Škole, Moskva
RJaŠ - Russkij Jazyk v Škole, Moskva
RJaSI - Russkij Jazyk dlja Studentov-Inostrancev, Moskva
RJaZR - Russkij Jazyk za Rubežom, Moskva
Ro - Rumänisch
RR - Russkaja Reč', Leningrad
R Roum Ling - Revue Roumaine de Linguistique, Bucarest
RS - Normenzeichen des Sovet Ėkonomičeskoj Vzaimopomošči, Moskva
Rus Lit - Russkaja Literatura, Leningrad
Ruštinár - Ruštinár. Časopis pre Učitelóv Ruštiny, Bratislava
S - Spanisch
Sachar Prom - Sacharnaja Promyšlennost', Moskva
SaS - Slovo a Slovesnost. Časopis pro Otázky Teorie a Kultury Jazyka, Praha
SEEJ - The Slavonic and East European Journal,
SEER - The Slavonic and East European Review, London
Semiot Inform - Semiotika i Informatiki, Moskva

Serb - Serbisch
SFS - Suomen standardisoimisliitto r.y. (Finnish Standards Instiution), Helsinki
Sh - Serbokroatisch
Sk - Slowakisch
SL - Special Language, Fachsprache. International Journal of LSP. Research, Didactics, Terminology, Wien
Sn - Slowenisch
SNT Kievsk Inž-Stroit - Sbornik Naučnych Trudov Kievskogo Inženerno-Stroitel'nogo Instituta, Kiev
SNT Kiív PI - Sbornik Naučnych Trudov Kiívs'koho Deržavnoho Pedagogičnoho Institutu im. A.M. Gor'kogo, Kiív
SNT MPIIJa - Sbornik Naučnych Trudov Moskovskogo Gosudarstvennogo Pedagogičeskogo Instituta Inostrannych Jazykov im. M. Toreza, Moskva
Sorb - Sorbisch
Sov Bibliotekovedenie - Sovetskoe Bibliotekovedenie, Moskva
Sov Geol - Sovetskaja Geologija, Moskva
Sprachlab - Das Sprachlabor und der audiovisuelle Unterricht. Vierteljahresbeilage zu: Die Neueren Sprachen. Zeitschrift für Forschung, Unterricht und Kontaktstudium auf dem Fachgebiet der modernen Fremdsprachen, Frankfurt/M.
Standartizacija - Standartizacija. Naučno-Techničeskij Žurnal, Moskva
Stand Kač - Standarty i Kačestvo, Moskva
STAS - Normenzeichen der rumänischen Organisation: Institul Român de Standardizare (IRS), Bucarest
ST MOPI - Sbornik Trudov Moskovskogo Oblastnogo Pedagogičeskogo Instituta im. N.K. Krupskoj, Moskva
Suahel - Suaheli
SÚVN - Statní Úřad pro Vynálezy a normalizací, Praha; Normenzeichen: ČSN
Sv - Schwedisch
Tadsch/Tadschik - Tadschikisch
Tatar - Tatarisch
Techn Est - Techničeskaja Estetika, Moskva
Tekst Prom - Tekstil'naja Promyšlennost', Moskva
TERM - Veröffentlichung des United Nations Office at Geneva. Languages Division. Terminology and Technical Documentation Section, Genève
TGL - Normenzeichen des Amtes für Standardisierung (beim Ministerrat der Deutschen Demokratischen Republik), Berlin
T Gruz Sel'sk - Trudy Gruzinskogo Sel'skochozjajstvennogo Instituta, Tbilisi
TI Metallurgii - Trudy Instituta Metallurgii im. A.A. Bajkova, Moskva
TIPFK - Teorija i Praktika Fizičeskoj Literatury. Ežemesjačnyj Naučno-Metodičeskij Žurnal, Moskva
T L Technol I Pišč Prom - Trudy Leningradskogo Technologičeskogo Instituta Piščevoj Promyšlennosti, Leningrad
TNC - Tekniska Nomenklaturcentralen (Swedish Centre for Technical Terminology), Stockholm

T NIIJa Lit Ist Ėk - Trudy Naučno-Issledovatel'skogo Instituta Jazyka, Literatury, Istorii i Ėkonomiki, Čeboksary
TNIIKul't - Trudy Naučno-Issledovatel'skogo Instituta Kul'tury, Moskva
TP - Tetradi perevodčika, Moskva
Trav Term - Travaux de Terminologie. Groupe Interdisciplinaire de Recherches Scientifique et Appliquée en Terminologie (GIRSTERM), Université Laval, Québec
TS - Termin i Slovo, Gor'kij
Tscherk - Tscherkessisch
Tschetschen - Tschetschenisch
Tschuw - Tschuwaschisch
T Suchum PI - Trudy Suchumskogo Gosudarstvennogo Pedagigičeskogo Instituta, Suchumi
T Tbil GU - Trudy Tbilisskogo Gosudarstvennogo Universiteta, Tbilisi
Türk - Türkisch
Turkmen - Turkmenisch
Tuwin - Tuwinisch
Udmurt - Udmurtisch
Ukr - Ukrainisch
ÚNM - Úřad pro Normalizaci a Měření, Praha
ÚVN - Úřad pro Normalizaci, Praha
Usbek - Usbekisch
UZ Alma-Atinsk PIIJa - Učenye Zapiski Alma-Atinskogo Gosudarstvennogo Pedagogičeskogo Instituta Inostrannych Jazykov, Alma-Ata
UZ Azerb GU - Učenye Zapiski Azerbajdžanskogo Gosudarstvennogo Universiteta im. S.I. Kirova, Baku
UZ Azerb PI - Učenye Zapiski Azerbajdžanskogo Pedagogičeskogo Instituta im. V.I. Lenina, Baku
UZ Čern GU - Učenye Zapiski Černovickogo Gosudarstvennogo Universiteta, Černovcy
UZ Gor GU - Učenye Zapiski Gor'kovskogo Gosudarstvennogo Universiteta im. N.I. Lobačevskogo, Gor'kij
UZ Jarosl PI - Učenye Zapiski Jaroslavskogo Gosudarstvennogo Pedagogičeskogo Instituta, Jaroslavl'
UZ Kalin PI - Učenye Zapiski Kalininskogo Gosudarstvennogo Pedagogičeskogo Instituta im. M.I. Kalinina, Kalinin
UZ Karag GU - Učenye zapiski Karagandijskogo Gosudarstvennogo Universiteta, Karaganda
UZ Kirgiz GU - Učenye Zapiski Kirgizskogo Gosudarstvennogo Universiteta, Frunze
UZ Kišinev GU - Učenye Zapiski Kišinevskogo Gosudarstvennogo Universiteta, Kišinev
UZ LGI (= UZ L Gorn I) - Učenye Zapiski Leningradskogo Gornogo Instituta, Leningrad
UZ LPI - Učenye Zapiski Leningradskogo Gosudarstvennogo Pedagogičeskogo Instituta im. A.I. Gercena, Leningrad
UZ MOPI - Učenye Zapiski Moskovskogo Oblastnogo Pedagogičeskogo Instituta im. N.K. Krupskoj, Moskva

UZ MPI - Učenye Zapiski Moskovskogo Gosudarstvennogo Pedagogičeskogo Instituta im. V.I. Lenina, Moskva
UZ MPIIJa (= UZ 1-go MGPIIJa) - Učenye Zapiski Pervogo Moskovskogo Gosudarstvennogo Pedagogičeskogo Instituta Inostrannych Jazykov im. M. Toreza, Moskva
UZ Pjatigorsk PIIJa - Učenye Zapiski Pjatigorskogo Gosudarstvennogo Pedagogičeskogo Instituta Inostrannych Jazykov, Stavropol'
UZ Šujsk PI - Učenye Zapiski Šujskogo Pedagogičeskogo Instituta, Šujskoe
UZ Tart GU - Učenye Zapiski Tartuskogo Gosudarstvennogo Universiteta, Tartu
UZ Turk GU - Učenye Zapiski Turkmenskogo Gosudarstvennogo Universiteta im. A.M. Gor'kogo, Aščhabad
UZ Ural GU - Učenye Zapiski Ural'skogo Gosudarstvennogo Universiteta im. A.M. Gor'kogo, Sverdlovsk
VAN - Vestnik Akademii Nauk SSSR, Moskva
VDI - Verein deutscher Ingenieure, Düsseldorf; Normenzeichen: VDI
VF - Voprosy filosofii, Moskva
Vietn - Vietnamesisch
VINITI - Vsesojuznyj Institut Naučnoj i Techničeskoj Informacii, Moskva
VJa - Voprosy Jazykoznanija, Moskva
VKR - Voprosy Kul'tury Reči, Moskva
VKS - Vsesojuznyj Komitet po Standartizacii (heute: VNIIKI), Moskva
VLU - Vestnik Leningradskogo Universiteta, Leningrad
VMU - Vestnik Moskovskogo Universiteta, Moskva
VNIIKI - Vsesojuznyj Naučno-issledovatel'skij Institut Techničeskoj Informacii, Klassifikacii i Kodirovanija (ehemals: VKS), Moskva
VON AN Arm SSR - Vestnik Obščestvennych Nauk Akademii Nauk Armjanskoj SSR, Erevan
Vopr Inform Teorii Praktiki - Voprosy Informacionnoj Teorii i Praktiki, Moskva
Vopr Radioel - Voprosy Radioėlektroniki, Saratov
V Rentgenol Radiol - Vestnik Rentgenologii i Radiologii, Moskva
WB TH Leipzig - Wissenschaftliche Berichte der Technischen Hochschule Leipzig, Leipzig
Weißr - Weißrussisch
Wiss Beitr Halle-Wittenberg - Wissenschaftliche Beiträge der Martin-Luther-Universität Halle-Wittenberg, Halle
WS - Wörter und Sachen. Kulturhistorische Zeitschrift für Sprach- und Sachforschung, Heidelberg
WSlAl - Wiener Slavistischer Almanach, Wien
WSlJb - Wiener Slavistisches Jahrbuch, Wien
WZ Berlin - Wissenschaftliche Zeitschrift der Humboldt-Universität Berlin, Berlin
WZ Greifswald - Wissenschaftliche Zeitschrift der Ernst-Moritz-Arndt-Universität Greifswald, Greifswald

WZ Halle-Wittenberg - Wissenschaftliche Zeitschrift der Martin-Luther-Universität Halle-Wittenberg, Halle-Wittenberg
WZ HS Verkehrswesen - Wissenschaftliche Zeitschrift der Hochschule für Verkehrswesen "Friedrich List" Dresden, Dresden
WZ Jena - Wissenschaftliche Zeitschrift der Friedrich-Schiller-Universität Jena, Jena
WZ Leipzig - Wissenschaftliche Zeitschrift der Karl-Marx-Universität, Leipzig
WZ PH Güstrow - Wissenschaftliche Zeitschrift der Pädagogischen Hochschule "Liselotte Herrmann", Güstrow
WZ PH Magdeburg - Wissenschaftliche Zeitschrift der Pädagogischen Hochschule "Erich Weinert" Magdeburg, Magdeburg
WZ PH Zwickau - Wissenschaftliche Zeitschrift der Pädagogischen Hochschule "Ernst Schneller" Zwickau, Zwickau
WZ Rostock - Wissenschaftliche Zeitschrift der Wilhelm-Pieck-Universität Rostock, Rostock
WZ TH Ilmenau - Wissenschaftliche Zeitschrift der Technischen Hochschule Ilmenau, Ilmenau
WZ TH Leipzig - Wissenschaftliche Zeitschrift der Technischen Hochschule, Leipzig
WZ TU Dresden - Wissenschaftliche Zeitschrift der Technischen Universität Dresden, Dresden
Zemlevedenie - Zemlevedenie, Moskva
ZfSl - Zeitschrift für Slawistik, Berlin
ZNWH - Zeszyty naukowe wydziału humanistycznego, Gdańsk
ZNWSPO - Zeszty Naukowe Wyższej Szkoły Pedagogicznej, Opole
ZPSK - Zeitschrift für Phonetik, Sprachwissenschaft und Kommunikationsforschung, Berlin
Žurnalist - Žurnalist, Moskva

5. NAMENSINDEX

Weitere Bände der Reihe
FORUM FÜR FACHSPRACHEN-FORSCHUNG

Band 1:
Lothar Hoffmann
Kommunikationsmittel
Fachsprache
Eine Einführung

Band 2:
Uwe Pörksen
Deutsche Naturwissenschafts-
sprachen
Historische und kritische
Studien

Band 3:
Hartwig Kalverkämper /
Harald Weinrich (Hrsg.)
Deutsch als Wissenschafts-
sprache
25. Konstanzer Literaturge-
spräch des Buchhandels, 1985

Band 4:
Els Oksaar
Fachsprachliche Dimensionen

Band 5:
Lothar Hoffmann
Vom Fachwort zum Fachtext
Beiträge zur Angewandten
Linguistik

Band 6:
Claus Gnutzmann (Hrsg.)
Fachbezogener Fremd-
sprachenunterricht

Band 7:
Armin Burkhardt / Franz Hebel /
Rudolf Hoberg (Hrsg.)
Sprache zwischen Militär und
Frieden:
Aufrüstung der Begriffe?

Band 8:
Hartwig Kalverkämper (Hrsg.)
Fachsprachen in der Romania

Band 9:
Helmut Felber / Gerhard Budin
Terminologie in Theorie
und Praxis

Band 10:
Sabine Skudlik
Sprachen in den Wissen-
schaften
Deutsch und Englisch in der
internationalen Kommunikation

Band 11:
Heinz Leonhard Kretzenbacher
Rekapitulation
Textstrategien der Zusammen-
fassung von wissenschaftlichen
Fachtexten